当代世界经济与政治

（第四版）

主　编：冯特君

副主编：孙君健　蒲　俜

经济管理出版社

图书在版编目（CIP）数据

当代世界经济与政治/冯特君主编. —4 版 . —北京：经济
管理出版社，2009. 12（2021. 8重印）
ISBN 978 - 7 - 5096 - 0857 - 9

Ⅰ. ①当… Ⅱ. ①冯… Ⅲ. ①经济—世界—高等学校—
教材②国际政治—高等学校—教材 Ⅳ. ①F112②D50

中国版本图书馆 CIP 数据核字（2009）第 227605 号

出版发行：经济管理出版社
北京市海淀区北蜂窝8号中雅大厦11层
电话：(010)51915602 邮编：100038
印刷：唐山昊达印刷有限公司 经销：新华书店

组稿编辑：王光艳 责任编辑：王光艳
技术编辑：杨国强 责任校对：郭 佳

720mm×1000mm/16 22 印张 469 千字
2010 年 7 月第 4 版 2021 年 8 月第 5 次印刷
定价：39.00 元
书号：ISBN 978 - 7 - 5096 - 0857 - 9

目　　录

绪　论

一、开设这门课程的背景、必要性及其发展历程

1978 年党的十一届三中全会的召开，标志着我们党和国家的发展进入一个以社会主义建设为中心的新时期，确定了进一步解放和发展生产力的新任务，并且制定和实施了改革开放的新政策。1983 年 10 月，邓小平提出："教育要面向现代化，面向世界，面向未来。"这是新时期我国教育事业进行改革的纲领。它为教育战线的改革指明了方向，明确了内容。1985 年，中共中央发出了《关于改革学校思想品德和政治理论课程教学的通知》（以下简称《通知》）。《通知》的重要内容之一就是提出在大学的政治理论课中"应向学生介绍当代世界政治经济的基本状况，国际关系的基础知识，帮助学生开阔视野，使他们在对外开放的环境下有坚定的立场和较强的适应能力"。这就是落实邓小平指示的具体行动和战略性的措施。由此，就产生了世界政治经济与国际关系这门崭新的课程。这就是这门课程产生的背景，它是改革开放的产物。

党和国家的一切工作要以社会主义建设为中心，要加快解放和发展生产力，要贯彻实施对外开放的政策，教育战线要实施"三个面向"，高等教育要为之培养合格的人才，在政治理论课的教学中该怎么办？这是必须正确回答的问题，也是亟待解决的问题。在全面对外开放的形势下，我们培养的大学生——未来各条战线的骨干，必须了解外部世界。从新中国成立到 20 世纪 80 年代的 30 多年中，我们高校的政治理论教育比较重视系统的理论学习，但联系实际少；比较重视帮助学生了解中国，但对比起来，了解外国少；比较重视宣传社会主义，但科学地介绍资本主义少。这样一种片面性，很不适应新形势的需要。我们既然要全面对外开放，就需要使我们的学生、青年和未来各条战线的骨干对当今世界有比较全面的认识，不只是对某种具体业务或某个重要问题要了解，还应该对整个外部世界有宏观了解，包括对国际社会现状及世界政治、经济和国际关系的基本认识，对国际社会发展趋势以及中国在当今国际社会中的地位、作用等的正确认识；不仅要加强理论学习，更要重视结合实际，并对实际有深刻的了解；不仅要加强了解中国，更要把中国放在世界舞台上去作对比分析；不仅要加强社会主义的信念，更要弄清社会主义和资本主义两种制度长期共存、竞争共处的客观现实，还要敢于和善于学习资本主义对我们有用的东西，拿来为我们建设社会主义服务。只有这样，我们的大学生才能胸怀祖国，放眼世界，才能真正增强和不断提高爱国主义、集体主义和社会主义的觉悟，才能自觉地、坚定地贯彻执行对外开放的政策，为加速我国的社会主义现代化建设做出贡献。也只有这样，我们的政治理论教育才能达到预期的目的。

1985 年中共中央《通知》发出后，全国许多省市、高校的领导和教师立即行动起来，迅速地开设了"世界政治经济与国际关系"这门新课。实践证明，中共中央提出开设这门课程是非常必要的，完全正确的。它不仅深受广大学生和青年的欢迎，逐步得到了社会的认可，还在教材建设和师资队伍建设两个方面取得了可喜的成果，尤其是有一批中、青年教师积极投身于这一事业，做出了很好的成绩。更重要的是，它在完成政治理论教育的任务中确有不可替代的独特作用。通过这门课程的教学，在帮助大学生运用马克思主义的立场、观点、方法，依据党的基本路线、方针、政策，从理论和实践的结合上分析纷繁复杂的国际现象，认清我国社会主义现代化建设所处的国际环境、所面临的机遇与挑战以及我国在世界总格局中的地位、作用，了解我国的外交政策，坚定社会主义信念等方面都起到了积极的作用，收到了较好的效果。也正因为如此，这门课程在不断地发展和走向成熟。

1989 年春夏之交的政治风波对高校的政治思想工作提出了许多尖锐的问题，对我们这门课程也是一次考验。当时，高校提出了加强马克思主义理论教育，抓紧政治思想工作，坚持四项基本原则，批判资产阶级自由化，牢固树立社会主义信念的要求。因此，有人提出这门课程不应该开，因为"多是介绍发达资本主义国家的情况"。言下之意是这门课程至少是崇尚西方，甚至有搞资产阶级自由化的嫌疑。该怎么办？我们对这种看法不敢苟同，及时地向有关领导机关提出了我们的意见，概括起来有以下几点：第一，今日的中国是世界的中国。我们不能不了解外部世界。这门课程正是根据中共中央《通知》的精神为此而设的。怎么能够因为有了政治风波，就要取消这门课程呢？第二，这门课程绝非只讲发达资本主义国家，也讲社会主义国家，还讲民族主义国家；不仅讲第二次世界大战后 40 多年世界的发展变化，也讲当今世界面临的主要问题及今后的发展趋势，还讲中国在国际舞台上的地位和作用。这样，使学生对当今世界有一个总体的、基本的、正确的认识，树立强烈的国际意识，加强中国青年的责任感和使命感。第三，我们的政治理论教育课程应该旗帜鲜明地批判资产阶级自由化，但绝不是让学生不了解资本主义。只有全面地了解了，才谈得上正确地对待，也才能有力地批判资产阶级自由化的错误。这门课程以马克思主义作指导来分析研究当前的世界，它很自然地把批判资产阶级自由化的精神贯穿于全部课程之中，较之单列的专题讲座或形势报告更具有系统性、全面性、理论性的长处，是从更深的层次上探讨和解决问题，是学生乐于和易于接受的。第四，在政治风波之后不久，邓小平指出，这场风波迟早要来，这是国际的大气候和中国自己的小气候决定的。怎么分析和认识当时国际的大气候正是这门课程承担的任务，也只能由这门课程来很好地完成这项任务。怎么能够由于政治风波的发生而得出取消这门课程的结论呢？我们的结论是应该加强这门课程的建设和教学，绝不是取消。

随后发生的东欧剧变、海湾战争、南斯拉夫分裂和内战、苏联解体等一系列重大事件，震动了世界。我国的青年学生、广大知识分子、党政干部、解放军指战员和工农群众都在思索、议论，都在问"这是为什么？""世界会怎么发展？""中国的国际环境如何?""中国的前途又会怎么样?"国际形势的发展进一步把世界政治经济和国际关系的教育提上了重要的议事日程。对这些问题的回答,绝不单是个认识问题,也不只是个学术问题,是和当时工作直接相联系的,对完成生产任务、维护社会和政治稳定有直接的影响,更是关系到人们的社会主义信念问题。许多学校、机关、工厂、企业、连队、街道以至村镇都展开了这方面的教育活动。这更是对我们这门课程的强大的鞭策和考验。认真地加强这门课程的建设,跟踪研究,随着形势的发展,引导学生正确地认识世界的变化,是这门课程义不容辞的责任。这也是这门课程富有旺盛生命力的根本原因。

关于这门课程,后来还有一种观点,认为国际政治、世界经济或国际关系是三门课、三个学科,甚至是三个专业,这一门课程怎么能把它们都包括呢? 也有人认为它是不伦不类、三不像,言下之意似乎也应该取消才对。这也是在发展中碰到的、必须回答的问题。我们认为:第一,中共中央文件明确规定,这是一门公共政治理论教育课程,它的任务是寓政治理论教育于世界政治、经济与国际关系知识的传授之中,帮助和引导学生以马克思主义的立场、观点和方法去正确分析纷繁复杂、不断变化的国际社会,通过政治、经济和国际关系这样几个方面的综合分析,得出科学的结论,获得正确的认识。第二,这门课程不是专业课程,不是国际政治、世界经济或国际关系任何一个专业的专业课,它不可能,也不必要包括任何一个专业课程的全部内容,更不可能,也不必要包括三个专业课程的全部内容。那样理解是一种误解,那样要求不符合实际。但是,它包括三门课程的基础知识,并把三门课程的基础知识融会贯通,去对国际社会进行综合分析。从这个意义上说,它具有边缘学科、综合学科的特点。第三,我们国家在全面对外开放,并且不断扩大,这是我们的基本国策。为此,必须客观地了解外部世界。要做到这一点,就需要有国际政治、世界经济和国际关系的基础知识,舍此难以达到目的。但不可能让大学生都来系统地、完整地、全面地学习这三个专业、三门课程,即使是学习社会科学的大学生也不可能,更不用说学习自然科学的大学生了。开设的这门课程正是承担起这样的任务,使我们各个专业的大学生能够学习国际政治、世界经济与国际关系的基础知识,便于对外部世界进行综合分析,能够实现宏观了解。这也正是公共政治理论课的特色所在。第四,这门课程不是国际政治、世界经济与国际关系三门课程的机械相加,也不是这三门课程内容的任意剪接或拼凑,而是把三门课程的基础知识有机综合,在此基础上构成的一门新课程。显然,这是一项艰巨的任务,需要在消化、吸收三门课程内容的基础上创新。因此,应该根据需要勇敢地去探索,在探索中不断前进,而不应该知难而退,甚至走取消的路。我国的经济、政治体制都在进行改革,这门课程是高校政治理论教育改革的产物,还应该在不断深化改革中使它更加完善。这是改革者应有的态度。当今世界处在急剧的变动中,我们一定要有创新的意识。创新是一个民族生存、发展并永远立于不败之地的灵魂和根本。这门课程也可以说是改革开放以来,高校政治理论课程建设的一个创新,我们应该扶植它、爱护它。

在课程的建设过程中，还有一个突出的问题就是学科体系问题。有人认为这门课程没有科学体系，或者说很难形成科学体系，或者说可以不讲什么科学体系。其实质还是这门课程不成为学科，故无科学体系可言。一门课程的科学体系是指它的研究对象很明确，并有相对的稳定性，它的主要内容之间有科学的、内在的联系。客观上存在自己的体系是它与其他课程的区别、特点，从这门课程来说，即是它和其他政治理论教育课程的区别和特点。

这门课程的研究对象是当今国际社会这个大系统及其发展变化，重点是第二次世界大战以后国际社会的发展变化。它的主要内容是：研究国际社会或世界全局的现状及其发展；研究影响和决定国际社会或世界全局的各种因素，包括主权国家、国家集团等国际行为主体及其他非国家因素；研究国际社会或世界全局所面临的主要问题及其未来的发展趋势；研究和掌握国际社会或世界全局发展变化的发展趋势；作为中国人，还要研究中国在当今国际舞台上的地位、作用。通过研究，我们可以对当今世界有一个总体的、基本的、正确的认识。所谓总体的，就是从世界政治经济和国际关系几个方面进行综合研究，形成总体的而非零碎的认识；所谓基本的，就是要把握影响或决定国际社会发展变化的主要因素及其相互关系，形成基本的而非无分巨细、囊括一切的认识；所谓正确的，就是能揭示国际社会发展变化的实质，获得符合客观实际的、正确的认识，合乎规律而非脱离实际的、主观片面的认识。也正是这些基本内容使得这门课程不同于其他政治理论课程，它是寓马克思主义的理论教育于对现实世界的分析之中，它和其他马克思主义政治理论课程虽有联系，但又具有自己显著的特色和特点。

学科体系并不是什么神秘莫测的东西，也不要把学科体系绝对化。客观事物是在发展变化之中，国际社会也在发展变化之中，我们既要把握住它的相对稳定性，也要反映它的发展变化，这就是真正的学科体系，是符合唯物辩证法的学科体系；否则就是僵化，而僵化绝非科学，并且注定是没有出路的。对于新兴的、综合性的、边缘性的学科，只能在实际建设中逐步去完善它，而不应苛求，否则就只能起窒息新生事物的作用，在改革开放的大潮中扮演不光彩的角色。

在这门课程的建设中，1996年又提出了一个十分尖锐、极端重要的问题，就是如何加强这门课程的建设，提高其理论水平的问题，也就是以什么样的思想、理论来统率这门课程，来指导这门课程的建设和教学的问题。有人明确提出要把马克思主义的"劳动价值论"和"剩余价值学说"放在这门课程中来讲，以加强这门课程的理论内容。由此引发了一场激烈的争论，我们认为，这样做，既会削弱马克思主义政治经济学的教学，也不适于这门课程的建设和教学。要加强这门课程的理论内容是对的，但这样做达不到目的，要加强马克思主义的理论内容，就应该加强邓小平国际战略思想的研究和教学，这是当代中国的马克思主义。它包含丰富的内涵、全新的思想，是一个科学的体系。讨论最后是由教育部党组成员开会，决定不把"劳动价值论"、"剩余价值论"的内容列入这门课程之中，认为那样做是不合适、不正确的。并且，在以后出版的多种教材中，都无一例外地突出了邓小平国际战略思想的内容，使得这门课程在思想理论水平上有了新的进展，这门课程又向前发展了，这是非常可喜的。

进入新世纪以来，国际形势又发生了许多深刻的变化，处在深刻的变化和调整中，中国也进入了实现四个社会主义现代化第三步走宏伟目标的关键时期，我们更应该对这门课程所肩负的重任有更新的、更深刻的认识：第一，"冷战"后世界发生了深刻的变化，两极格局终结，呈多极化发展趋势，世界经济全球化飞速发展，科学技术日新月异，世界各国、各地区以至各部门都日益构成一个整体，在经济全球化的基础上，其他如政治、外交、文化以至军事等诸多方面，尽管存在许多矛盾和差异，联系也越来越密切，形成了"你中有我，我中有你"的局面。第二，改革开放30年来，中国经济持续、健康、高速增长，综合国力不断增强，人民生活水平显著提高，从温饱走向小康、全面小康，政局稳定，民族团结，社会进步，呈现一派繁荣、兴旺景象。在对待国际事务和开展对外交往中，奉行独立自主的和平外交政策，高举和平、发展和合作的旗帜，以维护世界和平、促进共同发展为目标，在国际舞台上扮演着一个独特的角色，起着一个负责任大国的作用。尤其是在中国成功主办奥运会和残奥会后，世界对中国有了新的认识，中国也大步走向世界。这就是说，无论是从世界发展的潮流趋势来看，还是从中国的崛起要承担的责任和义务来看，我们都需要对外部世界有更全面、更深刻的了解，只有这样，才能从战略的高度去把握世界的发展变化，去应对这种发展变化，去努力实现我们第三步走的宏伟目标，并引导世界和人类历史的前进，发挥一个负责任的大国的作用。可以毫不夸张地说，在已经迈入新世纪的今天，学好、教好这门课程和建设好这门课程是直接对维护世界和平、促进共同发展以及人类进步事业、对中国第三步走宏伟目标的顺利实现和中华民族的复兴，做出自己的一份贡献。任何忽视和削弱这门课程的想法和做法都是错误的、有害的。

二、这门课程的体系、主要内容及其特点

这门课程的研究对象正如前述，是当今发展变化着的国际社会这个大系统。通过这门课程的学习，我们要对当今国际社会有一个总体的、基本的、正确的认识。这门课程的体系正是为了实现这样的要求而构成的。当然，随着国际社会发生的变化，课程体系也会随之变化，它并非绝对固定、一成不变的。20世纪80年代编写的教材除了讲综合性、全局性的问题外，大都是按三类国家，即发达资本主义国家（包括美、欧、日等），苏联、东欧社会主义国家和民族独立（或民族主义）国家来分别介绍的。这符合当时的实际，也是国际、国内广大学者的共识。后来，情况变了，由于东欧剧变、苏联解体和两极格局终结，很难再按三类国家来安排体系，必须作新的调整。20世纪90年代初编写的教材大都按几大力量来安排体系和分别介绍，这符合国际社会的现实，也和中共中央强调的"世界政治多极化的发展趋势"精神一致。20世纪90年代后期，根据教育部组织编写的教学大纲，许多教材又变成了按三类国家来安排体系章节，在教学实践中碰到了许多问题，有不同的反映。我们认为，保持按多种力量来安排体系章节更有它的优势。所以，这次教材的修订仍是按照几大力量来安排体系和分别介绍。同时，也考虑在同类国家的分别介绍后，对其共同性作必要的理论概括和说明。根据新兴国家的崛起，在发展中国家一章中增加了发展中的大国的内容。

现在这本教材的体系如下：绪论，主要说明为什么开设这门课程及其特点和意义；第一章，当代世界总格局；第二章，当代世界经济；第三章，当今时代的主题和争取建立国际新秩序；第四章，维护霸权地位的美国；第五章，走向联合的欧洲；第六章，追求"普通国家"的日本；第七章，苏联的演变与俄罗斯的重振；第八章，艰难奋进的第三世界；第九章，中国外交思想的形成发展及其在当今国际舞台上的地位和作用；第十章，当代世界中的国际组织。绪论是对这门课程作全面、扼要的介绍。前三章是对当今世界的宏观把握，从历史的演变到现实的状况，从政治到经济，还有所处的新时代特征和新任务，既是一个基础，也是一个总纲；第四章、第五章、第六章分别介绍主要发达资本主义国家，包括其经济、政治和对外关系，是当今世界的三大重要力量之一；第七章、第八章、第九章每章都有丰富的内容和显著的特色，共同的特点是都在发展中，从世界多极化发展趋势来看，它们都将各成一极；第十章主要介绍非国家行为主体在国际舞台上的地位和作用，有很多新问题、新内容、新特点。这样安排是有以下几点考虑：第一，贯穿了从历史到现实、再到今后发展的历史线索。历史是基础，只有了解历史才能正确认识现实和预测未来。而现实是重点，包括政治、经济和对外关系诸多方面，要作全面分析。对未来的预测必不可少，才不致迷失方向。这样，既遵循历史发展的逻辑，也符合思维的逻辑，还贯彻了教育学的可接受性原则。第二，体现出从总体到部分、再到总体的构想。这样安排符合国际社会当今世界全局的本来面貌，也有利于从总体上把握和具体地认识世界。认识世界要有总体观念，不以一国一事为转移，对一国一事的变化要从总体上去考察才能正确地予以评价。这或许可以称之为从战略高度，作全面比较，讲综合分析，看基本趋势。第三，突出了从实际出发，而不是从理论概念出发这样一个指导思想。第四章至第九章就是从当前国际舞台上活动的主要角色的实际出发来考虑的。由于东欧剧变、苏联解体，原先社会主义这一块难以保留。同时，也不能简单地把这些国家都划入发达资本主义国家或第三世界中去。还有一个苏联和现俄罗斯的历史联系及俄罗斯的地位问题。它是联合国安理会常任理事国之一，拥有强大的核力量，还有很大的潜力，在国际舞台上还起相应的作用。怎么对待它？我们只能从实际出发，按它的本来面貌，作为一大力量来介绍。把东欧国家都放在欧洲一章中，也是本着这个原则来处理的。第四，关于中国一章，我们是作为当今国际舞台上几大力量之一来讲的，这也是符合实际的。在东欧剧变、苏联解体之后，讲好这一章有特殊重要的意义。我们突出了中国外交政策的形成发展，从毛泽东的国际战略思想到邓小平的国际战略思想，以及中国特色社会主义理论体系中关于国际战略思想的新内容和中国在国际舞台上的地位作用问题。建设有中国特色的社会主义事业的辉煌成就必将继续对世界产生深远的影响。世界舆论和众多学者在讨论研究"中国模式"时提出"北京共识"就足以说明这一点。我们既不要妄自菲薄，也不要妄自尊大，要有高度的民族自尊心与自信心，要振兴中华，使之巍然屹立于世界民族之林，为人类进步事业做出贡献。第五，第十章是了解当今世界不可或缺的一章，如非政府国际组织及其作用是大家都十分关注的全新的内容。

这门课程作为一门公共政治理论课有它自己的显著特点：一是综合性很强。课程内容不仅包括世界政治、世界经济和国际关系等诸多学科，还涉及地理、历史、民族、宗教、文化等多方面的知识，是多学科交叉的综合性学科。通过学习可以丰富知识，开阔视野。当然，由于课时的限制，只能紧紧地围绕这门课程的中心而涉及各个学科、各个领域，不可能，也没有必要系统、深入、详细地介绍和讲授各个学科的知识。二是现实性很强。主要讲第二次世界大战以来的世界政治、经济和国际关系，一直讲到现在，迄今为止已有60多年。战前的有关内容只在有关部分作些简要的回顾，目的是更好地了解当代。我们更重视现实的发展变化，并把握它的发展趋势。实践证明，这是大家最关心的，也是最感兴趣的。尽管这是比较难、比较高的要求，但应该朝此方向努力。我们定期修订教材，或出新版教材也是反映这个特点。三是政策性很强。国际关系涉及各国的对外政策，包括我国的对外政策。这是非常严肃的问题，既不能哗众取宠、信口开河，也不能完全回避、噤若寒蝉，需要根据事实和材料来分析，根据某一问题涉及的有关方面的态度来判断，根据某一问题的历史发展来预测。当然，这也不是很容易的，尤其是对外政策在一定阶段没正式出台之前有它的保密性，并且还经常处在调整变化之中。但我们应该努力去做，而且也是可以逐步做到的。四是理论性很强。这门课不同于形势报告，也不同于专题讲演，那些都只限于一个时期、一个问题、一个事件和一个国家的介绍，而这门课是要通过系统的讲授，对世界的发展作全面的、综合的分析，既要了解一时一事、一个国家、一个问题的发展变化，更要探讨一些共同性的问题、深层次的问题，对发展趋势和前景作出预测，揭示国际社会发展的规律。这就需要正确的理论指导，需要运用马克思主义的立场、观点和方法，运用马克思主义特别是当代中国的马克思主义关于国际政治的基本原理去分析、研究和回答问题。没有理论指导，我们就难以达到预期的目的，作出正确的回答，尤其是国际社会在不断发展之中，会不断出现新情况、新问题，需要作出新的理论概括，这就需要坚持和发展马克思主义。"世界形势日新月异，特别是现代科学技术发展很快。现在一天抵得上过去古老社会几十年上百年。不以新的思想、观点去继承、发展马列主义，不是真正的马列主义者。"① 邓小平同志的论断是非常深刻、非常精辟的，也是我们应该努力去做的。结合课程的特点，感受尤为亲切。正是这些特点，使得这门课程具有强大的吸引力和旺盛的生命力，既为广大学生所欢迎，也在实践中不断发展和完善。

三、学习这门课程的目的、要求和基本方法

这门课程的内容非常丰富，有自己的显著特点。学习这门课程的目的、要求主要

---

① 《邓小平文选》第三卷，人民出版社，1993 年版，第 291~292 页。

有以下三点：第一，了解当代世界政治、经济和国际关系的基本情况，获取这方面的基本知识。在党的社会主义初级阶段基本路线日益深入人心、对外开放不断扩大的今天，尤其是在我国加入世界贸易组织（WTO）、逐步融入世界经济体系及成功主办奥运会向世界敞开大门之后，我国与世界各国的联系会更加密切，会更广泛、更深入地参与国际生活，在国际舞台上的地位会不断提高，作用会不断增强，因此，更加需要了解外部世界，也就更加需要学好这门课程，并且不断扩大和更新有关的知识。这是我们正确认识外部世界的基础。第二，学会用马克思主义的立场、观点和方法去研究问题、研究世界。世界在不断发展变化之中，我们要使自己对世界的认识也不断发展、与时俱进，在学习过程中，就不能满足于学习了解有关的知识，更重要的是要注意逐步掌握马克思主义的立场、观点、方法，逐步学会运用它去分析、研究世界政治、经济和国际关系的新情况、新变化、新问题，作出新的判断和新的结论。这可以说是练好基本功，能长期管用。第三，提高爱国主义、集体主义和社会主义觉悟。我们国家是一个有着悠久历史的世界文明古国，现在是一个最大的发展中国家，又是一个伟大的正在崛起的社会主义国家，是国际舞台上一支十分重要的力量，对待国际事务有我们自己的立场和态度，有我们自己的外交政策。从中国人民和世界人民的利益出发判断是非、处理问题，是我们处理对外关系和国际事务的根本出发点。也就是说，在处理国际事务和对外关系中，一方面，我们要维护我国的主权和独立，维护我国的合法利益，这是不容侵犯的。我国的神圣主权和民族利益绝不许他国侵犯和染指，也绝不会拿这个原则去做交易，做出让步和妥协。另一方面，我们也准备承担我们应尽的义务和责任，无论是为了维护世界和平，还是促进共同发展，我们都愿意做出自己应做的一份贡献。这也是毫不含糊、没有疑问的。通过这门课程的学习，通过对一些国际问题和对外关系的分析和研究，我们要提高爱国主义、集体主义和社会主义的觉悟。上述三点，各有特定的内容，又是三个不同层次，三者相互联系构成一个统一的整体，是学习这门课程要达到的目的、要求，也是检查和衡量我们学习效果的重要标尺。在学习过程中，我们要始终记住这三个目的、要求，严肃认真地去实践。

怎样学习这门课程？它有和其他政治理论课程共同的学习方法，也有自己一些特殊的、不同于其他课程的地方，最主要的有以下三点：

1. 要以马克思主义为指导，坚持马克思主义、发展马克思主义

马克思、恩格斯、列宁和中国老一辈的无产阶级革命家毛泽东、周恩来、邓小平等都是研究国际问题的最好榜样，他们有关的理论和实践活动是非常宝贵的财富，我们应该认真地学习、研究、继承和发扬。

马克思、恩格斯活动、工作、斗争的历史时期是 19 世纪的中、后期，舞台主要是在欧洲。当时的欧洲，自由资本主义正在迅速发展，并开始向垄断资本主义过渡，英、法、德、意、奥匈帝国和俄国等资本主义列强先后发展起来，它们不仅在欧洲称雄争霸，而且把侵略魔爪伸向非洲、亚洲、美洲以及世界各地，争夺和瓜分殖民地，争当以欧洲为主的世界霸主。作为当时世界中心的欧洲，各种矛盾复杂尖锐，国际政

治交往和活动，包括战争在内极为频繁。在这样的条件下，马克思、恩格斯创立的马克思主义尽管中心内容是通过对资本主义矛盾的分析，揭示资本主义必然灭亡，社会主义、共产主义必然胜利的规律，但这一科学结论是以欧洲资本主义各国为出发点的，建立在对欧洲资本主义列强剖析的基础上。当时资本主义各国的存在与发展，资本主义列强相互之间的关系，包括相互争夺和利用，尤其是共同对付无产阶级的革命运动；各国无产阶级革命运动的兴起、成长，各国革命运动的成功、失败及其经验教训的总结，还有对各国工人阶级状况的研究和工人阶级国际组织的建立和发展；资本主义列强的殖民扩张和它们的争夺霸权，它们为争夺殖民地而进行的激烈争斗，以及宗主国与殖民地的关系，殖民地人民的反抗斗争，还有资本主义、殖民主义的各种理论、思想以及工人阶级队伍内部的各种思潮，派别……这一切无不在他们的视野之中，成为他们十分关心、密切注视和认真研究的对象。在马克思、恩格斯看来，这些问题绝不是与无产阶级革命事业无关的，而是无产阶级进行革命斗争的历史背景和客观环境，是无产阶级进行革命斗争的土壤和条件，是无产阶级革命事业的有机组成部分。可见，马克思、恩格斯创建的马克思主义的一般原理对国际政治学科有着普遍的指导意义，是其重要内容，而在这个过程中，他们也提出了有关国际政治的一些基本思想和精辟论述，至今仍然闪耀着真理的光芒。

众所周知，马克思、恩格斯合著的《共产党宣言》是马克思主义诞生的标志，也是第一部纲领性的著作。如果从国际政治的角度来读这一纲领性著作，就会发现它是对当时世界进行整体研究的最高成果，表现出他们综观全球、驾驭世界的宏伟气魄，他们当时提出的关于国际政治的一些基本思想闪耀着人类高度智慧的光辉，至今仍有现实的指导意义，是我们认识和研究国际问题的基本武器。再如马克思为国际工人协会（即第一国际）起草的《成立宣言》也是一个纲领性的文件，其中他明确地提出工人阶级要"洞悉国际政治的秘密"的要求。他认为这是十分必要的，因为工人阶级的解放是在一定的国际环境中才能实现。其他如《资本论》、《法兰西内战》、《18 世纪外交史内幕》、《俄国沙皇政府的对外政策》等著作以及关于波兰问题、爱尔兰问题、印度问题、中国问题等许多论文和书信，都是他们研究国际问题的心血结晶，都阐述了他们对一系列国际问题的重要思想。学习这些著作就会看到，马克思、恩格斯在他们自己的理论研究和革命实践活动中奠定了马克思主义关于国际政治理论的坚实基础，这无疑是我们应该继承的一份极为丰厚和宝贵的财富。

列宁是 19 世纪 80 年代后期投身于革命斗争的，当时正是自由资本主义向垄断资本主义过渡的阶段。他是一位站在新时代的高度，立足于国际斗争舞台，从世界范围内的政治、经济总和上考察各种矛盾和斗争，运筹正确的斗争战略和策略的政治伟人，曾发表过许多关于国际政治形势的精辟分析和对国际政治问题的卓越见解。《帝国主义是资本主义的最高阶段》一书是列宁研究当时世界政治、经济和国际关系的名著，具有划时代的意义。在第一次世界大战前后，他还就战争与和平问题发表过许多重要论著，影响十分深远。俄国十月社会主义革命胜利后，他作为第一个社会主义国家的领袖，正确处理了各种对外关系并及时提出了"和平共处"的原则，还有对民族殖民地革命运动的指导，也都是从无产阶级根本利益出发，解决当时国际问题，包括世界政治、经济和国际关系问题的榜样。在新的历史条件下，列宁继承和发展了马克思主义的国际政治理论。

我国老一辈无产阶级革命家结合中国革命斗争的实践，在继承和发展马克思列宁主义方面做出了杰出的贡献。毛泽东在抗日战争、解放战争及新中国成立以后，在分析各个时期的国际形势、制定我国的对外政策方面写过许多重要著作、发表过许多重要讲话，这是众所周知、影响深远的。如他在1946年写的《关于目前国际形势的几点估计》与《和美国记者安娜·路易斯·斯特朗的谈话》，就是在历史转折关头从战略的高度给中国人民以思想武装，批判了悲观的论调和右倾观点，为中国革命的胜利奠定了思想基础，扫除了思想障碍，至今仍有其重要意义。周恩来作为我们党和国家的最高领导人之一在国际舞台上享有崇高的威望。如他在1955年第一次亚非会议上的活动，尤其是那篇著名的《求同存异》的演说，① 既是对社会主义事业充满必胜信心的表现，也廓清了敌对势力散布的各种迷雾，把亚非人民团结起来，为维护自己的正当权益和世界和平共同奋斗。它为亚非会议的成功奠定了基础，产生了深远的世界影响。"周恩来在万隆的表演完全证明了他是世界上最有经验、最有才干的外交家之一。""周恩来在与会代表中所产生的个人影响可能会起到微妙的长期作用，现在还不能确切地预见或者预言。"② 这就是当时美国记者鲍大可的评论。邓小平作为我们党和国家第二代领导集体的核心，他在新的历史时期，面对国际形势的急剧变化和国内任务的巨大转折，为我们党和国家制定了新的发展战略，提出了新的发展思路，为此，也制定了服务于实现新的发展战略和新的发展思路的新的国际战略，即为了实现国家的根本利益，建设一个富强、民主、文明的社会主义强国，在客观分析国际形势一系列深刻变化和正确估量我国实力及其发展前景的基础上，制定了独立自主的和平外交政策的总谋略，人们称之为和平与发展的国际战略。正是在这一国际战略的指导下，我们开创了对外关系的新局面，取得了伟大的胜利，为中国、为亚洲，也为世界的和平与发展做出了贡献。

2. 要掌握实际情况，重视资料的收集，作认真全面的分析研究

学习这门课程不能停留在书本上，也不能靠死记硬背地读教材，一定要密切关心国际时事，十分重视国际局势的发展，和书本教材结合起来学习，才能真正学懂、学活。对国际时事要及时了解各个方面、各种势力的立场、态度及其变化，要尽可能地占有基本材料和统计数字，据此进行分析研究，得出自己的结论。应该强调占有原始材料和精确数字的极端重要性。当然，对他人的研究成果，无论是论文还是著作都应该了解，以供参考。对外国的有关著作、论文更应该阅读，包括对外国的一些资料中

---

① 《在亚非会议全体会议上的发言》，载《周恩来外交文选》，中央文献出版社，1990年5月第1版，第112~125页。

② 鲍大可：《周恩来在万隆》，中国社会科学出版社，1985年版，第23~24页。

的数字也要重视并进行研究。要善于分辨是非、决定取舍，不要照抄照搬、人云亦云，尤其是对一些不同看法和观点更要妥善辨析。学习研究国际问题切忌武断臆测、想当然，也切忌主观、片面、搞绝对化，还切忌简单、极端、忽视矛盾的复杂性。一定要从实际出发，注意到方方面面，具体问题具体分析，把握好事物、矛盾变化的进程，注意从量变到质变的度。只有这样才有可能逐渐学会科学地去分析、研究国际问题，从单个问题到一类问题、从对复杂的国际关系研究到对整个国际社会的发展进行研究，才可能作出比较接近以至符合实际的结论。古人云：不识庐山真面目，只缘身在此山中。但是，只要我们对此"山"的一峰一谷、一溪一水、一景一观都去攀登体会、都去观察揣摩，以至都作出自己的札记，深信还是能识"庐山"真面目的。毛泽东有一句名言："没有调查，就没有发言权。"① 这在研究国际问题上是完全适用、更加重要的。

3. 要持之以恒，长年不懈

有些人觉得学习和研究国际问题很神秘，这是对国际问题接触不多、不甚了解所致。其实，国际问题研究和其他学科一样，也是一门科学，也有它自身发展的规律，研究它同样也有可以遵循的客观规律。因此，我们要破除神秘观念，以科学的态度对待它。和神秘观念相联系的还有一种畏难情绪，就是怕学不好。应该承认，学习和研究国际问题有它的特点和难度。国际问题受多种势力和因素的制约和影响，涉及范围广阔，情况复杂多变，有些情况保密，甚至故意制造假象，政策性强，而且灵活，对同一个问题因为利益得失不同，会采取完全不同的态度和对策……的确研究起来有它的难度。但是，也绝不是高不可攀，只要我们以正确的思想作指导，端正态度，扎扎实实下工夫，还是能够学好的。我们要由小到大、由个别方面到多方面再到全面、由专题研究到综合研究，循序渐进、步步深入，这样肯定能取得很好的成绩。当然，这必然要经历一个过程，尤其是刚起步的时候更是如此。长期坚持搜集某个问题的资料，包括各个方面的资料，到一定阶段进行整理和研究，就可以提出对这个问题的初步看法。随着搜集资料的深入、全面和分析能力的提高，对所研究问题的看法或结论的价值和意义就会越大，也就是更符合实际、更深刻、更正确、更有指导意义。一个问题的研究如此，更多的问题、多方面的问题以及综合的研究也如此。只要持之以恒就可以成功。

以上三点，概括起来，就是坚持以马克思主义为指导，进行深入的调查研究，并持之以恒，这样就一定能学好这门课程，达到预期的目的。

四、研究世界格局的重要性及研究方法

世界政治经济与国际关系这门课程的教学目的是让我们对当今世界有一个整体的、基本的、正确的认识。它所涉及的领域十分广泛，有经济、政治、外交、军事、科技、文化以及历史、地理等；它所包含的行为主体、活动角色也是多种多样的，有

---

① 《毛泽东选集》第一卷，人民出版社，1991年6月第2版，第109页。

主权国家、国家集团、国际组织、跨国公司以及诸多非政府组织等；它既有历史的发展过程，对此要有全面的回顾与总结；也有现实的真实状况，对此要有正确的分析与认识；还有未来的前景趋势，对此还要有科学的预测与展望。这一切构成了一幅纷繁复杂、绚丽多姿、不断变化、扑朔迷离的图景。我们怎样才能通过教与学达到预期的目的呢？从研究世界总格局开始是最基本的、也是最好的方法，这是一种总体的、宏观的分析，弄清了世界总格局也就把握了世界政治、经济与国际关系的全局。在总揽全局的基础上，我们再逐一地去分析、认识一个个的问题，一个个的国家，一个个的地区，一个个的事件……总括起来就构成对当今世界的整体的、基本的、正确的认识。抓住世界总格局就是抓住了纲，纲举目张，其他的问题也就各得其位、一目了然了。

1. 研究世界格局的重要意义

所谓格局是指事物内在的结构、状态、局面。世界格局是指国际舞台上的各种力量（主要是主权国家和国家集团及有关的组织机构等）相互联系、相互作用，在一定时期内形成的一种结构状态或局面。它可以是单极格局，即一家独霸；也可以是两极格局，即两个超级大国的激烈争夺世界霸权及其对世界事务的控制；也可以是多极世界，即多种力量的相互制约，以影响和决定世界事务的发展。世界格局既是相对稳定的，又是变化发展的。作为一种力量对比的结构状态，它并不是瞬息万变、捉摸不定的，在一定时期内具有相对稳定性；但它又有变化发展的一面，各种力量之间的对比状况经过量变发生质变时就会导致世界格局的变换。研究国际问题或认识了解世界一般地讲有三个层次：时代、格局、形势。时代是最高的层次，是一个大概念，涉及时间比较长，有相当的稳定性，如封建时代、资本主义时代、从资本主义向共产主义过渡的时代等。格局是中间层次，它也涉及经济、政治和文化等诸多方面，各种力量的构成，但涉及时间比较短些，有相对的稳定性。在时代不变的情况下，格局可以变化，如第二次世界大战后的两极格局，20世纪90年代初开始的多极化的发展趋势。形势是最低层次，是指国际舞台上发生的一时、一国或一事的发展变化，经常处在不断的变化之中。一般情况下，它不会影响格局和时代的稳定，但也有事件发生引起格局的变化的情况，如苏联解体使两极格局向多极化趋势发展，还有些事件的发生可以引起时代的变化，如俄国十月社会主义革命的胜利，人类社会开始了从资本主义向共产主义过渡的时代。当然，更多的事件并不具有这样的作用或影响，我们要善于分析、掌握分寸。由此可知，研究和把握世界格局是一个中间环节，具有十分重要的意义。

首先，研究世界格局有助于我们从整体上把握整个世界。我们的研究对象是国际社会这个大系统，它包含的内容非常丰富，涉及的领域十分广泛，反映的关系异常复杂，还处在不断的变化中。特别是国际社会内的各种行为主体，由于所处历史阶段不同，经济发展水平不同，社会基本性质不同，各自追求的利益不同，奉行的政策原则不同，因而在国际舞台上的地位和作用也有很大的差别。面对这样一个复杂多变的国际社会，要了解和研究它只能从世界格局入手。我们研究世界格局，能够对一定时期内国际社会的构成现状及其发展趋势有一个整体把握和基本的认识。

其次，研究世界格局有助于我们进一步了解国际舞台上的各种角色，特别是发挥重要作用的角色。国际舞台上各种角色的对外联系、相互作用无不受到整个世界力量对比状况和国际环境的制约，都是在一定的世界格局下发挥作用的。在不同的世界格局中各个角色所发挥的作用是不同的。因此，要了解和研究各个行为主体在国际舞台上的地位和作用，首先必须把握整个世界力量对比的结构状态，要把握世界格局，了解不同世界格局发展的不同特征。只有把各个角色、每个局部都放到世界格局和世界总体中去进行研究，才能正确了解某个国家的地位、作用、对外战略及其和其他国家的相互联系，并给予正确的定位和评价，从而避免片面性、简单化和孤立地看问题。

再次，研究世界格局有助于我们把握国际社会发展变化的一般规律。唯物辩证法认为，世界上一切事物都是和其他事物相联系而存在和发展的，整个世界是一个相互联系的整体，任何事物都是这个统一的联系网上的一个部分、一个点。我们研究的国际社会正是这样一个由各种力量相互联系、相互作用而形成的大系统，并且国际社会的行为主体不断增多，如主权国家、国家集团、国际组织、跨国公司和世界政党等。尽管各种力量之间的关系错综复杂，千变万化，但这种错综复杂关系的变化总是循着一定的规律而展开和进行的。恩格斯在 1890 年 9 月 21～22 日《致约·布洛赫》的信中就揭示了这个规律，即人们常称的"合力"论。[①] 在国际舞台上，正是由于各种力量形成了一个整体的、不自觉的和不自主的总的合力在推动着国际社会发展和前进，世界格局的构成及其发展演变就是各种力量相互较量、相互制约的结果，是"合力"的产物。我们把握了世界格局，就能够比较清楚地看到多种力量作用和变化的状况，从中掌握国际社会发展变化的一般规律。

最后，研究世界格局有助于清醒地认识我们自己在这个世界格局中的地位和作用，从我们自己和其他角色的比较分析中正确地估量自己，从而区别不同的对象，制定相应的对策，形成自己的正确的国际战略和对外政策。离开了对世界格局的正确认识，离开了对世界舞台上各种角色的正确认识，离开了对自己的正确估量，是不可能有自己正确的国际战略和对外政策的。当然，随着世界格局的变化，各种角色的力量对比的变化，以及我们自己实力及地位的变化，我们的国际战略和对外政策也要调整变化，这是无疑的。

2. 研究世界格局的主要方法

研究世界格局的方法主要应把握以下三个要点：

（1）马克思主义的辩证唯物主义和历史唯物主义是我们研究世界格局的指南。世界格局是一种客观存在，其中的各种力量又有密切的联系，既有对立的，又有统一的关系，还在不断地发展变化之中。我们一定要用唯物辩证法的思想作指南去进行研

---

① 详见《马克思恩格斯选集》第四卷，人民出版社，1995 年 6 月第 2 版，第 697 页。

究，不能搞唯心主义，也不能搞形而上学，也就是要遵循马克思主义哲学中所揭示的物质运动的规律——对立统一的规律、质量互变的规律、否定之否定的规律等去进行研究。

有人主张，研究世界格局要运用系统论的方法。这也是对的。这些年来，系统论的方法不仅在自然科学领域里得到了广泛的应用，对一些社会科学的研究也产生了有力的推动作用。系统论的方法主要包括以下几条原则：①整体性原则，要求把研究对象纳入到它所属的整体中，从整体来认识和看待。②相互联系原则，强调整体内部各部分、各要素相互之间的有机联系。③有秩序原则，即整体内部各部分、各要素的联系是有一定的秩序和规律的。④动态原则，即整体、部分及各要素都处于运动之中。⑤定量化原则，即它们的运动、变化都以一定的数量表现出来。这些原则对我们研究国际问题显然都是适用的。我们研究世界格局也是把我们的研究对象——国际社会作为一个大系统来进行研究的。我们认为，强调以马克思主义的辩证唯物主义和历史唯物主义作指导和运用系统论的方法来研究，两者是没有矛盾的，而且是基本一致的。

（2）把握时代发展的特征及其基本矛盾是研究世界格局的大前提。时代是我们研究国际问题的最高层次，也是马克思主义研究国际问题的基本观点和根本特点。马克思、恩格斯讲过他们所处的时代是"资产阶级时代"，这是他们分析国际问题的起点。列宁进一步强调，只有首先分析了从一个时代转变到另一个时代的客观条件，才能够了解我们面前发生的极其重大的历史事件。而时代的划分归根结底取决于哪个阶级是这个或那个时代的中心。在资本主义产生初期或自由资本主义时期，是资产阶级革命的时代。这个时期的世界格局则以新生的资本主义国家同封建阶级居统治地位的国家之间的斗争为主要特点。到了19世纪末20世纪初，进入到垄断资本主义阶段，进入到"帝国主义时代"、"无产阶级革命的前夜"，从世界格局来说，资本主义列强争夺世界霸权，操纵和决定世界命运是主要特征。伟大的十月社会主义革命的胜利开辟了人类历史的新纪元，从此开始了从资本主义向共产主义过渡的新时代，世界格局也随之出现了新变化，即无产阶级执掌政权的新国家开始登上国际舞台，作为一种崭新的革命的力量参与国际生活，对资本主义列强的争夺霸权产生着不断扩大的影响，反法西斯战争的伟大胜利，社会主义国家增多，它的影响更大，以致形成了两极格局。后来随着民族解放运动的不断高涨，民族独立国家的大量涌现，逐渐形成一支新兴的政治力量，必然导致世界格局的新变化。经过战后几十年的发展，20世纪80年代后期，邓小平总结世界上力量对比的变化和新形势、新因素、新问题的出现，提出"和平与发展"是当今世界的主题，取代了原有的概念，预示着世界格局的新发展，到20世纪90年代初，正式提出了"多极化发展趋势"的论断。当然，从大的时代来说，仍然是从资本主义向共产主义过渡的时代，只是进入了一个新的阶段。

（3）正确地估量各种力量是把握世界格局及其变化的基本方法。国际舞台上两种或多种力量的实力对比达到一定的平衡，形成特定的均势，构成一定的格局。由于力量发展不平衡规律的作用，经过一定时期，均势必定会被打破，随之会出现新的格局。研究世界格局，必须善于正确估量各种力量的发展变化以及把握各种力量之间实力对比的变化。当然，我们最应关注的是那些对于格局的变化起举足轻重作用的力量，大国、强国的特定作用是不能否认的。这是客观存在，不以人们的主观意志为转移。

现在人们评价一个国家的实力或力量，不再只是强调某一个或两个因素，如人力、经济力或军事力，而是强调一个国家的综合实力。一般地讲，主要从两方面来评估：一方面是有形的因素，包括地理条件、人口资源、自然资源、经济实力和军事实力等；另一方面是无形的因素，包括政府效能、政治制度、领导素质、国家和政府的国际信誉、对外部的依赖与外部的支持、对突发事件的预测及其应付能力等。只有把这两方面结合起来，作全面的分析，才能对一个国家的综合国力作出客观、科学的估量，也才能对其对世界格局所产生的影响作出符合实际、真实可靠的预测。

关于综合国力的计量，国内外学者提出了各种不同的计算公式，其中较早的、影响较大的是美国学者克莱因于 1975 年出版的《世界权力的评价》一书中提出的公式，即 $P_p = (C+E+M) \times (S+W)$。这里 P_p 是被确认的权力、力量或实力，C 是人口和领土构成的基本实体，E 是经济能力，M 是军事能力，这些可视为物质因素；S 是战略意图，W 是实现战略的意志，这些是精神因素。这个公式简明扼要地说明了在估量国家力量时，不能只看重某一个或两个因素，而要作全面的、综合的估量；既看到物质的因素，也看到精神的因素，两者的关系是相乘，而非相加。这些都是很可取的，它提供了估量国家综合国力的最简明的计算方法和思路。当然，这个公式也有其不足之处，量化起来不可能很精确，是指一种静止状态，特别是对精神因素的估计难免有主观的成分等。正因为如此，后来有许多新的公式出现，更全面、更科学、更详细、也更复杂和更专业化，克莱因的公式提供了一个基本思路，以后的新公式是在此基础上的丰富和发展。我国也有专门研究综合国力的专家，提出了一套研究综合国力的公式，是对前人研究成果的吸收与发展。

在以往的历史实践中，我们有过对人的因素估量的失误，还有偏重军事、忽视经济的问题，也有过夸大意志的作用、脱离客观实际的问题，这是应该引以为戒的。我们评估别国的综合国力要客观科学，评估自己的综合国力更应如此。前者要做好更难一些，后者相对来说容易一些。所以，我们更应该做好，这是制定发展战略和国际战略不可缺少的依据，需要高度重视。知己知彼，百战不殆，我们要实现自己的战略目标非做好这一点不可。

第一章　当代世界总格局

第二次世界大战结束已经 60 多年了，我们怎么看待这半个多世纪世界的发展变化？它经历了几个阶段、各有什么特点？新世纪有什么新变化？世界前景如何？在分析回答这些问题时，我们要综合分析，既讲经济，也讲政治，经济是基础，政治是经济的集中表现。我们讲总格局，就是从宏观的、总体的、综合的高度对这几十年世界的发展变化作一个扼要的介绍，提供一个认识的线索和轮廓。

第一节　战后世界两极格局的形成、演变和终结

1945 年 9 月，以日本全面投降为标志，宣告了第二次世界大战（后称世界反法西斯战争）的全面胜利。在战争后期形成的雅尔塔体制奠定了战后两极格局的基础，一直到 1991 年 12 月苏联解体，宣告两极格局终结，它有一个发展演变的过程。正确认识这一发展演变过程，不仅是我们熟悉历史的需要，也是正确认识当今世界现实的重要依据，只有了解了昨天，才能正确认识今天。而了解中国在这个过程中地位和作用的变化也是十分重要的，中国是世界的中国。

两极格局的形成、演变和终结可以分为以下几个阶段：第一阶段即战后初期，美国凭借其雄厚的经济、军事和科技实力妄图称霸世界，推行反苏、反共的遏制政策，引起了苏联的强烈反对，并采取了相应的对策，由此形成了两极。第二阶段即 20 世纪 50 年代，以美国为首的帝国主义阵营和以苏联为首的社会主义阵营在政治、经济、军事、意识形态诸方面全面对峙。第三阶段即 20 世纪 60 年代，国际舞台上的力量构成发生了急剧的动荡、分化和改组，原以美、苏为首的两个阵营的对立演变为美、苏两个超级大国的对峙。第四阶段即 20 世纪 70 年代初到 80 年代中期，在美、苏两个超级大国激烈争夺的同时，多种力量迅速发展。第五阶段即 20 世纪 80 年代中期到 90 年代初，由美、苏之间的缓和导致全面缓和，在缓和背景下多种力量继续发展的同时，出现了东欧剧变、苏联解体，宣告两极格局终结。

一、雅尔塔体制与战后初期美国称霸世界的全球战略

反法西斯战争的胜利使国际舞台上的多种力量发生了极为深刻的变化：意、德、日三个法西斯国家相继投降，丧失了在国际舞台上的平等地位；英、法两个世界强国尽管是战胜国，但实力极大地削弱，欧洲的世界中心地位也随之丧失；美国在经济、军事、科技诸多方面都居世界领先地位，成为实力最强大的国家；苏联经受了战争的严酷考验，成为拥有巨大实力、享有崇高威望的社会主义强国；欧洲和亚洲相继建立一批人民民主国家，使国际舞台上力量对比发生了有利于苏联的新变化；在亚洲还出

现了最早的几个民族独立国家，是民族独立国家大批涌现的前兆。总之，经历了世界大战灾难的世界各国人民反对世界大战、渴望世界和平成了一股不可阻挡的洪流。正是这种力量对比的变化成为战后雅尔塔体制的基础。

雅尔塔体制是指第二次世界大战后期，美、英、苏三国首脑经过德黑兰会议（1943年11月28日~12月1日）、雅尔塔会议（1945年2月4~11日）和波茨坦会议（1945年7月17日~8月2日）三次会议，就如何加快反法西斯战争的胜利以及处理战后问题达成的一系列协议。德黑兰会议主要讨论了开辟第二战场、加快打败德国法西斯及实现战后的和平问题。雅尔塔会议主要讨论了加快打败日本法西斯及战后的具体安排，签订了《雅尔塔秘密协定》。波茨坦会议进一步讨论了战后的各项安排，决定解除德国的全部武装，彻底摧毁纳粹主义，发表了中、美、英三国促令日本投降的《波茨坦公告》和苏、美、英三国《柏林（波茨坦）会议协定书》。这三次会议和所签署的文件形成了雅尔塔体制。应该承认，雅尔塔体制的形成对于加速反法西斯战争的胜利，消除德、日军国主义势力都起了重大作用，而且还表明不同社会制度和意识形态的国家为了共同利益相互尊重、求同存异是可以实现有效合作、和平共处的。它在历史上起过一定的积极作用，但是，它的消极作用也是明显的，它具有美、英、苏三国根据自己的实力和利益争夺胜利果实的性质。在它们的协议中，一些国家的主权遭到了严重的践踏。因此，可以说雅尔塔体制的实质是美、苏两国划分势力范围，它奠定了战后两极格局的基础。

战后美、苏两极格局的形成，是从美国凭借自己雄厚的实力推行独霸世界的全球战略开始的。在战争期间，美国经济实力膨胀，发了战争财。同时，其军事与科技实力也快速增长，成为军事和科技方面在世界领先的国家。据统计，1948年，其工业生产总值约占世界的1/2，进出口贸易额为世界的1/3，黄金储备占世界的3/4。1943年，美国总统罗斯福授意戴维斯发表了"罗斯福的世界蓝图"一文，提出了把苏联纳入自己的"合作"蓝图来达到称霸世界的构想。1945年4月罗斯福逝世，杜鲁门继任总统后，开始改变罗斯福的美、苏合作政策，认为强大的苏联是建立美国世界霸权的主要障碍，强调要对苏联采取强硬政策。为此，采取了一系列措施：1946年2月22日，美国驻苏代办乔治·凯南给美国国务院发回一份长达8000字的电报，对第二次世界大战后苏联的"理论、意图、政策和做法"进行了全面的分析，提出了一套所谓"遏制"苏联的"冷战"政策；3月5日，英国前首相丘吉尔应邀在美国富尔敦发表了所谓"铁幕"演说，呼吁美、英合作，建立军事同盟以共同对付苏联的威胁；9月，杜鲁门的白宫助理白拉克·克利福德编写了长达50页的"美国与苏联关系"的报告，正式提出对苏实行"冷战"的纲领。这些都是杜鲁门政府为对苏实行"遏制"、"冷战"政策以实现其独霸世界的目的做的思想准备和舆论准备。

"杜鲁门主义"的出笼是美国妄图独霸世界的第一个重要步骤。1947年3月12日，杜鲁门在美国国会特别联席会议上发表了关于援助希腊、土耳其的演说，声称希腊受到了共产党领导的武装力量的威胁，如果希腊陷落，将严重影响土耳其，从而直接影响欧洲、中东和整个"自由世界"。他要求国会批准拨款几亿美元，援助希腊、土耳其，重建经济生活，抵制共产主义的"扩张"。"杜鲁门主义"是美国对外政策的转折点，公开打出了反苏、反共的旗号，向整个资本主义世界发出了反苏、反共的政治动员令，是对苏"冷战"开始的标志，也确立了对社会主义国家的基本态度和政策。

"马歇尔计划"是美国称霸世界计划的重要组成部分。美国国务卿马歇尔1947年6月5日在哈佛大学毕业典礼上发表演说，提出美国帮助欧洲经济复兴的计划，次年为国会批准。据此，美国在1948~1952年共向西欧各国提供了近130亿美元的援助。它一方面为美国的过剩产品和资本找到了国外市场；另一方面则通过援助实现了对欧洲经济上的控制。该计划的实施在一定程度上帮助了当时处境极端困难的西欧各国渡过战后的难关，有利于西欧经济的恢复和发展；同时，也加强了资本主义世界的经济联系，形成了资本主义世界的经济联盟。从根本上说，它有利于美国在资本主义世界霸权地位的确定。

美国为了称霸世界，还加强了对亚洲的扩张。战后它独占了日本，1947年又调整了对日本的政策，保护和扶植右翼势力，把日本作为向远东以至亚洲扩张的基地。它还在中国支持蒋介石政府打内战，妄图消灭在抗日战争中发展壮大起来的中国共产党领导的人民革命力量，在中国建立一个亲美反共的独裁政权，变中国为它在远东以至亚洲最大的战略基地。这样既可以取代英、法，又可以抵御苏联，是美国称霸亚洲以及世界的如意算盘。

杜鲁门在1949年1月他的第二任总统就职演说中提出了美国外交方面的四点主要行动计划。其中第四点的内容是利用技术和资本输出对不发达国家进行经济和政治渗透，这就是所谓的"第四点计划"。它的实质是通过援助的形式来控制这些国家，它是"杜鲁门主义"的发展、"马歇尔计划"的补充，是一种新殖民主义的政策。

最后，《北大西洋公约》（简称北约）的建立使美国得以控制欧洲的防务体系。1949年4月，美、加、英、法、比、荷、卢、丹、挪、葡、意和冰岛12国在华盛顿签订了《北大西洋公约》，这是资本主义世界各国在军事上实现战略同盟的标志，是"马歇尔计划"合乎逻辑的发展，是美国称霸世界计划的又一组成部分。后来北约还不断扩大，吸收新成员。

以上这些就是美国推行独霸世界全球战略的基本事实。美国之所以能够这样做和敢于这样做是以它的雄厚实力为基础的。从第二次世界大战后期开始，美国就积极筹划建立联合国，以确立它在国际事务中的主导地位。随后，又通过"布雷顿森林体系"的建立确立了美元的世界货币及其统治地位，后又建立了世界银行、国际货币基金组织，1947年又建立了关税贸易总协定，由此，确立了它在世界经济中的主导地位。和上述它在战略上的几项措施一起，战后初期它的世界霸主地位就得以建立起来。

二、20 世纪 50 年代两大阵营的全面对峙

美国杜鲁门政府咄咄逼人的攻势和以美国为首的帝国主义阵营的形成，构成了对苏联和欧亚人民民主国家的严重威胁。苏联采取相应的措施，把欧亚人民民主国家组织起来，逐步形成了以苏联为首的社会主义阵营，和以美国为首的帝国主义阵营相对抗。正是这两大阵营的全面对峙成为 20 世纪 50 年代世界格局的最大特点。

苏联针对美国的"马歇尔计划"加强了与东欧各国的经济合作，在 1947 年 7~8 月间先后分别同保、捷、匈、波、罗五国签订了贸易协定，帮助东欧各国恢复和发展经济，加强经济联系，西方将这些贸易协定称作"莫托洛夫计划"。随后，1947 年 7 月，苏联支持成立了欧洲九国共产党工人党情报局，成员是苏、南、波、罗、保、匈、捷和法、意 9 个共产党和工人党，这是苏联针对"冷战"形势采取的一个重大战略措施。从 1947 年初到 1949 年初，苏联和东欧大多数国家之间先后签订了 16 个双边友好合作互助条约。1949 年又在莫斯科成立了经济互助委员会，简称"经互会"；最初成员是苏、保、匈、罗、波、捷六国，1949 年 2 月，阿尔巴尼亚加入；1950 年 9 月，民主德国加入。这是针对西方的封锁采取的对应措施，这些都是社会主义阵营形成的重要步骤。应该特别提出的是，1949 年 10 月 1 日中华人民共和国成立，苏联和东欧各国迅速承认并与其建立外交关系，尤其是 1950 年 2 月《中苏友好同盟互助条约》的签订形成了中苏两个大国的军事同盟，把欧亚社会主义国家连成一片，极大地增强了社会主义阵营的力量。后来，针对西方阵营在 1955 年 5 月把联邦德国拉入北约，苏联和东欧各国在华沙缔结了《华沙条约》，中国国务院副总理兼国防部部长彭德怀以观察员代表中国参加了这次会议。从此，两个对立的军事集团北约和华约也正式形成。以上是社会主义阵营形成的过程，这对于保卫自身安全、免受帝国主义的侵略，对于保卫世界和平、反对帝国主义的侵略政策和战争政策，对于促进和支持民族解放运动的发展、进一步改变世界力量的对比，都起了十分重要的作用。社会主义阵营是当时唯一能与帝国主义阵营相抗衡的力量。

随着社会主义阵营的形成与发展，在国际舞台上出现了两大阵营的对峙与斗争，表现在政治、经济、军事、意识形态等各个方面。这种对峙与斗争贯穿于整个 20 世纪 50 年代。

1. 政治上主要表现为两面旗帜的斗争

帝国主义阵营打着反苏、反共的旗号，以防止共产主义扩张的幌子在全世界推行侵略政策和战争政策，到处支持反动独裁政权，镇压人民革命斗争和民族、民主运动，对社会主义国家实行"冷战"，为此，还签订了一系列的军事条约，对社会主义国家构成了半月形包围圈，进行威胁和"遏制"。社会主义阵营则高举和平、民主的大旗，团结世界上一切爱好和平的力量，开展声势浩大的世界和平运动，同帝国主义的侵略政策和战争政策进行坚决的斗争，维护世界和平，支持被压迫民族和人民的民族、民主运动和革命斗争，主张不同社会制度的国家实行"和平共处"。

2. 经济上主要表现为封锁和反封锁的斗争

早在 1947 年，美国就宣布对社会主义国家实行战略物资禁运。1949 年 11 月，以美国为首的 15 个西方国家成立了"巴黎统筹委员会"，负责对社会主义国家实施禁运，严格控制向社会主义国家的物资出口，尤其是绝对禁止所谓"战略物资"向社会主义国家出口。对新成立的中华人民共和国也不例外，在美国的操纵下，"巴黎统筹委员会"对我国实行了长期禁运。它们企图以此来阻挠和破坏社会主义国家经济的恢复与发展，加深社会主义国家的困难以致困死这些国家。为了打破帝国主义国家的封锁禁运，社会主义国家展开了各种形式的斗争：一是在强调自力更生的基础上，立足于发展社会主义国家之间的经济合作与互助；二是大力发展与新兴民族独立国家之间的经贸关系，借以打破西方国家的封锁；三是努力探寻和扩大与西方国家之间的民间贸易，购进一些社会主义建设必需的物资。正是通过多种形式的斗争，社会主义国家逐步打破了西方的经济封锁，实现了自己的发展。

3. 军事上集中表现为 1950 年 6 月 25 日爆发的朝鲜战争

这是美国在第二次世界大战以后打着联合国旗号进行的第一次大规模侵略战争，是两大阵营在军事上的第一次较量。朝中两国人民在苏联的支持下进行了反对美帝侵略的英勇斗争，最终迫使美国于 1953 年 7 月 27 日签订《朝鲜停战协定》，在"三八"线上实现停战。1954 年，越南人民抗法战争的胜利也可以说是两大阵营在军事上的一次较量，法国方面得到美国的支持，越南方面有中国的援助，结果是越南人民取得了最终胜利。当然，无论朝鲜战争还是越南战争都是局部战争，无论战争的规模、卷入战争的国家，还是使用的武器、战争持续的时间，都没有形成两大阵营全面的军事对抗。总的来看，美国和西方国家的侵略行径没有能够得逞，社会主义国家显示出高昂的斗志和旺盛的生命力。因此，从 1953 年起美国开始搞"冷战"。

4. 在意识形态领域主要表现是和平演变与反和平演变的斗争

早在 20 世纪 50 年代初，西方在军事取胜无望的情况下，提出了和平演变的战略思想，要用非战争的手段来颠覆社会主义国家。1953 年初，美国国务卿杜勒斯最先提出，要用战争以外的一切手段来解决社会主义国家的问题，要解放"铁幕"统治下的人民。从艾森豪威尔开始美国历届总统都极力地推行这一战略——和平演变战略，虽各有不同的特点，但本质都是一致的。社会主义国家对此保持着高度的警惕，在 20 世纪 50 年代采取了各种有效的措施来反对和防止西方的和平演变，并取得了相应的效果，巩固和发展了社会主义事业。

总之，整个 20 世纪 50 年代，世界格局的特点就是两大阵营的对峙和斗争。尽管这一时期涌现了一批民族独立国家，并在国际舞台上开展活动，但当时对世界格局的影响还是有限的。1955 年，第一次亚非会议的召开（又称万隆会议）是这些国家开始团结奋斗、维护自己的主权和利益，反对帝国主义和新老殖民主义的一个重要标志，举世瞩目，但后来由于国际国内多种因素的影响，后续活动没能有效地展开。从苏、美关系来看，尽管在 20 世纪 50 年代中后期，双方全球战略有所调整，一度出现过关系缓和的局面，双方首脑在戴维营举行了会晤，有所谓"戴维营精神"，但为时短暂，因美国 U－2 无人侦察机在苏联领空被击落，双方关系又紧张起来。从全球范围来看，全面对峙局面并未发生根本变化。

三、20 世纪 60 年代的动荡、分化与改组

20 世纪 60 年代，整个国际形势发生了巨大而深刻的变化。一方面，新兴力量在崛起；另一方面，原有力量在不断分化和重新组合。世界格局由此发生了大动荡、大分化和大改组。正是在这种变化中，孕育着世界格局多极化发展趋势的种子或幼苗。

1. 民族独立国家的大批涌现和第三世界的崛起冲击了两极格局

第二次世界大战的胜利给被压迫民族的解放事业开辟了更加广阔的道路。在第二次世界大战胜利的鼓舞下，许多国家掀起了民族解放运动的高潮。1947 年，印度这块英国最大的殖民地、号称英国女皇皇冠上的一颗最明亮的珍珠宣告独立；1949 年，中国人民的革命事业在中国共产党领导下取得了伟大的胜利，宣告了中华人民共和国的诞生；随后，朝鲜人民抗美斗争和越南人民抗法斗争的胜利，还有 1955 年万隆会议的胜利召开……这些都推动着亚、非、拉民族解放运动的高涨，到 20 世纪 60 年代，涌现了一大批民族独立国家。到 20 世纪 60 年代末，亚、非、拉总共有 104 个民族独立国家，其中，新独立的国家近 2/3，达 69 个。正是在这个发展进程中，1961 年诞生了"不结盟运动"，它针对两大阵营的尖锐对立明确提出奉行非集团、不结盟的政策，它的成员超越了万隆会议亚、非地域的界限，面向亚、非、拉、欧、澳等各大洲；后来还在反帝、反殖斗争的同时明确反对苏联的霸权主义，自然成了新兴民族独立国家政治上的代表。1964 年，在联合国的第一届贸发会议上，有 77 个新兴民族独立国家和地区联合起来，发表了联合宣言，维护自己的经济权益，为改变国际经济旧秩序而斗争，"77 国集团"的诞生，成了新兴民族独立国家经济上的代表，它们为维护自己的政治经济权益，不断地进行着反帝、反殖、反霸的斗争，第三世界作为一个整体，开始成为活跃在国际舞台上的一支不容忽视的重要力量，不论在支持殖民地民族解放运动、缓和世界紧张局势方面，还是在维护自己的正当权益、反对新老殖民主义和霸权主义方面，尤其是随着这些国家纷纷加入联合国、改变联合国面貌方面，都在发挥重要作用。这一切，无疑地对两大阵营对峙的格局起了巨大的冲击作用，推动着 20 世纪 60 年代国际格局的变化，只是由于它的实力有限，还不可能根本改变两极格局。

2. 由于经济政治发展不平衡规律的作用导致帝国主义阵营内部发生分化

20 世纪 60 年代以前，美国是资本主义世界的霸主，但是，到了 20 世纪 60 年代，帝国主义阵营内部各国的经济实力对比发生了新的变化。日本和西欧的经济迅速发展，不仅发展速度超过美国，实力差距也日益缩小，美国则呈相对衰落的态势。这种实力对比的变化导致美国对日本、西欧政治经济控制力的下降，日本、西欧独立自主倾向的发展使它们不愿再充当美国的"小伙计"，力图发挥自己在国际舞台上的独立作用，以更好地维护和实现自己的利益。欧洲共同体的建立和发展，西欧联合自强趋势的加强；法国"戴高乐主义"的提出，在西方大国中率先第一个和中华人民共和国建交，主动改善和苏联的关系；联邦德国基于国家和民族利益的考虑提出和奉行"新东方政策"，主动改善和民主德国、东欧诸国以及前苏联的关系；欧共体和非洲、加勒比地区、太平洋地区 44 个国家签订《洛美协定》等；还有日本在推行经济外交的同时要求在对外关系方面有更多的自主权利，要求修改 20 世纪 50 年代所签订的《日美安全条约》等；以上这些都表明帝国主义阵营内部由于实力对比的新变化已经发生日益明显的分化。当然这绝不是说美、日、欧之间的同盟关系已经解体或完全破裂，在对付苏联和社会主义阵营上他们还是一致大于分歧，或者说还是基本一致的；由于实力差距仍然存在而且不小，所以日本和西欧的"独立"也还是很有限的。到20世纪60年代末70年代初，在资本主义世界出现了美、日、欧三大中心，并呈美、日、欧三足鼎立的局面，即使这样，他们在军事、政治、外交许多方面仍然保持着同盟关系。这个阵营有了分化，但并未完全破裂。

3. 由于苏联推行霸权主义政策，导致社会主义阵营的解体

战后初期，苏联的对外政策对于维护世界和平、促进欧亚社会主义国家事业的发展起了积极作用。但是，其大国主义倾向已有所显露，1948年爆发的苏联和南斯拉夫的冲突不仅在社会主义国家间造成了严重后果，也为世界各国所关注。在赫鲁晓夫时期，其大国主义进一步发展为霸权主义。1956年，接连出现了波兹南事件和匈牙利事件，苏联悍然出动武装力量进行干涉，把其他社会主义国家视为自己的势力范围，要求这些国家按照自己的意志行动，服从苏联的路线和战略。苏联的这种行径必然遭到反对，使得苏联和其他社会主义国家的关系都很紧张。中国曾对此提出过善意的批评和建议。此后，苏联曾一度调整了同东欧国家的关系，但并未从根本上认识和改正自己的错误，并很快加强了对这些国家的控制，使社会主义国家之间的矛盾更加尖锐。20世纪60年代初，苏联和阿尔巴尼亚的关系破裂，苏、中关系也急剧恶化，社会主义阵营已经濒临解体的边缘。1964年，勃列日涅夫上台后，随着其经济，尤其是军事实力的增长，苏联更加肆无忌惮地推行霸权主义政策，和美国争夺世界霸权。1968年，捷克斯洛伐克从上而下掀起了改革的浪潮，为苏联所不容。1968年8月，苏联竟悍然纠集波兰、匈牙利、保加利亚和民主德国四个华约成员国出兵捷克斯洛伐克，镇压捷克斯洛伐克的改革。随后，还提出了"主权有限论"、"国际专政论"等荒谬理论来为其霸权行径辩护。其实，无非是欲盖弥彰，更加暴露其真面目而已。1969年3月，苏联又出兵入侵中国领土珍宝岛，打死打伤中国边防军民多人，严重侵犯中国的主权。1969年8月，其武装力量再次侵入中国新疆，制造流血事件，遭到了中国的反击。以中、苏两个社会主义大国关系的彻底破裂为标志，宣告了社会主义阵营的完全解体。当然，中、苏关系完全破裂了，苏联、东欧集团还存在。但是，苏联和东欧诸国的矛盾一直在发展，潜伏着巨大的危机，这不仅制约着苏联的行动，也极大地削弱了社会主义国家集团的作用。

经过20世纪60年代的动荡、分化和改组，原来两个阵营的全面对峙到20世纪60年代末就变成了美、苏两个超级大国的激烈争夺，世界格局在酝酿着新的变化，孕育着世界格局多极化发展的趋势。

四、20世纪70年代初到80年代中期，美、苏两个超级大国的激烈争夺，多种力量的迅速发展

两个超级大国的激烈争夺是这一时期世界格局的主导方面。两国争夺的态势互有攻守，20世纪70年代美国处于守势，苏联处于攻势。80年代前期，美国处于攻势，

苏联处于守势。

20世纪60年代末尼克松就任美国总统时，面临着内外交困的形势，不得不调整对外战略，奉行以实力为后盾，以伙伴关系为核心，以谈判为主要手段的对外政策，即所谓的"尼克松主义"。为此，1972年2月，尼克松访问中国，签署了《中美上海联合公报》，打开了对华关系的大门，得以借重中国对付苏联；1973年3月，美军全部撤出越南，"体面地结束了越南战争"，平息了国内的反战运动；在处理同盟国的关系上，宣布建立"平等"的伙伴关系，得以维护出现了裂痕的同盟，稳住自己盟主的地位；在对苏的关系上，强调以谈判代替对抗，竭力谋求缓和，缓解紧张关系。这是美国为保住其霸权地位而采取的一种政策。尼克松因"水门事件"下台后，其后继者在整个70年代基本上都奉行这种政策。1981年，里根就任总统，面对国际地位下降和国内经济困难的严峻形势，提出了"扩军抗苏、重振国威"的口号，力图通过加强美国的经济和军事实力，扭转被动、不利的局面。1983年，提出"战略防御计划"倡议（即"星球大战计划"）。由此，在美、苏争夺中变守为攻。里根在其第一任期内取得了预期的进展。

苏联在20世纪70年代凭借自己迅速发展的军事和经济实力，除了在欧洲和美国搞局部缓和之外，在亚洲和非洲大肆扩张：在亚洲，支持印度肢解巴基斯坦，既更深入地向南亚渗透，也加强对中国的威胁；支持越南黎笋集团大肆反华并侵占柬埔寨，力图控制东南亚，并出兵太平洋；还在1979年底直接出兵占领阿富汗，威胁中国。在非洲，1975年，苏联在安哥拉挑起内战，打起一场"代理人战争"，力图控制安哥拉；1977年、1978年两次向扎伊尔的沙巴省发动攻击，要掠夺和占有其铀矿，打了一场"雇佣军战争"；同时，加紧向"非洲之角"渗透，利用索马里和埃塞俄比亚之争，控制埃塞俄比亚。苏联的战略就是要从亚、非两个侧翼包抄美、苏争夺的重点——欧洲，挑战和取代美国的霸主地位。到20世纪80年代初，苏联由于全力对外扩张加重了负担，经济出现了停滞局面，国际上空前孤立，加上领导层的老化，有点自顾不暇，特别是面对里根政府的挑战，不得不调整政策、呼吁缓和，在美、苏争夺中转为守势。

多种力量的迅速发展，主要是以下四种力量：

1. 第三世界作为一支独立的力量在国际舞台上发挥着反帝、反殖、反霸主力军的作用

20世纪70年代，旧的殖民体系被彻底打碎，绝大多数殖民地宣告独立，第三世界国家进入到发展民族经济、争取经济独立，以经济独立巩固政治独立的新时期。在国际上，第三世界的反霸斗争达到一个新水平，不仅波澜壮阔，席卷亚、非、拉，而且向纵深发展，由政治到经济，由反殖到反霸，并且加强联合，团结和组织起来，开展斗争，显示出蕴藏在他们中间的巨大力量。在联合国，由于第三世界国家占了绝大多数，开始改变其面貌，成为第三世界反霸斗争的讲坛。正是在第三世界众多国家的支持下，冲破了美国设置的重重障碍，1971年，联合国大会以超过2/3压倒多数票恢复了中华人民共和国在联合国包括安全理事会常任理事国的席位；不结盟运动在此期间相继召开了第三、四、五、六次会议，不仅队伍迅速扩大，力量不断增长，而且排除外部势力、霸权主义的干扰和破坏，为维护第三世界的政治经济权益而斗争，沿着自己既定的正确方向前进；"77国集团"的参加者也不断增多，并且明确提出建立国际经济新秩序的目标，为维护自己的经济权益进行了不懈的斗争，1973年的"石油战争"，即阿拉伯产油国拿起石油武器反对以色列及其支持者，显示出巨大的威力，取得重大胜利，使第三世界国家深受鼓舞；还有埃及和苏丹两国由于苏联的背信弃义愤怒地废除了与苏联签订的友好条约，驱逐了苏联的军事顾问和专家，沉重地打击了苏联的霸权主义。到20世纪80年代，第三世界国家在发展民族经济的斗争中面临着严峻的形势、碰到了新的问题，在探索和调整中继续前进。

2. 西欧的联合趋势进一步加强，成为制约两个超级大国的重要力量

1973年1月，英国、丹麦、爱尔兰三国加入欧共体。随着欧共体成员的增多，其实力进一步增强。在经济上，到1979年，欧共体九国的国内生产总值第一次超过美国，对外贸易3倍于美国，成为世界上头号贸易集团，黄金外汇储备超过了美、苏、日三国之和；在政治上，要求在对内、对外政策上采取"整体态度"，强调在世界上要"用一个声音讲话"，从20世纪70年代开始，欧共体确实就诸如欧安会、中东问题、安哥拉问题、南部非洲问题、苏联入侵阿富汗等一系列重大国际问题都采取了共同对策；在组织上，在1974年12月召开的欧共体成员国首脑会议上，决定把首脑会议确定为共同体九国的最高政治机构（即欧洲理事会），每年至少开会三次，讨论决定共同体经济、政治等重大问题。由此，西欧共同体各国无论在对美、对苏关系上，还是对中国、对第三世界的关系上，都奉行具有本身特点的独立政策，在国际舞台上成为一支颇有影响的重要力量，这既维护了他们自身的权益，提高了国际地位，也有利于缓和国际紧张局势，维护世界和平。

3. 日本力求在国际舞台上发挥与其经济实力相当的作用，要成为"政治大国"

20世纪70年代的日本，由于石油危机的冲击和资本主义世界经济危机的影响，虽然其经济转入低速增长阶段，但仍比其他发达国家的速度快。到70年代末，其国民生产总值突破1万亿美元，相当于联邦德国和英国的总和，占全世界国民生产总值的11%，是资本主义世界的第二大国。由于实力膨胀，它不甘心充当政治上二三流的角色，开始改变过去完全追随美国的外交政策，提出开展"多边自主外交"，谋求在国际舞台上发挥独立的作用，实现自己更大的利益。它在积极争取同美国建立"富有成果的伙伴关系"的同时，1972年9月，积极恢复和中国的正式邦交，力求同中国建立长期稳定的政治和经济关系，并且重视调整和改善同阿拉伯国家及其他第三世界国家的关系，进一步加强了同东南亚国家的关系。80年代初，日本首相中曾根康弘明确提出了日本要成为"政治大国"的目标。1983年1月，他在国会发表施政演说时提出，日本正处在战后的"重大转折时期"，要进行"战后政治总决算"，把建立"国际国家"作为发展方向。1983年7月，他进一步提出："要在世界政治上提高日本的发言权，增加日本不仅作为经济大国的分量，而且作为政治大国的分量。这是我任期

内的最大任务。"为此，日本开展了多方面的活动和长期不懈的努力。

4. 中国在国际舞台上的地位不断提高，日益发挥着自己独立的作用

1971年，在众多第三世界国家的支持下中国恢复了在联合国及安理会常任理事国的席位之后立即开始积极地参加到国际事务中来。1972年，美国总统尼克松访华，中、美关系开始解冻，并向改善和正常化方向缓慢发展，最终于1979年1月1日两国正式建立大使级外交关系。1972年9月实现了中日邦交正常化，和其他西方大国关系也得到了迅速的发展。同第三世界国家的关系也有新的发展。1970～1980年间，同中国建交的国家达75个，形成了一个新的建交高潮，对外关系和各种交流合作也很快展开。尤其是1976年粉碎"四人帮"、结束"文化大革命"，1978年党的十一届三中全会的召开，中国进入了新中国成立以来的一个新时期。我们党恢复了"实事求是"的思想路线，实现了拨乱反正，平反了冤假错案，确定了把党和国家工作的重点转移到社会主义经济建设上来，制定了改革开放的国策。这就使我国迅速出现了政局稳定、经济振兴、民族团结、社会进步的大好形势，尤其是随着农村改革的成功和城市改革的全面展开，不仅在国内出现了生机勃勃的局面，也使中国大步地走上国际舞台。1982年，中国共产党第十二次代表大会的召开，清除了极"左"思潮和势力的影响，明确提出我国奉行"独立自主的和平外交政策"，对原有外交政策进行了大的调整，使得中国开创了外交的崭新局面。

由于多种力量的迅速发展，必然对两个超级大国产生重大的制约作用，也就会使世界格局发生新的、深刻的、巨大的变化。

五、20世纪80年代中期到90年代初由美、苏缓和到两极格局终结

20世纪80年代初，美、苏之间仍在进行激烈的争夺。到80年代中期，美、苏对抗逐步走向缓和。1985年，戈尔巴乔夫就任苏共中央总书记，面对苏联当时的严峻形势，深感力不从心，难以再和美国继续对抗和争夺世界霸权，决心调整政策。美国里根政府在第一个任期内奉行对苏强硬政策取得了进展，实现了对苏争夺态势由守到攻的转变。如果继续对苏强硬、争夺下去，会使自己处于不利地位，因此，也希望缓和。在这样的背景下，1985年11月19～21日，里根和戈尔巴乔夫在日内瓦举行了会谈，发表了联合声明。这是1979年以来两国首脑的第一次会晤，表明双方开始由对抗走向对话。此后，两国首脑会晤日益频繁，到1991年7月30～31日两国首脑在莫斯科会晤为止，在不到6年的时间里，首脑会晤达11次之多，这在美、苏关系的历史上是罕见的。与此同时，其他层次的官员会谈更是接连不断。通过会谈，双方达成了一系列的协议，如1987年冬，双方经过激烈的讨价还价最后达成了《中导协议》，实现了战后以来裁军谈判的第一次实质性的进展。两国关系由此日趋缓和。

从美、苏对话开始，使得全球出现了一股对话潮流。不同社会制度、不同意识形态以及持不同政见的国家之间也通过对话来解决矛盾和争端，国际上许多以美、苏争夺为背景的"热点"也普遍降温，谋求和实现政治解决。战后几十年来两极对峙、两超争夺的紧张国际局势由此走向了全面缓和。如果说20世纪70年代中期曾在欧中地

区出现了局部缓和，那么这时出现的就是全局缓和。显然，这是符合世界人民心愿的，是世界发展潮流的必然。

正是在缓和的背景下，各个国家、各种力量都在谋求自己的发展以增强自己的实力、维护自己的权益，以期在国际舞台上找到自己最佳的位置。美国、欧盟、日本、中国以及第三世界都莫不如此，当然，效果各不相同，唯独东欧和苏联发生了出人意料的剧变。

在缓和的大背景下，发生了东欧剧变。东欧各国在建立人民民主政权、走上社会主义道路之后，几十年来，在各国共产党领导下，政治、经济、文化、科技、教育等各方面都有了显著的发展，人民生活也得到很大的提高，各国的政局虽然也出现过一些动荡，但在 20 世纪 80 年代中期以前总的来说是平稳的。从 20 世纪 80 年代中期以后，特别是 20 世纪 80 年代末，由于这些国家在 20 世纪 70 年代后期就业已存在的经济困难长期没有得到解决，使得经济形势日益恶化，最终酿成了严重的经济危机。面对严峻的经济形势，各国共产党束手无策。而以美国为首的西方国家则趁机加紧对这些国家发动和强化和平演变的攻势，苏共戈尔巴乔夫推行的"国际政治新思维"又对此起了推波助澜的作用。由此，1989 年冬东欧发生了战后以来空前急剧的变化，如果说波兰、匈牙利的突变经过了 7 个月时间，那么民主德国只经过了 70 天，捷克斯洛伐克和保加利亚不过 7 个星期，而罗马尼亚仅仅 7 天。在此之后，阿尔巴尼亚也发生了剧变，南斯拉夫则发生了分裂，甚至发生了内战。东欧剧变的结果是在政治上都取消了共产党的领导，实行以多党制为基础的议会民主；在经济上完全否定了公有制，实行以私有制为基础的市场经济；在意识形态上否定了马列主义的指导地位，实行多元化；在外交上摆脱了苏联的控制，纷纷投靠西方，要求参加北约和欧盟。总之，政权和社会性质发生了质变，社会主义事业遭到了巨大的挫折。

也是在缓和的背景下，发生了苏联的解体。戈尔巴乔夫上台后，面对严峻的国内国际形势进行改革，但由于推行一条"人道的、民主的社会主义"路线，改革一步步地背离了社会主义方向，过去存在的问题没有解决，反而导致更严重的政治、经济、民族和社会危机。1991 年 8 月 19 日发生的"八一九"事件，本想阻止苏联危机的继续恶化，端正改革的方向，但没有成功。随后，苏联国内掀起了反共浪潮，民族分裂到了无可挽回的地步。1991 年 12 月 8 日，白俄罗斯、俄罗斯、乌克兰 3 个加盟共和国的领导人在白俄罗斯的首都明斯克签署了关于建立独立国家联合体的协定，并就此发表声明指出：苏联作为国际法的主体和地缘政治现实，将停止其存在。1991 年 12 月 21 日，在哈萨克首府阿拉木图，俄罗斯等原 11 个加盟共和国的领导人宣告独立后举行会议，宣布建立独立国家联合体。1991 年 12 月 26 日，苏联最高苏维埃院举行最后一次会议，宣布苏联不复存在，人类历史上的第一个社会主义国家、一个社会主义强国、一个超级大国的苏维埃社会主义共和国联盟至此彻底瓦解。由于苏联的解体，也就宣告战后维持了 40 多年的两极格局终结了。

苏联的解体，是战后最重大的政治事件之一，震撼世界，不仅社会主义事业受到了严重的挫折，对欧洲和世界都产生了广泛深刻的国际影响，各类国家都开始调整国际战略和外交政策。两极格局终结了，"冷战"结束了，但是冷战势力和冷战思维还存在，霸权主义还存在，国际局势会怎么发展，世界格局将发生什么变化，为世人所关注。

第二节　转换中的世界格局多极化是必然趋势

在两极格局终结之后是否立即形成了新的世界格局？整个20世纪90年代世界形势有什么新变化、新特点？20世纪已经成为过去，它留给了我们什么启示？这是需要我们思考和回答的问题。

一、两极格局终结，新的世界格局没有形成

20世纪80年代末90年代初，经过东欧剧变、两德统一、南斯拉夫分裂、华约解散、苏联解体，以苏联解体为最终标志宣告了两极格局的终结。两极格局终结之后并没有立即形成新的世界格局。

这次两极格局终结不是战争的结果，不像第一次世界大战后，由于有战胜国和战败国的明确区分，各国实力对比有极为显著的变化，所以很快形成了凡尔赛—华盛顿体系，重新划分了世界政治地图，形成新的世界格局；也不像第二次世界大战后，德、意、日及其附庸被打败了、投降了，美国成为综合实力最强大的国家，苏联在战争中实力也有很大的增强，所以也很快形成了雅尔塔体制，奠定了两极格局的基础。这次两极格局终结没有经过战争，是在缓和的大背景下，美、苏两极经过长期的较量、互相消耗实力，苏联爆发了全面危机、实力不支，引发民族分裂而自行坍塌的结果。其他的国家，无论是发达资本主义国家的美国、日本和西欧诸国，还是中国和广大发展中国家，实力都没有发生急剧的消长变化，所以并没有立即形成新的格局。美国尽管是最强大的国家，或曰唯一的超级大国，但在长期的美、苏争夺中，实力也有巨大的消耗，和其他发达国家相比实力的优势在削弱，相互间的差距在缩小。它很想独霸世界，搞单极格局，但受到自身实力的限制和多种力量的制约，包括盟国的批评或抵制，使之不能得逞。日本曾提出要搞美、日、欧三国合作来主宰世界，但也没能实现，因为这三国合作的基础发生了动摇，以前是合作共同对付苏联这个强大的敌人，现在这个强大的敌人不存在了，而它们相互之间的矛盾在发展，既有经济领域争夺世界市场的矛盾，也有地区战略利益的根本不同和争夺地区主导权的矛盾，很难再团结一致地来共同主宰世界。苏联解体之后，它们之间的矛盾呈上升趋势。所以没有出现由某个西方大国或几个西方大国合作来主宰世界的单极格局或三极格局。

"一超四强"（即美国是个超级大国，欧盟、日本、俄罗斯和中国是四大力量）是不是构成一种新格局呢？这是一种过渡状态，不是一种稳定的格局。因为在这几大力量中还存在一些不确定的因素，很难把它称为一种新格局。

俄罗斯在苏联解体后取代了苏联在联合国的地位，是安全理事会常任理事国，还有强大的核力量，是个能够对美国构成核威慑的核大国；另外，它的人口、面积、资

源、经济和科技的潜力再加上它的历史传统，它具备成为一个世界大国或独立一极的基本要素；但是，现实经济困难和实力的削弱严重地制约着它，使之难以在国际政治事务中发挥一个大国的作用。多年来的改革没有取得预期的效果，经济情况每况愈下，直到20世纪90年代末，仍然非常困难，其国民生产总值只有3000多亿美元，约为美国的1/30，不仅人民群众的生活水平急剧下降，军队的正常开支以至军费都难以维持，还有沉重的外债负担。在这样的条件下，怎么给俄罗斯在国际上一个科学的定位呢？这可以说是一个最大的不确定因素。

日本是一个经济大国，有雄厚的经济实力，在大力地扩充军费开支和增强军事实力，成为一个军事强国，它的目标是要成为政治大国，要成为联合国安理会常任理事国。但是，这些年来它的政治右倾化和它的经济衰退不能不引起世人的担心。尽管它一再表示要做一个和平国家，要为世界和平和共同发展做贡献，但它的所作所为难以让人相信。且不说它支持或纵容日元贬值是居心叵测，它还利用多种借口修改防务政策、制定相关法案，要使日本的武装力量走向世界，甚至它的海军悍然在公海（中国专属经济区）上击沉国籍不明的船只。这些穷兵黩武的行径更是包藏祸心，它批准歪曲历史的教科书，坚持参拜靖国神社，美化侵略战争的罪犯东条英机，拒不承认发动侵略战争的罪责，否认南京大屠杀等一系列政治右倾化的言行更是令人震惊。人们不禁要问：日本当局究竟想干什么？不错，日本是国际舞台上的一支重要力量，但它是一支什么样的力量，应该给予它怎样的定性，这是一个十分尖锐的又尚难确切回答的问题。这应该说是一个更大的、更值得高度关注的不确定因素。

还有一点，把"一超四强"视为一种稳定的格局排除了一些新的力量发展或上升为世界力量的可能性，这也是不科学的、不符合实际的。现在一些地区大国都在努力地发展自己，要使自己成为世界大国以至世界的一极，它们具备一些基本条件，使之有这种可能性。而现在联合国的政策，联合国安全理事会及其常任理事国的扩大已成为联合国广大成员的共识，这将使这种可能性变成现实。在新的世界格局中不能排斥这种新的力量。还有一些地区的国家集团现在已经有很大的影响，随着其成员的扩大、经济一体化程度的提高以及安全、外交等领域的协调加强，他们也完全可能由一个地区因素上升为一个世界因素，以致成为未来世界格局中的一极。

据此认为，在两极格局终结之后，并未马上形成新的世界格局，是处在过渡时期，要经过过渡时期各种力量的发展和各种力量相互之间关系的调整和重新组合才能形成相对稳定的格局。

1990年3月3日，邓小平针对当时急剧动荡和变化的局势，就曾说过："美、苏垄断一切的情况正在变化，世界格局将来是三极也好，四极也好，五极也好，苏联总还是多极中的一个，不管它怎么削弱，甚至有几个加盟共和国退出去。所谓多极，中国算一极。中国不要贬低自己，怎么样也算一极。"[1] 这就是说邓小平预测两极终结

① 《邓小平文选》第三卷，人民出版社，1993年版，第353页。

之后的世界格局将是"多极"的。在苏联解体之后我们也就正式提出了"世界格局多极化发展趋势"的论断。

简言之，在两极格局终结之后新的世界格局没有形成，处在一个过渡时期，多极化是发展的趋势。

二、大国关系的调整和多种伙伴关系的涌现

20世纪90年代初，苏联突然自行解体，两极格局宣告终结。世界各国面临着这一巨大而深刻的变化必然要开始新的一轮对外关系和对外政策的调整，而这次的调整必定具有新的内容、特点和结果，具有新的意义。

战后以来，两极格局是各国制定和调整对外关系和对外政策的基本依据之一。现在两极格局不存在了，外交政策的一个基本依据根本变了，外交政策必须调整和改变。世界各国莫不如此，非变不可。以前的两极格局决定了各国的外交政策，或是与美国结盟、依附美国、站在美国一边，或是与苏联结盟、依附苏联、站在苏联一边，后来有一些国家奉行中立的、真正的不结盟政策，但也未能根本改变两极格局。这样继续原来的政策行不通了，会损害自己的利益以致生存，必须作出调整和改变。这也是无一例外，对各国都是一样的。

美国在苏联解体之后成了唯一的超级大国，是"冷战"的胜利者。据此，它要搞单极格局、称霸世界，或曰搞美国统治下的和平。与此同时，它也把一些国家视为对自己安全的威胁，称其为"流氓无赖的国家"，准备对付以致狠狠地打击这些国家。后来更进一步考虑、分析哪些国家会挑战它的超级大国地位，要采取各种措施，包括军事打击以至运用核力量在内来对付这些国家。首先，美国有一股反华势力，面对着中国改革开放以来经济的增长和国力的上升不断发出"中国威胁论"的叫嚣，把中国视为最大的竞争对手、敌人就是最典型的代表。这也不奇怪，长期在敌对状态下生存发展，一旦没有了一个强大的敌人似乎难以适应，总想找一个敌人，这已成为他们习惯的思维方式。这是美国在调整对外政策方面首先要考虑的问题。其次，在对待盟国的关系上也要有新的调整，具体表现在对待欧洲诸国和日本。前者是"北约"的去向，是继续存在还是该解散；如果继续存在，是削弱还是加强、是缩小还是扩大。后者是对日、美安全保障条约的去向，也存在和"北约"同样性质的问题，从实际情况来看，他们在加强这种同盟关系，尤其是军事同盟关系。美国在20世纪90年代不断地加强了对北约和日、美安保条约的控制，更加重视发挥其在实现美国控制下的和平中的作用。再次，对待一些发展中国家的政策也要调整，尤其是一些以前和苏联关系密切或者签订条约的国家更是如此。如印度，在"冷战"时期长期和苏联有非常密切的关系，包括军事合作在内。苏联解体之后，基于双方的需要，美、印加快了接近的步伐，美国减少了对巴基斯坦的支持。直到"9·11"事件之前，实行抑巴、扶印的政策。还有对一些原来接受苏联援助较多的国家，美国也以提供援助为诱饵，要这些国家接受西方的模式，搞私有化、多党制、议会民主等。这当然也是为了实现美国的总的战略利益和战略目标。又次，对待苏联解体后新独立的俄罗斯的政策也是新问题，在不断的调整中。在叶利钦执政时期美国全面支持俄罗斯奉行向西方一边倒的政策，从支持叶利钦继任总统到提供有限的经济援助、贷款，直到允诺俄罗斯加入西方七国集团，其目的就是要把俄罗斯全面纳入西方体系，成为其中的一员。当然，美国并不把俄罗斯当做平等的一员，更不希望俄罗斯和它平起平坐、发挥独立的作用，仍然对俄保持着某种戒备和防范。在普京执政以后，美国对俄的政策仍在调整之中，不希望俄罗斯真的恢复发展和强大则是无疑的。最后，美国的对华政策也在调整之中，经过国内对华政策的两派大辩论，对华遏制派处于下风，对华接触派处于主导地位。由此有克林顿政府的对华"战略伙伴关系"的定位，公开承诺过不支持中国台湾地区独立，不支持一中一台、两个中国、不支持中国台湾地区加入由主权国家组成的联合国等国际组织。美、中关系一度得到顺利发展。但小布什执政后，开始公开提出"战略竞争对手"的定位，还明确提出要以武力协防中国台湾地区。后来"战略竞争对手"不提了，说是"建设性合作关系"，但对台的态度不仅没改正，反而由其国防部正式接待了中国台湾地区的所谓"国防部长"，商谈了军售问题，加强了军事合作，承诺继续对台"武力协防"。还支持中国台湾地区加入世界卫生组织（WHO）。近年来，尽管中美之间在反恐、地区问题及经济领域的合作增强，双方都在不断调整政策，但美国的对华政策包括对中国台湾地区的关系究竟要走向何方，只能拭目以待。

美国的对外政策在作全方位的调整。其他力量，如欧盟、日本、俄罗斯、众多发展中国家和中国，自然也都在全方位地调整自己的对外政策。当然，调整的幅度大小不同，调整的方向也有各自的选择。但20世纪90年代都在调整之中，这是没有疑问的，其目的都是维护或实现自己国家或国家集团的利益，求得在世界格局变化中处于更有利的地位。如以对华政策为例是很不同的，有的加快了改善对华关系的步伐，有的则拉开了对华关系的距离，有的则保持着相对稳定的关系，有的继续加强对华的友好合作。这本身是一个复杂的问题，牵涉到对外关系的方方面面，这种调整还在继续。面对这种复杂的变化，中国的对外政策在坚持一贯的政策原则的前提下，也会有不断的调整。

20世纪90年代后期开始，大国关系的调整出现了一个高潮，大国之间形成了各种名目的"伙伴关系"是一个鲜明的特点。从1996年开始，特别在1997年，大国关系的调整成为国际形势最引人注目的现象。其中，美、欧、俄围绕欧洲事务的频繁接触，中、欧、美、日、俄之间的双边首脑会晤尤其受到国际社会的关注。1996年，俄罗斯总统叶利钦访问中国，双方同意将1994年建立的"建设性伙伴关系"提升为"战略协作伙伴关系"；1997年4月，中国政府总理朱镕基同欧盟轮值主席国英国首相布莱尔和欧盟委员会主席桑特成功地举行了首次中国—欧盟领导人会晤，双方发表了联合声明，就建立面向21世纪的长期稳定的建设性伙伴关系达成了共识；1997年10月，应美国总统克林顿邀请，中国国家主席江泽民正式访美，经过会谈双方决定"共同致力于建立面向21世纪的建设性战略伙伴关系"；1997年，中俄在确认"平等、信任、面向21世纪的战略协作伙伴关系"的基础上，又发表了关于世界多极化和建立国际新秩序的声明;1997年5月,法国总统希拉克访问中国,中法发表了关于世界多极化的联合声明,并宣布建立"面向21世纪的全面伙伴关系";1997年,日本首相桥本和中国总理李鹏进行互访,中日确定建立"迈向未来的长期稳定的睦邻友好关系";1997年9月,新日美防卫合作指针正式出台,美、日同盟关系加强;1997年10月,俄、法、德决定建立首脑定期会晤制度;1997年11月,俄罗斯总统叶利钦和日本首相桥本在西伯利亚举行非正式会晤,双方决定争取在2000年前签署和平条约,从而打破了日俄之间的长期僵局;1998年6月,克林顿访华,同年11月江泽民访俄,随后又访问日本,还有西欧几个大国首脑相继访华。这进一步促进了中美、中俄、中日、中欧关系的发展,其他力量之间的关系也在调整中发展。

以上现象表明,冷战后大国关系经历了重大而深刻的调整。各大国都在力求建立一种面向21世纪的新型关系,从各国发表的声明来看,这种关系的基本特征是:相互尊重、平等互利、求同存异、发展合作,同时,不相互敌对、不结盟、不针对第三国。这是对冷战时期那种不正常的国家关系的否定。经过调整,大国关系逐渐向机制化方向发展,有利于大国关系的稳定,有利于世界和平与共同发展,对于世界新格局的形成具有重大影响。"9·11"事件发生后,各国关系又有新的调整,形成了反恐联盟。2004年3月,美英联军出兵伊拉克,又使大国关系发生了新的变化。应该指出,这种大国关系的调整还是初步的,面对世界形势和力量对比的变化,还会继续调整,如近些年来中美双方经过战略经济对话和战略对话不断取得成果使双方关系日趋稳定,但是大国之间还存在诸多分歧和矛盾,特别是霸权主义和冷战思维依然存在,这会成为阻碍国际关系民主化发展和世界新格局,即多极化发展的基本原因。总之,这种大国关系的调整将形成未来多极格局的框架,也是世界政治格局向多极化发展的具体表现。

世界三大经济集团的形成和发展是多极化趋势在经济领域中的表现,也可以说是多极化趋势的经济基础。欧洲共同体经过1991年《马斯特里赫特条约》的签订及随后经各国议会的批准向欧洲联盟的发展,不仅有内容的充实——决定建立经济货币联盟和政治联盟,而且成员国也扩大了,由12国增至15国。它在一体化的道路上迈出了新的步伐。1999年1月1日欧元的正式启动和2002年1月1日欧元正式进入流通领域,取代各成员国原有的货币,可以认为是一种质的飞跃。现在它的成员已增至25国,其实力又有新的发展。无疑,欧盟在国际舞台上,在经济、政治、外交、安全诸多方面都会发挥集团的力量和独特的作用。亚太经济合作组织从1989年启动后,在20世纪90年代有了迅速的发展,从1993年起每年举行一次非正式首脑会议,从部长级提升为首脑级,成员也不断增加,包括了美、日、中、俄等亚太地区的大国,还有不断扩大的趋势。由于其成员具有不同经济发展水平、不同社会制度、不同文化传统,必然使它具有自己鲜明的特色,是一个开放的、自由的、松散的论坛,形成了"APEC方式"的集团;它是当今世界最大的经济集团,其影响和作用会不断扩大,绝不可低估。在美国倡导下,由美国、加拿大和墨西哥组成的北美自由贸易区1994年正式启动,其成员不多,但实力很强,成立之后,对解决墨西哥的金融危机、促进北美经济的发展发挥了积极的重要作用，也为美洲国家首脑会议所重视。

三、世界格局多极化是必然趋势

面对多极化趋势的发展，美国是很不甘心的。1999 年 3 月，以美国为首的北约凭借其政治、经济、军事和科技的绝对优势对力量对比极为悬殊的南斯拉夫联盟进行了长达 74 天的狂轰滥炸和空中打击，造成了数千人的伤亡，数千亿美元的损失，还有难以用数字表达的严重的环境污染，这是"冷战"后一场大规模推行"新干涉主义"的战争。我们知道，美国这次果断地发动这场战争，其直接的目的是想继续解决波黑内战，插足巴尔干地区之后，进一步控制巴尔干这个重要战略地区，挤压俄罗斯，既填补"势力真空"，又加强对欧洲的控制和影响，以实现其强化超级大国地位和建立单极格局的梦想。这无疑是对多极化趋势的挑战和反扑。但是，从科索沃战争的全过程可以看到：第一，美国是打着北约的旗号，拉着欧洲盟国一道干的，而非单枪匹马、独家作战。欧洲大国认为巴尔干地区在欧洲，科索沃危机会威胁和危害欧洲的利益，欧洲人应该来管，但实力不够，只好同意与美合作。但在美欧合作中又各有打算，存在不少的分歧，尤其在美国推行"北约战略新概念"上，两者之间的分歧明显，欧洲有自己的利益考虑，并不完全愿意接受美国的旨意。第二，这场战争开始时，他们绕过了联合国，因为安理会常任理事国中，中国和俄罗斯坚决反对他们侵犯南联盟的罪恶行径，是他们不可逾越的障碍。但在战争的最后阶段，为了求得政治解决，又不得不将八国和平协议提交联合国安理会表决。这说明他们还不得不承认联合国的作用。第三，这场战争是在不顾俄罗斯的反对中步步升级的，但当其空中打击难以达到目的、骑虎难下之时，它又不得不谋求俄罗斯发挥作用，调解斡旋，尤其在对科索沃的分区占领上，本来没有俄罗斯的份儿，由于俄罗斯军队突然占领科索沃机场，他们也无可奈何，不能不承认和接受既成事实。否则，他们就会要冒和俄罗斯发生军事冲突的危险。这些事实都充分说明，美国不能不承认其他大国和国际组织的作用，不能不受其他大国和国际组织的制约，它绝不可能为所欲为、一意孤行地去实现其单极格局的美梦。

2001 年的"9·11"事件震惊世界，它给了美国沉重的打击，危及了美国本土的安全，但它并未使美国伤筋动骨，动摇它的综合国力的基础，更没有改变其超级大国地位。所以，随后美国发动了阿富汗战争，为此提出了建立反恐联盟的主张，旨在打击阿富汗塔利班政权和本·拉登的恐怖组织。它得到的国际支持超过了冷战结束以来的历次战争，有联合国的授权、100 多个国家支持、36 国提供参战力量或军事设施、44 国对美开放领空、33 国给予美国飞机紧急着陆权。美国的反恐作战之所以比较顺利，并不是单纯军事行动的结果，而是其调动了各种资源、使用了各种手段，得到了广泛支持的结果。单靠它自身的实力是难以做到这一点的。"9·11"事件后，美国超级大国的地位增强了，世界领导作用增强了，甚至也可以说治理恐怖主义为美国提供了在世界上大规模行动的理由和便利条件，给美国主导建立单极世界带来了机遇。但是，这并不表明世界多数国家认同了美国搞单极格局的主张，更不意味着美国可以据此实现其独霸世界的野心。这是因为：第一，恐怖主义是世界各国的公敌，美国在遭到恐怖主义袭击后举起反恐斗争的旗帜，自然会得到各国的同情和支持，但这绝不等于各国支持它搞单极格局和独霸世界的野心。第二，在共同反恐斗争中，很多国家并不是完全盲目地支持美国的一切主张，仍然保留着自己的主张，诸如强调反恐要证据确凿，不能任意扩大反恐的范围，不能任意指向一个民族或一种宗教，不能伤及无辜平民等，显然，这既是和美国的反恐政策保持距离，也是对美如何进行反恐斗争的一种制约。第三，美国在反恐斗争的发展中把打击目标指向伊拉克，发动了伊拉克战争，就遭到众多国家的反对，不仅是众多的阿拉伯国家，也包括欧洲联盟，还有俄罗斯和中国等。第四，从根本上来说，这种反恐联盟能够维持多久就是一个尖锐的问题，这不仅取决于美国的政策和目标，也取决于众多国家和美国之间存在的诸多矛盾和差异。当美国要把反恐作为幌子去侵犯其他国家的利益时，就会遭到别国的反对和抵制，直至可能造成反恐联盟的瓦解。美国《华盛顿邮报》曾经指出，布什政府以反恐划线、非此即彼的信条，即任何国家如果不支持美国，就是支持"恐怖主义"，令欧洲盟国十分不安。欧盟轮值主席国比利时外交部长路易·米歇尔就直言不讳地指出这一点，不仅指责唯华盛顿马首是瞻的英国首相布莱尔不能代表欧洲的意志，甚至公开表示："我们（指欧盟）不会盲目跟从布什和布莱尔行事。"我们可以肯定，美国越出反恐范围或借反恐战争之名，搞霸权之实的行为是不得人心的，绝不会得到国际社会的广泛认同。

应该明确指出，美国在反恐联盟中的主导地位的建立似乎对它实现霸权野心有利，但稍加分析后就可看出，这并不会必然导致美国的单极格局梦想的实现。"9·11"事件后，大国关系的改善和合作的加强，不仅不意味着其他大国都将听命于美国的摆布，反而说明了多极化发展趋势的不可改变，美国的单极格局难以得逞。

第三节　新世纪世界格局发展趋势的新特点

进入21世纪，几大国际力量都在制定和奉行于己有利的发展战略，力求使自己在新世纪的国际竞争中占据有利地位，甚至谋求给新世纪烙上自己的印记。美国人把新世纪仍然看做自己的世纪；也有言论说21世纪将是亚太世纪或太平洋世纪；还有说21世纪将是中国世纪。众说纷纭，各有期待。通过对21世纪前期的世界格局发展趋势进行科学的分析，有助于形成对有关21世纪的未来走向问题的科学、理性认识。从总体上看，多极化的发展趋势不可逆转，但经济全球化、单边主义和全球恐怖主义等问题所导致的国际政治效应都对多极化进程有一定的影响。

一、经济全球化对世界格局多极化的影响

经济全球化是指在不断发展的科技革命和生产国际化的推动下，各国经济相互依赖、相互渗透日益加深，世界各国、国家集团和地区的经济部门和经济环节日益联结为一个密切联动、"一荣俱荣，一损俱损"的互动体系。

经济全球化是一个渐变的历史进程。500多年前哥伦布发现新大陆就在地理意义上奠定了把世界各国连成一体的基础，经过接下来两三个世纪的资本主义经济扩展，到19世纪末，随着全球殖民地的瓜分完毕，世界终于在经济上形成了一个联系密切的整体，世界经济第一次真正具有了全球性的特征，各国在政治经济意义上都有了相当程度的相互依赖。

19世纪末到20世纪40年代，资本主义世界的不平衡发展使各资本主义大国在全球展开了激烈的争夺，直至大打出手，酿成两次世界大战的惨剧。第二次世界大战后的两极对峙格局使世界经济体系一分为二，经济全球化进程遭到极大的阻挠，停滞不前。两极格局的坍塌为经济全球化在当代的加速发展创造了政治基础，而信息技术的飞速发展、市场经济体制的扩展和全球公共问题的出现则为全球化插上了腾飞的翅膀，成为无法阻挡的历史潮流，世界各国以及以民族国家为活动平台的跨国行为体（主要是实力强大的跨国公司）积极参与经济全球化，成为全球化进程的最主要推动者。

经济全球化的发展对世界政治格局的演变有着重大的作用与影响。经济全球化作为一种客观进程，为作为国际政治力量基本载体的民族国家提供了展开活动、展示力量和进行交往的大舞台。世界经济全球化对世界政治多极化的作用与影响，主要是全球化作为世界政治格局之经济基础的重大意义，中心问题是以市场经济体制世界性地急剧扩展为核心的经济全球化所带来的国际政治效应，尤其是它在各国力量不平衡发展、国际力量分配和结构定型过程中的基础性作用：

第一，世界市场经济体制的急剧扩展实际上强化了现存的有利于发达经济体的国际政治经济秩序，有利于固化现存的国际力量对比态势。在旧的国际专业化分工和"不平等交换机制"的基础上，世界体系中"中心"地区与"外围"地区之间在事实上形成了一种严重不对称的"相互依赖"态势，甚至可以说是一种不平等依附关系，正如"依附理论"所演绎的那样。欠发达经济体要改变在国际分工中的不利地位和在全球市场竞争中扭转被动弱势地位的努力，往往被占据经济、科技、军事、文化优势的西方发达国家强大的竞争实力和先进的竞争战略击得节节败退，国际经济分工的垂直性特征难以改变。一个明显的例子是在全球化进程中，尽管各种国际经济协调机制与全球性专门组织具有显著的世界性特征，甚至可以说反映并代表了某种"全球"性利益，也带有某种全球"民主程序"的形式，拥有一定国际合法性特征，但西方发达经济体在上述进程中充当着规则制定者的角色，占据着难以撼动的强势地位，在事实上导致了经济全球化进程带有浓厚的西方资本主义化色彩，欠发达经济体依然处于异常弱势的地位。这极大地影响了它们在国际政治格局中的分量和地位。

第二，全球化为欠发达经济体带来难得的发展机遇与巨大的挑战。在全球化加速发展的当今，一国在世界经济中的地位主要取决于要素积累（如资本和高素质人力资源）与长远来说该国的生产力增长率。这意味着如果发展中大国处理得好，完全可以抓住全球化带来的机遇，借助进出口贸易和外来投资提高本国经济的效率，进入世界市场，获得发展本国经济的资金和技术，并着力提高本国的技术创新能力，在世界综合国力竞争中站稳脚跟，甚至取得突破。当然，世界市场体制下的国力竞争大大强化了国际经济政治发展不平衡的效应，在促进工业化、现代化与经济增长中心多元化以及新兴强国不断涌现的同时，也带来贫与富、强与弱的两极分化。全球化作为一种主要基于市场力量推动的经济进程，正日益地将历史文化传统和社会发展水平迥异的民族国家纳入同一个竞技场。从宏观上看，经济全球化通过在全球范围内优化资源和其他生产要素的配置，带来了世界生产力的大活跃、大发展，世界经济的增长由以美、欧、日等少数西方发达经济体为中心，逐渐演变为世界经济增长中心的多元化，以中国为代表的欠发达经济体在世界经济发展中的作用也越来越大。但不容忽视的是，各国在经济全球化进程中的受益程度又带有严重的不平衡性：少数发达国家在全球化进程中占据优势，得到经济全球化带来的主要收益；被动卷入全球化进程的部分发展中国家在仓促拆除保护壁垒而直面竞争的情况下，自身弱势暴露无遗，陷于更加不利的境地；更有日益被边缘化者，苦不堪言；主动迎接全球化挑战、积极奉行对外开放战略的部分发展中国家则焕发出极大的活力，取得了巨大的发展成就，愈加形成对老牌工业国家和强势国家的"赶超效应"。总之，弱势的发展中国家倘若游离于世界经济的主流、谋求单纯依靠自身力量而求得发展的做法将日益地被边缘化，是不足取的。而在全球化所带来的开放式竞争环境下，如果回应得当，也能够更加充分地享受到"后发优势"带来的好处，成为全球化的受益者。

第三，全球化带来的复合相互依赖效应极大地影响了各政治力量之间的互动模式，成为弱化国际格局竞争性"极化"的重要诱因，协调性"极化"的趋势日益显著。经济全球化是国际经济相互依存关系的形成和深化的过程。在这个过程中，欠发达的南方国家与发达的北方国家之间建立起以市场为纽带的相互依存关系（尽管存在着相当程度的不对称依赖，南、北双方显然都无法对对方的衰退和低迷冷眼旁观），发达国家之间的经济竞争的协调色彩也更加浓厚。在这种情况下，国际力量、关系随之发生深刻变化：在国际力量分布不平衡继续存在的同时，国家之间进行以政策协调和理性妥协为主要内容的双赢式合作的空间大大扩展，从而对竞争形成一定抑制。尽管强势国家仍可以利用相互依存中有利于自身的非对称性，尽量缩小己方的脆弱性，相互依存关系的客观存在毕竟会对其滥用强权压力形成制约。复合相互依赖关系的形成对大国关系有着重要的影响。"冷战"后，大国普遍摒弃了零和博弈式的对抗性竞争，寻求不同程度的相互尊重、和解与合作。总之，经济全球化带来各国经济相互依存关系的确立和发展，使得各大国际力量中心之间的相互制约与协调的能力和意愿更加强化。

第四，全球化带来的全球公共问题催生了以民族主义思潮为核心的"反全球化"运动，唤起了大众政治对国际关系的重视，并致力于影响国家的对外战略和对外政策，从而影响到国际格局的发展走向，反映了全球化进程的国内政治效应和国际政治效应的互动。全球化带来了前所未有的资本、人口和信息的跨国界流动，其中有相当部分的这些跨国资本、人口和信息流动没有受到合法性力量的有效监控，以至于全球性洗钱、过度资本投机带来的金融危机、跨国犯罪、疾病的跨国传播和全球恐怖主义等公共问题日益严重，引起各国民众的强烈不满。公众对全球化的这种不满情绪一旦上升为一种思潮则将演变为对各国政府的巨大政治压力，甚至可能从根本上改变各国对待全球化的立场，引起世界政治的纷争和动荡。

此外，经济全球化不仅强化了经济因素对政治格局的重大影响，它实际上也在全球性层面提出一个政治因素对经济发展的反作用问题。美国研究国际政治经济学的泰斗级学者罗伯特·吉尔平提醒人们要认识到"政治力量在全球化成败中的至关重要性"。的确，世界经济全球化的程度相对于世界经济的整个规模来说，19世纪中期比今天还高，英国运用它的经济和军事实力支持了全球经济一体化的进程。但是，到了19世纪下半叶，全球化速度大大放慢，因为一个又一个国家实施保护主义政策，开始对进口商品采取歧视态度。随着1914年第一次世界大战的爆发，全球化坍塌了，在第二次世界大战后美国确立领导权之前再也没有出现过。第一次全球化时代的崩溃和世界市场开放戛然而止提示人们全球化的成功需要有利的国际政治环境，世界经济的全球化不是自动发展的，它要求各经济大国之间进行合作。

在世界经济全球化加速发展的过程中，还伴随着一个极其重要的地区经济一体化问题。地区经济一体化是地区内各国为了更好地利用全球化带来的机遇，同时更有效地应对全球化带来的挑战而采取的战略及相应的政策措施。它有一定的排外性，但它并非孤立于全球化进程之外。各经济一体化组织之间也保持着较为密切、有序的经济技术交流。地区经济一体化进程不仅有上述经济效应，还具有显著的国际政治效应。比如欧盟、东盟的发展历程就是如此。欧盟从最初的煤钢联营到今天致力于形成共同的安全、外交政策，制定欧盟宪法，加强欧洲独立防务力量建设、成立欧洲军事力量永久的军事参谋和指挥部，这些进展表明欧洲经济一体化最终带来的政治效应将巩固欧洲作为世界独立一极的地位。另外，东盟的发展也逐渐勾勒出了其未来政治影响的轮廓。实际上，它已经不再只是一个经济性合作组织，也是一个致力于地区政治、安全合作的机制性安排。"10+3"机制和"10+1"机制为地区政治、安全事务的协调处理提供了重要平台。东盟与欧洲、美国的协调合作也加强了它作为重要的国际和地区政治力量的地位。总之，基于地区经济一体化的国家联盟集团的发展表明世界格局多极化的新内涵，多极化的经济基础日益形成。

二、美国的单边主义对多极化趋势的影响

进入21世纪，尤其是在"9·11"恐怖袭击事件发生后，美国政府利用其超强力量加强其世界领导地位的意愿急剧提升，谋求打破现存国际体系中不利于美国单极霸权秩序的部分，最突出的表现就是美国全球战略的新帝国倾向以及国际行动中的政治单边主义。

1. 对于美国单边主义的理解

对于美国单边主义的理解，应该基于以下几点：

（1）单边主义从本质上讲不是一种战略哲学，而是实现目标的行为作风，因此它具有条件性。所谓"单边主义"是相对于"多边主义"而言的，它是一国在推行其外交战略时的手段和方法，服务于该国的外交战略目标。单边主义者主张，在攸关本国重大利益的对外行动中，应尽可能摆脱其他国家与国际组织的影响和牵制，鼓吹单方面采取行动，反对"把国家主权转让给国际组织"。一位法国学者曾经列举了令欧洲深为不满的美国在军控、国际环境、地区安全和国际战略等方面的单边主义表现：拒不签署《禁止地雷公约》；拒绝批准《全面禁止核试验条约》；拒绝签署《京都议定书》；与英国轰炸伊拉克并对其进行长期制裁，对其平民造成了巨大伤害；无视南北经济发展不平等带来的各种问题；对加强多边组织特别是联合国的作用态度勉强；过度偏袒以色列；寻求一国的"防御"和"保护"，并将其置于多边的"预防"观念之上。更为严重的单边主义作风是美国政府不顾强大的国际社会反对的压力，执意退出《反弹道导弹条约》，研发部署导弹防御系统，破坏了数十年努力才达成的全球战略平衡。布什总统还在2002年1月的国情咨文中提出了充满火药味的"邪恶轴心"论和军事单边主义色彩极浓的先发制人战略主张。当然，美国的单边主义不是"单独主义"，它在采取某些国际行动尤其是有关别国主权的重大问题上（如伊拉克问题）也在尽力地争取国际支持和国际合法性。从这个意义上说美国的单边主义是有条件的，不是在所有的国际事务上都蛮不讲理地奉行单边主义，比如在涉及朝鲜核危机的处理上美国奉行的就是典型的单边主义和多边主义结合型行动策略。

（2）布什政府的单边主义作风根源在于美国新保守思潮的沉渣泛起，有一定的社会基础，因此会有一定的延续性。"冷战"结束后，美国的保守主义思潮甚嚣尘上。1994年，在克林顿政府时期的国会中期选举中，代表保守主义势力、秉持保守主义理念的共和党人大获全胜，以压倒性的优势夺得了国会参众两院的多数席位，在美国历史上出现了罕见的一党同时掌控国会两院主导权的局面。这标志着保守主义理念及其势力已经在美国的政治生活中日益上升为主流的社会政治思潮和影响势力。布什政府的上台意味着保守主义思潮发展在新世纪的一个高峰。保守主义的政治哲学和外交理念认为，国家之间的利益具有内在的冲突性，国家间的竞争主要是一种零和性质竞争，相对实力是国家的主要关切。实力是维护国家利益的主要手段，均势战略是国际和平与安全得以维护的主要有效方式。因此，唯有通过加强以军事力量和经济实力为核心的国家力量，才能切实、有效地维护自身利益，通过基于实力的均势制衡战略才能有效遏制新兴大国对既有国际安全与和平秩序的挑战。保守主义者上台得势使美国在外交政策上的极端利己主义目标和强硬单边主义作风以极端实用主义的方式凸显出来。由于美国单边主义作风拥有一定的社会基础和选民基础，因而它将会具有一定的延续性，不能指望它对美国的对外政策的影响能在短时间内彻底消失。

（3）政治单边主义基于美国强大的国家力量，具有为新帝国倾向服务的特征，有竭力阻遏多极化趋势的战略考虑。美国《旗帜周刊》一篇文章对布什政府的对外政策进行了颇为深刻的剖析，认为美国政府正在不遗余力地以自己的超强地位经营自己的帝国梦。文章写道：如今美国已成为自罗马帝国崩塌以来从未有过的超级大国，在新世纪伊始，新政府的任务就是要制定"一项与我们所拥有的压倒性优势的统治地位相称的军事和外交政策"，要"摆脱虚假的多极化思维的束缚，采取承认新的单极化和保持这种单极化所必需的单边主义政策"。文章直言不讳地说，布什政府之所以要废除反导弹条约，关键在于要"埋葬两极化"；之所以要退出《京都议定书》，关键在于要"摆脱多边主义"。文章指出，布什及其支持者认为，多极竞争是造成世界不稳定的重要原因，"只有单极化，世界才能安宁"。总之，"布什主义是对美国作用的一种认知"，其实质就是"彻底铲除任何多极化和多边主义幻想，加强美国的单极地位和单边主义"。①

（4）政治单边主义将受到多边主义力量的强有力挑战和制约，它对多极化趋势的影响有限。尽管小布什政府单边主义作风的影响无疑具有世界性，对世界格局多极化会形成巨大冲击，但实践证明，这种单边主义作风从一开始就遭到了主张世界多极化的几大力量，如俄罗斯、中国、德国、法国等的反对和抵制。在这四大力量中，俄、中、法三国是联合国安理会常任理事国，它们的支持和反对对于某种国际事务处理方式的合法性具有决定性意义，而国际合法性是任何国家处理任何国际事务都不得不认真考虑和严肃对待的。因此，美国的单极霸权设想除非得到这些大国的支持或默许，否则它只能是一相情愿。只要这些大国致力于推动多极化进程，则任何单边主义作风都只能暂时地延宕多极化的进程，而不能从根本上改变多极化的发展趋势。

2. "9·11"事件的影响

"9·11"事件的发生对美国单边主义作风是一个巨大的打击，美国领导人开始注重单边主义和多边主义的融合。在国际事务的处理中，美国政府开始单边与多边并重，但其单边主义习气依然严重，表现为能利用多边主义机制则尽力利用，不能利用则抛开。

"9·11"事件是人类历史上发生的最大规模的恐怖主义袭击，被美国人惊恐万分地称为"第二次珍珠港事件"。其对国际关系的影响可谓深远，导致了一系列国际关系的新变化，但它不可能从根本上影响美国的全球霸权领导战略，也不可能从根本上改变世界格局发展的大趋势。

"9·11"事件具有重大的国际政治意义，它通过影响大国关系而对国际格局的发展走向施加一定的影响：

（1）"9·11"事件对美国战略态势的影响是双重的，既有不利的一面，也有有利的一面。从不利的方面看，它使美国对本土安全的信心严重受挫，认识到了安全威胁的多重性和恐怖主义袭击的难以预防性，不得不调整其安全战略，把本土安全放在一个更加优先考虑的地位；它也对美国的社会心理造成诸多不良影响，民众的安全感和社会信任感急剧下降，对特定民族的认知心理更为复杂，甚至宗教矛盾有所加剧。从有利的方面看，美国可以通过建立并领导国际反恐联盟来为其巩固霸权领导地位，为其全球战略披上各国更愿接受的外衣；美国也在利用反恐战争重新调整地缘政治安排，构筑新的地缘战略态势，以反恐为幌子确立新的国际关系规则，调整与俄、中、印、巴

① 查尔斯·克劳萨默：《布什主义》，《旗帜周刊》，2001年6月4日。

等有重大世界影响或地区影响的国家的关系，加强对中亚—中东产油地带的渗透和控制，加速塑造伊斯兰国家的对美友好姿态，最终为美国的全球霸权领导秩序服务。

（2）"9·11"事件带来了大国关系调整的契机，大国关系中合作性的一面显著上升。"9·11"事件后，美国开始调整对俄关系中的强硬一面，推动建立"新型战略框架"。美俄首脑经过几个回合的会晤，两国关系明显转暖，声明两国已抛弃冷战遗产，互不视对方为敌人或威胁来源。双方以各自宣布削减战略核武器数量的方式，宣示两国关系已经达到容忍分歧、合作协调的新水平。在布什宣布退出 ABM《反弹道导弹条约》之后，普京表示这并不影响美俄继续探讨建立新型战略关系框架，继续进行战略武器谈判，构建新的安全机制。美国还在经济贸易方面给予了俄罗斯较多的支持和优惠，重新安排了俄的债务，推动美俄的航天合作，赋予美俄"新型战略框架"以实质性的经济内容。在对华关系问题上，美国重新调整了因为撞机事件而强化的对华强硬政策，调整了对中国的角色定位，逐渐放弃基于"战略竞争对手"的保守政策，中美关系由紧张转向缓和。2001 年 10 月，布什总统在上海参加 APEC 会议时承诺与中国发展一种"建设性的合作关系"。此后，中美在经济贸易、军事军控等方面的交流与磋商逐渐恢复。美国的联合反恐需要为各大国的对美关系调整带来了新的机遇，几大力量都在利用"9·11"事件做文章，积极推行形形色色、各有所图的反恐外交，拓展自己的战略空间，谋求更多的战略利益和现实利益。其中最为重要的是美俄、美欧、美日和美中关系的微妙但重要的变化。俄罗斯向华盛顿提供了超乎美国设想的反恐支持，频频向美国示好，容忍了美国在其中亚后院的军事渗透，关闭了设在古巴和越南的军事基地和军事设施，对北约作出了强有力的改善关系的姿态，极力改善了同美国的战略关系，美俄之间的战略敌意和冲突倾向有所缓解，善意与合作有所增加。日本打着反恐旗号，借口履行对盟国的支持义务，通过了反恐怖法案，为日本自卫队的海外活动炮制了法律基础，允许自卫队为美国提供后勤支援，其活动范围因此而跃出周边的限制，向具有相当活动能力的活跃的军事大国迈出了重要一步。欧洲在反恐问题上给予了美国巨大的支持，欧盟通过北约第五条宣布"9·11"事件是对所有盟国的战争袭击，在战略、战术、外交、情报等诸方面与美国全面合作，英国借机加强了与美国的特殊关系，德国也积极派出军队参加反恐战争。但欧洲也强调，反恐战争应该尽量避免伤及无辜，并要求尽早结束对阿富汗塔利班政权及其包庇的基地组织的战争。中国政府在强调打击恐怖主义要证据确凿、目标明确、避免伤及无辜的前提下，对美国的反恐行动给予了道义、政治、经济和情报方面的支持，得到了美国的肯定，改变了美国政府将中国定位为战略对手的立场，提出要与中国建立建设性合作的关系，在一定程度上缓解了美国对中国的战略挤压，中美关系得到了改善，对推进中国的现代化建设、实现中国的和平统一和维护世界和平都具有重大意义。

（3）"9·11"事件之后美国组建的反恐联盟在国际反恐战争中起到了相当重大的作用，为美国提供了在世界事务中采取大规模行动的便利和国际合法性。"9·11"事件为美国带来了强有力的国际物质支持和道义支持。美国主导的、旨在打击基地组织和支持该恐怖组织的阿富汗塔利班政权的反恐战争得到了联合国的授权，得到了100多个国家的多种形式的支持，有36个国家提供了参战力量或军事设施，44个国家对美国开放领空，33个国家给予美国飞机紧急着陆权。阿富汗战争对国际格局发展的影响主要是地缘政治意义上的：美国实现了对中亚、外高加索战略地带的渗透和控制，使其对阻遏俄罗斯力量的南下和遏制中国挑战其全球霸权获得了极有价值的基地，为美国的全球霸权战略又增加了一个不可或缺的支点。

（4）"9·11"事件和美国在反恐行动中的主导地位对国际格局多极化发展大趋势的影响有限。虽然"9·11"事件对国际格局多极化发展的大趋势是有一定影响的，但其影响相当有限。一方面，"9·11"事件带来的国际道义支持使美国的国际地位有所加强。但这并不意味着世界多数国家认同了美国搞单极霸权格局的主张，更不意味着美国可以通过反恐联盟来实现其单极独霸的野心。世界各国在反恐行动中，与其说是支持美国，毋宁说是支持反恐。因为恐怖主义是人类公敌，美国主导打击恐怖主义的行动当然会得到多数国家的支持。然而，在共同反恐斗争中，多数国家并非毫无保留地支持美国的一切行动，强调反恐要证据确凿、范围适当、不指向特定的民族和宗教及不要伤及无辜等主张，当美国把战火从阿富汗烧到伊拉克时就遭到了极大的抵制。显然，反恐联盟的维持取决于各国利益的协调程度，而不会取决于是否由美国主导。另一方面，"9·11"事件没有改变大国之间的物质力量对比态势，"一超多强"的基本国际格局依然如故，美国的超强实力和超级大国地位并没有遭受重大损失和明显的动摇，它谋求世界霸权的图谋没有改变，它的全球领导战略没有改变，它追求绝对安全和军事优势的政策没有改变，对联合国等多边主义国际安全机制的实用主义态度也没有改变。仍然没有一个国家或国家集团能够并愿意对美国的地位发出挑战，单极与多极之间的矛盾斗争和角力较量仍然会继续下去，大国之间的力量对比关系仍决定着国际格局的未来走向。

3. 伊拉克战争对国际格局发展走向的影响

伊拉克战争是美国单边主义发展的新顶点，对国际格局发展走向有较大影响。2003年3月，美英无视现存的国际关系准则，不顾国际社会强大的反战呼声，绕过联合国，以空前强硬的单边主义作风发动了伊拉克战争。这场战争打着"彻底销毁伊拉克的大规模杀伤性武器和把伊拉克人民从萨达姆暴政之下解放出来"的幌子，实质上是美国着手实施其改造中东计划及塑造美国主导的"世界新秩序"的重大战略步骤。虽然美国很快在军事上取得了压倒性的胜利，实现了其"倒萨"的首要目的，然而，在伊拉克的主要战事结束后，美国依然无法在伊拉克赢得民心，美军几乎每天都遭到袭击，美国政府和民众不堪其扰；伊拉克的无政府状态没有得到根本的改善，伊拉克人民频频举行维护自身权益的示威游行，教派冲突、部族冲突日益严重——什叶派和逊尼派由来已久的深刻矛盾未见缓解，库尔德人和土库曼人之间又发生了前所未有的暴力冲突；基地组织在伊拉克的渗透和攻击日益猖獗，恐怖主义袭击日渐增多。凡此种种表明，美国要实现其改造伊拉克、推进中东民主化和直接控制世界能源供应的目标，以确立美国的世界领导地位，还有很长的路要走，甚至可能成为泡影。

伊拉克战争对于国际格局多极化发展的阻遏作用是明显的，它更加强化了美国的超级大国地位，更加强化了国际力量分配的"一超多强"特征。当然，从根本上讲，多极化趋势没有受到颠覆性的冲击，单极和多极的较量更加激烈。

（1）伊拉克战争尽管没有从根本上改变大国实力对比，但一度强化了"一超多强"的力量对比态势，美国的超级大国地位更加巩固。从物质力量的对比看，美国的显著优势地位毋庸置疑，没有一个潜在大国或大国组合能够并且愿意在可以预见的将来聚敛足够的力量挑战之。"冷战"结束后，美国拥有当今世界上独一无二的综合国力，无论是政治、经济、军事、科技实力，还是文化和外交影响都遥遥领先。从美国在"冷战"后的历次国际行动可以看出，美国正抓紧利用自己在"一超多强"格局中的有利地位，强化和固定单极倾向，实现单极领导世界的战略野心，阻滞世界多极化的发展趋势。

（2）伊拉克战争的进程表明，单极和多极之间的较量非常激烈，甚至以暴力的方式表现出来。在阿富汗反恐战争后期及其结束后，美国政府大搞反恐战争的扩大化和扩散化，这不仅使大国的反恐协调与合作大打折扣，而且令各大国与美国之间的矛盾与分歧更为突出和表面化。随着美国对使用"硬力量"的青睐，各国对军事力量的关注也随之重新加深，"一超多强"格局下重塑霸权与反对霸权的斗争更加尖锐。

（3）伊拉克战争带来的大国关系的新调整有助于阻止超级大国的单边主义，大国关系更加实用主义化。这种实用主义化的表现是：①"冷战"结束后，大国关系"非敌即友"的划分不再适用。各大国围绕伊拉克问题的外交斡旋和斗智斗勇表明在"冷战"后的国际关系中，国家间不再有明确而稳定的"敌"、"友"阵线。随着全球化趋势的进一步发展，国家之间的相互依赖程度不断加深，各国利益互相渗透、交融，使传统的非此即彼的"敌友"标准失去了效用。因此，在国际关系中尽量化敌为友，建立广泛联系与合作，在合作中竞争已成为"冷战"后世界各国的共识。国家间关系将是合作、竞争和冲突的混合体，更多地表现为既是合作伙伴，又是竞争对手的复杂关系。简言之，"冷战"时期美苏对抗、东西对峙导致的泾渭分明的阵营和敌友关系正日益为各种类型的合作伙伴关系所代替，各大国在具体的问题上相互借重、相互制约，不断地形成各种各样的力量组合。②大国关系更加多边化和交错化，在战略问题上互相借重、互相制约，但借重与制约都限制在联合国体制框架内，不可能形成足够强大而持久的"硬制衡"力量。在伊拉克战争的各个阶段，美英与欧俄中等各大国利用各种机制化的多边场合以及非机制化的双边外交，频频出招，大搞协调与制约，为各自的立场寻求支持。这标志着大国关系的新调整，深刻反映了在经济全球化加速发展和单极与多极较量加剧的情势下，大国越来越趋向于突破相互间历史与现实的矛盾和隔阂，更加突出体现国家利益的相互借重与合作，在激烈竞争中不断协调矛盾，在相互制约中寻求新的利益平衡点。尤其是在围绕联合国授权的问题上，"老欧洲"和俄罗斯在对美牵制问题上的协调努力使美国在联合国体制内遭到了"软制衡"。然而，在应对超级大国的战略上，各大国的首要目标是将美国解决问题的方式限制在国际法和联合国体制内，它们都在极力地避免与之直接对抗，因此，这种"软制衡"不可能导致传统军事、政治式的"硬制衡"。总之，伊拉克战争的进程表明，当前国际政治格局依然是多极化趋势与单极化倾向并存的局面。

伊拉克战争以来，美国的战略目标没能实现而是深陷泥潭难以自拔，实力消耗已经动摇了它作为超级大国的基础，布什政府后期对伊政策的不断调整表明单极格局难以为继了。

三、世界格局多极化趋势不可逆转

世界格局多极化依然是一种强大的发展趋势。多极化趋势的论断有深刻的思想和丰富的内涵，我们对多极化趋势要有全面的理解和正确的把握。从历史的角度看，多极化的苗头在两极格局时期就已出现，在两极格局的发展演变中就孕育着多极化趋势。它的出现绝不是人们主观意志的作用，绝不是偶然因素促成，而是历史发展的必然趋势。美国现在是唯一的超级大国，极力要搞"单极"格局，但是，它心有余而力不足，无法为所欲为；日本和欧洲曾提出了美、日、欧三家合作主宰世界，但没有了苏联的威胁，它们相互之间的矛盾冲突无法像过去那样可以掩盖和容忍；多极化趋势还蕴涵着一个重要思想，即并非只着眼于现存的五大力量，还包括了对新兴力量出现的预测，这些新兴力量指那些可能上升为世界性的国际力量的地区大国和国家集团。显然，无论从国际关系历史还是从国际政治理论的角度分析，在国际关系的相互依存性日益发展的今天，单极格局的前景和稳定性必然受到各种力量的挑战，多极格局将是历史发展的必然。

第一，从大国实力对比关系的动态发展看，美国的相对实力优势无法提供建立单极霸权的基础。第二次世界大战结束时，美国所积淀的经济实力、科技研发能力和军事实力等国家权力的物质基础无不如一柱擎天，傲视群雄。但短短十多年之后，日本、西欧在经济上的崛起就严重削弱了美国的相对优势。苏联以经济技术和军事实力为基础的综合国力也给了美国以极大的压力，在国际事务的各个领域与美国分庭抗礼。"冷战"结束后，尽管美国的综合国力始终雄踞世界首位，但与战后初期相比，它的相对优势已经大大缩水，以至于在处理重大国际问题上不得不相当严重地依赖于盟国在物质上和道义上的支持。美国人自己也承认对盟国的影响力和对国际事务的控制力已经脆弱。美国著名的国际政治学家约瑟夫·奈也曾忠告美国领导人和民众，虽然美国可能是唯一的超级大国，但并不能从中得出美国霸权的结论。很多重要的安全、经济和政治目标是美国单凭自身的权力所实现不了的。他据此反对美国独自扮演世界警察的角色。保罗·肯尼迪、乔治·凯南、亨利·基辛格等著名思想库人物也对美国领导人提出了类似的避免过度扩张和谋取单极霸权的忠告。

第二，单极霸权是对国际政治民主化的否定，任何一个真正的潜在大国都不太可能心甘情愿地接受单极统治世界的安排。在一系列重大的国际政治问题上，如在多极化问题上，美国不仅与俄罗斯、中国等存在难以调和的矛盾，甚至与其欧洲盟国也多有龃龉。譬如在维护联合国体制的权威及其国际地位问题上，欧美的分歧就难以弥合；又如在北约内部，欧洲国家提出的"欧洲支柱"也体现了相当程度的制衡"美国支柱"和单极霸权的色彩。法国总统希拉克在接受美国《时代》杂志专访时曾声明他不反对美国，但反对单极世界，因为任何一个团体如果只有一支主宰力量往往都是很危险的。这就是他主张多极世界的原因，欧洲很明显在其中拥有一席之地。无论如何，世界不会是单极。显然，西欧大概不能允许在今后 10 年或 20 年内由某一个国家的单边主义主宰世界。

第三，中国、俄罗斯、德国、法国和印度等主要国家推动多极化的努力和意志坚定不移。两极格局的瓦解给世界各国尤其是上述主要大国提供了一个难得的展示身手、发挥影响的历史机遇。为了在未来世界格局中占据有利地位，大国之间的矛盾与竞争是在所难免的。自"冷战"结束到当前的国际政治发展表明，这种矛盾与竞争在全球层面上的直接表现就是"单极"与"多极"的斗争。俄、德、法、中、印等主要国际政治力量对推进世界多极化的努力是强大而执著的。

第四，联合国体制是保证多极化趋势发展的重要力量和基础。联合国的最高国际合法性及其最广泛的国际代表性将是联合国在多极化进程中发挥重大甚至关键作用的基础。①美国在解决特定问题时绕过联合国推行单边主义的做法表明，联合国在国际事务中的作用是在加强而不是削弱。从伊拉克战前美国争取联合国决议授权看，联合国顶住美国施加的强大压力而敢于说"不"，表明联合国大多数成员国对超级大国单边行为的约束意愿的强化、制约能力的提升和牵制力度的加大，这使联合国不再是"冷战"时期那种超级大国能够随意支配、颐指气使的谋霸工具。在伊拉克问题上，美国政府的目标和手段是早就定了弦的，但面对国际国内的种种压力，美国一直想效仿海湾战争的模式，谋求联合国的授权，为其使用武力披上合法的外衣。经过长达半年的政治斗争与大国协调，美国的企图遭到了安理会多数成员国的抵制，以失败告终。尽管美国依然强硬地执行了既定的战争政策，但是，这表明联合国在国际事务中具有无法替代的权威地位，其国际合法性是无法超越的，它将在阻遏美国愈演愈烈的单边主义方面发挥最重要的作用。正如美国著名专栏作家威廉·普法夫所言，"联合国是唯一一个有可能抑制美国的权力和限制美国推行单边主义的机构"。① ②任何重大国际问题的最终解决都无法离开联合国机制。这可以从伊拉克战争结束后美国逐渐接受联合国发挥重要作用上看出来。根据《联合国宪章》，联合国在维持国际安全与世界和平上具有一定程度的强制性，这使它拥有了一定意义上的超国家的性质和能力，在未来国际争端和冲突的解决中，它将继续扮演最重要的角色。国际社会是一个处于无政府状态的社会系统，不存在超越主权国家之上的合法中央权威。但是，国际社会和国际政治行为主体的行为又表现出一定的有序性，这一方面是由于行为主体之间的相互制衡，另一方面是由于国际社会存在一定的法律规范和行为准则。《联合国

---

① William Pfaff, "The UN may check US power," International Herald Tribune, March 11, 2003.

宪章》是当代最大的全球性组织的有约束力的章程，本质上是多边性的国际条约，它确定和发展了公认的国际法基本原则。这些国际法基本原则的效力已经超出了联合国的范围，为整个国际社会所接受。关于联合国的强制能力的基本原则规定，"各会员国对于联合国依宪章规定而采取行动时，应尽力予以协助，联合国对任何国家正在采取防止或执行行动时，所有会员国对该国不得给予协助"。① 显然，从国际法和《联合国宪章》看，如果安理会通过决议，则以此决议采取的行动就具有一定的超国家性，从法律上看，就属于合法的干涉范围。伊拉克战争由于没有联合国的授权而不具有国际合法性，因此，在战后伊拉克的政治重建问题上美国必须借助于联合国。没有联合国的"合法性"认可，任何新的伊拉克政权都不能得到伊拉克人民和国际社会的广泛承认，其生存能力和控制局势的能力就会大打折扣。正因为如此，美国在伊拉克临时管理委员会成立后，立即请求联合国决议承认其合法性。随着重建进程的艰难推进，美国民众和布什政府越来越认识到美国的一己之力实在无法独自应付伊拉克的重重困难，有超过2/3的美国人担心美国会长期陷入伊拉克泥沼，布什政府已经暗示要接受联合国的"特别重要"的作用，表示准备将在伊拉克的各国军事力量置于联合国的领导之下。当然，美国和联合国在伊重建问题上争夺主导权的斗争不会很快结束，联合国的作用依然有限。

当前，由于美国国内保守主义、新保守主义思潮的沉渣泛起，新帝国主义思维甚嚣尘上，美国的霸权主义和单边主义行径将无法在短期内彻底消除，美国和其他大国围绕建立一个什么样的未来世界秩序而在联合国及其安理会的矛盾和斗争将继续下去，联合国可能会面临一个比较困难的形势：在涉及自身重大安全利益的问题上，如果无法达成大国之间的一致，美国将继续绕过联合国安理会行动。安理会的权威将继续受到超级大国单边主义的挑战和冲击。实践表明，任何大国要在国际事务中发挥持久影响，彻底抛弃联合国体制是不现实的。从这个意义上讲，联合国及其代表的国际体制将是美国单极霸权图谋的有力制约者，是世界多极化的重要推动因素。

四、多极化进程将是曲折复杂的

肯定多极化趋势不可逆转，并不是说多极化很快就可以实现。实践证明，多极化的关键在于主张多极化的力量和谋求单极霸权的力量之间的对比态势是否会形成有利于多极化力量的发展变化。实事求是地说，多极化的实现将是一个非常曲折的历史过程，它取决于各种力量在物质因素、精神因素等方面的发展势头和潜力后劲。

世界格局的发展变化归根结底取决于国际舞台上各种力量对比的变化。进入21世纪，各种力量都将其视为自己难得的发展机遇期，各大国都在竭力发展自己，积淀力量，力图在世界格局的发展变化中占据有利地位。当然，实力的发展和积淀是一个长期的、螺旋式的渐进过程，要及时、准确地估算特定力量的消长变化是很不容易

---

① 其他的基本原则是：各会员国主权平等；善意履行宪章规定的义务，以保证会员国权益；以和平方式解决国际争端，以维护国际和平、安全及正义；不得使用威胁或武力，以维护国家领土完整或政治独立；在维持国际和平及安全的必要范围内，应保证非会员国遵守上述原则；不干涉任何国家内政。

的，它包含着对诸多方面的估量，也受到多种因素的制约。从物质层面上讲，有经济因素、军事因素、科技因素等；从精神层面上讲，有政治制度因素、意识形态因素、战略信条因素等。必须全面地、综合地估量。只有客观、准确地估量了力量对比的变化趋势，才能比较科学地预测世界格局的发展。只有科学、如实地估量了自己的相对实力，才能找到自己在世界格局中的地位。

科技研发水平是衡量一个国家力量强弱及其未来发展走向的重要指标。因此，在我们全面估量某种力量时，应该十分重视科技因素。20世纪80年代，世界各国为了提高自己的综合国力，都十分重视科学技术，特别是高科技，纷纷提出了发展高科技的战略。90年代，科技发展日新月异，浪潮汹涌，信息技术革命的成果不仅改变着我们所处的世界，而且创造着一个新世界。信息、网络的迅速发展正在不断地扩大人们的活动范围和领域，潜移默化地影响着人们的行为习惯和交往方式，也改变着人们的思维方式。信息化时代和工业化时代不同，它的意义就在于把人类带入一个"知识化时代"、"知识经济时代"，知识、高新科技知识将成为最重要的生产要素，将成为主宰生产力发展的决定性因素。正是从这一点出发，邓小平提出了"科学技术是第一生产力"的论断，强调"中国必须发展自己的高科技，在世界高科技领域里有一席之地"。为了迎接科技革命的高潮，我们要发展高科技，这是增强我国综合国力的必由之路，是使中国屹立于世界民族之林的必由之路。

由于各种力量在变化，各自的国家利益在扩展，各国的外交政策也随之调整，各种力量之间的关系在一定时期也会有新变化，会出现一些新的矛盾。这些矛盾如果及时地得到解决，世界局势就会继续正常发展；如果因为不能及时解决而激化，世界局势就可能再现紧张局面，甚至出现局部冲突和局部战争。战后60多年的世界局势就是这样发展的，新世纪也会如此。这里突出的问题就是有的国家凭借强大的实力要称霸世界；有的国家随着实力的增长要摆脱别国的控制，争取更大的自主能力；有的国家当实力强大到一定程度时，还可能要争夺霸权、争霸世界；有的国家努力发展以增强国力，反对霸权而不争夺霸权，要建立公正合理的国际新秩序。由此，称霸、争霸和反霸的斗争就会贯穿国际关系变化的始终。这既有它的必然性，也决定了国际关系发展的曲折性。对此，我们要有思想准备，要冷静观察、要适时调整政策。

各国发展的不平衡是一个客观规律。尽管各个国家都在发展自己和增强国力，但由于内因与外因、主观与客观的多种因素，决定了各国的发展总会有速度快慢的不同，效率高低的迥异，以致在一个时期内出现先进和落后的差别。特别是在高新技术飞速发展的今天，更是如此。对此，我们也要有清醒的认识。对一个发展中国家来说，这尤为重要。

在激烈的国际矛盾和斗争中，当然包括社会主义和资本主义两种不同制度的矛盾和斗争，这是客观存在、不容忽视的。由于东欧、苏联解体，社会主义事业遭到了前所未有的挫折，也是很大的失败。但倘若因此就断言社会主义事业彻底失败了，历史到此终结了，那就是一种无知的表现，或者是一种阶级偏见。马克思、恩格斯创立的唯物史观提示了人类社会发展的规律和历史进程，他们在《共产党宣言》中提出的社会主义必然胜利，资本主义必然灭亡的科学论断经受了实践的检验。东欧剧变、苏联解体，只是历史发展的一种曲折，并没有也不会改变历史发展的大趋势，它无非说明了社会形态的变更、社会主义制度取代资本主义制度斗争的长期性、复杂性和残酷性。可以肯定，经过几代人、十几代人的长期奋斗，社会主义制度会更加成熟、完善，会在和资本主义的竞争共处中吸收其长处，弥补自己之不足，尽管还可能出现新的曲折，社会主义制度的生命力和优越性会在和资本主义制度的竞争中充分显示和发挥出来，社会主义制度会为越来越多的人所接受和拥护，社会主义和共产主义一定会取得最终胜利。邓小平在总结社会主义发展的经验教训时曾指出："只要中国社会主义不倒，社会主义在世界将始终站得住。""坚持我们的社会主义制度，关键就看能不能争得较快的增长速度，实现我们的发展战略。"他还进一步指出："社会主义经历一个长过程发展后必然代替资本主义。这是社会历史发展不可逆转的总趋势，但道路是曲折的。……一些国家出现严重曲折，社会主义好像削弱了，但人民经受锻炼，从中吸取教训，将促使社会主义向着更加健康的方向发展。"因此，我们对前景充满信心，只要把我们自己的事情扎扎实实地做好，我们就可以对人类进步事业做出自己的一份贡献。当然，我们对社会主义的认识，对社会主义事业的发展，不能停滞，更不能僵化，要"与时俱进，开拓创新"，跟上时代发展的步伐，不断地把社会主义事业推向前进。

进入 21 世纪以来，我们看到目前及今后一个时期，国际形势的基本态势是总体和平、局部战争，总体缓和、局部紧张，总体稳定、局部动荡。在世纪交替的这一时期，大国关系呈现这样一些特点：大国间尽管仍存在各种分歧和利益冲突，但已不再是全面对抗性质，各国在不同程度上也避免采取这种态度。各大国间的经济联系更趋密切，你中有我，我中有你，共同利益领域增多扩大。国际关系中的零和性质在降低，共存多赢或皆败俱伤的性质在上升。这使国家间更趋于通过对话、协商、谈判等政治方式解决问题，尽量避免走向极端。基于此，我们对争取实现一个长时期的国际和平环境，共同推进历史的车轮向着光明的目标前进满怀信心。

2007 年在美国爆发的次贷危机到 2008 年演变为金融危机，这是自 1929 年美国发生大萧条以来最大的、影响最广泛也最深的一次金融危机，它迅速蔓延至全世界，破坏了货币稳定、市场稳定、金融稳定和经济稳定，拖累全球经济增长，它暴露了资本主义制度的根本矛盾，迫使现行国际金融经济秩序进行调整改革，重建国际金融经济秩序。它使美国模式在国际上的吸引力下降并推动各种国际力量重新洗牌，大国关系重新调整，一句话，金融危机冲击了现存的国际政治经济格局，残存的单极格局更加难以为继，多极格局日益明朗，必将加快发展。

综上所述，我们可以说 21 世纪第一个 10 年世界格局发展的最大特点就是多极化的日益明朗。随着美国的日渐衰落、新兴力量的广泛崛起，这将是不可阻挡的趋势。

第二章　当代世界经济

世界经济是社会生产力发展到一定历史阶段的产物，它是指国际关系行为主体超越国界进行生产、分配、交换、消费等活动的总和，是世界各国的经济在相互联系中形成的全球范围内的有机总体。在资本主义生产方式产生之前，生产力水平低下，社会分工不发达，国家之间的经济联系是局部的、个别的现象，不存在国际分工和世界市场，也就不可能形成世界经济。随着资本主义生产方式的确立，以国际分工为基础的各国间商品交换和世界市场随之出现，世界货币也随之出现，初步形成各国间相互依赖的经济联系。19 世纪末 20 世纪初，第二次科技革命再次促进了社会生产力的巨大发展，经济活动进一步国际化，国际分工向深度发展，世界市场向广度扩展，资本主义诸强通过殖民活动将越来越多的国家和地区卷入国际经济生活，世界经济形成了。

第二次世界大战后，世界经济进入了一个迅猛的发展时期。到了"冷战"结束后，伴随新科技革命向纵深发展，出现了真正统一的世界经济体系。经济全球化浪潮席卷全球，资本和技术成为推动世界经济发展最活跃的因素。世界上大多数国家把集中精力发展经济放在战略首位，振兴经济、发展经济成为时代的主旋律。进入 21 世纪，世界经济在大多数时候表现出强劲的增长，但是，2007 年美国突如其来的次贷危机引发了 2008 年全球性的金融危机和经济危机，世界经济面临着前所未有的挑战。

历史唯物主义的一般原理认为，经济是政治的基础，而政治是经济的集中表现；经济决定政治，而政治对经济也具有反作用。世界经济与国际政治的相互关系无疑也是这样。国际政治的基本特征是由当时社会的生产力性质、水平以及生产方式的特点所决定的，世界经济体系的基本结构决定了国际政治的基本力量构成。因此，研究战后世界经济的发展及其规律性，有助于从更深的层次把握世界总格局的演变。

第一节　当代世界经济的演变

第二次世界大战后是人类有史以来创造物质财富最多的时期。1950 ~ 2000 年，世界总产值从 4 万亿美元迅速增长到 35 万亿美元。伴随着科学技术的进步，世界经济的网络越来越密集，各国间的相互依赖关系越来越深化。正是各国经济的发展和实力的消长推动着世界经济的运行，也不断改变着世界经济的面貌。60 多年来，世界经济经历了从美国独霸世界经济到经济力量多极化的演变过程。

一、战后初期美国独霸世界经济领域

在第二次世界大战前的近 200 年中，欧洲国家一直处于世界经济的中心地位。这

些国家以先进的工业、技术和雄厚的经济实力为后盾，通过军事手段、殖民统治及海外贸易，把亚非拉甚至北美地区变成自己的原料基地和商品市场，从而逐步形成了以欧洲为中心、世界其他地区为外围的世界经济体系。直到第二次世界大战爆发，欧洲的中心地位仍未根本改变。然而，第二次世界大战以前所未有的力量冲击了欧洲的世界中心地位，使原有的世界经济体系发生了深刻的变化。

第二次世界大战结束时，德国、意大利、日本这些战败国几乎成了一片废墟，战胜国中的英国、法国等也是遍体鳞伤。唯独美国的经济在战争中膨胀起来，在工业生产、国际贸易和金融等方面确立了自己的压倒性优势。1948 年，美国的工业生产总值占资本主义世界的 56.6%，出口贸易占 32.5%，美国拥有的黄金储备占资本主义世界总储备的 74.6%，美国还是世界上最大的资本输出国。经济的急剧膨胀使美国迫切需要扩大国外商品市场和投资市场并保持战后经济的稳定发展。而此时的西欧国家和日本需大量资金注入来恢复元气，从而摆脱社会、政治、经济的全面危机。这样，美国得以按照自己对外扩张的战略需要，凭借自己的经济优势，建立起以美国为核心的资本主义经济集团。

第一，建立以美元为中心的国际货币金融体系。1944 年 7 月，在美国的新罕布什尔州的布雷顿森林召开了有 44 国参加的国际货币金融会议，通过了"布雷顿森林协定"。1945 年底，在华盛顿成立了国际货币基金组织和国际复兴开发银行（即世界银行）。它所建立起的以美元为中心的货币体系实际上是一种国际金汇兑本位制。其主要内容是美元和黄金直接挂钩，使美元成了主要的国际储备货币，可以替代黄金作为国际支付手段，从而确立了美元在战后世界货币金融领域中的中心地位，为美国进行对外经济扩张，控制西欧等资本主义国家的经济提供了有利条件。国际货币基金组织负责管理成员国汇率的确定与稳定，国际收支的差额与弥补，外汇政策的制定与变化等。世界银行则通过组织和发放长期贷款来解决一部分会员国经济发展对资金的需求。这两个组织内部均实行按资金份额多少决定各国投票权力大小的原则，成立之初美国分别享有 27% 和 23.8% 的投票权，保证了美国对这两个国际金融货币机构的控制。

"布雷顿森林协定"确立的国际货币金融体系虽然严重地损害了一些西欧老牌帝国主义国家的经济利益，导致了它们相互之间的一些矛盾，但客观上对战后资本主义世界的经济和贸易发展起到了促进作用。

第二，缔结了"关税及贸易总协定"（以下简称关贸总协定）。为了对外扩张和输出大量商品，在国际贸易领域，美国积极推动国际贸易的自由化，在 1947 年，推动 23 国签署了关贸总协定，其主要目的是使各国努力达成互惠互利协议，大幅度削减关税及其他贸易障碍和取消国际贸易中的歧视待遇。关贸总协定就其性质来说只是一个多边性的国际贸易协定，而不是一个正式的国际经济组织。但实际上它一直起着一个国际经济组织的作用，并在战后为美国的对外经济扩张提供了许多便利。当然，在客观上对推动国际贸易和世界经济的发展也起了一定的作用，表现在它促使各国关税的平均税率有了较大幅度的下降，对各种非关税壁垒也有许多限制。关贸总协定作为布雷顿森林会议的补充，连同布雷顿森林会议通过的各项协定，统称为"布雷顿森林体系"，即以外汇自由化、资本自由化和贸易自由化为主要内容的多边经济体制，其构成了资本主义经济集团的核心内容，是按照美国制定的原则、实现美国经济霸权的体制。

第三，对西欧和日本等资本主义国家美国采取了扶植的政策。1947 年 6 月 5 日，美国国务卿马歇尔在哈佛大学发表了援欧演说，提出了"复兴欧洲计划"，后来被人们称为"马歇尔计划"。从 1948 年 4 月到 1952 年 6 月，美国通过"马歇尔计划"共向西欧拨款 131.5 亿美元，其中贷款约 1/10，其余部分为赠与，一方面使西欧经济很快得到恢复和发展，另一方面为美国商品和资本的输入打开了方便之门，奠定了战后美欧关系的基础。对占领下的日本，1949 年美国为其制定了经济复兴的"道奇路线"，在"占领地区救济基金"和"占领地区经济复兴基金"的名义下，向日本提供了大量贷款和援助，迫使日本在经济上对美国开放，为美国控制日本打下了基础。

第四，对亚非拉民族独立国家美国则采取新殖民主义的手法。1949 年 1 月 20 日，杜鲁门在其连任就职演说中提出了援助和开发落后地区的"第四点计划"，通过对亚非拉的经济政治渗透，抑制共产主义，扩展美国的势力范围，奠定了战后美国处理同民族独立国家关系的基调。

第五，对社会主义国家美国则实行经济、技术封锁，遏制社会主义国家的发展。早在 1947 年，美国就宣布对社会主义国家实行战略物资禁运。1949 年 11 月，美国又操纵英、法、意等 15 个西方国家成立了"巴黎统筹委员会"（简称"巴统"），严格控制向社会主义国家的出口。1951 年，美国国会通过了"巴特尔法案"（通称"禁运法案"），规定凡"巴统"成员向共产主义国家出口战略物资者均被剥夺受美国军事、经济和财政援助的权利，进一步导致了东西方经济关系的隔绝，对社会主义各国经济造成很大损失。

通过以上这些步骤，资本主义经济集团在战后初期逐步形成，美国在此过程中确立了它的霸主地位，建立了有利于自己对外扩张的国际经济秩序，为资本主义世界创造了一个相对统一和稳定的国际经济秩序，客观上为各国的经济发展提供了较为良好的国际环境。以美元为中心的国际货币制度实行了货币的自由兑换，关贸总协定则促使各国降低了关税、对非关税壁垒进行了限制。这就结束了战前国际经济领域里的分裂和混乱状态，推动了贸易的自由化和货币资本在国际间的自由流动，使国际经济关系的正常发展具备了重要条件。同时，战后兴起的第三次科技革命极大地推动了社会生产力的发展，在战后经济增长中起到巨大作用。此外，国家垄断资本主义对社会经济生活不断加强的干预，廉价的石油和其他原料，都是促进战后资本主义国家经济增长的重要因素。正是在以上因素的综合作用之下，资本主义国家在 20 世纪 50、60 年代经历了经济高速增长的"黄金时代"。在其带动下，发展中国家的经济增长也比较快。整个 50 年代，发展中国家年平均经济增长率为 4.5%，1960～1973 年为 6.3%，比发达国家年平均增长率还要高。

二、社会主义经济集团的形成

在世界经济范畴，"十月革命"的胜利和苏联的诞生打破了以往世界经济为资本主义国家一统天下的局面。第二次世界大战前，苏联在资本主义各国包围中探索社会主义制度的建立，形成了"苏联模式"——高度中央集权的政治经济体制。第二次世界大战后，社会主义国家由一国发展到多国。苏联由于担心美国操纵，没有参加国际货币基金组织、世界银行和关贸总协定，拒绝了美国的马歇尔计划，针对美国的经济封锁采取了相应的对策和措施。

在1947年7月和8月间，苏联先后分别同保加利亚、捷克斯洛伐克、匈牙利、波兰、罗马尼亚五国签订了贸易协定，帮助东欧国家恢复和发展经济，这是苏联同东欧国家建立密切的经济联系的第一步。到1949年，仅波兰一国就从苏联得到22亿卢布的工业化贷款。西方将这些贸易协定的签订称做"莫洛托夫计划"。

1950年2月14日，苏联和中国签订了《中苏友好互助同盟条约》，两国开展了相当密切的经济合作，苏联对华援建了156个项目，对中国"一五"、"二五"计划的完成起到了不可忽视的作用。

为了打破西方国家集团的经济封锁，促进社会主义国家经济发展，1949年1月，苏联、保加利亚、匈牙利、波兰、捷克斯洛伐克、罗马尼亚六国代表在莫斯科举行经济会议，决定成立"经济互助委员会"，简称"经互会"，标志着社会主义经济集团的形成。成立初期，"经互会"主要通过成员国之间的双边关系进行经济、贸易和技术合作，其组织本身实际上只起了集中研究、组织合作交流及统计的作用。最初的6个成员国加上后来加入的阿尔巴尼亚（1949年加入，1961年退出）、民主德国（1950年加入）、古巴（1972年加入）和越南（1978年加入），共10个成员国，面积占世界的18%，人口大约4.4亿，年国民收入占世界的25%，工业产值占33%，农业产值占世界的20%。可见，"经互会"在世界经济中所占的比重还是相当大的。随着国际形势的变化，"经互会"内部关系和职能也在逐渐发生改变，成为苏联控制东欧国家同美国角逐的工具。1991年6月28日，"经互会"委员会第46次会议在布达佩斯签署一项公报，宣布"经互会"解散。

从美国构建资本主义经济集团到社会主义国家"经互会"的建立，统一的世界经济终于分化成为两个隔离的经济体系，使东欧、西欧国家之间传统的密切经济往来发生了巨大变化。战前，东欧国家同西方的贸易一般占贸易总额的80%以上；"经互会"成立后，东西方经济往来急剧减少，对外贸易主要是在"经互会"成员国之间进行。这种局面的出现，首先是美国推行称霸世界、敌视社会主义的对外政策所决定的。其次也与当时斯大林提出的"两个平行市场"的理论有关。1952年，斯大林在《苏联社会主义经济问题》一书中指出："两个阵营的存在所造成的经济结果就是统一的无所不包的世界市场瓦解了，因而现在就有了两个平行的也是相互对立的世界市场。"世界经济是一个整体，客观上并不存在两个平行的世界市场。苏联关起门来搞建设，隔绝于世界经济整体之外，不仅给本国经济带来了很大损失，而且给社会主义国家经济发展也带来了负面影响。

但是就当时的情况而言，社会主义经济集团的形成对于顶住和打破西方的封锁和禁运，保卫社会主义的成果起到了一定的积极作用。由于社会主义革命的胜利解放了生产力，苏联、东欧和亚洲的社会主义国家在20世纪50、60年代都经历了一段经济的高速增长。从1951~1970年，苏联经过4个五年计划，经济实力有了很大的增强，其国民收入年平均增长率20世纪50年代为10.6%，60年代为7.9%，大大超过西方资本主义国家。1950年，苏联的国民收入相当于美国的31%，到1970年，苏联的国民收入已相当于美国的65%，成为仅次于美国的世界第二经济大国。东欧国家在这一时期经济发展速度也普遍高于绝大多数发达资本主义国家，经济实力得到了大大增强，人民生活水平也有了较大提高。中国1953~1957年的国民生产总值年平均发展速度是10.9%，1958~1962年是0.6%，1963~1965年是15.7%，1966~1970年是9.6%，尽管因政策调整失误存在较大起伏，但总的增长速度还是很高的。

三、20世纪70年代后世界经济向多极化方向转变

进入20世纪70年代，世界经济的发展经历了巨大的转折，发达资本主义国家一度的高速增长结束了，代之而来的是经济的"滞胀"，资本主义国家无不陷入了经济增长缓慢、通货膨胀严重的困境之中。美国、日本和西欧三足鼎立的局面逐渐明显，它们之间的各种矛盾增加了。受此影响，发展中国家在70年代后半期经济增长速度也开始放慢。苏东国家由于经济体制的弊端日益暴露，经济增长速度也大大放慢了。

造成世界经济发生巨大转折的主要因素有以下几点：

首先，国际金融体系在20世纪70年代初受到了巨大冲击。从50年代后期开始，美国的国际收支状况就不断恶化，黄金储备急剧下降，美元的国际信用发生动摇，引起抛售美元抢购黄金的巨大浪潮，爆发了多次美元危机。在走投无路的情况下，尼克松政府于1971年12月和1973年3月，两次宣布美元对外汇价正式贬值，各西方国家货币对美元的关系由固定汇率制转为浮动汇率制，联邦德国马克和日本日元与美元一起成为国际货币。这标志着"布雷顿森林体系"的瓦解，这一体系瓦解的过程本身就是一个不断动荡和混乱的过程。而在这一体系瓦解之后，一时又无法建立一个新的、相对稳定和统一的体系来代替它。在生产和资本越来越国际化的现代经济中，国际金融的剧烈变化使各国发展经济的国际环境趋于恶化，货币汇率剧烈动荡，国际贸易发展速度减慢，国际贸易和国际收支出现日益严重的不平衡，使各国的经济发展遇到越来越大的困难。

其次，发展中国家在经济领域里反对国际经济旧秩序的斗争使发达资本主义国家廉价而稳定的能源和原料来源受到了冲击。资本主义国家凭借不平等的国际经济旧秩序对发展中国家进行的掠夺引起了理所当然的反抗。石油生产国首先开始了斗争，1973年10月，在第四次中东战争期间，阿拉伯石油输出国团结一致，以石油为武器打击了以色列和支持以色列的国家。它们从国际石油垄断资本手中夺回了石油定价

权,不仅减少石油生产、对一些国家实行石油禁运,并且大幅度提高油价,将石油标价从原来的每桶 3.01 美元提高到每桶 5.11 美元。两个月后,它们决定把石油价格再次提高到每桶 11.65 美元,达到石油斗争前的 3.9 倍。作为世界各国主要能源和工业原料的石油,其价格在两三个月中猛增,这不能不对各国经济,特别是发达资本主义国家的经济形成巨大的冲击。

石油斗争带动了发展中国家在原料生产和出口领域里的斗争,一系列原料生产国组织建立起来,它们也为提高原料出口价格做出了努力,使发展中国家的贸易条件曾经一度有所改善。然而,它也使国际贸易旧有的价格体系被打乱了,从而影响了国际贸易的实际增长速度。

最后,在发达资本主义国家的国际经济环境急剧恶化的同时,它们的国内经济条件也发生了很大的变化。战后长期推行的刺激经济增长的各种国家垄断资本主义的政策措施已开始带来日益增大的消极作用。凯恩斯主义的经济政策使资本主义国家连年出现庞大的财政赤字,巨额的货币供应和日益增加的公私债务引起了日益严重的通货膨胀,再加上石油大幅度提价使生产成本上升,各发达资本主义国家的物价涨幅急剧上升。20 世纪 50、60 年代,主要资本主义国家的物价年平均上涨在 1%~3% 之间;而 70 年代,美国的物价涨幅年平均达到 7%,日本为 8.9%,法国为 9.1%,英国则达到 12.4%。

正是由于上述因素的作用,发达资本主义国家在进入 20 世纪 70 年代后就逐渐陷入了经济增长缓慢而通货膨胀严重的困境。在 1973 年石油斗争的冲击下,资本主义世界发生了战后以来最严重的一次经济危机。

由于发展中国家与发达资本主义国家有着密切的经济关系,发达国家的经济停滞必然也会对发展中国家产生不利的影响。到了 20 世纪 70 年代后半期,发展中国家平均每年的经济增长速度只有 5.5%,相对于 70 年代前半期的 7% 也明显下降。

同一时期,苏联为了争霸世界,军费开支日益庞大,成为经济发展的沉重负担,其经济管理体制的弊端日益突出,越来越不适应经济的发展,经济增长率下降到大约只有 20 世纪 50 年代的一半。东欧国家受苏联经济速度放慢的影响,70 年代后半期年平均经济增长率下降到 1.9%。中国经济受国内"左"倾政策的影响,也出现了大幅度滑坡。

1979 年资本主义世界再次发生经济危机,尽管生产下降的幅度不是很大,但通货膨胀严重,各国政府不得不采取紧缩性的货币政策来避免通货膨胀的进一步恶性发展,致使利率不断提高,而不像过去那样在经济危机发生时立即促使利息率下降,这就加剧和延长了经济危机的发展过程。世界经济在 20 世纪 80 年代进入了一个低速发展和激烈动荡的新阶段。从 1982 年底开始,各资本主义国家才陆续走出这次经济危机。80 年代后半期,世界市场每年都有价格大波动突发事件的发生:1985 年,美元大幅度贬值;1986 年,初级产品(特别是石油)价格猛跌;1987 年股市暴跌;1988 年和 1989 年,美元汇率跌至最低点又上升,使得世界经济发展极为不稳定。

20 世纪 80 年代也是发展中国家经济不断恶化的 10 年，其间除东亚和东南亚一些国家和地区的经济保持较高增长势头外，其他地区的经济发展速度均大幅下降，被称为"失去的十年"。拉美国家经济年均增长率仅为 1%，非洲大陆只有 1.4%，远远低于其人口的增长，而它们的人均国民生产总值则分别下降了 10% 和 25%。此外，苏联、东欧国家的经济增长速度进一步下降，到 80 年代末呈现出严重停滞的状态。

尽管各类国家的经济发展速度在 20 世纪 80 年代均有下降，但它们下降的原因与后果却迥然不同。发达国家的下降主要是由经济理论和经济政策调整所致。经过这次调整，它们转变经济发展模式，由过去主要追求总量和速度的增长转向主要提高产品质量和经济效益。因此，它们的经济低速增长有积极的方面，实现了低通货膨胀下的低速增长的既定目标，以量的增长下降换取了质的改善。相比之下，发展中国家和苏联、东欧国家经济增长速度的下降则是深受不利的国际国内环境的影响，其后果是不利的。在不到 10 年的时间内，最不发达国家由原来的 31 个增加到 42 个。苏联、东欧则出现了全面危机，导致剧变解体。

在 20 世纪 70、80 年代的动荡和调整过程中，世界经济格局逐步向多极化方向转变。70 年代初，西欧和日本经济实力大大增强，成为能够与美国相抗衡的新的经济中心。第三世界一些新兴工业国家和地区的出现使世界舞台上增添了新角色，推动世界经济向多极化发展。这种经济的多极化就西方内部而言是对美国世界经济霸权的否定，主要表现在美国、西欧、日本三足鼎立局面的形成。美国拥有的资本主义世界经济霸主的地位受到了来自西欧和日本强有力的挑战，一国独霸的局面开始向三方竞争角逐的局面过渡。总体来看，70、80 年代美国处于日趋削弱的不利地位，而西欧和日本则显出咄咄逼人的上升势头。特别是西欧，虽然欧共体内部存在不少矛盾和问题，但它作为一个整体在经济领域的不少方面已经超过美国，到了 80 年代，美、日、欧在经济上三足鼎立的局面日益深化。西欧和日本成了美国强劲的竞争对手。

表 2 –1　三大经济中心国民生产总值的对比

	1957 年	1957 年	1972 年	1972 年
	金额（亿美元）	相当于美国的（%）	金额（亿美元）	相当于美国的（%）
美国	4440	100	11859	100
日本	308	6.9	3745	25.7
欧共体 6 国	1591	35.8	6679	56.3
欧共体 9 国			8552	72.1

资料来源：国际货币基金组织 1980 年年鉴。

美、日、欧的激烈竞争使国际贸易和国际金融体系出现严重的不平衡和更加动荡的局面。

在贸易方面，发达国家之间的矛盾与分歧仍愈演愈烈，龃龉不断，柑橘战、大豆战、玉米战接连发生。1971年，美国首次出现贸易逆差，此后除个别年份外，贸易逆差居高难下，1987年已达到1703亿美元。而日本、联邦德国贸易顺差不断上升，1986年日本贸易顺差达831.44亿美元，联邦德国达522.47亿美元。严重的不平衡不仅阻碍了国际贸易的顺利发展，而且推动了贸易保护主义的加强，使国际贸易领域动荡的因素增加了。

在货币金融领域，"布雷顿森林体系"的瓦解使美国丧失了头号金融大国的地位。1982年，美国在国外拥有的净资产曾达到1470亿美元最高峰；1985年，外国拥有的美国资产开始超过美国拥有的外国资产，美国从最大的债权国变成了最大的债务国，1986年净债务达2640亿美元。与此相对照，日本一跃成为世界上最大的债权国，到1986年底拥有的国外净债权已达1803亿美元，取代了美国过去在国际金融领域的地位，当时世界最大的10家商业银行已被日本全部占领。美国和日本在国际金融领域的换位给世界经济进一步增加了不稳定的因素。美元的特权地位仍然存在，而日元的国际化刚刚开始，相对统一的、稳定的国际货币制度尚难建立，世界经济发展的不稳定性进一步增强了。

在推进世界经济向多极发展的过程中，引人注目的是第三世界一些新兴工业化国家和地区的出现。新兴工业国家和地区是指一些发展中国家（地区）的经济发展在工业化方面取得决定性进展，其发展程度处于从发展中国家向发达国家过渡的阶段。国际上通常衡量新兴工业国的尺度是：人均国民生产总值达1500美元，制造业产值占国民生产总值的25%，制造业吸收总就业劳动力的25%以上。按照上述标准，被誉为亚洲"四小龙"的新加坡、韩国、中国香港地区、中国台湾地区，紧紧抓住20世纪70年代发达国家经济结构调整的时机，将经济发展战略转向世界，积极引进发达国家的资金、技术和先进设备，大力发展外向型经济，积极推进出口贸易，促进了经济的迅速发展。1989年人均国民收入香港地区达到11247美元，新加坡达10959美元，台湾地区为6855美元，韩国为4465美元。拉丁美洲的巴西、墨西哥、阿根廷、智利等国家，在70年代也从发展资源加工型工业实现了工业化。这些国家和地区的经济发展是促进世界经济朝着多极化发展的新生力量，具有重要的意义。中国从70年代末开始实行对外开放的经济政策，经济增长迅速，使整个东亚地区的经济保持高速增长的势头。

四、20世纪90年代后世界经济集团化趋势加强

"冷战"结束后，经济因素在国际关系中的作用空前突出。为了在日益激烈的经济竞争中占据优势，各种不同类型的国家一方面普遍从内部进行了经济调整与改革，另一方面积极加强同周边国家的合作与交流，通过联合取得集团优势来增强自身实力。区域集团化成为20世纪90年代后世界经济最为显著的发展趋势。世界上大大小小区域化经济组织已有30多个，其中西欧、北美、东亚三个地区的区域化经济组织的发展趋势对世界经济走向的影响最引人注目。

欧洲联盟（EU）是目前最为完备、最有成效的区域化集团，结构配套最齐全，立法程序最完备，最具有超国家实体色彩，为其他区域化组织的发展提供了范例。20世纪 90 年代后，欧洲经历了德国统一、苏东剧变、马斯特里赫特会议、波黑内战、科索沃战争等一系列事件，欧洲联盟（前身为欧共体）充分显示了作为欧洲核心力量的地位。1993 年 1 月 1 日，欧洲统一大市场正式启动，实施商品、劳务、人员和资本"四大自由流通"，成为经济集团化的最高层次。1995 年 12 月，欧盟马德里首脑会议决定从 1999 年起实行单一货币，名称定为"欧元"（Euro），并制定了实施的具体时间表。1998 年 5 月欧盟确定了除英国、丹麦、爱尔兰、希腊之外的 11 国首批加入"欧元"，同年 6 月欧洲中央银行成立并确定了欧元区各成员国货币的比率。1999 年 1 月 1 日欧元如期启动，2001 年 1 月 1 日希腊加入欧元区，2002 年 1 月 1 日欧元正式进入了 12 个成员国的流通领域。这是"布雷顿森林体系"崩溃后国际货币体系最重大的变革，对国际金融和世界经济产生了重大影响。2004 年 5 月 1 日，爱沙尼亚、拉脱维亚、立陶宛、波兰、匈牙利、捷克、斯洛伐克、斯洛文尼亚、塞浦路斯和马耳他 10 国加入欧盟。2007 年 1 月 1 日，罗马尼亚、保加利亚加入欧盟，形成了横跨欧洲 27 国、人口达到 4.9 亿、国内生产总值超过 14 万亿美元的经济共同体。

北美自由贸易区（NAFTA）是由美国、加拿大、墨西哥三国组成的统一大市场。1992 年 10 月，三国首脑签署了北美自由贸易协定，经三国国会批准后已于 1994 年 1 月 1 日起正式生效。该协定规定三国将在 15 年内逐步取消货物与服务进出口关税及投资障碍，实现商品、劳务、资本的自由流通和更高等级的知识产权保护。三国经济实力相差悬殊，美国的经济实力居于绝对的领导地位，加、墨严重依赖于美国，这种不同经济发展水平国家的地区集团化同欧洲联盟有很大区别，具有重要意义。北美自由贸易区只是美国实现其"美洲倡议"新战略的第一步，美国的最终目标是将北美洲和南美洲连在一起，建成一个美洲自由贸易区。2001 年 4 月，美国在第三次美洲国家组织首脑会议上，确定到 2005 年 12 月建成世界上最大的自由贸易区——美洲自由贸易区，形成从阿拉斯加到阿根廷的 8 亿人的大市场。然而，美洲是世界上贫富悬殊最大的地区，北美与拉美之间存在巨大的差异，在敏感领域还存在激烈纷争，美洲自由贸易区未能在 2005 年如期启动。

亚太地区的经济集团化较之欧美起步较晚。建立"太平洋共同体"的倡议早在 20 世纪 60 年代就由日本人提出来了，但由于这一地区存在着不同的社会制度、不同的经济体制、悬殊的经济发展水平以及各国的民族自我意识较强等因素，区域集团迟迟未能建立起来。

随着"冷战"的结束，东亚地区迫切需要加强地区经济合作。经澳大利亚提议，1989 年 11 月，在堪培拉举行了首次亚太经济合作部长会议，亚太地区有组织的经济合作正式起步。1993 年 6 月，正式启用"亚洲太平洋经济合作"的名称，并从这一年开始了每年举行一次非正式首脑会晤的制度，在协调亚太地区经济关系方面取得进展，形成了独具特色的"亚太经合方式"。它不同于欧盟那样的排他性的体制完备的经济集团，而是一个具有广泛经济协商功能的"大家庭"一类的机构，通过共同参与、自主自愿、协商一致和承诺机制来推动成员国的合作。亚太经合组织目前有21个成员，分布区域广阔，成员中既有资本主义国家，又有社会主义国家；既有美国、中国这样的大国，又有新加坡、文莱这样的小国。这种成分复杂、千差万别的成员状况决定了亚太经合组织迈向一体化只能是在承认多样性和灵活性基础上的循序渐进。1994年11月的茂物会议确立了在成员中分两步实现贸易、投资自由化，即发达国家在2010年以前、发展中国家和地区在2020年以前实现既定目标，并把贸易投资自由化与经济技术合作并列为两大支柱。1995年11月的大阪会议进一步确认了各成员国有权结合自己的情况，按照自己的进度和方式逐步实现自由化，不同的领域可以有不同的速度。此后，亚太经合组织对协调成员国利益、促进全球和地区经济发展发挥了积极作用，自身也得到壮大，已经成为亚太地区乃至世界上最重要的区域组织之一。当然，亚太经合组织的多样性也有其负面影响，成员间巨大的差异导致利益分歧的存在，矛盾和冲突难以避免。

除了欧洲、北美、亚太三个地区的区域一体化取得长足进展外，还有众多的区域一体化组织遍及世界各个角落。其中，东南亚国家联盟（ASEAN）和南方共同市场（MERCOSUR）作为发展中国家的区域集团，近年表现活跃，地位有所上升。东盟成立于1967年，20世纪90年代发展成为囊括所有东南亚国家的10国大东盟，在推动实现东盟自由贸易区的同时迅速成为亚太地区的一支重要力量。南方共同市场于1995年1月1日正式启动，4国建立了对外共同关税，表现出强大的活力，正在吸引其他拉美国家和次区域集团向它靠拢。在非洲、前苏东地区，建立新的或改组现存的区域经济组织也成为各国清醒认识地缘经济现实和自身经济状况后的理性选择。北美、亚太、拉美等地区的区域化经济组织要达到欧盟的水平，还有相当长的路要走。

五、21 世纪以来世界经济的调整与秩序重建

进入21世纪后，伴随着经济全球化浪潮的冲击，世界经济总体上保持了强劲增长，正经历着一场从格局、结构到增长方式等各个领域的深刻变化，繁荣与危机并存，在不断调整中向前发展。

世界经济是在衰退中迈入新世纪的。2001年，以美国为首的全球互联网泡沫破灭，世界经济经历了突然的、短暂的衰退，随后回升。从2003年到2006年，全球GDP的平均增幅达到4.8%，是20世纪70年代后世界经济增长最强劲的4年。但是，世界经济失衡状况的危险此时已经开始显现，油价高涨、房地产泡沫、美元汇率波动，使世界经济面临的风险加大。进入2007年，经济增长已成强弩之末，美国次贷危机的爆发迅速蔓延全球，将世界经济拖入衰退之中。在经济全球化的背景下，加之美国是危机的"震中"，这次危机具有冲击力强、涉及范围广、救援成本高的特点，是1929～1933年大萧条后未曾发生过的社会经济大震荡。这次危机使世界主要经济体均受到不同程度的打击，2008年，世界经济增长明显减速，金融市场动荡剧烈，贸易市场低迷不振，就业形势急剧恶化。一年之内，全球股市蒸发市值30万亿美元。以美国为首的发达国家受金融危机影响最为严重，状态最为低迷，新兴经济体也未能幸免，增长速度放慢，直到 2009 年下半年，在新兴经济体的带动下，全球经济才逐步开始回暖。可以说，这场危机不仅使世界经济陷入了严重的衰退，而且对战后以来的世界经济秩序和治理结构提出了尖锐挑战。

这场危机引发的后果至今仍在深化之中。然而，正如俄罗斯总理普京所说："人们对美国作为自由世界和自由经济领袖的信任，以及对华尔街作为自由经济中心的信任已经被打破，而且再也不会重回以前的情况了。"第二次世界大战结束以来，美国凭借超级经济实力和美元作为国际货币的霸权地位主导了整个世界经济。这次危机中，美国经济的制度漏洞和结构失衡暴露无遗。因此，改革国际金融体制，构建新的国际经济秩序，避免类似危机的再次发生，迅速成为世界各国的共识。法国、德国等欧洲国家主张建立国际金融市场的跨国监管机构。日本、俄罗斯、各新兴工业国、石油输出国家都在积极活动，以谋求在新的国际经济体系中获得更大的影响力。中国人民银行行长周小川在 2009 年 4 月的"二十国集团"（G20）伦敦峰会之前发表题为《关于改革国际货币体系的思考》一文，提出创造一种超主权的、真正意义的世界储备货币，反映出中国参与构建新的经济秩序的积极态度。当然，美国不会轻易放弃经济霸主的地位，国际金融和世界经济秩序也不可能在短时间内得到彻底的改变，但是，在金融危机肆虐的背景下，各国必须携手捍卫世界经济的稳定，秩序的改革与重建是大势所趋，美国在世界经济秩序中的强势地位的确面临着越来越多的挑战。

21 世纪世界经济的多极化趋势将在危机后的调整与复苏中得到加强。一方面，发达国家在经济实力上的优势将延续，美国经济在遭受到严重打击的同时，经济结构的调整、金融体制的改革和产业创新也将得到加速，在相当长的时期内美国的综合创新能力仍将处于世界领先地位，其世界经济"火车头"的地位不会因为这场危机而根本改变。然而，由于此次危机是资产价格泡沫破灭引起的，欧美日发达国家金融机构的资产损失巨大，元气大伤，其对世界经济的影响力已经不可避免地降低了。另一方面，以新兴经济体为代表的发展中国家经济增长迅速，将进一步改变发展中国家与发达国家之间的经济实力对比状况，世界经济多极化趋势更为明显。根据普遍的预测，新兴经济体在今后几十年平均增速将快于发达国家。尤其是中国、印度、巴西、俄罗斯"金砖四国"中已有 3 个国家的 GDP 总量进入了世界前十大经济体行列，印度则排在第 12 位，在规模和影响上都成了世界经济领域举足轻重的一支重要力量。这次金融危机在短期内给发展中国家也带来一定冲击，但比较而言，发展中国家更快地回到了经济增长的轨道。发达国家不仅在世界经济中的比重将下降，而且其增长模式和理念将受到更多的质疑，必将逐渐改变世界经济的运行机制，世界经济的结构重心必然发生相应的变化。

作为一个转折点，2008 年全球金融危机给世界经济来了挑战和机遇。当前世界经济秩序的转变尚处于初步阶段，各种因素交错重叠，各种力量相互碰撞。尽管还无法勾画出未来世界经济秩序的整体面貌，但经济全球化条件下利益和观念的转变已经为新秩序的发展趋向奠定了坚实的基础。

第二节 当今世界经济的主要特点

一、经济全球化浪潮席卷全球

"冷战"结束以后，经济全球化成为世界关注和争论的热点问题。所谓经济全球化，是指贸易、投资、金融、生产等活动的全球化，即生产要素在全球范围内的最佳配置。从根源上讲，它是生产力和国际分工高度发展要求进一步跨越民族国家疆界的产物。20世纪90年代，经济全球化加速发展，成为国际社会不可逆转的事实，具体表现为：世界性的水平型分工逐渐取代垂直型的国际分工，生产活动全球化，各国的生产活动成为世界生产的一部分；市场经济体系席卷全球，囊括了所有发达国家和发展中国家；国际贸易飞速发展，贸易壁垒不断降低，世界多边贸易体制形成；国际资本加速流动，全球性投资规范开始形成，各国金融融合进程加快；作为载体的跨国公司蓬勃发展，跨国界和跨行业的兼并浪潮来势凶猛；区域集团化向纵深拓展，跨区域经济合作增强；知识经济兴起，引起世界经济关系的重大调整；等等。

造成"冷战"结束后经济全球化加速发展的动力主要来自以下几个方面：第一，科学技术的飞速发展是经济全球化的根本推动力。在人类历史上，每一次科技革命都会带来生产力的变革，改变社会生产的形式和内容，加深全球化范围内政治与经济的联系。新科技革命始于20世纪70年代，以微电子技术为先导，以信息技术、生物技术、新材料技术、新能源技术、海洋开发技术和空间技术等为主要内容。它实质上是第二次世界大战后第三次科技革命的继续与发展，只不过改变了此前科技成果主要应用于军事领域的状况，对世界经济的发展带来更为直接的推动力。随着"冷战"的终结，新科技革命再起高潮，世界各地开始把国际竞争的重点从军备竞争转向经济战场，许多"冷战"时期的高、精、尖的军工技术逐渐从军事领域向民用领域转化，使国际科技合作交流进入空前繁荣和活跃的阶段，整个人类的相互依存程度不断加深和扩大，经济全球化不断向纵深发展。信息技术日新月异、互联网迅速延伸和扩展，为经济全球化加速发展提供了基本手段和物质条件，使经济全球化进入了一个新的阶段。

第二，全球性世界市场的形成为经济全球化加速发展提供了基本条件。世界经济并非各国经济的简单相加之和，而是通过市场纽带联系起来的有机整体。"冷战"结束后，市场经济体制在全球范围内全面取代了中央集权的计划经济体制，一个真正意义上的世界市场得以形成，而不像"冷战"时期那样人为割裂为两大对立的集团。资金、人员、服务、技术、商品和资源获得迅速流通和最佳的优化配置。西方国家为促进前苏联和东欧国家的政治经济转型过程对这些国家大量投资，大的跨国公司在发展中国家广泛设立分支机构进行生产和销售。各类不同国家之间的经济联系和交往大大加强了，相互之间的开放和融合也大大加强，单个国家经济的发展与整个世界经济的变动日益相互影响和制约。另外，经济全球化反过来也促进了世界市场的进一步扩大。经济全球化将各国的国内市场与国际市场衔接起来，必将促使世界各地，尤其是大多数市场化起步时间不长的国家加快完善本国的市场经济体制和运行机制，以便更好地参与全球范围的以市场为媒介的资源流动和配置。

第三，日益严重的全球性问题制约和威胁着全人类的生存和发展，要求各国政府和人民的共同努力，客观上强化了经济全球化的趋势。全球性问题是指当代国际社会面临的超国家和地区界限、关系到整个人类生存与发展的严峻问题，诸如生态失衡、环境污染、人口爆炸、资源短缺、跨国犯罪等。这些问题具有全球维度，超越社会制度的差异和经济发展水平的区别，涉及世界上所有国家的利益，只能通过国家间的广泛合作才能解决，尤其是要有效避免环境恶化引起的全球性生态危机，必须加强国际间乃至全球范围内的合作，甚至让渡部分国家主权。自20世纪70年代初罗马俱乐部出版《增长的极限》一书以来，人们的全球意识越来越强，国际合作的规模和程度都在向更大、更深的方向发展，经济全球化正是为适应这一需要而加速发展的。

经济全球化浪潮势头正猛，但它必然经历一个曲折发展的过程。在当今世界经济领域，不公正、不合理的国际旧秩序仍然存在，使得经济全球化发展阻力重重。一方面，经济全球化进一步加强了各国经济的相互依存，推动了国际协调和合作机制的发展。另一方面，伴随着科学技术的日新月异，国家间的竞争也日趋激烈，对不同国家而言经济全球化带来的机遇并不平等。"在发达国家尽享全球化'红利'的同时，广大发展中国家却仍饱受贫穷落后之苦。发展资金匮乏、债务负担沉重、贸易条件恶化、金融风险增加以及技术水平的落后，使发展中国家总体上处于更为不利的地位。"① 尤其是强权政治和霸权主义仍然以各种形式作祟，对发展中国家的主权和安全造成新的冲击和挑战，影响经济全球化进程的平稳发展。正是由于经济全球化进程存在矛盾和缺陷，无论是在欧美发达国家，还是在发展中国家，近年都爆发了有组织的、规模可观的反全球化运动。其中既有经济全球化中的受损者和弱势群体，也有反对现存经济秩序的力量。然而，经济全球化已经将世界各国联系在了一起，世界经济的持续、健康和共同发展客观上需要各个国家都成为经济全球化的受益者。发展中国家如果不能在经济全球化进程中获得充分发展，发达国家的经济繁荣也将受到影响。为此，世界各国应加强经济、技术的交流与合作，努力改变不公正、不合理的国际经济旧秩序，重视并帮助发展中国家形成和提高自我发展的能力，为发展中国家创造良好的外部环境，努力使经济全球化达到共赢和共存的目的。由于2008年全球金融危机的冲击，国际金融体系的稳定性受损，金融监管加强，国际资本流动的动力降低，同时，贸易增速放慢，贸易保护主义倾向加强，经济全球化进程陷入了阶段性调整。

二、全球一体化与区域集团化并行发展

一体化是第二次世界大战后国际关系领域出现的一种重要现象，它是指世界各国由国别差异所带来的制度障碍逐步被消除的过程，表现在经济领域经济一体化是指为

---

① 江泽民：《关于经济全球化问题的发言》，《人民日报》，2000年9月8日。

适应经济全球化而产生的国家间的经济联系，它依据各国间的协定而建立，以集团的形式而存在。经济一体化与经济全球化是一组相互联系但又有所区别的概念：全球化更多的是一个客观过程，表现为各国经济前所未有的相互依存，而一体化多是主观意志的产物，是在契约基础上建立起来的一定的经济组织形式；全球化是世界经济在空间范围上的扩大，而一体化是各国经济在内在机制上的结合；全球化是一体化的外在形式，而一体化是全球化的内在机制。当前经济全球化已取得相当程度的进展，但经济一体化还只是处于起始阶段。

全球一体化要求在世界 200 多个水平各异、利益分歧的国家和地区之间谋求制度性的一体化，这将是一个非常漫长的历史过程。迄今为止的经济一体化还只是在局部的地域范围和有限的国家之间组成。那些地理上接近，经济水平、经济体制、经济政策趋同的国家在平等的基础上通过协定，制定共同的行为准则，甚至部分让渡国家的经济主权，建立超国家的机构，实现经济上的联合，这就是区域一体化，又被称做区域集团化。

"冷战"结束后，由经济全球化推动的全球层次的一体化安排和区域经济集团化趋势的并存是一种客观现实。一方面，国际机制的作用在世界经济领域进一步完善，各种全球性、多边性的制度化协调机制均有重大突破；另一方面，遍布各大洲的区域经济集团数量进一步增多，活动范围也进一步扩大。

不可否认，日益活跃的区域经济集团组织的确对全球一体化的某些制度性安排，如世界贸易组织等造成了挑战。任何经济集团都是对内优惠、对外歧视，对内加强合作、对外排斥他人。当经济集团内部成员之间享有比非成员更多的优惠待遇时就容易产生贸易保护主义措施，这无疑会形成相互分割的贸易集团，加剧国际市场的竞争。而区域经济集团之间尽管也建立了各种形式的联系和一定程度的合作，却同时伴随了激烈的冲突和争夺。每个具有世界影响的区域经济集团都由一两个发达国家发挥主导作用，这些发达国家积极经营本集团以便在更大范围和更高层次上同外界竞争，有时还假借经济集团名义向对手施压，使经济集团实际上成为其相互争夺的工具。这样就会削弱全球多边主义体制的吸引力，而且一旦拥有强大的经济集团作后盾，在涉及全球一体化的制度安排上各个大国就更难达成一致了。因此，区域集团化对全球一体化的发展的确有消极影响的一面。

但是，区域集团化是与政治多极化同步发展的，反映的是经济发展不平衡的规律。全世界 200 多个国家和地区之间经济发展差距还很大，在短期内不可能彻底消除或明显缩小。历史经验表明，期望"一步到位"直接通过全球多边谈判达成全球一体化是不现实的。即使在一个经济不断融合的世界里，经济利益的民族性仍然是主导因素，区域经济集团就是适应这种既要求开放，又要求一定保护的客观现实而产生的一种现象，不是狭隘、封闭的，而是合作、互利和开放的区域主义。事实上，任何民族国家都具有排他性，其程度比经济集团更甚。但区域集团的排他性并不是封闭性的，仅表现为经济集团内部成员获得的优惠待遇比区域外国家要多，并不是将区域经济集团同其他国家和地区隔离开来。因而，尽管区域经济集团大量涌现，经济全球化趋势并未减弱，国与国之间的相互依赖关系也并没有因为属于不同的经济集团而有所削弱。目前世界各主要经济集团都采取了一种"开放区域主义"的态度，给成员国国内经济及世界经济带来新的动力。特别是经济集团能够产生一种示范效应，带动经济一体化在更多的地方、更高的层次开展，使各个国家的政府和人民逐渐熟悉一体化的趋势，先在地区范围内制定共同的规则和程序，然后再向全球性的一体化转变，从根本上为全球一体化奠定了基础。此外，经济集团化还会产生积极的政治效应，在同一地区内原来敌对的国家间建立起稳定的关系。如欧盟中的法德轴心，亚太经合组织中的东亚各国，南方共同市场中的阿根廷和巴西等。

一体化是一个从局部到整体、由低级到高级不断拓展的过程，只要世界经济发展的不平衡性继续存在，区域集团化就会存在，它和全球一体化并不相背离。从长远来看，区域集团化是走向全球一体化的必然之路，是实现全球一体化的漫长道路上的一步。区域集团的发展推动一体化水平的提高，全球一体化可以将区域集团化的成果作为更广泛、更普遍的全球制度的基础。两者在发展方向上是一致的，差别在于区域集团化在空间上是全球一体化的局部实践，在时间上是全球一体化的阶段性探索。

三、"新经济"产生深远影响

20 世纪 90 年代，随着新科技革命的发展和信息技术的广泛应用，美国率先打出"新经济"的旗帜。从 1991 年 3 月走出谷底到 2001 年底，美国经济持续增长 125 个月，创造了美国历史上经济持续增长时间最长的纪录，打破了许多经济学家对美国经济增长周期和规律的认识。一时间，新经济"长盛不衰"的神话在全球范围内引发了热潮，日本、欧洲等发达国家和一些发展中国家纷纷效仿美国，制定出自己的新经济发展战略。然而，在 2000 年，被视为新经济风向标的"纳斯达克"[①] 综合指数却连遭重创，一年内下跌了 50%，一时间，对新经济的质疑甚嚣尘上。事实证明新经济的确需要必要的调整，但从中长期看新经济的前景仍然十分广阔。

所谓新经济，是与传统的农业经济、工业经济对应的概念，是由信息技术和当代其他高科技驱动，以创造性的人力资源为依托，以知识和信息的生产、加工、分配和使用为基础的可持续发展的新型经济形态。在传统经济中，起决定性作用的因素是大量资金、设备、人员等有形资产的投入，而在新经济时代，经济活动的中心由物质生产转向知识生产，知识本身成为生产中的首要因素，知识、智力等无形资产的投入起决定性作用。正因为如此，新经济有时也被称为"知识经济"。

相比传统经济，新经济的优势在于：它引导以信息科学技术、生物技术、新能源和可再生能源科学技术为代表的高技术不断产业化，成为第一支柱产业，同时向传统产业注入新技术，使传统产业建立在科技进步的新的基础之上，从而促使整个产业结构高级化；它实现经济活动的数字化和网络化，知识的储存将采取数字化和编码化的

---

① 以科技股为主组成的美国全国证券交易商协会自动报价系统。

方式，知识的生产、流通和使用将通过计算机和网络技术得以运行，大大加速了先进科学技术的扩散与更新换代，促进整个世界经济的增长；它改变了资源配置方式，使现有资源的利用更为高效、合理，也使新资源的开发成为可能，自然资源和生态环境承受的压力和破坏将大大减轻，实现经济的可持续发展；它以全球市场为导向，资本、生产、管理、商品、劳动力、信息和技术等跨国界流动，各国、各大企业间的经贸、技术联系与合作大大加强，同时竞争也趋于激烈。新经济的核心技术是信息技术，而信息技术就本性而言是无国界的，互联网带动的现代国际金融与电子商务进一步加剧了国际竞争，加速了经济全球化的进程。概而言之，新经济是一种以智力资源为依托，以高技术产业为主要支柱的新型经济形态，它代表着21世纪世界经济的发展方向。

新经济的兴起从根源上讲是新科技革命推动的结果。虽然早在资本主义发展初期，科技进步对经济发展的推动作用就被普遍接受，如铁路、电力、汽车等都曾推动了经济的发展与增长，但一直到20世纪70年代之前，科技的进步和创新只是被视为经济发展的外部推动力。只是到了80年代以后，国际形势相对缓和，许多国家纷纷认识到科技进步将成为国家实力较量的最终决定因素，美国等西方大国积极投身科技革命浪潮，以数字化和网络化为特征的信息技术的飞速发展使传统的经济增长模式发生了根本性的变化，新经济才得以广泛传播和认可。

信息技术革命是新经济的核心，从第一台电子计算机的问世到半导体晶体管的出现，到大规模集成电路的发明，再到个人计算机的研究与开发，一直到全球互联网的广泛使用，信息技术始终都处于新科技革命的先导地位，其他各个领域的科技成就都是以这一技术为基础和推动力的。如今，信息技术革命的最新进展是全球互联网的迅速普及。据统计，1996年全球互联网用户为3000万，1998年达到了1亿，2000年达到3亿，2003年突破了7亿用户，2008年底就达到了15亿。随着用户数量的迅速增长，网上资源越来越多，网络服务技术日益丰富和提高，一大批全新的信息网络产业异军突起，它们聚集资本的能力和速度令传统产业望尘莫及。许多传统产业也纷纷寻求渠道同互联网融合，以完成自身的改造和进化，以免在网络化的浪潮中被淘汰。

世界经济的运行模式已经经历了一场深刻的变革，以互联网为舞台、超越时空限制的电子商务由此展开。通过电子商务，消费者足不出户，不受时间和地理的制约，可以从全世界选购自己所需的商品；通过电子商务，生产者能够及时把握市场信息，根据市场需求进行生产，形成更有效的经济效益；通过电子商务，企业能够构筑覆盖全球的商业营销体系，实施全球性经营战略，加强全球范围内行业间的合作，从而增强竞争能力；通过电子商务，交易费用降低，经营成本减少，一些传统企业的组织机构和经营方式开始调整以适应这种变化。由于电子商务在全球的迅速蔓延，传统销售业已经遭到冲击，电子商务成为新的经济增长点，它带来的竞争必将越来越激烈。虽然全球互联网技术正处于发展阶段，但毫无疑问，它是迄今为止新科技革命当中最具活力和创造力的因素。

新经济的快速成长不仅正给世界各国的经济、社会带来一场革命，而且将对人类生活和国际关系带来重大影响。

首先，新经济将引起世界经济关系的重大调整，它加速了世界经济全球化的进程，增强了国家间相互依存的程度，同时也加剧了国家间围绕科学技术的激烈竞争。美国走在新经济的最前沿，在国际分工中重新夺回了最有利的位置，确立了明显的优势地位。

其次，新经济将对世界政治与安全产生冲击，信息技术可以在经济、军事、政治和文化等各方面直接强化一个国家的国际影响力和主导权。从战略上讲，新经济中所包含的高新技术会使安全概念发生深刻变化，对世界政治进程产生影响。

再次，新经济将导致人们价值观念、思维方式上的巨大变化，知识在经济生活中的中心作用和教育在社会发展中的基础作用被广泛认可，未来的教育以培养高技术、产业化的人才群体为主。

最后，新经济也将给人类社会带来一些挑战，电脑网络技术的发展对人类传统的文化造成冲击，还可能会导致犯罪率的上升，生物技术的进步可能使生物武器进一步发展，"克隆"技术等生物工程的突飞猛进也使人类的伦理道德经受考验。

新经济的发展是一个长期的过程。历史规律告诉我们，新技术在经济中的应用以及其效果的显现需要一个较长的历程。因为在技术进步过程中，人们不仅需要调整生产方式，也需要调整生产关系。新旧经济之间必然会产生矛盾，有矛盾就有曲折。新经济也有周期性的起伏，有高潮也有低谷，有扩张较快的阶段也有成长较慢的阶段。20世纪90年代中后期是新经济的快速起飞阶段，2000年新经济第一次出现了增长减缓的势头，这应该被视为新经济发展进程中的一次调整。经济发展阶段总是从低级的阶段向高级阶段转化，而且转化的速度越来越快。人类在农业社会停留了几千年，从第一次工业革命向第二次工业革命转化用了200年，而第二次工业革命转向新经济只用了100年。从可持续发展的角度看，工业经济的模式已经难以为继，新经济是人类生产力发展的必然趋势。高新科技是新经济的动力，而高新科技的最突出特点就是更新换代、推陈出新速度非常快，只要高新科技在21世纪能够不断进步，新经济就能不断更新发展，推动世界经济的增长。

四、世界经济各主体之间在相互竞争和协调中推进多极化进程

迄今为止，主权国家依然是世界经济运行的基本主体。世界上约有200个主权国家，按社会制度划分大体可以分为社会主义国家和资本主义国家。按经济发展水平划分大体可以分为发达国家和发展中国家。

社会主义国家和资本主义国家在冷战时期的经济往来十分有限，双方的经济竞争在强烈对立的意识形态和美苏争霸的大背景之下进行。苏联和东欧国家剧变之后，社会主义事业陷入低潮，但是，两种社会制度在经济领域的斗争仍然长期存在。

在发达国家与发展中国家的经济竞争中，尽管受到发展中国家的经济挑战，但发达国家的经济规模已经达到相当高的水平，在相当长的一个时期内仍将在世界经济中占据绝对优势。发展中国家经过战后几十年的不懈努力在经济上取得了一定的成就，内部已经分化为不同层次。

这些不同制度、不同水平的国家都是世界经济中的主体，它们之间的经济实力消长关系构成了世界变化的经济基础，决定着世界发展的方向。

与此同时，包括国际经济组织、跨国公司在内的非国家行为主体在当今世界经济中的地位日益显著。其中，跨国公司扮演了越来越重要的角色，成为世界经济全球化和一体化的重要推进器。跨国公司是世界经济舞台上集投资、贸易、金融、服务等经济功能于一身的特殊主体，在参与国际经济活动中优势明显。"冷战"结束后，经济全球化趋势为跨国公司营造了更大的发展空间，跨国公司规模膨胀，加速扩张，控制了全球约50%的国际贸易，90%以上的国际直接投资，80%以上的技术创新活动和70%左右的国际技术转让，促进了全球资源配置的优化和组合，其强大的经济优势在一定程度上削弱了主权国家的影响力。

在经济全球化时代，尽管经济活动在某些领域超越了传统意义上的国家疆界与主权，民族国家仍然是最持久的强大力量。基于不同的国家利益和经济发展目标，基于不同经济制度和经济发展水平，世界各国围绕经济发展展开了争夺，尤其是主要经济力量之间的实力较量更加错综复杂。

当前，美国在世界经济领域仍然占据着相当的优势。20世纪90年代初美国率先走出西方国家周期性经济危机，产业结构优于欧日，失业率低，重新夺回了国际竞争力世界排名第一，总体实力转而增强，继续充当世界经济的主要动力，既是世界上最大的对外投资国，也是吸引外资最多的国家，还是世界上最大的市场。金融危机的打击的确使得美国元气大伤，但仍能保持总体的竞争优势。

欧盟作为区域集团化成功的典范，通过东扩进一步巩固了其欧洲核心的地位，经济总量与美国不相上下，一体化效应显现，增强了经济的竞争力。但是，欧元尽管已有10年的历史，其所依托的制度仍然存在着脆弱性。日本经济虽然经历了20世纪90年代长时间的持续衰退，却仍然拥有坚实的经济基础。对于欧盟和日本来说，人口结构老化严重，技术和制度改进方面很难有大的突破，经济发展的速度只能处于低速增长水平。

相比之下，在中、俄、印、巴"金砖四国"快速发展的带动之下，发展中国家近年来成了世界经济发展的重要推动力量，平均经济增长速度超过发达国家，南南之间的区域经济合作加快，南北之间的对话加强，涌现出了一批新的经济增长点，是推动经济多极化趋势的重要力量。中国自改革开放30多年来一直保持快速、稳定增长的势头，实现了内向型经济向外向型经济的转变，经济体制改革也得到了深化，一个开放型的市场经济体制已初步建立，经济规模扩张迅速。由于中国经济的外贸依存度很大，金融危机对中国经济的冲击是显而易见的。但是，长远来看中国经济的竞争优势仍然明显。俄罗斯自苏联解体后就陷入了国内严重的政治、经济、民族危机的困扰之中，实力大减。但俄罗斯地大物博，自然资源丰富，劳动力素质较高，拥有雄厚的工业基础和科技潜力，国家实力的规模不容低估。印度经济虽然受基础设施落后、自然资源贫乏等制约，但在劳动力结构和素质方面具备优势，近年通过制度改革在发展速度和规模上都取得了显著成效。巴西虽然增长速度落后于以上3国，但也拥有劳动力和资源方面的优势。着眼于长期走向，这些发展中的大国对世界经济的贡献会越来越大，不仅体现在经济总量上，而且在制度结构上产生实质性影响，给世界经济发展注入活力，世界经济多极化的趋势将不可避免地进一步深化。

当然，经济多极化趋势仍将是一个长期的进程，世界各主要经济力量在既相互竞争又相互协调之中推进着世界经济的发展。竞争主要体现在贸易、金融、投资、技术转让、分工等主要经济领域和活动中。国际贸易是国际间商品交换关系的总和，贸易的全球化和自由化是当今世界经济的主要发展趋势。世界各国将贸易关系视为国际利益竞争的重要方面。国际金融是国际间的货币资金周转与运行，"冷战"结束后金融全球化和自由化的进程加快表现为国际银行业对世界生产、贸易和投资的作用迅速增大，掀起了规模空前的跨国并购。发达国家在对外投资竞争的同时积极吸引外资，发展中国家之间则开展争取外资的竞争。巨额的国际资本经常用于大规模的投机活动，加剧了国际金融市场的动荡和混乱。技术的国际转让也是世界经济较量的组成部分。发达国家出于自身利益的考虑，不肯轻易向发展中国家转让技术，有时则企图利用技术转让来控制他国，不可避免地与发展中国家迫切需要新技术的愿望发生冲突。

在激烈竞争的同时，各主要经济力量之间也加强了彼此协调。经济全球化把各国、各地区经济连成一个整体，任何国家的经济状况都无法脱离世界经济的整体运行，世界经济的任何波动和变化都会通过生产、贸易、金融、消费而迅速波及各国。因此，为了避免各个力量之间的矛盾和竞争发展到激烈对抗的地步，避免由于一国的经济危机或政策失误而对其他国家产生不利影响，加强协调与合作就成了世界各国的共同要求。协调的方式既包括由全球性、地区性或专业性国际经济组织等多边机构代表的各种会议、磋商和仲裁机制，也包括由各国政府直接派代表举行的两国或数国之间定期或不定期的贸易谈判或会晤协商制度等。通过这些渠道和方式，各国政府调整各自的财政政策、货币政策、关税政策、外贸政策，达到协调的目的，在此基础上获得更多的经济利益。当2008年金融风暴席卷全球之际，经济协调在危机中扮演的角色更加重要，几乎所有的世界主要经济力量都积极参与救市，采取了各种非常规手段，推动了现行国际经济协调机制的进一步完善。然而，由于国际协调从本质上讲是一种有条件的相互适应行为，参与各方必须求同存异才能使之持续并达到既定目标，国际协调在一定程度上也就具有局限性和不稳定性。

第三节　当今世界经济的主要问题

一、经济发展不平衡，贫富分化严重

发展不平衡是世界经济的基本规律，它包括经济增长速度的不平衡和经济实力水平的不平衡。增长速度的不平衡是指在某一时期内两个以上经济实体之间经济增长速度上的动态差别；实力水平的不平衡是指在同一时间两个以上经济实体在规模、水平、实力上的静态差别。

不平衡规律在战后突出表现在发达资本主义国家内部。从战后到 20 世纪 80 年代，资本主义内部发展不平衡造成美、日、欧实力对比趋向均衡化，其总体趋势是：美国的经济实力不断相对减弱，西欧、日本的经济实力不断相对增强，三者之间差距逐渐缩小，形成了三足鼎立的世界经济体制。伴随着西方国家经济增长方式从单纯追求经济规模和数量向提高效益和质量转变，不平衡发展有了新的变化。美国科技基础雄厚，高科技占有优势，率先从工业经济走向信息经济。90 年代初，美国最先走出西方周期性经济危机，经济增长率同欧、日相比居于领先地位，产业结构优于欧、日，失业率低，重夺国际竞争力世界排名第一，总体实力转而加强。日本和欧盟国家则因内部困难较多，经济调整进展相对缓慢。这表明资本主义国家内部的经济不平衡问题更为复杂化。

南北贫富悬殊进一步拉大是不平衡规律的又一重要表现。战后以来，发达资本主义国家一直在世界经济中占据了绝对优势地位。而且，在可预见的时期内这种优势地位也不会改变，集中体现在发达国家对发展中国家的剥削、不平等关系上，发达国家通过不等价交换，控制和剥削发展中国家，发展中国家则因经济的畸形发展和资金、技术的不足而在经济上依附于发达国家。结果是富者愈富、穷者愈穷。当前方兴未艾的经济全球化浪潮是在旧的国际经济秩序没有根本改变的情况下发展起来的，它加速了整个世界经济的发展和繁荣，但发达国家利用其在贸易、金融、投资等方面的优势成为经济全球化的最大受益者，而拥有世界人口 80% 以上的广大发展中国家却难以平等地享受全球化的好处，反而可能成为全球化负面效应的受害者，加剧与发达国家的差距。根据世界银行对全球 120 个国家财富分配情况的调查结果，世界上最富裕的国家瑞士与最贫穷的国家埃塞俄比亚所拥有的人均财富有着天壤之别，瑞士人均收入为 64.8241 万美元，埃塞俄比亚则人均只有 1965 美元，相差 330 多倍。国与国之间贫富差距扩大已经成了一个全球性的问题，它所引发的移民潮、难民潮和跨国犯罪等难题不仅阻碍经济发展，而且影响社会稳定。在人类物质财富不断积累的今天，消除贫困是摆在全人类面前的一项艰巨而迫切的任务。

不平衡规律还反映在发展中国家内部的分化。发展中国家由于经济或政治的、历史或现实的原因，战后的经济发展速度是不平衡的，由此产生的经济发展水平出现了差距。20 世纪 80 年代既是整个发展中国家“失去的十年”，也是南南差距明显扩大的十年。在非洲、拉美出现严重倒退的同时，东亚部分国家和地区则脱颖而出。那些政局稳定、具备比较优势或拥有重要的自然资源、经济政策符合实际的发展中国家和地区抓住机会，迅速崛起。而那些国内政治不稳定、经济措施混乱和自然灾害频繁的发展中国家，经济发展则非常缓慢甚至停滞不前，沦为最不发达国家，面临进一步被边缘化的危险。这种发展中国家内部的两极分化有进一步加剧的趋势，不仅不利于南南合作的开展，而且使南北关系更加复杂。

经济发展不平衡规律还意味着先进的国家发展迟缓，而后进国家可以利用"后发优势"赶上甚至超过先进国家，打破原有的力量对比状况。整体来看，现在和今后相当长一段时期内，发达资本主义国家在世界经济中都会占绝对优势，发展中国家均不同程度地面临国内外诸多困难。但是，由于经济发展不平衡是绝对规律，后来居上是正常现象，今天还处于落后地位的某些发展中国家不但有可能，而且必然会赶上现在的一些发达国家。"冷战"结束以后，在南北经济关系中已经发生了一些有利于发展中国家的变化。虽然多数非洲国家经济还在进一步恶化，但东亚、拉美、西亚国家保持了较快的增长势头，作为整体的发展中国家的形势看好，已成为世界经济的重要推动力量。发展中国家不仅在经济发展速度方面超过了发达国家，而且相互贸易和投资的增长速度更快，各种形式的区域合作形成热潮，减弱了对发达国家的依赖。与此同时，发达国家增加了对发展中国家的依赖。由于西方市场已相对饱和，美、日、欧都把目光转向了发展中国家，加强了在亚洲、拉美、非洲的竞争，流入发展中国家的资金迅速增长。这些趋势说明发展中国家在世界经济中的地位正在发生积极变化，一些发展中国家完全可以利用机会取得较快发展。当然，历史造成发展中国家和发达国家的基础极为悬殊，即使发展中国家的经济增长速度快于后者，差距仍不能在短期内弥补。而且，发展中国家人口本来就占了世界绝大多数，人口增长又比发达国家快得多，即使经济增长速度快于发达国家，按人口平均差距可能还是在拉大。因此，从长远发展来看，发展中国家中的佼佼者能够赶上发达国家，改变当前世界经济中发达国家占绝对优势地位的状况，但这将是一个长期的过程。

贫富分化是不平衡规律造成的最严重后果。这种分化既表现在发达国家和发展中国家之间，也表现在发达国家和发展中国家内部，还表现在不同的种族、民族之间。20世纪是人类创造社会物质财富极为丰富的世纪，然而繁荣却是建立在不断衍生出的贫困的基础之上，对于世界经济的持续发展构成致命威胁。根据世界银行的估计，目前全球有28亿人每天的生活费用不足2美元，其中12亿人不足1美元，不能分享世界经济增长的成果。全球最不发达国家从20世纪70年代的25个增加到2009年的50个。迄今为止国际社会在反击贫困方面取得了一定成效，但尚未找到彻底消除贫困的行之有效的途径。

正是在不平衡规律的作用下，各国实力对比发生变化，其结果是大国力量的逐步均衡化，世界经济格局向多极化转变。另外，世界经济形势也由于不平衡规律的作用而更加错综复杂和动荡不安。美、日、欧为争夺世界市场掀起新贸易保护主义，西西矛盾激化；发展中国家分化，新兴国家在成功地缩小与先进国家的差距的同时，面临更加激烈的市场之争和规则之争；最不发达国家和地区的长期贫困化阻碍了世界经济的整体繁荣。由此可见，发展不平衡规律是世界经济发展中所必须重视的问题。

二、金融危机问题

金融是现代市场经济运行的核心。所谓国际金融，就是资金在国际范围内融通，即银行、保险公司、财务公司、投资公司、证券公司等金融机构通过债券、股票和外汇等金融工具经营货币资金，实现巨额货币资金的转移运动，支持各国发展中的资金需求，提高全球资金的利用效率。迄今为止，国际金融是世界经济中一体化程度最高的领域。总体上看，金融一体化促进了生产国际化和资本国际化，推动了国际投资的发展，使一国的经济规模不完全受制于本国的国内储蓄和资金积累，为新兴工业化国家和地区实现经济起飞创造了有利条件。但另外，市场的多变使国际金融业务的风险不断加大，如不及时有效地防范和化解就会爆发极具破坏性的金融危机。

简单地说，金融危机是指一个国家或几个国家与地区的全部或大部分金融指标在短期内急剧恶化。其特征包括：货币值出现幅度较大的贬值、经济总量与经济规模出现较大的损失、经济增长受到打击、企业大量倒闭、失业率提高、社会普遍的经济萧条，甚至有时伴随着社会动荡或国家政治层面的动荡。"布雷顿森林体系"崩溃后，各国纷纷以浮动汇率制取代固定汇率制，此后国际金融市场动荡时有发生。1978年10月，美元对其他主要西方货币汇价暴跌，引起整个西方货币金融市场的混乱。1987年10月"黑色星期一"的股市狂泄再次显示金融市场的脆弱性。20世纪90年代后国际金融市场动荡更加频繁，且破坏性日益扩大。1994年12月，爆发了墨西哥金融危机，墨中央银行的外汇储备几乎在一夜间骤减为零，而外债高达1830亿美元，国家濒临破产，殃及其他拉美国家，并引发全球美元危机。1995年2月，英国著名的巴林银行因一名交易员的投机失败而倒闭，并引起欧洲、日本金融市场的恐慌。1995年上半年，欧洲货币体系因意大利里拉、西班牙比索、瑞典克朗的急剧贬值几近崩溃，美元对日元和马克的汇率降到历史最低点。1997年7月泰国爆发金融危机，并很快席卷东亚，波及全球，造成的绝对损失量超过此前任何一次经济危机。

相比之下，2008年的全球性金融危机波及范围之广、影响程度之深更是前所未有。这一方面是因为这场危机是从号称拥有最完善金融体系的美国发源，并且迅速从局部扩展到全球，从发达国家传导到新兴市场国家，从金融领域扩散到实体经济领域，给世界各国经济发展带来巨大冲击。另一方面，则是因为长期以来，美国在国际金融体系中一国独大，国际金融体系的所有制度和政策几乎一律采用的是美国规则，美国金融体系实际上主导了国际金融体系。美国的金融制度是在新自由主义的影响乃至指导下确立的，这种放任的政策直接导致美国金融监管机制严重滞后。而美国凭借在国际金融体系的主导地位在世界范围内大量兜售其金融衍生品，使得世界其他国家的金融体系与美国牢牢地捆绑在一起。因此，当美国发生金融危机之后其他国家也在劫难逃。

金融危机的爆发有其深刻和复杂的原因。世界经济失衡是金融危机出现的前提条件，不完善的国际货币体系则加剧了经济失衡；一个国家的货币政策、银行系统和金融监督机制存在漏洞是金融风险的"温床"；而短期投机资本的推波助澜则会将潜在的金融风险在短时间内酿成金融危机；再加之金融市场的透明度和迅捷的传播速度使金融风险的多米诺骨牌效应在经济全球化时代与日俱增。归根结底，金融危机是现代经济中资本过分追逐利润的必然结果。然而，金融业的发展是整个经济良性循环的核心，国际资本流通、国际资金融通和国际金融服务是整个世界经济增长的基础。因此，尽管金融业风险很大，世界各国仍将金融自由化作为发展经济的重要措施。2008年金融危机爆发后，世界各国密切协作，采取各种措施共同防范和抵御金融危机的进一步扩散，尤其是"二十国集团"领导人峰会的召开，预示着世界经济治理将发生实质性的变革，为国际社会推动金融机制改革提供了重要的契机，有助于进一步完善国际金融规范和制度，创造有利于世界经济健康稳定发展的环境。

三、环境恶化问题

1972年，罗马俱乐部出版了著名的《增长的极限》一书，提出：对自然环境的过度利用将导致人类社会发展的停滞。由此引发了全球性的环境保护运动。环境是人类赖以生存和发展的外部空间和物质基础，环境问题是人类文明进程的必然产物。随着工业革命和科技进步带来巨大财富，人类的生活方式发生了空前的变化，同时也造成了生态环境的严重破坏和环境问题的日益突出。大气污染、臭氧层损耗、全球气候变暖、水体污染、水资源匮乏、土地荒漠化、森林面积锐减、生物物种消失等一系列问题，早已超越国界发展成为全球性的问题。这些问题涉及经济发展的各个方面，严重危及人类的生存和安全，直接影响整个世界经济的前景。各个国家普遍认识到保护环境对发展经济的重要性，保护环境已经成为国际社会面临的重要问题。

经济是国家实力和社会财富的基础，追求经济的迅速增长是所有国家共同的目标。从英国工业革命至今，200多年的工业化过程创造了大量财富，但是，片面追求经济高速增长也以惊人的速度消耗了并仍在大规模地消耗着地球上的自然资源，严重破坏了生态平衡和人类的生存环境。要彻底改变这种局面，就需要探索出一条发展经济和保护环境相协调的道路。

早在1968年，联合国就决定召开一次人类环境会议，寻求解决污染和其他威胁地球问题的方法，并随之进行了大量的准备工作。1972年，第一次人类环境会议召开，通过的《人类环境宣言》第一次确认了指导人类社会与环境之间关系的新的行为和责任准则，呼吁各国政府、联合国机构和其他组织在采取具体措施解决各种环境问题方面进行合作，并决定每年的6月5日为"世界环境日"。1972年第27届联大决定成立联合国环境规划署，以促进环境领域的国际合作，加强各国对环境问题的了解，审查世界环境状况并对有关工作做出评价。1987年4月，联合国世界环境与发展委员会在《我们共同的未来》的研究报告中，第一次正式使用了"可持续发展"的概念，并将其定义为：满足当代人的需求，又不损害子孙后代满足其自身需要的能力。

1992年6月在巴西里约热内卢召开了联合国环境与发展大会，其间举行了有100多位各国领导人参加的最高级别的特别圆桌会议。会议通过了《关于环境与发展的里约宣言》、《21世纪议程》、《气候变化框架公约》、《保护生物多样性公约》和《关于森林问题的原则声明》五项重要国际文件，为解决全球性环境与发展问题揭开了新的一页。为了落实里约会议的文件，1993年2月联合国成立了可持续发展委员会，作为经社理事会下属的一个职司委员会，负责推动国际社会和联合国系统在全球环境与发展方面的合作。1997 年 12 月在日本京都召开了联合国的《气候变化框架公约》第 3 次缔约国大会，通过了《京都议定书》，首次确定了发达国家减少温室气体排放量的具体指标，区分了发达国家和发展中国家的不同义务。这是里约会议后的又一次重大突破，以控制温室气体为突破口，开始了世界各国共同治理环境污染问题的第一步。尽管占全球温室气体排放 25% 以上的美国在 2001 年 3 月宣布退出《京都议定书》，使得这一协定差点胎死腹中，但由于欧盟国家、加拿大、日本、俄罗斯及广大发展中国家的支持，《京都议定书》在 2005 年 2 月正式生效，表明了国际社会共同治理环境的强烈愿望和决心。

《京都议定书》第一承诺期将于 2012 年到期，为了商讨到期后的后续方案，2009 年 12 月在哥本哈根召开了《气候变化框架公约》第 15 次缔约方大会，被广泛视为人类遏制全球变暖行动的最后一次机会。令人遗憾的是，由于各方分歧严重，会议没有能够达成一项具有法律约束力的协议，世界各国围绕温室气体减排的较量仍将继续。

当前，可持续发展作为一种全新的发展观已成为国际潮流。它强调保持经济的适度增长，认为经济发展与环境保护相互联系、不可分割，将环境保护作为经济发展中的一个组成部分。越是要经济高速增长，越要加强环境保护，以获得长期持续的发展能力。在此前提下，首先要求改变传统的生产方式。在资源使用方面，提高自然资源价格，压缩对自然资源的需求，开发新技术和替代产品节约自然资源。在产业结构的调整方面，那些过多使用稀缺原料或在生产方式中排放有害物质过多的产业将逐步被淘汰。在技术创新方面，投入更多的人力和财力从事防治污染新技术的研究，在生产过程中做到"边建设，边治理"，改变以往"先建设，后治理"的方式。其次，人们必须改变对自然界的传统态度，自然环境不是人类随意盘剥和利用的对象，而是人类生命的源泉，人们与自然的融洽相处将从另一个侧面促进经济增长方式的转变。此外，人类只有一个地球，发达国家和发展中国家在这个问题上有共同利益，这就需要各国采取协调合作的行动，从根本上改善南北关系，实现人类作为整体的共同繁荣。

然而，当前从全球范围来看环境状况仍在恶化，人类在环境领域仍然面临巨大的挑战。发达国家和发展中国家围绕经济发展和环境保护存在严重分歧，发达国家无视发展中国家经济落后、人民生活水平低下的事实，片面强调环境保护优先。而发展中国家则要捍卫自己的发展权，主张环保措施要建立在客观、公正的基础之上。出于经济上的利己考虑，发达国家还不愿意承担起解决全球性环境问题的主要责任，不愿意在资金和技术上增加对发展中国家治理环境的支持，反而以环境保护为名行贸易保护主义之实，甚至向发展中国家转移污染产业或排放污染物。发展中国家则还没有能够找到一个既能实现经济快速增长，又能保护自然资源和生态环境的切实可行的发展模式。各方利益和立场的对立使得要真正实现经济发展与环境保护的协调还有很长的路要走。

四、能源短缺问题

能源消费是世界经济发展中不可或缺的重要因素。在经济全球化日益深化的今天，能源问题涉及战略资源、国家安全、环境保护及经济持续发展等领域，已经不再是单纯的经济问题，而是全球性的经济、政治乃至安全问题。

从历史上看，人类的能源消费经历了木柴时期、煤炭时期和石油时期，能源消费种类越来越趋向于多样化。在20世纪80年代之前，能源消费的增长速度和经济的增长速度几乎是同步的。但是，随着全球经济发展、人口增长和城市化速度加快，作为世界主要能源的煤、石油、天然气等不可再生能源面临短缺的威胁。20世纪，全世界消耗掉的能源超过了人类有史以来能源消耗的总和，不仅加剧了对全球能源危机的担忧，而且给全球环境带来了严重影响。因此，如何尽量减少能源消费，提高能源的使用效率，既保持经济的适度增长，又不过分破坏环境，从而实现有充足的能源供应作保障的可持续发展就成为世界各国必须解决的共同难题。

面对不可再生能源短缺的威胁，世界各国开始转向大力提倡和发展太阳能、风能等可再生的新型能源，但是，大规模推广和利用这些新型能源在技术上还有困难，成本相对比较高。而核能的安全性在1986年切尔诺贝利事故后一直遭到质疑，其发展主要集中在亚洲，北美和欧洲的核能发展都出现了停滞。在相当长的时间里，全球消费的主要能源将仍是不可再生能源。此外，能源分布和消费的不平衡状况进一步加剧了问题的严重性。发达国家是能源的主要消耗者，且掌握了先进的节能和使用新能源技术，发展中国家一面大量输出能源，一面仍在经济发展进程中走高消耗的道路，所面临的能源短缺形势更为严峻。

当前，石油是世界能源消费结构中占据比重最大的。在全球一次性消费能源中石油所占的比例约为四成。一国要想获得经济发展，不能没有充足、稳定、价格合理的石油供应。石油已经是重要的战略资源，对石油的拥有量和使用量是一个国家综合国力的重要标志。世界石油市场的供需状况不仅直接影响一个国家的经济稳定，而且往往成为影响地区乃至全球政治、经济的重要因素。从19世纪50年代，世界上第一口油井在美国钻探成功，人类就开始了大规模的商业性开采石油。第二次世界大战后，随着各国经济重建和工业化进程的加快，石油对经济发展的支撑作用日益突出。因其可燃性好、热值高、污染少、运输方便、用途广泛等优点，到20世纪60年代中期，石油终于取代煤炭成为世界主要能源。从1973年第一次石油危机到现在，世界石油市场几经波澜。每一次油价剧变都对世界经济产生了冲击，其中尤以70年代的两次石油危机冲击最为严重。2004年下半年，国际市场原油价格从40美元开始不断上涨，纽约商品交易所原油期货价格连续5年大幅攀升，到2008年7月，原油价格一度被推升达到每桶147美元的天价。在金融危机的打击下，石油价格在短短几个月内又大幅跳水，重新回到2004年的水平。

大起大落的油价对世界经济产生了极大的冲击，油价在起落之间一次次地被推得更高，"低油价时代"已经一去不复返了。各石油进口国普遍感受到高油价给经济发展带来的压力。美国是世界头号石油进口国和消费国，对油价波动最为敏感。原油进口费用的增加将加大美国的贸易逆差和影响美国经济的增长。欧元区和日本的石油对外依赖程度远远高于美国，油价上涨带来的冲击要比美国更大。相比之下，中国和印度等发展中国家的产业结构以制造业为主，生产能耗水平相对较高，长期高油价不仅加大了经济运行成本，而且增加了进口石油的外汇负担，对经济的影响远比发达国家更为明显。除了影响一个国家的宏观经济运行外油价上涨还会不同程度地影响到各个行业。以石油为原料或燃料的航空业、汽车运输业、石油化工业、燃油发电业及加工贸易等行业最先受到影响，一些不直接用油的行业也会随之产生物价连锁反应，最终将导致整体经济运行成本提高，产品价格普遍上涨，通货膨胀压力加大。按照世界银行的估计，国际市场原油价格每桶上涨 10 美元并维持一年，世界经济年增长率就会降低 0.5 个百分点，发展中国家经济增长率则会降低 0.75 个百分点。

20 世纪 90 年代以来，世界石油的消费格局发生重大变化。发达国家由于节能技术的发展、替代能源的增加和重工业的减少，石油需求增长缓慢，应付油价波动的能力大大增强，而发展中国家经济迅速发展，石油需求增长强劲。其中，亚洲的石油消费需求增长最快，1992 年超过欧洲成为世界第二大石油消费区，同北美、欧洲形成三足鼎立之势，中国和韩国更是位列世界前六大石油消费国。如果油价过高，处于成长阶段的发展中国家经济就很难有充足的能源作保障。世界各主要国家为了在新一轮的石油资源争夺战中抢得先机，纷纷制定、调整各自的石油战略，一方面满足对能源的需求；另一方面也增强对国际关系的影响力。由于石油是非再生资源，其绝对量的日益减少是不可避免的，从长期看，在新能源和替代能源技术取得重大突破之前，随着世界经济的发展，世界石油市场的需求将大于供给，石油价格将呈上涨趋势。根据1997 年 10 月召开的第十五届世界石油大会的资料，目前地球上石油总储量为 1370 亿吨，按每年开采 30 亿吨的水平计算，地球上的石油可供人类开采 40～50 年。不可否认的是，随着科技的进步，可开采的石油蕴藏还会陆续被发现，虽说石油枯竭是否会出现目前尚无定论，但是，着眼于未来较长期的经济发展和能源安全，各国对石油资源的争夺必将日趋激烈，由此引发的油价波动势必对世界经济的走向产生影响。

中国目前是世界上第二大能源消费国。由于经济的高速发展，中国的石油消费也保持了较高的增长势头，1993 年迈入了石油净进口国的行列。随着中国经济更加深入地卷入经济全球化进程，中国的石油市场逐渐成为世界石油市场的组成部分，世界石油市场的供需状况、油价涨跌都会对中国经济产生直接影响，进而对中国的社会、政治稳定产生影响。保证充足的石油储备、提高抗石油冲击的能力是中国对外关系中的重要战略任务之一。为此，中国一方面积极建立国内能源供应体系和原油战略储备体系，实现能源多元战略；另一方面积极参与双边和多边的能源对话，保障能源安全的国际政治环境。

五、粮食危机问题

粮食危机也是各国关注的重要问题。作为满足人类基本需要的物质资源，粮食的自给自足仍是一个没有解决的问题。一些发展中国家由于工业化的推进，农业受到削弱，粮食生产不足又缺乏进口粮食的必要资金，经常出现程度不同的粮食危机，甚至出现社会动荡，非洲南部、南亚和东南亚是受饥荒威胁最严重的地区。而对于那些出口粮食的国家来说，世界粮食市场价格的涨跌直接关系到农业生产的利益。在全球范围内，粮食产量增长速度开始放慢，但需求却持续增长，粮食供需经常出现较大缺口，据联合国粮农组织的资料，2007年全球粮食产量达到创纪录的21.3亿吨，但是，人口数量的增长和膳食结构的改变使粮食的需求增长更快。自2000年后，世界粮食价格翻倍增长。2008年，多个国家因粮价高涨引发了示威甚至暴乱。据世界银行的估计，粮价的高涨将使1亿多在过去10年中摆脱了贫困的人口重归贫困。联合国粮农组织预计，受金融风暴和经济危机的影响，2009年的全球饥饿人口将达到10亿。因此，粮食危机并不遥远，整个世界有可能陷入30年来最为可怕的饥荒，构成了对全球和平与稳定的严重威胁，是世界各国共同面临的严峻挑战。

造成粮食短缺的原因是多方面的。从粮食生产方面来看，农业生产的增长速度在过去20年中趋于缓慢，由于反常的炎热天气和干旱，美国、欧洲等重要粮食产区的产量处于停滞和下降状态，世界主要的小麦生产国澳大利亚、阿根廷和巴西的小麦产量出现了不同程度的减产，干旱天气袭击亚洲南部，俄罗斯等独联体国家由于粮食播种面积减少产量逐年下降。在一些发展中国家，工业化发展引起了大量农用地转为非农用地，加上对自然资源的破坏和对森林的滥砍滥伐，导致土质退化情况严重。此外，长时间无机肥料使用过多加重了土质退化的程度。因此，尽管各国农民广泛采用了各种现代农业耕种方法，农作物产量的增长率却在下降。从粮食需求形势来看，相当部分的发展中国家人口增长迅速，面临严重的粮食短缺问题。发展中国家人口占世界人口的80%，且全球新增人口主要都在发展中国家，粮食产量的增长远远赶不上人口的增长。非洲是人口增长最快的地区，20世纪60年代非洲人均粮食年产量达230公斤，到90年代降到不足200公斤。越来越多的发展中国家不得不依赖于世界粮食市场来满足其需求。能源价格暴涨也是造成粮食问题的重要原因。一方面，农民要为化肥和柴油支付更高的成本，必然会推动农产品价格的上涨；另一方面，油价暴涨使大批粮食被转化为燃料，比如玉米乙醇。2007年，全球用于生产燃料的粮食超过1亿吨。美国、欧盟、巴西是使用生物能源的主要国家，这实际上造成了对粮食的过度浪费。世界银行的一份报告中指出，给一辆SUV汽车的油箱加满生物燃料所需要的粮食大约就相当于一个人一年的口粮。总体上，粮食市场供需不平衡的局面使得粮食价格的上涨是长期趋势。低收入的发展中国家因无力承受粮价上涨的压力就会出现饥荒。

"民以食为天"是放之四海而皆准的真理，即使是在高科技的时代，粮食仍是国家经济发展和社会政治稳定的根本保证，粮食问题对世界和平及国家安全的重要性也是不可替代的。粮食短缺绝不仅仅是某些发展中国家面临的问题，而是整个世界面临的共同问题。如果不能有效地控制、解决粮食短缺问题，势必加剧国际社会的贫富分化和动荡，甚至引发更大规模的冲突。正是基于上述理由，美国学者莱斯特·布朗认为，粮食短缺将取代军事侵略成为威胁国际社会安全的主要因素。对于发展中国家来说，粮食问题关系到国家的主权独立和人民生存的平等权利。在一个日趋供不应求的世界粮食市场，粮食成为一种可以用来讨价还价的武器，西方国家凭借其供给方地位谋取政治上或经济上好处的做法将使发展中国家处于更加不利的地位。

早在 1996 年 11 月，世界各国领导人云集罗马举行了世界粮食首脑会议，讨论了以"人人有饭吃"为口号的粮食安全问题，以此为标志，粮食问题成为全世界关注的焦点。2002 年 6 月，联合国粮农组织在罗马总部又召开了世界粮食首脑会议 5 年回顾会议，对世界粮食安全形势进行评估，探寻确保全球粮食安全、消除饥饿与营养不良的新途径。当前，世界各国政府和主要国际经济组织都在不同程度上把粮食问题放在相当重要的地位，探索促进农业生产、保障粮食安全的措施。一方面，主张增加对农业的科研投入，推动技术进步，开展一场新的农业革命，挖掘农业生产的潜力，是解决粮食问题的希望所在。另一方面，呼吁减轻发展中国家的债务，鼓励发展中国家采取科技兴农的政策，提高农业的现代化水平，切实有效地消除饥荒。这是世界各国的共同愿望，也是实现世界经济持续发展的最基本保障。

第三章　当今时代的主题和争取建立国际新秩序

当今世界正处在新旧格局交替、新旧世纪转换的深刻变动时期，国际社会中的各种矛盾深入发展，呈现出一幅五光十色、扑朔迷离的复杂图景。尽管如此，在国际生活中仍然存在着全球性、战略性两个问题，即和平问题与发展问题。这是当今世界的两大主题，不仅反映了世界各国人民的愿望和利益，也影响和决定着人类的命运和前途。在和平中求发展，以发展促和平，已成为当今世界的历史潮流，也是全世界人民所共同面临的两位一体的长期的战略任务。

第一节　和平与发展是当今世界的两大主题

一、时代主题的转换：从"战争与革命"到"和平与发展"

自从国际社会形成以来，在每一个历史发展阶段里都有特定的主题。所谓时代主题，就是由该阶段基本矛盾所决定的、具有全局性和战略性的问题。随着世界上基本矛盾各方面的力量对比、相互关系发生变化，时代主题也会发生转换。

马克思、恩格斯曾讲他们所处的时代是资产阶级时代。随着自由资本主义向垄断资本主义的发展，19世纪末20世纪初，列宁通过对垄断资本主义，即帝国主义阶段资产阶级和无产阶级之间的矛盾、帝国主义国家之间的矛盾以及帝国主义国家和殖民地半殖民地国家之间矛盾的科学分析，指出在资本主义发展不平衡规律的作用下，资本主义固有的各种矛盾加剧，形成了全面的、深刻的危机，帝国主义战争不可避免，从而为无产阶级革命准备了客观条件。因此，列宁提出当时国际生活的主题就是帝国主义战争与无产阶级革命。"战争"与"革命"一度成为当时的主题。第一次世界大战的爆发和1917年俄国十月社会主义革命的胜利与第二次世界大战的爆发和1945～1949年期间欧亚一批社会主义国家的诞生，是对列宁上述论断的最好验证。也正因为如此，这一理论在第二次世界大战以后相当长一段时间里，成为社会主义国家、各国共产党人分析、判断国际形势和制定政策的重要指导思想和基本依据。

第二次世界大战后世界经济的发展与变化世界各种矛盾的发展与变化必然导致时代进入一个新阶段，这个阶段的主题也必然有新变化。邓小平经过长期的思考和冷静的观察，从20世纪80年代中期起多次提出："现在世界上问题很多，有两个比较突出，一是和平问题，二是南北问题。""现在世界上真正大的问题，带全球性的战略问题，一个是和平问题，一个是经济问题或者说发展问题。和平问题是东西问题，发展问题是南北问题。概括起来就是东西南北四个字。南北问题是核心问题。"20世纪90

年代初，他进一步指出："和平与发展两大问题，和平问题没有解决，发展问题更加严重。""世界和平与发展这两大问题，至今一个也没有解决。"

邓小平关于当今世界存在两大问题的思想一经提出就引起了广泛的反响，得到世界广泛的支持和认同，并且深入人心。1987年，党的十三大把这一思想列入邓小平对马克思主义理论的新发展之一，概括为"和平与发展是当代世界的主题"。1992年，党的十四大又把和平与发展问题提高到"时代主题"的高度加以认识。1997年，党的十五大把邓小平的这一重要理论观点称之为"当今时代的主题"和"时代特征"。江泽民在2001年7月1日的重要讲话和中共十六大报告中都重申："和平与发展是时代的主题。"2004年1月，胡锦涛同志在法国国民议会的演讲中再次明确了"和平与发展是时代主题"的论断。2007年10月，在中共十七大报告中他再次强调："和平与发展仍然是时代主题，求和平、谋发展、促合作已经成为不可阻挡的时代潮流。"

二、"和平与发展"时代主题提出的依据和意义

1. 两大主题提出的依据

邓小平提出"和平与发展"是当今世界主题、时代主题的依据是十分充分和符合实际的。

（1）历史的依据。历史的起点应该从第二次世界大战的胜利开始。第二次世界大战的胜利是一个伟大的历史事件，以它作为历史的起点是符合实际、符合逻辑的。它使世界范围的力量对比发生了极其深刻的变化，对战后世界产生的影响既是深刻的，又是久远的：①彻底摧毁了德意日法西斯政权，清除了世界民主化进程中一个最大的障碍。②最终结束了欧洲资本主义列强决定世界事务的历史，资本主义世界的力量对比发生了新的变化，其相互关系发展进入一个新阶段。③社会主义苏联经受了战争的严酷考验，实力增强，国际威望提高，并使社会主义实现了由一国到多国的飞跃，成为国际舞台上一支举足轻重的力量。④给被压迫民族的解放事业开辟了更加广大的可能性和更加现实的道路，为战后第三世界的崛起创造了前提条件。⑤战争的浩劫深深地教育了世界各国人民，坚决反对世界战争，渴望世界和平，奠定了战后世界和平最坚实的思想基础，使得战后世界和平得以维护。⑥战争后期在科学技术方面的许多新的突破，如核爆炸的成功、第一台电子计算机的出现以及火箭炮的运用等，不仅对战争胜利起了重要作用，也对制约战后世界大战的爆发有不可否认的意义，还是战后新科技革命的起点。⑦留下了一条非常宝贵和重要的经验，即具有不同社会制度、不同意识形态的国家结成反法西斯的同盟，实现了颇有成效的合作，保证了战争的最后胜利。⑧取得了一个非常重要的成果，即建立了联合国，这是维护世界和平与安全、关注社会经济发展的最具代表性和权威性的国际组织。据此，反法西斯战争的胜利是提出"和平与发展"世界主题的坚实的历史依据。

（2）现实的分析。从反法西斯战争胜利结束到20世纪80年代中期，虽然长期处于冷战状态，有过局部战争，也有过美苏大战的危机，但国际社会又发生了一系列重要的、积极的、深刻的变化。这些变化既是有目共睹的，也是应该充分重视的：①资

本主义世界由一家称霸到三大中心，再到七国集团，由于实力对比的变化，相互关系也随之发生着深刻的变化，提出伙伴关系的概念，相互之间矛盾在发展，但解决办法不再动用战争手段，而是相互讨价还价、妥协让步。②资本主义国家内部随着经济的发展统治阶级执行改良主义政策、福利主义政策，有的国家对个人从生到死、从摇篮到坟墓包下来，阶级关系和阶级结构发生变化，有中产阶级的出现，阶级矛盾缓和了，没有出现革命形势。③社会主义由一国变为多国，一度实力增长较快，国际影响迅速上升，成为国际舞台上一支举足轻重的力量，苏联成为两个超级大国之一，但由于政治、经济、对外关系方面存在诸多问题，面临巨大压力和挑战，从而走上改革之路，在改革中经受了巨大挫折和部分失败。④以中国为代表的少数社会主义国家在探索中前进，在分析认识世界变化的基础上，从本国的实际出发，吸取国内外的经验教训，制定符合本国实际的发展战略，实行改革开放，取得了举世瞩目的成就，是社会主义的希望所在。⑤资本主义和社会主义的关系也在变化，冷战持续几十年，由全面对抗逐渐走向缓和，由局部缓和到全局缓和，在缓和的背景下，东欧剧变，苏联解体。中国从 20 世纪 70 年代初开始改善和发展同资本主义国家的正常关系。20 世纪 70 年代末实行改革开放，奉行独立自主的和平外交政策，在和平共处五项原则的基础上发展同所有国家的友好合作关系。由于实力对比的变化，由于我们奉行正确成熟的政策，也由于双方存在共同利益的汇合点，中国同发达资本主义国家的关系走向对抗的危险性虽仍然存在，但现实的可能性不大，将长期处于一种竞争共处的状态。⑥从战后民族解放运动的高涨到第三世界的崛起，这是战后国际舞台上又一个巨大而深刻的变化，它摧毁了帝国主义殖民体系，冲击了两极格局，联合和组织起来奉行和平、中立、不结盟政策，成为反殖、反帝、反霸的主力。但由于长期处于不平等和无权的地位、经济、科技落后，实力有限，没能根本改变其弱者地位，为此，他们均谋求发展经济，要求建立国际新秩序。在世界局势走向缓和、两极格局终结之后，这些国家一度处境困难，20 世纪 90 年代以来，作为一个整体，发展中国家实力在增强，地位在上升，仍是国际舞台上一支不容轻视的力量。尤其是一些发展中国家在发展经济中积累了丰富的、成功的经验，为广大发展中国家提供了很好的范例和榜样。无论是反对霸权主义、强权政治，维护世界和平，还是发展经济、建立国际新秩序，都是他们内在的要求和根本利益所在，他们都将发挥积极的、重要的甚至决定性的作用。⑦高科技的发展和世界经济全球化的发展迅速地改变着世界面貌和国际关系。核武器的超饱和与运载工具的不断创新成了制约战争的因素，电子技术的发展缩小了世界各国的距离，信息产业的发展使得世界经济全球化加速实现，现在世界各国，尤其是各个大国之间既有综合国力的激烈竞争，又有相互依存的不断加深，相互关系在不断调整之中，出现了许多有利于和平与发展的新因素和新趋势。⑧世界面临着众多问题，如人口爆炸、粮食危机、资源枯竭、环境问题、恐怖主义、跨国犯罪、核扩散危险、艾滋病蔓延等。这些是世界各国面临的问题，仅靠某一个或几个国家是解决不了的。深入分析一下不难看到，和平与发展这两个问题是全局性的、战略性的问题。对世界发生的深刻变化的分析是邓小平提出和平与发展世界主题的现实依据，这些事实和变化告诉人们，维护世界和平、促进共同发展不仅是急需的，也是有可能的。

（3）未来的预测。对世界主题、时代主题的确定要能持续相当长一段时间，不能只讲现在，只看眼前，要有很大的稳定性。今后20年、30年、50年，甚至更长的时间世界会怎么发展？至少有以下几点：①高科技继续发展是必然的，会不断创新，各种力量的激烈竞争将更多地集中在这个领域，都想取得优势，广大发展中国家中蕴藏着的巨大潜力一旦开发出来就会产生难以估量的影响，高科技在促进发展的同时也会成为制约战争的因素。②世界经济全球化不可阻挡，现在的世界会更加开放，谁也不能孤立于世界之外，随着全世界成为一个统一的市场，相互依存会不断加深，贫富悬殊、南北差距的问题只能在全球化的过程中逐渐求得解决。③世界格局多极化不可逆转，大国关系不断调整，霸权主义、单边主义会不断地干扰，但终究限于实力难以如愿。单极和多极的较量和斗争将是长期的、复杂的，时而尖锐、时而缓和的，但它不可能改变多极化发展的总趋势。④世界经济全球化和世界格局多极化的并行发展使世界的多样性更显突出，经济发展水平不同，社会政治制度各异，发展模式各有特点，文化传统差别更大，历史进程、宗教信仰、生活方式等千差万别。这些决定了各国的国家利益不同，绝不会在短期内消失。在国际关系民主化的发展进程中绝不是西方模式的推广，而是更多的国家参与国际事务的管理和决策，各国都享有平等权利，维护自己的主权利益，发挥独立作用，逐渐形成和完善民主结构。⑤文化交流更加密切频繁，相互取长补短，促进共同进步。各个民族国家都有自己的文化，在经济全球化的发展进程中，各种文化之间的交流必然会更多、更快，其最终结果是走向融合，而绝非被一种文化所同化。关注文化因素在今后国际关系中的作用是对的，断言未来的冲突是文明的冲突，甚至是西方文明与儒教文明、伊斯兰教文明的冲突则是错误的。⑥发展中国家在新世纪将有大的发展以至实现腾飞。⑦社会主义国家将显示出旺盛的生命力和更大的优越性。⑧发达国家在相当长的时期还有生命力，这三类国家在竞争中共处和发展。

上述三个方面的分析说明邓小平提出"和平与发展"是当今世界的主题是有充分根据的，也为20世纪80年代中期以来近20年的发展所证实。我们要有理论的坚定性，不为一时一事的影响所动摇。

2. 两大主题提出的意义

从上面的分析中，我们可以看到邓小平讲的"和平与发展"是当今世界的两大问题，后来中共中央把它认定为世界主题、时代主题、时代特征，其主要含义是强调和平与发展是两个主要问题，是具有全局性、战略性的问题，而且是相当长的时间内的主要问题；并不是说现在已经进入了和平与发展的时代。当今世界仍处在从资本主义向共产主义过渡的大时代，只是进入了这个大时代的一个新阶段，以前是以战争与革命为主要特征的阶段，其任务是反对和准备战争，迎接和夺取革命的胜利；现在是以和平与发展为主要特征的新阶段，其任务是维护世界和平，反对和制止世界大战，促进共同发展，实现世界繁荣。对这个论断的全面理解是"和平与发展"在相当长的时期内是世界各国人民为之奋斗的目标。它不仅有其可能性，而且有其现实性，甚至是一种必然性，揭示了今后世界或国际社会发展的方向。

两大主题的提出使我们明确了当今世界面临的主要问题，国际上的主要矛盾及其斗争的方式；也使我们明确认识了它的可能性、现实性、必然性和长期性，认识了今后国际社会发展的方向，揭示了它的规律性；还使我们认识了它与社会主义事业的一致性，社会主义只有在和平的条件下才能得到顺利的发展，社会主义事业的发展会更有力地保障世界和平；中国作为一个社会主义国家应该把发展社会生产力，增强国家的综合国力，提高人民的生活水平作为主要任务，为之不懈努力。因此，两大主题的提出极大地丰富、发展了马列主义、毛泽东思想，具有重大的理论意义，是一个大的突破、大的创新。

当前世界面临诸多问题，霸权主义、强权政治的存在是一个最主要的威胁，国际恐怖主义是世界的一大公害，民族、宗教和领土争端使世界仍不安宁，人口爆炸、粮食危机、贫富悬殊、资源短缺、毒品泛滥、疾病蔓延、生态环境恶化、跨国犯罪猖獗等，都构成了对世界人民渴望和平与安宁、发展与繁荣的威胁。而要解决这些问题，还得回到和平与发展两大问题，而且在和平中求发展，以发展促和平，两者互相促进、相辅相成是一个不可分割、有内在联系的统一体。唯有这样，才能提纲挈领，带动解决其他问题。这就是提出两大主题论断的重大的现实意义。

三、维护和平——当今世界的根本问题

1. 当代战争问题

（1）战争的根源。从私有制产生以来，各种战争就连绵不断。有的统计材料指出，从公元前15世纪至20世纪80年代，在这3500多年的历史中，没有战争记录的时期只有短短的200余年。[①] 资产阶级学者往往以人性来解释战争现象，把战争归结为人性之贪婪和与生俱来的侵略性。有些思想家虽然注意到战争与政治、战争与权力之间的关系，但是却未看到战争背后的社会经济因素。马克思主义认为，战争并不是与人类社会相伴随的永恒存在，而是人类社会一定发展阶段的产物。随着生产资料私有制的出现，社会分化为对立的阶级，国家开始形成，战争才成为一种反复出现的，而且高度组织化的社会历史现象，主要"用以解决阶级和阶级、民族和民族、国家和国家、政治集团和政治集团之间，在一定发展阶段上的矛盾的一种最高的斗争形式"。[②]

帝国主义是现代战争的根源。帝国主义的本质特征是垄断和对外扩张，决定了帝国主义国家对内实行资产阶级专政，对外追求世界霸权。"'世界霸权'是帝国主义政治的内容，而帝国主义政治的继续更是帝国主义战争。"[③] 帝国主义战争主要包括：

---

① 猪口邦子：《战争与和平》，经济日报出版社，1991年版，第1页。
② 《毛泽东选集》第一卷，人民出版社，1991年第2版，第171页。
③ 《列宁全集》第二十八卷，中文第2版，第125页。

帝国主义国家之间争夺世界霸权的战争；帝国主义的殖民战争；帝国主义侵略和妄图消灭社会主义国家的战争。两次世界大战都是帝国主义政策的直接后果。

霸权主义、强权政治是当代战争的主要根源。两者在本质上的共同之处在于都是凭借经济军事实力，运用暴力或非暴力手段，对其他国家进行控制、干涉和侵略，把本国的利益凌驾于其他一切国家的利益之上。战后美国和苏联两个超级大国长时期地在具有安全以及经济战略意义的地区进行激烈的争霸是造成世界不安宁的主要原因。此外，一些地区强国民族利己主义恶性膨胀，也倚强凌弱，不惜侵犯别国的主权和领土完整，发动侵略战争；民族、领土、宗教等原因也会引发冲突或战争。

(2) 战争的性质。曾与拿破仑军队作过战的普鲁士陆军军官克劳塞维茨在其名著《战争论》中提出了"战争是政治通过另一种手段的继续"这一著名论断，把战争看做政治的有机手段的一部分。马克思主义经典作家肯定了这一观点的合理性，同时又进一步指出，所谓国内政治，实质是国内统治阶级利益和意志的体现，而战争则是政治的最高表现形式。当政治发展到一定阶段，不能再照旧前进时，战争便会成为解决矛盾、达到某一目标的有效手段。因此，对待任何战争都不可一概而论，而要具体情况具体分析。在阶级社会条件下，战争具有不同的性质，有进步的战争，也有反动的战争，区分战争的性质主要看战争所继续的是什么政治，是由哪一个阶级进行的，是为了什么目的进行的。不同性质的战争在一定条件下可以转化，关键是看战争的主导力量以及目的是否发生变化，例如，第二次世界大战开始时是帝国主义国家之间的战争，随着苏联和各国民主力量的加入，战争性质便转化为世界人民反法西斯的正义战争。

核武器出现以后，"战争是政治的继续"这一观点受到置疑。克劳塞维茨提出："战争是以让敌人屈服于我们意志为目的的暴力行为。""战争的真正目的就在于消灭敌人的主力。"[①] 然而，按照"核冬天"理论，在大规模核战争中，不论消灭敌人与否，都无法保存自己，那么战争就超越了政治工具的范围，而导致交战者甚至人类普遍性毁灭。那么，是否就可以据此得出否定的结论呢？我们认为不能。因为：①战争的类型是多种多样的，即使在核时代，迄今为止现实中所发生的一切战争仍然都是为政治服务的。②任何战争武器都是决定国家命运的重要的政治财富。核武器虽然未被大规模用于战争，然而，它就像一把"达摩克利斯"剑悬挂于人类社会头顶之上。超级大国惯于用它来进行核讹诈或核威慑，从而维护自己的霸权地位。美国、西欧、俄罗斯等都在加紧研制以高新技术为基础的新一代武器，准备到21世纪大规模付诸使用，目的都是为增强国家实力，以便在国际竞争中占据有利地位。由此可以看出，战争手段的变化并没有使战争性质产生质变。③在战争决策上，政治因素也起着决定性作用。

(3) 当代战争的主要特点。第二次世界大战结束以来，随着国际形势的变化，

---

① 猪口邦子：《战争与和平》，经济日报出版社，1991年版，第36页。

军事形势也出现了深刻的变化；军事技术与武器装备也有了质的飞跃，这些使得当代战争具有了崭新的特点：

特点一，就世界军事形势来讲，世界大战一直未能打起来，在相当长的时期内避免新的世界大战是可能的，这有着深刻的背景：①世界政治力量对比的变化有力地制约了世界大战的爆发。第二次世界大战以后，世界上主要分为三大力量，即社会主义、资本主义和新兴民族国家。这中间，社会主义与资本主义之间一度以集团的形式形成军事对峙，经过朝鲜战争及"冷战代理战争"的较量，双方均意识到谁也不可能在大规模战争中完全压倒对方。在20世纪60年代大分化、大改组之后，苏、美两个超级大国仍然保持了军事力量的相对均衡，谁也无法使自己的暂时领先化为长期优势。与此同时，第三世界国家逐步崛起，成为一支独立的、举足轻重的政治力量，使世界上要求和平、主持正义的力量前所未有地壮大起来，对维护世界和平起了重大作用。各国人民要求和平与友好的呼声日益高涨。联合国等国际组织在反对战争、推动裁军等方面也发挥了积极的作用。所有这些，使和平力量的增长超过了战争力量的增长。②在世界新科技革命浪潮推动下，经济相互依存程度不断提高。发达资本主义国家之间的争夺由战前主要争夺殖民地转为主要争夺国际金融市场和贸易市场的份额，而无须再通过世界大战来划分势力范围。③核武器的出现扩大了当代战争的能量，形成了一种恐怖平衡状态。仅苏、美两家核武器的总当量就达到120亿吨，只要将现有核武器20%的能量释放出来，就会引起长达数月的"核冬天"，杀伤近20亿人口，另有20亿人口将死于由此而引起的饥荒。"核战争无胜者"在客观上起到了一定的制止战争的作用。

特点二，局部战争连绵不断成为战争的基本样式。虽然世界大战没有爆发，但是世界各种矛盾并没有消失。当政治迫切需要战争为自己服务时，局部战争就被推上了历史舞台。40多年来，已有80多个国家和100多个国家的军队卷入了世界各地的局部战争和武装冲突。据我国有关部门的统计，从第二次世界大战结束到1986年底，世界发生了182场局部战争，共计造成了2000多万人的死亡，相当于第一次世界大战死亡人数的2倍。[①]

特点三，参战国家类型在转移，导致战争的因素趋于多样。强权政治和霸权主义政策是引起当代战争的主要原因，但具体到参战国家的类型却与第二次世界大战前发生了很大变化，具体如下：

第一，主要资本主义国家间没有发生过战争。如何看待这一现象呢？有的西方学者提出民主国家之间无战争的观点。这种看法只看到了现象，并没有抓住实质。首先，战后社会主义体系的出现使资本主义国家之间的矛盾降到了次要地位；其次，殖民体系的瓦解使帝国主义之间为重新瓜分殖民地的战争丧失了客观上的可能性，虽然这些国家对原料和市场的争夺仍然十分激烈，但其手法已发生很大变化，主要采用政

---

① 潘振强、夏立平主编：《世界军事大趋势》，国防大学出版社，1994年版，第105页。

治和经济渗透的方式；再次，美国居于资本主义世界霸主的地位，其他资本主义国家的力量均不足以与美国相抗衡；最后，经济全球化趋势借助战后科技革命的力量而加速发展，当今世界大规模兼并浪潮方兴未艾，跨国资本热钱滚滚，超国家的垄断组织不断崛起，经济活动已经在很大程度上突破了国家领土界限的限制，以强占领土、消灭敌人有生力量为主的传统的战争手段已经变得陈旧。

第二，第三世界成为局部战争的主要战场。据统计，1986 年以前发生的 182 场局部战争中，亚洲 87 场，占总数的 47%；非洲 59 场，占总数的 32.4%；拉丁美洲 32 场，占总数的 17.6%；欧洲则只有 4 场。第三世界发生的战争主要有：

——大国代理介入型战争。介入的方式是多种多样的，从直接武装介入到军火输出、武器援助、非正式支持游击队等。在这方面，中东地区就是最典型的例子。

——因领土、种族、宗教信仰等问题而引发的冲突。主要原因：①殖民主义统治遗留的恶果，这方面的例子比比皆是，如老牌殖民主义国家英国一贯采用"分而治之"的政策，在撤离殖民地时总要留下制造矛盾的祸根，像以色列和巴勒斯坦的冲突、印度和巴基斯坦问题、中印边境问题等莫不如此。②地区大国、强国推行地区霸权主义或民族沙文主义，企图将本国利益凌驾于小国、弱国利益之上，也会造成第三世界国家之间的冲突和局部战争。

第三，社会主义国家间出现了冲突与战争。战争是私有制的产物，社会主义国家在所有制改造完成之后按理说已不存在相互之间爆发战争的经济基础和阶级基础，可是这种现象却多次产生，这就需要加以认真分析。首先，有历史的原因，如存在领土问题；其次，有国家利益的矛盾，社会主义国家也是独立的主权国家，有着不同的国家利益，如果违背了和平共处五项原则，把本国利益置于别国之上，当然也会引发冲突；最后，有些国家奉行错误的对外政策，甚至搞霸权主义那一套，侵犯别国的主权和领土完整，被侵犯的国家当然要予以反击，像中苏"珍宝岛"事件、中国对越南的自卫还击战就是在这种背景下发生的。

2. 维护世界和平的途径和前景

战争给人类造成深重的灾难，反对战争、维护和平是全世界人民共同的愿望，为此，所有爱好和平的国家和人民做出了不懈的努力，推动和平事业不断发展。当前，维护和平的主要途径如下：

（1）坚定不移地反对霸权主义，坚持和平共处五项原则。坚定不移地反对霸权主义和强权政治，反对一切侵略、扩张、干涉别国内政的行径，坚持和平共处五项原则。在处理国家与国家关系的原则上，联合国宪章以及中国政府在 20 世纪 50 年代提出的和平共处五项原则已经为世界绝大多数国家所接受。问题在于，少数国家倚仗实力推行霸权主义和强权政治，处处谋求"领导权"，把本国利益凌驾于别国利益之上，肆意干涉别国内政，造成世界局势动荡不定。冷战结束后，冷战思维仍然存在，有些国家仍在以各种方式扩大和加强军事联盟，这不仅无助于维护和平、保障安全，还会引发新的不安定因素，制造地区乃至世界的不安宁。对此，各国人民必须给予坚决反对。当前有些国家别有用心地把中国的强大说成是对世界和地区安全的"威胁",对此,中国政府已经严正声明,中国永远不称霸,今后即使中国真正强大起来也不称霸。

(2) 积极推动裁军和军备控制,消除战争隐患。到 20 世纪 80 年代末,世界上有 5 个国家掌握核武器,近 20 个国家拥有化学武器,新一代的高科技武器,如气象武器、声波武器、定向能束武器、航天武器等也在加紧研制。常规武器方面,世界上共有主战坦克约 14 万辆以上;固定翼作战机约 3.5 万架以上;作战直升机 2.1 万架以上;大中型水面舰艇 1100 艘以上;攻击型潜艇 700 艘以上。这些严重地威胁着世界和平与各国的安全,因此,裁军与军备控制一直是维护和平的一个重要组成部分。当代国际裁军与军备控制的主要内容有两类:一类是对军事力量能力(主要指人员和装备)的削减和限制;另一类则是对军事力量活动的削减和限制。前者主要包括削减或者限制核武器,防止核武器扩散,削减或者限制常规部队数量,禁止外空武器,禁止化学、生物武器以及其他大规模毁灭性武器,禁止某些滥杀伤武器等;后者主要包括在各种军事活动上建立信任和安全的措施,不首先使用核武器,不对无核国家使用核武器,对某些敏感性武器或者武器材料、技术进行限制,对武器贸易进行登记或者限制。

在冷战时期,国际裁军与军备控制主要以美苏为主导进行,达成的协定和条约也大部分是双边的;一些多边的军控条约,如《部分禁止核试验条约》、《核不扩散条约》等,也是由美苏先达成谅解后再以多边条约的形式出现。尽管联合国以及要求和平的各国政府和人民作出了很大的努力,但是,美苏两家出于争霸的需要军备控制是以"向上平衡"为特点的。

20 世纪 70 年代末,随着世界形势的变化,国际裁军与军备控制的局面也开始向多极化方向转变。1978 年,联合国首届"裁军特别会议"(联合国第十届特别会议)打破了美苏垄断国际多边裁军的局面,通过了《最后文件》,提出了裁军的目标、原则和重点。不过,国际裁军与军备控制在 20 世纪 80 年代中期以后才开始出现较大的进展:从 1968 年化学和生物武器问题在日内瓦裁军会议立项时起,历经 24 年的努力,1993 年 1 月 13 日《禁止化学武器公约》终于在巴黎签约,这是在联合国范围内达成的第一个多边裁军条约;在核武器控制方面,1996 年 9 月,美国、俄罗斯、中国、英国、法国共同签署了《全面禁止核试验条约》;《禁止生物及毒素武器公约》于 1975 年生效以来,参加国家不断增加(中国于 1984 年加入),又召开了三次审议会议和一次特别会议,确认了核查的必要性,并且成立了一个向所有缔约国开放的特设组,就核查问题进行工作。在常规裁军方面,这一时期达成的重要条约有《欧洲常规武装力量条约》(1990 年 11 月 19 日),这是战后北约与华约之间达成的第一个常规裁军条约。此外,单方裁军和建立信任措施也有了显著的进展。

但这并不意味着人们可以高枕无忧。当前一些大国把质量建军放在第一位,力求以较高质量的军队弥补数量上的不足,以适应未来战争的需要。此外,又出现核扩散以及发展中国家军费开支迅速上升的新问题。1998 年,印度和巴基斯坦先后进行了多次核试验，引起全世界的不安，给地区和世界安全投下新的阴影。可见，根据公正、合理、全面、均衡的原则，实行有效裁军和军控，最终消灭战争隐患，仍是一项长期而艰巨的任务。

（3）发展和壮大世界和平运动，维护世界和平。战后，各国爱好和平的人民发起了经久不衰的世界和平运动，大致可分为如下阶段：

第一阶段，20世纪40年代后期至60年代初期，这一运动主要是要求禁止原子弹和反对世界战争。1949年4月，第一届世界保卫和平大会在巴黎和布拉格同时举行，到1956年6月，共召开了23次会议，先后制定和通过了几十项有关和平的宣言和决议。许多国家还建立了各种和平组织，成为世界和平运动的一部分。

第二阶段，20世纪60年代中期至70年代初期，运动的主要内容是反对美国进行侵越战争。

第三阶段，20世纪70年代后期至80年代中期，世界和平运动的重点又转移到反对美苏两个超级大国的核军备竞赛上来。以1979年北约宣布在西欧部署潘兴Ⅱ导弹为导火索，西欧人民掀起了大规模的反对核武器、要求核裁军的斗争；随后，美国也出现"冻结核武器运动"，1982年，在纽约举行的"和平进军示威"有100万人参加；这一运动的高潮是1986年的"国际和平年"，全世界100多个国家、250个非政府组织和13个联合国专门机构在全球范围内进行了各种活动，有力地推动了和平运动的发展。

第四阶段，20世纪80年代后期至今，世界和平运动朝着深化方向发展，包括了要求削减乃至彻底销毁核武器、全面禁止核试验、减少和消除地区冲突等。正是在世界人民的正义要求的压力下，国际裁军和军备控制才能不断取得进展，而少数战争分子以及极右翼势力才不得不有所收敛。在世纪之交，随着世界上拥有核武器国家的增多，特别是美国布什政府坚持退出1972年的反导条约，要为其部署TMD和MND做准备，又形成了一轮新的军备竞赛。很多国家都在研究和开发高新技术的武器装备。各国人民对此保持着高度警惕，展开了反对新的军备竞赛，反对战争、保卫和平的斗争。当今世界各国人民，包括阿拉伯各国人民和伊拉克人民反对美国对伊拉克的战争和占领是和平运动在新条件下的深入发展。

（4）和平解决国际争端，化干戈为玉帛。和平解决国际争端的原则最早是由1899年海牙会议通过的《国际争端和平解决公约》（海牙和平第一公约）提出的。战后通过对德日首要战犯的审判和《联合国宪章》的制定，这一原则得到完全确立。在20世纪五六十年代，和平解决国际争端的原则因少数超级大国作梗而难以贯彻，80年代后期以来，才取得可喜的进展。一些僵持已久的难题，像波黑问题、车臣问题、北爱尔兰问题、朝鲜统一问题、中东和平问题，要么得到解决，要么出现不同程度的转机。和平解决国际争端的基本前提是不诉诸武力或以武力相威胁，不恃强凌弱，不把自己的利益或意志强加于人。同时，对存在着的争议问题应该着眼于维护和平和稳定的大局，通过协商和谈判解决。一时解决不了的可以暂时搁置，求同存异。近些年来，中国通过多方斡旋积极推动六方会谈和平解决朝鲜无核化问题应该说是一种有益的尝试。

我们深信，维护世界和平是大有希望、完全可能的，我们充满信心。

四、发展——当今世界的核心问题

就两大主题相比较而言，在发展问题上，国际上的矛盾表现得更为集中，斗争也更为尖锐。

1. 发展问题的成因

（1）国际经济旧秩序的存在。国际经济旧秩序是帝国主义殖民体系在经济上的表现，以帝国主义在国际生产和流通领域里的垄断为基本特征。殖民体系瓦解后，发达国家利用经济上的强大优势，通过推行新殖民主义来维护这一秩序，使发展中国家与发达国家之间仍然处于一种不平等的矛盾关系之中。世界经济旧秩序主要包括以下四个方面的内容：

第一，以不合理的国际分工为基础的资本主义生产体系。即垄断资本主义国家垄断工业制成品的生产，保留不合理的生产结构。殖民主义时期，帝国主义国家垄断工业制成品的生产，而殖民地国家主要作为宗主国的原料供应地，产品单一化，生产结构严重畸形。这些国家独立以后，在资金、技术、工业生产资料方面仍严重依赖发达国家，工业化进程缓慢，经济落后的面貌长期不能改变。20世纪80年代以来，随着新科技革命的进展，发达国家对发展中国家原料、初级产品的依赖在减弱，而发展中国家对发达国家科技的依赖在加深，从而导致国际分工中新的依附关系，使很多发展中国家所处的地位更加不利。

第二，以不等价交换为特征的国际贸易体系，即垄断资本主义国家通过压低原料、初级产品价格，提高工业品价格来盘剥、压榨广大经济落后国家。战后以来，国际贸易的规模不断扩大，其增长速度超过了世界工业生产的增长速度。但是，国际生产格局决定着国际贸易格局，不合理的国际分工造成了不合理的贸易结构和不平等的贸易条件。在发展中国家的对外贸易中，进口的65%是工业制成品，出口的70%是原料和初级产品。发达国家一方面通过垄断价格，另一方面通过贸易保护主义，设置了国际贸易中的鸿沟，极大地损害了发展中国家的民族利益。20世纪80年代以来，国际上不平等的交换有增无减。西方国家由于经济增长速度放慢，对原料、初级产品的需求减少，初级产品的价格降至战后最低水平，而制成品价格却持续上升，这是发展中国家与发达国家之间的差距继续扩大的重要原因之一。

第三，以国际垄断资本占支配地位的国际货币金融体系，即垄断资本主义国家操纵和控制着国际货币金融体系。发展中国家在独立以前没有自己独立的货币发行权；在独立以后其货币仍依附于发达国家的汇率机制。在战后建立的布雷顿森林体系中，美国可以通过美元发行和汇率变化向发展中国家转嫁经济危机和输出通货膨胀。20世纪70年代初布雷顿森林体系瓦解，美元和其他发达国家的货币开始实行浮动汇率制，而发展中国家多采用与某一发达国家的汇率"挂钩"的做法，一旦国际货币出现波动往往成为最大的受害者。东南亚国家金融危机就是一个突出的例子，1997年9月，泰国金融形势首先出现动荡，随后很快地波及韩国、新加坡、印度尼西亚、日本等国家，各国纷纷出现本国货币兑美元汇率的大幅下跌，股票指数狂泻，国际游资大量出逃，国家外汇储备急剧减少，从而导致经济形势严重恶化。

第四，以少数国家为中心的国际经济组织，即发达资本主义国家通过其控制的国际货币或贸易组织力图把发展中国家纳入到既定的政治、经济轨道上，达到继续影响和控制发展中国家的目的。战前，帝国主义国家可以直接对其殖民地、附属国进行统治和剥削，但是，这种做法在战后却行不通了。以美国为首的西方国家转而采取建立国际经济机构和签订专门协定的方法，以便间接地控制发展中国家的经济、贸易。美国在国际货币基金组织和世界银行中拥有20%左右的投票权，在世界贸易组织中也起着举足轻重的作用，尽管这些组织在向发展中国家提供资金和促进贸易方面起到了一定作用，但是总的来讲它们仍然是维护国际经济旧秩序的重要支柱。

（2）霸权主义、强权政治的恶果。如同在国际政治领域里一样，霸权主义、强权政治在国际经济领域也有明显的表现。例如，强行推广自己的价值观念、意识形态和经济模式，并把是否接受这一套作为提供援助、进行合作的条件；对与己不和的国家动辄进行经济封锁或制裁，甚至大动干戈，直接出兵干涉，挥舞治外法权大棒，以国内法代替国际法；实行双重标准，亲我者生，逆我者亡；操纵国际论坛，肆意攻击、指责别国；等等。

（3）军备竞赛的负担。当今世界上总共有210多个国家和地区，其中有60多个自己无防务能力，即没有正规的军队，只有宪兵、警察、民兵、卫队等用来维持国内治安的准军事力量，如摩纳哥、梵蒂冈、东帝汶等。其余140多个国家（地区）都拥有规模不等的现役军队。据20世纪80年代末的统计，世界各国共拥有现役部队约2900多万人，另有预备役部队共约4000多万人。现役部队总人数约占全球总人数的0.58%。1991年，全球军费开支总额高达11600亿美元，约占世界全年国民生产总值的4.5%，全世界每人每年平均负担200多美元。"冷战"结束以后，面对动荡不安的国际局势，一些发展中国家出于对地区性冲突的敏感性和警觉都纷纷购置先进的武器装备，又形成了地区性的军备竞赛。据瑞典斯德哥尔摩国际和平研究所2001年度报告称，1998年世界各国的军费开支降到了"冷战"后的最低点，但以后持续增加；2000年世界军费开支为7980亿美元，比1998年增长3.5%；到2003年，全世界大约有2/3的国家军费高于本国的卫生保健费，有1/2国家的军费高于保健费和教育费用之和。这种状况直接阻碍了发展中国家的进步。

（4）地区冲突和局部战争的破坏。战后以来，地区冲突和局部战争多数是在第三世界国家发生的。如旷日持久的两伊战争，打了8年之久，双方参战的人数近百万，双方耗资近6000亿美元。从海湾危机到海湾战争，多国部队全部耗资共达1133亿美元，战后，伊拉克和科威特重建计划预计需要5000亿美元。这笔巨资几乎相当于40个非洲国家年度收入的总和，足够联合国世界粮食计划署对第三世界国家投资200年。以美国为首的北约发动的科索沃战争78天的狂轰滥炸给南联盟不仅造成了数以千计的人员伤亡，更造成了数千亿美元的经济损失，至今仍使塞尔维亚和黑山联盟的人民生活在灾难之中。2003 年 3 月，美国悍然发动的伊拉克战争至今尚未完全结束，它对经济发展的破坏尚无精确的统计，但它对伊拉克的破坏及给伊拉克人民造成的灾难以及对中东地区阿拉伯多国造成的损失既是显而易见的，又是难以计算的，人们说至少使伊拉克的发展倒退 20 年绝不为过。

2. 人类发展面临的困境

战后以来，尽管世界经济有了长足的进步，但是各类国家的经济并非保持同步增长。在向新世纪转换的过程中各国都面临着新的挑战。

（1）发展中国家在完成民族独立、创建新国家的任务之后，政治、经济形势并不稳定，多数国家一直处于低速发展状态。20 世纪 80 年代是发展中国家经济不断恶化的 10 年，而且贫富悬殊的局面愈演愈烈。根据世界银行的统计，发展中国家与发达国家人均国民生产总值的差距已经从 20 世纪 60 年代的 1:15 左右拉大到了 20 世纪 80 年代的 1:20。最不发达国家的数量也在增加，1981 年，人均产值在 100 美元以下的国家有 25 个；到 1990 年，猛增到 42 个。进入 20 世纪 90 年代，发展中国家作为一个整体，经济呈现恢复增长之势。根据国际货币基金组织《世界经济展望》报告，1995 年发展中国家的经济增长速度达到 5.9%，但是各地区的发展并不平衡。其中亚洲，尤其是东亚地区是发展中国家经济中最具活力的一部分；非洲国内生产总值增长了 2.9%，这是 20 世纪 90 年代头 5 年中非洲经济发展的最佳水平。但是，与其他地区相比非洲面临着更严峻的挑战：在非洲 6.8 亿人口中约一半人口处于绝对贫困状态；在全球 48 个最不发达国家中非洲占 33 个；非洲的外债负担沉重，1994 年外债总额已达 3122 亿美元，约占非洲国内生产总值的 80%，其中有 20 多个国家的外债超过其国内生产总值。此外，据联合国难民署统计，非洲有 180 万难民无序流动，给社会和经济带来了严重的后果。大多数拉丁美洲国家的经济仍处于恢复和低速增长时期。墨西哥金融危机给这一地区的发展投下不良的阴影，使该地区经济连续三年的稳步发展突然停顿，经济增长率明显下降。1995 年，拉丁美洲地区只有 0.6% 的经济增长率。

新的挑战还表现为：初级产品贸易条件继续恶化，而且随着世界经济一体化的发展，南南国家之间争取贸易市场的竞争加剧；发达国家经济集团化发展的步伐加快，贸易保护主义抬头，对发展中国家的贸易往来附加了种种苛刻的条件；国际金融市场的风险加大，20 世纪 90 年代两次金融危机的发生暴露了发展中国家经济结构的不合理性和易受国际资本打击的脆弱性；人力资源的开发落后于发达国家的水平，在"知识经济"到来的时代，这就意味着在国际体系中支配—依附关系将进一步加深；生态环境破坏严重和人口持续增长构成恶性循环关系，成为经济持续发展中长期不利的因素。这些情况说明，当前世界面临的发展问题的核心仍然是发展中国家的发展问题。

（2）西方发达国家也存在一个再发展的问题。战后，西方国家在经济恢复以后进入了一个高速发展的"黄金时代"时期，但好景不长，20 世纪 70 年代初期以后便陷入"滞胀"状态，从此经济发展走走停停，直到 80 年代后期才出现转机。这主要由于美国率先进行了经济结构调整，以信息产业为龙头，经济上出现了较强劲的发展势头，从而带动了发达国家新一轮的经济增长。不过，在当今相互依赖性不断增强的条件下，世界经济不可能长期在南北经济严重失衡的条件下运行。东南亚金融危机发生后，发达国家一度袖手旁观，结果欧美金融市场均受到影响，使得国际金融组织迅速转变态度，采取积极措施来控制事态的发展。同样，在资本、贸易、原材料、劳动力等各方面的市场上，发达国家也离不开发展中国家。从这一意义上讲，广大发展中国家的不发展状态直接制约着发达国家的进一步发展。

3. 促进发展的途径

谋求世界共同发展的途径主要如下：

（1）改革不合理的国际经济旧秩序，建立公正、合理、平等、互利的国际经济新秩序。国际经济旧秩序是发展中国家经济落后、社会贫困的症结所在，是南北矛盾的核心。这个问题不解决，发展中国家的不利地位在未来相当长的时间里仍不会有重大变化。1974 年 5 月 1 日，联合国大会通过《建立国际经济新秩序宣言》和《建立新的国际经济秩序的行动纲领》，标志着这一问题已经提到了世界的议事日程上。然而，迄今为止，变革国际经济秩序的斗争仍然步履维艰，南北国家之间在债务、原料价格、贸易保护、援助、环境等方面仍然存在尖锐的分歧，这将是一个长期的斗争过程。

（2）推动南北对话，改善南北关系。南北对话是发展中国家与发达国家围绕改革不平等的国际经济关系、加强南北双方的经济合作等问题进行谈判和斗争的重要形式。早在 20 世纪 60 年代，发展中国家曾同发达国家就普遍优惠制问题进行谈判，并在 1968 年联合国第二届贸发会议上达成初步协议，从 1970 年开始执行。70 年代以后，随着石油斗争的出现和资本主义经济危机的加深，发达国家开始意识到南北问题的重要性，表现出对南北对话的热情。1975 年 2 月 28 日，欧洲经济共同体 9 国与亚洲、加勒比和太平洋地区 46 个发展中国家签订了第一个《洛美协定》，规定上述发展中国家的全部工业品和 94.2% 的农产品可免税不限量地进入欧洲共同市场，而欧洲共同体成员国向 46 国的出口只享受最惠国待遇，此外还建立了出口收入基金，以补偿46 国部分初级产品出口价格下跌造成的损失。该协定每 5 年重签一次，在签订四个《洛美协定》之后，2000 年制定了后续协定《科托努协定》。1975 年 12 月，在发展中国家多年的呼吁和要求下，19 个发展中国家和 8 个发达国家举行了国际经济合作会议，开始了南北双方领导人的第一次对话。1977 年 5 月又举行了第二次对话，不过，由于美国拒不接受建立国际经济新秩序的主张，对话未取得实质性进展。在此基础上，1977 年 11 月 29 日，南北委员会宣告成立，旨在进一步推动南北对话。1977 年年底，第 34 届联合国大会通过了 138 号决议，确定了全球谈判原则。1981 年 10 月举行的坎昆会议，又就恢复全球谈判和改善南北关系进行了广泛的讨论和磋商。中国政府在会上提出了关于国际经济合作的五项原则。总的来看，20 世纪 80 年代由于发达国家和发展中国家的经济状况都不好，南北对话进展不大。90 年代以来，情况有所好转，主要表现在：发展中国家吸引国际资金的能力有较大的提高，世界银行对发展中国家的援助有所增加，南北贸易规模不断扩大，发展中国家纷纷通过集团化途径加强了与发达国家谈判的实力。亚欧会议的举行就是一个引人注目的良好动向。应该肯定，在南北对话中，欧盟及其成员国不仅用于援助南方国家的绝对数额高，而且占其国民生产总值的比例在世界上也是最高的。欧盟及其成员国在 1997 年和 1998 年分别向世界提供了 56.21% 和 60.02% 的官方发展援助，而日本和美国在这两个年度的官方发展援助拨款加起来分别仅占 32.72% 和 38.07%。世界上有 150 多个国家、地区或组织接受欧盟及其成员国的援助。

（3）加强南南合作。南南合作是指发展中国家之间的经济技术合作，是在发展中国家争取建立国际经济新秩序的斗争中发展起来的一种新型经济合作关系。早在 1955 年的万隆会议上，发展中国家就提出了在平等互利的基础上加强经济技术合作的主张，以后，在发展中国家的共同努力下，发展中国家之间的双边经济合作取得了重要进展，构成南南合作的主要形式。20 世纪 60 年代以来，多边合作发展迅速，成绩卓著，各种区域、次区域、跨区域的经济合作组织建立起来，著名的有阿拉伯石油输出组织、安第斯集团、东南亚国家联盟、非洲经济共同体、加勒比共同体、非加太集团、南方委员会，等等。这些组织在促进发展中国家的经济发展、保护本民族经济利益、争取平等互利的贸易条件等方面起了重大的作用，同时也成为发展中国家与发达国家斗争的主要工具。近些年来，中国本着平等互利的原则加强了与东南亚、东北亚、中亚及南亚众多国家的合作，使得双方经济发展都从中获益；中国与非洲国家的合作可称南南合作典范；2004 年又加快了与拉美国家的合作步伐。在现实条件下，发展中国家只有加强相互合作，走集体自力更生的道路，把广大发展中国家分散的有限的力量汇集起来，才能改变南北力量的对比，提高发展中国家在南北对话中的地位，将推动建立国际新秩序的斗争深入发展。中国与发展中国家一向保持着密切的经济技术交往，对发展中国家提供了大量的无私的经济技术援助。

（4）制定正确的经济发展战略，处理好开放与维护民族利益的关系。在建设道路上，发展中国家由于缺乏经验，大多走过一段弯路，主要是照搬别国的政治经济模式，盲目追求经济发展速度，对外援依赖过强，结果反而严重地损害了本国的经济安全。战后发展中国家的大量实践表明，在加速经济发展的过程中，一定要认真研究和制定符合本国实际的发展战略，在自力更生的基础上争取外援，把对外开放与捍卫国家主权、保护民族利益结合起来。

近些年来许多发展中国家先后崛起给人们增添了发展的信心，也展示了美好的前景。

第二节　争取建立公正合理的国际新秩序

20 世纪 90 年代初，维持了 40 多年的两极格局崩溃，世界进入了一个新旧格局转换的过渡时期。在新形势下，建立国际新秩序问题成为各种力量斗争的焦点。在了解了世界格局的演变和影响世界发展的主要力量之后，再进一步研究这场关于国际新秩序的斗争，有助于我们更好地认识当前国际社会存在的问题及矛盾。

一、国际秩序及其演变

1. 国际秩序的含义和特征

所谓秩序，是指有条理、不混乱的情况，与无序、混乱相对立。国际秩序就是指在一定时期国际社会中的国际行为主体（主要是主权国家）之间围绕一定的目标在某种利益基础上相互作用、相互斗争而形成的国际行为规则和相应的保障机制。

国际秩序就其性质而言，有公正、合理的国际秩序和不公正、不合理的国际秩序之分。判断一种国际秩序的性质，主要是看这种国际秩序赖以形成的利益基础是什么，与这一利益相应的行为准则及保障机制是否有利于世界的和平与发展。凡是建立在国际社会中大多数国家共同利益的基础上，能够促进共同发展的国际秩序就是公正、合理的，反之就是不公正、不合理的。

国际秩序就其基本内容来说，可以分为国际政治秩序和国际经济秩序。其中，国际经济秩序是基础，它决定着国际政治秩序；但是，后者并不只是被动地适应前者，而是对前者有巨大的反作用，这主要表现为：一是国际政治秩序加速或延缓国际经济秩序的确立；二是国际政治秩序保护或破坏国际经济秩序的正常运行。在一个国际系统里，两者实际是不可分离、相辅相成的关系。20世纪70年代以来国际政治学领域兴起的国际政治经济学流派主张把国际关系中各个行为主体之间政治经济相互作用作为一个整体来研究，反映出当今世界政治经济之间的界限已经越来越模糊。

一般说来，国际秩序具有以下基本特征：

（1）它通常是国际社会中各种力量斗争的产物，历史上，各种不同的国际秩序都是由少数大国、强国通过武力或武力威胁的手段强行建立的，它是强权政治的产物，反映了少数几个大国对广大弱小国家和民族的奴役。第二次世界大战后，大国政治的局面虽未发生根本改变，但是，广大新兴国家纷纷加入到建立国际新秩序的行列里，大大改变了少数国家为所欲为的状况。

（2）国际秩序与世界格局既密切联系又相互区别。国际秩序与世界格局都是国际行为主体相互较量的结果，两者有内在的因果联系，格局讲的是国际社会中各种基本力量的结构状态，国际秩序则指一定时期内国际社会按照某种行为准则、规范所形成的一种运行机制和状态；格局主要反映国际社会各种力量对比的客观状况，国际秩序则是指那些具有重大影响力的国际行为主体按照一定准则或规范所建立的一套国际行为机制，而世界上多数国家不得不遵循，从而形成一种有序的状态。由于游戏规则制定者的意志在其中体现得更加充分，因而主观因素在国际秩序中起着较大的作用。一般来讲，只要世界格局发生重大变化，国际秩序迟早也会改变，因为秩序的维护者和游戏规则的制定者已经有所不同，新的国际行为准则及其保护机制将逐渐取代旧的一套。但是，两者变化的速度、节奏却不一定是同步的。

（3）国际秩序具有相对的稳定性。一方面，国际秩序一旦形成就会持续相当一段时间，使国际社会在总体上处于一种较为稳定的状态；另一方面，由于国际社会毕竟缺乏国家那样的权威性，本质上还处于无政府状态，因此，不排除局部的不稳定。各种力量经常会向既定的国际秩序发动挑战，这就使得国际秩序的稳定性只是相对的，而且处在变动中。

2. 国际秩序的历史演变

"世界秩序"这一观念源于中世纪的欧洲。当时，由于教权、皇权以及贵族等几种力量争权夺利，战乱频仍，人们普遍厌恶混乱，渴望安宁和秩序。1311 年，意大利诗人但丁写成了《论世界帝国》一书上呈神圣罗马皇帝亨利七世，系统地阐释了他的建立世界秩序的政治理论。他认为，世界政府会使贪欲减少到最低限度，使正义的威力获得最大的发挥。一旦正义成为尘世的最大威力，世界就有最好的秩序。继但丁之后，许多人都提出过建立世界秩序的设想。

需要指出的是，当时所谓的世界秩序充其量只是区域性秩序，世界各主要地区彼此之间还处于隔离状态，即使有联系或交往也是暂时的、间断的。只是到了资本主义生产方式建立起来，开始殖民扩张并形成了殖民体系以后，才出现近现代意义上的国际秩序，其具体发展阶段如下：

（1）"欧洲秩序"确立和殖民扩张开始的时期。具体从 1646 年"三十年战争"结束到 1815 年拿破仑战争结束为止，其标志是《威斯特伐利亚和约》（1648 年）和《乌得勒支和约》（1713 年）的缔结。前一条约在实践上肯定了被称为"国际法之父"的格老秀斯所提出的主权平等、领土完整、国家独立诸原则；而后一条约则把维持"均势"作为一条经验写在条约的序言。到 18 世纪末法国大革命时，在卢梭平等观念的影响下，首次提出了不干涉原则。但是，资产阶级提出的这些国际关系准则从一开始就有局限性，实际上只适用于恩格斯所说的"处在差不多相同的资产阶级发展阶段的独立国家的体系中"，而把所谓"非基督教文明国家"排除在外。维持"均势"也只是以谋求大国之间的势力均衡之名行争夺战略优势之实。正是从这时起，欧洲列强挟坚船利炮之威开始了大规模的殖民掠夺以满足资本主义原始积累的需要。"如果说那时也有国际秩序的话，那么它最突出的特点和最深刻的印记，就是贩卖黑奴和抢占并奴役殖民地。"[①] 1815 年，拿破仑战争的结束以及拿破仑王朝的崩溃使欧洲的政治格局和政治秩序都发生了转折，以欧洲为中心的世界殖民秩序进入了一个新的时期。

（2）以欧洲为中心的殖民体系在世界范围内建立起来和帝国主义国家为争夺世界市场而引发第一次世界大战的时期。1815 年的"维也纳会议"重新确立了欧洲的政治均势，形成了"维也纳体系"。奥地利、俄国、英国、法国、普鲁士五强并立，共同镇压欧洲的革命浪潮和波兰、意大利等国家的民族独立运动。

1848 年欧洲革命之后，"欧洲协调"宣告破产，欧洲再次陷入革命与王朝战争的混乱局势之中。1871 年普法战争结束之后，德意志帝国的铁血宰相俾斯麦主持签订了德法

---

① 胡绳：《为了世界的和平和发展——关于以和平共处五项原则为基础建立国际新秩序》（在北京国际新秩序研讨会上的发言），载《人民日报》，1991 年 9 月 19 日。

之间的《法兰克福和约》，再次以削弱法国的战争机器为基础，恢复了欧洲的均势局面。俾斯麦还拼凑了德、奥、俄"三皇同盟"作为遏制法国和维护欧洲均势的工具。

欧洲列强在激烈争夺欧洲霸权的同时，还加紧了海外殖民扩张和掠夺，使得以欧洲资本主义体系为中心的国际秩序在世界范围内被确立起来。1415 年，葡萄牙人在欧洲的近邻摩洛哥的休达地区建立了人类历史上最早的一块殖民地。英国在资产阶级革命之后凭借坚船利炮在 19 世纪成为世界霸主，占有了比它的本土大 150 倍的殖民地，号称"日不落帝国"。美国在独立战争之后也开始积极进行领土扩张，将原来的 13 个州扩大为 50 个州。到 19 世纪末 20 世纪初，世界已经被帝国主义国家瓜分完毕。这一时期国际秩序的主要特征是资本主义一统天下，"强权即是公理"。另外，国际法又有了新的发展，例如，1864 年的《日内瓦公约》和 1899 年、1907 年的《海牙公约》，对有关战争与和平解决国际争端等问题作了一些规定。总体来看，当时国际秩序还没有多少成文的国际法可以遵循，而且国际秩序的保障机制也没能超出欧洲传统的"均势"框架，所以，随着帝国主义国家之间的力量对比发生变化，终于引发了第一次世界大战，世界进入空前的战争和混乱时期。

(3) 凡尔赛体制从建立到失败和资本主义一统天下的局面被打破。第一次世界大战结束到第二次世界大战结束的近 30 年是国际秩序演变的一个重要时期。国际社会由无统一组织到尝试建立世界性组织，同时，苏联社会主义国家的建立和风起云涌的民族解放运动对国际秩序的演变产生了重要影响。1918 年，英、法、美、日等第一次世界大战的战胜国在巴黎和会和华盛顿会议上通过了一系列掠夺性和约，瓜分了战败国的殖民地，在全球范围内重新划分了势力范围，形成了"凡尔赛—华盛顿体系"。在这些会议上，英、法、美等国倡议建立一个世界性组织——国际联盟，目的在于巩固对战败国的胜利局面，并且标榜要"促进国际合作，保证国际和平与安全"。实际上，国际联盟从一开始就为英、法等少数帝国主义国家所操纵，成为它们之间争权夺利、尔虞我诈的场所，而且这一组织缺乏对参与国的约束力，效率低下，很快就失去作用。在凡尔赛体制下，世界并未得到和平。一方面，资本主义世界不久就陷入空前严重的经济危机，世界经济秩序一片混乱；另一方面，英、法等国处心积虑地要消灭社会主义的苏联，企图"祸水东引"，姑息甚至纵容法西斯势力，终于养虎为患，导致第二次世界大战爆发。

(4) 旧的国际秩序受到巨大冲击和国际政治经济新秩序萌发的时期。从第二次世界大战结束到苏联解体为止的这半个世纪，国际社会发生了深刻的变化。这期间，旧的国际秩序受到巨大冲击，国际政治经济新秩序正在萌发。战后，国际秩序制度化的程度大大提高，各种运作机制、保障机制第一次在世界范围内全面建立起来。第二次世界大战后，无论国际法还是国际规范的发展都进入了一个新的历史阶段。联合国宪章确立了国际社会生活的宗旨和原则，包括主权平等、和平解决国际争端、禁止以武力相威胁或使用武力、不干涉别国内政等。国际组织大量涌现，国际条约的作用和约束力不断加强，从而形成了系统化的国际规范和准则。但是霸权主义、强权政治主导国际秩序的局面尚未发生质的改变。尽管联合国会员国包括了世界上绝大多数国家，大国在事实上仍然主宰着国际秩序。美、苏两个超级大国在世界上激烈争霸，联合国宪章所确立的宗旨和原则遭到公开践踏。在世界经济领域里，西方发达国家，尤其是美国一直处于支配地位。

广大发展中国家迫切地要求改变国际旧秩序，建立国际新秩序。这半个世纪里国际力量对比方面最大的变化是社会主义力量从小到大，第三世界从无到有。在这两支力量的倡导和推动下，国际新秩序正在孕育萌发。提出建立国际新秩序问题有一个过程：①20 世纪 50 年代，社会主义国家和新兴民族国家主要在建立新型的国家间关系方面进行了探索，包括中国提出和平共处五项原则，通过协商和平解决历史遗留问题；1955 年 4 月举行的第一次亚非会议提出加强新兴国家之间的团结，通过了建立和平合作的国际关系的十项原则，等等。②20 世纪 60 年代，在广大亚、非、拉国家的政治独立问题基本解决之后，建立国际经济新秩序的斗争便提上日程。1961 年，第一次不结盟会议宣言指出要努力消除殖民主义和帝国主义遗留下来的经济不平衡状态，并要求对经济较发达国家的贸易规定公正的条件，要求发展中国家在经济和贸易等方面进行有效的合作，以对付经济领域里的压力政策。1964 年，第二次不结盟会议宣言指出经济解放在争取消除政治控制的斗争中是一个必不可少的因素，并且第一次明确提出要建立一种新的和公正的经济秩序的问题。此后，这一斗争进一步转移到联合国会议上。③1974 年 4 月，第六届特别联大会议通过了《建立国际经济新秩序宣言》和《行动纲领》两个重要文件，其总目标是破除历史延续至今的控制与反控制、剥削与被剥削的旧秩序，建立一种公正、合理、平等的新秩序。一切国家都享有平等地参加解决世界经济、金融、货币事务的权力，每个国家都有权对其自然资源和经济命脉行使永久主权，有权实行适合自己的经济制度和发展战略，并提出成立原料和初级产品生产和出口的联合组织，建立商品综合方案等。同年 11 月，第 29 届联大会议通过了《各国经济权力和义务宪章》，为改变现存的不公正、不合理的国际经济旧秩序确定了原则和方向，此外，发展中国家还在具体问题上，例如就石油价格问题、200 哩领海权问题同西方发达国家进行了多次斗争，沉重地打击了国际经济旧秩序。④20 世纪 80 年代中期以后，国际局势发生明显变化，发展中国家又率先提出建立国际政治新秩序问题。政治是经济的集中表现，对维护经济基础有着巨大的反作用。要改变国际经济旧秩序，也要改变国际政治旧秩序，两者是相辅相成的。1988 年 9 月 21 日和 10 月 2 日，邓小平同志在同外宾谈话时就明确提出：既要建立国际经济新秩序，而且也要建立国际政治新秩序。目前是建立国际政治新秩序的时期，超级大国的霸权主义和地区霸权主义应该停止了，他们应该用和平共处五项原则来代替霸权政治。

长期以来，西方国家对发展中国家提出的建立国际经济新秩序问题持冷漠态度，既不公开反对，也没有表现出热情。1990 年海湾战争之后，以美国为首的西方国家突然行动起来，打出了建立"世界新秩序"的旗帜，并且提出了各种主张，这就在国际社会里形成了与发展中国家截然不同的另一种观点。

二、两种不同的"国际新秩序"观

1. 美国、日本和西欧的"国际新秩序"观

（1）美国"国际新秩序"观。1990 年 9 月 1 日，布什总统就海湾危机在美国国会联席会议发表讲话时正式提出美国建立世界新秩序的主张。他说："今天我们处于一个独特的非常时刻。尽管波斯湾的危机很严重，但它也提供了一个朝着具有历史意义的合作时期前进的少有机会。这种动荡时期过后，可以实现我们的第五个目标——世界新秩序，即一个新纪元，一个世界各国，不管东方还是西方，北方还是南方，都能繁荣富强和和谐生活的新纪元。"接着，布什又在 10 月 1 日对联合国大会发表的讲话中表示："建立一个新的世界秩序"是"我们的责任"。1991 年 1 月 29 日，布什在《国情咨文》中又一次强调美国出兵海湾不仅是为了"解放科威特"，而且是为了捍卫一个伟大的理想："建立世界新秩序。"1991 年，《美国国家安全战略报告》通篇谈的就是"世界新秩序"以及如何建立一个"世界新秩序"。这表明美国已经把这个问题提到了国家战略的高度。那么，美国所设想的究竟是一种什么样的"新秩序"呢？

第一，确立美国在世界范围内的领导地位。这是美国自第二次世界大战以来最为关注的目标。第二次世界大战尚未结束时，当时的美国总统富兰克林·罗斯福就为战后的世界描绘了一幅美国领导下的、以大国合作为基础的"世界蓝图"，其基本构想就是通过美、英、苏等大国间的合作，软化苏联，拉拢英国，树立美国在世界上的领导地位。1945 年，杜鲁门上台不久就提出美国要"永远领导世界，要按照美国的构想来改造世界"。从此以后，尽管美国历届政府在外交方面的具体战略上各有差异，但在实现美国全球独霸地位这一目标上是始终如一的。不过，在"冷战"时期，美国一直受到来自苏联的挑战，因此，东欧剧变、苏联衰落无疑为美国提供了一个千载难逢的好机会，来实现"美国世纪"的梦想。

第二，向全世界推广美国模式，实现全球资本主义化。布什曾经强调："我们的价值观联系着我们的过去和未来，联系着我们的国内生活和我们的对外政策，联系着我们的力量和我们的目标。"当前是一个非同寻常的机遇，"可以按照我们的价值观和理想建立一种新的国际体系了"。[①] 1994 年，《美国国家安全战略报告》宣称："扩大民主社会和自由市场国家的家庭有利于美国所有的战略利益——从在国内促进繁荣到在国外遏制全球威胁，防止给我们的领土构成威胁。"[②] 为了达到这一目标，美国强调要在东欧和前苏联地区巩固所谓的"新兴民主国家"；寻求扩大亚太"民主国家阵营"；继续推行"人权外交"政策；重视发挥非政府组织，包括私营公司的作用，等等。实质上是要巩固"和平演变"的成果，并进一步扩大之，对那些抵制美国模式的国家则使用"人权"等借口来施加压力，以压促变。

第三，强调西方盟国的"伙伴关系"，注重发挥联合国等国际组织和地区性组织

---

① 梅孜编译：《美国国家安全战略报告汇编》，时事出版社，1996 年版，第 188～189 页。
② 梅孜编译：《美国国家安全战略报告汇编》，时事出版社，1996 年版，第 276 页。

的作用。美国在取得海湾战争胜利的同时也认识到，今天美国在世界上的地位与战后全盛时期相比已经有所不同，而且，世界的局势变得更加不确定，要预料未来的危机会在哪个地方发生将很困难。因此，1991 年《美国国家安全战略报告》把"联盟、联合和一个新的联合国"作为美国 20 世纪 90 年代政治日程内容之一，提出在美国"领导"下，要加强西方联盟的协调，共同分担责任和行使权力；此外，由于美苏关系发生根本变化，联合国不再受到超级大国对抗的影响，在对付危机的情势中可能会形成一种阵线不很分明的"混合联盟"，为此，美国开始注重发挥联合国的作用。克林顿政府则提出要把美国的"领导作用"与国际组织合作结合起来，尽可能多地寻求盟国或有关的多边机构的帮助。

第四，建立以美国的军事力量为保障的国际安全结构。1991 年 1 月 5 日，布什在向美国全国发表的广播讲话里说："我们随时准备使用武力去维护世界各国间正在出现的秩序。"克林顿政府也一再声明，军事力量对美国实现战略目标是至关重要的。迄今为止，美国有限的战略收缩和军事战略的调整还没有全部完成，但其战略意图已经十分明确，即防止在欧亚大陆出现对美构成战略威胁的新对手，重点加强对地区军事冲突的军事干预能力。为此，美国正在加紧改造原有的军事组织，在全球范围内调整军事力量的存在，加强军事投送能力，确保美国的军事力量能同时在两个主要地区性战场进行有效的干预。

（2）日本的"国际新秩序"观。日本作为第二次世界大战的战败国，长期以来，在国际政治舞台上一直处于无权地位。因此，过去日本政府的外交基调都是"顺应现存国际秩序，谋求经济发展"。然而，随着日本经济大国地位的确立和巩固，它越来越要求实现政治大国的目标。整个 20 世纪 80 年代，日本都在为此作出努力。在旧的格局即将瓦解之际，日本急欲抓住这一有利时机建立一个有利于日本的"世界新秩序"，以便加速实现其政治大国的目标。1991 年 2 月，海部俊树首相在日本国会发表的施政演说中一改传统的外交基调，强调日本要"积极参与建立世界新秩序的国际努力"，并将其作为执政的首要目标。后来，围绕这个问题，日本朝野人士发表了许多议论，日本政府也开展了一系列外交活动，察其言，观其行，日本的"世界新秩序"的构想包括以下内容：

第一，其目标是在确定和平与安全的基础上，在全世界实现"自由民主"和"市场经济"。海部俊树在其施政演说中提出了国际新秩序的五项目标，即确保和平与安全、尊重自由与民主、在开放的市场经济体制下保证世界的繁荣、确保人类理想的生活环境、在对话和协调的基础上建立稳定的国际秩序。在这种背景下，日本政府提出将把政府发展援助用做建设国际新秩序的一个重要手段。1992 年 6 月 30 日，日本内阁会议通过《政府开发援助大纲》，其中第四项原则是"充分注意发展中国家在促进民主化、导入市场导向型经济上的努力以及基本人权和自由保障的状况"。[①] 在具

---

① 张光：《日本对外援助政策研究》，天津人民出版社，1996 年版，第 225 页。

体实施中，日本越来越明显地表现出欲利用对外援助作为手段，来实现它在国际或地区安全事务上起主导作用的目的。

第二，以日、美、欧三极为主导建立"国际新秩序"。日本认为当前世界格局正向多极化方向发展，而美、日、欧应当起主导的核心作用。1990年1月9日，海部俊树在致美国总统布什的信中提出"必须以日、美、欧三极为主导来形成新秩序"，其目的是要利用美国担心欧洲联合可能出现"欧洲堡垒"的心理，借此提高自身的战略地位，从而在未来的世界里占据一"极"地位。后来，日本通过修订《安全防卫合作指针》，加强了与美国的战略关系，积极开展同俄罗斯的外交活动，努力争取成为联合国安理会常任理事国，所有这些都是在为实现政治大国的既定目标服务。

第三，强调经济和科技力量对形成世界新秩序的决定作用。日本领导人认为，影响今后世界秩序的决定性因素应该是经济和科技力量，而不再是军事力量。海部俊树就明确谈道："现在对话与合作代替了导弹与坦克，成为建立秩序的工具，日本有机会和义务把它的经济技术力量、经验和构思力应用到建立国际新秩序中去。"这一主张反映出日本想凭借自己在经济和科技方面的优势增强日本在建立"国际新秩序"中的发言权。

（3）西欧的"国际新秩序"观。西欧在新旧格局交替之际也积极行动起来，力图形成一个对自己有利的态势。综合西欧各国关于国际秩序的言论，大致有以下几点：

第一，在未来"国际新秩序"的目标方面，西欧同美国、日本是一致的。1991年7月，西方七国首脑会议声明对此讲得很明白："我们谋求在共同的价值观念的基础上建立伙伴关系，加强国际秩序。我们的目标是加强民主、人权、法治和健全的经济管理。"

第二，反对美国独霸的"一极世界"，要求在"国际新秩序"中分享领导权。西欧大国普遍对美国主张的"国际新秩序"表示不满。当时的法国总统密特朗公开表示，世界新秩序不能把美国统治下的和平强加于人。英国外交大臣赫德也说："谁也不能宣称一个国家可以决定一切，不论是美国统治下的和平还是大西洋统治下的和平，统统都是不现实的。"西欧各国认为，欧洲不能置身于建立未来国际秩序的核心之外。为此，一方面，加快了欧洲联合的步伐，使欧洲用"一个声音说话"；另一方面，欧洲联盟及各主要成员国纷纷调整对外战略，如近年来已经出台的对中东欧国家的"东扩"战略、对亚洲的新战略、对华战略、旨在建立欧洲——地中海大自由贸易区的"南下"战略等，其战略意图之一就在于加强欧洲的独立地位。

第三，在如何建立"国际新秩序"方面，西欧主要国家存在一定的分歧。英国一向强调英美"特殊关系"，英美一致，因此在国际事务中比较注意与美国保持一致，在欧洲一体化进程上态度不那么积极。法、德作为欧洲一体化进程的"发动机"更注重发挥联合的欧洲的作用。

总体来看，美、日、欧的"国际新秩序"观在本质上是相同的，那就是要建立一个以西方大国利益为基础的、由西方大国为领导的，以确立西方模式、意识形态和价值观念为目标的"国际新秩序"。

它们之间也存在分歧，主要是争夺在建立"国际新秩序"过程中的主导权，换言之，就是未来的国际社会是由美国独家主宰还是"共管"。

2. 中国的"国际新秩序"观

中国是一个发展中的社会主义国家，同其他发展中国家一样，长期以来遭受国际旧秩序的不公正待遇，因此，一贯主张改变这一状况。不过，形成建立"国际新秩序"的完整概念，并以之作为我国对外政策的重要组成部分是20世纪80年代中期以后的事情。

1988年9月，邓小平同志就明确地提出要建立公正、合理的"国际新秩序"。1991年3月，中国第七届全国人民代表大会第四次会议决议正式将建立公正、合理的国际新秩序作为中国外交政策的重要组成部分。概括起来，中国关于国际新秩序的观点主要包括以下几个方面：

（1）中国所主张建立的国际新秩序的目标是符合和平与发展的时代潮流，改变超级大国主宰世界的局面，结束霸权主义和强权政治，推动各国以和平共处五项原则为准则来处理国家间的关系，使世界上所有国家不论大小，主权一律平等，公正、民主、协商解决国际事务。

（2）国际新秩序应该包括国际政治新秩序和国际经济新秩序两个方面。当今世界的发展计划越来越显示出世界政治与世界经济密不可分、相互作用、相互影响的特点，因此，建立国际政治新秩序和国际经济新秩序互为要求，互为保障。

（3）国际新秩序的核心是维护国家主权的原则和不干涉别国内政的原则。

（4）国际新秩序的基本内容是各国有权根据本国国情独立自主地选择本国的社会制度、政治制度、经济制度和发展道路，任何国家尤其是大国不得干涉别国内政，不应把自己的价值观念、意识形态和发展模式强加于别国；互相尊重主权和领土完整，任何国家都不得以任何借口侵犯或吞并他国领土，国际争端应当通过和平谈判合理解决，反对诉诸武力或以武力相威胁，反对以战争手段解决国际争端；国际关系中不得以大压小，以强凌弱，以富欺贫，国际事务应当由世界各国平等参与协商，不能由一个或几个大国垄断，任何国家都不应谋求霸权或推行强权政治；改变旧的国际经济关系，代之以公正合理、平等互利、等价交换的国际经济新秩序。

（5）在建立国际新秩序的过程中，应该充分发挥联合国的重要作用，使联合国在建立国际新秩序的安全保障机制、协调国家利益与国际社会整体利益的冲突方面提出新的举措。

三、为建立公正合理的国际新秩序而共同奋斗

1. 中国是在和平共处五项原则的基础上建立国际新秩序的倡导者和推动者

随着国际形势的发展变化，在政治上是两极格局的变化由对抗转向对话，由紧张转向缓和，开始呈现多极化的趋势；在经济上是各个国家、各个地区之间的相互联系日益密切，相互依存不断加深，世界经济全球化趋势日益发展。特别是广大发展中国家的崛起，广泛地参与国际政治经济生活。从20世纪80年代中期起，邓小平多次提出建立国际政治经济新秩序问题。1984年10月，他明确提出："处理国与国之间的关系，和平共处五项原则是最好的方式。其他方式，如'大家庭'方式、'集团政治'方式、'势力范围'方式都会带来矛盾，激化国际局势。总结国际关系的实践，最具有强大生命力的就是和平共处五项原则。"1988年，他又三次谈到这个问题："现在需要建立国际经济新秩序，也需要建立国际政治新秩序。新的政治秩序就是要结束霸权主义，实现和平共处五项原则"。"目前是建立国际政治新秩序的时期。国际政治领域由对抗转向对话，由紧张转向缓和，出现了许多新情况，因此应该提出一个建立国际政治新秩序的理论。""世界上现在有两件事情要同时做，一个是建立国际政治新秩序，一个是建立国际经济新秩序。我们应当用和平共处五项原则作为指导国际关系的准则。"1989年，他又两次讲到这个问题："最近一个时期，我多次向国际上的朋友们说，应该建立国际经济新秩序，解决南北问题，还应该建立国际政治新秩序，使它同国际经济秩序相适应。我特别推荐20世纪50年代由我们亚洲人提出的和平共处五项原则，作为今后国际政治新秩序的准则。""考虑国与国之间的关系主要应该从国家自身的战略利益出发，着眼于自身长远的战略利益，同时也尊重对方的利益，而不去计较历史的恩怨，不去计较社会制度和意识形态的差别，并且国家不分大小强弱都相互尊重，平等相待。这样，什么问题都可以妥善解决。"1990年3月，他强调："我们对外政策还是两条：第一条是反对霸权主义、强权政治，维护世界和平；第二条是建立国际政治新秩序和经济新秩序。这两条要反复讲。具体的做法，还是要坚持同所有国家都来往，对苏联、对美国都要加强来往。"后来，他又针对西方国家干涉中国内政的霸权主义行径尖锐指出："现在确实需要以和平共处五项原则作为新的国际政治、经济秩序的准则。现在出现的新的霸权主义、强权政治是不能长久维持的。少数国家垄断一切，这种形式过去多少年没有解决任何问题，今后也不能解决任何问题。""我看要积极推动建立国际政治经济新秩序。我们谁也不怕，但谁也不得罪，按和平共处五项原则办事，在原则立场上把握住。"邓小平谈话的对象不只是我国中央负责人，更多的是对许多国家的领导人和国际友人，既有发展中国家的领导人，也有发达国家的领导人。这说明他是经过长期的冷静观察和深入思考，面对当今世界郑重地提出这个问题的。这是一个新问题，也是一种新理论。

近20年来，中国的外交正是在邓小平理论，特别是邓小平国际战略思想的指导下，为推动建立国际政治经济新秩序做出了不懈的努力。我国政府把推动建立国际政治经济新秩序作为一项基本的外交政策来贯彻执行，也是我国在国际舞台上开展活动的一个行动纲领和奋斗目标。我们不仅在本国的重要文件中反复重申这个纲领和目标，也在和一些友好国家的双边文件声明中求得共识，坚持这个纲领和目标。我们在一些地区和国家的活动中坚持贯彻这项基本政策，在联合国等全球范围的重要活动中也坚持贯彻这项基本政策。我们在处理和广大发展中国家，如非洲、拉美、东南亚、南亚的广大国家的关系中是这样做的，在处理和发达国家的关系也是这样做的。也正因为如此，我们赢得了众多国家，尤其是广大发展中国家的支持和信任，共同努力来推动建立国际政治经济新秩序的事业。

2. 建立国际政治经济新秩序的必要性、可能性和现实性

（1）关于必要性。现存的国际政治经济秩序是由发达资本主义国家为主导建立起来的，其特点是不公正、不合理、不平等，简言之就是霸权主义强权政治，它维护这些国家的特权利益，对第二次世界大战后涌现的大批新独立的、发展中国家来说，则处于无权、少权和不平等地位。在旧的国际经济秩序下，发达国家凭借其经济科技优势，掠夺发展中国家，控制发展中国家，使两者之间差距不断扩大，越来越大，众多发展中国家负债累累，贸易条件恶化，资金严重短缺，经济发展停滞，本国人民生活长期贫困，也严重影响、阻碍世界经济的发展与繁荣。在旧的国际政治秩序下，霸权主义强权政治盛行，超级大国凭借其政治、经济、军事优势，任意侵犯别国，干涉别国内政，破坏别国主权和领土完整，直至悍然派兵入侵弱小国家，颠覆合法政府，导致国际和地区局势动荡不安，各种地区冲突和局部战争接连不断，严重影响和破坏了世界的和平与稳定。因此，广大发展中国家强烈要求改造国际旧秩序，建立国际新秩序。

应该指出，这种必要性近些年来表现得十分充分，显示出一种紧迫性。1999年底，WTO西雅图部长会议的无果而终；2000年春天，哈瓦那南方国家首脑会议的共同要求；2000年秋天，联合国千年大会上众多发展中国家领导人发出的强烈呼声等无不证明这一点。

（2）关于可能性。从中国政府1953年年底和1954年年初在解决中印和中缅双边关系过程中提出和平共处五项原则至今，50多年来，这一原则经受了历史的检验，从处理双边关系发展到处理多边关系，从处理不同社会制度国家间相互关系发展到处理相同社会制度国家间相互关系，为越来越多的国家所认可，为众多国际会议所接受，它符合联合国宪章的宗旨和原则，也符合国际法的基本精神，日益成为公认的、深入人心的处理国际关系的准则。中国的实践也证明了这一点。20世纪50年代中期以来，中国同和中国建交的国家间的关系有了很大发展，包括超级大国、众多发达资本主义国家，更不用说广大的发展中国家了。所有这些国家都表示同意遵循这一原则来发展和中国的外交关系。在50多年对外关系中，中国的对外政策有过几次调整，但坚持和平共处五项原则始终贯穿其中，尤其在结束"文革"之后，我们清除了"左"的干扰，重申恪守这一原则，把它定为发展一切对外关系的基本准则，中国也很快开创了对外关系的新局面。基于这样的历史实践，我们认为，在和平共处五项原则基础上建立国际政治经济新秩序是完全可能的。

从根本上说，在和平共处五项原则的基础上建立国际政治经济新秩序反映了绝大多数国家人民的心愿，符合和维护绝大多数国家的利益，绝不只是一种主观愿望，而是当今世界发展的客观规律的真实体现。

（3）关于现实性。上述可能性是一种现实的可能性，而非虚幻的可能性，此其一。当今世界经济全球化的快速发展使各国之间的经济联系更加密切，相互依存日益加深，既不是美国化，也不是资本主义化，而是发达国家和发展中国家经济发展有了更多、更深的联系和依存；当今世界政治格局多极化趋势继续发展，体现了国际关系民主化的进程，贯穿了反对霸权主义、强权政治的精神，将在反对霸权主义的单极格局的斗争中前进。这和在和平共处五项原则基础上建立国际政治经济新秩序的要求是完全一致的，此其二。还有很重要的一点是这一奋斗目标的确立和20世纪60年代我们曾提出过的建立"没有资本主义、没有帝国主义、没有剥削制度"的目标相比更加符合现实，切实可行。原先确立的目标是无产阶级的根本目标，现在确立的目标是一个阶段性的目标；前者现在还不具备实现它的条件，是很远的将来的事情，后者则具备了实现它的必要条件，经过一段时间的努力可以达到，此其三。如果从更深层次来分析，前者是无产阶级的奋斗目标，有鲜明的阶级性和革命性，有很强的意识形态色彩，对当今世界众多国家来说是不能接受的，不用说发达资本主义国家，就是广大发展中国家也不能接受，这是由这些国家的性质、执政集团的阶级属性决定的。而后者则淡化了它的阶级性、革命性和意识形态色彩，是各国人民、众多国家的需要，符合他们现实的、根本的利益，不用说广大发展中国家，就是一些发达国家有远见的政治家也认为是可以接受的，是符合历史发展进程的，此其四。

应该指出，这一目标的确立并非放弃根本目标，而是为实现根本目标创造必要的条件，做好必要的准备，是为实现根本目标向前迈出的极为重要的一步。一定要看到两者之间的内在联系，是整个国际社会发展进程中相互联系的两个阶段，把两者混为一谈或者把两者完全对立起来都是错误的。

3. 建立国际新秩序是一个渐进的变革过程，要作坚持不懈的长期努力和斗争

我们确立的新目标的实现，需要进行艰苦的斗争和长期的努力，不可能很快实现。这是因为现存的国际政治经济秩序已经存在很长时间，它有很强的政治、经济实力作依据。超级大国和发达资本主义国家都要极力地维护它，千方百计地反对和破坏我们主张建立的新秩序。他们也说要建立"世界新秩序"，那不过是一种换汤不换药的旧秩序的翻版。我们只能逐步地去改变它、改造它，从改变它的运行规则再到改变它的运行机制，一步一步地推进，由量的积累再到质的变化。这是一个渐进的变革过程，它绝不是一蹴而就、在一个早晨就可以改变的。这也绝不是靠一个国家或少数几个国家能够做到的，而需要众多发展中国家的积极参与、共同努力才能实现。这就需要从大局出发，相互协调立场和利益，制定和执行共同的政策。作为一个发展中的社会主义国家，一定要本着求同存异的精神，和广大发展中国家一起努力发展经济、增强综合国力，来促进这个目标的实现。最终实现这个目标有赖于实力对比的变化，也就是广大发展中国家经济实力的增长，改变长期处于的不利地位。只有实力对比发生了根本变化，才能有效地遏制、反对和最终战胜霸权主义，才能建立起和平、稳定、公正、合理的国际新秩序。这无疑要作长期的斗争，绝不是轻易能够实现的，当然这

种长期性和实现根本目标相比，则要短得多。

中国作为在和平共处五项原则基础上建立国际政治经济新秩序的倡导者和推动者，我们满怀信心地为之奋斗，在思想认识上要排除来自各方面的干扰，坚定不移，在实际工作中要扎扎实实做好团结广大发展中国家的工作，这个目标是一定能够实现的。

我们知道，胡锦涛同志在中共十七大的报告中，全面分析了"当今世界正处在大变革大调整之中"，既肯定"国际形势总体稳定"，也指出"世界和平与发展面临诸多难题和挑战"，认为"共同分享发展机遇，共同应对多种挑战，推进人类和平与发展的崇高事业，事关各国人民的根本利益，也是各国人民的共同心愿。"据此他明确提出："我们主张，各国人民携手努力，推动建设持久和平、共同繁荣的和谐世界。"显然，这是一个新理念、新思想，也是一个新纲领、新目标，是对建设中国特色社会主义理论体系的新发展，也是对推进人类进步事业的新贡献。

第四章 维护霸权地位的美国

美国是当代世界最发达的国家。美国的政治、经济制度集资本主义之大成，它的全部历史就是一部资本主义的发展史，既显示出资本主义在人类历史上创造了超过以往各个历史时期总和的物质文明的巨大功绩，也显示了资本主义发展的深刻危机。1941 年，美国《时代》杂志的创办人亨利·卢斯提出了 20 世纪是"美国世纪"的说法，从那以后，美国的国力和地位一路上升，成为超级大国，与苏联在"冷战"期间展开了激烈的争夺。经过 40 多年的较量，苏联解体了，美国成为世界上唯一的超级大国，赢得了前所未有的国际地位。进入 21 世纪，美国依然没有放弃独霸世界的图谋，竭力维护唯我独尊的局面，确保 21 世纪仍然是"美国世纪"，对世界政治、经济和国际关系有着重大的影响。即使是在 2007 年次贷危机和 2008 年全球金融危机的打击之下，美国的综合国力优势在相当长的时间内也是难以撼动的。当今国际舞台上发生的任何重要事件都与美国有着直接或间接的联系，因此，认真研究美国的政治经济及其全球战略，不仅具有现实的政治意义，而且具有广泛的理论价值，对于全面、正确把握国际社会，认识当代资本主义及其实质，都是十分重要的。

第一节 美国的政治制度及其演变

一、美国资本主义制度的确立

1607 ~ 1775 年，英国在北美洲沿岸先后建立了 13 个殖民地。1775 年 4 月，英属殖民地爆发独立战争。1776 年 7 月 4 日，《独立宣言》发表，宣布 13 个英属殖民地的独立，成立了美利坚合众国。1783 年，独立战争取得胜利，英国被迫承认美国的独立。从此，美国从一个殖民地走上了资本主义发展道路。

美国资产阶级政治民主制度的法律基础是 1787 年宪法。它是 1787 年在费城召开制宪会议后由美国 12 个州的 55 名代表制定的，1789 年生效。宪法由宪法本文和修正案两部分组成，作为美国宪法一直沿用至今，具有很强的稳定性和权威性。

1787 年宪法所体现的资产阶级民主共和制度的理论基础是"天赋人权"。作为封建专制主义"君权神授"的对立物，"天赋人权"以理性的权利观代替了"神授"的神秘的权利观，提出"主权在民"，认为人民是主权者，权力属于人民，政府的权力来自人民，政府和政府官员应向人民负责，人民天赋拥有生命、自由、财产、言论、结社、集会等基本权利。

按照 1787 年宪法，美国的国家结构实行联邦制。新独立的美国曾经围绕国家的结构展开过一场争论，一方主张建立中央集权的联邦制，另一方主张组成松散的邦联。1787 年宪法确定以联邦制的形式将 13 个州组成统一国家，联邦政府与州政府实行分权，联邦政府拥有立法权，发行货币权，对外缔约和宣战权，征税权，组建统一的宪法、政府和军队等明确列举的权力。各州州权采取保留方式确定，"凡宪法未授予联邦或未禁止各州行使的权力，皆由各州和人民保留"。进入 20 世纪以后，随着垄断资本统治的加强，国家权力日益集中于联邦政府，联邦从列举权扩大到默示权（即作为统一国家，不言而喻拥有的国家权力），许多传统上属于州范围的权力也不断转化为联邦的权力。

美国是一个实行三权分立制度的国家。"三权分立"思想虽然起源于欧洲启蒙思想家，但把它作为国家政权的组织原则并形成为一种制度，最典型的莫过于美国。1787 年宪法把国家权力分为立法权、行政权和司法权三部分，分别由国会、总统和联邦法院行使。"三权分立，相互制衡"，即三权不是绝对地分立，而是既分立又相互制约，并保持平衡。例如，立法权属于国会，但总统有权否决国会的立法；国会又可以推翻总统的否决，总统还有立法倡议权。行政权属于总统，但国会有权监督行政，行政机构的设置和所需经费由国会以法律形式批准，总统任命的高级官员及同外国缔结的条约须参议院批准。司法权属于法院，但法官由总统提名经参议院同意后由总统任命。最高法院法官人数和低级联邦法院的设立及均由国会决定；司法审查权确立后成为最高法院制约国会和总统的有力武器；国会有权弹劾总统、行政官员和联邦法官；等等。但是，这里的所谓"三权"归根到底都是资产阶级的统治权，"以权制权"只是为了调节资产阶级不同集团之间的关系，以维护其共同利益。它以"民主"的外衣把资产阶级对国家权力的垄断掩盖起来，其实质还是资产阶级专政。

美国实行总统共和制，这是美国首创的一种资本主义国家的政府组织形式，总统既是国家元首，又是政府首脑，还担任武装部队总司令。在实际的政治过程中，总统还是政党领袖、重要的立法者和首席外交官，拥有许多重要的政治权力。美国总统需经选举产生，任期 4 年，可连任两届。从法律条文看，只要在美国出生，年满 35 岁，在美国居住 14 年以上的公民均可当选，但实际上在美国这个以金钱作为一切活动支点的社会里，没有巨额财产或得到财团的支持是根本不可能参加竞选的。根据 1787 年宪法，美国总统不是由民众直接选举出来的，而是由各州派出选举人团，再由选举人团投票选出来的，在一个州获得选票最多的候选人将赢得该州所有的选举人票。在 2000 年的总统选举中，由于戈尔和小布什势均力敌，"赢者通吃"的选举人团制度显示出弊端，引发了戏剧性的点票战、诉讼战。从本质上看，四年一度的总统选举就是垄断资产阶级更换其代理人的重要步骤，以总统为核心的美国政府是垄断资产阶级巩固其统治、实行其对外扩张政策的重要工具。

美国国会分为参众两院，完成立法程序需要两院通过才能成立，目的也在于分权制衡。参议院由 100 名参议员组成，50 个州每州有 2 名代表，任期 6 年，每 2 年改选1/3。众议员的数额按各州人口比例产生，438 名（包括哥伦比亚特区），任期 2 年。议员可连选连任，由直接选举产生。按宪法规定，政府官员在任期内不得任国会议员。议员为争取连任，十分重视选区的支持，为选民、选区争取更多的利益与照顾。国会内的立法就反映了各利益集团、各地方、各选区的利益。每年1月初到秋季大约9个月的时间是国会的例会期，任何议员都可以提出议案，一般一次议会约有25000件议案，但通过的仅200~400件。立法的主轴是国会中的各常设机构，如外交委员会、预算委员会、军事委员会等。委员会主席一般由资深望重的老议员担任，这是议会的核心人物。此外，还有一些因特别问题而组成的特别委员会。

美国国会立法还受号称"第三院"的院外活动集团的左右。各利益集团为维护自身利益，专门雇用职业说客对议员进行游说，从而影响议员的投票意向。职业说客常常是熟悉国会议事规则，熟谙法律的前任议员或退职官员，他们在国会公开登记进行院外活动。有名的院外集团有"全美制造协会"、"美国产业工会"等。外国政府和团体也可以雇用院外活动分子，如支持以色列的"犹太人协会"和支持"台湾当局"的"院外援华集团"等。由于拥有雄厚的财力和人力，它们都曾成功地通过控制影响议员而实现集团利益。

根据美国宪法规定，美国的司法权属于最高法院及国会随时制定与设立的低级法院。美国的法院是世界上权力最大的法院系统之一，同政府立法和行政部门鼎足而立，并对二者实行制约，在制定政策方面行使很大的权力。它负有维护宪法尊严和监督政府行为的重要职能，对资产阶级政治体制的正常运转起着保障作用。

美国是实行资产阶级两党制的国家。从19世纪60年代开始，美国一直是民主党和共和党轮流执政，至今没有变化。美国的两党均无明确的党纲、党章和固定的党员。地方党组织主要负责选举事宜，没有严格的隶属关系。民主党、共和党都是资产阶级的政治代表，捍卫的都是资产阶级的利益，执政党和在野党的差别只在于维护资产阶级利益的方式和方法不同。它们的矛盾和斗争只是资产阶级内部不同利益集团之间的矛盾和斗争，是服从于垄断资产阶级整体利益的。所谓人民的自由选择政府的机会，只不过是在本质相同的资产阶级政党中进行选择。

与两党制相联系的是普选制。在联邦、州、地方选举中，选民最低年龄为18岁。普选制体现了美国政治制度的特点，是美国政治制度的重要内容。美国大约有100万个职位要通过选举产生，其中最重要的是四年一次的总统竞选和两年一次的国会中期选举。主要的选举按固定的间隔时间举行，因此形成了漫长的竞选过程。

政治制度归根结底是由经济基础决定并且为经济基础服务的。建立在生产资料资本主义私有制基础上的美国政治制度，尽管在法律上规定了公民享有广泛平等的民主自由权，尽管在形式上表现出高度的分权和制衡，但其实质都是维护资产阶级利益，保证资本主义私有制不受侵犯。三权分立、普选制、两党制只是维护垄断资产阶级及统治的工具和手段而已。

二、战后美国政治的变化

第二次世界大战后，美国的政治发生了许多引人注目的变化，这些变化概括起来如下。

第一，随着以总统为核心的政府行政权力得到强化，行政与立法及政府各部门之间决策时的相互牵制也大大增强。

从联邦政府和各州的关系来看，战后联邦政府几乎在国内的每个方面都可以制定法律和条例，都可以进行干预，而各州的权力则相对缩小。从联邦政府内部来看，战后行政部门越来越趋向集权，总统权力更是急剧扩张，在政治生活中逐渐居于主导地位，总统与行政各部的关系由指挥与监督变为各部从属于总统的关系。总统在立法上的作用和影响也日益扩大，总统通过立法倡议权、立法否决权和委托立法权来行使实际的立法权。在外交方面，总统的地位和权力空前膨胀，掌握着外交和防务重大方针的决定权，常常不经过国会而采取重大外交行动和军事行动。20世纪70年代之后，在越南问题和"水门事件"的影响下，国会通过了一些限制总统权力的法案，这虽然对总统权力起到了一定的抑制作用，但并未从根本上改变总统权力扩张的趋势。这种变化从根本上说，是美国垄断资本主义发展和推行霸权主义政策的必然要求，是包括国会在内的以总统为中心的整个国家机器不断强化和加速运转的反映。

与此同时，战后历届政府中多次出现了总统职位和国会由民主党、共和党分别把持的情况，导致各部门决策互相牵制，不协调增多。包括总统和议员在内的民主代言人都是被选出来照顾各种集团利益的。各集团的利益差异使得美国政府在制定内外政策时所受的牵制都大大提高。"压力集团"和"思想库"作为公民参政的一个渠道在影响美国政治决策及其运行方面的作用日益增强。有人甚至说，在美国，对于各种问题的决策是由政府、政党和压力集团共同做出的。1994年克林顿政府宣布对华贸易与人权脱钩的决定，就和美国数百位大公司总裁就此事联名写信给他有关。1995年美国政府出尔反尔允许李登辉以私人名义访美，同国会的压力有直接关系。美国政府各部门相互牵制的增强必然引起决策目标不统一和政策前后不协调。

第二，战后美国的社会阶级结构有了显著变化：富有阶层集中财富的速度加快，中产阶层分化，贫穷阶层人数增多和趋于固定化。战后科学技术的发展使工人阶级的构成发生了重要变化，以各种专业人员、技术人员、管理人员、行政人员和服务人员为主体组成的"白领"工人迅速崛起，成为影响美国政治动向和发展趋势的一支重要力量，被认定为"中产阶级"，是积极维护社会现状的"胶合剂"。但是随着20世纪90年代"新经济"的兴起，经济结构发生深刻改变，工资差距迅速扩大，中产阶级中的很多人境况恶化，跌入中产阶级下层，甚至进一步沦为穷人。少数高级专业人员和管理人员获得的薪金剧增，成为"新技术贵族"，进入富人的行列。中产阶级总体上缩小、分化，成为美国社会结构变化中的一个重要问题。

美国贫富悬殊的程度以及贫富差距扩大的速度，在西方国家中居前列。据美国官方公布的统计，处在贫困线下的美国全国贫困人口，1960年有3990万，20世纪90年代徘徊在3570万至3930万之间。据美国人口普查局2006年8月公布的数据，2005年美国有3700万贫困人口，占总人口的12.6%，有770万个家庭生活在贫困线以下，平均每8个美国人就有1个生活在贫困中。如此贫富悬殊和贫困问题的状况与美国头号发达国家的身份严重不符。美国居民债务曾高达十三余万亿美元，政府债务达十多万亿美元，也就是说，美国3亿人口平均每人负担着7万多美元的债务。2007年美国次贷危机发生后，有关机构将数以万计断供的居民从所购房屋中驱赶出来，这一事实也反映出美国社会财富高度集中的困境。

第三，20世纪70年代以来，美国社会政治相对稳定，但公众对政治体制的信任危机日益严重。战后初期到20世纪60年代，美国接连爆发了一系列声势浩大的群众运动，如反战运动、青年运动、民权运动和妇女运动等。但是，从70年代以来，美国国内的阶级关系相对稳定，社会矛盾也得到了一定的缓和，这是同美国人民的不断斗争，美国社会经济的发展和美国垄断资产阶级被迫实行的改良主义政策紧密相关的。另外，社会矛盾虽然没有进一步激化却不能改变公众对政府信任程度不断下降的事实。按照美国的民意调查，美国人对政府的信任程度（认为政府做的总是正确或在多数情况下正确），1964年曾达到76%，1980年跌到25%以下，1994年下降到14%。1996年总统选举中选民投票率只有49%，是1924年以来最低的。这表明美国相对稳定的社会政治状况潜存着许多不确定因素，"冷战"结束后的新形势要求美国政治结构进行相应调整，这将是一个缓慢、渐进的过程。

第四，国内各种社会问题丛生，是美国难以治愈的痼疾，尤其是种族问题依然敏感。美国既是一个移民国家，又是一个多民族的社会。早在北美殖民地时期形成的"白人至上"的种族主义观念根深蒂固，有关种族平等的思想到20世纪60年代后才成为社会的主流思想。战后，由于来自拉美、亚洲的移民迅速增多，美国人口的种族结构发生显著变化。1970年美国总人口中的白人约占88%，黑人占11%。1995年，白人的比例下降为73.6%，黑人为12%，西班牙裔占10.2%，亚裔占3.3%。到了2000年的人口普查，美国纯白种人口（不含拉丁裔）下降为69.1%。据预测，到2050年，美国总人口中的白人仅占52.8%，黑人将占13.6%，西班牙裔将占24.5%，亚裔占8.2%。也就是说，到那时少数民族从人口上将接近于同白人平分天下。民权运动尽管已有半个世纪的历史，正式的种族隔离法虽然早已被废除，美国的黑人和白人之间的种族隔阂依然很深。20世纪90年代以来不断发生黑人和多种族教堂被焚烧或破坏事件，从事恐怖活动的美国武装"民兵"组织和其他"白人至上"组织的势力也在迅速膨胀。富裕的白人不仅建立更多的武装保卫自己的私人社区，还在美国国内进行"新移民运动"，远离黑人和其他少数民族的聚居地，回到美国的内陆。诸如1992年5月洛杉矶种族暴力冲突；因1996年辛普森案件审判而产生的种族对抗事件时有发生。在2008年大选中，有着黑人血统的奥巴马成功当选为第56届美国总统，就种族的角度而言，奥巴马能够在各种族选民之间左右逢源的确表明美国在消除种族歧视方面取得的进步。但是，这并不意味着种族融合的实现，种族之间的疏离状况仍然是现阶段美国社会的现实。

此外，伴随物质上的放纵享受和个人主义泛滥而来的道德没落是造成美国内部危机的又一根源。各种犯罪十分猖獗，吸毒贩毒日益严重，色情公害泛滥成灾，青少年犯罪等都反映了美国社会危机的不断加深。正如已故前总统尼克松在 1994 年出版的政治遗嘱《超越和平》一书中所说："冷战的结束使我们的国内问题更趋恶化了。外来的挑战使我们团结在一起；国内的挑战却使我们四分五裂。"①

三、"9·11"事件后美国新保守主义势力的上升

2001 年举世震惊的"9·11"恐怖袭击事件给美国国内政治带来了新的不确定性因素。短期内，面对外来威胁，美国社会的团结和凝聚力得到了加强，美国政府的威望得到了加强。但从长期来看，空前规模的恐怖袭击沉重打击了美国人的安全感和超级大国的优越感，在民众心理上留下难以弥合的创伤，对种族关系、社会信任程度，乃至政治制度将产生进一步的影响。正是在这样的背景之下，新保守主义思潮的影响日益上升，新保守主义势力成为占据美国社会主导地位的政治力量。

美国的新保守主义源于 20 世纪 40 年代美国的极左派，后演变为民主党内的自由主义派别。20 世纪 70 年代他们转入共和党保守派阵营，为了与共和党老的保守派有区别，自称为"新保守派"。80 年代里根政府与苏联僵硬对抗的立场和对外军事干预的做法，集中体现了新保守主义的主张。老布什上台后，其温和保守主义的立场与新保守派强硬的做法相去甚远。到了克林顿执政时期，自由主义思潮在美国政治生活中占优势，英国、德国等其他欧洲国家奉行所谓"民主社会主义"路线的政党也纷纷上台执政，在世界范围内形成了风行一时的所谓"第三条道路"。然而，小布什上台后，新保守主义卷土重来，新保守派的核心人物被委以重任。"9·11"恐怖袭击事件在一定程度上起到了推波助澜的作用。小布什政府以反恐和国家安全为由，对内采取了一系列举措，强化社会控制，蚕食公民权利，扩大行政当局权力，并削弱立法和司法部门的权限。

"9·11"事件后，防范恐怖主义和维持公民权利之间如何取得平衡成为美国社会关注的焦点。以反恐为名义，是否就意味着应该牺牲部分个人自由、隐私权、新闻自由？是否就应该允许执法部门搜身、监听、搜查住宅、调查私人账目？2001 年 11 月，美国众议院以 357 票比 66 票、参议院以 98 票比 1 票通过了《反恐怖主义法》，扩大电子侦察、监听和情报分享的权限，并授权执法部门在未经起诉的情况下拘留外籍移民。同时，执法部门还被允许秘密取证，可以在不通知本人的情况下进入私人办公室和住宅进行搜查、照相、下载电脑上的私人文件，甚至使用美国和外国学生的私人档案等。布什政府还立即成立了内阁级别的"国土安全局"，负责协调包括国防、司法、能源、中情局、联邦调查局等在内的国内情报工作，专门对付境内恐怖主义活动，首长由总统直接任命，不通过国会确认。就连一直标榜独立性的美国媒体也遇到来自白宫的压力。行政当局要求媒体"自律"，有选择性地进行报道，而媒体也表现出相当程度的配合和节制。很明显，美国政府的反恐怖主义行动已经对保障公民权利的"宪法第四修正案"形成挑战，遭到美国国内民权组织的强烈反对。

---

① ［美］查德·尼克松：《超越和平》，世界知识出版社，1995 年版，第 5 页。

"9·11" 事件后，美国的种族关系和多元化社会的凝聚力遭到严峻考验。作为一个多民族的移民国家，美国的主体是欧洲移民，但 "二战" 后大量来自拉美、阿拉伯世界和亚洲的移民已逐渐融入美国社会，加上早期被贩卖到美洲的黑人，形成了美国社会多元化的种族、文化和宗教关系。但 "9·11" 事件的发生和随后进行的反恐战争，使得美国主流社会同穆斯林族裔之间相互猜疑正在加深，在反恐的气氛下，相当部分少数族裔的民权受到不同程度的侵害，歧视和攻击阿拉伯人和穆斯林清真寺的事件也屡见不鲜。从总体上看，美国社会的排外情绪和反对移民的浪潮都有升级的趋势。

　　"9·11" 事件后，美国总统的权力得到进一步的扩张。在反恐战争的名义下，布什总统的权力急剧扩大，从一个弱势总统成长为一个坚定有力的强势总统，甚至发展到 "一个人决定战争要不要扩大到伊拉克，一个人决定美国公民可以保留多少隐私" 的地步，成为一位 "帝王式总统"，改变了 20 世纪 90 年代以来总统权力受到国会削弱的局面。在 2004 年美国总统大选中，布什击败民主党候选人克里连任成功。布什的胜利以及共和党在参众两院优势进一步扩大的局面，表明美国社会对于政治保守主义思潮的认同。在恐怖主义、大规模杀伤性武器等威胁面前，多数美国人对于总统权力的膨胀持宽容态度。

　　"9·11" 事件对美国政治的影响是深刻的。美国学者约瑟夫·奈在 "9·11" 后出版的新书《美国霸权的困惑》一书中感叹说："我感到忧虑的是美国的前途。我们应该怎样增加并有效利用源于我们根本价值观的力量，我们应该怎样应付全球信息化时代美国面临的严重挑战？"[①] 这反映了美国社会的困境。当打击国际恐怖主义成为小布什政府的首要任务，新保守主义势力就要求美国人民为了国家安全利益而忍受牺牲，传统上崇尚开放性原则和自由主义价值原则的美国社会面临着严峻的挑战。

　　美国发动的伊拉克战争是新保守主义发展到顶点的产物，又是新保守主义走下坡路的开始。美国在伊拉克进退维谷的困境使新保守主义对小布什政府的影响衰落。在 2006 年的美国中期选举中，民主党从共和党手中夺回了国会参众两院的控制权，沃尔福威茨、博尔顿、拉姆斯菲尔德等新保派代表人物相继离职，美国公众对新保守主义势力的不满逐渐加深。保守主义思潮和自由主义政治思潮一直交替左右着美国总统选举的结果，如果说保守主义思潮是美国共和党的获胜法宝，那么自由主义思潮则是美国民主党的力量源泉，美国总统选举结果往往是美国社会政治思潮变化的风向标，能够顺应美国社会政治思潮发展趋向的政党或总统候选人，其取胜的机会相对要大得多。小布什政府八年的 "反恐战争" 导致了新保守主义外交政策的失败，金融危机又宣告了布什新自由主义经济政策的破产。从这个角度而言，2008 年大选中共和党候选人麦凯恩不是输给了奥巴马，而是输给了小布什的内外政策。但就政治思潮的演变而言，奥巴马的当选无疑加速了新保守主义颓势的到来。

---

　　① ［美］约瑟夫·奈：《美国霸权的困惑》，世界知识出版社，2002 年版，第 11 页。

第二节 美国经济的演变及趋势

一、美国经济的发展历程

19世纪末至今，美国一直都是世界经济的头号强国。正如列宁在研究了美国发展史之后曾评论的那样，"无论就19世纪末和20世纪初资本主义的发展速度来说，还是就资本主义发展已经达到的最高程度来说……美国都是举世无双的，这个国家在很多方面都是我们的资产阶级文明的榜样和理想"。[①]

1. 从美国独立建国到"二战"结束，美国资本主义发展共经历了三个阶段

第一阶段是自由资本主义时期（从美国建国到19世纪90年代）。独立战争之后，美国利用欧洲先进资本主义国家的新技术、生产资料和经验，从1807年开始进行工业革命，由于起点高、弯路小，使得美国的工业革命能在较短的时间内以较高的速度完成。1840年，美国工业总产值居世界第五。1860年居世界第四，仅次于英、法、德三国。"南北战争"以北方资产阶级的胜利而告终，为美国资本主义的发展开辟了更广阔的道路。到19世纪90年代，美国工业总产值已赶上英、法、德三国而居世界第一。

第二阶段是由自由资本主义向帝国主义过渡的时期（从19世纪90年代到"一战"前）。在这一阶段里，美国的资本主义继续以较快的速度向前发展，制造业生产增加了12倍。钢产量增加了6.4倍，煤产量增加了3.3倍，石油产量增加了4.4倍，到第一次世界大战前，美国的钢、煤、铁的产量已相当于英、法、德三国的总和。

第三阶段是步入帝国主义头号强国时期（从"一战"爆发到"二战"结束）。"一战"期间，美国利用欧洲两大军事集团的武装冲突，巩固了它在拉丁美洲的统治地位，并借战争之机大发横财。"一战"之后，美国经历十年经济繁荣，达到了"南北战争"以来经济高涨的一个顶点。1929年10月，美国经历了资本主义历史上最严重、最深刻、持续时间最长的一次经济危机。罗斯福"新政"的实施，使危机得到了缓和。"二战"期间，美国最初故技重演：一方面采取"中立"态度，另一方面同双方大做军火生意，直到1941年12月"珍珠港事件"后才参战。作为世界反法西斯主义的重要力量，美国充当民主国家的兵工厂，发挥了积极作用，再一次利用战争使其实力急剧膨胀，取得了在资本主义世界经济中的绝对优势地位。

战后六十多年来，美国经济的发展虽然经历了曲折起伏的过程，各项主要经济指标在资本主义世界经济中的比重有所下降，但由于美国原有的经济基础雄厚，工农业生产和科学技术居于世界领先地位，因此尽管战后美国经济增长速度在一定时期比其他一些资本主义国家缓慢，它的一些主要经济总量指标的绝对增长额仍然十分可观。迄今为止，它仍然是世界上经济发展水平最高、规模最大的国家。

[①] 《列宁全集》第27卷，人民出版社中文第2版，1985年版，第146页。

2. 战后美国经济的发展过程大体上可分为七个阶段

第一阶段，战后初期的繁荣阶段（1947～1953年）。这是美国逐步从战时经济向平时经济过渡时期。尽管在1948～1949年出现了战后第一次经济危机，但是由于国内大规模固定资本的更新和扩大，国内需求的增加，西欧和日本对美国商品和资本的巨量需求以及朝鲜战争带来的"战争景气"，美国经济出现了初期繁荣。从1947～1953年，美国国民生产总值的年增长率为3.94%。

第二阶段，20世纪50年代后期的低速发展阶段（1954～1960年）。艾森豪威尔政府推行"现代共和党主义"，采取自由放任同国家干预相互渗透、传统经济学同凯恩斯主义互为补充的二重性的经济政策，其目的在于既反危机又抑制通货膨胀。但事与愿违，失业率不断增长，物价继续上涨，20世纪50年代中期到60年代初，美国连续发生了一次周期性危机和两次中间性危机，经济发展速度开始下降。1954～1960年，美国国民生产总值的年增长率只有2.48%，工业生产的年增长率只有1.84%。1960年，美国国民生产总值达到5060亿美元，比1953年的3661亿美元增长了38.21%。

第三阶段，经济高度繁荣阶段（1961～1969年）。从1961年1月至1969年10月，美国经济出现了持续106个月的高速增长。国民生产总值的年增长率为4.34%，工业生产的年增长率为5.95%，这种情况在美国经济发展史上是空前的。经济实力有了较大增长，国家现代化程度有了较大提高，整个社会的物质生活水平也有较大改善。出现这种情况的主要原因，一是战后新技术革命的推动；二是美国国家垄断资本主义的发展；三是第三世界的廉价原料和燃料供应；四是相对稳定的资本主义货币金融体系和国际贸易制度；五是侵越战争的刺激作用。

第四阶段，经济持续低速增长阶段（20世纪70年代初至90年代初）。整个70年代，美国的国民生产总值的年增长率只有2.9%，工业生产增长率只有3.2%，年平均失业率为6.2%，年平均失业人数达572万人，经济生活中出现了过去未曾有过的新现象，即经济停滞和通货膨胀同时并存的局面，使盛极一时的以政府干预、赤字财政刺激需求为主要手段的凯恩斯主义也宣告失灵。祸不单行的是，美元危机作为美国经济衰颓的集中体现也在这时爆发了，以美元为中心的资本主义世界货币体系宣告解体，美元与黄金的比价随行就市上下浮动。

在长期滞胀的背景下，美国在1979～1982年爆发了战后最严重的一次经济危机。从1979年4月到1982年10月，美国工业生产下降了11.8%，失业率高达10.8%。1981年共和党人里根以"振兴经济"为竞选口号入主白宫，提出"里根经济学"，主张从改善供应方面着手来推动经济发展，恢复自由企业制度，反对政府过多干预，强调市场机制。其主要政策手段是减税，紧缩社会福利，让个人和企业都有更多的积累，由此带动经济发展。里根执政8年，取得一定效果，从1982年年底开始，美国经济回升，1982～1989年，实际国民生产总值年均增长3.9%，但减税使联邦政府收入减少，军费的增加使财政赤字连年增加，债台高筑。里根任内的美国国债翻了一番，达到了2万多亿美元。

第五阶段，经济的再度高涨阶段（1991~2000年）。自从1991年3月走出谷底，美国经济持续增长了125个月，不仅创造了美国历史上经济持续增长时间最长的纪录，而且在失业率降至30多年来最低点的情况下，仍然维持着低通货膨胀，打破了此前许多经济学家对美国经济增长周期和规律的认识。克林顿是在美国经济形势严峻时当选的，上任之初，他就提出要走一条"介乎自由放任资本主义和福利国家之间"的"第三条道路"，其经济计划体现了这一指导思想，博采众长，较客观地汲取了不同流派、不同学说的科学成分，选择压缩赤字为政策重心，大规模增税和节支。同时，短期刺激经济与长线投资双管齐下，使美国经济走上新的道路；明确宣布实行"技术产业政策"，以期推动技术创新，提高工人素质，完善基础设施，从根本上扭转美国在全球经济竞争中的颓势；以"公平竞争"为旗号，以政府的积极介入为手段，建立开放的，对美有利的国际贸易体系。从实施效果来看，美国率先走出20世纪90年代初的西方周期性经济危机，经济增长率同欧日相比居领先地位，外贸出口一直保持强劲势头。整体科技实力和产业结构都优于欧、日，特别是高科技优势明显，失业率也比欧、日低。

第六阶段，经济的调整阶段（2001~2006年）。2001年3月，美国政府宣布美国经济进入衰退，这是对上一个周期经济过热的调整。虽然在2001年11月开始恢复增长势头，但"9·11"恐怖袭击、安龙丑闻、世界通信公司舞弊事件等"经济地震"使经济复苏步伐缓慢，直到2003年下半年，在消费支出和公司购买设备支出的拉动下才实现了强劲增长。美国引领世界科技和产业发展的作用仍然十分显著，"世界经济火车头"的地位得到了进一步提升。

第七阶段，由次贷危机引发的危机阶段（2007年至今）。次贷危机的全称是次级房贷危机，它是因次级抵押贷款机构破产、投资基金被迫关闭、股市剧烈震荡引起的金融风暴。次级房贷市场是针对美国最贫穷、信用最差的借款人的，其数额并不是很大，但由于金融市场投机盛行，在金融创新的旗号下，金融衍生产品泛滥。债务链某个环节的中断就引发了"多米诺骨牌式"的连锁效应，进而引发金融市场的全面恐慌。2007年4月美国第二大次级抵押贷款机构——新世纪金融公司宣布破产，美国次级贷款风险开始浮出水面。2008年3月有近百年历史的著名投资银行贝尔斯登破产，到了9月，美林证券、雷曼兄弟、摩根斯坦利、高盛相继倒下或被改组。在经济全球化和金融自由化的背景下，美国一打"喷嚏"，全世界都跟着"感冒"，美国的次贷危机迅速演化为全球金融海啸，欧洲、日本、新兴经济体国家都出现了程度不同的经济危机，冰岛甚至到了国家破产的地步。在美国政府一系列强有力救市措施的刺激下，2009年下半年美国经济出现了复苏态势，但美国在国际金融领域的绝对话语权无疑遭到了动摇。

二、美国经济长期领先的原因

一个多世纪以来，尽管有起落，美国一直都是世界经济的"领头羊"，究其原因，既有得天独厚的历史因素，也是美国善于经济调控与创新的结果。

1. 从历史根源上讲，美国的"经济神话"源于"美利坚式道路"自身的特点

作为一个大国，美国的发展具有不同于其他大国的独特之处，集中表现在：首先，美国的大量外来移民对于早期美国的开发和近代工业化的完成以及工业现代化的发展都做出了十分重要的贡献；其次，西进运动的开展和领土的不断扩张，使美国成为拥有得天独厚的优越地理条件和丰富自然资源的大国；再次，美国没有经历封建社会阶段，封建制度的影响和封建势力的阻力很小，为美国资本主义的迅速发展创造了十分有利的条件；最后，美国是一个长期和平统一的国家，有一个相对稳定的社会局面，没有经受两次世界大战的洗劫反而从中受益。

2. "二战"后促成美国经济发展的原因

首先，新科技革命对经济发展产生了巨大的推动作用。战后的新科技革命浪潮，推动了美国劳动生产率的提高和国民生产总值的增长。随着以新科技革命成果为基础的新兴产业的兴起，美国经济的重心由"二战"前的东部和东北部向南部和西部地区转移，使得这些地区很快成为美国新的经济重心，带动了整个美国经济的发展和产业结构的更新优化。当代美国的产业结构、部门结构、就业结构和生产组织结构都因此出现了新的变化，表现在：第一产业和第二产业在国民生产总值和劳动力总数中的比重下降，而第三产业的比重大幅度上升，信息产业成为新的经济增长点，在世界上遥遥领先；在工业内部，传统的以汽车制造业、钢铁业和建筑业为三大支柱的"夕阳工业"迅速地被新兴科技工业部门所取代，劳动密集型、资本密集型工业转变为科技知识密集型工业；随着产业结构和部门结构的变化，就业结构也发生了巨大变化，体力劳动者减少，脑力劳动者数量日增。更为重要的是，科技上的领先推动了美国经济向全球的拓展，为美国在激烈的世界经济竞争中抢得了先机。

其次，国家对社会经济干预和调节的加强推动了美国经济的增长。国家对社会经济的干预和调节，对资本主义再生产及社会安定产生了关键性作用。在当代主要发达资本主义国家中，虽然美国的国有经济成分在整个国民经济中所占比重最低，只有5%~10%，但美国政府对社会经济的干预和调节作用却是巨大的。它通过财政倾向政策、收入分配政策、国际收支政策以及经济立法等手段，不断加强对国家经济生活的调节和干预；又通过国民收入的再分配政策、社会福利政策、失业保险政策、文教科技政策、社会团体政策等方式，对社会生活的各个领域进行干预和调节，不断强化国家的经济和社会职能，以保障资本主义再生产的顺利进行，维护垄断资产阶级的统治。然而，应该看到，战后国家垄断资本主义的发展，虽然在一定程度上暂时缓和了资本主义社会的基本矛盾，然而它毕竟没有改变垄断资本的根本性质，不但不可能解决在资本主义私有制基础上产生的任何一个矛盾，而且在其发展过程中始终存在着加深资本主义的基本矛盾，阻碍社会生产发展的消极方面。20世纪70、80年代美国长期存在的"滞胀"现象，就是国家垄断资本主义这一消极影响日益加深的集中反映。

最后，战后美国的经济发展得益于美国在国际经济秩序中的支配地位。现行国际

经济秩序是在"二战"后国际经济关系变化的结果。以美国为首的发达国家长期垄断着工业制成品和高技术产品的国际分工体系，并通过垄断国际市场价格控制着国际贸易机制。国际货币基金组织、世界银行、世界贸易组织是现行国际经济秩序的三大支柱。国际货币基金组织和世界银行在成立之初，是美国维持其霸权地位的重要工具。"布雷顿森林体系"瓦解后，两大国际货币金融机构的性质开始发生变化，越来越成为发达国家和发展中国家斗争的场所，成为发展中国家争取建立国际经济新秩序，开展南北对话和南南合作的重要阵地。但是，国际货币基金组织和世界银行一直实行按资金份额多少决定各国投票权力大小的原则，而份额是按各国经济实力确定的，美国在相当长的时期内拥有20%以上的投票权，至今能够在一定程度上左右这两个机构的运作和国际货币规则的制定，继续维护和巩固有利于发达资本主义国家的国际经济旧秩序。当前方兴未艾的经济全球化浪潮是在旧的国际经济秩序没有根本改变的情况下发展起来的，它加速了整个世界经济的发展和繁荣，但美国凭借其在贸易、金融、投资等方面的优势，无疑成为经济全球化的最大受益者。

此外，战争景气也是美国经济增长中不可忽视的因素。从美国历史上看，战争多次给美国经济发展带来积极影响，两次世界大战对于美国经济的提升有目共睹，"二战"以来的朝鲜战争、越南战争、海湾战争等也曾为美国经济注入过发展的活力。当然，巨额的军费开支和军事化经济的确造成了美国负担过重，占用了本来可以用于民用工业的大量人力、物力和财力资源。但是，科技的进步往往是为了适应军事和战争的需要而产生，并且经常最先运用于武器制造和军备的生产。美国庞大的战争机器，不光是指它的军队，还包括服务于国防和军事的整个社会经济体系。"冷战"结束后，美国频繁的海外军事行动带动了军工产业以及整个国民经济的发展，"战争景气"的效应不可小视。"9·11"事件后，为了发动全球反恐战争并进行灾后重建，美国政府决定发行战争债券，并冠之以"爱国债券"的美名，一上市就成为抢手货，从一个侧面反映出美国经济的军事化特点。

早在20世纪80年代，有关美国经济衰落的论调曾盛行一时，到90年代，随着新科技革命的发展和信息技术的广泛应用，美国率先打出"新经济"的旗帜，实现了历史上时间最长的持续增长，重新巩固了在世界经济中的领先地位，在全球范围内引发了新经济的热潮，日本、欧洲等发达国家和一些发展中国家纷纷效仿美国，制定出自己的新经济发展战略。所谓21世纪是"第二个美国世纪"的说法，反映的正是世纪之交美国再度拉大与其他主要国家经济差距的事实。

3. 决定美国经济长远发展的有利因素众多

第一，就经济规模而言，2009年美国GDP总量超过14万亿美元，第二位的日本为4.5万亿美元，按照汇率计算处于第三位的中国为4.2万亿美元，第四位德国为3.8万亿美元。美国的GDP总量与后面的国家相比拉开了不小的距离。美国的对外贸易总额和对外直接投资仍领先于其他国家，除去极少年份，美国也是吸引国际投资最多的国家。相对于日本和欧洲，美国拥有一个巨大的、统一的国内市场，也有一个庞大的海外市场，还有一个世界上最大的进口市场。

第二，就经济发展速度而言，20世纪90年代美国经济年均增长速度超过3%，是主要发达国家中速度最快的。同一时期，发达国家的平均水平为2.4%，日本为1.3%，德国为1.7%。如此庞大的经济规模还能维持这样的发展速度确实非常可观。进入21世纪，由于经济全球化和信息网络化持续向深度和广度扩张，美国的经济增长平均幅度仍然比日本、欧盟国家都要快。即使在2008年全球金融风暴的打击下，美国的总体竞争力和复苏能力也是发达国家中最强的。

第三，在微观层面，美国经济的基础仍然是健康的。通过信息化和全球化的调整，美国的产业结构和运行机制不断优化，占据了国际经济竞争的制高点。虽然电子商务一度受到挫折，网络公司大量倒闭，但对整个信息产业并非致命打击。而且，宽带、无线通信等信息技术的创新仍在突破，生物工程领域的创新不断涌现，新能源领域也有持续创新的空间，为经济增长补充新的动力。美国的制造业通过改组和改造，在国际市场中竞争能力加强，汽车、半导体等都已逐步收复失地。

第四，就所处的国际经济环境来看，美国是经济全球化的积极推动者和最大受益者，美国的跨国公司数量最多、规模最大、竞争力最强，最有利于通过全球化实现成本最小化和利润最大化。美国还占据了地缘经济优势，能够以美洲为依托，既面向欧洲，也面向亚洲，将自身的经济联系和影响力拓展到世界任何地方。

第五，美国拥有其他国家无法与之相比的人才优势。经济竞争归根结底是人才的竞争。作为移民国家，从建国之日起，美国就对世界各国的优秀人才有着最大的吸引力。战后世界约2/3的科技成果和重大发明首先是在美国研究成功的，如今，美国的科研经费超过其他发达国家的总和，基础科学研究和应用研究都处于遥遥领先地位，这是保障美国经济持续发展的最重要因素。

三、次贷危机冲击下的调整与发展趋向

在2007年次贷危机的冲击下，美国经济陷入新一轮的衰退，有关美国经济长期走势的话题再次成为国际社会关注的焦点。

冰冻三尺，非一日之寒。从深层次讲，这次由次贷危机引发的金融海啸和经济危机是此前美国经济扩张期积聚的经济隐患和风险大释放的结果，是世界经济结构严重失衡的表现。在经济全球化浪潮的推动下，制造业向发展中国家转移，以美国为首的发达国家普遍出现了产业空心化状况。为了保持经济增长，美国一直采用信用扩张、鼓励消费的政策。当虚拟经济扩张，消费需求能够实现持续的增长，一旦虚拟经济出现问题，消费需求的萎缩就会把整个世界经济拖入危机之中。2001~2003年，美联储连续13次降息，将联邦基金利率从5%降到1%，房贷成本下降刺激了美国房地产的繁荣。而后为了治理通货膨胀，美联储于2004年到2006年又连续17次加息，利率升至5.3%。房贷市场因许多购房者无力偿付到期本息而迅速恶化。更为严重的是，由于放松金融管制，美国的金融机构为追求利益最大化，包装、炒作出接近400万亿美元市值的金融衍生产品，形成了交叉复杂的资金链，相当多的衍生产品根本没有流动性基础，一个环节的问题就有可能引起全局瘫痪。

面对危机，美国政府抛开新自由主义经济政策的传统，采取注入资金、政府担保、收归国有等手段救市，并且联手欧洲国家、日本、新兴国家一起加大对世界经济的干预力度。虽然政府救市的效果短时间内还无法判断，但美国经济固有的矛盾和缺陷在这次危机中充分暴露出来，美国经济的长期走势再度充满变数。

生产社会化和生产资料私人占有制的矛盾仍然是美国经济固有的基本矛盾。根据马克思主义政治经济学理论，资本主义是社会化的大生产，而生产资料和产品却属于资本拥有者个人所有，这就形成了一组对抗性的、起决定性作用的矛盾，也是资本主义社会的最基本矛盾。当生产无限扩大的趋势同社会有支付能力的需求相对缩小之间的矛盾激化，经济危机就不可避免。尽管战后以来美国借助西方经济学的最新成果，通过政府行为对经济进行了干预和调节，使经济危机的频度和破坏性得到了相对缓和，但这些措施不能从根本上消除经济危机的爆发。

金融领域的过度膨胀是美国经济面临的最大风险。美国华尔街是全球金融的象征，代表着金融创新的最高水平，美国金融市场的运作和监管机制一直被视为全球的典范。但是，事实证明，从来就没有完美无缺的制度。由于监管的缺失，华尔街的金融机构推出了层出不穷的高风险的金融产品，不断扩张市场，造成的泡沫越来越大。经历了次贷危机和金融海啸之后，如何加强对金融机构的约束和监督是美国政府面临的一大难题。

美国经济中长期没有解决的三大问题也很严重，包括：对外贸易巨额逆差、美元动荡和个人储蓄率负增长。即使在美国经济高速发展时，外贸逆差也逐年增长。美国经济增长主要是依靠内需，一般情况下对外贸易巨额逆差对经济的负面影响不大，但当内需大幅下降，经济不景气时，巨额逆差则会加速经济衰退。这三大旧问题与高技术产业生产能力过剩的问题纠缠在一起，相互作用，阻碍了美国经济的增长，导致美国经济衰退。美元在60多年中作为国际主导货币为美国带来了巨额财富，是美国发挥影响力的主要工具之一。美元的反复动荡加深了其他国家对美元信用的质疑，不仅动摇了美国的经济霸主地位，而且冲击整个世界经济的稳定性。借债消费是多数美国人的生活方式，2007年美国家庭平均负债为税后收入的134%。无限制的消费和透支欲加大了经济的脆弱性。

此外，贫富差距拉大、国际石油市场价格动荡、高额的军费支出等诸多现实问题也是困扰美国经济长期走势的矛盾。尤其是当经济处于衰退之中，各种隐含矛盾都被激化，势必影响到美国乃至整个世界经济的正常运行。

在过去100年中，美国经济已经历过多次高涨和衰退的起落。在新一轮危机的面前，美国同样具备通过其经济实力和影响力渡过难关的能力。迄今为止，美国经济的基础和结构仍然良好，仍然拥有世界经济领域中的明显的优势地位，美元的世界货币地位至少在可预见的未来很难被取代，虽然美国并不是在所有的领域都居于优势，甚至在有些方面还存在缺陷，但总体上还没有一个国家或者国家集团能够全方位地对美国拥有的经济优势构成重大挑战。动态地看，美国的优势地位的确处于逐步的下滑过程中。鉴于美国的金融霸权地位在本轮经济危机中遭受重创，在新的国际金融秩序构建进程中，美国的主导话语权将被削弱。欧盟、日本竞争力的提高，中国、印度、俄罗斯、巴西等新兴国家的高速增长，将促使国家间经济实力的对比状况发生不利于美国的变化。

第三节　美国独霸世界的全球战略

一国外交政策的制定基本上是由其国内和国际政治、经济和思想意识诸因素所制约的。美国的外交政策反映的是美国的国家利益，其发展历程大致分为三个时期：大陆扩张时期（1775～1897年），海外扩张时期（1898～1945年）和全球称霸时期（"二战"结束至今）。头两个时期奉行的是不卷入欧洲纠纷的"孤立主义"政策，虽然在两次大战中被卷了进去，但由于采取伺机而动的策略，结果发了大财。"二战"后，凭借强大的实力，美国走上了妄图独霸世界的侵略扩张之路。为了争夺世界霸权，在不同时期美国推行了不同的政策。

一、美国独霸世界全球战略的演变

1. 美国全球战略的确立

（1）杜鲁门时期（1945～1952年）。1945年4月，罗斯福总统去世，副总统杜鲁门继任总统，他一上台就发出了美国要"永远领导世界，要按照美国的构想来改造世界"的狂妄叫嚣。面对国际间各种力量的重新组合，社会主义由一国变为多国，以及被压迫民族解放运动逐步发展的形势，杜鲁门政府采纳了乔治·凯南等人的理论，要阻挡苏联的所谓共产主义对外扩张，很快修改了罗斯福时期的大国合作战略，制定了以反苏、反共为中心的遏制战略。

其基本内容是：①对苏联和社会主义国家实行以"杜鲁门主义"为核心的"冷战"政策，以原子弹和美元为坚强后盾，打着"遏制共产主义扩张"、"保卫自由世界的安全"的旗号，同苏联实行全面对抗，对东欧进行颠覆，在中国支持蒋介石打内战，继而对新中国实行政治上孤立，经济上封锁和军事上包围的政策。②对西欧和日本，通过"马歇尔计划"、"占领地区救济基金"和"经济复兴基金"进行扶植与援助，通过分裂德国，重新武装西德，建立"北约"，以及缔结《日美安全条约》，同社会主义阵营对峙，对盟国进行控制。③在亚非拉地区，通过签订《西半球防务条约》和"美洲国家组织"来巩固它在拉美"后院"的统治，打着所谓"技术援助和开发落后地区"的旗号，推行"第四点计划"，支持亲美独裁政权，推行新殖民主义。派兵建立了大量军事基地，充当镇压民族解放运动的"世界宪兵"，妄图取代老牌殖民主义者在这些地区的统治地位。

（2）艾森豪威尔时期（1953～1960年）。艾森豪威尔是在"体面地结束朝鲜战争"和对共产主义采取更"有效的"政策的允诺下上台的。上台之后，他根据变化了的形势，调整了美国的全球战略。

①对社会主义国家，推行"解放战略"，力图用战争以外的一切手段，把社会主义国家"从共产党的统治下解放出来"，使其成为以美国为首的"自由世界"的成员。1954 年后，国务卿杜勒斯提出了"大规模报复战略"和"战争边缘政策"，实质是一种核讹诈的战略，多次引起战争危机。1957 年年底艾森豪威尔政府又提出了"和平取胜"的战略，幻想通过"和平演变"来颠覆社会主义国家的政权。尽管在这个时期美苏之间曾出现短暂的"蜜月时期"，实现了艾森豪威尔和赫鲁晓夫的首脑会晤，但美国并未放弃对苏联的冷战政策。

②在亚非拉地区，美国加紧了全面扩张。针对印度支那的局势，提出"多米诺骨牌理论"，支持法国对越南的侵略。针对中东的新形势，提出填补中东真空的"艾森豪威尔主义"，同苏联在中东展开争夺。

(3) 肯尼迪、约翰逊时期（1961~1968 年）。进入 20 世纪 60 年代之后，由于苏联实力的增长，西欧和日本等新的经济中心的出现，以及民族解放运动的蓬勃发展，美国霸权地位受到挑战。肯尼迪一上台就提出"一手拿剑，一手拿橄榄枝"的"和平战略"，其实质就是通过运用和平与战争两手策略，在社会主义国家搞和平演变，在亚非拉地区推行新殖民主义。

具体说来，这一时期的政策表现是：①同苏联既对抗又勾结。一方面，美国同苏联继续展开激烈的军备竞赛，在推行"灵活反应战略"的同时，大规模扩充核力量，并针对苏联和中国提出了"两个半战争战略"。另一方面，又同苏联进行勾结，一起攻击中国，破坏社会主义国家的团结，通过政治、经济、文化等多种途径，对苏东渗透，促使社会主义国家实现向"自由世界"的和平演变。②在亚非拉地区，施以"恩威并用"的政策。一方面，建立名为"和平队"的援外组织，用"援助"的手法来笼络亚非拉地区的国家和人民，阻止他们起来革命；另一方面，又从美国利益出发，以保卫自由、民主和反对共产主义为名，对古巴进行武装颠覆，在巴拿马、多米尼加进行军事干涉，在印支半岛于 1961 年 10 月发动了在南越的"特种战争"。

1963 年 11 月 22 日，肯尼迪在达拉斯遇刺身亡，约翰逊继任总统。他留用了肯尼迪的外事班子，对外政策变化不大，其中心问题是越南战争问题。1964 年 8 月，美国称美国军舰在东京湾（北部湾）遭到北越袭击，国会通过"东京湾决议"，美国飞机对北越进行了"报复性"轰炸。此后，在没有宣战的情况下，美国政府不断扩大越战。1965 年 3 月 35000 名海军陆战队在南越登陆，特种战争升级为有限战争。到 1967 年年底，侵略美军总数超过 50 万人。

从战后初期到 20 世纪 60 年代末，是美国推行全球扩张主义的鼎盛时期。尽管几届政府在具体的策略和做法上各有差异，但其全球战略基本上是一致的，这就是美国凭借自己强大的经济实力和军事实力，在世界范围内反对共产主义。对社会主义实行全面的冷战和遏制政策，对西欧和日本进行扶植、援助和控制，大举向亚非拉地区进行渗透和扩张，最后把全世界都置于美国的控制之下，达到独霸世界的目的。

2. 美国全球战略的调整

（1）尼克松、福特时期（1969～1976年）。20世纪60年代末70年代初，美国所面临的国际国内环境发生了重大变化，美国霸权地位受到了严重挑战。

第一，旷日持久的越南战争把美国拖得筋疲力尽，引起了国内政治、经济局势的动荡不定，国内反战情绪与日俱增，反战示威此起彼伏，就连美国垄断资产阶级内部要求迅速结束越南战争的呼声也日益强烈。

第二，美国在资本主义世界经济中的地位严重下降。1948年，美国在资本主义世界工业总产值中的比重是54.6%，1970年下降为37.8%。1950年美国拥有资本主义世界黄金储备的49.6%，60年代中期美国国际收支状况恶化，美元地位发生动摇，1970年美国的黄金储备只占资本主义世界的15.5%。

第三，美苏军事力量对比发生了不利于美国的变化。20世纪60年代初期，美国在战略核武器和常规军备上占据绝对优势，但到60年代末期，苏联已在战略核武器数量方面取得了优势，并在反弹道系统方面走到了美国前面。在常规武器方面，美苏也大致处于均衡。

第四，由于经济霸权地位的丧失，美国在同西欧、日本的关系上也出现了问题，西欧、日本不甘充当"小伙计"，独立自主倾向不断发展。

第五，第三世界的崛起，动摇了美国称霸世界的根基。古巴革命的胜利，巴拿马人民收回运河主权的斗争，多米尼加人民对美国军事干涉的反抗等一系列的事件在美国的"后院"燃起熊熊烈火；非洲国家的独立浪潮，亚洲人民的抗美救国运动，使美国陷入内外交困、四面楚歌的境地。

针对上述情况，1969年1月上台的尼克松政府认识到必须对美国的外交战略做出重大的调整。为了保住美国的霸权地位，尼克松提出了一套新的对外战略，即所谓的"尼克松主义"。1969年7月25日，尼克松在关岛的演说中提出"用亚洲人打亚洲人的新亚洲政策"，表示美国要从亚洲实行战略收缩。1970年2月，在向国会提出的长篇咨文中，把"新亚洲政策"推而广之，适用于全世界，以"伙伴关系"、"实力"、"谈判"三原则作为尼克松主义的三大支柱。其内容涉及各个方面：①以实力为后盾，以谈判为手段，制约苏联，维持美苏之间的均势。1969年10月，两国宣布进行限制战略武器的会谈，到1972年5月，双方经123次会谈达成了协议。②把建立同盟国的"伙伴关系"作为美国对外政策的基石，要求盟国在政策上协调一致，共同对付苏联；在经济上相互让步，帮助美国渡过难关；在军事上共同分担军费和防务责任。③实施美中关系正常化。1972年2月，尼克松正式访华，并发表了中美上海联合公报。④在第三世界实行局部收缩，确保战略重点。1973年1月27日，美国在巴黎正式签订了"关于在越南结束战争恢复和平的协定"，体面地结束了越南战争。在中东，则在继续支持以色列的同时，在以色列和阿拉伯国家之间推行比过去较为平衡的政策，阻止苏联的渗透和扩张。

尼克松主义是美国霸权地位衰落的产物和表现，是美国统治集团为了继续保住美国在全球的霸权地位而采取的一种政策。其实质就是：通过适当收缩，减轻国内外压力；通过缓和对苏关系，扭转战略上的被动；通过改善对华关系，加强对苏的制约；通过牺牲盟友，延缓自身的衰落；通过维持均势，确保美国的霸权地位。尼克松主义是美国外交政策的转折点。从谋求力量优势转变为力量均势，从充当"世界警察"转变为"共同分担责任"，美国的对外政策比战后任何时期都要灵活、现实与内向，取得了相当的成功，具有深远的影响。

1974年8月8日，尼克松因1972年竞选期间的"水门事件"而辞职，福特继任总统。他的对外政策被《时代》杂志称做"没有尼克松的尼克松政策"。

(2) 卡特时期（1977~1980年）。卡特是以平民主义的新面孔而赢得大选的。1977年，卡特就任总统时，美国内外交困。在国内，美国尚未从越战"后遗症"和"水门事件"的冲击中恢复过来，1974~1975年的经济危机又使美国元气大伤；在国际上，苏联的势力在继续扩张，美、日、欧之间的矛盾，特别是经济摩擦日益尖锐，美国在第三世界遭到越来越多的反对。

因此，卡特上台后采纳国家安全事务助理布热津斯基的建议，把加强美国的思想意识对世界的影响，改善美国的战略地位，恢复美国对第三世界的政治号召力作为对外战略的出发点，提出了"世界秩序战略"。主要内容包括：①"三边主义"战略，把美、日、欧的三边合作作为美国对外政策的基本出发点，形成北美、西欧和日本的西方国家共同体。②发展更为和谐的南北政治、经济关系，减少第三世界对美国的敌视，削弱苏联的影响。③同苏联实行全面的、真正的缓和，提出要摒除"对共产主义的过度恐惧"，反对将"缓和"同苏联的国际行为联系起来。地区争夺上"以水灭火"，而不是"以火灭火"，使美处于战略守势。④把美中关系作为美国"全球政治的一个中心环节"。通过推进关系正常化进程，谋求同中国建立战略性合作关系。1978年12月，卡特宣布同中国关系正常化。1979年1月1日，两国正式建交。⑤重视人权外交，增进全球对人权问题的敏感，重振美国外交政策的道义内容。"世界秩序战略"的最终目标，就是要建立一个以美国为领导的公正的多元化的"世界新秩序"，以继续维护美国岌岌可危的霸权地位。

然而，卡特的上述政策不但没有收到预期的效果，反而助长了苏联的扩张势头，引起了美国垄断资产阶级的强烈不满。1979年11月，伊朗人质危机发生后卡特优柔寡断的政策被人指责为"软弱无能"。1979年12月苏联出兵阿富汗，卡特政府深感形势严重，对苏政策又趋强硬。1980年1月23日，卡特在国情咨文中提出用武力保卫波斯湾阻止苏联南下的"卡特主义"，其基本内容是：美国的安全同西欧、日本和中东—波斯湾三个关键的、相互关联的战略地区的安全互为依存，为了保卫美国的根本利益，美国将采取包括武装力量在内的任何必要的手段。根据卡特主义，美国加强了对中东地区的军事部署，组建了快速反应部队，同时还对苏联实行了严厉的经济制裁，但这些强硬的姿态在实际效果上并未扭转美国的颓势。

从本质上来看，卡特时期的美国全球战略基本上是尼克松、福特时期的延续，两者都以多元化的国际结构作为制定战略的出发点，都把协调国际间各种力量的关系作为主要的外交手段。

3. 美国全球战略的发展

（1）里根时期（1981～1988年）。里根政府是在国内经济困难和国际地位下降的情况下上台的。对此，里根认为，根本的原因在于美国意志薄弱和领导不当，美国面临的主要任务就是要通过战略力量对比，通过对全球事务的坚定立场，通过向盟国指明政策方向，来重新确立美国的霸权地位。因此，里根在就职演说中就声明前届政府执行的缓和政策已经破产，他将奉行一项"坚定而有原则的外交政策"，提出了"以实力求和平"的对外关系总战略：①重振美国经济，大规模扩充军备，增强美国的经济、军事实力，打出了"扩军抗苏，重振国威"的旗号，制订了16000亿美元的全面扩军计划，其基本目标就是要恢复对苏联的军事优势。②对苏联实行进攻性强硬措施，扭转美苏争霸中的不利局面。宣称"苏联在哪里干涉，就在哪里同它对抗"，将通过强硬行动迫使苏联实行克制。同时，美国也不放弃联系与对话，就限制核武器等问题与苏联进行谈判，但强调"会谈的速度、范围和级别将取决于苏联在国际上的表现"。③努力恢复美国在西方世界的领导地位，强调"以美国为中心"的战略同盟关系，力图通过强有力的对外政策，使盟国服从于反苏的总战略。④不断加强美中关系，借重中国，抗衡苏联。出于战略的考虑，1982年里根政府与中国签署了《八一七公报》，声称：美国"不寻求执行一项长期向台湾出售武器的政策"，并减少了对中国在技术转让方面的限制，两国的经贸、技术关系发展很快，但在政治上的根本障碍并未消除。1984年4月，里根访问了中国。

在里根的第一任期内，"重振国威"的目标取得了一定进展。1985年里根再次当选之后，进一步提出所谓"第二次革命"，其实质是企图凭借经济、军事和科技力量，用太空军备竞赛拖垮苏联，用美国式的"民主"、"自由"征服世界，重新确立美国在全球的独霸地位的扩张战略。为此，里根在第二任期又作了一些外交政策调整：①制订了"星球大战计划"。1985年1月美国公布了"总统战略防御计划"，即利用美国空间技术优势，建立一个以近地外层空间为基础的多层次的太空综合性战略防御体系，表明美国决心打破"恐怖均衡"，同苏联进行经济、军事、科技诸方面的综合较量。②推行"里根主义"。1986年3月，里根发表《自由、地区安全和全球和平》的外交咨文，其核心是综合运用军事、外交、经济和宣传等手段，支持共产党国家的"自由战士"，把苏联取得的政治和军事进展推回苏联本土去，削弱苏联的政治和军事利益。里根主义是美国在实力有所恢复的情况下采取的一种进攻性战略，标志着美国的全球战略进入一个"主动出击"的新阶段。③实行实力遏制和谈判并重的灵活政策。美国希望通过谈判捞取好处以减轻军备竞赛带来的经济压力，趁苏联稳定国内之机阻止苏联核力量的增长。从1985年开始到里根第二任期结束，里根和戈尔巴乔夫先后在日内瓦、雷克雅未刻、华盛顿、莫斯科和纽约举行了5次正式会晤，美苏关系由20世纪80年代初的严峻对抗走向了缓和，进入了对话的新时期。

（2）布什时期（1989～1992年）。里根离开白宫时，美国在军事上更强大，在世界上颐指气使，同苏联关系取得了突破性成就。布什竞选时声称他将执行里根的政策，但当选后，个人色彩日益显露，对美国的全球战略作了进一步调整。在他任期内，美国赢得了冷战的胜利和海湾战争的胜利，外交成就非凡。

首先，针对苏联和东欧，布什政府提出了"超越遏制战略"。经过20世纪80年代的"重振国威"之后，美国在经济、政治体制和科学技术方面已对苏联占有很大优势。1989年5月12日，布什总统在得克萨斯农业和机械大学发表题为"苏联的变化"的演讲，围绕对苏关系第一次提出了"超越遏制"的新观念。接着，他在5月21日的波士顿大学、5月24日的海岸警卫队学院的讲演中，进一步阐明了这一新观念。

"超越遏制"的基本内容是：在不放弃对苏联军事遏制的同时，抓住苏联"改革"的时机，以经济援助为诱饵，采取政治、经济、文化和意识形态等多种手段，使东欧脱离苏联的影响，促使苏联削减军事力量，同美国合作解决全球范围的地区冲突，最终使苏联国内政治"多元化"，实行西方式的市场经济和私有化。

同美国战后以来的遏制战略相比，超越遏制战略突出了"和平演变"在美国全球战略中的地位，具有以下特点：①目标更大。遏制战略的目标是遏制苏联的扩张，在阻止苏联等社会主义国家影响扩大的同时，伸展自己的势力，以谋求世界霸权；超越遏制则是企图把苏联和东欧纳入到西方的社会体系之中，在战胜苏联的前提下，由资本主义取代社会主义，实行资本主义的一统天下，来巩固美国的世界霸权。②空间更广。遏制战略活动空间主要是苏联、东欧国家的周边地区和在与苏东对峙严重的中欧地区以及广大的第三世界地区，而超越遏制深深推进到了苏东的内部。③手段更多。遏制战略主要运用军事力量，强调打一场常规战争；超越遏制则在军事遏制的同时，强调政治、经济、意识形态等多种手段的进攻。

其次，更加重视西西关系，力图巩固美国在西方联盟中的领导地位。1991年6月18日，国务卿贝克提出了"新大西洋主义"，其内容主要是加强业已存在的各种体制，把北约、欧共体和欧安会这三大机制作为建立欧洲新格局的基础，在重塑欧洲格局的过程中保持和加强美国在欧洲的领导地位。

再次，对中国，推行既维持美中关系基本框架，又诱使中国进行"和平变革"二者结合的基本政策方针。前者意在重视中国在地区问题和全球性问题上的重大作用、潜在的市场吸引力以及保持对中国施加影响的种种渠道的畅通，维系美国的现实国家利益。后者意在以"人权"为突破口，对中国软硬兼施，以期中国的政治、经济和社会制度发生有利于西方的"和平变革"。1989年2月，布什访问了中国。

最后，更加重视第三世界的动荡及其对美国的影响，并切实加强对付第三世界威胁的能力。海湾战争期间，布什提出要建立以美国为领导的"世界新秩序"，标志着美国企图利用战胜伊拉克的余威，把军事上的胜利转变为政治上的主动，务求把对第三世界的经济技术等援助，同受援国的体制改革更加紧密地结合起来，大力推进所谓"全球民主化进程"。

4. "冷战"结束后美国的全球战略

(1) 克林顿时期（1993～2000年）。随着苏联解体和"冷战"结束，美国国会和公众舆论出现了相当一部分势力的"内向"思潮。他们认为美国应减少对国际事务的责任，而去关注和解决美国国内严重的经济和社会问题。以主张"变革"入主白宫的克林顿顶住了国内"新孤立主义"的压力，在新形势下，仍然坚持维护美国的领导地位和唯一超级大国地位的总目标，在外交政策上进行了一系列调整。上台之初，克林顿提出了美国外交政策的"三大支柱"，即确保美国的"经济安全"；更新武装力量以应付"冷战"后新的威胁；推行西方的"民主"、"人权"等价值观念。1994年7月，克林顿政府出台了第一份《国家参与扩展安全战略报告》，报告的核心思想就是美国作为唯一超级大国要积极"参与"国际事务，阻止和遏制对美国及其盟国的一系列威胁，实现全球称霸，使21世纪成为"美国世纪"。在1999年科索沃战争中，"克林顿主义"正式出台成为美国全球战略的代名词。

克林顿主义的思想基础是"扩展民主论"，突出美国外交中的意识形态因素，在外交中推行美国式的民主、人权，实际上是早已流行于西方的"民主和平论"的翻版，即所谓的"民主国家相互不打仗"。而"人权高于主权"、"人道干涉无国界"则是"扩展民主论"的衍生物，实质上就是确立"美国霸权下的和平"。为此，美国在全球范围内进行积极的对外干预活动。军事上提出"塑造"、"反应"、"准备"三位一体的军事安全战略，要求在对美国至关重要的地区保持美国的军事存在，加强与盟国的合作，强化欧洲和亚太地区的军事同盟体系，努力削减并防止大规模杀伤性武器扩散，通过展示武力、干预行动等手段来遏制侵略，保持强大的防务能力，以便能够同时打赢两场大规模地区性战争。此外，通过配备现代化设备和改进作战手段来提高军队的作战能力。科索沃战争是美国以"人道主义"为理由进行的对外干预，反映出以武力为后盾，强行推行西方价值观的实质。

克林顿主义的一个突出特点是把经济问题放在对外政策的中心地位。这在美国战后外交史上还是首次，是同以往政府最大的不同点。重点放在促使更多国家认可并接受现有的和不断出现的国际规则上，以确保美国在世界经济秩序中的主导地位。在为美国产品开拓海外市场之时，尽可能避免出现直接的双边冲突，而是强调发挥世贸组织、亚太经合组织等多边组织的作用，并通过积极制定规则将大多数国家纳入美国主导的国际经济秩序框架之中。

在地区政策方面，欧洲仍是美国全球战略的重点地区，美国的对欧政策强调合作，推动北约成为建立新的欧洲安全体系的主要工具，加紧北约东扩的步伐。对俄罗斯的政策在鼓励其加紧完成转轨的同时，加大控制和防范的力度。对亚太奉行灵活的实力政策，一方面致力于巩固美国在亚洲的军事存在，以实现其有效威慑潜在敌对国并确保美主导地位的目标；另一方面，采取灵活的政策，积极利用亚太经合组织推动该地区的"经济自由化"，促进该地区的"民主化"。在中东保持同以色列"特殊关系"和对伊拉克强硬政策的同时，努力协调同埃及、约旦、沙特阿拉伯等阿拉伯伙伴的立场，在阿以之间求得某种平衡，以实现美国在中东的战略意图。在拉美，1994年12月9日，在克林顿倡议下举行了美洲国家首脑会议，揭开了美拉关系新时期合作的帷幕。

对华政策是美国全球战略的重要一环。冷战后的中美关系虽然存在众多的共同利益，但却缺乏一个雄厚的战略合作基础，两国通过努力共建战略信任至关重要。1997年10月~11月，江泽民主席访美取得成功，1998年6月，克林顿访问中国，双方同意建立中美面向21世纪的建设性战略伙伴关系，争取把一种健康、稳定的中美关系带入21世纪。

（2）小布什时期（2001~2008年）。小布什是进入21世纪的第一任美国总统，他受新保守主义影响，一改克林顿时期的新自由主义理念，转而奉行进攻性现实主义。就职之初，将实力放在美国对外战略的首要位置，主张以强大的军事力量、扩大的自由贸易和巩固的盟国关系为基础，保持美国的霸权地位。对外战略不再是立足于改变别国，而是战胜别国，表现出更强的进攻性、冒险性和独断专行的倾向，表现在撕毁防止全球变暖的《京都议定书》、退出《反弹道导弹条约》、不顾他国反对大肆推进建立国家导弹防御计划（NMD）和战区导弹防御计划（TMD）、阻碍朝鲜半岛和平进程等做法，处处体现美国利益至上，引起国际社会的广泛不满。

"9·11"恐怖袭击事件发生后，小布什政府的全球战略进行了重大调整，以崇尚武力和单边主义为特征的新保守主义色彩更加明显。

谋求新的"帝国霸权"是小布什政府对外战略的根本目标。"冷战"结束后，美国国内一直有鼓吹确立美国"绝对霸权地位"和"美国治下的和平"的声音。"9·11"事件加快了美国实施"新帝国战略"的步伐。美国民众对安全的期望和强烈的民族情绪与"新帝国论"产生共鸣，建立一个主宰世界的"美利坚帝国"成为美国社会和美国政府的目标。新保守派宣称，美国已成为自罗马帝国以来在文化、经济、技术和军事领域占统治地位的"新帝国"，尽管是"不情愿的帝国"。

打击国际恐怖主义是小布什政府面临的紧迫任务。在"反恐"的旗号下，美国迄今为止已经发动了阿富汗和伊拉克两场战争，以反恐战争为契机建立美国主导下的地区平衡和新秩序。在2002年1月的首次《国情咨文》中，小布什将伊拉克、伊朗、朝鲜三国列为所谓的"邪恶轴心"，是恐怖主义的主要源头。2006年3月小布什政府出台的《国家安全战略报告》指出：极端伊斯兰主义是恐怖主义的思想根源，反恐战争是一场民主对专制的意识形态战争。同年，在纪念"9·11"五周年时，小布什再次强调，反恐战争就是反对伊斯兰法西斯主义。

单边主义和"先发制人"是小布什政府对外战略的主要手段。小布什政府中的新保守派占据了决策核心的位置，他们认为美国实力超强，抛弃相互依存的理论，推行我行我素的政策，强调美国绝对至上。2002年6月，小布什在西点军校讲话时提出了"先发制人"的军事战略。根据这一战略，美国将保持军事上的超强优势，以阻止任何敌人对美国的挑战，并在"恐怖分子构成的威胁尚未变成行动之前"便对之实施

"先发制人"的打击，防患于未然。这直接挑战现行国际法和国际秩序，带有明显的"新帝国主义"色彩。

小布什政府重视与大国的合作，强化同传统盟国及新兴大国的合作。2005年赖斯出任国务卿后提出了"变革外交"的概念，后推出了"变革外交"的系统构想，重点阐述了大国合作的理念。其核心看法是，未来大国之间发生战争的可能性非常小，大国合作将成为趋势。只有通过借重大国合作，才能应对各种全球和地区性热点和难点问题，弥补现有国际机制的不足。

在地区政策方面，美欧关系麻烦不断，美国仍然将北约作为维护和平和美国利益的基础，推进北约东扩。但"9·11"后，传统的美欧联盟关系的基础受到了前所未有的冲击，法、德等欧洲国家在重大国际问题上已不再无条件地听从美国的指挥棒或同美国保持一致，而是更多地从本国或本地区的处境和利益出发决定自己的立场。

对俄罗斯，美国继续坚持既防范又合作的政策，在反恐、防止核扩散、打击跨国犯罪和毒品走私以及能源领域加强与俄罗斯的合作。但是，美国建立单极世界的做法以及遏制俄罗斯发展的战略，与俄罗斯振兴经济、恢复大国地位和维护地缘政治利益的战略背道而驰。

在亚太，美国以美日关系为重点，利用日本牵制中国，加大了对中国遏制的力度。美中关系总体保持稳定和发展，在经贸、防止大规模杀伤性武器扩散、朝核问题等领域进行了广泛的合作。但在台湾问题上，美国向台湾出售武器，美军加强和"台军"的交流，美中双方矛盾依然尖锐。

在中东，2004年2月，小布什政府提出"大中东倡议"，旨在对中东阿拉伯国家进行彻底的政治、经济、社会改革，铲除极端思想的土壤，确保美国的利益。然而，直至2009年年初小布什总统下台，伊拉克仍然遍地硝烟，小布什政府的伊拉克政策招致了广泛的质疑和批评，美国的国际道义形象和号召力为此严重受损。

(3) 奥巴马时期（2009年至今）。正是基于对小布什政府外交政策的反感和失望，无论是在美国国内，还是世界范围内，奥巴马就任后的外交政策调整都成为关注的焦点。到目前为止，奥巴马政府的外交理念的确表现出与前任政府大相径庭的特征，即从反恐第一走向经济优先，从单边主义走向多边合作，从滥用武力走向对话磋商。

奥巴马执政之初，正值金融危机依然严峻之际，为此，奥巴马政府大大提升了经济安全在国家战略中的地位，改变了小布什政府"反恐优先"的做法，积极寻求阿富汗问题和伊拉克问题的解决之道，相继推出"伊拉克新战略"和"阿富汗—巴基斯坦新战略"。同时，奥巴马摒弃了小布什政府"单边主义"的对外政策，突出多边主义与国际合作的重要性，在与伊斯兰国家之间的关系、气候变化、关塔那摩监狱等热点问题上都表现出与前任截然不同的立场，以此重塑美国的国际形象。奥巴马认为，单边主义外交政策以及先发制人的做法使美国在国际上丧失了人心，使得美国难以承担在国际上的领导地位。美国必须更多地运用软实力来改变自己的形象，重新恢复其在国际上的领导地位。新任的国务卿希拉里也提出要运用"巧实力"，即在外交、经济、军事、政治、法律和文化等所有政策工具中，选择正确的工具或组合来实现美国的外交利益。2009年4月22日，希拉里在美众议院听证会上进一步将奥巴马政府的对外政策概括为"伙伴关系、实用主义和原则性"。2009年10月，奥巴马获得了诺贝尔和平奖的殊荣，事实上，奥巴马还没有来得及解决任何重大国际冲突，他的获奖在于他提出了一套自由主义的外交构想，顺应了当今年国际社会一些重要理论的变化。

"奥巴马主义"尚在形成当中，其内容和特征尚未充分显现。但可以肯定的是，尽管奥巴马政府极力否定小布什政府的一系列对外举措，但美国对外政策的实质和根本目标不会改变。因此，尽管奥巴马对发展中国家和应对全球性问题做出了种种承诺，但在国内政治压力面前，却一再采取针对发展中国家的贸易保护主义和技术保护主义措施，在气候变化、能源、反恐等议题上仍然坚守美国的利益和立场。奥巴马不会放弃美国的世界领导地位，只是要改变美国领导世界的方法，在美国实力相对下降的情况下，继续巩固美国称霸世界的战略目标。

二、战后美国对外战略的特点

从杜鲁门到奥巴马的美国对外战略的发展，实际上就是美国争夺世界霸权的历史。整个"冷战"时期，美国对外政策的主线就是同苏联对抗，其间此起彼伏，有张有弛。杜鲁门主义奠定了以反共为主导思想的对外干涉主义的基调；肯尼迪就职演说中的豪言壮语——"不惜任何代价，去支持任何朋友，反对任何敌人"，标志着美国的气焰达到顶峰；尼克松政府认识到美国的力不从心，实行战略收缩，推行均势以确保霸权地位；到了布什，凭借美国综合实力的优势，提出"超越遏制战略"，促使苏联走向剧变、解体，赢得了冷战的胜利；克林顿政府面对冷战后世界的新变化，适时调整政策，但争夺世界霸权的战略目标并未改变；而小布什政府则登峰造极，试图打造"新帝国"；新任的奥巴马政府则致力于恢复因小布什单边主义而受损的美国领导地位。归纳起来，战后美国争夺世界霸权的对外政策表现出以下特点：

第一，外交与军事紧密结合。军备竞赛和裁军谈判一直都是美国对外政策的重要内容。对外交和军事统筹考虑，既是为了在对外关系中尽量避免战争，又是为了在对外战略中掺入美国强大军事力量的威慑因素。战后历届美国政府都有与外交政策相配合的军事战略，比如，艾森豪威尔时期的"大规模报复战略"，肯尼迪时期的"两个半战争战略"，尼克松政府的"一个半战争战略"，里根时期的"新灵活反应战略"以及克林顿时期的"灵活和有选择的参与战略"，等等。因此，研究战后美国对外战略就必须了解美国同时期的军事战略。尽管在"冷战"后国家之间综合国力的竞赛中，军事的首要地位已经让位于经济实力，但军事地位的下降并不排除在特定情况下使用武力，拥有强大的军事力量仍然能起重要的政治作用，美国对外战略中以军事作后盾的特点不会改变。小布什政府的"新帝国战略"更是极度崇尚武力，将军事实力作为美国建立帝国霸权的先决条件。

第二，美国争夺世界霸权更多时候采取了"借力"的方式。历史上的列强一般采取以武力征服领土、奴役人民、强占资源的方式来征服世界，进行扩张。相比之下，战后美国争夺霸权的做法则更为独特，就是凭借强大的军事、经济实力援助友好国家来推行外交政策，建立遍布各大洲的各种军事集团、条约组织作为美国力量延伸的支撑点，形成包围其对手的网络。"马歇尔计划"是经济方面成功的典型。1949 年通过的"共同防御援助计划"成功地构筑了美日、美韩、美澳新等安全保障体系。把加强别国的防务作为争夺世界霸权的一种手段，这是美国争霸的一大特点。即使在小布什政府时期单边主义行径发展到顶峰时，美国也一直强调其在世界范围内分布的军事基地的重要性，强调在国际反恐中各国合作的重要性。

第三，由于意识形态在美国外交中占重要地位，"和平演变"一直是美国对外战略的重要内容。所谓"和平演变"战略，是美国统治集团用武力消灭社会主义国家受挫以后，改用和平的方式，使社会主义制度逐步演变成为资本主义制度，进而把社会主义纳入到世界资本主义体系之中，成为资本主义国家的附庸，重新实现资本主义一统天下的战略。这一战略从 20 世纪 50 年代提出后就着手推行，乔治·凯南、艾奇逊、杜勒斯都是狂热的鼓吹者。到了肯尼迪时期，形成了比较完整的战略策略思想，提出"从铁幕裂缝中培养自由的种子"。经过里根时期发动的"和平政治攻势"，布什上台即抛出"超越遏制战略"，使和平演变战略发展到顶峰。应当看到，美国的"和平演变"战略一方面根植于为美国争霸世界服务的实际利益；另一方面也是源于美国人与宗教信仰相联系的传教士狂热精神。美国人自立国起就以"上帝的选民"自居，认为自己的思想、价值观念、民主制度都是最优秀的，有向全世界推行的责任。这种美国式理想导致意识形态在对外关系中受到朝野的普遍重视，在公众中有很强的凝聚力。从其实施效果来看，美国的和平演变战略在苏东国家和一部分第三世界国家都收到了显著效果。

三、美国的国际地位

"二战"结束以来，美国凭借其强大实力，长期推行霸权主义的全球战略，在世界各地同苏联展开了激烈的争夺，扩张其经济、政治、军事的力量和影响，处于西方霸主的地位，发挥着领导整个西方的作用。美苏争霸不仅拖垮了苏联，美国的实力地位也受到了很大的削弱。20 世纪 80 年代中期，耶鲁大学历史学家保罗·肯尼迪的《大国的兴衰》一书引发了"美国国力是否衰落"的争论。苏联解体之后，美国成为世界上唯一的超级大国，其战略地位相对提高，单极霸权得到加强。进入 21 世纪，美国的新保守派公开声称，"这个世界没有选择，要么就是由我们来领导，要么就是一片混乱。并不是要在美国霸权和一个美好的多边世界之间抉择，而是要在我们和一个十分危险的世界之间进行抉择"。那么，究竟应该如何看待当前美国的国际地位及其走向呢？

第一，美国超强的实力地位不可否认，是一个客观事实。美国是当今世界唯一的超级大国，并且这一地位还将持续相当长时间。美国的强大在于它的综合实力。世界上许多强国或集团可以在某一个或某几个方面赶上甚至超过美国。然而，这些国家或国家集团，往往只能在与它那种力量有关的领域内产生影响，相比之下，美国却几乎在所有决定一国综合国力的重要方面，如人口数量、军事实力、外交联盟、经济基础与潜力、文化的普遍被接受性、政治相对稳定等，都名列前茅或拥有一席之地，从19世纪末至今，美国就是世界头号经济大国，一直掌握着科技革命和市场竞争的主动权。21世纪是一个以信息为基础的相互依存的时代，美国的许多方面仍是得天独厚的，优势十分明显，其发展潜力仍是巨大的。

第二，美国的实力优势不是绝对的。美国的新保守主义者将美国的实力绝对化，认为美国能够凭借超强实力实现其帝国霸权梦想。然而，在实践中，美国在伊拉克战后重建过程中陷入泥潭的事实则充分说明实力并非万能的。单边主义的做法不符合世界多样性的现实，必然遭到世界各国人民和越来越多国家的反对和抵制，美国在国际社会中的领导地位及其国际形象也因此而受到极大的负面影响。在2007年次贷危机和2008年金融危机的冲击下，美国霸权的经济基础不可避免地受到削弱，不得不更多地依靠国际社会的合作与协调来解决问题。与此同时，面对全球化浪潮所带来的环境、能源、恐怖主义等各种全球性问题的挑战，任何单个国家的力量都无法单独应对。就连奥巴马也承认，"美在21世纪面临的主要问题和威胁无法通过一个国家单独解决，甚至无法通过与传统盟友的合作得到解决，而是必须通过与大多数国家和国际组织的合作来解决"。纵观历史上世界强国争雄的兴衰可以发现，受发展不平衡规律的制约，世界大国在综合国力的较量中向来不存在固定不变的格局。没有一成不变的强者。

第三，短期内，美国的国际主导地位还没有哪一个国家能够代替。但从长远看，美国单极霸权主导国际事务的局面必然会被打破，世界将更加深入地向多极化过渡。世界需要美国这样的超级大国积极介入国际事务，但积极介入并不是等同于任意干涉他国事务。伊拉克战争是美国单极霸权的集中体现，美国却因此陷入前所未有的孤立境地。奥巴马上台后在内忧外患之下摒弃了小布什政府的强硬姿态，但维护、强化美国霸权地位的实质并没有改变。历史的经验表明，一旦霸权过度膨胀，难免就会捉襟见肘。只要美国继续奉行强权政治政策，它与世界其他力量之间的矛盾和斗争就会继续发展，迫使世界其他力量寻求制衡美国的有效途径。当前，美欧之间、美日之间在经济、地区主导权等问题上存在激烈的竞争，俄罗斯和中国等大国是国际事务中牵制美国的重要力量。其他一些地区性大国和国际组织在国际关系中也发挥着日益重要的作用，对美国的国际行为形成牵制。未来的国际社会将不会再处于某个国家单极主宰之下，而是世界各国通过合作与竞争共处、相互依存来维护世界和平、实现共同发展。

2008年从美国爆发的金融危机和经济危机对美国的实力以致其前途无疑有巨大的负面影响，其实力受到很大的削弱，甚至可以说是美国走向衰落的重要转折点。但即使这样，我们还应该看到，美国这个超级大国走向完全衰落将是一个非常漫长的过程。对此我们必须有清醒的认识和正确的对策。

第五章　走向联合的欧洲

　　欧洲曾在古代孕育了辉煌的古希腊和古罗马文明，历史源远流长。近代以来，欧洲是资本主义和殖民主义的发源地，是各种政治思想和政治哲学的发源地，同时也是两次世界大战的策源地和主战场。在"二战"前的数百年中，欧洲一直是世界政治、经济和文化的中心。

　　欧洲世界中心地位的丧失，源自资本主义各国政治经济发展不平衡和世界体系的变化。19世纪末20世纪初，随着美、日的迅速发展，欧洲的经济地位开始相对下降。第一次世界大战虽尚未使以欧洲为中心的国际力量结构发生根本变化，但欧洲诸列强明显受到削弱。与此同时，第一个社会主义国家——苏联出现在欧洲侧翼。第二次世界大战使欧洲资本主义列强遭到沉重打击，加之战后世界殖民体系瓦解，欧洲各国的宗主国地位最终丧失，几百年来以欧洲为中心的局面宣告结束，世界资本主义的重心转移到美国。不仅如此，欧洲分裂成西欧、东欧两部分，资本主义的西欧沦为美国的附庸，社会主义的东欧则为苏联所控制，昔日雄踞世界霸权地位的欧洲，不得不在美苏的夹缝中求生存。

　　20世纪80年代末90年代初，欧洲再次发生震荡。东欧剧变，苏联解体，欧洲的力量结构开始进行新一轮调整与重组。一方面，欧洲国家联合自强成为世界政治经济中的一支重要力量，欧洲一体化范围和程度不断扩大和深化；另一方面，在欧洲格局重新组合的过程中，面临诸多内部和外部的不确定性因素。在2008年全球金融危机的冲击下，欧盟国家经济也陷入了衰退之中，欧洲一体化进程也因资金匮乏而受阻。如何加强欧盟的凝聚力来克服金融危机的不利影响，是联合中的欧洲需要应对的新的焦点问题。

　　从地理上讲，欧洲包括俄罗斯等地处欧洲部分的独联体国家。俄罗斯跨欧亚两洲，尽管它一直强调自己的欧洲特性，但对于欧洲而言，俄罗斯无论面积还是潜在的影响力都太大了。本章将只论及除俄罗斯等独联体国家以外的欧洲国家。

第一节　"二战"后西欧的联合自强

　　西欧作为一个政治地理概念，是指"二战"后欧洲所有的资本主义国家，共24个。其中实力较强、影响较大的国家有英国、法国、德国和意大利。这些国家在"二战"后走上了联合的道路，经济上，通过联合医治战争创伤，发展成为资本主义经济的三大中心之一；政治上，通过联合朝着更高层次的政治联盟推进，成为世界政治多极化趋势中的重要一极；外交上，通过联合努力"用一个声音说话"，提高自身的国际地位。

一、西欧经济与政治

1. 西欧经济

"二战"结束时，西欧各国经济险象环生，工业凋敝，食品匮乏，物价飞涨，失业激增，殖民体系相继瓦解，不仅在世界工业生产、贸易、金融中的地位降到历史上的最低点，而且无力依靠自身力量摆脱困境。战后几十年，西欧经济得到了迅速的恢复和发展，成为资本主义世界经济的三大中心之一，并由此带来国际关系及世界力量格局的深刻变化。

战后初期至20世纪50年代初是西欧国家经济的恢复阶段，到1951年，各国经济基本上恢复到战前水平。50年代到70年代初，是西欧经济发展的"黄金时代"，各国国民经济高速发展，其中，联邦德国发展最快。70年代初经历了"石油危机"和资本主义经济危机后，各国经济增长明显放慢，通货膨胀严重，失业率居高不下。80年代是西欧经济全面调整，摆脱困境，走向振兴的艰难时期，各国经济爬出低谷，进入低速增长时期。整个90年代，西欧各国经济有波峰也有低谷，总的发展势头是好的。西欧国家经济在战后能够取得发展，主要受以下几个方面因素的推动和影响：

第一，国家垄断资本主义的调整。战后，西欧各国普遍接受凯恩斯主义，通过对一些基础工业和公用事业实行国家所有制，制定各种经济政策，推行以全民社会福利为核心的社会政策等方式，担负起对整个国民经济进行调节、干预和对国民收入进行再分配的任务。这实际上是对资本主义生产关系做出的重大变革，以完成大规模经济调整和重建任务，并适应战后生产社会化的发展程度。国家垄断资本主义的实行既推动了战后西欧经济的发展，又使得战后西欧国家乃至整个资本主义世界经济呈现出全新的特点和面貌。

第二，新科技革命的推动。战后的新科技革命始于美国，但西欧很快成为新技术革命的另一支主力，并在生产管理中广泛利用新科技成果，提高劳动生产率，促进了产业结构的调整和劳动者素质的提高，加速了经济活动的进一步国际化，极大推动了经济的迅速发展。

第三，西欧经济联合的推动。西欧各国通过日益加强的经济合作实践，使经济实力迅速提升，增强了国际竞争力。尤其是欧共体（欧盟）的建立和发展，加速了成员国之间商品、资本、劳务、人员的自由流通，促进了各国经济的发展。

第四，美国战后对西欧的援助。其中，最为突出的是"马歇尔计划"对战后欧洲重建的显著作用。通过"马歇尔计划"的实施，西欧国家获得了恢复经济所必需的物资和支付手段，防止了社会动荡，也带动了美国私人资本向西欧国家的流入。同时，美国在西欧长期大量驻军，西欧处于美国的军事保护伞下，无须巨额军费开支，可全力发展经济。

第五，稳定的国际经济环境与第三世界国家廉价的能源、原材料。战后至20世纪70年代，以美国为主导建立起来的资本主义世界贸易、金融秩序稳定有效地运行，是西欧国家经济发展的重要国际背景。同时，西欧国家充分利用与许多发展中国家的历史联系，大量获得廉价的能源、原材料和劳动力以及广阔的市场，在对第三世界的盘剥中推动本国经济发展。

西欧经济在成为世界三大中心之一的同时，也面临一些新旧矛盾的困扰。一是在新科技革命中相对落后的问题，当20世纪90年代美国高新技术推动其经济快速增长时，西欧各国并未引起高度重视，以致西欧的高新技术改革至少落后了美国10年。因而，高新技术对传统工业技术改造乏力，成为西欧经济落后于美国经济的一个重要方面。二是国际竞争力下降的问题，西欧工资水平高导致劳动力成本高，产业结构老化，社会福利负担多，在经济增长速度放慢和停滞的情况下，造成巨额财政赤字，影响经济的国际竞争力。三是失业率居高不下的问题，由于科技进步带来产业结构的调整，失业在西方国家成为一种结构性问题，西欧多数国家的失业率长时间居高不下，是西欧经济发展的一大不利因素。四是德国经济的带动作用减弱，德国是西欧经济的火车头，德国统一后经济下滑造成西欧经济整体增长速度放缓。

进入21世纪后，欧元的问世加强了欧盟在世界经济、金融和贸易中的地位，向作为国际储备货币的美元发起挑战。在激烈的国际竞争中，西欧国家自身有着明显的优势，那就是一体化框架内所体现出来的雄厚的总体经济实力以及历史积累起来的科技基础。但是，面对经济全球化的浪潮和一些发展中国家的迅速崛起，已进入高福利时代的欧洲国家感到越来越大的外部压力，尤其是2008年以来，受美国次贷危机及全球性食品和石油价格高涨的影响，支撑欧元区经济增长的投资、消费和出口三大支柱全线下滑，经济形势恶化，甚至出现衰退。尽管各国政府出台救市措施，复苏仍然乏力。2010年初希腊出现资不抵债的困境引爆了欧元危机，使得欧元区经济的前景更加错综复杂。

2. 西欧的政治、社会状况

西欧是资产阶级议会民主制度的发源地，资产阶级的议会民主思想在西欧具有广泛、深厚的社会基础与影响。"二战"结束后，原法西斯国家和遭受法西斯统治的国家很快恢复起资产阶级民主制度。至20世纪70年代中期，西欧实行独裁统治的葡萄牙和西班牙也完成了向民主制度的过渡。与此同时，西欧国家还从体制上不断调整、完善这一根本性政治制度，最突出的是法国在1958年的政治危机中请戴高乐重返政界，并在他的领导下摒弃了导致政府软弱和党派活动起支配作用的第四共和国，建立起国家行政权力更加强有力的法兰西第五共和国。这些措施有效地维护了政权的稳定与有效运行。

由于历史状况、文化传统及政治经济条件等因素的影响，西欧国家实行的政治体制各不相同，主要有民主共和制和君主立宪制两种类型。另外，西欧还有三个国家政治体制比较特殊：安道尔和摩纳哥实行大公国制，梵蒂冈是教皇国。当代西欧无论是民主共和制还是君主立宪制，实质上都是资产阶级的议会民主制，都实行"三权分立"原则，行政权属于君主或总统、内阁首相（总理），司法权属于最高法院，立法权属于议会。就国体来讲，都是资产阶级专政国家。其中，英国、法国、德国、意大

信奉民主社会主义的政党）的影响更为突出，西欧社会民主党已成为当今西欧政坛上与资产阶级自由保守派相抗衡的一支主要力量。

民主社会主义既是一种理论体系，又是一种社会运动，它宣称既反对资本主义的种种不公正和社会弊端，又反对共产主义和"极权主义"，要成为代替资本主义和共产主义的第三种力量。在纲领上它特别强调"民主"的意义，反对暴力革命和无产阶级专政，主张实行多党制、自由、人权等政治民主以及经济民主和社会民主，其基本政治战略是妥协战略，注重改良主义的合法途径。在意识形态上，它主张多元主义，反对单一的思想基础。在国际问题上，它主张国际民主，把维护世界和平作为当今时代最高任务，推动裁军进程，促进南北经济合作，支持民族解放运动，反对殖民主义和霸权主义。可见，它的许多观点在西欧资本主义国家中有进步意义。

民主社会主义思想的社会改良主张和社会民主党"和平变革"的口号，迎合了西欧人民要求社会变革而又求稳怕乱的心理。在人民群众渴望社会进步的潮流下，社会民主党先后在英国、法国、瑞典、挪威、芬兰、丹麦、荷兰、比利时、奥地利、联邦德国、意大利等一系列国家执政或参政，为社会民主党实践自己的改良主义理论提供了大好机会，从而在欧洲政坛上留下深刻的烙印。欧洲一体化、福利制度、国有化、国家干预调节等社会经济政策就是由社会民主党人所大力倡导和推行的。但是，实践中由于这些改良措施遭遇到种种困难，社会民主党人的主张不得不向保守派政党的政策靠拢，导致二者之间的差异在不断缩小，这反映了改良主张的内在矛盾性与局限性。

二、欧洲一体化的进程和成就

欧洲一体化，是指"二战"结束以后从西欧开始的以部分让渡主权、建立超国家机构为标志的、经济上不断趋向联合并带动社会与政治走向联合的实践。半个多世纪以来，由于欧洲一体化的深入发展，西欧各国经济实力增强，内部长期稳定得到维护，一度在战后沦为二三流国家的西欧各国作为一个整体成为国际政治中一支重要的力量。

有关欧洲统一的思想历史悠久。欧洲曾长期处于战争中，中世纪后，不断有各种把欧洲国家和平地组织起来的思想。"二战"后，欧洲统一从理想走向现实。面对瘫痪了的经济和废墟般的城市，西欧国家深感要复兴欧洲文明和维护欧洲的长期和平，防止法西斯主义东山再起，必须依赖彼此间的联合；冷战的开始使欧洲被分割为东欧和西欧，共同的外在威胁加快了西欧各国联合的步伐；与此同时，美国为控制西欧、对付苏联，大力推动西欧联合，并以此作为援助西欧的条件。在这种背景之下，战后的欧洲一体化实际上表现为西欧发达国家的一体化。

最初，西欧联合的发展以政府间合作为特征，成立了许多政府间国际组织，主要有：为实施"马歇尔计划"而于1948年建立的欧洲经济合作组织，从事成员国间的经济合作；同年建立的布鲁塞尔条约组织，从事成员国间的外交防务合作；1949年成立的欧洲委员会，从事成员国间的政治、社会方面的合作等。到20世纪50年代初，先从经济领域建立局部共同体的主张代替了各种野心勃勃的统一计划，从欧洲煤钢共同体开始的西欧经济联合为欧洲一体化确立了决定性的方向。其发展进程大致可分为以下三个阶段：

1. 起步阶段

从1950年5月法国外长罗伯特·舒曼提出建立欧洲煤钢共同体的"舒曼计划"，到1957年3月《罗马条约》的签订。这一时期一体化的主要成果是欧洲煤钢共同体的建立和发展。根据"舒曼计划"，1951年4月18日，法、西德、意、比、荷、卢六国在巴黎签署了《欧洲煤钢共同体条约》，并经各国议会批准于1952年7月正式生效，迈出了欧洲一体化具有开创性的第一步。欧洲煤钢共同体的建立和发展取消了西欧六国煤钢工业产品贸易中的一切限制，加强了彼此间的经济联系，推动了六国的经济发展。欧洲历史上第一次出现了民族国家政府通过把部分权力委托给某个超国家机构来开展国家间合作的范例，在长期运转中它还逐步积累了建立超国家机构的丰富经验，为后来欧洲经济共同体的建立提供了有利条件；它也使法德关系的改善出现转机，标志着作为西欧联合先决条件的法德和解的开始。

2. 发展壮大阶段

从1957年3月《罗马条约》签订到1991年12月《欧洲联盟条约》签订之前。这一时期西欧一体化的主要成果是建立了欧洲共同体，在建设欧洲统一大市场的经济一体化方面取得长足进展，在政治一体化和防务合作方面开始取得一定进展。

在欧洲煤钢共同体的基础上，西欧六国于1957年3月又签订了《欧洲经济共同体条约》和《欧洲原子能共同体条约》，通称《罗马条约》，确定了建立一个共同市场的总目标，这是西欧一体化进程中的又一重要步骤。1958年1月1日，欧洲经济共同体和欧洲原子能共同体正式成立。为了促进进一步联合，1965年4月西欧六国签署了《布鲁塞尔条约》，决定将六国的三个共同体的主要机构实行合并，统称欧洲共同体。1967年7月1日条约正式生效，欧洲共同体正式成立，对于统一和协调欧洲一体化进程有着重要意义。作为西欧联合的稳定核心，欧共体对其他国家产生了吸引力，规模也不断扩大。1973年，英国、爱尔兰、丹麦加入；1981年希腊加入；1986年西班牙和葡萄牙加入，欧共体扩大到12个国家。这一时期，欧共体在经济一体化方面的进展主要有以下几个方面：

第一，建立关税同盟。这是建立统一大市场的基本要求，也是共同体的主要支柱之一。即在共同体内部分阶段削减关税直到最终取消关税，实现商品自由流通；对外则筑起统一的关税壁垒，限制外部商品的输入。

第二，实行共同的农业政策。这是共同体的另一支柱。主要内容是建立农业基金，统一农产品价格，实行农产品出口补贴，取消农产品关税，实现共同体内农产品的自由流通。

第三，建立欧洲货币体系。为加强共同体各国的货币合作，创建了"欧洲货币单位"（埃居）作为中心汇率的计算单位，对内实行可调整的固定汇率，对外实行联合浮动，以促进欧共体国家贸易的发展。

第四，加强科技合作。欧共体自20世纪80年代初已先后制定并实施了四个研究与技术开发框架计划，取得了不少重大成果，如"阿丽亚娜"火箭的研制与成功发射等。1985年由法国总统密特朗提出的尤里卡计划是振兴西欧尖端技术的重大举措，它不限于欧共体范围，而是扩大到了非共同体成员的欧洲国家。

相比经济一体化，欧共体政治一体化比较曲折缓慢。20世纪50～60年代欧共体在建立政治联盟方面基本上没有什么建树，各种方案均告流产。直到70年代初才开始有所进展，主要表现在：确立了欧洲政治合作机制，成员国外长定期协商对外政策，努力做到在国际舞台上"用一个声音说话"，以及欧共体机构的调整与完善。

在防务方面，长期以来欧共体一直依靠"北约"。20世纪80年代，欧共体内的防务合作出现了新气象。1983年初，西欧12国建立了国防部长定期会晤制度，1984年10月沉寂多年的西欧联盟①正式重新启动。虽然西欧联盟只包括欧共体七国，不属于欧共体一级的联合，但由于七国都是欧共体主要国家，且防务政策上也有较多共同点，因而十分引人注目。

3. 一体化发展的新阶段——全面深化与扩大

20世纪90年代以来欧洲一体化高潮迭起，最令世人瞩目的是欧洲联盟的启动和欧洲一体化的全面深化与扩大。

1991年12月欧共体12国在荷兰马斯特里赫特首脑会议上就《欧洲经济货币联盟条约》和《欧洲政治联盟条约》达成了协议，并于1992年2月的部长会议签署。这是欧洲一体化历史上的又一个里程碑。经货联盟的目标是实现欧洲统一货币和成立欧洲中央银行，政治联盟的目标是包括外交和安全政策、司法与内部事务合作等内容的更为紧密的国家联盟。虽然此后在各成员国批准《马约》的过程中发生了周折，到1993年11月1日《马约》才正式生效，但它标志着欧洲一体化进入一个新阶段。

《马约》签署以后，欧洲一体化取得了一系列突破性进展。1993年1月1日，欧洲统一大市场开始运转，实现了商品、资金、劳务、人员的自由流通。1994年1月1日，由欧盟12国与奥地利、芬兰、挪威、瑞典、冰岛5个欧洲自由贸易联盟国家组成了欧洲经济区，为准备加入欧盟的自由贸易联盟国家铺平道路。1995年1月1日，欧盟接纳奥地利、芬兰、瑞典3国为新成员，再度扩大到15国。1995年12月欧盟马德里首脑会议决定从1999年起实行单一货币，名称定为"欧元"，并制定了实施的具体时间表。1997年10月欧盟15国在荷兰正式签署《阿姆斯特丹条约》，这是又一个具有重要历史意义的条约，修改、补充了《马约》的不足。1998年5月欧盟确定了除英国、丹麦、爱尔兰、希腊之外的11国首批加入"欧元"，6月欧洲中央银行成立

---

① 1948年，英、法、荷、比、卢五国签署《布鲁塞尔条约》，成立布鲁塞尔条约组织。1954年签订《巴黎协定》，修改《布鲁塞尔条约》并吸收联邦德国、意大利参加，将组织更名为西欧联盟，协定于1955年5月6日生效，西欧联盟正式成立。总部设在伦敦，任务是协调成员国国防政策、武装部队和军工生产，并在政治、社会、法律方面进行合作。

并确定了欧元区各成员国货币的比率。1999年1月1日欧元如期启动。2000年12月，欧盟尼斯首脑会议通过了《尼斯条约》草案，对欧盟实施东扩战略后的政治体制做出了安排。2001年1月1日希腊加入欧元区。2002年1月1日，欧元正式进入流通领域。2004年，欧盟吸收了东欧、南欧10个国家，2007年罗马尼亚、保加利亚加入，一个横跨东西欧包括27个国家的新欧盟出现了。截至2009年，使用欧元的国家已经增加到16个。

欧洲一体化所产生的影响远远超出其自身领土之外，历史作用不容低估，同时在理论上提出了许多问题和启示。就成员国内部来看，首先，一体化有力地推动了西欧经济发展。到20世纪60年代末，欧共体就已经成为资本主义经济的三大支柱之一。统一大市场诞生后，经济发展被赋予新的活力，内部经贸条件得到改善，优化了生产要素的配置，推动了技术合作，扩大了经济规模。欧元的启动，标志着经货联盟的框架已经形成。

其次，欧盟的机构建设日臻完善，部长理事会、欧盟委员会、欧洲议会和欧洲法院之间的配合、协调日趋成熟。从20世纪60年代末70年代初的欧洲政治合作机制发展而来的共同外交和安全政策（CFSP），虽然困难重重，但在采取共同立场和联合行动方面还是取得了一定成效，司法和内部社会事务合作的领域逐步得到拓展。

最后，一体化维护了成员国内部的长期稳定。凭借一套一体化机制，欧洲国家之间历史上遗留下来的矛盾和冲突得到缓解，27个成员国人民的生活密切联系在一起，大大强化了"欧洲意识"，结束了欧洲历史上列强纷争的局面。

从世界范围来看，一体化极大地增强了欧洲国家的国际地位，使之成为世界多极化的促进力量和不断上升的力量中心，并在国际事务中发挥了积极作用。欧盟扩大成为现实，使其在未来世界中的作用和地位将更加突出，大大增强了其在多极化世界格局中同世界其他力量相抗衡的能力。

理论上，欧盟作为战后最有成效的区域性集团，为区域一体化提供了成功的范例，促使越来越多的国家开始尝试通过一体化来改善本地区的体系结构，以更好地增进各自的发展与安全。

三、西欧国家的对外关系

西欧各国的外交政策不尽相同，但它们所处的国际地位相似，有着共同的目标、共同的战略利益和战略思想，这就使以欧盟国家为核心的西欧国家在国际舞台上形成合力，在对外关系中采取共同立场与行动，其对外政策的基本倾向是一致或相近似的。

战后初期，西欧在对外关系中基本上是追随美国，奉行反苏反共的对外政策。到了20世纪60~70年代，随着经济实力的加强和国际形势的变化，西欧各国寻求独立自主的倾向日益明显。"冷战"结束后，西欧联合的步伐加快，对外关系当中的主动性也不断加强。《马约》将共同外交和安全政策确立为欧盟的支柱之一，提升了起步于70年代的欧洲政治合作，目的是为欧盟对外政策建立起一套法律框架和法定程序，采取共同立场和联合行动的手段执行共同外交和安全政策，并最终形成共同防务。但是，共同外交和安全政策只是提供了一个操作的框架，运作仍然采用的是国家间合作的方式，在实际操作中遇到很多问题，行动力会受到很大牵制。

1. 欧美关系

建立和发展与美国的同盟关系一直是战后西欧国家对外关系的首要内容。"冷战"期间，由于面临共同的敌人，西欧和美国拥有一致的安全利益，以北约为纽带建立起美国为主、西欧为辅的关系格局。虽然自20世纪60年代开始，西欧的离心倾向就不断发展，但双方的矛盾冲突总的来说是很有节制的。

"冷战"结束以后，欧美之间的利益分化开始突出，矛盾上升。欧洲一体化发展迅速，以欧盟为核心的西欧国家在摆脱了"冷战"束缚以后，谋求与美国建立新型的、平等的伙伴关系，实现欧美在国际事务中共同发挥领导作用的目标。具体表现为：

在安全领域，西欧国家主张未来的欧洲安全结构以欧盟为核心，为此一方面强化西欧联盟，组建欧洲军团；另一方面在北约框架内建立"欧洲防务支柱"。美国则坚持北约在欧洲安全中的主体地位，淡化欧洲其他机构的作用。

在重大的国际和地区事务上，欧美的分歧也日渐增多，西欧国家反对美国的单边主义政策，主张加强多边协商，力图分享美国在欧洲和其他地区事务中的主导权。2003年的伊拉克战争引发了"二战"后欧美关系史上的最严重冲突，法国、德国等欧洲国家坚决反对美国对伊拉克动武，表明欧美矛盾上升到战略层面。

在经济领域，欧美之间更是充满错综复杂的矛盾和斗争。20世纪90年代中期，针对美国制裁古巴、伊朗、利比亚的赫尔姆斯—伯顿法和达马托法，西欧国家均表示出强烈的抗议。在WTO有关农产品、服务行业等领域的谈判进程中，欧美之间的竞争同样非常激烈，互相采取保护市场的措施。

与此同时，也应该看到，"冷战"后欧美之间仍保持着较稳定的同盟关系，在一系列问题上进行了有效的合作，双方关系总体上仍以美国为主。在维护西方国家为主导的国际政治经济秩序、难民、反对恐怖主义、环境保护等方面，欧美的利益高度一致。在经济领域，彼此的相互依存仍然很高，在贸易和投资方面保持着紧密的合作。更为重要的是，欧美关系中军事安全因素的支柱性作用依然存在。西欧国家认识到，西欧还无法独立承担起维护整个欧洲稳定的任务，仍需依赖美国预防和解决局部战乱，并防止俄罗斯的潜在威胁以及缓解欧洲国家对德国的历史性疑惧。就连反美情绪最激烈的法国也不得不承认，欧洲独立防务力量的建设无法绕开北约，因此改变了20世纪60年代以来拒绝参加北约军事—体化机构的立场，于1995年12月宣布恢复法国在北约军事委员会的席位，并在2009年正式重返北约军事—体化机制。

从长远发展来看，欧美矛盾将呈上升趋势，但欧洲仍将继续奉行与美国结盟的战略。欧美关系具有两面性，是一种摩擦、争夺与协调、合作并存的复杂的盟国关系。当然，这种两面性在不同西欧国家的对美关系上表现程度不同，而且在不同条件下侧重点也不同。这种两面性是世界走向多极化、大国实力均衡化和大国利益日益独立的结果，也是世界全球化、国家间相互依存和渗透加深的结果。目前，西欧国家对美仍有一定程度的依附，还不是与美平起平坐的一极。西欧要想实现成为世界独立一极的战略目标，还必须借助美国的影响和支持。因此，巩固和发展与美国的同盟关系，仍是西欧国家对外关系的核心环节。

2. 欧苏、欧俄关系

"冷战"期间，西欧一直将苏联看成是对自己安全的最大威胁。从战后初期到20世纪50年代，西欧追随美国，对苏推行军事对抗和经济封锁的遏制政策。到60年代，西欧对苏联的政策趋向松动灵活，在联美抗苏的同时，力主美苏缓和以确保欧洲安全，并借助苏联平衡美国，增加西欧在东西方关系中的发言权，减少对美国的战略依赖。戴高乐率先打破僵局，对苏东集团采取"缓和、谅解和合作"的政策，1969年勃兰特出任联邦德国总理后，开始实施"新东方政策"，为欧洲局势的继续缓和创造了条件，1975年欧洲安全合作会议的召开使欧洲缓和达到高潮。但是，由于苏联利用同西方缓和之际大力向全球扩张，从20世纪70年代末开始，西欧转而奉行"防务加缓和"的战略。戈尔巴乔夫上台后，东西关系进入了历史上罕见的缓和时期，西欧国家积极配合美国实施"和平演变"战略，而且与美国相比，对苏东的改革持肯定和支持的态度。

对苏联解体之后的俄罗斯，西欧采取既合作又防范的政策。在安全问题上，西欧各大国与俄罗斯建立了定期对话机制，互换信息，增强相互信任。在政治关系上，欧盟与俄罗斯1994年6月签署了"伙伴关系与合作协议"将对话制度化。1999年欧盟科隆首脑会议制订了"欧盟对俄罗斯的共同战略"，确定欧盟对俄罗斯的战略目标是促使俄"更加开放、稳定、民主、多元化并为繁荣市场经济而实行法治，为欧盟与俄罗斯在21世纪的战略伙伴关系创造广阔的前景"。在经济上，欧盟是俄罗斯最大的经济合作伙伴，俄罗斯50%以上的对外贸易和60%以上的外资来源于欧盟国家。但是，从地缘的角度考虑，无论俄罗斯采取何种政治经济制度，一个强大的俄罗斯始终会令西欧国家感到不安。欧俄关系中的牵制与防范将长期存在。

3. 欧日关系

在以美日欧为支柱的资本主义世界中，西欧和日本都把对美关系放在首位，欧日之间的关系则一直处于相对冷淡的状态之中。1994年，欧盟提出的《走向亚洲新战略》，将对日关系重新定位，作为欧盟亚洲战略的重要组成部分。在此推动下，西欧各国同日本的关系有了新的发展，领导人互访频繁，开始探索有效的经济、政治合作方式。西欧和日本在争取地区事务主导权、保障中东的能源供应、保证俄罗斯的稳定和民主化等方面存在共同利益。然而，由于传统和现实的原因，欧日关系的发展缺乏强劲的推动力，短时间内很难有所突破。

4. 西欧与中东欧的关系

"冷战"期间，西欧各国同中东欧国家的关系受制于西欧同苏联的关系。"冷战"

后，欧洲一体化的范围从西欧扩展到全欧，中东欧的前社会主义国家成为西欧加紧渗透的对象，成为北约、欧盟两大机构东扩的对象国。西欧各国普遍重视与中东欧各国发展关系，支持这些国家彻底融入西方体制，提供各种援助和优惠贷款，向这些国家大量投资，扩大了在中东欧地区的政治、经济、文化影响，不仅以援助直接帮助了东欧的转轨，而且借援助条件和入盟标准引导了这些国家向市场经济和西方式自由民主制的转轨进程。

5. 西欧与第三世界的关系

西欧国家多是老牌殖民帝国。战后，殖民体系瓦解，西欧国家逐步承认新独立的第三世界国家是主权国家，并积极主动地发展相互关系。到 20 世纪 70 年代后，开始从战略的高度考虑和处理与第三世界的关系问题，采取开明、积极的态度，提出相互依存的思想和"以对话代替对抗"的方针。政治上，西欧倡导南北对话，在中东、中美洲、南部非洲等问题上采取有别于美国的立场，反对美国在第三世界一些国家的争夺和干涉。经济上，西欧在能源、原料和市场等方面依赖第三世界，把加强同第三世界的经济联系作为对外政策的重点。其中，欧共体自 1975 年后与非加太地区 68 个国家先后签订的四个《洛美协定》，对建立新型南北关系产生了十分积极的影响。

20 世纪 90 年代以来，西欧国家进一步加强了与发展中国家和地区的经济联系，越来越多地参与地区的政治与安全事务，制定了一系列有针对性的长期战略或政策，创建了亚欧会议、非欧会议、拉美欧洲首脑会议等合作与对话机制。其中，欧亚关系的迅速发展十分令人瞩目。随着东亚日益成为与北美、西欧并立的世界经济乃至政治中心，德、法、英等欧洲大国纷纷加强了对亚洲政策的力度。在此基础上，1994 年欧盟制定了《走向亚洲新战略》的文件，确定了加强同亚洲国家政治、经济关系的新战略。此后，欧盟又相继制定出对亚洲主要国家的长期政策。1996 年 3 月首届亚欧会议召开，标志着欧亚之间建立起常设性对话合作机制。2001 年 9 月，欧盟再度发表了与亚洲"加强伙伴关系"的新战略。

总体来看，西欧国家与第三世界国家的关系除了有依赖、合作、援助的一面，也有利用、操纵、竞争的一面。西欧国家的援助政策往往附加"人类发展"、"自由"、"市场经济"、"私有制"等先决条件，而且，一旦第三世界国家的经济发展构成对西欧的竞争压力，则转向对自身的保护政策。归根结底，西欧在处理南北关系时是将其集团利益置于首位的。

6. 西欧同中国的关系

自从 1975 年欧共体同中国建交以来，双方关系总体发展比较顺利。到 20 世纪 70 年代末，除梵蒂冈之外的所有西欧国家都与中国建立了正式外交关系。1985 年欧共体同中国签署了贸易合作协定，使双边关系有了法律依据。90 年代以来，随着中国经济的持续高速发展，政局稳定，市场不断开放，综合国力不断增强和国际地位日益提高，中国在西欧各国对外关系中的地位得到提高。西欧国家认识到，在世界多极化的发展中，中国是在联合国和其他国际事务中重要的合作伙伴，因此有必要从战略的高度来发展对华关系，欧中关系得到进一步的改善和加强。从 1995 年起，欧盟连续多年出台单独的对华政策文件，提出与中国建立全面伙伴关系的长期政策和措施。1998年伦敦亚欧会议期间，欧盟和中国举行了第一次中欧首脑会晤，并将此会晤机制化，使欧盟与中国关系进入一个新的时期。

东扩后的欧盟已超越美日成为中国最大贸易伙伴，欧中经济合作的前景是巨大的。政治上，欧中双方无根本利害冲突，能够在一些重大国际事务中相互借重，协调合作。英国、法国、德国等西欧大国普遍重视对华关系，经贸、社会、文化等领域的交流不断扩大。双方高层频频互访，增强彼此政治互信，积极推动多领域、多层次、多渠道、多形式的双边和多边交往合作。欧中关系正处在一个相互借重、互利共赢的时期，必将进一步增强各自在国际力量格局中的地位和分量。然而，由于欧中在历史、文化传统、社会制度和价值观念上的差异，西欧对华政策具有明显的两面性。作为西方世界的主要力量，西欧一直没有放弃对中国推行西化战略，对中国采取既保持接触又保持压力的政策。台湾问题、人权问题、西藏问题、军控问题等仍会在双边关系中起到一定的干扰作用。如果处理不当，就会影响双边关系的发展。2008 年，围绕拉萨骚乱和奥运火炬传递等问题，欧盟对中国的指责不断增加，与中国关系一度陷于紧张，反映出对中国深层次的误解和防范心理。

第二节　东欧国家的发展演变

"东欧"或"东欧国家"是"二战"后由于"冷战"而出现的一个特定的政治地理概念，指自然地理上的东欧、中欧和东南欧的波兰、匈牙利、民主德国、捷克斯洛伐克、保加利亚、罗马尼亚以及南斯拉夫、阿尔巴尼亚 8 个连成一片的社会主义国家。历史上，东欧各民族往往是大国争夺的牺牲品，大多受过罗马帝国、日耳曼帝国、奥斯曼帝国等的侵略或占领，从 19 世纪中叶到"一战"期间，东欧各国的雏形才出现，它们虽然同西欧一起分享欧洲的历史文化传统，但却缺少西欧资本主义发展的过程和经验。"二战"后，东欧国家都在反法西斯战争胜利的基础上走上社会主义道路，并且成为东西方对峙的前沿地带。20 世纪 80 年代末 90 年代初，东欧剧变，华约解散，东欧国家均提出"回归欧洲"，推行全面的西化政策。

一、东欧国家的社会主义实践

1. 东欧人民民主国家的建立

东欧地区在"二战"前经济比较落后，资本主义发展水平较低，封建势力有深厚基础，存在着尖锐的社会矛盾。"二战"期间东欧国家均被法西斯德国、意大利所占领，各国人民将反法西斯的斗争和国内反封建的民主任务结合起来。战后，东欧国家先后建立了人民政权，确立了社会主义制度。其中，阿尔巴尼亚和南斯拉夫主要依靠本国人民的武装力量打败法西斯，获得解放，两国共产党在政权建立之初就确立了自己的领导地位。德意志民主共和国是德国苏占区在经过几年民主改革的基础上，在苏联的帮助和支持下建立的。波兰、捷克斯洛伐克、匈牙利、罗马尼亚和保加利亚 5 国国内共产党的力量有一定发展，领导人民进行了反法西斯斗争，但主要是依靠苏联军队的力量获得解放。战后初期，这些国家出现了短暂的人民民主阵线时期，建立起多党联合政府。随着"冷战"的爆发和国内形势的发展，各国共产党动员人民群众，并在苏联的有力支持下，最终将亲西方的党派清除出政府，确立了共产党的主导地位。

总的看来，东欧各国政权的转变与社会主义发展道路的确立是东欧国家在特定的社会历史条件下发展的必然结果。东欧国家借助外力取得革命的胜利，在当时有其合理性与优越性，但从长远看也带来一些复杂的问题。尤其是苏联对东欧国家的干预和控制从一开始就给社会主义国家间的正常关系带来很大的消极影响。

2. 东欧社会主义国家的政治与经济

东欧国家在走上社会主义道路以后，经过 40 多年的努力，在许多方面取得了历史性的成就，突出地表现在：

第一，在政权建设方面，建立了以共产党的领导为核心的社会主义人民政权，在几十年的时间里基本上维持了政权的稳固和政局的稳定，为社会主义事业的发展提供了基础和保障。东欧各国都实行共和制，除南斯拉夫、捷克斯洛伐克实行联邦制外，其他 6 国实行单一制。

第二，在相当长的一段时间内，保持了较快的经济增长速度。通过高积累和高投资，东欧国家经济增长速度在 20 世纪 80 年代以前一般高于绝大多数发达资本主义国家。在国民经济持续发展的基础上，经济实力大大增强。

第三，实现了向现代化国家的过渡。经济结构发生显著变化，工业在国民经济中占据了主导地位。东欧多数国家在战前都是落后的农业国。战后按照重、轻、农的顺序优先发展重工业，绝大多数东欧国家，特别是原来较落后的保加利亚、罗马尼亚与南斯拉夫由农业国发展成为中等发达的国家。

第四，人民生活水平普遍提高。劳动报酬、住房等物质生活条件均有较大改善，就业、医疗保健等社会保障体系比较发达，保证了全体劳动人民的共同富裕，其中，民主德国、捷克斯洛伐克、匈牙利等国人民生活水平较高。

第五，社会主义文化教育事业蓬勃发展。东欧各国大力发展教育、科技和文化事业，造就了一大批科学技术人才，人民的科学文化水平迅速提高。

战后东欧社会主义国家的建立和发展，形成了一个强大的政治经济集团，开创了社会主义与资本主义国家之间和平共处与竞争的新时代，极大地改变了 20 世纪国际社会的面貌。但是，由于东欧各国的政治经济体制基本上照搬照抄了"苏联模式"，使其长远发展受到严重制约。所谓"苏联模式"，就是经济上高度集中，政治上过分集权。这种体制在短期内对集中全国有限的物力、财力和人力，医治战争创伤，恢复国民经济，快速实现社会主义工业化，奠定社会主义的经济基础，消除社会两极分化，实现相对公平等方面起到了积极作用。但是这种体制的局限性和弊端也十分明显，潜藏着许多矛盾与危机因素，特别是当国民经济的恢复发展达到一定水平，这种体制的低效、僵化、不民主等弊端就明显地暴露出来，严重阻碍了社会进步，甚至激起群众的不满和抗议。因此，从20世纪50年代起，东欧国家就开始了探索适合本国发展道路的改革。

率先举起改革大旗的是南斯拉夫，从20世纪50年代初开始，南斯拉夫就逐渐建立起自治社会主义模式，特点是分权和自治。这种大胆探索打开了"苏联模式"的缺口，在它的影响和带动下，其他国家也出现了改革的呼声。波兰、匈牙利在50年代中期进行了尝试。60年代中期，东欧国家借苏联国内改革之机，掀起新的改革浪潮，以匈牙利改革成效最为显著。1968年苏联入侵捷克斯洛伐克之后，东欧的改革陷入停滞。一直到80年代末，各国经济已陷入严重的困境，改革再度成为各国的共识。然而，由于没有坚持社会主义的基本原则，东欧各国的改革逐渐演化为政治经济制度的转轨，断送了社会主义几十年的建设成果。

实践证明，东欧国家的改革和积极探索结束了"苏联模式"的一统天下，促进了人们的思想解放，并取得了不同程度的实际效果。但是，这些改革总的说来未能使旧体制发生根本变化，而是在旧体制的框架内修修补补，成效有限。而20世纪80年代末掀起的改革高潮没有把握好方向，不仅没有解决旧的矛盾和问题，反而使社会主义事业出现逆转，是不成功的。

3. 东欧社会主义国家的对外关系

（1）东欧国家与苏联的关系。在"冷战"的背景下，社会制度、意识形态以及地缘的因素使东欧国家同苏联的关系在其对外关系中占据了主导地位。波兰、匈牙利、捷克斯洛伐克、保加利亚、民主德国和罗马尼亚6国是经互会和"华约"的成员国，同苏联是紧密的盟国。这些国家与苏联保持紧密的政治、经济、军事各方面双边关系，在政治上定期召开最高领导人会议协调政策，在经济上实行内部国际分工和生产专业化，在军事上实行统一装备，统一指挥，统一行动，而苏联一直充当着同盟中的最高权威和"家长"。保加利亚、民主德国与苏联的关系最密切，罗马尼亚则表现出较强的独立性。当然，这些国家和苏联之间也存在着矛盾：一是社会主义的单一苏联模式与东欧各国国情的矛盾；二是苏联的大国沙文主义、民族利己主义和对外扩张政策与东欧国家民族利益和独立自主要求的矛盾。这导致了东欧国家与苏联关系的种种曲折变化。苏联同南斯拉夫的矛盾、波匈事件、苏联同阿尔巴尼亚的矛盾、苏联入侵捷克斯洛伐克等都是典型的例子。20世纪80年代中期戈尔巴乔夫上台以后，放松了对东欧的控制，因此东欧国家的内政外交都体现了越来越大的自主性。东欧与苏联的关系发生了一系列新变化。然而正当人们期待着苏东社会主义国家间建立起正常、健康的相互关系时，东欧在1989~1990年间发生剧变，苏联于1991年底解体。

（2）东欧国家同西方的关系。"冷战"期间，"华约"东欧6个成员国同西方的关系受制于苏联同西方的关系。对于东欧诸国而言，发展同西方的关系，是它们争取独立自主权利的一种表现。东欧与西方本来有着传统的联系，"冷战"导致这种联系被隔断，东欧希望恢复这种联系，特别是经济联系。20 世纪 60 年代随着东西方关系的解冻，东西欧国家间的相互交往开始加强，70 年代美苏关系一度缓和，东欧国家同西方的关系有了较大发展。进入 80 年代，东欧对外开放的程度日益提高。其中东西欧之间的交往联系尤其密切，不仅贸易关系发展较快，而且在制止军备竞赛、维护欧洲的稳定与世界和平等重大问题上有着共同的认识。在东欧所有国家中，南斯拉夫最早和美国等西方国家全面发展关系，罗马尼亚、波兰同西方的往来相对较多，保加利亚则是同西方交往最少的。

尽管官方往来不多，美国和西欧多年来从未放弃对东欧国家进行和平渗透，颠覆社会主义国家的政治经济制度。一方面通过经贸关系对东欧国家诱压兼施，另一方面利用现代化的传播媒介对社会主义国家进行政治、思想文化渗透，此外，还煽动、支持社会主义国家内部的反政府势力进行破坏和颠覆。在 20 世纪 80 年代末的东欧剧变中，西方国家通过经济援助、政治支持、媒体介入等手段直接插手东欧剧变进程，起到了推波助澜的作用。

（3）东欧国家同中国的关系。东欧各国是继苏联之后最早承认中华人民共和国的国家。新中国在成立后不到两个月的时间内就同除南斯拉夫之外的东欧各国建立了外交关系。此后中国同这些国家在政治、经济和文化等方面关系发展迅速。20 世纪 60 年代初中苏关系恶化以后，东欧"华约"6 国中除罗马尼亚以外，受苏联影响执行反华政策。到 70 年代中期，双方关系逐渐改善。到 80 年代中后期，捷、波、匈、民德、保 5 国先于苏联对华实现关系正常化，并恢复了党际关系，经济贸易往来和科技文化交流合作也有较大幅度的增长。

南斯拉夫同中国 1955 年正式建立外交关系，20 世纪 70 年代中期开始两国关系有了迅速发展。阿尔巴尼亚在中苏关系恶化时坚定地站在中国一边，同中国的关系在 60 年代有不同寻常的发展。但 70 年代以后，由于中国调整了对内、对外政策，阿中分歧不断加深，直到 80 年代中期以后，阿中关系才有所缓和。

二、东欧剧变

所谓东欧剧变，是指从 20 世纪 80 年代末 90 年代初，东欧各个社会主义国家的政治经济制度发生根本性的变化，社会主义制度最终演变为资本主义制度的剧烈动荡。它是社会主义事业在东欧的失败，也是资本主义制度在东欧的重演，使世界社会主义、共产主义运动陷入低潮。

20 世纪 80 年代末，一些东欧国家陷入严重困难，国民经济每况愈下，社会政治领域也出现越来越多的不稳定现象。面对国内局势的巨大压力，一些东欧领导人受到戈尔巴乔夫"人道的、民主的社会主义"思想的鼓励和推动，决定以政治多元化和经济市场化作为猛药良方，结果导致局面失控。从 1989 年 6 月波兰大选开始，东欧出现了雪崩式的"多米诺效应"。仅 1989 年下半年，东欧"华约"6 国波、匈、民德、捷、保、罗的政局相继都发生了剧变，走上了改变国体、政体的道路。1990 年又波及南斯拉夫和阿尔巴尼亚，南斯拉夫更是在剧变过程中引发了国家分裂和战争的悲剧。

就东欧国家政权转移方式而言，基本上是和平的。波兰的统一工人党在多党制选举中失败而下台，匈牙利的社会主义工人党内部机会主义思潮占上风而发生自上而下的演变，民主德国和捷克斯洛伐克是反对派利用群众示威游行把共产党搞下台，保加利亚共产党则是自身软弱而让权。只有罗马尼亚情况比较特殊，由群众游行和武装力量倒戈结合搞垮政权，总统齐奥塞斯库夫妇遭逮捕并被处决，以最激烈的方式实现了政权的更迭。东欧国家的反对派夺取政权以后无一例外地全面实行向资本主义制度的转轨，使东欧传统社会主义的成果丧失殆尽。

东欧剧变这样一个历史事件，原因是深刻复杂的，是历史和现实、国内和国际诸多因素综合作用的结果。从内部原因来看，第一，东欧国家经济建设没有搞好，影响了人心的向背，这是东欧剧变的基础性原因。由于照搬照抄"苏联模式"，20世纪70年代后期以来，旧有的经济体制所提供的发展余地逐渐耗尽，各国经济明显陷于停滞和危机，同战后西欧资本主义科技和生产力的发展及人民生活水平的富裕程度相比，存在明显差距。这使得群众逐渐对社会主义产生了极大的怀疑，对共产党失去信心，而同时西方的一切则对他们产生很大的吸引力，促使他们萌发了彻底改变现状的强烈愿望与要求。

第二，政治上长期不注意发展社会主义民主，后来又盲目照搬西方的议会制、多党制，这是造成东欧政局动荡的直接原因。无产阶级政治统治的巩固，要通过发扬社会主义民主来实现。但东欧各国受苏联的影响，以扩大专政的办法来巩固无产阶级国家政权，结果伤害了人民群众的感情，破坏了政权的根基。与此同时，政治体制方面过度集权的弊端始终没有克服，决策的科学性得不到保障，广大干部、党员、群众的积极性得不到发挥。20世纪80年代末的政治体制改革中，不是通过发扬党内民主加强党的力量，转而去搞多党制，结果反对党利用共产党长期"左"的错误，通过竞选把共产党赶下台。

第三，在思想文化领域，"左"的教条主义长期为害，使马克思主义的意识形态严重脱离实际，逐渐丧失在国内的主导地位和对广大人民群众的影响，加强了东欧剧变；同时，党内的教条主义发展到一定阶段走到"死胡同"时，就走到了另一个极端，转而采取右倾取消主义，否定历史，否定自我，终至抛弃马克思主义、共产主义的旗帜，求助于社会民主党人的民主社会主义，滑向全面西化的道路。

从外部原因来看，首先是西方资本主义国家和平演变东欧的强大攻势。东欧国家一直是西方实施和平演变战略的重点，西方国家采取多种手段对东欧发动意识形态进攻，并利用有利时机直接插手东欧国家的内政外交，诱压兼施，极力促变。

其次，苏联内外政策的转变既为东欧剧变提供了外部条件，又对其演变产生了导向和催化作用。戈尔巴乔夫上台以后，苏联一方面放松对东欧的控制，对西方在东欧推行和平演变采取超然态度，另一方面又多方鼓励东欧向苏联的"新思维"方向演化。东欧各国的右派势力因而得到迅速发展，同西方外部势力相呼应，促使东欧剧变发生。

东欧剧变留给我们的教训是深刻的。第一，社会主义建设的根本目的是解放生产力，发展生产力，改善人民生活。经济搞不好，人民生活水平不能得到迅速提高，社会主义制度的优越性就无法体现出来。第二，社会主义国家必须注重执政党的建设。只有成熟的马克思主义政党才能不断制定并采取正确的方针政策，不断把社会主义事业推向前进。必须提倡从实际出发，实事求是的作风，贯彻民主集中制原则，在实践中坚持和发展马克思主义。第三，社会主义国家必须坚持独立自主的原则。长期以来，东欧一些国家的党受制于苏共，这即使它们无法制定出一条适合本国实际的正确路线，也使它们大大降低了独立自主地解决问题的能力，招致人民的不满，并给敌对势力以可乘之机。第四，社会主义改革不能背离社会主义制度。改革是社会主义保持生机和活力的有效途径，不改革就没有出路。但改革的目的是完善社会主义制度，必须坚持社会主义方向，因此，要慎重处理改革中的多种矛盾和关系。第五，必须警惕西方国家的和平演变战略。资本主义国家同社会主义国家的和平共处是长期的，西方国家始终没有放弃对社会主义实施和平演变的图谋，和平演变与反和平演变之间的斗争也是长期的。

三、东欧国家的转轨

东欧剧变发生后，这一地区的国家都走上了制度转轨的道路。经济上，从以公有制为基础的计划经济体制向以私有制为基础的市场经济体制转变。政治上，从原来的共产党一党执政向多党制的以三权分立原则为基础的西方式民主政治体制过渡。对外关系上，以融入西方、融入欧洲一体化为政策核心。当前，这一地区最剧烈动荡的阶段已经结束，大多数国家的政治、经济制度的框架已初具规模。

1. 经济转轨

根据世界银行的统计，东欧各国在剧变后 GDP 平均下降了 25%，失业率平均提高到 10% 以上。在这场经济危机中，不同的国家采取了不同的应对方式或措施，但无论哪种方式，面临的问题是相似的，付出了大小不一的代价。

东欧国家经济转轨措施的基本内容主要包括：全面推行国有企业私有化，提高企业经营效率；放开物价，形成依靠市场调节的价格体系；实行紧缩货币政策，抑制通货膨胀；削减财政补贴，减少财政赤字；取消对外贸易限制，实行货币自由兑换；等等。出于对旧体制的强烈抵触，在许多东欧国家，国家调控宏观经济成为中央计划经济的同义语而备受冷遇和贬低，西方经济模式则备受推崇并加以全盘照搬。这种错误认识加剧了转轨带给经济生活的震荡，引起国民经济的严重紊乱。西方国家所做出的提供经济援助的种种承诺，又大多停留在口头上和纸面上，也使得转轨比原先的预想增加了难度。

就具体方式而言，波兰采取了最为激进的"休克疗法"，短时间内进行大力度的根本性改革，初始阶段代价最大，但 1992 年率先转入复苏。捷克实施了"天鹅绒式的休克疗法"，也就是在"休克疗法"的措施中增添温和与稳定的因素，结果是一些深层次的问题未被触及，在转轨的头两年效果显著，到 1997 年却又陷入衰退。匈牙利是实行渐进式转轨的典型，一开始经济下降幅度小于波兰和捷克，到1994年，金融、财政等领域积累的问题再度引发危机，不得已还是采取了激进的转轨措施。保加利亚的转轨被称为是"三心二意的休克疗法"，在转轨过程中政策反复，付出了更大的代价。罗马尼亚最初在转轨中采取的措施不力，贻误了最佳时机，到20世纪90年代后期才被迫进行改革，经济形势相对较差。

无论哪种方式，转轨的内容是一致的，区别是转轨的步骤与力度的差异。在转轨过程中，东欧各国经济无一例外地严重衰退，经济发展水平大都倒退了十几年，而且经济秩序混乱，社会治安状况恶化，失业人数急剧增加，通货膨胀严重，居民的实际平均收入锐减，贫富差距扩大，普通人民群众的生活水平大大降低。

当前，东欧经济最困难的时期已经过去，各国经过转轨后的发展现状很不平衡。波兰、捷克、匈牙利回升较早，原有基础较好，增长稳定，大大领先于东欧其他国家。斯洛伐克、斯洛文尼亚的经济转轨也初具规模，经济良性运行。保加利亚、罗马尼亚、阿尔巴尼亚、马其顿等在转轨过程中有过反复，处境相对困难。而波黑、塞尔维亚和黑山由于经历了长时间的战乱和经济封锁，要彻底摆脱困境尚需时日。

总体看来，东欧各国已初步确立了西方式市场经济的框架，但还存在市场机制不健全、各环节运转不协调等问题。由于法规的不健全而导致的贪污腐败盛行，基础设施薄弱，支柱产业和高新技术产业发展力度不够，经济增长缺乏后劲等深层次的经济问题尚未解决。在市场经济体制的法制化、规范化、高效化等方面还有相当长的一段路要走。

2. 政治转轨

剧变后，东欧国家的政治制度向西方资本主义三权分立的多党议会民主制转变。主要内容包括：修改原来的宪法或制定新宪法，放弃将马克思主义作为社会的指导思想，实行意识形态多元化；取消共产党一党执政，制定一系列有关政党活动的法律和准则，创建西方式政党制度，实行多党制；以三权分立原则建立总统制或议会制的国家政权组织形式；等等。

东欧国家的政治转轨在初期是以急风暴雨的形式展开的。各国原来执政的共产党或工人党纷纷下台，形形色色的反对派夺取了国家政权。许多国家掀起了反共浪潮，全盘否定社会主义制度和历史。多党制、三权分立、议会民主、民族分离等字眼一时间主导社会思潮，社会政治领域冲突异常激烈。各国在相当长一段时间里政局不稳，爆发了强度不一的社会政治"地震"，党派林立，夺权与反夺权斗争尖锐，街头政治盛行。民族矛盾尖锐，民族分离主义盛行。在南斯拉夫，民族分立主义不仅造成国家一分为六，而且酿成旷日持久的内战；在捷克斯洛伐克，两大民族的矛盾造成国家一分为二；在其他许多国家，民族矛盾引发的地区冲突频频发生，不断形成新的热点。

经过一段时间的动荡，东欧政局渐趋稳定。剧变初期的狂喜和盲目照搬西方模式的阶段已经过去，各国的社会政治意识发生了重大变化，探索符合国情的发展道路成为各国共同面临的课题。如今，政治多元化原则、三权分立原则已通过宪法和法律得到贯彻，新的政治体制的框架已经初步确立，西方式的政党制度已经取得了实质性进展。各国内部由原共产党延续下来的左派政党占据了左翼，它们以主张民主社会主义的社会民主党面目出现。在剧变中形形色色的反对派组织、主张自由市场经济的自由派等占据了右翼。各国政府基本上是左派和右派轮流执掌，表明东欧国家基本已形成了规则明确、社会认可的政治制度和轮流坐庄的政党制度。但无论是左派政党还是右派政党，绝大多数都赞同议会民主和市场经济。所谓"左翼复兴"的现象，实质上是转轨过程中代价过大而造成选民情绪变化的结果。目前东欧国家内由前共产党转化而来的左翼政党，无论是在纲领、章程、组织原则上，还是在政策、主张、立场上，都不同于原来的共产党。

3. 对外政策的调整

东欧剧变之后，各国在对外关系上进行了重大调整，推行以西方为重点的新的多元务实外交。主要内容包括：

第一，战略目标西移，把"回归欧洲"作为对外政策的重点和首要目标。剧变之后，东欧各国都奉行亲西方的政策，西欧大国和美国是各国对外关系中的重点，这是由各国的政治、经济、安全利益所决定的。同时西方国家为了消化冷战的胜利成果，填补苏联解体所造成的力量和权力真空，启动了欧盟东扩和北约东扩。捷克、匈牙利和波兰还加入了"发达国家俱乐部"——经合组织，阿尔巴尼亚和马其顿则向美国开放了军事基地。可以说，东欧国家倒向西方，加入欧盟和北约的趋势已不可逆转。

第二，与俄罗斯及独联体各国保持睦邻友好关系。东欧剧变后，东欧各国与俄罗斯的原盟国关系不复存在，一些国家还一度掀起反俄、防俄的民族主义浪潮，对俄罗斯十分戒备。但俄罗斯毕竟是对它们的安全有至关重要影响的邻国和大国，几十年来形成的相互依存和千丝万缕的联系也不可能一下斩断，因此东欧各国已普遍重新认识同俄罗斯保持正常的国家关系的重要性，转而与俄罗斯谋求发展睦邻友好关系，近年来的经济合作不断增加。在与俄罗斯发展关系的同时，东欧国家也寻求与其他独联体国家建立友好关系，并优先发展同自己毗邻国家的关系。

第三，努力加强区域性合作。东欧国家地域相连，处境相似，为了共渡难关，协调西进步伐，东欧国家在不放弃同欧洲一体化努力的同时，积极加强内部联系与合作。近年来建立的区域性组织有：中欧自由区、中欧倡议国组织、黑海经济合作组织、巴尔干国家外长会议、东南欧合作组织等。这些组织的活动为推进各国经济发展，促进地区形势的缓和与稳定，发挥着越来越大的作用。

第四，加强与中国等亚太国家的关系。东欧剧变之后，东欧诸国同中国的关系经历了一个短暂的低潮，但东欧各国政府出于维护国家利益的需要，都表示同中国保持和扩大友好合作关系的基本方针不变，继续执行"一个中国"的政策，加之中国对东欧剧变和各国政权都采取了现实主义的态度，双方关系很快开始了正常发展的新阶段。现在东欧同中国在各个领域的交往与合作不断增加。此外，东欧各国还开始重视与亚太地区其他国家的友好关系，特别是加强与东盟、日本、韩国等国家的经贸合作。

第三节　迈向统一的欧洲

"冷战"结束后，欧洲人重新燃起对"统一的欧洲"的渴望，不是历史上依靠武力的统一，而是建立在共同的理念和共同的原则基础上的统一。欧洲一体化无论在广度上还是在深度上都有了质的飞跃，以欧盟为核心的欧洲联合将主导东西欧的融合进程，北约在维护全欧安全与稳定中的作用大大增强。尽管现阶段的欧洲面临诸多新问题的困扰，欧洲迈向联合与统一的进程必将进一步发展。

一、欧盟的扩大和深化

欧盟是欧洲迈向统一的核心。2004年5月1日，欧盟实现了历史上最大规模的扩大，本次扩大具有里程碑式的意义，扩大的对象包括8个东欧国家和2个地中海周边国家，意味着曾是冷战时期两个对立军事集团中的成员国走向融合，意味着欧洲历史在经历了长期的惨烈热战与严酷的冷战后，翻开了崭新的一页。2007年1月1日，罗马尼亚和保加利亚成为欧盟成员，欧盟扩大为27国的集团，斯洛文尼亚成为欧元区的第13个成员，也是欧盟东扩后第一个进入欧元区的东欧国家。2008年1月1日，塞浦路斯和马耳他加入了欧元区，2009年1月1日，斯洛伐克加入欧元区，使欧元区国家增至16个。扩大后的欧盟西临大西洋，东与俄罗斯、乌克兰接壤，北及波罗的海，南至地中海，大大增强了欧盟在欧洲地缘政治中的主导地位，提升了欧盟的整体经济实力，加强了欧盟在国际事务中的政治地位。

这一轮东扩从1993年6月哥本哈根欧盟首脑会议开始启动，历经十多年才逐步得以落实，其根源在于新入盟国家与老欧盟成员国之间巨大的差异。新成员国的经济发展水平相对较低，国有经济成分、农业生产和劳动密集型部门所占比重都较大。根据欧盟制定的入盟标准，新成员国应已经实现了经济体制转轨，并且具有应付市场竞争的能力，在入盟的同时加入关税同盟和共同市场，实行共同的农业政策、贸易政策和竞争政策等。新成员入盟后，经济上将得到欧盟巨额资金的援助，对逐步缩小与老成员国的差距，促进其经济起飞会有相当的推动作用。欧盟内部的贸易将进一步发展，老成员国的资金也将更多流入新成员国，欧盟的内部市场将更加扩大。与此同时，新入盟国家人口众多，劳动力素质较高，劳动力成本较低，是欧盟理想的市场和投资场所，给欧盟的发展带来新的动力。政治上，东扩的实现有助于确保欧洲的政治稳定，保证民主化进程在东欧的持续。当前，土耳其、克罗地亚、马其顿、阿尔巴尼亚等国家还在等待加入欧盟，欧盟作为欧洲核心的地位还将得到进一步强化。

在欧盟扩大成员的同时，一体化的程度仍然要继续深化。统一的欧洲中央银行和单一货币"欧元"现阶段是不完整的，欧元区目前只有16个成员，成员国财政政策的统一还有相当长的路要走。政治一体化是更高更复杂的目标，目前还处于低级阶段，共同外交与安全政策仍是一种政府间合作的机制，并无制定和贯彻共同政策的权威和行动能力。欧洲民族矛盾的加剧和民族主义蔓延，削弱了欧洲统一的内聚力，也对一体化建设起了消极作用。

2002 年 2 月，欧盟宪法的制定工作拉开序幕。制宪是欧盟内部不断扩大发展的需要，制宪的核心就是要解决欧盟未来的正常运转和有效决策问题。在欧盟大幅度扩大的今天，如果没有一个合理的运转机制，欧盟未来将无法摆脱决策方面的困境。制宪的过程就是重新确立欧盟内部"游戏规则"的过程，也是内部利益再分配的过程，牵涉各成员国的切身利益。经过三年的争吵、妥协，2004 年 6 月 18 日，由欧盟制宪筹备委员会绘制的欧盟新蓝图——《欧盟宪法条约》在欧盟理事会上获得通过，这是欧盟历史上的首部宪法。

《欧盟宪法条约》为欧盟未来的正常运转奠定了基础，在决策机制、机构设置、各机构权力分配等方面均作了较明确的规定。包括改革决策机制，以"双多数"为特点的有效多数表决机制成为欧盟决策的主要方式；改变欧盟理事会的议事方式，增加欧盟理事会决策的透明度；设立欧洲理事会主席和欧盟外交部长，组建欧盟外交部，改变欧盟轮值主席国的轮任模式；要求成员国毫不动摇地根据忠诚和互助的原则支持欧盟的共同外交与安全政策；扩大欧洲议会的权力，使欧盟机构的民主程度有所提高，等等。条约要待 25 个成员国全部批准之后才能生效。但是，截至 2006 年底，只有 15 个欧盟成员国批准了《欧盟宪法条约》。法国在 2005 年 5 月的全民公决投票中，约 55% 的选民投了反对票。紧接着的 6 月 1 日，绝大多数荷兰选民又在全民公决中对《欧盟宪法条约》说不。法国和荷兰的公决结果使《欧盟宪法条约》在其他欧盟国家中的支持率普遍下滑，英国等国决定推迟计划中的全民公决，致使《欧盟宪法条约》的生效延后。

2007 年 12 月，欧盟首脑会议在葡萄牙签署了《里斯本条约》，作为《欧盟宪法条约》的修改和简化版，保留了实质性内容，但不再沿用"宪法"一词。按照计划，《里斯本条约》经各成员国批准后将在 2009 年 1 月生效，然而，2008 年 6 月，爱尔兰作为欧盟 27 个成员国中唯一就《里斯本条约》举行全民公决的国家，通过公决否决了该条约。直到 2009 年 10 月的第二次全民公决，才获得通过。2009 年 12 月 1 日，《里斯本条约》正式生效，这不仅为欧盟的机构改革铺平了道路，而且意味着欧盟政治一体化进程取得历史性的成就。欧盟增设"总统"和"外长"两个常任职位，这将有利于欧盟保持政策连续性，使得欧盟在国际事务上的立场更加一致。在内部运作程序上，除了在外交、防务、税收等事关国家主权的领域仍然实行全体一致通过的投票制度，在气候变化、能源安全、紧急救援等领域的决策将实行"双重多数"，即一项决议只要能得到 55% 成员国的支持，并且这些国家能代表欧盟总人口的 65%，决议就能获得通过。这将大大增强欧盟内部的决策效率，改变长期存在的"议而不决"状态。

一直以来，欧盟的扩大和深化是一组深刻的矛盾。扩大是以内部差异进一步拉大为代价的，新成员的加入使现有的分歧更加复杂，必然会带来越来越多的不和谐和不稳定，存在短期内难以调和的矛盾和困难。欧盟深化则要求成员国向超国家机构转让更多主权，国家利益的协调更加困难，尤其是外交和安全领域是国家主权的核心，任何国家都不会轻易放弃，成员的增多只会增强相互协调的难度，欧盟内部围绕推进一体化和维护国家主权之间的矛盾更加尖锐。

欧洲一体化的深化和扩大是欧洲各国的共同心愿，这突出表现在各国领导人对欧盟坚决支持的态度上，不管各国之间有多少分歧，在根本上是一致的，即每个国家都从一体化中得到了好处。法德轴心一直是传统的欧洲一体化"发动机"，没有战后初期法德和解的基础，就没有欧洲联合。德国的统一使传统的法德均衡向德国实力增强一方倾斜，法德轴心受到一定冲击，分歧增大。德国是欧洲最强大的国家，既主张一体化的深化发展，又主张尽快吸收同自己有着传统联系的东欧国家入盟，欲借此谋求政治大国地位。法国担心德国控制欧盟，对一体化一贯的积极态度变得谨慎起来，主张欧盟向同法国有传统关系的地中海沿岸国家延伸，以南下来抗衡东扩的主张。尽管如此，在推动经货联盟、实施扩大等重大问题上，法德还是发挥着"发动机"的作用，继续充当欧洲一体化向前发展的保障。英国一向眷恋昔日的大国地位，不主张欧盟深入演化为联邦制的欧洲合众国，但力主扩大。荷兰、比利时、卢森堡等小国原本是欧洲一体化的核心推动国，但欧盟的扩大将在地理上使其边缘化，原有的优势也可能消失，它们对深化和扩大都抱有不同程度的保留。这些矛盾的背后是国家利益在起作用，各国都以本国利益为出发点，要求反映在欧洲的政策上。正如欧洲一体化的实践告诉我们，尊重各国国家利益、相互协商、寻求共识，一直是欧洲一体化存在和发展的重要经验。一体化绝非坦途，但仅仅是利益分歧不会轻易使欧洲一体化陷于停顿。

当前，欧洲一体化仍然符合欧洲各国的根本利益和长远的战略利益，仍然有着坚实的思想和现实基础，推动一体化的政治动力和经济动力、内因和外因仍然存在。欧洲一体化的成就曾经在20世纪80年代刺激了其他地区一体化的兴起，当其他地区一体化逐步形成对欧洲的抗衡态势后，无疑会反过来推动欧洲一体化向更高水平发展。可以说，几十年一体化的历史，使"欧洲联合"不再只是一种理想，而且是一种能够真的感受到的客观现实。主权国家和欧洲民众两个层次的联合同时发展、互动促进，逐渐确立起一种共同的心理积淀——欧洲意识，这是世界其他区域一体化所不具备的独特之处，是欧洲一体化继续发展的思想基础。从这个意义上来讲，《里斯本条约》的生效，表明欧盟国家将为建立一个"和平、统一、自由、民主、繁荣、公正"和可持续发展的欧洲而继续努力，使欧洲成为多极世界中重要的一极，在国际事务中发挥更大作用。

二、北约东扩及其新战略概念

北约在"冷战"结束后的欧洲安全结构重组中占据了核心地位，在进行职能调整的同时，增加了成员国，扩大了影响作用。今天的北约已经与冷战时期的北约完全不同。

面对20世纪90年代初欧洲安全的形势，北约在1991年11月的罗马首脑会议上制定了《北约战略新概念》，增强了处理危机的功能，战略对手由苏联这个唯一威胁转为多种危险，把政治职能置于比军事更突出的地位，走上了将一个冷战工具向维护全欧安全核心过渡的变革之路。

北约东扩是冷战后西方在欧洲最重要的战略举措，它是指北约向东欧和中欧以及前苏联部分地区的延伸和推进。美国是北约东扩的主要发起者和推动者。冷战期间美国正是利用北约来控制西欧，巩固自己在西方国家中的盟主地位。新形势下美国要继续领导欧洲，就必须对北约进行改造。通过北约东扩，接管由于华约解体、苏联分裂在中东欧地区造成的"权力真空"，能够继续加强美国在欧洲的军事与政治存在，防止俄罗斯东山再起重新成为对西方的威胁。另外，欧洲局势并不太平，民族和领土纠纷不时发生，俄罗斯对其他欧洲国家来说终究是一个潜在的威胁力量，在相当长的时间里欧洲的安全仍然离不开美国。前东欧和独联体国家在摆脱前苏联控制后，纷纷提出申请加入北约寻求保护伞。英法德等西欧大国则希望借助美国的力量将北约的边界向东推进来防范俄罗斯。

在这种情况下，尽管各方动机不一致，但在主张北约东扩这一点上找到了共同点。1994年1月，北约在布鲁塞尔首脑会议上正式提出了向东扩展的计划，同时出台的还有"和平伙伴关系"计划。这个计划由北约和所有中东欧、前苏联和欧洲中立国签订，是一种过渡性安排，为申请加入北约的国家准备入盟条约。中东欧国家均表示接受"和平伙伴关系"计划，先后已有近30个国家加入了该计划。俄罗斯在1994年6月也签署了框架文件，面对欧美领导人的强硬态度，俄罗斯不得不默认北约东扩的事实。1997年5月，《北约与俄罗斯关系基本文件》签署，它确定了俄与北约合作、共同决策及联合行动的宗旨和机制，北约表示无意图、无计划、无必要在新成员国领土上部署核武器和常规军队，但未做出永久性承诺。至此，北约东扩的外部障碍基本排除了。

1997年7月北约在马德里特别首脑会议上确定了波兰、捷克和匈牙利成为首批加入北约的新成员，北约东扩正式进入了实质性的阶段。1999年4月北约在对南联盟的狂轰滥炸中度过了它的50周年生日。在华盛顿举行的纪念庆典上，北约正式接纳了三个新成员国，并推出了《北约新战略概念》，确定了北约在21世纪的战略任务。这是继20世纪90年代初北约职能转换后进行的第二次重大战略调整，将对国际和平与安全产生重大影响。结合北约对新战略在南联盟进行的试验，新战略的出台就更为引人注目。

《北约新战略概念》共65条，文件称，鉴于欧洲和大西洋地区内及其周围地区的不稳定性和不确定性，北约面临的威胁已发生质的变化，北约今后的任务是"塑造安全环境，提高欧洲和大西洋地区的安全和稳定"，新战略的重点从传统的"集体防御"转向维护共同价值和利益，在确保成员国安全的同时，北约要转向防区外处理危机，包括对付大规模毁灭性武器的扩散、打击恐怖活动、制止种族灭绝行为以及干预由民族、宗教矛盾引发的地区冲突。因此，北约的活动范围就不能局限于成员国领土。与此相适应，北约在和平时期必须保证有足够的军事力量确保威慑，保证以欧洲为基地的核心和常规力量的组合能不断地更新，保证军事上的灵活性和机动性，对防区内外的事态能做出"快速反应"。新战略虽然承认联合国在解决国际安全问题上的主导作用，但却没有明确规定必须经过联合国的授权才能采取军事行动，而且北约也不再坚持所有国家作为一个整体去实施军事行动，而是可以根据利益需要组成临时同盟。

"新战略概念"的出台，以及北约在科索沃战争中的所作所为，标志着北约的性质已发生历史性、根本性的变化，从一个防御性的区域性军事集团演化为一个扩张性和进攻性的军事政治集团，对防区范围问题采取含糊处理，实际上成为美国实现其全球战略的重要工具。"新战略概念"的出台，表明北约已经完成了冷战结束后的职能转变，由单一的军事集团转变为复合型的政治军事组织。同时，北约在欧洲安全和防务中的核心作用进一步强化，相对于西欧联盟和欧安组织的无所作为，北约的干预能力大大增加。

2002 年 11 月召开的北约布拉格首脑会议，是另一次具有里程碑式意义的会议，确立了以反恐为核心的战略转型。峰会推出关于全面促进北约军事能力的一揽子改革计划，调整指挥结构、成立快速反应部队，将北约主要基地转移向中东欧地区，明确把反恐和反扩散作为其新的战略重点，强调北约将更多承担起全球责任。此后，北约打着"反恐"、"维和"的旗号突破传统防区，加快走向"全球化"的进程，对其他地区进行干预。

2004 年 3 月 29 日，保加利亚、爱沙尼亚、拉脱维亚、立陶宛、罗马尼亚、斯洛伐克和斯洛文尼亚 7 国加入北约，北约成员国由 19 个增至 26 个，完成了历史上最大的一次扩张。2009 年 4 月，在北约成立 60 周年之际，北约首次由法德两国共同举办了峰会，会场分别设在法国斯特拉斯堡和德国凯尔，会后发表的《联盟安全声明》，为北约制定新的"战略构想"确定了基调，非传统安全领域成为北约未来行动的新方向。阿尔巴尼亚、克罗地亚在峰会上正式加入，北约成员国扩大到 28 个，使北约的势力扩大到西巴尔干地区。从发展趋势来看，北约的势力将逐步渗透到外高加索、中亚甚至远东地区。

冷战后北约的变化对维护欧洲的稳定和安全的确起到一定的作用。然而，北约战略调整中体现出越来越强的干预性，这种干预性以美国的军事优势为后盾，以西方的共同利益和价值观为指导，透露出极强的强权政治色彩，给 21 世纪的国际和平与安全留下巨大隐患。对美国而言，北约的变化使美国唯一超级大国地位得以加强，其霸权主义行径更加肆无忌惮。对美欧关系而言，北约的变化一方面突出了美欧联手一统欧洲的野心，强化了美欧的战略结盟；另一方面也加剧了内部的摩擦，在伊拉克战争、中东和平进程、伊朗核危机等问题上，北约内部出现了明显的分歧。由于北约在重大问题上采取全体一致的原则，随着成员国的增多，解决成员国矛盾的难度也就越来越大。与此同时，北约的新变化大大压缩了俄罗斯的战略空间，普京总统在任期间一直努力淡化北约对俄罗斯的敌对情绪，摆脱互为敌手的历史包袱。2002 年 5 月 28 日，北约与俄罗斯签署《罗马宣言》，宣告"俄罗斯—北约理事会"正式成立。这标志北约与俄罗斯建立起了新型的安全合作关系，双方在这一框架内将围绕反恐怖主义、防止武器扩散、海上搜救等问题共同讨论和做出决定。虽然俄罗斯仍无否决权，但这一机制的存在能增强北约和俄罗斯之间的相互信任，有利于欧洲的和平与稳定。2008 年俄罗斯与格鲁吉亚发生武装冲突后，北约与俄罗斯关系一度冷淡，有关格鲁吉亚、乌克兰加入北约的进程更是双方关系中的棘手问题，将使双方关系长期处于既对话又争夺的状态之中。

三、欧洲面临的新问题

欧洲在冷战结束后进入了一个新的历史时期。伴随着欧洲联合发展的是欧洲地区的动荡，出现了一些新的问题和矛盾，甚至在欧洲大陆绝迹近半个世纪的战火又被重新点燃，给欧洲一体化的未来增添了复杂性和不确定性。

1. 欧洲格局重建中的大国争夺

由于雅尔塔体制的崩溃，欧洲原有的力量结构被打破，导致各种力量的重新分化组合。在各种力量的角逐和较量过程中，美国、英国、德国、法国、俄罗斯等大国并存共处，互有需求，它们纷纷调整各自战略，力图根据自己的利益来组合欧洲，塑造新的欧洲格局，由此推动欧盟、北约等组织成为构筑新格局的主要支柱。从长远发展来看，大国间的明争暗斗将成为欧洲动荡不安的潜在因素。

欧洲内部的大国力量平衡由于德国的统一被打破，英、法、德三国间的关系经历了深刻的调整和变化，战后西欧的"德法轴心"被"英、法、德三角"所取代。1990 年 10 月 3 日，战后被人为分裂的德国实现了重新统一。统一后的德国拥有 8000 万人口和 35 万平方公里领土，是欧洲头号经济强国，又占据着欧洲心脏地带，成为东西欧之间的平衡点，战略地位和政治地位明显增强。为了在世界政治中谋取更加重要的地位，德国以欧盟为依托，通过扩大和深化欧盟来增强自己在其中的分量，谋取欧洲事务的主导权，最终建立以德国为主导的新的欧洲格局。

法国在冷战后失去了以其政治优势抗衡德国的经济势力的资本，主张深化欧洲联合，借助欧盟的整体力量同美国抗衡，争夺欧洲事务的主导权，同时用欧盟的框架制约德国的大国走向。英国同样担心德国在欧洲做大而形成"德国的欧洲"，开始与法国接近，推动英法防务合作，对德国形成牵制和约束。

随着东扩的进程，越来越多的东欧国家加入欧盟和北约，并不甘心充当"二等国家"的角色，它们虽然在经济上依靠西欧，但在军事安全上则依靠美国和北约的庇护，日益倾向于在决策上与西欧国家分庭抗礼。2006 年 11 月，在芬兰赫尔辛基召开的欧盟—俄罗斯峰会上，波兰因不满俄罗斯禁止从波兰进口肉类而行使否决权，导致新的欧盟与俄罗斯战略伙伴关系协议未能签署，表明欧盟事务已经不能由西欧大国一手包办了。

从目前的发展趋势来看，英、法、德三国已经形成了利益互相制衡的错综复杂的关系，法德合作仍是欧洲联合继续发展的关键和推动力量，但两国间的摩擦可能会增多。英法和其他欧洲国家在制约德国的问题上有着共同利益，但各国的具体想法和做法却不尽一致，给德国提供了可以利用的发展空间。今后，三国关系会随着利益关系及政策立场的异同而变化，在不同方面和领域形成亲疏不同的关系，这必然给欧洲一体化进程造成一定的消极影响。2003 年伊拉克战争中，以法国、德国、比利时为代表的"老欧洲"与以英国、意大利、东欧国家为代表的"新欧洲"之间围绕反战和亲美等问题龃龉不断，是欧洲内部矛盾的一次典型体现。随着欧盟和北约的进一步扩大，欧洲国家内部的争夺和矛盾也将更加激烈，导致欧盟制定共同外交与安全政策，对外"用一个声音说话"的计划更加难以实现。

美国在欧洲的存在对维持欧洲的平衡和稳定仍然非常重要。美国对欧洲新格局的基本设想是继续保持美国的领导地位，并在新大西洋主义的口号下控制全欧事务。这就必然导致欧美政治关系上充满矛盾和斗争。不管英、法、德对欧洲未来新格局的设想有多少分歧，它们在争取欧洲事务的主导权、争取与美国建立更为平等的盟国关系方面有共同利益，在借重美国的同时尽量减少对美国的依赖。

但是，欧洲三大国的对美政策也有着明显的差别。英国一直努力充当美国与欧洲的桥梁，两国相同的文化传统和悠久的历史渊源使得"英美特殊关系"往往在欧美关系遇到困难时显示出不同寻常的坚实基础。美国和德国结成的伙伴关系随着德国大国地位的上升而越来越重要，已经成为美国欧洲政策的重点，这反过来又促使英法之间的接近和靠拢。法国一向是欧洲最积极推行"欧洲人的欧洲"政策的，法美关系中的分歧最为突出。在伊拉克战争中，法国、德国等美国传统盟友不仅没有像 1991 年海湾战争、1999 年科索沃战争和 2001 年阿富汗战争那样支持美国，反而与俄罗斯协调行动，采取共同立场。美国国防部长拉姆斯菲尔德提出"新欧洲"和"老欧洲"的说法，使欧美矛盾以及欧洲内部的矛盾暴露无遗。2005 年 11 月默克尔当选为德国总理，2007 年 5 月萨尔科齐就任法国总统，两国领导人的更迭在很大程度上修补了德美关系和法美关系，美欧合作进入了一个新的时期。

俄罗斯受到内忧外患的挤压，其大国地位明显下降。现阶段，俄罗斯无力阻止北约东扩，也无力与美国、西欧抗衡。但是，俄罗斯在欧洲的存在依然不可忽视。波黑问题、科索沃问题、伊拉克问题等重大问题上，俄罗斯都表示出明显不同于西方国家的立场。面对欧盟与北约的向东推进，俄罗斯在英、法、德三国之间推行实用主义的平衡政策，主动调节与北约的关系为自己营造有利的国际环境，同时利用欧美关系中的缝隙和矛盾，力争在欧洲格局的重建中发挥作用。一旦俄罗斯的实力得以更大程度的恢复，它必将加强对欧洲事务的影响力，必然给未来欧洲的走向带来新的变数。

纵观国际关系史，欧洲格局每隔几十年或十几年就会发生一次变更，其变更基础是主要大国力量对比的变化和政策的调整。当前的欧洲格局重建，在很大程度上取决于英法德等欧洲主要大国的关系，同时，美、俄、欧关系的走向和变化也是重要的影响因素，欧盟和北约则将在这一进程中发挥支柱的作用。大国间围绕主导权的争夺时断时续，欧洲联合的进程不可能一帆风顺，构筑一个强大、统一的欧洲还需要相当长的时间。

2. 民族分离主义的恶性膨胀和蔓延

欧洲民族繁多且杂居情况十分复杂，由于种种原因，历史上一些民族间积怨甚深。民族矛盾以及与此相关联的宗教问题、边界问题曾经是欧洲从中世纪到20世纪上半叶的几百年中征战不断的重要原因。两次世界大战从欧洲发端，也与欧洲这种多民族国家的特点有关。美苏对峙的两极格局体制使欧洲维持了40多年的和平，冷战的结束促使曾一度被掩盖的民族矛盾重新突出起来，东欧剧变、苏联解体激活了欧洲长期压抑的民族主义，表现出来是一些国家的民族分离主义恶性膨胀，引发国家内部的冲突，甚至导致国家解体。

前南斯拉夫的解体是欧洲民族分离主义恶性膨胀最为严重的结果。前南斯拉夫是一个多民族国家，最大的塞尔维亚族占总人口的36%，其次是克罗地亚族占20%，斯洛文尼亚族占8%，各民族长期处于异族统治之下，在军事上、政治上相互敌对，积怨很深。在20世纪80年代末东欧剧变中，民族分离主义空前高涨。从1990年4月至年底，前南斯拉夫的6个共和国先后举行多党选举，结果是除塞尔维亚共和国和黑山共和国的共产党继续执政，其他共和国的政权都落入主张国家分裂的右翼反对党手中。1991年6月，斯洛文尼亚和克罗地亚宣布独立，并得到国际社会承认，引发了内战和民族冲突。紧接着，马其顿和波黑也宣布独立。1992年4月，塞尔维亚和黑山两个共和国组成南斯拉夫共和国联盟。战火在波黑境内蔓延，塞尔维亚族、克罗地亚族和穆斯林族三方混战。至此，前南斯拉夫一分为五。巴尔干地区历来有"欧洲火药桶"之称，持续的战争和动荡不仅给前南斯拉夫各族人民带来巨大的灾难，也给整个欧洲的安全带来严重的威胁。到1999年，由于塞尔维亚族和阿尔巴尼亚族的矛盾引发南联盟的地区危机，招致大国干预引发科索沃战争，南联盟遭到沉重打击。此后，黑山共和国的分离倾向也日趋明显，经过谈判，塞尔维亚和黑山终于在2002年3月签署协议，组建一个松散的国家联合体，将国名改为"塞尔维亚和黑山"。2006年5月塞黑举行全民公决，其结果是黑山独立，"南斯拉夫"这个名字从此消失。2008年2月17日，科索沃宣布脱离塞尔维亚独立，并获得美国、英国、法国等大国的承认和支持，塞尔维亚认为科索沃的独立是无效的，俄罗斯表示强烈的反对，西班牙、希腊、罗马尼亚等国也表示不承认科索沃的独立。所谓的"科索沃独立"不仅为各种各样的分离主义势力发出了错误的信号，而且使得欧洲国家在民族问题上面临新的矛盾和分裂暗流。

除了前南斯拉夫的悲剧，民族主义的恶性膨胀还蔓延到其他东欧国家。捷克斯洛伐克同样由于两大民族间的矛盾而导致解体。匈牙利和斯洛伐克之间的民族矛盾和边界争端、罗马尼亚和匈牙利之间遗留的少数民族问题值得关注，巴尔干地区的马其顿、阿尔巴尼亚等国都还存在尚未解决的民族冲突的隐患。

与东欧民族主义的恶性膨胀相比，西欧国家同样受到民族问题的困扰。英国的北爱尔兰问题、西班牙的巴斯克问题、法国的科西嘉问题不时被激化，英国的苏格兰、比利时的弗拉芒、意大利的南蒂洛尔地区也存在要求独立或是扩大自治权的势力。即使在基本上属于单一民族的国家也有一些少数民族问题，如挪威、瑞典、芬兰的萨阿米人问题，等等。

如今，民族分离主义引发动荡最剧烈的时期已经过去，多数欧洲国家的民族矛盾也不大可能酿成大规模的冲突或战争。但是，民族主义的蔓延会对欧洲的安全与稳定造成破坏性影响，民族分离主义对正在深化中的欧洲一体化进程无疑是一种制约，民族问题仍是困扰欧洲各国政府的一个重要问题。

3. 极右翼势力上升

极右翼势力的上升成为另一个严重影响欧洲政治稳定和欧洲联合前景的威胁因素。极右翼思潮在欧洲一直存在，但是近年来这股势力"政治化"的趋势不断增强。在法国、德国、意大利、荷兰、丹麦、奥地利等欧洲国家，极右翼势力纷纷抬头，各式各样的极右翼政党以各自的方式参政、议政，甚至执政。1999年，由海德尔领导的奥地利自由党在大选中获得27%的选票，成为国内第二大党，与人民党组成联合政权，成为西欧唯一参政的极右翼政党，在欧洲引发了一场"政治地震"。2002年4月，在法国大选中，极右翼国民阵线党候选人勒庞获17%选票，击败左翼社会党候选人若斯潘进入第二轮，震惊了整个欧洲和世界。在意大利、德国、法国、英国、奥地利等国家，形形色色的法西斯党派在进行活动，它们公开宣扬种族主义和法西斯主义，甚至主张用暴力手段来达到目的。在德国，新纳粹分子的暴力排外倾向最为严重，以外国移民为对象的施暴现象和极端行为屡屡发生。上述极右翼势力的共同特征是：推崇种族主义和排外主义，主张维护本国或本地区的狭隘利益，反对外来移民，反对欧盟东扩，反对全球化和欧洲一体化，反对欧洲单一货币。学者们使用"新民粹主义"的概念来界定欧洲右转的性质，反映出冷战后欧洲政治、经济、社会的复杂变迁。

极右翼势力的崛起缘于冷战后欧洲，特别是西欧社会心理的变化。在全球化和欧洲一体化的进程中，受失业问题的困扰，不少西欧人感到生活不稳定、缺乏安全感。在根深蒂固的种族优越感的影响下，他们对其他外来移民抱有不同程度的民族偏见。东欧剧变后，大量难民涌入西欧，特别是经济发达的德国。汹涌的难民潮不仅增加了接收国的财政负担，而且带来了许多社会治安问题。难民的到来加强了就业竞争，造成本国人失业率更高。一些难民素质低下，严重扰乱了所在国正常的社会秩序。还有一些难民从事犯罪活动或恐怖活动，直接威胁接收国居民的生命和财产安全。同时，欧洲各国主流政党在执政时期政策上的一些失误，传统左右翼政党的政治纲领又日益趋同，结构不断老化，无法有效解决所面临的经济低迷、政治腐败、社会危机等问题，引起选民不满，转而支持那些奉行极端主张的政党。极右翼势力正是利用一些关注选民直接切身利益的口号，以反对党的身份攻击执政党，打着解决社会难题的幌子，将犯罪和失业归咎于外籍移民，以掩盖煽动种族仇恨的排外主义，一方面公开或者隐晦地赞赏法西斯的政策主张；另一方面，利用合法身份，经过合法程序去夺取政权，骗取了选民的信任，具有极大的欺骗性。

欧洲极右翼势力的日益猖獗已经引起欧洲各国正义力量的警惕。本质上，极右翼势力都是反民主、反平等、反人权的，这与西欧国家近代以来主流的政治文化传统是完全对立的。极右翼势力宣扬的反全球化、反欧盟东扩等主张与当前世界的总体发展趋势相背离，与欧洲一体化的发展趋势背道而驰，对欧洲各国的现实生活构成威胁。因此，极右翼势力在欧洲的每一次发难，都如过街老鼠，遭到欧洲各国政府和人民的全面围剿。总的说来，极右翼势力在欧洲还难成气候，各国从舆论、政策到法律体系都有对极右翼势力的防范和制约措施，极右翼势力活动的空间还相对有限。但是，极右翼势力崛起的诱因并非短时间内能够彻底清除，尤其是那些极右翼政党企图在现存政党制度的框架中采取合法手段夺取政权，直接挑战欧洲国家的民主体制，其潜在危害更大，给欧洲的稳定和欧洲的联合带来的消极影响不可回避。

在2008年金融危机的冲击下，欧洲的社会政治思潮再度趋于活跃，从反思资本主义发展模式的弊端入手，开始了新一轮的理论思考。今后欧洲如何发展，应该引起我们的关注。

第六章 追求"普通国家"的日本

日本位于太平洋西岸，总面积337000平方公里，人口1.28亿（截至2005年10月1日），是一个地域狭小、人口密集、资源贫乏的群岛国家。1868年"明治维新"后，日本逐步走上资本主义道路，成为一个军事封建帝国主义国家。从19世纪末到20世纪上半叶，日本先后发动了甲午战争、日俄战争、侵华战争和太平洋战争，给中国人民和亚洲其他国家的人民造成了极大灾难。第二次世界大战后几十年里，日本经济迅速发展，成为世界第二号经济大国，是"八国集团"中唯一的亚洲国家。冷战结束后，日本国内的政治和经济形势发生了一系列重大变化，正在加快步伐向世界政治大国和军事大国迈进，以实现其"普通国家"（或说"正常国家"）的战略目标。日本已经成为当今国际舞台上一支重要的力量，其未来的发展动向引起国际社会极大的关注。

第一节 战后日本的政治、经济与外交

一、战后日本的民主改革与西方民主政治制度的确立

1945年8月15日，日本宣布无条件投降后，美国以同盟国占领军的名义单独占领了日本，对日本进行了一系列政治和经济改革，日本确立了战后新的政治体制。

1. 美国的军事占领与民主改革

（1）美军占领日本。日本投降后不久，美国派遣15万军队，以"盟军"的名义占领了整个日本，任命麦克阿瑟为"盟军最高总司令"，全权负责日本战后事宜。当时，遭受日本侵略的各国人民和日本各界民众强烈要求盟国对日本实施《波茨坦公告》等国际协议，永远铲除日本军国主义，实现和平与政治民主化。同时，美国从自身利益出发也要削弱日本，控制日本，使其"不再成为美国的威胁"。

（2）日本的民主化改革。盟军占领当局于1945年9月22日发表了《占领初期美国对日本政策基本原则》，在政治上和经济上对日本实行改革，达到使日本"非军事化"和"民主化"的目的。

改革的主要内容有：①解除日本745万军队的武装，解散军事机构。②铲除日本军国主义势力。1945年9月1日，美国组织远东国际军事法庭审判39名甲级战犯，东条英机等7名甲级战犯被处绞刑；解散一切好战的军国主义团体；1946年1月4日发布"整肃令"，宣布一切积极参与推进军国主义活动和军国主义团体的成员必须受到整肃，不得担任公职；禁止在教育领域传播军国主义思想，把军国主义分子清除出校园和教育机关，不准学校和教育部门参拜靖国神社，停开为军国主义为目的的修身、历史和地理课等。③修改日本宪法。盟军总部从美国的战略需要出发，决定修改原

《大日本帝国宪法》。麦克阿瑟规定了修改宪法的三项原则：削弱日本天皇权力、放弃国家交战权和废除封建制度。1946年元旦，裕仁天皇发表了"人格宣言"，宣称自己不是神的化身，不能代表神治理日本。1946年11月，币原内阁遵照盟军总部的原则，公布了新的日本国宪法，1947年1月开始实施。新宪法前言部分确定把保障和平主义、主权在民、基本人权作为日本宪法的三大原则。新宪法规定，将日本天皇专权的君主立宪制改为以世袭天皇为象征的议会内阁制，国家的主权属于国民，天皇只保留礼仪性、象征性地位，其地位以全体国民的意志为依据。新宪法还制定了放弃战争、不保有军备的原则。宪法前言部分指出："日本国民，决心不再因政府行为造成战争灾难"；其第9条明确规定："永远放弃把利用国家权力发动战争、武力威胁或行使武力作为解决国际争端的手段，为达此目的，日本不保持陆、海、空军及其他战争力量，不承认国家的交战权。"因而，这部宪法被称为"和平宪法"。④实行政治民主化。废除《治安维持法》和《国防保安法》，释放政治犯，断绝国家与神社、神道的关系，扩大公民的基本人权、政治自由和平等的权利，成立工会，提高妇女地位，鼓励民主组织与机构的建立。⑤推进经济制度民主化改革。包括"农地改革"、"解散财阀"、"劳动立法"和金融财政改革等。

（3）日本民主化改革评价。上述改革，一方面使美国能够进一步从政治、经济、军事和外交上加强对日本的控制；另一方面也沉重地打击了日本的军国主义势力和封建主义势力，完成了明治维新所未能彻底完成的资产阶级性质的改革，实现了日本国家政治制度的巨大变革，推动了日本由军事封建帝国向资产阶级议会民主制的转变，因此改革在客观上适应了日本社会发展的需要，对日本社会经济的迅速恢复和发展具有很大的促进作用，是日本历史发展的重要转折点。这场改革使日本的非军事化与民主化同步进行，是战后日本民主主义的出发点，其速度和规模完全不亚于明治维新对国家与社会的根本改造，被称为一场"民主化风暴"。

但是，由于这场改革是在特定历史条件下进行的，是以美国的需要和模式来改造日本的，因此它又带有一定的局限性。随着冷战的开始，美国妄图把日本变成它在亚洲推行全球扩张战略的基地，改变了限制和打击的政策，代之以在政治上拉拢、经济上扶植日本的政策。1951年，美国片面对日媾和，并签订了《日美安全条约》，使战后日本的民主化进程受到严重阻碍，国内军国主义的势力没有得到彻底清除。

2. 西方民主制度的确立与1955年体制的形成

（1）西方民主制度的确立。经过一系列民主改革和新宪法的制定，日本建立了以天皇为象征的议会内阁制。新体制采取三权分立原则，把立法、行政、司法的权力分别交由国会、内阁、法院掌管，以达到相互制衡的目的。

国会是国家最高权力机关和国家唯一的立法机关。它由参议院、众议院两院组成，两院议员皆由普选产生，并只对选民负责。国会有修宪、制宪、审议预算、任命内阁总理大臣等权力。

内阁是国家最高行政机关，向国会负责，拥有掌管国家事务、处理对外关系、任命官吏、制定政令等职权。内阁由总理大臣和国务大臣组成，一般由议会中占议席半数以上的政党来组阁，该党派的领袖是当然的内阁总理大臣。首相由国会提名，天皇任命；其他内阁成员由首相任免，天皇认证。日本政府实施行政改革后政府机构为1府12省厅。众议院对内阁提出不信任时，内阁或者是总辞职，或者是在10天内解散众议院，举行大选。

法院是行使司法权的机关，独立行使职权。新宪法规定，司法权属于最高法院及下属各级法院，采用"四级三审制"。最高法院长官（院长）由内阁提名，天皇任命，14名判事（法官）由内阁任命，需接受国民投票审查。其他各级法院法官由最高法院提名，内阁任命，任期10年，可连任。各级法官非经正式弹劾，不得罢免。最高法院法官由内阁任命，但下级法院法官则由内阁按最高法院提出的名单任命。"最高法院是有权决定一切法律、命令和处置是否符合宪法的终审法院"，审理"违宪"和其他重大案件。高等法院负责二审，全国共设四所。各都、道、府、县均设地方法院一所（北海道设四所），负责一审。全国各地还设有家庭法院和简易法院，负责民事及不超过罚款刑罚的刑事诉讼。检察机构与四级法院相对应，分为最高检察厅、高等检察厅、地方检察厅、区（镇）检察厅。检察官分为检事总长（总检察长）、次长检事、检事长（高等检察厅长）、检事（地方检察厅长称检事正）、副检事等。检事长以上官员由内阁任命。法务大臣对检事总长有指挥权。

（2）1955年体制与一党优位制。改革后的日本确立了政党政治制度，代表不同阶级、阶层的各种政党相继恢复或建立。主要政党有自由党、民主党、社会党、公明党、民社党、新自由俱乐部、社会民主联盟和共产党。

战后初期，由社会党和共产党及左翼力量构成的革新阵线获得过相当大的发展。1947年曾以社会党为首组成了联合政府。1955年11月，自由党与民主党合并为自由民主党（简称自民党），在众议院占64%的议席，成为国会第一大党。同年，革新阵线各党派也实现了大联合，但是革新阵线中主要力量——社会党在众议院仅占33%的议席。从而形成了以自民党和社会党"保革对立"为主要特征的"1955年体制"。以自民党所代表的保守政治力量与社会党所代表的革新政治力量之间在社会基础、国内政策、安全战略、对外路线等方面都一直对立。双方斗争的焦点主要集中在日美安保体制、修宪与护宪、自卫队与再军备、资本主义与社会主义等问题上。

20世纪70年代以后，日本国内政治生态发生了变化，"1955年体制"受到了一定的冲击。在1976年的众议院大选中，自民党遭遇了建党以来的最大失败，其所获议席未能过半数，加进11个无所属议员后才勉强过半数。1980年6月，众参两院同时进行选举，自民党重获单独过半数议席。但在1983年众议院大选中，自民党再度失败，与新自由俱乐部联手才保持了过半数议席。在1986年7月举行的众议院大选中，自民党在中曾根康弘领导下获得大胜，所获议席比大选前的250席猛增50席而达300席，加上后来加入的无所属议员和新自由俱乐部成员，议席达到310席的"超稳定多数"。这一局面被称作"1986年体制"。在这一体制下，社会党也开始向自民党政策靠拢，对自由市场经济、《日美安全条约》、自卫队等由反对转向赞同或默认，力图向"超阶级"的"国民政党"转变，以便得到更广泛阶层的支持，"1955 年体制"得到了进一步的支持和加强。

在战后相当长时间里，自民党所代表的保守政治力量在议会中基本上处于稳定多数，并且连续执政 38 年，而社会党、共产党等革新势力和公明党等中间势力长期处于在野地位。这种在法制上虽然容许政权交替但实际上却由一党长期执政的政治结构，被称为"一党优位制"。

日本"一党优位制"的长期存在是由多种原因促成的。①美国采取了扶植保守势力、打压革新势力的政策，充当了自民党的坚强后盾。在占领期，美国先是以"亲美"标准把吉田茂等原亲英美派外交官推向日本政治顶峰，然后又以"冷战"标准把岸信介等甲级战犯嫌疑人"放虎归山"。②自民党政权的经济发展战略取得巨大成功，使多数日本选民成为现存体制的支持者，对政权交替心存疑虑，因而继续把票投给具有安全感的自民党。在 1955 年，日本经济恢复到战前最高水平；1968 年，成为西方阵营第二经济大国。③自民党善于扩大影响，长于选举策略。在"1955 年体制"下，日本选民与各政党之间形成了相对稳定的共生关系：自民党主要靠财界的雄厚资金和农村及中小城市的选票；社会党、民社党主要靠工会选票；公明党靠宗教外围组织创价学会的选票；共产党靠其基层组织选票。自民党以雄厚的选举资金作为后盾，靠保护农业政策长期保住了农村选票，并在城市市民中扩大影响，成为具有广泛社会基础的"包括性政党"。④与各革新政党相比，自民党的组织结构和行为方式更浓厚地反映着日本传统政治文化特征，这一点也都有利于自民党赢得更多选民的支持。

自民党一党长期执政，对于保证战后日本社会的稳定、促进经济的发展起到了积极作用，但是也暴露出自身难以克服的问题，为冷战后"1955 年体制"的瓦解埋下了伏笔。

二、战后日本经济的恢复与发展

战后日本经济在战争废墟上得到了迅速的恢复和发展，由一个经济濒临崩溃的战败国变为仅次于美国的世界经济大国，被称为"日本奇迹"。同时，日本也积累了因高速发展所产生的问题，到 20 世纪 80 年代，形成了"泡沫经济"。

1. 战后初期日本经济的迅速恢复

（1）战后初期日本经济的迅速恢复。战争结束时，日本经济已陷入瘫痪状态，国民财富损失了 1/4，东京、大阪、横滨和名古屋等大城市几乎化为灰烬，大批工厂倒闭，工矿企业生产停滞，全社会有 1000 万以上的失业者，农业大面积歉收，粮荒严重，海外贸易几乎完全断绝，物资奇缺，物价上涨，人民生活恶化。

面临战争带来的创伤，尽快恢复国民经济是当务之急。战后初期，日本政府采取优先发展重点产业的"倾斜式生产方针"，设立复兴金库，把有限的原料、资金、外汇等分配给煤炭、钢铁、铁路、海运、电力等重点基础工业，对重点工业实行价格补贴和低利息贷款的保护政策。这些措施保证了基础工业和交通部门的迅速恢复，并带动和促进了整个国民经济的迅速恢复。同时，实行"充分保护农业利益"的方针，发展粮食生产，稳定人民生活。经过 10 年的经济恢复，到 1955 年，日本国民生产总值达 240 亿美元，是战前的 136%，人均国民生产总值为 269 美元，是战前的 105%。1946～1955 年 10 年中，除了对外贸易一项，主要经济指标全面恢复或超过了战前最高水平。

（2）战后初期日本经济迅速恢复的原因。第二次世界大战结束前日本已具备一定的技术能力和生产管理经验。日本早在明治维新时期就开始了工业革命，国内有一定的工业基础，在战争时期又大力发展了重化工业。第二次世界大战中，日本经济虽然受到损失，但生产设备能力并未下降，而且它的技术骨干、管理人员、熟练工人及其经营管理、生产经验基本上都保存下来了。日本政府又采取了上述切实可行的经济恢复方针，这些为战后日本经济的迅速恢复与发展提供了必要的条件。

美国对日扶持政策促进了日本的经济复兴。20 世纪 40 年代末，随着冷战的开始、新中国的成立以及亚洲民族解放运动的高涨，美国变削弱日本的政策为扶植日本的政策，放宽了对日本的限制，支持日本复兴经济、重整军备。由此，美国政府减免了日本的战争赔偿，并以"占领地区救济基金"和"占领地区经济复兴基金"的名义，向日本提供了 21.28 亿美元的资金。据统计，从第二次世界大战结束到 1951 年 6 月，美国以各种方式援助日本的金额累计达 30 亿美元，还通过民间贸易向日本供应原棉、石油、煤炭、铁矿石等恢复工业急需的能源和原料，并派美国银行家约瑟夫·道奇对日本经济予以整顿。

朝鲜战争的爆发刺激了日本经济的恢复。朝鲜战争期间，日本成为美军的侵朝基地。美国大量军需订货使日本工矿企业生产迅速活跃起来。战争爆发的第二年，日本工矿业生产就超过了战前水平，重工业和化学工业也迅速发展。整个战争期间，日本从美国得到 23.7 亿美元的特需收入，占 1951～1953 年外汇收入的 40%，占国民收入年平均数额的 18%。

随着战后经济恢复的基本完成，日本经济发展已步入正轨。但是，与欧美发达资本主义国家相比，日本经济发展速度还比较缓慢，处于落后地位。1955 年，日本人均国民收入在西方国家中仅居第 34 位。

2. 日本经济高速发展的奇迹

（1）日本经济奇迹。1955 年以后，日本经济开始了近 20 年的高速发展时期。1955～1973 年，日本的实际国民生产总值年平均增长率达 9.8%，实际国民生产总值增长了 4.2 倍，翻了两番多。其间，1967 年日本的国民生产总值超过英、法，1968 年赶上联邦德国，一跃而成为西方世界中仅次于美国的第二经济大国。在这个高速增长的过程中，日本的经济面貌发生了根本性的变化，工业生产名列世界前茅，产业结构实现了高级化，农业实现了现代化，人民生活水平有了很大提高。

1973 年 10 月，中东战争爆发后，受石油危机的严重冲击，日本经济进入了低速增长时期，但是与同期西方发达国家相比，日本的经济增长速度是最快的。1973～1985 年，日本实际国民生产总值年平均增长率为 4%。1986～1990 年，日本国民生产总值年平均增长率提高到 4.6%，日本在世界经济中的地位继续上升。1985 年底，日本成了世界上最大的债权国，国外净资产达 1300 亿美元，而美国在同一年的负债额达到 1074 亿美元，成为世界最大的债务国。从 1986 年 11 月起，日本经济进入高速增长的"平成景气"时代。1987 年日本的人均国民生产总值在历史上第一次超过美国，在西方主要发达国家中名列第一。1975～1990 年，日本国民生产总值由 4992 亿美元增至 29898 亿美元，达到美国的 60%，占世界的 13%，超过苏联成为世界上仅次于美国的第二经济大国。日本经济的高速发展被人们称作"20 世纪的经济奇迹"。

（2）日本经济高速发展的原因。战后有利的国际环境，为日本经济的迅速发展提供了良好的时机。①战后几十年的国际和平环境，尤其是日本特定的国际、国内环境的限制使日本军费开支锐减，在相当长一段时间里仅占财政支出的 7% 左右，避免了军队供给、武器装备和军火工业等巨大资金消耗，使它节省了大量的军费开支，将更多的财力投资于经济建设之中。②美国对日本实行特殊的扶植政策。1949～1970年，在日本的外国资本累计为 139 亿美元，其中大部分是美国私人企业在美国对日扶植政策的影响下所进行的投资。据统计，美援总额约占同期日本进口总额的 40%～60%。在朝鲜战争和越南战争期间，美国把日本作为自己的军事基地、作战物资供应地和军需补给地，向日本发出大量有关武器、运载工具和其他军用物资的订货单（俗称"特需"），给日本带来了"特需繁荣"。这两场战争使日本获得大量外汇收入。据统计，1950～1977 年日本的"特需"收入累计达 107.8 亿美元。美国对日本还几乎无保留地开展技术转让，并向日本开放本国市场，从而弥补了日本的贸易逆差。③受国际经济旧秩序的影响，战后以来的国际市场上初级产品价格十分低廉，而制成品价格却大幅度上升。日本工业生产所需的主要原料和燃料几乎完全依赖进口。同时，日本又是以"加工贸易之国"著称的制成品出口大国。这不仅使日本廉价获得大量能源、资源，而且使它在进出口贸易价格上赚取大量的"剪刀差"利润。

日本国内长期相对稳定的政治局势和实行适合本国国情的经济方针、政策和发展战略，是日本经济迅速发展的根本原因。①按照西方模式建立起的资产阶级民主制度使战前日本国内曾经十分尖锐的阶级矛盾在很大程度上得到缓解。自 20 世纪 50 年代中期开始一直到 1993 年，国内一直是自民党一党执政，国内政局比较稳定，政府制定的各项重大政策得以长期顺利地贯彻实施，保持了政策的连续性，为日本经济的高速、稳定发展提供了有力的政治保障。②战后，日本政府与垄断财团联系密切，始终保持着对日本经济很强的影响力和干预能力，长期实行的低消费、高积累的资金积累政策。基于对战争的反省和国际、国内环境的压力，日本确立了"经济立国"的发展战略。20 世纪 50～60 年代，日本政府根据国情适时提出了"贸易立国"方针，以高出口带动高增长，使日本经济获得了高速发展。进入 20 世纪 70～80 年代，"贸易立国"方针受到两次石油危机和资本主义世界市场萧条的冲击，日本又适时提出了"科技立国"的方针，加快新技术革命步伐，推动产业结构进一步高级化。③日本有尊师重教的传统，高度重视发展教育科技事业。战后日本政府充分认识到要实现"经济立国"，要在经济竞争日趋激烈的国际社会上发展，就必须要有先进的技术和高素质的人才，因此大力发展各级、各类教育，普及了小学、初中和高中教育，大学教育也走在世界的前列。日本注重大力发展本国的科学技术，采取以民间为主的"官、民、学"三位一体共同协作的科技体制。同时，还将积极吸收、利用世界上一切先进的科技成果作为一项基本国策，并且根据本国的经济特点和技术基础加以改造、革新，使之"日本化"，使日本经济得以长期持续高速发展。

3. "泡沫经济"的形成和破灭

所谓"泡沫经济"，一般是指在不切实际的赢利预期和投机狂热的驱动下，以股票、房地产等资产价格超常规猛涨为特征的虚假繁荣。

日本国土面积小、自然资源贫乏、国内市场十分不足、对外严重依赖的经济存在严重的脆弱性。20世纪80年代，作为世界制造业中心的日本对外出口数量巨大，西方国家为提高对日出口产品的价格，从而减少自己的贸易逆差，敦促日本"自愿"控制出口。特别是1985年9月，美、英、法、联邦德国和日本五国财长和中央银行行长会议达成降低美元汇价的"广场协议"，规定提高日元对美元的汇率。日元的升值，限制了日本的出口能力。日本政府为了应付日元升值的冲击，采取放宽财政金融政策的办法刺激经济回升。从1986年1月到1987年2月，连续5次调低公定利率，使之由5%降至2.5%的历史最低水平，致使大量过剩资本投向收益率相对较高的资本市场和房地产行业，带动了股价和地价狂涨。据统计，1985年底至1989年，日本的土地资产总额由1000万亿日元跃升为2130万亿日元，股票时价总额亦由同期的214万亿日元剧增至890万亿日元，4年间分别增加了1.1倍和3倍。而工商界看到股票和地产可以点石成金，也一窝蜂改行，大胆投资迅速发达的"虚业"。同时，私人消费也急剧扩大。由此造成了土地和股票的价格远远脱离实际。到1988年，日本经济已明显出现"过热"，供需矛盾加剧，物价涨幅增大，出现了"泡沫经济"。

20世纪80年代末，日本政府为减少通货膨胀危险，抑制土地投机，采取金融紧缩政策。1989年5月至1990年8月，连续5次上调公定利率，由原来的2.5%上升到6%。公定利率的提高，引起资产价格下跌，股价暴跌。到1991年3月末，日经指数下跌至22984点，跌幅近70%。股市的暴跌引起地价下降至11.6%，导致房地产市场的崩盘。至此，"泡沫经济"彻底破灭。

三、从政治侏儒向政治大国转变的外交战略

战后初期到20世纪50年代，由于国内政治、经济和防务的需要，日本政府采取"亲美一边倒"的外交政策，外交上依附于美国，被称作"政治侏儒"。随着日本国力的提高和国际形势的变化，日本表明了要做政治大国的强烈愿望，并从政治、经济、军事、外交诸方面为成为政治大国创造条件。

1. 战后初期的政治侏儒外交战略

战后初期，日本被美国独家占领，丧失了外交权，一切外交活动和对外交涉均需通过美国占领军当局来办理，成了美国庇荫下的"政治侏儒"。在外无国权、内无实

力的境况下，日本对外战略的基本目标就是重返国际社会。

（1）"亲美一边倒"对外战略。日本政府认为，没有美国的支持日本就无法重返国际社会。于是，日本全盘接受美国对其进行的一系列政治和经济改革；配合美国的冷战与遏制政策，参与对社会主义国家的战略物资禁运，并且积极支持美国的侵朝战争；不顾苏联、中国等国家的反对，于1951年同美国等西方国家签订和约；为了适应美国在远东的战略布局，在1951年和1954年同美国签订《日美安全条约》和《共同防御援助协定》，使驻日美军进一步合法化，并组建日本防卫力量，分担美国在远东的防务；在美国的操纵下，日本政府对新中国采取敌视政策和蒋介石集团于1952年4月28日签订了"日蒋和约"，同年5月14日，日本国会不顾社会党、共产党的反对，强行通过了该"和约"。

（2）重返国际经济社会。为了适应国内经济飞速发展的需要，在美国的竭力支持下，1952年4月，日本加入国际货币基金组织，这是它重返国际经济社会的第一步。1955年9月，日本又参加了关税及贸易总协定。20世纪50年代中期，日本积极谋求恢复同西方国家和东南亚国家的贸易关系，为走向世界创造条件。

（3）改善对华、对苏和对东南亚国家的关系。20世纪50年代中期，日本政府进一步明确把"重返国际舞台"作为刻不容缓的任务。在以日美结盟为基础的前提下，从1954年12月至1957年2月，鸠山、石桥等几届政府加强了同世界各国，特别是其近邻——中国和苏联的交往，改善与东南亚国家的关系。1955年4月，日本经济审议厅长官高崎达之助借万隆会议之机，会见了中国总理周恩来。日中两国先后签订了《日中民间渔业协定》和《日中贸易协定》，两国民间贸易、文化交往明显增多。1955年6月，日苏两国特使就恢复邦交开始举行谈判。1956年10月，鸠山首相访问苏联，双方签署了《日苏联合宣言》，实现了两国关系的正常化。日苏邦交恢复后，日本得以顺利地参加联合国，成为国际社会的一员。

到20世纪50年代中期，日本制定的重返国际社会的战略目标已经实现，这对日本经济的迅速发展起了极其重要的作用。

2. 20世纪50年代中期到60年代的自主外交战略

20世纪50年代中期以后，日本经济的快速增长带动了对资源和市场需求的急剧增加，迫切希望能自主地发展同其他国家和地区的贸易及外交往来。尤其是1956年12月日本加入联合国以后，国民的自信和自主意识开始增强，强烈要求改变"亲美一边倒"的政策，实行独立自主的外交战略。

（1）签订新的《日美安全条约》，与美国建立平等的伙伴关系。1960年1月，日美签订《日美共同合作和安全条约》，即新《日美安全条约》，代替了旧的《日美安全条约》（以下简称新条约）。新条约删除了驻日美军可以镇压日本内乱的"内乱条款"和不经美国同意则日本不得向第三国提供军事基地的条款，从而使日本政府基本上恢复了对国家的统治权，日本在政治上获得了独立。新条约中还明确了美国对日本的防卫义务，确定了发生紧急情况时、驻日美军更换装备时以及在日本领土以外进行军事行动时两国随时协商的制度。根据新条约，日美两国在政治、经济及安全保障方面的关系进一步明确，使日美经济与军事合作得到加强，形成"平等伙伴关系"。1964 年春，日本在国际货币基金组织中得到与美国、西欧相同的待遇，并加入了经济合作与发展组织，进入了先进国家行列。1969 年 11 月，日美双方就归还冲绳问题达成协议。日本谋求外交上的自立并非是要摆脱美国，而是谋求与美国建立对等的联盟关系。既与美国保持密切关系，又不受美国束缚，从而有利于日本提高国际地位，在亚洲乃至世界上获取更多的利益。

（2）积极开展经济外交，增强日本的独立性与自立性。20 世纪 50 年代中期以后至 60 年代，日本经济进入高速发展时期，生产与工业原料需求之间的矛盾日益突出。1957 年，日本首次发表的《外交蓝皮书》提出了"经济外交"的口号，要"以和平的经济力量向外发展"，将经济外交作为国家的中心战略。

首先，重点推行以东南亚为主的经济外交。目的是获取资源与市场，提高日本在亚洲的国际地位，进而取得"亚洲盟主"资格。20 世纪 50 年代，日本先后同缅甸、菲律宾等国就战争赔款问题达成协议。通过战争赔偿缓和了东南亚人民的反日情绪，通过赔偿计划所提供的技术和经济援助，确保日本将该地区作为稳定的原料基地和出口市场。20 世纪 60 年代，日本又通过援助、赊销和私人投资开发等形式，扩大了它在东南亚国家的经济势力。1963～1974 年间，日本同东盟 5 国之间的贸易额从 12.26 亿美元增加到 133.68 亿美元。

其次，积极开展对欧洲的经济外交。1962 年 11 月，首相池田勇人历访欧洲 7 国，提出北美、西欧和日本是"自由世界"的三大支柱，加强三方的合作关系将是世界和平的基础（被称为"三大支柱"论）。日本第一次脱离美国外交需要，独立开展对欧洲外交。池田勇人还提出应该"加强同英、法等西欧国家的合作"，"在欧洲和日本之间铺设一条与日本和美国一样的通道"。1963 年 3 月，日本与英国签订了《日英通商航海条约》；同年 4 月与法国签订了《日法通商条约》，并同其他欧共体成员国签订了一系列双边贸易协定。由此，日本逐步打入了欧洲市场。

3. 20 世纪 70 年代的全方位多边自主外交战略

20 世纪 60 年代末 70 年代初，日本已经成为资本主义世界第二经济大国。1972 年 7 月，田中角荣上台之后，明确表示"日本跟着美国脚步走的时代已经过去了"，修正了历届内阁"亲美一边倒"的外交政策，开始推行多边自主外交战略。其核心是改变盲目追随美国的外交政策，独立自主地制定日本的对外战略，加强同世界各国的多边往来，发挥日本在国际舞台上经济大国的作用。

（1）以日美安全保障体制为基轴，谋求同美国建立"富有成果的伙伴关系"。日本政府认为，由于美国实力地位的衰落和国际威望的下降，美国将"更多地寄希望于经济大国日本"。日本要在政治上"发挥美国难以发挥的特殊作用"，在军事上"分担责任"，在经济上维持协调，缓和矛盾，充当美国"对等的真正合作者"。

（2）进一步强化日欧间对话，加强日欧关系。1971 年 9 月，裕仁天皇和皇后访问西欧七国。1973 年 9 月底 10 月初，田中首相访问法国、英国、联邦德国。1975 年，田中邀请英国伊丽莎白女王访日，三木首相应邀参加在法国朗布依埃举行的第一次西方七国首脑会议。在此后的 3 年时间里，法国总理希拉克、欧共体委员会委员长詹金斯、联邦德国总统谢尔和外长根舍、总理施密特先后应邀访日。1974 年 7 月，欧共体在东京设立驻日欧共体委员会办事处，1976 年，日本在布鲁塞尔设立驻欧共体大使，开始了日欧（指欧共体）双边外交关系。1978 年 7 月，福田首相访问欧共体总部，指出日本和西欧是"同舟之客"。自 20 世纪 70 年代中后期开始，日欧贸易摩擦不断激化，日本通过加强政治对话的方法减轻贸易摩擦在日欧关系中的分量。

（3）恢复日中邦交，构筑远东地区的日、美、中三角关系。多边自主外交的重要课题之一是恢复日中邦交，谋求同中国建立长期稳定的政治和经济合作关系。1972 年，田中首相访华，签署日中《联合声明》，恢复日中邦交关系。1978 年 8 月，福田首相访华，签订了《日中和平友好条约》，同年两国还签订了长期贸易协定。

（4）加强同第三世界国家的经济政治联系。1973 年"石油危机"之后，日本改变了过去一味追随美国的中东政策的态度，制定了"新中东政策"，加强同阿拉伯国家的政治对话，承认巴勒斯坦人民的民族权利，承认"巴解"组织是巴勒斯坦人民的合法代表，支持和平解决中东问题。在东南亚，为了消除东盟国家的恐日心理，日本政府采取措施与其对话，设法列席和参加东盟首脑会议，并于 1977 年提出了"福田主义"三原则，即"不做军事大国"、同东盟国家建立"心心相印"的对等伙伴关系、"为东南亚的和平与繁荣做出贡献"。日本还加强了与拉美、非洲的经济合作关系，中南美洲成为日本新的原料供应地。

20 世纪 70 年代，日本推行的"多边自主外交"和"全方位外交"，表明了日本外交政策的出发点已经开始从双边性或区域性格局向全球性扩大，显示了日本外交自主性的进一步增强。

4. 20 世纪 80 年代的政治大国外交战略

（1）"政治大国"目标。20 世纪 60 年代，日本成为资本主义世界第二经济大国，佐藤内阁就曾提出"过渡到政治大国"的口号，因条件不具备而被搁置。20 世纪 70 年代末，美国在与苏联争霸世界的斗争中处于守势。为了对抗苏联，美国要求日本在亚太地区承担更大的责任。同时，随着经济实力的进一步增强，日本国内的"大国意识"明显提高，日本领导集团顺势提出走向政治大国的战略。1978 年，大平正芳提出日本应"负担起全球主义的责任"，为解决亚太地区的"经济问题起模范作用"。

20 世纪 80 年代以后，日本历届内阁都表示了日本要做政治大国的意愿。概括起来，日本政治大国目标的基本含义包括：①以日美同盟为轴心，以日、美、欧体制为基点，作为西方阵营的重要一员在国际上发挥作用；②立足于亚太，以亚太合作为杠杆，确立日本在亚太的主导地位；③以经济实力为后盾，积极扩大在国际社会尤其是第三世界的影响；④积极、全面地参与国际事务，在国际机构中发挥作用，增加对国际事务的发言权；⑤在综合安全保障的原则框架内，适度增强军事力量。

日本政治大国战略的目标就是要提高日本在国际上的政治地位，使日本从经济大国迅速成长为政治大国，迎接21世纪"以日本为中心的太平洋时代"的到来。

（2）向政治大国战略目标迈进的具体措施。

1）政治上提出"战后政治总决算"。1983年1月，中曾根在施政演说中明确阐述了他的"战后政治总决算"路线，意在清除战败国意识，扫除国内与政治大国目标相悖的各种障碍。中曾根内阁对内大力实施了行政、财政和教育改革，对外重新定位日美关系以及日本在国际上的地位，突破了包括防卫预算、参拜靖国神社等一系列"禁区"，给日本的政治大国目标蒙上一层阴影。

2）经济上努力保持国际领先地位，以增强对国际事务的支配能力。走向政治大国的日本始终将经济放在重要地位，同时提出"科技立国"方针，使日本在世界高科技领域中处于领先地位，进一步促进经济的发展，达到实现政治大国的目的。并且以雄厚的日元资本为后盾，增强日元作为国际货币的职能，逐步使日元发挥与美元相同的作用。

3）军事上日本逐步调整了防卫战略思想，由"专守防卫"转向"攻势防卫"，从单独防卫转向集体防卫，由"内地持久战"转为"海边歼敌"、"洋上歼敌"。1981年的《防卫白皮书》改变了日本防卫战略，首次提出了"前沿防御战略"，主张"一旦有敌来犯"，就要做到"歼敌于海上"。1987年的《防卫白皮书》又提出"洋上防空"设想，再次突破"禁区"，增强支援美国作战的功能。为此，日本放弃了战后实行多年的"重经济、轻武装"的"军事小国"路线，开始大力扩充军事力量。军费开支从1980年的22300亿日元增加到1987年的35174亿日元，提高了57.8%，年平均增长率为7%，破了1976年11月三木内阁时期做出的防卫费用总额不超过国民生产总值的1%的规定，达到1.004%。此后防卫费又连续3年突破国民生产总值的1%。到1990年，日本已经成为仅次于美苏的世界第三军费大国。

4）外交上，从政治大国目标出发构筑日本对外关系，树立新的国际形象。①以日美关系为外交基轴，坚持"西方一员"的立场，加强日欧关系以平衡日、美、欧三角关系，确立日、美、欧三极体制。通过积极支援美国的全球战略与以美国为中心的西方协调战略，实现与欧美大国平等参与国际事务、共同维护国际秩序的目的，提高自身的国际地位，分享国际权益。②继续稳定发展日中之间的"成熟关系"。1983年，日中两国领导人确立了"和平友好、平等互利、相互依赖、长期稳定"的四项原则。1984年，两国建立了"中日友好21世纪委员会"。1988年8月，竹下首相访华，修复了因中曾根内阁推行"战后政治总决算"路线给中日关系造成的裂痕，扩大了两国经济合作领域。1989年6月北京政治风波后，日本在西方国家中率先打破对华制裁，恢复了第三期对华贷款，并于1991年8月实现海部首相访华。③加强与东盟国家关系，促进与亚太地区国家的合作。1980年，大平首相正式提出"环太平洋合作构想"。1981年1月，铃木首相将东盟5国列为上任后首次出访的对象。1982年，他又提出"太平洋团结"五原则，提出要将太平洋建成和平、自由、多样、互惠和开放的海洋。1983年，中曾根访问东盟国家。1987年，竹下内阁提出建立"东亚经济圈"，作为实现全面亚太合作的第一步。④积极参与国际事务，重新树立国际形象。20 世纪 80 年代以后，日本将对外援助置于支持美国抗衡苏联的战略格局中，运用手中大量剩余资金，不断扩大政府开发援助，为实现政治大国的战略目标服务。在地区热点问题上积极与第三世界国家及欧洲国家协调合作。在越南入侵柬埔寨问题上，日本支持东盟国家的立场，采取与东盟配合的政策。在中东、中美洲、南部非洲和阿富汗等热点地区，日本都采取了同第三世界国家趋于一致的立场。此类行动提高了日本的国际地位。

第二节　冷战后日本的经济与政治

一、冷战后的日本经济

20 世纪 90 年代"泡沫经济"的破灭导致日本经济长期停滞，但日本仍然是世界第二大经济强国。进入 21 世纪，通过经济和社会改革，日本经济走出滞胀，实现了新的发展。

1. "泡沫经济"破灭后的十年经济停滞与改革

（1）十年经济停滞。"泡沫经济"破灭后的近十年里，日本经济形势急转直下，处于长期停滞的状态。大致经历了三个阶段。

1991 年 3 月至 1993 年 10 月，是日本"泡沫经济"崩溃后的萧条阶段。1991 年，日本"泡沫经济"崩溃后，首当其冲受到严重打击的是投机房地产和股市的暴发户，以及在"泡沫繁荣"当中推波助澜的金融机构。日本主要经济指标下降的幅度都超过了 20 世纪 80 年代初期。其中，经济增长率在 1991 年由上年的 5.1% 下降到 3.8%，1992 年和 1993 年，又分别下降到了 1.0% 和 0.3%。经济增长率连续三年下降并且连续两年低于 1%。

1993 年 11 月至 1997 年 5 月，是日本经济没有景气感的景气阶段。1993 年 10 月"泡沫经济"崩溃萧条下降到谷底后，日本经济开始复苏，到 1997 年 5 月，上升共持续了 43 个月，是战后第三个持续时间最长的经济景气。然而，在 3 年零 7 个月的期间内，实际国内生产总值总共才增长了 6% 多一点。其中，1994 年、1995 年的经济增长率分别只为 0.6% 和 1.5%，直到 1996 年才达到了 5.0%。这是战后历次经济景气中最差的一个景气阶段。

1997 年 6 月至 1999 年 4 月，是战后日本最严重的经济危机阶段。1997 年 6 月，在亚洲金融危机的影响下，日本经济再次进入衰退阶段，危机日趋严重，当年经济增长率下降到 1% ~ 0.6%。巨额的呆账、坏账成为金融机构沉重的包袱，银行和证券公司接二连三地倒闭。同时，工矿业生产在低水平徘徊，建筑业摇摇欲坠。企业经营困难重重，利润骤降，破产增加。1998 年，出现了战后最高的负增长，经济增长率为 −2.5%，1999 年，有所好转，但也只增长了 0.3%。日本经济的元气大伤，堪称战后以来最严重的经济危机。

1990 ~ 1999 年，日本实际国内生产总值由 430 万亿日元增加到 482 万亿日元，10

年总共才增长了 12.1%，只相当于高速增长时期一年的增长水平。从国际比较看，除 1996 年外，20 世纪 90 年代，日本大多数年份的经济增长率都处于发达国家中的最低水平，尤其是 1998 年，当美国和欧盟各国出现 1990 年以来最为繁荣的景气时，日本经济反而陷入了战后以来最为糟糕的状态。对于日本经济来说，20 世纪 90 年代可以说是失去了的十年。

（2）经济政策调整和经济结构改革。"泡沫经济"的破灭显示战后日本形成的"赶超型"经济模式已不适应当今日本经济乃至国际经济发展的需要。日本政府根据它的金融地位和国际形势的变化，在推行"投资立国"战略的同时，开始进行社会经济的结构改革。

1）实施积极的财政政策。1992 年 3 月至 1993 年 4 月，宫泽内阁以扩大公共投资为主要内容，相继采取了"紧急经济对策"和"综合经济对策"，先后追加公共投资 10.7 万亿日元和 13 万亿日元。1993 年 9 月，细川内阁也实施了"紧急经济对策"，追加公共投资 6 万亿日元。但是，景气复苏的迹象并没有出现。1994～1997 年，村山内阁和桥本内阁期间，又实施了大规模的减税政策，所减税额中的一半为临时减税，另一半为永久性减税。由于经济急速衰退，1998 年度政府财政预算又推出了总额达 16.5 万亿日元的"综合经济对策"。1999 年 3 月，小渊内阁采取了将短期诱导利率降低为零的"零利率政策"，又称作"紧急避险政策"。1993 年 4 月，日本经济才开始停止下滑并有所回升。小渊内阁抓住机会，制定了以中小型企业对策为中心的"新综合经济对策"。2000 年 4 月，森喜朗内阁上台后又继续采取了经济景气对策。据统计，从 1992 年 8 月到 2000 年 10 月，日本历届内阁共计实施 9 次经济刺激对策，总规模达 129.1 万亿日元，每次平均数额达 18.44 万亿日元。

2）改革金融体制。金融体制改革的核心是全面改革或放松金融规制，建立公正、自由和开放的金融市场。日本政府采取了两个方面稳定金融的政策措施：①引入规范金融机构经营行为的"早期纠正措施"。1996 年 6 月，国会通过了所谓的"金融三法"，即《存款保险法的部分修正法》、《关于金融机构更正手续的法律》和《关于整备确保金融机构经营健全性相关法规的法律》。②导入财政资金，帮助破产金融机构进行清算和增加金融机构的自有资本。1997 年底，日本政府决定向金融机构提供财政资金，以帮助困难的金融企业渡过危机。国会修正了《外汇管理法》和《日本银行法》，目的在于把中央银行建成具有高度独立性的金融政策中心。1998 年 6 月，国会又通过了《金融体制改革法案》，即所谓的"金融大爆炸"关联法。

3）改革财政结构。1995 年末，日本财政制度审议会设立了特别委员会，于 1997 年 5 月提出了最终报告，明确提出了财政改革的目标、具体措施、时间表及数量规定。1997 年 11 月，以该报告为基础形成的财政结构改革法案在国会通过。财政结构改革法为财政改革的全面展开奠定了法制基础。然而，由于经济的突然恶化，财政改革政策没有能够真正展开就被迫终止了。

4）改革经济结构。通过规制改革促进市场竞争，提高效率和降低成本是日本经济结构改革的重点。1993 年，细川首相的私人咨询机构——经济改革委员会提出了"废除经济规制"、以"自我责任"为原则将社会规制"限定在最小限度"内的规制改革原则，放松规制逐渐成为新的政策支柱。1995 年 3 月，日本政府制订了"推进放松规制 5 年计划"，计划确定了 1091 个项目，对大部分项目都明确规定了改革时间。1995 年，桥本内阁又提出了包括行政改革、经济结构改革、金融体制改革、社会保障改革、财政结构改革和教育改革在内的 6 大改革。此后，日本历届政府稳步地推进以放松规制为核心的经济结构改革，取得了一定的成就。在信息通信、金融、电力等众多领域，市场竞争机制已经开始发挥主导作用，国民已经享受到了竞争带来的益处。

日本经济的长期停滞积累了很多深刻的矛盾，如巨额的不良债权、逆资产效果、紧缩的恶性循环、超低利率和财政赤字陷阱、结构性的贸易黑字、制度性疲劳、人口老龄化以及从工业化社会向信息化社会的转折缓慢等。这些矛盾既是日本经济长期停滞的重要原因，又是今后日本经济发展的严重障碍。

2. 21 世纪初日本经济走出停滞

进入 21 世纪后，日本政府继续推进经济结构调整，日本经济在一波三折中走出停滞，开始回升。

(1) 小泉改革与日本经济的全面复苏。2001 年 4 月，小泉纯一郎出任首相以后宣布实行"新世纪维新"，进行改革。具体目标是：要在两三年内处理完不良债权，建立与 21 世纪环境相符合的竞争性的经济机制。根本目的是："重建经济，建立充满自信和自豪的日本社会"，在世界上"发挥日本的建设性的作用"。

小泉采取了一系列强有力的金融再生政策。先后 13 次推出"紧急经济政策"，累计投资达 140 多万亿日元，帮助银行补充自有资金，以缓解金融机构的巨额坏账；精简人员，建立债权整理回收机构，帮助银行冲销不良资产；建立股票收购机构，将金融机构持有的企业股票从银行转移至私人，帮助金融机构改善经营环境。在经济体制改革方面，小泉在内阁中组建"经济财政政策委员会"，打破了官僚、议院和行业团体构成的"铁三角"对经济的垄断局面，排除了财阀派系对经济的影响，积极推进民营化、市场开放，逐步改变日本原来政府主导型的经济模式，建立"小政府"，放松对企业的管制；同时实行财政结构改革，控制国债发行，减少财政支出。

通过改革，日本经济从 2002 年下半年走出长达十多年的萧条，与经济萧条长期相伴的许多严重问题均显出好转迹象。金融机构的不良资产比率已从 2002 年底的 8.1% 降低到 2006 年 3 月底的 1.8%。2006 年 7 月 14 日，日本银行解除实施了 6 年的零利率政策，将短期利率（无担保隔夜拆借利率）的诱导目标从 0 调高至 0.25%，将央行再贴现率从 0.1% 调高至 0.4%，标志着日本金融政策走向正常化。金融形势的好转推动了日本经济的全面复苏。2004 财年上半年，日本出口总额达到 29.23 万亿日元，比上年同期增长 13.1%，创历史新高。日本的财政税收也出现了 4 年来的首次增长。2004 年 4 月~10 月，企业法人税、消费税和所得税分别同比增长了 34%、18.9% 和 1.5%。最能代表股市总体走势的日经 225 种平均股价，在 2003 年 4 月跌至最低点

7600 日元后开始回升，当年 8 月即突破了 10000 日元，2005 年下半年呈强劲翻天势头，到 2006 年 2 月突破了 16700 日元。通货紧缩有了明显缓解，尤其是连续数年呈下降态势的国内企业物价指数，到 2005 年第四季度上升为 2.1%。消费物价指数的下降幅度也明显缩小。2006 年，日本内阁已在其月度经济报告中略去了"通货紧缩"概念。小泉改革使日本经济有了长足发展，日本企业消除了雇用、设备和债务三方面的过剩，提高了收益，大公司利润不断增长，就业率和股指连年上升，银行坏账大大减少，巨额外债减少。2002~2006 年，日本 GDP 连续 4 年正增长，景气时间达 55 个月，是战后日本持续时间最长的景气。日本经济已全面走出经济衰退，开始全面复苏。

小泉的经济改革也存在一定的局限。如在财政改革方面并无实质性进展，虽然财政收入有了一定的增长，但是日本财政结构严重刚性化，政府利用财政手段调控经济的功能几近丧失。到 2005 年度末，中央和地方的长期债务余额达 774 万亿日元，与 GDP 之比超过 150%，财政赤字占 GDP 的比重达 6.4%，这两项指标远远超过国际警戒线。从长远看，提高消费税是解决税收不足的重要途径，但是提高消费税最得罪选民，小泉没敢踩这个雷区。同时，小泉改革中遇到的阻力也很大。2005 年，邮政储蓄系统民营化是小泉改革计划中的"重中之重"，但是遭到了国会的否决，小泉不惜以解散众议院作为回应。小泉改革在带来日本经济景气的同时，也造成了国内发达地区和落后地区经济差距和收入差距的重新拉大。

（2）后小泉时代日本经济的下滑。2006 年 9 月，小泉辞职后的三年中，安倍晋三、福田康夫、麻生太郎、鸠山由纪夫相继任首相。四任首相都在进行经济改革，但是，由于国际、国内经济形势的变化，日本经济整体上处于下滑状态。安倍上任后继续推行小泉的经济改革方针，强调必须站在长远的角度制订税制综合改革方案，通过经济增长战略实现税收的增加；同时，大力削减政府开支，上任后自动减薪三成，以示紧缩国家财政的决心。

但是，安倍改革遇到的阻力非常大，内阁成员丑闻不断，经济发展速度开始下滑。根据日本内阁府公布的国民所得统计速报提供的数字，2007 年前两个季度，日本 GDP 实际增长率分别为 0.8%、0.1%，按年率换算分别为 3.2%、0.5%。自 2004 年第四季度以来首次出现了负增长。

2007 年 9 月，福田上任后继续推进经济改革，致力于通过保证社会保障支出和提高消费税重建日本财政。他主张提高消费税，解决预算资金不足问题，促进地区发展，增加从事农业、渔业国民的收入和就业机会，缩小城市和农村之间的贫富差距。在福田内阁的努力下，日本经济形势有所好转。2008 年 5 月，日本第一季度 GDP 同比增长 3.3%，高于前一季度的 2.6%。但是，美国次贷危机引发的全球金融危机严重影响到日本出口，加上日本建筑业收缩、持续的高油价使日本的经济严重受创，新兴市场经济放缓。到第二季度，日本 GDP 比第一季度下降 0.6%，终止了从 2002 年 2 月开始的长达 6 年半之久的增长局面。7 月份，日本核心消费价格指数连续第十个月保持上升。为了刺激国内经济，日本政府于 8 月底推出了总规模达 11.7 万亿日元的紧急经济对策，因为遭反对派阻止而流产，日本经济已"病入膏肓"。

2008年9月，麻生太郎出任首相后。实施积极的财政政策，并对设备投资等减税，3年内维持消费税率不变。为抵御全球金融危机对日本经济的影响，10月底，麻生太郎公布了价值27万亿日元（2750亿美元）的经济刺激方案。整体方案包括帮助中小企业恢复信贷，降低高速公路税和以现金返还方式对普通家庭进行补贴。12月中旬，麻生太郎又宣布了一项涉资23万亿日元（2550亿美元）的紧急经济振兴方案，其中包括帮助失业人员确保住宅等就业保障措施以及援助中小企业解决资金短缺问题的对策，以刺激持续恶化的经济。2009年9月，鸠山由纪夫出任首相后认为地方经济的疲敝"已达极限"，将加大财政转移支付额度，促进农林水产业发展，表示要注重对财政支出的节制，把新发国债额控制在44万亿日元以下，全力避免经济二次衰退。

3. 冷战后日本的经济实力

尽管20世纪90年代日本经济曾陷入长期停滞的状态，但是，日本制造业高度发达，服务业占国内生产总值70%左右。目前，日本依然保持世界第二经济大国的地位，经济发展潜力巨大。

（1）日本仍是世界第二经济大国。冷战后日本的实力和地位没有多大的动摇，并且由于日元升值而得到了巩固和加强，日本仍是当今世界第二经济大国。

1）经济规模和人均水平仍居世界前列。1990～1999年，日本经济虽然只增长了12.1%，但由于日元升值，GDP按美元计算却增加了46.2%。其中，1995年，由于日元曾升值为1美元兑94日元，GDP一度高达51374亿美元，相当于美国72654亿美元的70.7%，为英国的4.62倍、法国的3.35倍、德国的2.13倍。进入21世纪后，日本经济走出滞涨。2007年后，虽然面临世界金融危机影响，但是日本GDP仍然连年增长。2007年为4.69万亿美元，2008年为4.91万亿美元，2009年为5.07万亿美元。目前，日本总体经济实力仍居世界第二位。同时，日本人均国民生产总值居世界前列。1999年，美国的人均GDP为34047美元，而日本是35569美元，比美国高将近4.5%。根据世界银行2000年11月15日出版的《世界银行图集》，日本的人均国民生产总值达到32350美元，比第二位的美国（29240美元）高出约10%。进入21世纪后，日本人均国民生产总值与西方大国相比有所下降，2001年、2002年分别达到32854.7美元和31343.3美元，略少于美国的35320.8美元和36209.6美元。2008年，日本人均国民生产总值34023美元，少于德国和美国。但是，日本人均国民生产总值仍然稳居世界前列。

2）世界第一资本输出大国。1998年，日本资本纯输出高达1325亿美元，其中长期资本纯输出为1177亿美元，大大超过了各发达国家资本纯输出和长期资本纯输出的总和。相比之下，同年美国则是世界最大的资本纯输入国，资本纯输入高达2375亿美元，其中长期资本纯输入为2372亿美元。至2000年年底，日本的海外总资产为346兆日元，约合32046亿美元，相当于日本当年GDP总额的67.42%，并占全球海外净资产的5成以上。另外，在日本的海外总资产中，除去13280亿美元为金融债券等投资外，剩下的 18766 亿美元都是直接投资于制造业和不动产等各类产业。2006 年 2 月 13 日，日本财务省公布的国际收支经常项目情况显示，2005 年日本国际收支经常项目中的所得收支盈余超过贸易盈余。这是日本实施这项统计以来首次出现所得收支盈余超过贸易盈余，表明日本的对外经济结构发生了重大变化，已经开始从"商品输出为主"向"资本输出为主"的转变。

3）世界海外债权大国。1997 年，日本的海外纯资产达到 9587 亿美元，1998 年又突破了 1 万亿美元，达 11529 亿美元。至 2008 年底，日本拥有约 2.5 万亿美元海外资产，是世界首屈一指的海外债权大国。从外汇储备看，日本的外汇储务包括日本持有的外国有价证券、外汇存款和黄金储备以及日本在国际货币基金组织的特别提款权等。2000 年底，日本外汇储备为 3700 亿美元。日本外汇储备规模曾连续 20 多年位居世界第一，直到 2006 年方才被中国超越。2008 年 2 月，日本外汇储备超过 10000 亿美元。至 2009 年底，日本外汇储备高达 10490 亿美元。

4）国民生活水平仍居高位。日本总体物价水平稳定，没有内部通胀压力。10 年间，总体物价水平也变化不大，日用品的物价更是没有什么大的变化，消费者综合物价指数在正负 3% 之内。虽然 1998 年、1999 年、2000 年人均家庭实质消费连续 3 年减少，但每年的幅度都很小，从没超过 2%。就失业率而言，1992~2001 年，日本的失业率为 3.5%。2004 年度，日本失业率为 4.6%，2005 年度日本平均失业率为 4.3%。到 2008 年 2 月，日本的失业率为 3.9%，是发达国家中最低的。失业率的稳步下降表明，日本的劳动力市场已经随着国内经济的复苏开始显现活力。同时，职工工资未降。2007 年 3 月，日本全国平均最低工资为每小时 673 日元（约 44.3 元人民币）。

（2）日本经济发展潜力巨大。资本、技术和人才是经济发展的基本要素。由于日本继续保持世界第一资本输出大国和海外纯资产大国的地位，所以从资本方面看，日本经济的发展依然是很有潜力的；在技术和人才的因素方面，日本基础雄厚，优势明显。从经济增长的构成要素分析，日本经济增长潜力不可低估。

1）勤劳的国民和高素质的劳动力。日本是一个重视教育的国家，也是一个教育发达的国家，教师的地位非常高。1997 年，日本高中教育普及率已达 95%，大学升学率也高达 49.1%。其中，大学升学率虽然低于英国的 67%，但已接近美国的 51.4%，明显高于德国的 29.9%。2008 年度教育预算为 5 兆 3122 亿日元，占当年预算总额的 11.2%。目前，日本是世界上文盲率最低、国民受教育水平最高的国家之一。教育的发达使国民的平均素质得到提高。日本民族也是世界上最勤奋的民族之一，日本公司的许多职员把公司的事当做自己的事去做。一个国家的发展归根结底是全体国民勤奋劳动的结果。勤奋的国民和高素质的劳动力是日本能够在许多方面走在世界前列的最宝贵的基础条件，这个基础今后仍将存在。

2）大量的储蓄和充裕的资金。世界上许多国家的经济发展往往受到资金不足的制约，为筹措资金而背上沉重的外债，甚至陷入债务危机的国家也屡见不鲜，日本则不存在这方面的问题。日本国民有勤俭节约的传统美德，在主要发达国家中，日本的国民储蓄率一直是最高的。如果按照"平均消费倾向＋平均储蓄倾向＝100"的公式推算，2000年，日本家庭的平均储蓄倾向为27.9%。从2003财年以来，日本家庭的金融资产余额一直在缓慢增长。根据日本中央银行2007年6月15日公布的统计数据显示，截至日本2006财政年度末（2007年3月底），日本家庭拥有的存款、股票等金融资产余额高达1536.1628万亿日元，比2005财年末增加了1%。大量的国民储蓄为经济发展提供了充裕的资金条件。日本资金的充裕状况也反映在对外收支方面。2008年4月23日日本财务省公布的速报数据显示，2007财年（2007年4月~2008年3月），日本的出口额为85.117万亿日元，同比增加9.9%；进口额为74.8981万亿日元，同比增加9.4%，均为连续6年保持增长；日本的贸易顺差为10.2246万亿日元，比上年增加13.4%。这是日本贸易顺差连续第2年保持增长。这些表明，日本是当今世界经常收支盈余、贸易收支盈余、外汇储备、对外纯债权最多的国家，今后日本经济发展基本上不存在资金方面的障碍。

3）较强的实用技术开发能力。一个国家的技术实力强弱不仅要看它在基础科学研究方面的发明或创造，更为重要的是要看它能否将这些发明和发现变为产品。日本非常重视科研，尤其重视应用科学研究，每年的科研经费约占GDP的3.1%，位居发达国家榜首。论基础研究与发明能力，日本虽然不如美国，但是，日本的实用技术开发能力和精加工能力比较强，将技术产品化的经验积累较丰富。专利兴国是日本的国策，据世界知识产权组织统计，1998年，美国的专利申请数是220.6万件，日本为79.2万件；但从专利注册情况来看，日本人所申请的专利获得注册的在1998年达到了21万件，同一年美国为18.9万件。再就专利在国内和国外注册的比率来看，日本为1:0.67，美国为1:1.36。2007年，日本专利申请量首次少于40万件（美国专利申请量43.9万件，升至首位），为396291件。其主要原因是，日本诸多企业知识财产战略从以防守为主要目标的大量的专利申请、获权，转为以核心技术获得高质量的专利权，并从全球视野的申请战略出发，在日本国内申请中严格挑选后提交海外申请。在商标权方面，日本的新申请权力数和新登记权力数也居于发达国家的领先水平。在信息领域，日本在"蓝牙技术"、移动电话技术、存储芯片技术、电动汽车技术等方面有望取得新的突破。日本在加强新技术开发的同时重视从国外引进先进的技术，并且充分发掘以往的技术发现和发明，通过对现有各种发明的组合和再开发，创造出新的产品，可能形成新的经济增长点。因此，日本较强的实用技术开发能力，是其能够在未来维持经济增长的一个非常重要的因素。

（4）企业优先发展的传统和文化。企业是国民经济的细胞，企业的发展离不开一定的企业文化。与欧美不同，日本企业文化的一个突出特点是把企业的发展放在优先地位。在欧美等发达国家，企业的经营者首先得满足股东对红利的要求。因此，欧美企业的经营目标是当年利润第一。日本则是将企业的长远发展作为主要目标，股东对红利的要求往往被置于次要地位。1994年，日本在世界500强中的企业家数与美国平分秋色，并包揽第1、2、3、4名，前十名当中，一大半都是日本企业。2008年度，根据美国《财富》杂志公布的全球企业 500 强排行榜，日本仍有 64 家企业入选。

由于日本在人才、资本、技术和企业文化方面都有进一步发展的潜力，所以，只要通过经济、社会改革，解决好困扰日本经济的严重课题，那么日本经济在 21 世纪将会继续实现新的发展，日本仍将是亚洲和世界举足轻重的经济大国。

二、冷战后的日本政治

1. "1955 年体制"的终结与日本政局的演变

（1）"1955 年体制"的终结。1993 年 6 月，在野党对宫泽内阁提出不信任案，宫泽内阁不得不宣布解散众议院举行大选。在竞选中，一部分自民党议员脱离自民党，组成新生党、新党魁党、日本新党等，导致自民党所获议席不够半数，失去一党组阁的执政机会。7 月，自民党在第 40 届众议院大选中败北，其所获议席在 511 个议席中仅占未满半数的 223 席。8 月，在众参两院首相选举中，号称"万年执政党"的自民党首次被 7 党 1 派联合势力从长达 38 年的执政地位拉下马，组成了以新党领袖细川护熙为首相的七党联合内阁，宣告了以"一党优位制"为特征的"1955 年体制"的结束。

"1955 年体制"的结束与日本政坛的变动改组并非偶然现象，而是国际形势变化和日本国内政治经济发展变化的直接反映。

1）美苏对立结束导致日本国内政治生态发生变化。冷战时期，为了扶持日本，美国采取支持亲美、保守的代表垄断资本利益的自民党而打击日共及其他进步势力的政策。冷战结束后，美国不再对自民党独具青睐。克林顿对 1993 年 7 月日本政局变化的评价是："日本发生的变化是好事，日本的政治体制必须变革"。苏联解体，外部威胁下降，也使日本民众不再因为惧怕苏联共产主义的威胁而将选票投给自民党了，相反人们对自民党几十年的政治僵化表示厌倦。

2）自民党长期以来的政治腐败。在战后日本政治的发展中，所谓"民主政治"实际上是典型的"金权政治"，即金钱与权力相勾结的政治。自民党上台执政后，其政客们同政府官僚特别是企业界结成了千丝万缕的利害关系，形成了"财界—官僚—政界"三位一体的政治体制。所谓财界是指金融、实业界上层，他们每年要向自民党提供大量的金钱，以获取各种照顾与好处。自民党有了足够的经费支援后，用金钱和实惠收买选民，扩大派系，巩固自己的地位，并指使官员给予特定企业好处。这种财界—官僚—政界的"铁三角"关系导致日本政治受贿丑闻不断出现，许多自民党政客和议员采取各种手段贪污受贿、中饱私囊。这种腐败现象日益泛滥，引起选民们的极大不满。

3）自民党内派系斗争严重。自民党是由自由党和民主党两党合并成立的，自成立以来就一直存在着派系斗争。从 20 世纪 50 年代号称"八大师团"的八大派到 20 世纪 70 年代的五大派，演变到 20 世纪 90 年代的三家派、小渊派、小泽派、羽田派等。各派围绕着本派在自民党中的权力和在党内的地位彼此争斗，不断分化组合。这种争权夺利的派系斗争也引起民众的极大反感，日益显示出民众对自民党政治的不信任及对以自民党为首的现存政党的不满。随着自民党内部的矛盾加深，年轻议员对党内的元老当政、密室策划以及论资排辈等现象极为不满，他们对外要求日本在国际上发挥更大的作用，对内要求改变以元老为中心的领导体制，打出了"根除腐败，彻底改革"等旗号，脱离自民党，另立新党。

（2）1996年体制的形成与"一党优位制"的变形。1994年6月，自民党趁"非自民党"势力内讧纷起之机，以把首相职位让给社会党委员长村山富市为诱饵，与社会党和先驱新党联手夺回了执政地位。1996年1月，自民党总裁桥本龙太郎接替提出让位的村山富市而出任首相。由此出现的"1996年体制"是"一党优位制"的变形，亦即"准自民党一党政权"或"以自民党为主的联合政权"。从此，自民党走马灯似的改换合作伙伴，其结果总是小党政策的不断"自民党化"。

（3）2005年体制的形成与"一党优位制"新形态的重现。2005年8月8日，小泉纯一郎邮政改革相关法案在国会参议院表决被否决，当天小泉就宣布解散众议院，并开始对自民党内部反对派势力的强力"清洗"。自民党党部秉承小泉之意，宣布在9月众议院选举中不推举"倒戈"议员为候选人。而"反对势力"也同仇敌忾，发誓要拼个鱼死网破。根据日本主流媒体《读卖新闻》9月12日公布的调查显示，在26个拥有"造反派"自民党议员的县级基层中，现有14个决定在国会众议院选举中"对抗中央"，只有7个县党部明确不拥立反对派候选人，还有5个县党部仍在踌躇。日本政坛随之展开了一系列分化组合，各方势力合纵连横。

2005年9月11日，日本第44届众议院大选的结果大出人们所料。自民党所获议席竟比众议院解散前的212席陡增84席之多，共获296席，单独超过众议院半数议席；与公明党的31席相加则有327席，两党执政联盟在众议院定员480席中占超过2/3议席。在野党的得票数是，民主党113席、日共9席、社民党7席、其他小党和无所属24席。此后，自民党"一党优位制"以新的形态得以重现：自民党与主要在野党的对立焦点已脱离意识形态，有别于"1955年体制"；自民党对执政联盟的依赖程度大为降低，又有别于"1996年体制"；与"1986年体制"最相类似，但又处在一个全新的内外环境之下，因而可称之为新的形态——"2005年体制"。

"2005年体制"是在"小选区比例代表并立制"下形成的执政格局。这是一种促进议席集中、有利于大党的选举制度，导致了小党继续衰败、在野党制衡作用更为降低的结果，也是"剧场政治"的产物。小泉纯一郎作为自民党总裁充分运用了信息化时代的选举手段，把其本人及一批"美女"、"名人"内阁成员的明星效应和当代媒体的蒙太奇效果发挥得淋漓尽致，把这场大选的焦点锁定在极度简单化的"赞同还是反对邮政改革"这一提问上，对宪法、安全、外交等重大问题则避而不谈。日本选民在追星般的狂热中陷于"思考停顿"状态，把一张张选票投给了自民党。

"2005年体制"的形成标志着自民党派阀结构和利益诱导政治的进一步瓦解。通过整治一批、扶植一批，自民党内部结构已发生了根本性变化。小泉常说"砸烂自民党"。除了小泉原所属的森（喜朗）派和新当选的83名"小泉宝宝"议员以外，其他派系都已被严重削弱。

（4）日本政局的动荡。"1955年体制"终结后，日本政局一直处于动荡之中。政党不断分化组合，国会反复解散重选，内阁轮番更替。"1955年体制"崩溃以来，自民党首先开始分裂，脱离自民党的小泽一郎和羽田孜成立新生党。1994年，新生党、公明党、日本新党和民社党合并结成新进党上台执政。随着政党的不断分化，日本国会经历了1995年、1998年、2001年、2004年、2007年五次参议院选举（在此期间，参议院议席由252席减少为242席）和1996年、2000年、2003年、2005年四次众议院大选。随之，内阁首相不断更替。1994年4月细川执政8个月后辞职。此后，从1994年4月到2001年4月的7年间，日本先后有新生党领袖羽田孜、社会党领袖村山富士、自民党领袖桥本龙太郎、小渊惠三、森喜朗和小泉纯一郎相继担任首相。2006年9月小泉辞职，日本内阁维持了长达5年半。尽管如此，小泉内阁期间日本政坛仍然处于动荡之中，除了内阁成员不断调整外，内阁与议会之间在改革问题上的斗争也十分激烈。2006年9月，小泉指定的接班人安倍晋三当选为新任首相。不到一年，自民党在2007年7月的参议院选举中失败，9月，安倍在众议院提出的《反恐特别措施法》的相关法案被否决，安倍被迫辞职。自民党"温和派"福田康夫当选新一届首相。2008年9月，福田康夫又辞职，麻生太郎就任日本新首相。由于日本参院中反对党仍具多数，舆论认为麻生内阁还可能是"短命内阁"。2009年9月，麻生太郎辞职，民主党领袖鸠山由纪夫出任首相，组建了新一届内阁。2010年6月初，鸠山辞职，菅直人出任新首相。自1955年成立以来几乎一直执掌日本政权的自民党遭遇前所未有的挫败。日本政治进入民主党与自民党两大政党轮流执政的时代。

2. 大众政治理想与政治体制改革

"1955年体制"崩溃后，日本面临着政治体制改革的现实任务。改革的重点是腐败的中央集权的官僚体制，在行政体制由集权向分权改革的过程中，产生了从权威政治向大众政治转变的政治理想，制度创新才是日本摆脱政治困境的唯一出路。

（1）大众政治理想。大众价值观是社会意识中的核心部分，从其变化的方向可以把握社会主流意识的变动趋势。1999年，由50多名主流学者和社会名流组成的"21世纪日本的构想恳谈会"，向总理府提交了长达240页的题为《日本的新天地在日本崛起》的政策报告书，其中提出了"政治制度创新理论"。主要观点包括：要把以国民为中心的大众政治置于以往纵向结构的集团主义政治之上。提倡小政府，限定政府的作用，让民间单位按规则自由活动，由国家"统治"向"协治"转变，国民委托政府，政府接受国民的委托。寻求建立富有创造性和个性并能承担责任的自立与自由的社会。这种"政治制度创新理论"反映了国民意向的变化，即政治大众化的趋势。这种从集权向分权、从权威政治向大众政治的转变，虽然不像从幕藩体制到明治中央集权体制以及从战前天皇法西斯专制到战后民主政治体制的转变那样激烈、深刻和分明，但是也表明日本社会主流意识进入转变的新阶段。

（2）"冷战"后的日本政治体制改革。在发达国家中日本的政治体制是唯一属于中央集权型的。1994年《朝日新闻》调查表明日本51%的人"不信任官僚"。日本经济界人士说，在走向国际化的道路上最大的阻力来自官僚阶层，更有日本学者指出，不改革官僚机构就没有日本的再生。

1）选区制度改革。20 世纪 80 年代末以来，频频曝光的自民党"金权政治"丑闻使政治改革问题成为政争的重要焦点。几经波折之后，1994 年 1 月 29 日，日本国会众参两院终于通过了细川内阁提出的《政治改革四法案修正案》，其核心内容就是把迄今实行的选举制——"中选区制"改为"小选区比例代表并立制"，并把众议院席位由 511 席减至 500 席（其中小选区占 300 席，比例代表区占 200 席），投票方式由一票制改为两票制。

2）行政体制改革。1997 年，桥本内阁正式批准了关于行政改革的最终审议报告。改革的主要内容为：将中央政府机构现行的 1 府 21 省厅改组为 1 府 12 省厅（2007 年 1 月，防卫厅升格为防卫省）；国务大臣由 21 人减至 17 人，大幅度削减各省厅下属机构及其定员。由于行政体制改革触动了官僚阶层的权力和利益，受到官僚的顽强抵抗。但是，精简官僚机构、提高行政效率、减少"行政指导"、发挥民间活力已成为不可阻挡的趋势。2001 年，小泉上台后打破了自民党内的派阀政治和内阁成员技术官僚体制，从民间直接选用阁员，首相直接控制核心部门，通过建立了"内阁中心制"将权力集中到阁员尤其是首相身上。2007 年，福田就任首相后继续推进改革，主张提高政治资金的透明度，推进公务员制度改革。2009 年，鸠山由纪夫就任首相后，提出要继续进行"战后行政大扫除"，展开行政机构改革、公务员制度改革，实现政治由依靠"官僚"到由政治家和国民主导的转变，设置了"国家战略室"和"行政革新会议"，分别负责制定预算编制的基本方针和从国民的角度对行政进行改革。

3）地方分权改革。1995 年 5 月出台了《地方分权促进法》，同年 7 月设立了"地方分权推进委员会"，1997 年 7 月，国会通过了《地方分权一揽子法案》，废止了战后一直实行的"机关委任事务"行政制度，使中央集权在转向地方分权的过程中从体制上取得了突破。逐步缩减乃至废除中央政府的干预，扩大地方自治权，创立中央与地方之间的新规则，充实、完善地方行政体制。2001 年小泉上台后继续推动地方分权与自治，把地方分权与地方自治与"减少行政浪费"、"建立简捷、高效的政府"以及"地方医疗、福利制度的完善"联系在一起，向公众承诺"力争在两年内走向小政府方向"，提出了包括"观光立国"、"都市再生"、"设立结构改革特区"、"向民间开放官办产业"等一个个"地域再生计划"，同时加快市町村合并，2004 年，把 17个县中约 60 个町村实行了"二合一"、"三合一"甚至是"四合一"方式的归并。2010 年 1 月底，鸠山由纪夫首相在首次施政方针演说中表示，要改变过分中央集权的体制，推进地方分权改革，减轻地方负担，向地方下放权限，并将这一改革放在内阁改革的优先位置。

4）司法改革。2001 年 6 月，司法制度改革审议会向内阁提出了审议意见，5 个月后公布了《司法制度改革推进法》，其宗旨是：建立"为了国民的、由国民承担的、适应 21 世纪日本社会生活需要的司法体系"。2002 年 3 月，小泉政府又以"内阁决议"决定了新的《司法制度改革推进计划》，并在首相官邸里设立了"司法制度改革推进本部"。与司法制度改革相呼应，2002 年 11 月，由前最高法院院长与各界名流组成的司法改革国民会议向政府提交了名为《变更司法体制的结构改革》的"第一次政策提案"，提出了一系列具体改革措施：整顿司法制度方针，调整法官、律师关系，尽早提出旨在使审判准确、高效的"基本法"；为了让民事案件能在两年之内结案，努力确立"民事审判中的计划审理制度"；在刑事案件审理中，改变以往的"精密司法"，转向以法庭为中心的控辩审理；从根本上简化"判决书"的程序及内容；每年至少推荐 50 名律师担当"律师任官"的制度；扩大司法人员队伍。

3. 日本政治趋向右倾保守化

(1) 冷战后日本政治趋向右倾保守化的主要表现。

1) 右倾保守政治力量占据上风。1993 年 7 月以后，日本政界发生激烈变动，政治力量进入大分化、大改组阶段，各种政治力量趋向右倾保守。原属保守党的自民党分裂后，从其中又分化出了新生党和先驱党两个代表新保守主义的政党。1994 年，新生党、日本新党、公明党、民社党以及其他从自民党分离出来的派别等"新保守势力"组成新进党，新进党旋即又分裂成自由党、新党魁党、太阳党和民主党等 6 个小党。从政治力量改组的情况看，力量较强的自民党、民主党和自由党都是保守主义政党。原来的革新势力、第一大在野党——社会党在大选中遭到惨败后更名为社会民主党，放弃了党纲中的社会主义原则，承认自民党的对外政策，且与自民党联合执政。共产党也不再强调社会主义革命，而是主张在现有的资本主义制度框架内进行民主改革。原属中道政党中的公明党和民社党都曾加入保守的新进党，以后公明党又与保守的自民党组成联合政权。20 世纪 80 年代末至 90 年代初，作为革新政党领导力量的社会运动的主体——"总评"、"同盟"、"中立劳联"、"新产别"四大工会组织纷纷解体，并相继加入 1989 年 11 月成立的政治意识比较保守的全国性工会组织"日本劳动组合总联合会"（简称"联合"）。因此，这些原来属于革新或者中道的政治力量也都走向右倾化。2003 年 11 月，在众议院选举中，众议院里形成了自民党和民主党两大政党对峙的局面。由于民主党的成员基本上是从自民党内分化出来的，其政治倾向的主流仍然是保守的。2004 年 4 月，日本资深政治家河野洋平在共同社主办的《如月会》上也表示"切身感受到整个政界都在右倾"。2005 年议会大选后形成的 2005 年体制是"一党优位制"新形态的重现。"一党优位制"重现的过程，也是日本政治右倾化日益加深的过程。因此，21 世纪初，保守政治力量在国会中处于从来未有过的优势地位。

2) 政府官员和国会议员参拜靖国神社成风。靖国神社建于 1869 年，原称"东京招魂社"，1877 年改为现称，是日本为纪念为国战死的将士而建立的。1978 年，包括甲级战犯东条英机在内的 14 名第二次世界大战战犯也被作为殉难者供奉于内。从当年开始，日本裕仁天皇因不满靖国神社供奉二战甲级战犯而不再参拜靖国神社。1988年，裕仁天皇又在私下表示"不再去参拜"。但是，日本政界却不断有人鼓动并参拜靖国神社。1985 年 8 月 15 日，日本首相中曾根参拜靖国神社，是战后日本首相第一次以公职身份参拜靖国神社，开了一个极为恶劣的先例。冷战结束后的 10 余年里，许多日本政客经常以参拜靖国神社的活动来拉选票。从 1997 年桥本龙太郎以内阁总理大臣身份参拜靖国神社后，日本右翼势力进一步谋求参拜靖国神社合法化和"靖国神社国家护持化"。小渊政权上台后于 1999 年又提出了旨在使参拜靖国神社合法化的"分祀论"。2000 年 1 月，自民党党代会正式将参拜靖国神社作为活动方针。2000 年森喜朗迫于内外压力，放弃参拜靖国神社，但是他提出的"神国论"、"国体论"，与"皇国史观"一脉相承。2001 年小泉纯一郎担任首相后连续 6 年参拜靖国神社。小泉纯一郎下台，安倍晋三、福田康夫、麻生太郎三任日本首相，及其任内的内阁官房长官、外相均未再前往参拜。鸠山由纪夫就任首相表示不会参拜靖国神社，同时要求内阁阁僚在参拜问题上自律。但是，国会议员参拜靖国神社成风。2004 年 10 月，79 名国会议员和 81 名地方议会议员组成庞大的议员代表团集体参拜靖国神社。之后，由日本超党派议员组成的"大家都来参拜靖国神社国会议员之会"连年集体参拜供奉有甲级战犯牌位的靖国神社。2008 年 4 月 22 日上午，由 160 名日本跨党派国会议员组成的"大家一起参拜靖国神社国会议员会"配合靖国神社的春祭活动再次一起参拜了位于东京九段北的靖国神社。这 160 名议员包括 8 名政府高官以及 150 多名参众两院议员和议员的秘书等代理人。

3）不断制造"教科书事件"，为侵略历史翻案，甚至美化侵略历史。日本的中学教科书通常每 4 年申请审定一次。1982 年，日本文部省对送审的高中二、三年级历史教科书进行了修改，把描述侵略历史的部分予以淡化或删改，遭到亚洲各国人民的强烈反对，激起了第一轮"教科书问题"波澜。在亚洲各国和日本国内的强大压力下，内阁官房长官宫泽喜一出面承诺对教科书予以再修改。1986 年，日本再次删改教科书，激起了第二轮"教科书问题"波澜。在内外舆论的强大压力下，日本政府对侵略史实的态度缓慢地有所进步。如 1993 年 8 月，内阁官房长官河野洋平首次承认日军参与了随军慰安妇之事，并就此表示谢罪。日本历史教科书的内容也逐渐得到改善，20 世纪 90 年代，日本教科书开始将殖民统治和侵略战争的史实写进，如随军慰安妇、南京大屠杀、731 部队、强抓劳工以及屠杀东南亚居民等战争罪行。但是，1997 年 1 月，日本右翼学者成立了拥有 1 万余名成员的"新历史教科书编撰会"，认为现行的历史教科书宣扬"自虐史观"，丧失了民族尊严。2001 年 4 月 3 日，8 家出版社提出的在历史记述上普遍严重倒退的书稿全部被文部科学省放行。尤其是其中由"新历史教科书编撰会"编写的《历史》、《公民》两本教科书书稿严重歪曲历史，鼓吹侵略有理，激起了第三轮"教科书问题"波澜。小泉纯一郎在教科书问题上声称不会更改已经审查通过了的新版初中历史教科书。2004 年 11 月 27 日，在审查下一轮教科书时，日本文教科学大臣中山成彬赞扬新版中学历史教科书减少使用"慰安妇"和"强迫劳役"等涉及军国主义暴行的词语，指出日本教育体系不能对日本以往做的事具有"自责"概念，要让日本新一代具有民族和历史"自豪感"。2005 年初，日本政府批准了歪曲日本侵略历史的教科书。2009 年 9 月，鸠山由纪夫上台后，日本政府提出中日韩三国联合编写历史教科书，力求解决教科书问题，意图很好，但仍需观察。

4）出台右倾色彩较浓的政策法案，计划修改宪法。日本修宪的目的与实质是要修改早已被日本政府视为阻碍其向外"发展"的《和平宪法》第9条。《和平宪法》第9条明文规定，日本"永远放弃作为国家主权发动的战争，永远放弃武力威胁或使用武力作为解决国际争端的手段。为达到前项目的，不保持陆海空军及其他战争力量，不承认国家的交战权"。修宪问题最早可以追溯至1957年，当时岸信介内阁设立"宪法调查会"，试图修改宪法，由于反改宪的势力较为强大，只好作罢。进入20世纪90年代以后，日本通过一系列政策法令把《和平宪法》的精神实质架空。1992年出台的《联合国维持和平活动合作法案》（PKO法案），使自卫队走出了国门；1999年，日本众议院通过了《国会法改正案》，决定在国会内设置"宪法调查委员会"；同年，众议院还通过了《新日美防卫合作指针》以及与之相关的《周边事态法》等三个法案，使自卫队在日本周边发生紧急事态时可以向美军提供后勤支援；2000年1月，日本第147届国会开幕后，众参两院设立了宪法调查委员会，计划用5年时间正式开展有关宪法的讨论，修宪问题提上日程；2002年，美国发动阿富汗战争后，日本借机通过《反恐怖特别措施法》等三项法案，将日本的战舰派往印度洋，配合美军的军事行动；2003年6月，日本众议院通过了"有事"三法案，即《武力攻击事态法案》、《自卫队法改正案》和《安全保障会议设置改正案》，使日本可以先发制人；同年7月，日本国会又紧锣密鼓地通过了旨在"为国际做贡献"的《支援伊拉克重建特别措施法案》，日本政府可以不经国会同意或批准直接向伊拉克派遣自卫队及武器装备，从而将日本自卫队行使武力的范围扩大到世界各地；2003年12月日本政府派兵伊拉克，实现了战后大规模向海外派兵的梦想；2004年4月，自民党宪法调查会确定了宪法第9条的修改案，明文规定日本可行使集体自卫权；2004年12月10日，日本内阁通过了新的《防卫计划大纲》，明确提出将国际贡献与本土防卫并列为自卫队的主体任务；2006年12月，日本参议院外交防卫委员会通过了将防卫厅升格为"省"的相关法案，2007年7月，日本政府公布了《防卫白皮书》，确定日本今后要更加积极地参与国际维和行动，同时强调要大力发展导弹防御系统。这一系列的政策法令严重违背《和平宪法》，几乎彻底消除了对日本军事发展的限制，把宪法中的和平灵魂抹杀得荡然无存。

5）极力发展军事力量，妄图充当军事大国。冷战结束后，日本连续10年保持军费总额世界第二、人均军费世界第一的状态。2000年10月，日本政府公布了2002~2005年中期防卫力量整备计划，计划5年内投入25.16万亿日元的国防预算，用于提高海军和空军的战斗能力。2008年度防卫预算为4.78万亿元（约合423亿美元）。同时，在军事战略上进行了一系列的调整和部署，防卫对象由"单一化"向"多元化"转变，即由防卫苏联变为应付周边事态和国际恐怖主义；自卫队活动由"内向型"转为"外向型"，即军事活动由国内转向海外；防卫战略由"专守防卫"转向"攻势防卫"，增强了日本的军事攻击能力。为了提高军事实力，日本一方面加紧与美国研发"战区导弹防御系统"（TMD），另一方面加快发展独立的军事能力，将扩充军备的重点放在海军和空军的发展及远程打击能力上。2003 年 3 月，日本用一枚 H2A 火箭发射了两颗间谍卫星，以加强对周边国家尤其是东北亚地区的监测。日本自卫队已发展成世界上一支拥有现代化装备的重要武装力量。在积极发展军事力量的同时，日本还设立机构对军事情报和实战问题进行研究。2004 年 11 月初，小泉纯一郎称他将彻底改革日本自卫队的组织结构，使自卫队具备打击恐怖主义和装备了大规模杀伤性武器的袭击者的能力。2007 年 1 月，日本正式把"防卫厅"升格为"防卫省"，防卫厅长官升格为防卫大臣。

（2）日本政治右倾化的主要原因。冷战后，日本政治右倾化趋势是日本国内外政治生态变化的结果。

1）战后日本缺少一个对侵略战争进行认真反省、对战争责任进行真正清算的历史过程。日本战败后，有不少日本人对刚刚结束的那场战争抱有犯罪感和内疚感，但是，由于美国出于冷战战略的需要，没有打碎日本旧的国家机器，没有对战争罪犯进行彻底的追究，致使很多与侵略战争有千丝万缕联系的人，甚至是战争罪犯又重新跻身于统治阶层。战后很多的日本政治家甚至首相都曾参与过指导战争的活动，其政治理念、战争观念和意识形态与战前并无二致。在他们领导和影响下的国民原有的战争犯罪感和内疚感、责任感自然日益淡薄，从而对否定侵略战争、美化天皇制的言行渐渐失去了抵制和批判的能力。

2）民众对自民党谋求在政治和军事上也成为大国的政策表示认同。战后，自民党政权成功地领导了战后日本的经济复兴与繁荣，使日本成为经济大国。社会存在决定社会意识，作为经济大国的日本谋求在政治和军事上"有所作为"得到日本民众的普遍认同。

3）苏东剧变后，东西方意识形态的对立结束，使日本国内保守与革新势力的对立失去了根据。在日本经济上升时期，革新政党倡导提高社会福利来获得民众的支持。但是，在 20 世纪 90 年代日本经济萧条时期，这种做法已行不通。

4）日本国内对政治右倾化的批评具有狭隘性。日本国内对政治右倾化的批评大都是出于对自己国家利益的考虑，而非出于道义上和公理上的本质批评。由于日本国内对政治右倾化批评的狭隘性和非本质性，使得政治右倾化的推进无所顾忌而大行其道。

（3）日本政治右倾化的影响。

1）冷战后日本政治的右倾化极大地助长了国内右翼势力的发展和猖獗程度。近年来，日本国内关于"反对自虐史观"和"大东亚战争肯定论"的书籍大量出版，极右政客石原慎太郎当选东京都知事，右翼团体举行否定南京大屠杀集会，中国电影《南京大屠杀》在日本放映遭到骚扰，油画《南京大屠杀》在荷兰展出时受到日驻荷兰使馆的阻挠，都同日本政府对历史问题的认识紧密相连。目前，日本社会对政府官员和政治家的取舍和评价，已不把政治是否右倾和政治品格是否优秀等作为标准了。有些日本国民已经容忍了政府和右翼的行为，甚至当中国反驳、批判日本政府和右翼在历史问题上的错误言行时，他们反而认为中国在没完没了地"抓历史辫子"、"打历史牌"。尤其是没有经历过战争的日本青年人,更觉得历史问题与他们无关,所以对中国总提历史问题产生反感。2004年4月,日本右翼团体"日本皇民党"一辆大型宣传车冲撞中国驻大阪总领事馆,造成馆舍受损。另外,日本政界参拜靖国神社成风助长了右翼极端主义分子。近年来,他们不断对国内反对参拜靖国神社的人士进行人身攻击和恐吓。日本富士施乐复印机公司的董事会主席小林阳太郎因反对小泉参拜靖国神社险遭自制燃烧弹袭击。更为猖獗的是,前首相候选人加藤弘一因为批评小泉参拜靖国神社,2006年7月,一个极端分子竟然烧毁了加藤弘一母亲的住宅。

2)冷战后日本政治的右倾化使东亚的和平与安全受到潜在的威胁。就日本政府对历史问题的认识而言,由于日本政府对历史问题的认识和行为已经给中日、朝日、韩日之间国民感情的交流带来巨大的障碍,从而对东亚地区人民之间的和平共处也是不利的,同时也不利于日本同东亚各国的经济、文化交流。就修改宪法而论,虽然修宪本身纯属内政问题,他国都无权干涉,但是,日本修改宪法的目的就是要排除现行宪法对其重新武装、出兵海外,甚至发动战争的束缚,这会更加助长日本国内右翼势力的增长和民族主义思潮的进一步蔓延,从而恶化东亚地区的和平环境。就日本军事力量的发展来说,不仅直接威胁着东亚地区的和平,给东亚各国带来极大的不安全感,而且使得历史上曾受过日本侵略之苦的东亚各国,面对日本强大的军事压力必须加强和发展军事力量以保卫自己的国家安全,造成东亚地区新的军备竞赛。

然而,冷战后日本政治的右倾化难以改变日本的民主政治体制,日本国内反右倾化的力量以及国际社会对日本右倾化的警惕和制约,加上日本追求政治大国的理想,使日本不可能重返军国主义的老路。因此,对日本政治右倾化问题,既要看到其危害性,又要看到其局限性。它虽然对日本政治今后的发展方向有一定的影响,但是不会成为日本政治发展的主流。2009年9月,民主党上台后,鸠山由纪夫首相主张对内建立"友爱社会",反对参拜靖国神社,对外承认日本发动侵略战争有罪,反对极端民族主义和意识形态、外交、日本国内右倾化思潮可能会受到一定的遏制。但是,右翼势力的力量还很大,不可能完全根除。尽管如此,日本走和平发展道路的大方向不会因其而改变。

第三节 冷战后日本"普通国家化"
大国外交的基本走向

一、"普通国家化"外交战略

冷战后,为了彻底改变战败国地位,日本在继续推进政治大国战略的基础上,逐步确立了"普通国家化"的国家战略目标,力求"建设新的国家","为国际做贡献",使其在全球事务中发挥一个"普通国家"所能发挥的正常作用,树立其新的国家形象,开始了"普通国家化"进程。

1. 冷战结束初期日本的国际新秩序蓝图

冷战结束后,日本将两极格局的瓦解视为其跻身世界主导国家行列的大好时机。

为了对未来国际格局施加影响并在其中占据有利地位，日本在 20 世纪 90 年代初提出"国际新秩序"蓝图，调整外交战略，积极参与建立国际新秩序，开始全面推行其政治大国战略。1990 年 1 月，日本首相海部俊树提出"必须以美、日、欧三极为主导来形成世界新秩序"。在同年 3 月的施政演说中，海部明确指出"日本必须参与构筑国际新秩序"，提出了国际新秩序的五项内容：一是保障和平与安全；二是尊重自由与民主主义；三是在开放的市场经济体制下确保世界繁荣；四是确保人类生活的理想环境；五是确立以对话与协调为基础的稳定的国际关系。开展"有理想的外交"、"运用经济、技术力量和经验，积极参加旨在建立新秩序的国际努力"。其后几届内阁对国际新秩序的见解基本承袭了这五大目标，并在行动方针上不断予以调整和具体化。日本国际新秩序的设想是以建立美、日、欧三极复合领导为目标，日本在其中作为一极，发挥与美、欧相当的主导作用，反映出日本"脱美自主"并在国际社会发挥世界大国作用的美好愿望。

日本全力推进"积极进取"的政治大国外交。1992 年 6 月，日本外交实现了两大突破：一是 6 月 15 日在国会强行通过《关于联合国维持和平活动合作法》（简称"PKO 合作法"），为日本在联合国名义下向海外派兵打开了大门，标志着战后日本重新尝试军事外交的最初突破。二是 6 月 30 日由宫泽内阁制定《政府开发援助大纲》（简称"ODA 大纲"），为日本运用对外援助增强政治外交能力提供了依据，标志着日本的对外援助方针从经济中心转变为政治中心，并增强了日本外交的意识形态色彩。1993 年，日本《外交蓝皮书》提出要为筹划建立国际新格局而开展"富有能动性和创造力的外交"。在国际上通过积极谋求参与地区热点问题的解决，加强国际协调合作，力求树立"既是民主国家一员"，又是"亚太一员"的"独自的形象"和国际上的"大国"形象。为此，日本进一步加强与美欧的同盟关系，密切同亚太国家的关系，同中国保持"友好"、"合作"关系，积极开展多边外交，把成为联合国安理会常任理事国作为政治大国的首要目标。

2. "普通国家化"战略的形成

1993 年，日本政要小泽一郎出版了《日本改造计划》一书，首次提出"普通国家"这一概念。小泽认为日本既然已成为经济大国，就应当成为"国际国家"，其前提是首先要成为"普通国家"，日本理所当然地要"在安全保障、经济援助等领域做出国际贡献"。

"普通国家论"并不是对日本原来的国家战略的全面否定，而是扩充了原来国家战略的内涵。从狭义上讲，"普通国家"就是通常意义上人们所说的能够像其他国家一样在国际上正常发挥军事作用的国家，就是要"告别战后"，修改宪法第 9 条，打破战后体制制约和政治上的"禁忌"，让日本拥有军队和向海外派兵的权力等。换言之，"普通国家"就是日本走向政治大国、军事大国的代名词。从广义上讲，"普通国家"则以日本的国际化为主线，强调日本不仅要在国际社会里做出军事贡献，还必须承担起在政治、经济、文化等方面与世界上其他国家一样的责任，包括对内政治、经济、社会方面的改造以及对外战略的制定。"普通国家化"虽然其表象是追求政治、经济和军事大国地位，但其实质却是日本国家决策上的"自主性"与其他国家特别是发达国家关系上的"平等性"和在国际事务上的"大国化"三种趋势的结合。该书出版后的短短一年零两个月就增印了21版，在日本政界引起广泛共鸣。此后，"普通国家论"取代"政治大国论"而成为日本政治与外交的主流理论。

"普通国家论"并不是对日本原来的国家战略的全面否定，而是扩充了原来国家战略的内涵。日本官方虽然未正式使用过"普通国家"这一概念，但其政治与外交调整的方向却与"普通国家论"一脉相承。实际上，冷战后历届日本内阁的施政方针都带有浓厚的"普通国家化"印记，把彻底摆脱战败国地位和成为"普通国家"作为国家战略的基本取向，力求"建设新的国家"，塑造新的国家形象。为此，日本政府对内采取了一系列政治、经济、文化和社会改革措施，并向国民灌输大国主义意识，力图形成新的国家认同。同时，进一步确立了日本对外战略的目标：追求"普通国家"地位，利用自己的经济大国地位向政治大国、军事大国迈进，最终达到在世界上拥有主导和支配地位。

3. "普通国家化"外交战略

1993年以后，日本在"泡沫经济"破灭和政局动荡下在很大程度上失去了对未来的自信，对中国的快速发展提高了戒心，加大了对美国的安全依赖程度。1994年以后，以日美同盟"再定义"为契机，日本调整了构筑"日美欧三极主导"国际新秩序的大国路线，改为采取以辅助和维护美国在东亚地区的霸权地位来换取自身在东亚地区主导大国地位的道路。2001年1月，小渊首相的咨询机构"21世纪日本的构想"恳谈会最终报告把"日美同盟"和"日美欧三极主义"并列为日本对外战略的支柱。2001年，小泉就任首相后，借配合美国反恐之名，行向海外派兵之实，全面推行"亲美一边倒"战略。2003年6月和2004年6月，日本国会相继通过了"有事三法制"和"有事七法案"，标志着日本突破了战后和平宪法对行使"集体自卫权"的限制，使日本事实上拥有了变相的"集体自卫权"，从而结束了冷战后日本国内关于国家战略走向的争论。至此，日本彻底调整了冷战结束初期以"日美欧三极论"为特征的"脱美自主"外交路线，确立了一条以"亲美自主"为特征的、实现"普通国家"目标的对外战略：加强日美安全同盟，以日美双边安全同盟主导西太平洋地区秩序，对周边地区形成军事上的"软遏制"态势，从而同美国分享有利的地区战略地位带来的好处，并且利用东亚各国对日美同盟的默认和美国的"外压"，调整防卫战略，大力加强自身的防卫能力与手段，同时为发挥对外军事作用扫清障碍，在地区和国际事务中发挥军事作用；加强对亚、非、拉的外交，谋求在亚太地区的中心地位和主导作用，扩大在拉美和非洲的影响；大力发展经济外交的政治功能，突出对外援助的政治色彩，使经济力量化为政治力量；积极参与国际事务，争取最大的国际发言权，特别是谋求安理会常任理事国席位。

二、冷战后的日本对外关系

1. 强化日美安全保障体制，继续加强与美国的同盟关系

冷战时期，为遏制东亚共产主义势力而结成的日美同盟，在冷战结束初期因失去共同战略目标而出现短暂"漂流"。1990年，海部首相一年中三次赴美，与乔治·布什共同商讨建立日美之间的"全球伙伴关系"。虽然日本依然将日美关系置于对外关系的首位，在东欧、苏联动荡剧变中支持美国和平演变战略，配合美国的"人权外交"，支持美国对华制裁。但是日美两国在建立国际新秩序问题上出现了分歧，过去被隐藏在共同安全利益之后的经贸摩擦表面化，在亚太地区争夺主导权的斗争日趋激烈，日本国内出现了对美说"不"和"厌美"情绪。战后日美同盟首次遇到了双边冲击，从而引发是否继续维持日美同盟关系的论争。然而，日美关系的恶化趋势及由此导致的日美同盟"漂流"不仅很快引起两国高层的警觉，而且迅速被"中国威胁论"所制止。日本领导层主流派认为，坚持并固守日美同盟符合日本的国家利益和发展战略。

宫泽上台后开始努力协调日美关系，力图使两国进一步由同盟发展为命运共同体。在海湾战争中出资130亿美元，支持美国为首的多国部队打击、制裁伊拉克，并在此后派出扫雷艇赴中东地区。此后，细川、羽田、村山、桥本、小渊惠三、森喜朗在执政期间都强调日美关系的重要性，在国际事务中日本积极支持美国的全球战略。1995年1月，两国成立了由美国国务卿和国防部长、日本外相和防卫厅长官组成的日美安全保障协商委员会"2+2"会议，建立了有关安全保障政策的高层对话渠道。1995年11月，日本内阁会议通过了冷战后的第一部《防卫计划大纲》，强调日美安保体制对于确保日本的安全、日本周边地区的和平与稳定、建立更稳定的安全保障环境发挥着重要作用，同时强调"在发生对日本的和平与安全产生重大影响的事态时，要圆满有效地运用日美安全保障体系"。1996年4月，日美签署《日美安全保障联合宣言》，双方重申冷战结束后《日美安全条约》依然是"亚太地区和平与繁荣的基础"。1997年，日美修改了1976年制定的《日美防卫合作指针》，将原来的"日本遇到紧急事态"改为"日本周边地区发生的事态对日本的和平与安全产生重要影响时，两国将进行磋商与合作"。1999年5月，日本国会通过了"新日美防卫合作指针"相关法案，使自卫队编入亚太美军的后勤、情报、指挥系统。同年8月，日本正式与美开始了TMD的共同研究，日美军事一体化迅速加强。

进入21世纪后，日美同盟关系进一步加强。森喜朗首相强调日美同盟关系是日本外交的基轴，是亚太地区和平与稳定的关键。小泉强调美国是日本"不可替代的同盟国"，重申要"以日美同盟关系为基础"，推行"脱亚入美"的一边倒政策。"9·11"事件后，小泉坚定地站在美国一边，支持美国的"反恐"战争，支持重建阿富汗，日本海上自卫队的补给舰一直在印度洋向参与阿富汗战争的美英等盟军的舰艇免费提供油料补给，成为日美紧密同盟关系的象征。2003年，美国发动对伊战争，日本义无反顾地站在美国一边。伊拉克战争结束后，为了配合美对伊的重建计划，日本政府通过了《支援伊拉克重建特别措施法案》，并于当年年底派自卫队员飞赴伊拉克。

在朝鲜核问题上，日本更是与美国紧密合作，在朝核问题六方会谈中与美国保持一致。2005年2月，日美修改日美防卫合作方针，以台湾海峡"有事"为着眼点，研究双方联合作战情况下的各自应对等问题，并确定新的相关实施法则，日美同盟关系进一步具体化。2006年9月，安倍上任后继续支持美国为实现伊拉克稳定和战后重建所作的努力。2007年5月，日美举行外长与防长"2+2"会议，发表《同盟的变革：日美安全及防卫合作进展》，确定了日美同盟新的内涵和发展方向：在共同战略目标中，两国将美日同盟和北约定位为"互补"关系，日本将与北约"达成广泛合作"。福田康夫就任日本首相后，恢复首相任职后首先访问美国的传统，于2007年11月访问美国，及时修复日美同盟关系出现的一些裂痕。2009年10月，鸠山由纪夫首相表示，日本将在地区和全球问题上与美国加强合作，深化"多层次的"日美同盟关系。2010年1月，日美两国外长和防长就《日美安全保障条约》修订50周年发表联合声明，表示两国将进一步深化在广泛领域的安保合作。

然而，日美安全合作中也存在着矛盾。美国不满意日本自主拥有间谍卫星，认为这是在军事情报领域摆脱美国而独立，日本对美图谋独霸世界越来越不满，反对美国的单极统治；美国不满日本海上自卫队停止在印度洋的供油活动，日本对美国准备摘除朝鲜"支恐国家"的帽子有意见。尤其是冷战后日美经济实力上的变化使日美之间的矛盾也在进一步加深。两国在经济贸易中的摩擦加剧，汽车战、农产品战、半导体战、专利战、胶片战和航空战此起彼伏。美国频频挥舞"超级301条款"大棒打压日本开放市场，而日本则在对美谈判中说"不"。世界经济区域化的进一步发展使日本"回归亚洲"的呼声强烈，日本政府加强了与亚太国家的经济贸易关系，意欲充当本地区经济合作的"领头羊"，日美之间在亚太地区争夺主导权的斗争日趋激烈。此外，驻日美军引发的一系列事件引起日本国民强烈不满，美军基地所在地民众纷纷要求修改日美地位协定。2010年1月，鸠山表示政府将在5月底前决定冲绳普天间机场的具体搬迁地点。

尽管日美之间存在矛盾和斗争，但两国之间相互需要、相互依存和相互渗透的趋势始终占据主流。美国需要日本的资金和在国际事务中的支持，日本离不开美国的市场、安全保护和对其实现政治大国目标的支持。双方在环境保护、反核扩散等全球性问题方面有着共同利益。在21世纪，双方在经济上仍然是稳定的竞争伙伴关系，在政治、安全上的同盟关系也将进一步发展。

2. 全面加强与欧洲的协调

冷战后，日本为了提高自身的国际地位与影响，倡导建立日美欧三极体制，改变日美欧三角中日欧关系的薄弱状况，变日美欧"等腰三角形"为"等边三角形"，全面改善与欧洲的关系。日欧双方加强政策协商，改变了过去过多关注经济摩擦问题的状况，在政治、安全、经济、文化和教育等方面加强合作。

(1) 政治上，日本与欧洲建立对话机制。1990年1月，海部访问欧洲数国，阐述了日本的"新欧洲政策"，包括支持德国统一和东欧改革以及欧洲统一大市场的建立，加强日欧关系和日美欧三边政策协调等内容。1991年7月，在日本的提议下，日本首相宫泽喜一、荷兰首相吕贝尔斯（荷兰为当年的欧共体轮值主席国）与欧共体委员会主席德洛尔在荷兰举行首脑会谈，发表"全球伙伴关系联合声明"，对双方在政治、经济、安全关系上的原则、合作方式及协商机构做出了规定，强调双方具有共同的自由主义、民主主义、法制主义及尊重人权的价值观；共同奉行市场经济、自由贸易及维护繁荣健全的世界经济，并决定在原来每年一次的部长级会议和半年一次的日欧外长会议的基础上，每年召开一次日欧首脑会议。1993 年 11 月，欧盟正式启动，伴随欧盟一体化程度的提高和国际地位的上升，日本更加重视对欧政治关系，扩大了与欧盟在各个领域的对话与合作。1994 年，日欧建立了"规则改革对话"机制，每年轮流在东京和布鲁塞尔开会。从 1996 年开始，日本还积极参加每两年一届的亚欧会议，进一步协调了与欧盟及欧洲国家的关系。日欧首脑外交逐渐成熟，表现出制度性、双向性、全面性的特点。日欧政治对话促进了双方的合作。1995 年 3 月，欧盟委员会制定了"以合作代替对抗"的对日关系新战略，强调欧日关系不应再以一系列贸易争端为特点，而应当发展"包括政治、经济、文化和教育在内的全面关系"。2000 年 7 月，日欧首脑会议确定从 2001 年开始的 10 年是"日欧合作 10 年"。双方同意，在此 10 年里，在加强经济关系的基础上，还要加强政治、社会、文化等各方面的关系。21 世纪以来，日本还利用联合国改革的有利时机，加强日欧关系，尤其是加强与英、德、法三国的关系，并争取欧盟的支持，以早日成为联合国安理会常任理事国，实现政治大国的梦想。

（2）安全上，日本开始与欧洲进行合作。1990 年，日本开始派代表参加欧安会（1992 年 7 月被批准为欧安会准成员国），并向北约派出了常驻代表。此后，日本和北约每年举行一次会谈，积极参加欧洲各种安全保障会议和论坛，讨论全球与地区性问题。自 1996 年以来，英、德、法开始每年与日本进行双边安全对话。1997 年 10 月，北约秘书长索拉纳访问日本，希望日本更多地参与北约活动。进入 21 世纪后，日欧安全合作扩大到反恐和防止核扩散领域。2003 年 4 月，小泉访问英国、西班牙、法国、德国和希腊欧洲五国，讨论的主要议题是伊拉克重建和朝核问题。2007 年 1 月，安倍访问欧洲四个主要国家和欧盟时还访问了北约。2009 年 5 月初，麻生在捷克参加第 15 次日欧首脑会议时和欧洲在核问题上达成共识，呼吁各国共同努力来推动防止核扩散，称"东北亚安全环境威胁日益严峻"，日本愿意于 2010 年主办一个全球裁减核武器大会。

（3）经济上，日本与欧洲加强协调。20 世纪 90 年代以来，1994 年 6 月，村山首相访问法国，与欧盟轮值主席希拉克和欧盟委员会主席桑特举行了日欧首脑会谈，双方同意在世界贸易组织的框架内解决贸易争端。日本政府还采取了一系列措施，支持欧洲企业在日本开拓市场，双方在产业合作、投资交流等方面都取得了很大进展。日本与欧盟之间还开展了改革管理方面的对话与合作。1995 年 3 月，日本政府发表了为期 3 年的制度改革推进计划（1995～1997 年）。以此为契机，日本与欧盟之间也开始了每年一次的制度改革协商。日欧积极参与彼此的管理改革，由日欧统计专家定期召开会议共同分析造成贸易不均衡的原因，商讨解决办法。同时，日本经济模式由出口主导型向内需主导型的逐步转化也使日欧贸易关系得以改善。2001 年 12 月，第 10 次欧盟和日本首脑会议在布鲁塞尔举行，会议发表了关于援助阿富汗、反恐、世界经济形势及加强双边贸易等联合声明，批准了作为"日欧合作 10 年"基础文件的行动计划。2008 年，美国次贷危机引发世界经济危机，日欧就经济危机对策多次进行磋商。

3. 积极开展亚太外交，谋求建立日本主导的"亚太新秩序"

冷战后，日本的亚太外交范围从经济领域扩展到政治和安全领域，充当亚太领导的措施更加有力。

（1）经济上，日本以扩大经济援助和加强经济联系为先导，进一步发展同亚太地区国家间的关系。日本是东盟的第二大贸易伙伴和投资国，并把 60% 以上的对外援助集中在亚洲地区。日本制定地区内共同的投资、贸易规则，支持企业在东盟各国实现最佳选址生产；提出"东盟优先"的对外援助政策，向东南亚欠发达国家提供大笔发展援助。1997 年，为解决泰国金融危机，日本宣布提供 40 亿美元的紧急贷款。1999 年 1 月，日本首相小渊访问了柬埔寨、老挝、泰国，向柬埔寨提供了 315 亿日元的无偿资金援助，向老挝提供修建第二湄公河大桥的日元贷款。11 月，小渊在与菲律宾总统会谈时提出向菲律宾提供 395 亿日元的特别贷款。日本的贸易结构从依赖美国转向重视亚洲，积极参与构建"东盟 +3"机制。同时，倡导建立"东盟 +1"机制，2003 年 12 月，日本与东盟特别首脑会议在东京召开，确定了日本与东盟地区实现贸易自由化的"两步走"方案。2004 年 11 月，日本外相町村信孝在老挝与东盟 10 国外长举行会谈，就 2005 年 4 月启动日本与东盟间以自由贸易协定（FTA）为核心的经济合作协定缔约谈判达成协议。2005 年 11 月，日本与东盟 10 国首脑会议确认了该协议。日本希望借此推动与东盟的市场一体化，并加强政治、经济等领域的广泛合作。2008 年 10 月，面对全球经济危机，日本新任首相麻生强调，亚洲的"东盟 +3"机制成员国应该密切合作，共同面对金融危机带来的挑战。

（2）政治上，展开全方位、多层次的外交攻势。冷战结束以后，日本更加重视亚太外交。1989 年，海部俊树任首相，先后出访东盟、南亚、蒙古、中东的 20 多个国家。在访问东盟国家时海部明确表示，日本要在亚洲发挥政治作用。1991 年，宫泽上台后，提出"对战争进行反省"，主张日本以东盟外长扩大会议和亚太经合部长会议为舞台，争取对亚洲经济、政治的主导权。1995 年 7 月，日本外相河野洋平明确提出日本今后要"掌握亚太地区安全保障的主导权"。1997 年 1 月，桥本出访东盟五国，与东盟国家建立新的互相理解、互相合作、共同发展的对等伙伴关系。2000 年 8 月，森喜朗访问孟加拉、巴基斯坦、印度、尼泊尔四国，重点是与印度建立具有战略意义的全面合作伙伴关系，推动两国在政治、经济上的合作，确保从中东到印度洋、南中国海至日本的石油海上通道的安全。同年，日本还改善了与伊朗、缅甸的关系，表明日本外交开始按照自身判断行事。在朝鲜半岛事务中，日本紧随美国，但也保持一定的独立性，希望改善日朝关系，积极谋求与朝鲜关系的正常化。1993 年，两国开始建交谈判，后因朝核问题中断。1999 年 12 月初，村山富士率领超党派议员团访问朝鲜，约定重开两国关系正常化谈判。随后，日本全面解除了对朝鲜的制裁。2000年4月，两国开始举行中断了7年的建交谈判。2001年5月，小泉在国会发表施政演说时指出，为稳定东北亚的和平与稳定，努力进行日朝关系正常化谈判。与此同时，日韩关系更趋紧密。2000年5月，森喜朗访韩，与韩国确认继续坚持美日韩合作机制。9月下旬，韩国总统又应邀访日。小泉上任后多次强调日本将继续维持日美韩的紧密合作。但是，小泉任期内坚持参拜靖国神社，严重伤害了亚洲国家人民的感情，日本与亚洲各国的关系也出现了严重的裂痕。2006年9月，安倍上任后把首次出访的国家定为中韩两国，试求修复与亚洲国家的关系。2007年9月，福田康夫上任后进一步修复与亚洲的关系。福田认为，日本应成为亚洲"和平使者"，表示他不会在任首相期间参拜靖国神社，以赢得亚洲国家信任。2008年5月，他提出"新福田主义"，确定了对亚洲外交的新方针：①日本全力支持东盟在2015年前组建共同体的努力，在今后30年努力帮助消除亚洲的差距；②把日美同盟作为亚太地区的共同财富加以强化；③日本将作为"和平合作国家"为实现世界和平尽心尽力，将奉行"防灾合作外交"，尽快建立"亚洲防灾防疫网"，以便亚洲国家联合起来共同开展紧急救援行动，应对大规模的灾害和疫情；④迅速扩大亚太地区大学间的交流，促进年轻人的交流；⑤在其他变化方面，尽快达成后京都议定书的框架协议，努力实现低碳社会。福田康夫想以同等重视亚洲外交与日美同盟的"共鸣外交"来显示日本的存在。麻生太郎任首相后高度重视同亚洲的关系，2008年12月，在日本举行的中日韩三国领导人会议上签署了《三国伙伴关系联合声明》。会议确立了三国伙伴关系，三国将本着公开、透明、互信、共利、尊重彼此文化差异的原则，以相互补充、相互促进的方式推进东盟与中日韩、东亚峰会和亚太经合组织等更大范围的区域合作，并将三国领导人单独举行会议机制化，标志着中日韩合作进入了新的发展阶段。鸠山由纪夫首相上任后，提出了建立东亚共同体的设想，表示要在亚太地区扩大信赖关系。

（3）安全上，积极参与亚太地区的多边安全对话机制，派出日本自卫队参加联合国在柬埔寨的维和行动，在印度和巴基斯坦两国间开展穿梭外交以缓和局势，在朝鲜半岛的和平统一和解决朝鲜核查问题上发挥积极作用。1994年7月，日本参加了亚太地区第一个政府间安全对话机制——东盟地区论坛。2002年，小泉纯一郎首相、绵贯议长等政界要人出访东南亚国家，表示要在经济和安全领域加强与东南亚国家的合作。2004年12月，日本与东盟首脑会议的主题就是拓展自由贸易，加强安全合作。小泉提出加强与东南亚国家的合作以便维护海洋安全，并与东盟10国领导人签署了日本加入《东南亚友好合作条约》的文件。日本还提出建立"东北亚地区论坛"的构想，提出在东北亚建立由朝鲜半岛双方和日、中、美、俄四国参加的多国安全合作机制，作为东盟地区论坛的补充和发展。鸠山由纪夫在对朝政策方面态度比较积极，表示将通过六方会谈"全面解决绑架、核及导弹等诸多问题"。

4. 从世界局势和自身外交战略的角度处理日中关系

20世纪90年代，日本历届内阁按照"友好"和"合作"的方针，积极开展对华关系。1989年，西方对华制裁后，日本海部内阁率先从西方内部打破对中国的制裁。宫泽上台后提出："日中关系与日美关系是日本外交的两大车轮"，将日中关系提高到了与日美关系同样重要的位置。1992年，中日邦交正常化20周年，江泽民主席访问日本，日本天皇及皇后访问中国，将两国关系推向了一个新的发展阶段。1995年5月，村山首相访华，参观了卢沟桥和中国人民抗日战争纪念馆，并提笔留言"正视历史，祈日中友好，永久和平"。1997年，中日邦交正常化25周年，桥本首相访问了中国。1998年11月底，中国国家主席江泽民访日期间，中日确立了"致力于和平与发展的友好合作伙伴关系"，成为中日发展关系的基础。1999年，小渊首相访华迈出实际改善中日关系的步伐，取得积极成果。小渊郑重表示：坚持日中联合声明所确定的原则，不会改变一个中国的立场，绝不参与和支持台湾"独立"；反省历史，坚持在《和平宪法》下走和平建国道路，坚持专守防卫政策，坚持无核三原则，不做军事大国。2000年4月，森喜朗上台后，一方面重视同中国保持高层密切的接触和往来，10月，中国总理朱镕基应邀正式访日；另一方面还重视发展同中国的民间交流；同时，对两国关系中有关参拜靖国神社、李登辉访日以及中国增加军费、向中国提供日元贷款等敏感问题的处理采取了谨慎态度，为推动两国关系采取了一些积极行动。

2001年4月，小泉成为日本首相以后，多次强调与中国的关系是日本最重要的双边关系，表示要加强与中国的合作关系。但是，由于小泉等日本政治家们屡次参拜靖国神社，导致中国宣布中断两国首脑正式互访。虽然日本方面多次表示希望恢复双方首脑的互访，小泉也曾在2003年10月对中国进行了闪电式的短期非正式访问，但是除了两国领导人利用国际多边场合会晤之外，再也没能实现两国首脑的正式互访。2004年11月下旬，小泉利用参加APEC第12次非正式首脑会议和东盟与中日韩首脑会议的机会，在不到10天内分别与中国国家主席和总理举行了会晤，表明了重视中日关系和加强中日在各领域合作的愿望。但是，由于会后小泉声称还要继续参拜靖国神社，两国政治关系上的僵局状态难以打破。2004年12月底，日本允许"台独"势力总代表李登辉访日，使中日关系进一步恶化。在小泉任内阁时，两国在历史问题、台湾问题和东海问题以及日本成为联合国安理会常任理事国等问题上存在着严重的矛盾，日中关系始终处于"政冷"状态。

2006年9月，安倍高度重视日本与中国的关系，并把上任后的首次出访定为中韩两国。2006年10月，安倍访问中国进行"破冰之旅"，提出要与中国建立"战略互惠关系"。2007年4月，日本邀请中国总理温家宝访问日本进行"融冰之旅"，就构建日中"战略互惠关系"进一步磋商。2007年9月，福田康夫上任后继续推动中日关系。2007年12月底，福田访问中国进行"迎春之旅"，使日中"战略互惠关系"的内涵更加具体化，日中关系已经回到正常的发展轨道。2008年是《中日和平友好条约》签订30周年，2008年5月，日本邀请中国国家主席胡锦涛访问日本进行"暖春之旅"，发表《中日关于全面推进战略互惠关系的联合声明》。确认两国互为合作伙伴，互不构成威胁，在增进政治互信、促进人文交流、加强互利合作、共同致力于亚太地区的发展、共同应对全球性课题和联合国改革等领域加强对话与沟通，努力增加共识，坚持通过协商和谈判解决两国间的问题，不断开创中日战略互惠关系新局面，共同开创亚太地区和世界的美好未来。2009年4月，麻生访华，双方就两国首脑每年互访、合作应对金融危机、加强环保节能、应对气候变化、促进人员交流特别是青少年交流等方面达成共识，是一次极富成果的"合作之旅"。鸠山由纪夫首相上任后把首次出访定为中国，表示要充实日中间"战略互惠关系"。

日本对华经贸关系不断发展。冷战后，日本对华贸易进出口总额持续增长。1993年，双边贸易近400亿美元，1996年达到624亿美元。1998年，受亚洲金融危机影响，双边贸易额有所下降，但到1999年，双边贸易额又恢复到600亿美元水平。2001年中国加入WTO后，中日经济合作出现好势头。2006年财年度，中国（不含香港地区）与日本的贸易额首次超过美国，成为日本最大贸易伙伴。根据日本贸易振兴机构（JETRO）发布的日中贸易统计报告显示，2007年，日本对华贸易总额（不含香港地区）达到2366.4亿美元，其中，日本对华出口总额首次突破1000亿美元大关，达到1090.66亿美元，来自中国的进口总额为1275.74亿美元，连续九年刷新历史纪录。2008年7月，日本财务省发表的贸易统计数据表明，剔除香港地区和澳门地区的日本对华出口，中国已经正式取代美国，成为日本最大的出口国和贸易伙伴。同时，日本在中国的直接投资、间接投资不断增加。日本是中国利用外资第二大来源。据日方统计，截至2007年10月底，日本对华投资累计项目数为3.9万个，实际到位金额607.8亿美元。1979年以后，日本一直是中国的最大经济援助（ODA）国。但是，20世纪90年代，日本开始不断减少对华经济援助。2000年，日本开始大幅削减对华经济援助额度，并且取消了对中国的资金优惠划拨方式。从2001年起，日本调整了对中国的经济援助计划周期，把原来的5年援助计划调整为单年度援助。2004年11月，小泉提出将彻底停止对华经济援助。2007年福田访华，两国签订了一系列经济、技术合作协定。2007年年底，两国启动了首次中日经济高层对话。2008年5月，胡锦涛访日期间，两国发表了《中日两国政府关于加强交流与合作的联合新闻公报》，涵盖了两国70项具体合作项目，日中"战略互惠关系"进入了一个新的阶段。

但是，近年来，在食品安全、东海油气田开发、钓鱼岛归属和安全政策等方面，日中两国还存在着一定的矛盾和分歧。

5. 与俄罗斯建立战略伙伴关系

苏联解体后，日本北方的军事威胁消除，日俄力量对比对日有利，日本积极改善同俄罗斯的关系，力争早日解决日俄领土问题。1992年1月，宫泽首相强调，日本将与独联体建立"新关系"，希望"早日解决领土问题，缔结和约，从根本上改善日俄关系"。1993年10月，叶利钦访问日本，两国发表了以确定北方领土性质及解决问题为原则的强调"共同价值观"的"东京宣言"和呼吁经济合作的"经济宣言"。1997年11月，桥本前往俄远东地区与叶利钦举行非正式会晤，制定了两国在经济、政治和军事领域进行全方位合作的"叶利钦—桥本计划"，双方关系迅速升温。1998年4月，叶利钦再次访日，两国宣布建立"战略伙伴关系"。日本加大了对俄外交力度，在政治对话、安全合作、人员交流等领域广泛促进日俄关系的改善。在车臣问题上日本不但没有与欧美和国际货币基金组织采取共同步调对俄进行抗议，反而向俄提供了7亿美元的贷款，还邀请了近400名俄罗斯青年访问日本。2000年，森喜朗上任后声称对俄罗斯有特殊感情，将俄作为出访的第一站，提出与普京建立"弗拉基米尔·喜朗"个人信赖关系，一年内日俄首脑6次会面。2001年，小泉纯一郎上台后进一步加强对俄罗斯的外交。2003年，小泉访俄，两国签署了《联合行动计划》。双方确定在经贸、安全、科技、文化以及国际事务等方面加强合作，为两国关系的发展规划了战略框架，大大深化了两国关系。例如，日俄双方在安全、经济合作方面取得了一些新成果，两国关系特别是经贸关系发展迅速。例如，许多日本大公司已开始在俄罗斯大额投资，两国经贸关系不断扩大，贸易总额从2003年的60亿美元扩展到2007年的300亿美元，5年间扩大了5倍。但是，在领土问题上，由于两国的立场差距甚大，解决领土争端、缔结条约的愿望至今未能如愿。在美国在欧洲部署反导弹系统问题上，两国对抗激烈。

2008年4月，福田康夫访问俄罗斯，会见了时任总统普京和当选总统梅德韦杰夫，为两国关系进一步提升创造了条件。2009年5月，俄罗斯总理普京访问日本，双方共同签署了一系列合作意向文件，其中最引人注目的是《日俄原子能协定》，标志着两国在核能领域中合作的进一步扩大。2009年10月，鸠山由纪夫首相表示，要将政治和经济作为两个车轮同时推进，致力于最终解决双方之间最大的悬案北方四岛问题，并与俄罗斯缔结和平条约。日本将把俄罗斯定位为其在亚太地区的伙伴，强化对俄关系。

6. 积极开展联合国外交

"冷战"后，日本重提联合国中心外交，目的是以联合国为舞台，积极参与建立国际新秩序，利用联合国维持和平活动在国际安全领域发挥作用，努力争取安理会常任理事国的席位，谋求成为政治大国。

(1) 提出联合国安理会改革方案，重点对联合国五个常任理事国和其他地区性大国及发展中国家开展"争取支持外交"。日本关于改组联合国安理会的立场是，一国在安理会的地位，应以均衡的方式按照其经济实力和对联合国及国际社会的财政贡献确定，即按财力划分权力。其方案是在日、德成为常任理事国的前提下，扩大非常任理事国总数（20~25国），允许部分非常任理事国连任，将新设非常任理事国中的三个席位分配给亚非拉国家（亚洲的印度和印度尼西亚、非洲的埃及和尼日利亚、拉美的巴西和阿根廷成为固定成员，实行轮换制，固定成员轮流担任该地区分得的一个席位的非常任理事国）；基于地区平衡增加新常任理事国，新常任理事国不拘泥于是否拥有否决权，不触犯现有五个常任理事国的既得权益，不损害安理会的信誉和工作效率。日本认为这一立场和方案既能安抚现有的五个安理会常任理事国，又能够安抚其他地区性大国。为了赢得广大发展中国家的支持，日本重视把政府开发援助与争取第三世界国家对日本成为常任理事国的支持相挂钩，以经济合作为杠杆，对发展中国家展开"争取支持外交"。

（2）积极参加联合国框架内的国际行动。积极推动国际军控和防止核扩散。1991年5月，冷战后联合国第一次国际性裁军大会在东京举行。海部首相提出，要增加常规武器出口的透明度，建议联合国设立武器进出口情况申报制度。积极参与解决国际"热点"问题。1990年6月，促成了有关柬埔寨问题的东京会议的召开，并把它视为日本发挥国际作用的"尝试"。在海湾战争结果后，派扫雷艇帮助清除波斯湾的水雷。参加有关中东和平的国际会议，主持召开关于中东难民和水资源问题的国际会议。积极参与阿富汗战争和伊拉克的战后重建。在朝核问题上，积极配合美韩两国，对朝保持压力，要求朝鲜接受国际原子能机构的核查，参与朝核问题六方会谈。积极参与联合国维持和平行动。1992年6月，日本国会通过了《联合国维持和平行动合作法案》，陆续向柬埔寨、安哥拉、莫桑比克、卢旺达、东帝汶派出自卫队官兵和文职人员参与联合国维和行动。2010年1月，冈田外相表示，联合国维和行动不仅仅是在遭遇地震的海地，日本在其他方面也将做出"进一步的贡献"。重视开展"环境外交"，积极加入全球性有关环境问题的活动和条约，通过资金与技术合作，努力为解决环境问题做贡献，主办了联合国国际环境技术中心保护野生生物条约缔约国大会和亚太地区毒品对策高级官员会议。1997年12月，在日本京都举办联合国气候变化框架公约参加国三次会议，发表《联合国气候变化框架公约的京都议定书》（简称《京都议定书》），是《联合国气候变化框架公约》的补充条款。2010年1月，冈田外相表示，日本将主导在墨西哥举行的《联合国气候变化框架公约》第16次缔约方会议，构筑一个具有法律约束力的减排框架。日本还通过联合国为解决世界人口问题提供资金援助，力争在环境、贩毒、人口、难民、恐怖活动等全球性问题的解决中发挥主导作用。

（3）积极为联合国及其附属机构提供工作人员，缴纳会费。在联合国经社理事会等18个主要机构中，日本是世界上担任理事等要职最多的国家。通过谋取这些机构的领导职位，在机构内发挥实际作用，显示日本的重要存在。日本是联合国的出资大国。多年来，对联合国的资金贡献不断增加，其排位逐渐前移。1971年，占5.4%；1974年，占7.15%，列美、苏之后，为第三位；1988年，占10.84%，超过苏联，居第二位；2000年，负担20.57%，已超过英、法、俄、中四国分摊的总额。除缴纳会费外，在联合国的一系列重大活动中，日本都是主要出资国之一。

通过努力，日本的联合国外交取得了初步成效。2008年10月，日本第10次当选为联合国安理会非常任理事国。但是，日本要成为安理会常任理事国，实现其成为政治大国的目标，还面临不少困难和问题。

7. 积极参与八国集团活动

日本认为八国集团在处理科索沃问题上已超过联合国，占据主导地位。日本紧紧抓住科隆八国首脑会议讨论世界政治、经济和安全问题的机会，拓展自己的活动空间。会上，日本不仅协助美欧援助科索沃复兴，而且主张西方应支持中国加入WTO，催促国际货币基金组织向俄罗斯提供巨额资金援助。2000年和2008年，日本两次承办八国集团首脑会议，日本将利用八国集团首脑会议在本国举行的机会提高身价，彰显地位，另辟一条走向政治大国的蹊径。

三、日本实现"普通国家"政治大国战略目标的前景

20 年多来，日本全力实施政治大国战略，开展"积极进取"的全方位外交，国际地位已有显著提高，日本已经具备了成为政治大国的许多有利条件。日本是世界上第二大经济强国，经济规模占世界 GDP 的 18%，相当于美国的 60%～70%；是联合国第二大出资国，在联合国高级官员的职位中任职很多，在安理会中任非常任理事国的次数最多；是参加西方大国首脑会议的唯一亚洲国家，是唯一列席北约和欧安会的亚洲国家；介入的国际热点较多，在一些问题上的作用仅次于美国，美国在冷战后对日本承担地区安全责任的要求更加强烈。但是，制约日本发挥更大作用的因素依然存在。

1. 国内制约因素

（1）日本还没有彻底解除作为战败国所受到的制约。国内政治力量的重组还在进行中，在修改宪法第 9 条问题上，要经过一段时间的讨论。

（2）日本要成为世界级的军事大国还有很长的路要走。今后一个时期，日本的军事实力会进一步增强，武器装备将向高技术、远程化方向发展，指挥通信和后勤保障能力将进一步提高，整体协同作战水平及战斗能力会迈上新的台阶。但是，日本的军事发展模式是在防御基础上的"遏制"，在很长时间内不会拥有核武装，难以成为真正的世界级军事大国。

（3）日本对外政策难有较大突破。日本国内新保守主义思潮的泛滥和新保守派的日益得势，不利于日本冷静而理智地选择未来的外交战略和政策，有可能使日本的政治大国战略误入歧途。

2. 国际制约因素

（1）日本对历史问题态度暧昧，亚洲国家对日本始终保持警惕，在没有取得世界特别是亚洲国家的安全信任的情况下，日本很难进一步扩大其政治、军事作用。

（2）日本突破《和平宪法》，多次向海外派兵，其真正目的受到置疑，亚洲国家担心日本是否已经背离和平主义的发展路线，重蹈历史覆辙。

（3）美国并没有放弃对日本的防范。日本在重大问题上不能不考虑美国的利益，只能在日美同盟的框架内，在美国的合作和支持下发挥作用。

（4）联合国改革困难重重，日本实现安理会常任理事国的梦想还需要相当长的时间。2005 年 3 月，总部设在美国的世界抗日战争史实维护联合会等多家机构发起了一场声势浩大的反对日本成为安理会常任理事国的"全球百万人签名"活动，是全球范围内民间反对日本成为安理会常任理事国的集中表现，成为日本争当安理会常任理事国难以跨越的一道坎。2005 年，日本借助联合国成立 60 周年之际组成"四国集团"，联合申请安理会常任理事国，最终还是以失败而告终。

总之，国际、国内因素决定日本只有坚持走和平发展的道路，才是唯一正确的选择。作为一个经济大国，日本如果能够在维护世界和平、促进全球共同繁荣方面做出更多贡献，它实现"普通国家化"政治大国目标的前景才会更加光明。

第七章　苏联的演变与俄罗斯的重振

　　苏联，全称为苏维埃社会主义共和国联盟，1917年11月7日，俄国爆发十月革命，以列宁为首的布尔什维克党发动起义，建立了世界上第一个无产阶级专政的社会主义国家——俄罗斯苏维埃社会主义联邦共和国（简称"苏俄"）。1922年12月30日，俄罗斯联邦、乌克兰、白俄罗斯和南高加索联邦四个苏维埃社会主义共和国建立联盟，简称"苏联"。第二次世界大战期间先后又有11个苏维埃社会主义共和国加入。苏联成为一个拥有15个加盟共和国、横跨欧亚大陆的社会主义大国。苏联成立后，迅速完成了工业化和农业集体化，由一个农业国变为一个工业国。第二次世界大战中，苏联人民开展了伟大的卫国战争，打败了德国侵略者，为世界反法西斯战争的胜利做出了巨大贡献和民族牺牲，也为自己赢得了较高的国际地位。战后，苏联在社会主义建设的道路上取得过巨大成就，是世界第二号超级大国，在国际舞台上起着举足轻重的作用。1991年12月25日，苏联解体。脱胎于苏联母体的俄罗斯联邦是苏联遗产的最大继承者和独联体中最大的国家，也是国际社会中的重要角色。

第一节　苏联的发展、演变与解体

一、战后苏联政治经济发展与对外战略的演变

　　战后40余年，苏联政治经济基本保持了平稳发展，国家建设取得了巨大成就，但其政治经济体制和外交战略中存在很多弊端，积重难返，最终导致苏联解体。

　　1. 战后苏联的政治体制与改革

　　（1）战后苏联政治体制的基本特征。苏联政治体制经过战前20多年的发展，到战后已经形成了固定化的模式，基本特征是高度中央集权。具体表现在：党对国家实行统一领导；权力集中于党中央和政治局；实行干部任命制和高层领导干部职务终身制；建立中央检察机关，缺乏民众监督和约束机制；建立民主法律制度，强调国家专政和镇压职能；严格控制意识形态，常常以政治批判方式处理思想分歧和学术争论。这种中央高度集权的政治体制和与之相应的经济体制在国际上被称为"斯大林模式"或"苏联模式"。

　　"苏联模式"是特定历史条件下的产物。由于其政令统一，指挥方便，便于统筹全局，集中全国的人力、物力、财力，从而保证了苏联这样一个幅员辽阔、民族众多的国家政局的稳定和经济的发展，保证了反法西斯战争的胜利，在历史上起过积极作用。但是，它也存在着严重的弊端：社会主义法制不健全，政治民主逐渐受到破坏；以党代政，党政不分；个人崇拜恶性发展，集体领导名存实亡；权力过分集中于中

央，地方权力和积极性受到严重束缚；党和国家机关官僚主义浓厚，腐化盛行，严重脱离群众；思想僵化，教条主义泛滥，对时代变化提出的新问题缺乏科学的理论思考。随着时间的推移，这种体制的弊端日益突出，严重阻碍了苏联的社会发展进步，特别是在战后第三次科技革命推动世界政治经济发生深刻变化的形势下，苏联的改革势在必行。

（2）苏联的政治体制改革。1953年斯大林逝世后，苏联逐步走上了改革之路。从赫鲁晓夫到勃列日涅夫，改革原来的政治体制模式成为苏联国内政治的中心内容。改革的基本做法主要有：

1）批判个人崇拜，加强集体领导。在赫鲁晓夫的推动下，从1953年苏共中央七月全会到1956年苏共"二十大"，苏联大张旗鼓地批判了个人崇拜。1956年6月，苏共中央通过了《关于克服个人迷信及其后果》的决议。1961年，苏共又把反对个人崇拜和加强集体领导的原则写进了党章。勃列日涅夫时期，为加强集体领导，规定党政最高领导职务永远不得兼任，把中央政治局会议和中央书记处会议定期化。

2）改革中央集权的领导体制。赫鲁晓夫采取措施，调整政府机构，精简管理人员，扩大各加盟共和国的地方权力，建立新的干部制度，在边疆区和州成立了工业党组和农业党组，合并了党和国家的监察机关等。勃列日涅夫执政前期，注意加强集体领导，适当扩大地方权力，改进政府工作，恢复和增设了一些行政机构。

3）加强民主和法制建设。赫鲁晓夫整顿和改组了内务机构，结束了内务部凌驾于党和国家之上的局面，大规模平反冤假错案，完善立法，健全司法，加强人民监督，并提出了人民自治的思想。1977年，勃列日涅夫领导修改苏联宪法。其中第6条明确规定："苏联共产党是苏维埃社会的领导和指导力量，是其政治制度、国家和社会组织的核心"，"党的一切组织都在苏联宪法的范围内行动"。

总之，从赫鲁晓夫开始，经过勃列日涅夫、安德罗波夫到契尔年科的几十年间，苏联政治体制改革取得了一定的进展，国内政局保持了基本稳定。但是，改革基本上是在原有框架内进行，权力过分集中等弊端不但依然存在，甚至有所发展。到20世纪70年代末，勃列日涅夫集党、政、军大权于一身，又形成了领导者个人专权的局面。戈尔巴乔夫上台后，执行了一条"人道、民主的社会主义"改革路线，导致了苏联的解体。

2. 战后苏联的经济发展与经济体制改革

"二战"后，苏联在非常困难的情况下，依靠自己的力量开始了国民经济恢复工作。到20世纪40年代末基本完成了恢复任务。从20世纪50年代开始，重新进入有计划发展国民经济的轨道。

（1）战后苏联经济发展的主要成就。经过战后30多年的建设，苏联成为世界第二大经济强国。经济建设取得了辉煌的成就，主要表现在：①国民经济稳定、持续发展，增长速度较快。1982年与1950年相比，国民收入增长了8.2倍。②经济实力增强，在世界经济中的地位提高。1984年与1960年相比，苏联社会总产值由3038亿卢布增至 13458 亿卢布，国民收入由 1450 亿卢布增至 5696 亿卢布。同期苏联国民收入从占美国国民收入的 31% 上升为 67%；工业总产值从不到美国的 30% 上升到 80% 以上。苏联同西方发达国家经济实力的差距逐步缩小。同时，苏联对外贸易也不断增长，外贸总额从 1950 年的 29.25 亿卢布增加到 1985 年的 1415 亿卢布，贸易顺差为 33 亿卢布。③人民生活水平有较大提高。职工月平均工资从 1950 年的 64.2 卢布提高到 1984 年的 185 卢布。社会消费基金在居民收入中所占比重不断上升，主要消费品价格长期稳定，居民社会消费水平不断提高。④随着经济实力的增长，苏联的军事实力也迅速增强。苏联在几十年间建立起庞大的常规军事力量和战略核力量，拥有战略火箭军、陆军、防空军、空军和海军五大军种，总兵力 400 万人，整体军事实力与美国在伯仲之间，远远超出其他国家。

（2）战后苏联经济模式的基本特点。苏联经济的发展是在国家自上而下、高度集中的计划经济体制下进行的，并且逐步形成为一种经济模式。其基本特点是：国家机关是经济管理的主体；整个国民经济以及各个企业的经营活动都靠国家下达的指令性计划来指挥，不承认商品生产和商品交换；国家以行政方法为主管理经济，忽视经济杠杆的作用；由于特定的历史条件限制，长期实行封闭政策。

这种经济模式在特定历史时期便于国家集中调配资源和迅速恢复经济。但是，在平常情况下，这种经济体制缺乏活力与生气，不能够充分发挥地方、企业以及个人的积极性和主动性，难以及时地进行技术改造；不能够真正地提高经济效益，使经济始终处于一种粗放状态；不能够正确地调整经济结构，促进经济的全面发展；长期压低消费品生产比例，使得人民生活始终不能实现由小康向富裕的转变；不能够全面地对外开放，难以吸取世界各国之长为自己所用，难以参与国际竞争促进自身的发展。战后，这种体制的弊端越来越突出，已经不能适应科技进步和经济发展的需要。为此，从赫鲁晓夫到戈尔巴乔夫之前的历届领导人都曾对此进行改革。

（3）苏联的经济体制改革。苏联的经济体制改革大体经历了五个阶段：①20 世纪 50 年代是经济体制改革发端阶段。改革的主要内容是对工业和建筑业进行改组。这次改组没能解决原有体制束缚企业积极性的根本弊病，因为仓促行事，导致失败。尽管如此，这次改革打破了原有体制神圣不可侵犯的观念，还是有积极作用的。②20 世纪 60 年代是经济体制改革的高潮阶段。在广泛的理论探讨、试点和制定综合方案的基础上，1965 年 9 月，苏共中央召开全会，作出了经济改革的决议，决定于 1966 年起分期分批推行计划工作和经济刺激相结合的新体制。③20 世纪 60 年代末到 70 年代中期为改革停滞阶段。1969 年 12 月，苏共中央全会对 1965 年改革以来出现的问题进行了总结，提出了加强集中、统一的措施，使改革势头减弱。④20 世纪 70 年代末到 1985 年，苏联出现了改革的新浪潮。1979 年 7 月，苏共中央全会通过的《关于改进计划工作和加强经济机制对提高生产效率和工作质量的作用》决议，要求完善经济运行机制。1982 年安德罗波夫时期，对经济体制改革进行了前所未有的热烈讨论。契尔年科时期，经济体制改革的讨论趋于沉寂，但改革并没有完全停止。从 20 世纪 50

年代至 80 年代中期的几十年中，苏联经济体制改革缓慢推进，鲜有突破性进展。⑤ 1985 年到 1991 年，戈尔巴乔夫改革导致苏联解体。

3. 战后苏联对外战略的演变

（1）战后苏联对外战略的演变过程。战后苏联对外政策和对外关系经历了一个由和平外交到霸权外交再到妥协外交的发展变化过程。

1）斯大林时期（1945～1953 年）。此时期苏联在总体上奉行的是和平外交战略，加强同欧亚各人民民主国家的团结合作，支持被压迫民族的革命斗争，壮大社会主义力量；奉行与不同社会制度国家和平共处的政策，发展互利合作关系，进行正常、平等的经济贸易往来；揭露和反对帝国主义的侵略政策和战争政策，推进和平运动，维护世界和平。但是，此时期在对外关系中也出现了严重的大国主义、大党主义和民族利己主义。例如，公开分割和兼并别国的领土，侵犯和损害别国的利益；片面强调苏联的安全和利益，要求和迫使别的国家服从它的利益和安全需要；以老子党自居，任意干涉他党、他国的内部事务。这在 1948 年苏南冲突中表现得最为明显。这种违背马克思列宁主义原则的大党主义、大国主义和民族利己主义行为，给国际关系特别是社会主义国家间关系带来很大的消极影响。

2）赫鲁晓夫时期（1953～1964 年）。此时期苏联修正了斯大林在外交上的一些做法，确立了以"和平过渡"、"和平竞赛"、"和平共处"（简称"三和"）为主要内容的外交路线，目标是谋求实现苏美合作主宰世界。在对外关系中强调同以美国为首的西方国家和平共处，在和平竞赛中超过美国；强调发达资本主义国家的工人阶级可以通过议会道路和平地取得政权；强调社会主义国家的一致性，视其为自己的势力范围，加强控制，并谋求美国的认可；对亚非拉地区，在支援民族解放运动的旗号下，加紧渗透扩张，鼓吹通过和平过渡，走非资本主义道路，以便把这些国家纳入自己的战略轨道。在"三和"路线下，苏联改变了对西方僵持的态度，避免了在实力悬殊的情况下与对手迎头相撞，冲破了以美国为首的西方阵营的长期战略包围，赢得了和平的国际条件，有利于苏联的经济发展。苏联争取了较快的发展速度，经济实力、国际地位大大提高，为以后同美国争夺世界霸权奠定了基础。但是在此期间，苏联继续坚持大党主义和大国霸权主义，试图用各种办法强行控制其他社会主义国家，导致社会主义国家之间出现严重的矛盾和冲突。苏阿关系和苏中关系的破裂就是明显的例证。同时，在与西方国家的关系上由于赫鲁晓夫在对外政策上的随意性而频频发生危机。1962 年的"古巴导弹危机"是一个典型例证。

3）勃列日涅夫时期（1964～1982 年）。此时期勃列日涅夫加速发展苏联经济和军事实力，实行积极进攻的对外战略，以"和平"和"缓和"为手段，以军事实力为支柱，以美国为主要对手，以欧洲为战略重点，加紧控制盟国，在第三世界抢占战略要地，控制战略要道，大肆扩展势力范围，在各方面谋求对美优势，以实现称霸世界的目的。此时，苏联的大党主义和大国沙文主义以及霸权主义恶性膨胀。首先，在"缓和"的幌子下苏联同美国展开全面争夺，核武器数量在 20 世纪 70 年代超过了美国，在欧洲的常规军事优势也有所加强。其次，苏联加强对社会主义国家的控制和干涉。1968 年，苏联出兵捷克斯洛伐克，扼杀了"布拉格之春"。随后，苏联抛出了以"社会主义大家庭论"、"有限主权论"、"国际专政论"为主要内容的"勃列日涅夫主义"，通过经互会和华约组织，从政治、经济和军事上对东欧加强控制。苏联还不断增兵中苏、中蒙边界，挑起武装冲突，使中苏关系进一步恶化。1969 年 3 月，苏联蓄意制造的珍宝岛流血事件充分暴露了其霸权主义面目。最后，苏联大举向第三世界扩张。20 世纪 70 年代，在亚洲，苏联向印度提供了大量经济和军事援助，支持印度反华和肢解巴基斯坦；支持越南黎笋集团反华、排华，并怂恿其入侵柬埔寨；向中东地区国家提供经济和军事援助，签署了军事性质的和平友好条约，加紧控制该地区。在非洲，苏联采取打代理人战争的办法，出钱、出枪支持古巴军队进入安哥拉；策划雇佣军入侵扎伊尔；支持门格斯图在埃塞俄比亚掌权，插手埃塞俄比亚和索马里之间的欧加登战争，借机在红海沿岸攫取军事基地。在拉丁美洲，苏联通过古巴扩大影响。这一时期最恶劣的事件——1979 年 12 月苏联入侵阿富汗，这一赤裸裸的霸权主义之举遭到了世界各国的广泛谴责。

4）戈尔巴乔夫时期（1985~1991 年）。戈尔巴乔夫执政后推行外交"新思维"，公开检讨了战后苏联对外政策中的大国主义和霸权主义，提出全人类的利益高于一切，主张国际关系民主化、非意识形态化和人道主义化，对苏联的外交政策和外交关系做了深刻调整。在确保苏联超级大国地位的基础上，以苏美关系为核心，缓和同西方国家的紧张关系；放松对东欧国家的控制，允许其"自由选择"；对第三世界国家实行收缩和放弃政策。戈尔巴乔夫把改善与美国的关系放在首位，积极推进苏美两国首脑高级会谈，做出单方面让步，促进两国裁军谈判；与美国合作，解决第三世界地区冲突，缓和地区紧张局势；并按照美国的意愿和要求进行国内的政治、经济变革。同时积极推动欧洲外交，提出"欧洲大厦"设想，加强与西欧国家之间的关系，督促东欧国家改革，促进欧洲国家在各个领域里的全面合作。对第三世界大大减少了经济和军事援助，疏远了与古巴、朝鲜等国的关系。另外，通过阿富汗、柬埔寨等地区热点问题的解决，缓和了与中国的关系，促进了苏中关系的正常化。

（2）对战后苏联对外政策的评价。战后苏联对外政策具有复杂性，并且带有明显的大国主义和霸权主义倾向。战后苏联的对外政策和对外关系是在从以美苏为首的两大阵营的对峙到美苏两个超级大国争霸世界的背景下展开的，这就决定了战后苏联的对外政策和对外关系具有极强的复杂性。一方面，苏联作为一个社会主义国家，积极支持社会主义国家在世界上的发展，支持殖民地和半殖民地的民族解放运动，维护世界社会主义和世界工人阶级的利益，限制和打击帝国主义的反动政策，客观上为人类的和平进步、为社会主义和共产主义事业的发展、为打击殖民主义势力做出了一定的贡献。另一方面，从斯大林到赫鲁晓夫再到勃列日涅夫，苏联在对外政策和对外关系方面都带有非常明显的大国主义和霸权主义倾向，在社会主义国家乃至整个国际社会中留下了极其恶劣的影响，严重败坏了社会主义的声誉。

苏联霸权主义政策的主要原因有：①苏联是从沙俄封建军事帝国主义社会脱胎而来的，不可避免地会带有沙俄侵略扩张的痕迹。②苏联长期处于帝国主义的包围之中，两次遭受外敌武装干涉或入侵，有很强的不安全感。③苏联外交指导思想上存在严重的错误。长期以来，苏联视自身一国利益为全世界无产阶级的利益，要求其他社会主义国家的内政外交都要服从于它的利益，至勃列日涅夫时期，甚至将其他社会主义国家的主权歪曲为"有限主权"，混淆民族主义和爱国主义、大国主义和国际主义的界限，把苏联的经验神圣化、绝对化，不承认社会主义发展的不同道路。④苏联外交决策上缺乏民主和科学。如仅靠勃列日涅夫等少数人就可以做出入侵阿富汗的决定。这是苏联政治体制的弊端在外交上的突出体现。总之，苏联奉行霸权主义政策的原因是多方面的，但这并不是社会主义制度的产物，而是对社会主义的严重背离和歪曲。

实施霸权主义政策，虽然使苏联在一定时期内取得了对美战略的主动地位，使双方斗争的态势出现了苏攻美守的局面，但是从长远来看，这不仅败坏了社会主义的声誉使苏联受到世界人民的谴责，而且使苏联国民经济加速走向军事化，加重了自身负担，加剧了经济困难，贻害长远，为以后苏联的演变和解体埋下了祸根。虽然戈尔巴乔夫时期苏联对外政策的调整有利于国际形势的缓和，但是随着苏联的演变，苏联的对外政策彻底走向失败。

二、苏联的演变与解体

1. 戈尔巴乔夫改革与苏联的演变

（1）戈尔巴乔夫改革的背景。1985 年 3 月，戈尔巴乔夫上台时，苏联社会正面临严重的困难和严峻的挑战。在国内，从 20 世纪 70 年代后期开始，苏联经济发展陷于停滞，进入 80 年代后进一步恶化。1981 年国民收入增长率为 3.2%，1982 年只有 2.6%，连续三个五年计划未能完成，农业从 1979 年到 1984 年连年歉收。经济领域中积累的问题越来越多，旧体制的弊端进一步暴露。政治领域里，权力过分集中在少数人手中，领导层老化，官僚主义严重，腐化和特权问题十分突出，党在群众中的威信不断下降，社会生活缺乏活力。在意识形态领域，一方面教条主义弥漫社会，思想僵化；另一方面在缓和的气候下，西方各种思潮大量涌入，苏共的思想政治工作处于瘫痪状态，群众思想十分混乱。在国际上，由于长期搞军备竞赛和推行霸权主义，苏联处境极为孤立，同时还面临着全球范围内的新技术革命、美国的"星球大战计划"、社会主义国家的改革浪潮等种种挑战。在此形势下，戈尔巴乔夫决心对苏联的内外政策进行一番调整和改革。

（2）改革过程。

1）加速发展战略与经济政治体制改革。在戈尔巴乔夫的主持下，1985 年 4 月召开了苏共中央全会，1986 年 2 月举行了苏共第 27 次代表大会，1987 年 6 月召开了苏共中央全会。苏共二十七大提出了"加速发展战略"，指出要在苏共领导下坚持社会主义方向，改进和完善苏联的政治经济体制，重点探索经济改革和加快经济发展的途径。

在经济领域的改革主要是：加强国家集中领导经济的权力，用为企业规定某些经济定额代替过去的某些指令性计划，扩大联合公司和企业经营的自主权；改革财政管理体制，企业实行完全的经济核算；增加科技投入，加快科技进步；改善经济结构，推进生产的集约化、社会化；在农业生产中推进家庭和集体承包，完善经营机制。然而，由于经济改革的方案未能从根本上触动高度集中的计划经济体制，总的思路仍然是用增加投入、扩大规模的方法追求速度效应走外延扩大型的经济发展道路，因此，改革的效果很有限。

在政治领域的改革主要是：大力调整各级领导班子和干部队伍，大量提拔有改革精神的年轻干部；强调党政分开，着力解决以党代政、机构重叠、工作效率低下等问题；加强民主和法制建设。虽然此时戈尔巴乔夫在政治思想领域已经有了激进的改革思想，但是，总体上还是坚持社会主义的基本原则。苏共二十七大通过的党纲党章明确规定：苏共的最终目标是在苏联建设共产主义，现阶段的任务是全面完善社会主义；苏共是马克思列宁主义政党，是苏联政治体制的核心和社会的领导力量，党组织生活的指导原则是民主集中制；还肯定了无产阶级专政的历史作用。

然而，由于苏联多年形成的政治经济体制在人们心中的影响根深蒂固，由于苏联领导人对旧体制还缺乏深刻的认识，也由于没有采取切实可行的措施来推进改革，戈尔巴乔夫经济改革举步维艰。到1987年年底，苏联的经济改革基本上流于形式，没有取得实质进展。于是，戈尔巴乔夫认为经济改革的阻力来自于"专横的官僚主义体制"，为了推动经济改革就必须首先进行政治体制改革。

2)《改革与新思维》与人道的、民主的社会主义。1987年10月出版的戈尔巴乔夫的著作《改革与新思维》全面反映出戈尔巴乔夫要从政治上彻底变革传统的苏联社会主义模式的思想。1988年6月，他在苏共全国代表会议上所作的报告以及1989年11月他在《真理报》上所发表的《社会主义思想与革命性》一文进一步阐述了他的改革思想。戈尔巴乔夫对苏联现存的社会主义模式进行了全面的批判，提出要对苏联整个社会进行根本改造，决定要把根本改革政治体制放在首位，确定把"人道的、民主的社会主义"作为苏共为之奋斗的目标，论述了人道的、民主的社会主义的基本特征，形成了一套人道的、民主的社会主义思想。其概括起来有以下内容：第一，宣扬社会主义异化论。认为苏联现实的社会主义制度是被扭曲变形的社会主义制度，其根本弊端是由于政治垄断、经济垄断和思想垄断而造成的"异化"。而苏联改革的实质就是克服这种异化现象，从经济基础到上层建筑进行根本改革。第二，倡导社会主义多元化。主张政治多元化，实行多党制，取消苏共对国家政权的领导；主张经济多元化，实行非国有化和私有化，不要公有制的主导地位；主张思想多元化，允许各种意识形态自由竞争，取消马克思列宁主义的指导地位，让非马克思主义的思想自由泛滥。第三，提出全面民主化纲领。戈尔巴乔夫认为"民主与自由是人类文明的伟大价值观"，"社会主义是一般民主和全人类理想及价值观的体现"。为了实现社会全面民主化，要排除任何阶级、政党和社会集团的专政。所谓的公开性、民主化、多元化都包括在了这个全面民主化之中。第四，鼓吹人道主义观。认为人道主义是社会发展的需要，改革的主要目标就是揭示社会主义的道德面貌。第一次明确提出了人道的、民主的社会主义概念和他所构想的七个特征。第五，主张全人类利益高于一切。这是戈尔巴乔夫国际政治新思维的核心。他认为核战争不可能成为达到政治经济意识形态及任何目的的手段，在核时代人类生存是第一位的，一定要排除两大体系的对抗，实现国际关系的人性化、人道主义化。

3）政治体制改革与对外战略调整。在戈尔巴乔夫新思维和人道的、民主的社会主义思想指导下，苏联改革逐渐背离了社会主义方向。1989 年 5 月至 6 月，苏联召开了苏联人民代表大会，开始推行政治公开性和民主化。1990 年 2 月、3 月苏共相继召开两次中央全会，决定修改宪法，取消苏共的法定领导地位，实行多党制和总统制，改革现有国家机关。在 1990 年 3 月第三次例行的人民代表大会上，通过了苏联宪法修正案，设立国家总统职位和规定总统权限，取消了宪法中规定的共产党领导作用的条款，苏共从此丧失了法定的政治领导权力。1990 年 7 月召开的苏共二十八大通过了《走向人道的、民主的社会主义》纲领性文件，并且通过了新党章及一系列决议，使民主社会主义成为完整的体系。即，在政治上，实行议会制、总统制和多党制，取消共产党的领导，共产党的指导思想、奋斗目标、阶级属性、地位作用和组织原则都发生了根本性的变化；在经济上，全面改革所有制关系，取消起主导作用的社会主义公有制，实行生产资料非国有化和私有化，实行自由市场经济；在意识形态上，实行多元化，放弃马克思列宁主义的指导地位；在外交上，实行收缩战略，为了争取西方的援助，对美国采取忍让态度，主动做出一系列让步，同时主动甩掉东欧和第三世界的"包袱"。苏联的政治经济和对外关系发生了质变。

4）社会出现全面危机。经济上，改革不仅没有取得成果，反而造成社会生产的全面停滞，危机更加严重。国民收入出现了负增长，1990 年为 4%，1991 年达到12%。财政赤字激增，内债外债攀升，通货膨胀不可遏制，市场供应全面短缺，居民生活水平连年下降，整个国民经济处于失控状态。政治上，苏共丧失原有宪法规定的领导地位后，内部分化成激进派、保守派和主流派（中间派），三派之间激烈争夺政治权力，使国家政权处于半瘫痪状态。各种政治组织大批涌现，1989 年为 6 万多个，1990 年达到 8 万多个。它们大多是反共、反社会主义的，全面否定苏联 70 多年的社会主义历史成就，提出各种各样的资本主义纲领主张。示威、游行、罢工接连不断，社会和政局动荡不定，正常政治秩序无法维持。1990 年苏共二十八大后，党内传统派力量对戈尔巴乔夫施加强大压力，要求他采取强硬措施稳定局势。苏共中央 10 月全会、11 月全会以及 11 月的军人人代会、莫斯科党组织代表会议等，都对戈尔巴乔夫提出了严厉批评。考虑到各方压力，在 1990 年 12 月苏联第四次人代会上，戈尔巴乔夫的态度有所转变。这次会议组成了一个倾向于传统派的领导班子，采取了一些强硬措施，公开同激进派对抗。与此同时，激进派也发动攻势，公开向中央宣战，两派斗争异常激烈。1991 年 4 月下旬，戈尔巴乔夫从倾向传统派急剧转向激进派。1991 年 6

月，激进派代表人物叶利钦以57.3%的多数票当选为俄罗斯联邦总统，激进派力量大增，传统派势力受挫。7月，叶利钦签署非党化命令，禁止共产党在俄罗斯联邦政府机关和国营企业进行活动，苏联政局陷于混乱。社会上，民族矛盾日益尖锐，民族分离主义倾向不断发展。从波罗的海三国（立陶宛、拉脱维亚、爱沙尼亚）到中亚各加盟共和国纷纷发表独立宣言和主权宣言，民族分裂活动愈演愈烈。各共和国之间及一些共和国内部民族纠纷日渐扩大，甚至发展到武装对抗的程度，使得联盟的统一和完整受到严重威胁。1991年2月，莫斯科30万人举行集会，支持国家统一、军队统一。3月，苏联举行全民公决投票，76.4%的人赞成保留联盟，保留苏联国名，反对分裂。同月，戈尔巴乔夫和9个共和国领导人撇开合法产生的最高国家权力机关，发表了决定整个国家命运的"9+1"联合声明。声明指出，要尽快签订新的联盟条约，通过新宪法，重新选举苏联人民代表和总统，建立新的中央政府，将国名改为主权共和国联盟，这大大加速了苏联走向解体的进程，联盟岌岌可危。

2. "八一九事件"与苏联解体

（1）"八一九事件"。面对国内社会的全面危机，1991年8月19日，苏联副总统亚纳耶夫发表声明说，鉴于苏联总统戈尔巴乔夫由于健康原因已经不能履行职务，根据宪法，即日起由他本人行使总统职权。亚纳耶夫宣布成立由他等八人组成的苏联国家紧急状态委员会，自8月19日起，在苏联部分地区实施为期6个月的紧急状态。苏联国家紧急状态委员会发表《告苏联人民书》，呼吁公民支持该委员会力图使国家摆脱危机的努力。他们试图维护联邦的统一，维护共产党的合法地位，维护社会主义的道路选择。但是，苏联各共和国的领导人，除俄罗斯总统叶利钦外，都在静观其变。以叶利钦为代表的激进民主派、许多将军和军官、著名社会活动家、人民代表以及俄罗斯最高苏维埃、莫斯科当局和市民、圣彼得堡当局等坚决反对事变。在他们的支持下，8月21日，戈尔巴乔夫声明已控制局势，并恢复了与全国的联系。22日，戈尔巴乔夫发布总统令，宣布撤销国家紧急状态委员会及其所颁布的一切决定，解除紧急状态委员会所有成员的一切职务，并对他们进行拘留和审讯。"八一九事件"以传统派的失败而告终，并导致了苏联的加速解体。

（2）苏联共产党解散。"八一九事件"后，戈尔巴乔夫宣布辞去苏共中央总书记职务，建议苏共中央自行解散，下令剥夺苏共财产，让各个党组织独立自主地决定自己以后的活动。随后，《真理报》等苏共报刊被停止，苏共中央大楼被查封，苏共档案被接收。各共和国的共产党也被禁止活动，其财产被没收，有些领导人遭到逮捕。在上下一片反共浪潮中，苏联共产党不复存在了，苏联处于分崩离析的边缘。

（3）苏联解体。1991年8月，苏联第二大共和国乌克兰宣布独立，给了联盟致命的一击。到12月，苏联原有15个共和国中除俄罗斯外均宣布独立。12月8日，俄罗斯、乌克兰、白俄罗斯三国宣布建立独立国家联合体，三国发表宣言声称：制定新联盟条约的谈判陷入了死胡同，共和国脱离苏联和建立独立国家的进程已成为事实，苏联作为国际法的一个主体和一种地缘政治现实已不复存在。12月21日，上述三国再加上阿塞拜疆、亚美尼亚、哈萨克斯坦、摩尔多瓦、塔吉克斯坦、土库曼斯坦、吉尔吉斯斯坦和乌兹别克斯坦共 11 国发表《阿拉木图宣言》，正式宣告了独立国家联合体（简称独联体）的诞生。戈尔巴乔夫不得不于 12 月 25 日在国家电视台发表《告苏联公民书》，宣布"终止自己以苏联总统身份进行的活动"。12 月 26 日，苏联最高苏维埃共和国院举行最后一次会议，宣布苏联不复存在。至此，1922 年 12 月 30 日成立的苏维埃社会主义共和国联盟彻底瓦解，列宁缔造的第一个社会主义国家在七十多年后走到了终点。

三、苏联解体的原因、教训和影响

1. 苏联解体的原因

唯物史观认为，任何历史事变都是多种因素共同起作用的结果，是社会矛盾长期积累而得不到缓和的结果。正如恩格斯所说："有无数互相交错的力量，有无数个力的平行四边形，由此就产生出一个合力，即历史结果。"苏联演变解体的原因也是如此。表面上看是戈尔巴乔夫在苏联内部进行改革和西方长期对苏联进行和平演变的结果，但是从深层次看主要还是由于苏联领导集团在改革中推行的错误政策和苏联长期积累的历史问题等综合因素所致。

（1）直接原因。戈尔巴乔夫推行的人道的、民主的社会主义路线是苏联解体的内在的直接原因和导火索。苏联改革的初衷是坚持、发展和完善社会主义制度，但是改革并没有走上良性发展的轨道，反而在戈尔巴乔夫人道的、民主的社会主义理论和新思维的指导下，逐渐背离了社会主义方向，使改革步入歧途，终于导致苏联的演变和解体。因此，不是一般意义上的改革而是戈尔巴乔夫推行的人道的、民主的社会主义改革葬送了苏联式的社会主义。

（2）深层原因。苏联长期积累的历史问题是苏联解体的内在的根本原因。

1）高度中央集权的政治体制使得苏共及其政权内部缺乏有效的民主监督和制约机制。严重束缚了广大群众、基层组织和地方的积极性和创造性。国家政权集中在苏共，苏共的权力集中在中央政治局，政治局的权力实际上又集中在总书记手里。党的领袖犯错误，就有可能导致亡党亡国。

2）高度中央集权的经济体制违背了经济发展的基本规律，使得苏联的经济不能适应激烈的国际经济、科技竞争，不能满足人们的期望和要求。由于经济建设没有给人民带来更多的实惠，人民逐渐对苏共和苏联社会主义制度失去了信心。

3）错误的民族政策和大俄罗斯主义行为埋下了民族分裂的祸根。苏联有 130 多个民族，其中俄罗斯族占人口的 53%。苏联成立时的联盟条约和以后颁布的三部宪法都明文规定，各加盟共和国享有主权国家地位，可以自由退出联盟，这为后来民族分裂主义者争主权、闹独立提供了法律依据。在戈尔巴乔夫的公开化、民主化的鼓动下，以前党和政府在民族关系中的大俄罗斯主义以及在民族工作中犯的错误被揭露出来，引起了极端民族主义的迅速泛滥。民族危机成为苏联社会出现全面危机的关键部分，并且成为加速苏联解体的一个关键因素。

4）争夺世界霸权的对外政策破坏了社会主义的形象和声誉，也耗尽了国力。战后初期，苏联在处理同社会主义国家的关系中就暴露出大国主义、大党主义的错误。随着经济的发展，尤其是军事实力、核实力的增强，与美国在世界范围内展开争夺，推行霸权主义的对外政策。苏联不仅加强了对其他社会主义国家的控制，而且在亚非拉广大地区实行扩张，不仅出钱、出枪打代理人战争，而且直接出兵去占领一个不结盟国家，对东欧和第三世界国家的补贴巨大，包袱沉重。为了争霸，不断地扩军备战，增加了巨额军费开支。苏联军费开支占国民生产总值的比重长期维持在20%~35%之间。

5）苏共日益严重地脱离群众，变成一个官僚阶级的党，丧失了民心。苏共长期处于执政地位，使得一部分党员干部尤其是高级领导干部自觉不自觉地享有各种特权，加上领导干部的终身制，这必然使他们高居于群众之上，日益脱离群众。党内还有各种不良分子并存在各种消极腐败现象，败坏了党的声誉和形象，引起人民的不满乃至痛恨。更为严重的是党内思想保守、僵化，跟不上时代的步伐，使党不仅不能带领群众去创造新生活，反而成了群众前进的障碍。党不能真正关心和代表群众的利益，群众也就不会真正拥护党的领导、关心党的命运。当戈尔巴乔夫要求苏共中央自行解散时，既没有工农群众也没有共产党员出来保卫自己的党支部、党委、党中央。因此，苏联的演变和解体不是改革的必然结果，而是苏联共产党早已变质的必然结果，当然，戈尔巴乔夫改革的指导思想加速了这一进程。

（3）外部原因。西方国家长期推行和平演变战略是苏联解体的外部因素。和平演变战略是第二次世界大战后西方国家始终坚持的针对社会主义国家的基本战略，这一战略旨在同社会主义国家打一场"没有硝烟的战争"，利用它们在经济、政治、文化、科技、外交等方面的影响力，通过和平手段瓦解社会主义制度。20世纪80年代，它们又趁苏联改革和发展中出现困难之机，在继续利用经济手段施加影响的同时，进一步加强了意识形态的渗透和进攻。如抓住社会主义国家存在的问题，诋毁共产党人，败坏社会主义声誉；利用所谓"人权"问题，干涉别国内政；支持和扶植社会主义国家内部的反动势力，从事破坏社会稳定的各种活动。苏联总统戈尔巴乔夫和叶利钦等加盟共和国领导人有事都要与美国总统及时协商，求得帮助和支持。在苏联演变的关键时刻，美国总统甚至亲自出马，推动和平演变进程，加速了苏联的解体。总之，无视时代进步和生产力发展的要求，无视广大人民群众的根本利益，长期坚持僵化的旧体制，致使众多社会矛盾长期积累，各民族人民失去了对共产党的信任和对社会主义的信心和向往，发展到一定阶段终于来了一个总爆发，这是苏联亡党亡国最深刻的原因。

2. 苏联解体的教训

苏联解体给我们提供了十分深刻的教训。可以从政治、经济、军事、外交、思想、教育等诸多方面去总结，从多方面受到教益。

（1）要加强执政党的建设，使共产党能够始终代表最广大人民的根本利益。在思想上必须提倡从实际出发、实事求是的作风；在组织上必须贯彻民主集中制原则；

在政治上必须不断扩大党的阶级基础和群众基础；在宗旨上必须要牢记全心全意为人民服务的宗旨；在行动上必须代表最广大人民的根本利益。尤其要防止在共产党内部形成特殊的利益集团，使党严重脱离群众而变成一个官僚阶级的党，失信于民而被人民所抛弃。

（2）要解放思想，实事求是，与时俱进，在理论创新中创造先进的文化。邓小平讲："一个党，一个国家，一个民族，如果一切从本本出发，思想僵化，迷信盛行，那它就不能前进，它的生机就停止了，就要亡党亡国。"坚持把马克思主义的普遍原理与本国的实际相结合，在理论创新中创造和发展面向现代化、面向世界、面向未来的民族的、科学的、大众的社会主义文化，丰富人们的精神世界，增强人们的精神力量，使广大人民成为有理想、有道德、有文化、有纪律的社会主义新人。牢牢把握先进文化的前进方向，努力探索适合本国情况的社会主义发展道路。

（3）坚持改革开放，创造先进的生产力，把经济建设当做压倒一切的中心任务。社会主义的本质是解放生产力，发展生产力，消灭剥削，消除两极分化，最终达到共同富裕。革命成功后建设社会主义最根本的任务就是要不断发展生产力。改革是解放和发展生产力的必由之路，尤其是建立社会主义市场经济，是社会主义制度的自我完善。对外开放，吸收和借鉴人类社会创造的一切文明成果是加速经济建设和发展生产力的迫切要求。

（4）要坚持社会主义道路、坚持人民民主专政、坚持共产党的领导、坚持马克思主义。这是建设社会主义的四项基本原则和根本前提，也是共产党执政的基本规律。如果动摇了这四项原则中的任何一项，那就动摇了整个社会主义事业。

（5）必须坚持国际关系基本原则，处理好国家之间的关系，警惕西方国家的和平演变战略。要坚持独立自主的和平外交政策，按照国际关系基本原则，正确处理与不同类型国家之间的关系，为国家的建设和发展创造一个和平、稳定、繁荣的国际环境。同时，还要看到资本主义国家同社会主义国家的和平共处是长期的，西方国家始终没有放弃对社会主义国家实施和平演变的图谋，和平演变与反和平演变之间的斗争也是长期的。因此，必须警惕西方国家的和平演变战略，采取有效的对策。

总之，把这些教训集中到一点，就是要加强执政党本身的建设，提高党的执政能力，并且要制定和执行一条正确的、保证社会主义建设取得成功并不断发展的路线。

3. 苏联解体的国际影响

（1）使国际共产主义运动和世界社会主义事业遭受严重挫折。长期以来社会主义和资本主义两种制度之间进行着激烈的斗争。第一个社会主义国家苏联从诞生之日起就受到西方国家的敌视和围攻。战后社会主义由一国发展到多国，更引起西方的恐惧和痛恨。在武力消灭社会主义已不可能的情况下，西方国家就改用和平演变的策略。苏联东欧剧变后，社会主义丧失了一部分阵地。不仅如此，西方国家还利用苏联东欧的变化来宣传社会主义的失败，极力破坏社会主义在第三世界的形象，使当代国际共产主义运动面临严峻挑战。

（2）标志两极格局的终结。以雅尔塔体制为基础的、美苏对抗的两极格局的瓦解，其根本原因在于美苏地位的不断削弱和世界其他力量的日益壮大。东欧剧变，两德统一，美苏缓和，华约解散，这些事件逐步将两极格局推向崩溃的边缘。而这些事件的发生无不与苏联的政策演变息息相关。至于苏联解体，则使两极格局彻底崩溃，旧的国际关系中的东西方概念和东西方关系不复存在，世界格局进入由两极向多极转变的过渡时期。这个时期仍面临局部的动荡和不稳定，但发生新的世界大战的危险大大降低了。

（3）深刻影响着欧洲形势的发展。"二战"后，欧洲一直是两极对峙的前沿。强大的苏联和由它控制的东欧始终是西方的心腹之患，即使20世纪70年代以后欧洲出现了空前的缓和局面，对峙的态势并未根本改观。只是在东欧剧变、苏联解体之后，才最终结束了这种状况。但是，随之而来的是新的动荡、冲突以至局部的战争，这是人们始料不及的。围绕这些热点问题展开的大国争夺以及在其他政治经济等诸多问题上的矛盾摩擦，正在影响着欧洲未来的走向。

（4）独联体填补了苏联解体后该地区的力量空白。《阿拉木图宣言》规定，独联体既不是国家，也不是超国家实体，而是一种非常松散的国家间联合形式。独联体没有中央政权机构，只有协调机制，对各成员国没有约束力，各国都是拥有完整主权的独立国家。独联体的协调机构包括国家元首理事会和政府首脑理事会。国家元首理事会是独联体最高机构，由各成员国的国家元首组成，每年开会不少于两次，有权决定关于独联体的共同利益及相互关系的原则性问题。政府首脑理事会由各国政府总理或部长会议主席组成，负责协调解决各国间共同的社会经济问题。上述协调机构可以举行联席会议。白俄罗斯首都明斯克被定为独联体协调机构所在地。独联体没有统一的对内对外政策，只是在尊重参加国主权的前提下，在某些领域进行政策协调。独联体也没有统一的军队，只"保留和支持共同的军事战略空间"和对核武器实行统一控制。苏联的战略核力量由拥有核武器的俄罗斯、乌克兰、哈萨克斯坦、白俄罗斯元首协商并征求其他成员国元首意见后才能使用。1993年10月，格鲁吉亚决定加入独联体，使之成为拥有12个国家的庞大组织。总的看来，独立国家联合体既是"独立国家"，又是"联合体"。既独又联，是独与联的对立统一。独联体这种松散的国家间组织形式，是各共和国在内外因素的驱使下经过斗争和妥协的结果。独联体各国70多年来同在一个高度集中统一、讲究经济分工的国家中生活，由于历史渊源、地理条件、产业结构、资源分布、经济往来以及政治文化等因素造成的联系十分复杂微妙，形成了极为紧密的相互依赖关系。正是这种相互依赖关系构成了独联体的基础，并作为最基本的向心力量在独联体的长远发展中发挥着重要作用。

（5）影响了各类型国家的发展及其相互关系。在发达资本主义国家的相互关系中，由于苏联这一共同的外部威胁的消失，彼此之间的联合正在发生变化，相互间的矛盾有所发展，尤其是在科技和经济领域里这种矛盾的发展不可避免，各国都为增强自身的综合国力而加强竞争。当然，过分夸大这种矛盾并不符合实际，它们之间依然存在着共同的政治利益和不可分割的经济联系。但仅从社会制度和意识形态的观点出发，把它们看成铁板一块，也是不符合实际的。在第三世界，一些原来受苏联支持和援助的国家经济困难，政治动荡，在西方施加的外部压力下，其政治经济体制发生变化。第三世界国家之间的联合与分裂倾向都有发展。更重要的是，苏联解体之后，东西方矛盾缓和，南北矛盾进一步凸显出来，发展问题更为迫切。

4. 正确认识社会主义的历史发展进程

社会主义思潮产生于资本主义初期的西欧，当时"人吃人"的病态社会激起了一部分先进的思想家研究造成劳动者贫困和苦难的根源，设想建立一个消除贫富差距和对立的公正的理想社会。社会主义的兴起和发展是合乎发展规律的历史进程。20世纪，社会主义在世界上开辟了人类历史的新纪元。社会主义制度的确立和发展，在探索消灭剥削制度、消除贫富两极分化、保证全体人民的政治平等和当家做主以及建立新型的思想道德文化等方面取得了巨大的成就，积累了宝贵的经验。社会主义国家的建立抗衡了战争势力，维护了世界和平，使人类逐步摆脱了"战争怪圈"，为埋葬野蛮的殖民体系发挥了巨大作用，为推动历史进步和人类文明的发展做出了贡献。

事物的发展不是直线式而是螺旋式上升的。历史的规律总是这样，既是曲折的又是前进的，前进中有曲折，在曲折中前进，是前进性和曲折性的统一。社会主义的发展也是一个曲折的历史进程，苏联解体绝不是社会主义的根本失败，而是社会主义遇到的暂时挫折，社会主义的历史并没有结束，社会主义还在继续发展。面对苏东的剧变，邓小平指出："一些国家出现严重曲折，社会主义好像被削弱了，但人民经受锻炼，从中吸取教训，将促使社会主义向着更加健康的方向发展。"社会主义最终战胜资本主义，这是社会历史发展不可逆转的总趋势，社会主义的前途是光明的。

第二节　俄罗斯联邦的政治与经济

一、俄罗斯联邦的政治

1. 叶利钦时期俄罗斯政治制度的变更与政治体制的转轨

（1）俄罗斯政治制度的变更。俄罗斯政治制度的变更和政治体制的转轨，始于苏联解体之前。从1990年春到1993年秋，主要是政治制度的变更。

1）议会民主制的建立。1990年3月，苏联第三次人代会通过了对苏联宪法第6条的修正案，确定实行多党制和议会民主制。俄联邦随之决定建立"人民代表大会"，通过自由选举产生了1060名人民代表。5月，俄联邦举行第一次人代会，叶利钦当选为俄联邦最高苏维埃（人民代表大会）主席（议长）。

2）"民主俄罗斯运动"的成立。"民主俄罗斯运动"于1990年10月由30多个党派联合而成，是叶利钦夺权的政党基础。

3）总统制的确立。1991年3月17日，在苏联举行全民公决的同时，俄联邦附带就本国是否设立总统职位问题进行投票，结果有69.85%的投票者赞成设立总统职位。

1991 年 4 月俄最高苏维埃批准《总统选举法》，5 月俄第四次人代会通过《总统选举法》，6 月叶利钦在普选中当选俄总统，10 月俄第五次人代会基本赞同叶利钦激进的经济改革方案——"休克疗法"，支持总统扩大权力的要求，同意他兼任政府总理，并独自确定联邦政府和地方政府的组成。

俄罗斯政治从苏联时期以一党执政、一党独存、党政融合、议政合一为特征的传统的社会主义政治制度，转变为以总统制、多党政治、议会民主、三权分立、自由选举等为特征的资本主义政治制度。主要标志是，"民主派"夺取了政权，共产党失去了执政地位，社会主义制度被摧毁，国家的性质发生了根本变化。政治制度的变更引起了俄罗斯剧烈的社会动荡和危机。俄政局出现了"双重政权"并存的局面。由于宪法有关国家管理形式的界定比较模糊，自 1991 年 12 月俄罗斯独立后，总统和议会之间围绕建立总统制国家还是议会制国家以及实行私有化等问题展开了激烈的斗争。与此同时，分别支持总统和议会的政党、社会团体、群众之间在街头的冲突不断，流血事件时有发生。

在严峻的形势面前，叶利钦于 1993 年 10 月动用武力攻打议会所在地——白宫，死伤数百人，逮捕了以议长哈斯布拉托夫和副总统鲁茨科伊为首的反对派人士，解散了各级苏维埃，禁止劳动俄罗斯等 20 多个反对派政党和组织的活动，停止《真理报》等 10 多家报刊的发行，将权力集中在自己的手里，结束了"双重政权"并存的局面。这就是臭名昭著的"十月事件"。

（2）俄罗斯民主政治体制的初步确立。"十月事件"后，叶利钦连续发布总统令，把立法机关改名为"国家杜马"（"杜马"在俄语中为"思考"的音译），并宣布举行新的议会选举和通过新的宪法修正案。1993 年 12 月 12 日，俄举行议会选举，同时就新宪法进行全民公决，并获得通过，在国家管理形式上完成了从"苏维埃体制"到"总统集权制"的转变，正式确立了法国式的半总统、半内阁制，大大扩大了总统的权限，结束了俄政治体制之争。俄罗斯的政治生活开始走上了宪法轨道，宪法成了判断国内各种政治行为的准则，各派政党的活动也受到宪法的保护和制约。根据新宪法，俄罗斯新的政治体制在叶利钦时期基本确立。

1）重新确立了联邦制。在苏联时代，俄罗斯就是一个联邦制国家。苏联解体后，俄罗斯延续了联邦制。新宪法明确规定，"俄罗斯联邦在其全部领土上享有主权"；"俄罗斯联邦宪法和法律在俄罗斯联邦的全部领土上具有至高无上的地位"；"俄罗斯联邦的联邦体制建立在俄罗斯联邦国家完整、国家权力体系一致"的基础上；俄联邦总统和政府根据宪法"保障在俄罗斯联邦全境实现联邦国家权力的全权"等。取消了过去苏联宪法中规定的关于各民族共和国拥有的退出联邦的自决权，删去了制宪会议通过的宪法草案中关于"共和国是俄罗斯联邦版图内的主权国家"的提法。根据有关条款的规定，俄联邦由 21 个共和国、49 个州、1 个自治州、6 个边疆区、10 个自治专区和 2 个直辖市（莫斯科和圣彼得堡）共 89 个联邦主体组成；各主体在联邦关系上的权利、地位平等。

2) 确立了总统共和制的国家政权体制。新宪法确立了国家政权的新体制是总统共和制，赋予总统至高无上的权力。总统是国家元首，决定内外政策；总统是国家武装力量的最高统帅；总统掌握人事任免大权，经国家杜马批准任命总理，撤换总理则不必经过议会，可根据总理提名任命副总理、联邦各部部长，有权组成联邦安全厅和总统办公厅；总统有立法权，有权提出法案和签署总统令（实际上是另一种立法权）；总统有否决权，国家杜马通过的法案需经联邦委员会通过再由总统签署才能颁布和生效，如果总统否决须经联邦委员会和国家杜马2/3以上的代表投票赞成才能通过；总统有权决定国家杜马选举和解散国家杜马，有权决定全民公决；总统具有荣典权和大赦权；等等。新宪法规定，总统每届任期4年，连任不得超过2届；因健康或其他原因总统不能履行自己的职责时可提前中止总统权力并由政府总理代理总统职责；总统"叛国或犯有其他重罪"，联邦委员会（上院）可以罢免总统，但是罢免程序十分复杂。总统集内政、外交、行政、立法大权于一身，实行一竿子到底的垂直统治。

3) 建立了议会民主制。根据俄罗斯新宪法和选举条例，联邦议会由联邦委员会（上院）和国家杜马（下院）组成。议会上、下院设主席，每届议会任期4年。联邦委员会（上院）主要是代表地方利益，设178席，由89个联邦主体各选2名代表（基本上是行政长官和议长兼任）组成。其职能是：批准各联邦主体之间边界的变更；批准总统关于进入战时状态和紧急状态的命令；决定能否在俄境外动用武装力量；对总统任命的宪法法院、最高法院和最高仲裁法院的最高法官有确认权；确定总统选举，一旦杜马对总统提出弹劾，有权表决是否罢免总统等。国家杜马（下院）主要是立法机构，由450名议员组成，其中一半由政党选举产生，另一半按225个选区各选一名代表产生。其职能是：所有法案必须首先审理；有权提出弹劾总统的指控；对总统提名的总理有确认权；有权对政府提出不信任案；有权任免中央银行行长、审计院主席、宣布大赦等。

4) 确立了总统集权下的三权分立体制。新宪法确立了总统集权下的三权分立体制，形成了总统、政府和议会之间的新三角关系。新议会的地位和作用大大降低，它不再是国家最高权力机关，除了讨论和通过联邦国家法律外，其余实质性权力所剩无几。新议会即使为反对派所控制，也不大可能对总统构成威胁，况且总统还有解散议会的特殊权力。新宪法增加了政府的某些职能，其独立自主权比过去有所扩大，加之议会对它的制约能力下降，这使政府推行改革有了更多的回旋余地。这样，以往行政和立法两大权力机构互不相容、时而兵戎相见的局面已被总统和议会之间互有摩擦但能共处的态势所取代。这种较为协调的国家权力结构是政局稳定的重要基础。

5) 形成了多党制的政治运行机制。"十月事件"结束后，有35个政党和团体参加征集选民签名，但中央选举委员会只核准13个政党和团体参加竞选。1993年12月，议会的选举结果是，以日里诺夫斯基为首的激进民族主义政党"俄罗斯自由民主党"位居榜首，以第一副总理盖达尔为首的势力最强的"俄罗斯选择"联盟位居其次，以久加诺夫为首的重建刚满10个月的"俄罗斯共产党"位居第三。选举结果表明，"十月事件"后，以"俄罗斯选择"为首的"民主派"一统天下的局面结束了，俄罗斯政治力量的对比和政治斗争的格局发生了变化，在国家杜马中，执政当局的反对派力量超过了支持派的力量。新宪法通过之后，多党的竞选体制开始启动，各政党可以独立或与其他政党结盟参加竞选，赢得选票，进入议会或政府参政。俄宪法、政党法、选举法等法律以及一系列政府法令对政党在国家政治生活中的地位、政党活动范围和方式进行了规定和限制，使党派斗争开始步入法制轨道。1994年1月，主张稳健改革的切尔诺梅尔金出任总理，俄罗斯形成了总统制下的立法、行政、司法三权分立制衡的民主政治体制，基本完成了由"苏维埃体制"向"总统集权体制"的转轨。

（3）相对稳定的俄罗斯政局。俄罗斯各权力机关分别采取行动，努力维护社会稳定。1994年2月23日，国家杜马通过了由俄共和自由民主党议会党团代表提出的《关于俄罗斯宪法通过后宣布大赦的决定》，对1991年的"八一九事件"、1993年的"五一事件"和1993年的"十月事件"的组织者和参加者实行大赦。同年4月28日，在叶利钦的倡导下俄各大权力机关、联邦主体、议员团、政党、运动和社会团体的领导人，共200余人签订了《社会和睦条约》。叶利钦还决定把11月7日的十月革命纪念日改为"和解与和睦日"。此后，所有政党都把注意力集中到议会斗争上，政治地震明显减少，俄罗斯政局进入一个相对稳定时期。

1996年大选，叶利钦在大选中再次当选俄总统。大选后叶利钦生病期间及其以后，政府内部政治斗争有所抬头，斗争的焦点是总统是否应该集权，但斗争没有突破宪法和法律的界限，政局仍然保持了基本稳定。

1998年3月，叶利钦解除切尔诺梅尔金的总理职务，在叶利钦威胁要解散议会的情况下，俄国家杜马经过三次投票才通过了总统对基里延科的提名。8月，叶利钦再次解散政府，解除基里延科的总理职务，再次提名5个月前被解职的切尔诺梅尔金为新政府的总理，因议会的强烈反对，叶利钦不得不妥协，最后任命稳健的普里马科夫为新总理。1999年5月和8月，叶利钦又两次解散政府，分别任命斯捷帕申和普京为总理，再度引起各党派和社会各界的强烈不满，左、中、右各派政党都提出要修改宪法、限制总统职权的主张。1999年12月，俄罗斯杜马选举的结果使国家杜马与总统和政府互相掣肘的局面明显改变，但无论是左派还是右派都已经不能左右议会。同时，在此次议会选举和总统大选中，各派政治力量的政治主张和经济纲领趋于一致，意识形态色彩大大淡化，从而为总统、政府和议会之间关系的协调和政令的畅通创造了良好的条件。随着身体状况的日益恶化，叶利钦对政权的控制也越来越力不从心，1999年12月31日，他提出辞职，由普京任代总统。

（4）车臣危机爆发。日益上升的国内分离主义和民族独立倾向成为俄罗斯最不稳定的因素。其中车臣问题最为典型。车臣历史上几经沧桑，19世纪初才被沙皇俄国征服。车臣人以勇猛善战著称，近两个世纪以来要求独立的愿望始终有增无减。1917年，车臣成为俄罗斯联邦内的一个自治州。1936年，车臣与印古什合并升格为车臣—印古什自治共和国。第二次世界大战期间，苏联政府以其与希特勒占领者进行合作等理由宣布撤销共和国，将全部车臣人迁往中亚，直到 1957 年才被恢复名誉居民返回原居住地。苏联解体前，车臣地区的民族分离情绪日益高涨。1991 年，车臣—印古什公开抵制俄罗斯联邦就设立总统职位举行的全民公决。1992 年 1 月，车臣与印古什分治后，以杜达耶夫为首的车臣分裂主义分子对俄联邦政府采取不合作的态度。1994 年 12 月 10 日，叶利钦责成联邦政府采用一切手段解除车臣非法武装。次日，联邦部队以 5 个师的兵力包围了车臣首府格罗兹尼，开始了第一次车臣战争。战争持续近两年，死伤数千人，耗资近万亿卢布，未能解除车臣非法武装。在国内外的强大压力下，1996 年 5 月 27 日，叶利钦为了争取连任总统，在车臣问题上作了让步，让联邦政府与车臣分裂主义分子签订了停火协议。总统选举结束后，车臣局势再度恶化，叶利钦授权时任俄罗斯安全会议秘书的列别德为全权代表与车臣反叛分子达成协议，于 2000 年 12 月 31 日以国际法为基础就双方关系的基本原则达成协议。但是，车臣民族分裂主义者在车臣和俄罗斯境内的一系列恐怖活动，成为车臣危机新的表现形态。

2. 普京时期的俄罗斯政治变革

2000 年 3 月，普京在提前举行的大选中，以绝对优势当选为俄罗斯联邦第三任总统。普京执政后，奉行顺乎民心的"强国富民"路线，赢得了军队、强力部门和广大选民的拥护，也赢得了许多党派的支持配合。因此，在 2004 年 3 月俄大选中，普京获得压倒性多数选票当选第四任总统。普京执政期间进行了如下改革：

（1）改革和加强了联邦制。

1）建立联邦区和任命总统驻联邦区代表。2000 年 5 月 13 日，普京签署命令将俄联邦划分为 7 大联邦区：中央区、西北区、北高加索区、伏尔加河沿岸区、乌拉尔区、西伯利亚区、远东区。每个联邦区下辖若干联邦主体。联邦区总统全权代表由总统任命，直接对总统负责，其主要职责是：在联邦区内组织实施总统确定的内外政策的基本方针；监督联邦宪法和联邦最高权力机关的决议执行情况；确保总统的干部政策的落实；定期向总统报告联邦区内的国家安全问题、社会经济和政治局势等情况。

2）联邦主体合并。近年来，一些联邦主体相继通过全民公决实现了合并。从 2003 年底彼尔姆州和科米彼尔米亚克自治区通过全民公决合并为新的联邦主体——彼尔姆边疆区开始，到 2008 年 3 月，赤塔州和阿加布里亚特自治区合并为外贝加尔边疆区为止，俄联邦主体从原来的 89 个减为 83 个，包括 21 个共和国、9 个边疆区、46 个州、两个联邦直辖市（莫斯科和圣彼得堡）、1 个自治州和 4 个自治区。

3）改革联邦委员会（上院）的组成原则。规定新的联邦委员会是常设立法机构，由联邦主体各派选举两名代表组成，其分别产生于各联邦主体的立法和执行权力机构：地方议会派出的上院代表由地方议会选举产生；地方执行权力机构派出的上院代表由地方行政首脑提名，并需得到地方议会 2/3 议员的支持。联邦主体的行政长官和议长不再兼任联邦委员会议员。同时规定在地方长官和地方议会违反联邦法律的情况下，总统有解除地方长官职务和解散议会的权力。这一改革削弱了地方领导人的地位和权力。在地方的强烈要求下，普京成立了由地方行政长官组成的俄罗斯联邦国务委员会，使地方势力得以安抚。在国家杜马（下院），普京通过中间派政党实际掌握议会多数，确保了这个最重要的立法机构与行政系统的合作。

4）整顿联邦宪法秩序和纪律。2000年8月1日，普京签署《关于联邦主体国家权力机关组织的普遍原则》，规定了俄联邦的中央权力机构和总统有权整顿国家的法律秩序。联邦主体领导人和立法机构如果违反联邦宪法和法律，总统有权解除其职务和解散地方立法机构。8月5日，普京签署《俄联邦地方自治法》，规定地方自治立法机构制定的法规和条例如违背联邦主体法规和联邦法律，其立法机构应予解散，联邦主体行政首脑有权解除所属市政机关领导人的职务，但只有联邦总统有权解除联邦主体首府及其他行政中心领导人的职务。此外，俄联邦宪法法院还专门做出了有关审查阿迪盖、巴什科尔特斯坦、科米、北奥塞梯、印古什、鞑靼斯坦6个共和国的宪法和法规的决定，限期它们修改自己的宪法和法规，使之与俄联邦宪法和法律相一致。2004年9月的"别斯兰人质事件"以后，普京抓住时机宣布了一系列旨在加强国家垂直权力结构、改变国家立法机构选举方法、取消联邦主体行政长官直选、重建联邦民族与地方事务发展部、任命自己的近臣担任俄罗斯南方区总统代表等重大战略性决策。俄罗斯权威主义式的总统制的政治体制进一步发展。

5）精简政府机构。普京在第一个总统任期中形成了自己的治国思想，它包括两个方面：第一，坚持贯彻自由主义原则，建立小政府，尽可能减少政府在整个国家预算支出中的比重。第二，推动行政改革。2004年3月，普京下令将俄罗斯政府原有的30个部缩减为17个。

（2）重点打击严重违法的金融、工业和媒体寡头势力。叶利钦时代，国家权力被金融、工业、媒体寡头们所占有，成为寡头们牟取私利的工具。这一现象被称为俄罗斯国家政权的"私有化"。普京上台之初，便严厉打击寡头非法行为，坚决阻止他们过度参政，使国家从寡头和利益集团的挟持下摆脱出来。普京运用法律手段，选择经济问题作为打击寡头势力的突破口，经过联邦执法机构搜查金融—传媒大亨列别佐夫斯基和古辛斯基所属的公司，掌握了其违法犯罪的事实。拘留了古辛斯基，控告他侵吞和诈骗国家财产，结果古辛斯基不得不流亡海外。列别佐夫斯基辞去了国家杜马议员的职位，把公共电视台的股份卖给国家，远走他乡。之后，政府一方面加强对国有媒体的扶持，在政策上给予优惠。另一方面，运用法律手段迫使寡头退出大众媒体领域。2003年12月，世界排名第四的俄罗斯首富、尤科斯石油公司总裁霍多尔科夫斯基被审判。俄罗斯经济精英的最上层被打击面已经过半，寡头涉政、扰政的活动有所收敛。

（3）加强了总统权力的政党基础。普京奉行广泛团结各派政治力量的方针，保持总统办公厅和政府机构的基本稳定，注意吸收各派政治力量和各个政党的代表参加出国访问团和政治经济改革纲领及文件的制定。他除了支持和扶助持中派立场的"团结党"的发展外，还频繁地与一些反对党接触，以促进各政党的协调发展。在普京政策的影响下，中派政党的力量呈上升趋势，左翼政党的实力有所下降，右翼政党不断分化瓦解。2001年4月，国家杜马中的"团结党"、"祖国—全俄罗斯"、"人民代表"、"俄罗斯地区"四个中派党团，决定成立跨党团的协调委员会，并着手建立统一的政党，即后来的"统一俄罗斯"党。作为执政党，"统一俄罗斯"党迅速壮大，在 2003 年 12 月的杜马选举中独占鳌头，成为杜马中的第一大议会党团。俄共作为俄罗斯国内最大的反对党，日趋温和，已经从叶利钦时代的"破坏性"的反对党变成了"建设性"的反对党，逐渐向社会民主党的方向发展。极右翼和极端民族主义政党不得人心，渐渐被社会所唾弃。2007 年 12 月 6 日，俄罗斯第五届国家杜马选举结束。"统一俄罗斯"党获得 64.3% 的选票。在 450 席的新一届国家杜马中，"统一俄罗斯"党将占据 315 席，超过 2/3 的绝对多数席位，从而形成一党主导的格局。2008 年 5 月，普京在卸任总统后以非党员的身份就任"统一俄罗斯"党主席。

（4）重拳打击车臣等民族分裂主义势力、宗教极端势力和恐怖主义。普京上任后对于车臣叛乱分子的独立要求和各种恐怖主义袭击坚决镇压，毫不妥协。普京下令俄罗斯军队在车臣共和国境内对残余的武装叛乱分子进行全面的军事清剿行动，摧毁了车臣非法武装有组织的反抗，并在车臣加紧建立和加强各级权力机构，着手恢复经济建设，在总体上控制了车臣局势，维护了俄联邦领土的完整统一。在 2002 年的"莫斯科人质事件"和 2004 年的"别斯兰人质事件"中，普京都是采用强有力的措施予以解决。近年来，俄罗斯"极端主义"和恐怖活动有愈演愈烈的趋势。据俄内务部官员透露，2006 年 11 月，全俄极端主义团伙成员约有 1 万人，俄境内的极端主义组织都是有严格纪律、明显领袖崇拜特征的高度组织化团伙，主要有"俄罗斯民族团结运动"、"民族布尔什维克党"、"红色青年先锋队"、"斯拉夫联盟"等非法青年组织。他们不仅散布极端民族主义思想，还实施了一系列伤害公民、外国投资经商与务工人员的健康和生命的犯罪行为，甚至对俄政权构成了现实威胁，在国内和国际社会影响极其恶劣。2006 年 4 月，普京在发表的国情咨文中，要求严厉打击俄极端主义活动。7 月，俄罗斯国家杜马通过了加强打击极端主义的法律。2006 年 12 月，普京针对符拉迪沃斯托克"斯拉夫联盟"等多家活跃的极端民族主义组织袭击亚洲人事件，强调"打击极端主义已成为俄罗斯的首要任务"，"所有煽动种族、民族或宗教仇恨的人应该清楚，等待他们的将是严厉的惩罚"。

（5）确立主权民主价值观。"别斯兰人质事件"和部分独联体国家的"颜色革命"促使普京考虑民主俄罗斯政治体制应当服从于维护和加强主权的要求。2005 年 4 月，普京发表国情咨文，以大量篇幅论述了俄罗斯的民主问题。普京的主要智囊——总统办公厅副主任苏尔科夫将普京对民主的理解解读为"主权民主"。具体而言，"主权民主"的含义为：民主传统已经在俄罗斯确立起来；俄罗斯需要的是确保民主制度的发展潜力；民主与主权同等重要；民主应该适应俄罗斯的特定条件；民主主要原则的表现形式不应强求一致；不能容忍他国利用民主问题谋求利益；言论自由受适当控制是可行的。在普京第二次总统任期内，以"主权民主"为核心的国家意识形态已经成为俄罗斯的主流政治价值观。

这样，普京执政期间基本摆脱了政治多头分立的局面，建立起了以总统为首的单一政治中心的强大国家政权体系。

2008年5月初，梅德韦杰夫就任俄罗斯总统后，普京出任新一届政府总理，同时普京还是议会多数党的主席，手中实权不逊于现任总统。尽管普京多次强调他不会谋求修改宪法以"改变总统和政府间权力分工"，但是梅德韦杰夫表示，普京作为政府领导者将在促进俄罗斯发展上起到"关键"作用，他将与普京通力合作。以总统为首的单一政治中心的国家政权体系出现了重大变化，俄罗斯政权体系进入了以"梅普组合"为特征的新局面。

二、俄罗斯联邦的经济

1. "休克疗法"与俄罗斯经济体制的转轨

所谓"休克疗法"，原本是医学上的一种治疗方法。后来经济学家用来指采取一步到位的激进方式实现从计划经济向市场经济的过渡，所以"休克疗法"又被称为"大爆炸"的改革理论或"一揽子过渡"的政策主张。1991年10月，叶利钦在俄罗斯第五次人代会上提出了俄罗斯的激进改革方案，这个改革方案又被称为"休克疗法"式改革。1992年1月，俄罗斯正式实施"休克疗法"。

（1）"休克疗法"的主要措施。

1）实行紧缩政策，控制通货膨胀，稳定宏观经济。第一，紧缩财政。一方面削减财政支出，主要是通过压缩基本建设和集中投资，大幅度削减各种价格补贴和机关行政费用来实现。另一方面增加财政收入，主要是通过实行强硬的税收政策来实现。第二，紧缩信贷。为了控制通货膨胀实行了紧缩银根政策，硬性控制货币发行和信贷投放，将贷款利率由2%提高到9%；实行银行许可证制度，限制银行和其他金融机构数量的增加，同时提高了居民的存款利率以回笼货币。

2）实行经济自由化，转换整个经济运行机制。所谓经济自由化，就是最大限度地取消经济管制，给经济主体以充分的经营自由。主要包括价格自由化、企业经营自由化和对外经济活动自由化、外汇自由化。

3）迅速实现私有化，完成基本经济制度和经济体制的转轨。"休克疗法"的核心内容之一是对所有制进行一步到位的大规模私有化改造。1991年12月，叶利钦发布总统令，批准了《1992年俄罗斯联邦国有及市有企业私有化纲领基本原则》。1992年1月，开始了大规模私有化运动。

（2）对"休克疗法"的评价。俄罗斯实行"休克疗法"后，经济形势普遍恶化，遭到国内外的普遍反对。1992年12月，俄罗斯第七次人代会未批准叶利钦提名代总理盖达尔任政府总理的人选。切尔诺梅尔金为首的新内阁组成，宣布"休克疗法"以失败而告终。

1）"休克疗法"在消除计划经济体制的弊端和建立市场经济新体制方面取得了一些积极成果。第一，"休克疗法"使俄罗斯完成了从生产者市场向消费者市场的转变，商品匮乏的局面得到一定改观，形成了自由的商品市场，服务质量也有了很大改善。第二，"休克疗法"彻底打破了俄罗斯几十年僵化的计划经济体制，其向市场经济过渡的方向为大家所认同。第三，单一的所有制结构被打破，企业受市场影响的程度大大提高，竞争机制（尽管很弱）初步形成，国家对企业的行政干预减少，管理企业的经济手段增多。可以说，通过"休克疗法"，俄罗斯在短时间内迅速实现了由计划经济体制向市场经济体制的转变。

2）"休克疗法"的代价巨大，俄罗斯经济一度陷入深重的灾难之中。第一，社会生产大幅度下降。1992 年，俄罗斯国内生产总值下降了 19%，经济元气大伤。第二，财政赤字庞大，通货膨胀失控，货币信贷体系崩溃。1992 年，全年物价上涨了2510%，1993 年，通货膨胀率达 840%。第三，进出口数额大幅度下降，外汇储备趋于枯竭。1992 年，俄罗斯对外贸易总额为 731 亿美元，比 1991 年下降了 23%，1993 年，又继续下降了 12%，造成外汇严重短缺和沉重的债务负担。第四，居民生活水平明显下降，贫富差距急剧扩大。第五，全面私有化造成国有资产的大量流失。

3）"休克疗法"教训深刻。在经济改革的指导思想上急于求成，导致了经济的进一步恶化，结果欲速不达。第一，误将经济体制、经济调节手段和社会制度混为一谈，认为只有实行全面的私有化，将计划经济迅速转向市场经济，才能使俄罗斯摆脱经济危机，并且认为这是俄罗斯经济发展的唯一出路。第二，政府在推行"休克疗法"时，过分依赖市场作用，采取撒手不管的做法，将企业一概推入市场，放弃国家对经济的宏观调控，于是形形色色的非法经济活动应运而生，走私、偷漏税、黑市交易猖獗，搞乱了经济秩序，搞乱了政府规划。第三，把西方的援助当做"改革的动力"，而不是把改革的动力放在国内，挖掘国内的积极因素，尤其是国内投资的积极性。可是，西方不希望俄罗斯强大，经济援助口惠而实不至，或者即使提供了贷款，也都附有严格的政治、经济条件，对俄罗斯产品进入西方市场继续奉行歧视限制政策，对俄罗斯的直接投资极为有限。第四，"休克疗法"推行的两年间，愈演愈烈的政治斗争使政府难以集中精力抓经济，甚至迫于政治压力在推进经济改革的过程中不得不左右摇摆，从而加剧了社会经济的无序状态。政治危机和经济危机交织并行，使经济改革和发展缺乏安定环境的有力保证。

总之，"休克疗法"的实施主要是出于政治上的需要。叶利钦政权对过去苏联社会主义理论的实践基本上持否定态度。为了不使社会主义的一套做法回归，叶利钦选择了"休克疗法"，并颁布了一系列激进的经济改革法令。从"休克疗法"实施的结果看，达到了其政治目的，叶利钦等人所追求的西方式"民主自由"的目标实现了。同时，"休克疗法"摧毁了社会主义赖以存在的经济基础，使俄罗经济改革的进程和建立市场经济体制的方向不可逆转。

2. 市场经济制度的基本确立与俄罗斯经济的复苏和发展

（1）市场经济制度的基本确立。1994 年 1 月，切尔诺梅尔金受命重组政府后，开始逐渐调整经济政策，确立了市场经济制度。

1）加强国家宏观调控，实行财政稳定政策。整顿经济和金融秩序，加强对物价、税收、外汇以及战略原料和能源出口的监督，制定有关经济法规消除一些领域出现的管理真空，严厉打击经济犯罪。

2）实行经济结构改革。调整信贷税收政策，减轻企业负担，鼓励投资；重点扶持农业、能源和有竞争力的企业的生产，调整军转民政策；由大规模地实行私有化转向有选择地使某些企业非国有化，使之与改善经济结构相结合，注重提高经济效益；同时，仍保留一部分国有企业和国家控制的股份，对属于国家的资产加强有效管理。

3）加强居民的社会保障。政府重视社会承受能力和社会保障问题，着手解决居民存款贬值问题和拖欠工资问题，适当降低个人所得税，提高农产品收购价格，增加社会保障拨款，使退休金和工资逐步提高，保障居民的教育、医疗和文化等一系列社会需求，防止居民生活水平降低到可能引起社会爆炸的程度。

4）调整对外经贸政策。为了进一步同世界经济接轨，俄罗斯积极改革外贸体制，申请加入世界贸易组织。注意开展全方位的对外经济活动，拓展独联体共同经济空间，积极发展与欧盟的关系，参加八国集团，加入亚太经合组织，跻身亚太尤其是东北亚地区经济一体化进程，谋求与西方的平等伙伴关系，变消极等待外援为积极争取合作，实行优惠政策，鼓励外国来俄直接投资。

（2）俄罗斯经济的复苏与金融震荡。上述调整取得了一定效果。从 1995 年开始，俄罗斯经济中的积极因素有所增加，出现了局部好转的迹象。1996 年，经济下滑幅度趋缓。1997 年，经济摆脱负增长，增长率为 0.4%。但是，1997 年 10 月，由于受东南亚金融危机的冲击和世界石油价格下跌的影响，俄出现了四次金融动荡，外资大量撤走，股价大幅度下跌，外汇储备急剧下降，酿成了一场规模空前的经济、政治社会危机。稳定了三年的卢布汇率被冲垮。物价暴涨，失业人口急剧增加，1/3 的居民生活在贫困线以下。外国投资者损失了 330 亿美元。

在这场金融风波中，俄政府失去了外国投资者和国内老百姓的信任，政坛也出现了危机。1998 年 3 月，叶利钦以"政府缺乏活力"为由，解除了切尔诺梅尔金的总理职务，任命 35 岁的基里延科为总理。基里延科治国乏术，8 月，国家杜马召开紧急会议，通过了对基里延科政府的不信任决议，要求叶利钦总统辞职。叶利钦不得不免去基里延科总理职务。9 月，叶利钦只好同意国家杜马的提名，任命普里马科夫为总理。

普里马科夫就任后，提出了《俄罗斯联邦政府和中央银行关于稳定国内局势的措施》，主要内容有：①保证全额发放工资、退休金和军饷，降低食品和药品的关税，向居民提供生活保障。②恢复银行职能和稳定卢布汇率，实行降低利率、扩大税基的政策，即降低企业利润税和增值税，将征税重点转向消费领域。③扩大资金周转快、预算拨款利用效率高的部门的生产，扶持知识密集型的部门和具有生产竞争力的机器制造部门，对投资超过 750 万卢布的生产企业免税 3 年，建立投资风险和防范机制，吸收直接投资，提高国有资产管理效率。④改变私有化政策，重新登记资产，确认对国内外资产和土地等不动产的所有权，制定对国有企业领导人和国家驻股份公司代表的监督和奖励措施。⑤支持民族工业的发展。通过调整，俄罗斯的政治、经济形势在一定程度上有所缓和，1999 年 3 月，俄罗斯经济出现复苏，但是并未走出困境。

3. 21 世纪俄罗斯的经济发展战略与普京的经济改革

(1) 21 世纪俄罗斯的经济发展战略。普京执政后，为了恢复和振兴俄罗斯经济，提出了"强国富民"和"实现经济快速增长"的战略思想。在普京的指示下，俄罗斯政府于 2000 年 6 月颁布了《俄罗斯政府长期社会经济政策基本方针》（又称《俄罗斯长期经济发展纲要》）。纲要规定，在 21 世纪的第一个 10 年内，俄罗斯国内生产总值平均增长速度不低于 5%。具体的经济指标为：到 2010 年，国内生产总值将增长 1.5 倍，达到 4570 亿美元；个人需求增长 80%；功能固定资产投资将增加 1/3；外贸出口和进口预计分别达到 1042 亿美元和 953 亿美元；外汇储备达到 524 亿美元。从 2004 年起年通货膨胀率不应超过 10%。如果这些指标能够实现，到 2010 年，俄罗斯国内生产总值将恢复到经济转轨前的水平，即实现经济复苏。在 2003 年的国情咨文中，普京又提出了消灭贫困、10 年内国内生产总值翻番的目标。

2004 年 3 月，普京连任总统后，俄罗斯政府制定了《2008 年前工作基本方针》和《俄罗斯 2005~2008 年社会经济发展中期纲要》，形成了新的经济发展战略构想。新的战略目标：一是加快经济增长速度，年均增长率提高到 7.2%，到 2015 年实现国内生产总值翻一番，提前实现重新成为经济大国的目标；二是提高居民实际货币收入的增长速度，2005~2015 年居民实际货币收入将增长 1.2 倍，年均增长率达到 7%~9%，贫困线以下人口的比重要从 2004 年的 18% 降至 2010 年的 10%，到 2015 年降至 5%；三是尽早加入 WTO。

2008 年 2 月，普京在任期 8 年即将结束时又提出了《2020 年前国家发展战略》构想。在经济领域主要目标为：摆脱能源型发展模式，到 2020 年跻身世界经济前五强国家；简化税收制度，发展中小企业；在社会领域，提高生活水平，减少死亡率，使居民平均寿命提高到 75 岁；到 2015 年中产阶级人口比例将达到 60%~70%。

(2) 普京的经济改革。

1）为了实现经济发展战略目标，普京总统在第一任期内采取了一系列新的政策和措施。

①加强国家宏观经济调控体系。普京执政后，主张建立"有秩序的市场经济"或"社会市场经济"，走经济改革的"第三条道路"，采取了一系列强化国家管理职能、落实国家对经济调控作用的措施。如加强中央集权，整顿法律结构，拆除地区、部门间的种种壁垒，保护各种所有制形式的积极性，国家保持对有战略意义的经济部门的控制，为企业创造平等的竞争条件，减少国家对企业的行政干预等。②继续进行税赋改革。将税种从几百种减少到 50 种，取消 4% 的营业税，利润税率从 35% 降至 30%，增值税率从 20% 降至 15%；减少国家对居民，特别是富裕居民的各种优惠和补贴，增加对自然人征税的税种（如开征不动产交易税等），提高高收入者所得税和财产税的税率；改变个人所得税的计征办法，即由实行累计税率（12%、20% 和 30%）改为实行统一税率（13%）；实行烟酒国家专营；加强税收征管，严格财政纪律。消除税收拖欠现象，杜绝易货及其他非货币结算形式。③调整和完善现行金融体制。继

续进行银行重组并建立新的银行体系，建立一个以国家控股银行为核心，以财务状况基本稳定的银行为基础，以在各地区组建的地方"支柱银行"为分支的银行体系；建立银行储蓄保险制度，实行会计和报表的国际标准；恢复和发展各种证券市场，建立文明的金融证券市场和合理的融资渠道；保持卢布汇率稳定的低通货膨胀率。④改善投资环境。修改有关吸收外国投资的法规，制定《俄罗斯联邦自由经济区法》、《俄罗斯联邦自由贸易区法》等；通过首脑外交等各种主动的外交行动，争取国际组织、外国政府和企业支持俄经济改革以及对俄投资。⑤取缔"影子经济"，打击经济犯罪。适当增加货币的发行量，扭转经济实物化倾向，逐步缩小经济中易货贸易的比重，扩大市场的现金交易并提高其透明度；加强实施个人收入的申报制度，使"灰色收入"纳入国家管理的轨道；加强对经济犯罪案件的侦破工作，打击和惩办官僚的胡作非为和贪污腐败现象，追缴其贪污和侵吞的赃物赃款；制定既往不咎的政策，采取软硬兼施的办法，要求莫斯科和地方的企业界、金融界返还其转移国外的资金；惩治违法乱纪的金融工业寡头。⑥逐步实现俄罗斯经济与世界经济的一体化。积极支持企业和公司的对外经济活动，成立联邦出口支持署，为生产厂家的出口合同提供担保；坚决抵制国际商品、服务及资本市场歧视俄罗斯的行为，尽早通过反倾销法；使俄罗斯尽快加入国际对外活动调节体系，首先是世界贸易组织。

2) 2004年3月，普京连任总统后继续坚持自由主义的经济改革路线。在经济方面开始采取了一系列新的措施：①结构改革。对俄罗斯的整个产权结构作进一步调整，改变依赖能源出口维持增长的经济结构，改变能源部门单纯依赖原材料出口的局面，增加加工产品出口的比重，同时加大对高新技术的投入。②扩大投资规模。运用财政政策，降低企业税收推动企业投资经营活动；改善金融环境，增加银行对企业的贷款，发展股市和公司债券市场，使其成为企业重要的融资途径；加强联邦预算，加大国家投资力度；解除对卢布的外汇管制，吸引外国投资；惩治腐败，制止非法资金外流。③进一步强化国家的经济职能。国家参与到经济生产的各个领域，特别是石油、国防工业、航空航天和金属等战略领域，国家在俄经济中扮演了越发重要的角色。④控制通货膨胀。⑤发展民营经济。

（3）经济持续增长。俄罗斯经济自1999年3月出现复苏以来，一直保持连续增长。2000~2004年，俄罗斯GDP增长38.4%，年均增长6.7%，数额达到5823亿美元，人均4000多美元；固定资产投资增长65.3%，年均增长10.6%；外贸额增长1.2倍，达到2780亿美元，其中出口增长1倍，达到1832亿美元；国家预算连年盈余，通货膨胀率持续下降，汇率基本稳定且卢布开始升值；居民实际货币收入增加了63.6%，职工实际工资提高到107.7%，全国月平均工资达到250美元；平均养老金增加120%，达到68美元；贫困线以下人口比重从1999年的29.1%下降到2004年的17.8%；国家外债总额减少1/3，降至不到1000亿美元；黄金外汇储备迅速增长，2004年年底达到1240多亿美元。2000年经济发展战略所提出的社会经济目标提前实现。俄罗斯将提前实现经济复苏。

在普京执政期间，从2000～2007年，俄罗斯经济年平均增长率达到了7%，其中2007年，俄罗斯经济增速达到8.1%；通胀率从2000年的20%降到2006年的个位数；目前俄罗斯人的平均收入比2000～2004年增长了50%，民众月平均工资也从2000年的80美元上升到2007年的500美元，收入低于最低生活水平的俄罗斯人在全国的比例已降到18%；俄罗斯不仅解决了债务问题，年财政收入也达到了叶利钦时代的9倍。

俄罗斯经济的明显好转势头除了与国际市场的石油价格坚挺、卢布贬值对生产产生拉动效应这两大临时因素有直接关系外，也与普京的一系列经济方略密不可分。但是，俄罗斯经济在发展过程中也还存在许多问题：对石油经济的高度依赖，农业经济危机，贫富差距加大，通货膨胀没有完全控制。

4. 全球金融危机对俄罗斯经济的影响与俄罗斯反制危机措施

2008年，以美国次贷危机为导火索席卷全球的金融危机，对俄罗斯的经济影响很大。①全球金融危机使俄罗斯银行无法从西方获得长期的便宜资金，资本外逃也在加速。至2009年1月，外国投资者共总从俄境内抽走资金1400亿美元，引发了俄罗斯银行体系的流动性危机。②俄罗斯各大上市公司均通过发行"美国存托凭证"（ADR）和"全球存托凭证"（GDR）在欧美主要股市交易，金融危机后，俄罗斯股票市场暴跌。与2008年年初相比，2008年11月，俄罗斯股票市值从1.3万亿美元缩至4595亿美元，市盈率仅5.6倍，为全球最低，造成国民财富大幅度缩水。③俄罗斯是原油出口大国，在金融危机后不足5个月内，世界市场的石油价格从147.27美元/桶的高位跌至约40美元/桶，累计下跌了72%左右，这对俄罗斯经济是致命的打击。④在资本外逃的同时，俄罗斯外资流入的规模也在骤降，投资者抛售卢布资产增大，各类企业偿还到期债务需要兑换数额巨大的外汇，导致卢布贬值的压力加大。2008年1月至10月，通货膨胀达到11.6%。这次金融危机使俄罗斯外汇储备减少，居民和企业储蓄减少，企业减产，失业率上升，经济增长率放缓，经济增长方式面临被动调整。

面对全球金融危机，俄罗斯政府采取了一系列反危机措施：①实行扩张性的财政政策，包括削减企业利润税和石油出口税，提高企业折旧率，提高失业补助最高额度，通过储蓄银行和地方项目向中小企业扩大贷款，向高新技术设备的购买提供补贴贷款等。俄罗斯政府规定从2009年1月起把企业利润税从24%降到20%，从2008年12月1日起把石油出口关税由每吨287.3美元下调至每吨192.1美元，把企业的折旧率从10%升至30%，从2009年1月1日起把失业补助的最高额度由原来的1500卢布调高至4900卢布，以优惠措施支持国防工业和高新技术部门，支持建筑业、能源部门、原材料部门和零售企业。②实行灵活的货币政策，包括提高基准利率以吸引资金和减缓资本外流的速度，调整存款准备金比率以提高商业银行派生贷款的能力，推进卢布"平稳贬值"和卢布的区域化、国际化以打造俄罗斯金融中心，大规模斥资帮助包括石油公司在内的1500家大公司渡过难关。另外，2009年，俄罗斯减少50%的外国劳动力配额，力求在一定程度上缓解国内的就业压力。

2010年1月，俄罗斯政府公布了新一年的反危机计划。俄联邦政府全年将为解决劳动力市场的紧张状况拨款363亿卢布，拟投入2330亿卢布落实重要经济领域的反危机措施，支持地方的信贷政策和向大型企业提供担保的政策，继续推动解决重要经济领域骨干大型企业的债务重组。在经济结构改革方面，俄政府将采取措施努力解决依靠单一人型企业发展的城市问题，将以补贴和对地方贷款的形式，分别拨款各100亿卢布。俄政府还将制定政策，挖掘和利用退休金体系和保险体系的潜力来活跃投资市场。此外，俄政府还将吸引外资组成合资基金，参与对需要现代化改造的农业、医药行业，以及住宅和基础设施建设的投资。为了吸引本国和国外战略投资机构，政府将减少国家在经济中占有的份额，在竞争的基础上实施私有化。

目前，"梅普组合"政权体系的经济框架已经稳定，但是，面临世界金融危机，俄罗斯经济振兴步履维艰。

第三节 俄罗斯对外关系及其在国际舞台上的地位和作用

一、冷战后俄罗斯的对外战略

苏联解体后，俄罗斯联邦单独继承了苏联的外交遗产。它既继承了苏联的联合国常任理事国地位及其在其他国际组织中的席位，又继承和全面掌握了苏联驻外使领馆，也继承了苏联后期的外交新思维，尤其是苏联与西方集团缓和与合作的基本原则。但是，为了维护自己的国家利益和国际地位，10多年来，俄罗斯在对外战略和对外政策的制定和实施上也经历了一个不断争论和探索的过程。俄罗斯独立后对外战略目标的变化和对外政策的调整大致上可分为三个阶段：

1. 向西方"一边倒"阶段

俄罗斯独立初期，以叶利钦为首的"民主派"为国家制定的战略目标非常明确，那就是尽快融入西方社会，成为西方社会的一员。因此，国家的对外战略目标就是积极争取西方国家在经济和政治上的支持和帮助，使俄罗斯实现制度的变更，全面加入西方国际政治经济和安全体系。为了实现这一战略目标，俄罗斯采取了向西方"一边倒"的对外政策。具体内容是：谋求西方的经济援助和政治支持，以西方价值观为取向确定关系的亲疏，重点开展西方外交，力求与西方国家结成盟友关系，实行世界范围内的收缩政策，减少或撤销对原来盟友和第三世界国家的支援，把苏联的传统盟友和独联体国家当做包袱加以疏远，甚至对东欧和独联体的部分国家要求加入北约的行为持无所谓态度。

但是，西方社会并没有真正把俄罗斯视为自己人和可靠的合作伙伴，与俄罗斯在诸多国际热点问题上的分歧日益扩大，战略利益的矛盾越来越明显，不但不给俄罗斯相应的政治伙伴地位，反而趁机向俄罗斯传统的势力范围大举推进，削弱和限制俄罗斯的国际影响和作用，为俄罗斯融入西方的努力设置重重障碍；对俄罗斯援助大多附有苛刻的条件，俄罗斯希望获取西方援助以实现经济转型的目标几乎落空。俄罗斯领导人逐步认识到，要重返国际舞台，恢复大国地位，依靠西方是行不通的。加之后来国内要求复兴俄罗斯的民族情绪日趋高涨，从 1993 年起，俄罗斯开始对外交政策作出重大调整。

2. "双头鹰"式的全方位外交阶段

1992 年 7 月叶利钦认识到，东西方都应该是俄罗斯外交的重点。同年 11 月和 12 月，他先后访问韩国和中国，将发展同东北亚各国的关系置于亚太外交的"更优先方面"，以表明俄罗斯的外交"需要从面向西方转为面向东方"。1993 年年初，俄罗斯开始全面调整对外战略和对外政策。1994 年 1 月，北约首脑会议正式宣布北约东扩后，俄罗斯加快了政策调整的步伐。1994 年 3 月，叶利钦发表的国情咨文提出了俄罗斯外交战略的原则是"恢复强大的俄罗斯"，明确了以"恢复大国地位，确保势力范围"为核心内容的总体政策目标。同年 4 月，俄罗斯政府出台的《俄罗斯外交政策构想的基本原则》为独立后俄罗斯外交战略的基本形成做了重要的理论和政策准备。1995 年叶利钦发表的总统国情咨文又进一步提出了俄罗斯全方位外交战略方针，俄罗斯全方位外交战略和外交政策基本形成。为了表明俄罗斯外交的全面性，俄罗斯决定将国徽由原来的面向西方的单头鹰改为面向东西两方的双头鹰。因此，俄罗斯的全方位外交又被称为"双头鹰"外交。1996 年俄罗斯开始实施全方位外交战略。俄罗斯外交调整的总目标是：维护俄罗斯的国家利益和民族利益，重新确立俄罗斯的大国地位，为国内改革和发展创造有利的外部环境。实施外交政策的基本部署是，优先发展与独联体的关系，稳住东欧，在此基础上开展东西兼顾的"双头鹰"外交政策，即全方位的外交政策。从总体上来说，全方位外交强调独立性，放弃"意识形态西方化"的方针，以现实国家利益及发挥大国作用作为出发点；强调全方位性，放弃"西方化"取向；强调大国等距离性，放弃亲美、亲西方大国的倾向。

3. 强国外交阶段

普京上任后极力推行强国外交战略。在他的主持下，先后出台了《俄罗斯联邦外交政策总则》和《俄罗斯联邦外交政策构想》等一系列文件，并于 2000 年 7 月发表了题为《俄罗斯国家：强国之路》的国情咨文，确立了新世纪俄罗斯的对外战略和对外政策。强调俄罗斯外交的基本任务是实现国家利益，对外战略的总体目标是建立多极世界，确保大国地位。总体外交思路是：

（1）建立稳定的世界秩序，在平等、相互尊重和互利合作原则之上建立稳定的国际关系体系，强调联合国是调解国际关系的主要中心，是解决各种国际问题的全能机构，应加强联合国在国际上的凝聚作用。

（2）加强国际安全合作，进一步降低武力因素在国际关系中的作用，积极参与以联合国等国际机构名义进行的国际维和行动。

（3）发展国际经济关系，为国家经济的发展创造有利的外部条件，确保俄罗斯在国际分工中获得最大的经济效益。

（4）尊重人权和人身自由，强调俄罗斯将遵循民主社会的价值观，力求在遵守国际法准则的基础上维护俄罗斯公民和国外同胞的权益。

(5) 确定外交活动的优先地区,把发展与独联体所有国家的关系作为俄罗斯外交的重点,称发展与欧洲国家的关系是俄罗斯外交的"传统的优先方面",维护俄美合作的基础,解决与美国关系中出现的重大困难,发展与亚洲主要国家的友好关系,"首先是中国和印度"。

2004 年 10 月,普京提出了他第二任期内俄罗斯外交的新思路。针对当时的国际环境,普京说:"我们处在国际关系新体系形成的复杂阶段……我们不能仅仅满足于随波逐流,或是跳上即将离开的列车,而应对民主化世界新格局的形成产生积极影响。未来的国际关系体系将在很大程度上取决于俄罗斯的立场。"还说:"国际关系体系自身变得更灵活,而国家间关系变得更民主。苛刻的'联盟'纪律逐渐从国际实践中消失。""俄罗斯应当抓住一切机遇,参与建立符合我国安全和社会经济发展利益的公正的国际秩序。"由此确定了今后俄罗斯对外事务中的布局层次:独联体是重中之重,欧洲及美国是首要,亚太一些周边大国是关键,东欧、中东、非洲和拉美不可忽视。总之,普京的对外战略思想源于俄罗斯的历史传统,根本目标依然是谋求大国地位。

2008 年 5 月,梅德韦杰夫就任总统后主张以本国利益为出发点,继续实行独立自主和务实的外交方针,把独联体国家作为俄罗斯外交的重点;支持世界各国和各国人民获得自由、安定和民主的发展;支持在现有国际法体系内,通过联合国等国际组织的有效机制解决争议问题;支持通过缔结条约、进行谈判等方式解决争议问题。2010年 1 月,梅德韦杰夫在英国《经济学家》杂志发表的题为《过渡时期俄罗斯的地位》一文中表示,国际社会应该建立在用政治外交而不是军事武力手段解决冲突的基础上,必须保持在国际舞台上的对话,俄将继续为发展二十国集团和八国集团的合作机制作出贡献。

二、俄罗斯的对外关系

1. 与独联体国家建立特殊关系

俄罗斯强调把同独联体各国的关系放在优先地位,建立同独联体各国的特殊关系:"拥有开放的边界,紧密的经济联系,以及军事的政治的联盟关系。"俄罗斯重视参加独联体的活动,推动独联体建立活动机构和机制。1993 年 1 月,第 8 次独联体首脑会议通过了《独联体宪章》,对独联体的作用、职能和活动准则作了明确的规定,还规定了各成员国主权平等和进一步加强睦邻友好、族际和谐、信任、谅解以及互利合作的关系原则,并在集体安全和军事合作、防御和保卫外部边界、防止冲突和争端以及经济社会合作等方面作出具体规定,使独联体在组织上加强了制度化、法规化。在经济合作上签署了加速经济一体化宣言、建立经济联盟条约以及成立跨国经济委员会的决议。在军事合作上签署了《独联体安全体系条约》,先后与格鲁吉亚、塔吉克斯坦、土库曼斯坦和哈萨克斯坦等国签署了内容不同的双边协定,成立了边防军司令部理事会协调处,协调共同保卫外部边界和解决内部冲突问题。

1995 年,俄罗斯提出了多速度、多层次、多形式的独联体一体化方针,独联体各国开始了不同水平的双边和多边合作。1995年1月，俄罗斯、白俄罗斯、哈萨克斯坦组成三国关税联盟。1995年5月，7国签署了共同防御边界条约；11国通过了关于成立跨国委员会的协议；俄罗斯、白俄罗斯率先宣布取消两国边界海关，向建立独联体关税联盟迈出重要的一步。1996年1月，独联体第19次首脑会议通过了一揽子旨在加强独联体合作的协议和有助于深入一体化的具体方案，使独联体安全构想进一步具体化。3月，俄罗斯、白俄罗斯、哈萨克斯坦、吉尔吉斯斯坦四国在莫斯科签署了关于加强经济和人文领域一体化的条约。1999年底，俄罗斯总统叶利钦与白俄罗斯总统卢卡申科签署俄罗斯白国家联盟条约，决定在保留各自国家主权的同时建立邦联国家。独联体逐渐形成了以俄罗斯为盟主，以俄罗斯、白俄罗斯为样板，以俄罗斯、白俄罗斯、哈萨克斯坦、吉尔吉斯斯坦为核心带动其余各国的不同形式的多种一体化趋势。

1999年底，普京上台后多次强调，独联体地区是俄罗斯的"战略利益区"、"传统利益区"和"切身利益区"，积极发展双边关系，开展对独联体国家的"首脑外交"。在担任代总统期间，普京就将首次出访的国家定为白俄罗斯和乌克兰。出任总统后，首次出访也选择了中亚地区的乌兹别克斯坦和土库曼斯坦，并先后访问了9个独联体国家。同时，继续完善和新结构建设，积极推动独联体一体化进程。2000年10月，为有效推动5国关税联盟和统一经济空间的进程，在普京的倡议下，俄罗斯、白俄罗斯、哈萨克斯坦、吉尔吉斯斯坦、塔吉克斯坦5个关税联盟成员国总统签署了建立欧亚经济共同体条约，使独联体成员国之间的关系进入了一个新阶段。于2003年9月建立将乌克兰和摩尔多瓦也拉在一起的"独联体自由投资贸易区"。普京积极促进集体安全合作，倡议建立共同防御系统，继续维持俄罗斯在独联体国家的军事存在，巩固以俄罗斯为主体的独联体地区的安全机制，并率先与白俄罗斯迈出了实质性的一步。2001年1月，俄白联盟条约生效，正式组成俄白联盟，并着手起草《俄白联盟国家宪法》。2002年4月，在普京倡导下，独联体集体安全条约提升为独联体集体安全组织，并于2003年成立了集体安全条约联合司令部和快速反应部队。2003年，俄罗斯实现了在塔吉克斯坦和吉尔吉斯斯坦建立永久性军事基地。此外，俄罗斯还与土库曼斯坦达成新的安全协议，增加驻土库曼斯坦的俄罗斯边防部队。与此同时，俄罗斯与独联体国家频繁举行双边、多边军事演习，借以展示俄军实力，扩大影响，提高与中亚国家的军事合作水平。这些措施在一定程度上增强了俄罗斯在独联体地区的影响力。2004年10月，普京再次强调，"独联体仍是俄罗斯目前外交的重中之重"，并为此制定了"整体长远战略"。

近年来，独联体内部矛盾日趋加剧。从2004年底开始的俄乌天然气价格之争，俄格、俄摩"葡萄酒之争"，俄与乌、格等国的领土矛盾，俄格"导弹风波"，部分国家的颜色革命和申请加入欧盟、北约对俄罗斯的冲击等矛盾错综复杂，分裂之声不断。同时，美国等西方国家加紧对独联体国家渗透，不断挤压俄罗斯的战略空间。在新的国际和地区形势下，普京希望改善与独联体国家的关系。2007年10月，在普京的主导下，独联体国家元首理事会会议、欧亚经济共同体峰会、独联体集体安全条约组织峰会在塔吉克斯坦首都杜尚别举行，会议通过了独联体下一步发展构想等重要文件，决定在确保安全、发展经济两大方面加快改革步伐。普京希望通过控制独联体国家能源资源及其输送渠道，在国际能源争夺中占据更有利地位，为俄罗斯实现经济振兴增添筹码；同时，希望独联体在地缘政治和军事战略上继续充当俄罗斯的安全屏障和缓冲地带，以抵御北约、欧盟东扩。

2008年5月，梅德韦杰夫就任总统后，继续主张把俄罗斯与独联体国家的关系放在首位，上任后访问的第一个国家就是独联体主要成员国哈萨克斯塔，表明以俄哈关系为基础的独联体外交仍将是俄罗斯外加政策的重中之重。2010年2月，亚努科维奇当选乌克兰新总统后一改前总统尤先科奉行的"疏俄亲欧"外交政策，多次强调乌克兰愿意在平等互利的基础上加强与俄在所有领域的睦邻友好合作关系。4月，俄罗斯总统梅德韦杰夫对乌克兰进行工作访问。双方签署重要协议，俄将以优惠30%的价格向乌克兰提供天然气，作为交换，乌克兰同意把俄罗斯黑海舰队在克里米亚半岛的驻扎期限延长25年，俄乌关系实现突破性进展，同时，俄罗斯对独联体成员国中的反对者坚决惩治。2008年8月中旬，俄罗斯发动驿洛鲁吉亚战争，承认南奥塞梯和阿布哈兹独立，格鲁吉亚宣布退出独联体，俄格关系跌至最低点。

2. 积极发展与欧洲的伙伴关系

俄罗斯有着很深的"欧洲情结"，多数俄罗斯人认为俄罗斯是欧洲国家，与欧洲有着共同的文化、道德和精神价值观。俄罗斯多次表示，融入欧洲是俄罗斯国家发展优先考虑的问题之一，俄罗斯愿参与欧洲一体化进程。俄罗斯认为欧盟主要是一个经济、政治组织，不会在安全领域对俄罗斯构成威胁。回归欧洲，融入欧洲，全面加入欧洲一体化进程，是俄罗斯做出的历史性选择。

积极恢复和发展与东欧国家的关系。苏联解体，华约解散，东欧对俄罗斯的安全更加重要。俄罗斯认为这一地区仍然是俄罗斯利益至关重要的地区，因此力图重返东欧。俄罗斯抓住东欧与西欧接轨遇到困难要求与俄罗斯恢复经济联系的苗头，积极推动双边政治接触和经济关系的发展。出于自身战略安全考虑，俄罗斯对东欧国家谋求加入北约和北约东扩的问题持坚决的反对立场。重点发展与西欧国家和欧盟的关系。

（1）政治上加强对话与协调，确立伙伴关系。20世纪90年代，随着冷战结束，俄罗斯与欧盟之间的关系出现缓和并不断得到加强。1993年12月，双方在布鲁塞尔签署了《俄罗斯同欧洲联盟之间关于建立伙伴和合作关系的联合政治声明》，并宣布建立半年一次的首脑定期会晤机制。1994年6月，俄罗斯总统叶利钦与欧盟领导人在希腊科孚岛签署了为期10年的《伙伴关系与合作协定》，建立俄总统与欧洲委员会和欧盟主席定期会晤制度以及俄联邦议会与欧洲议会之间的合作制度，将双边对话制度化。1996年俄罗斯加入欧洲委员会，欧洲联盟也决心同俄罗斯建立牢固的伙伴关系。1997年俄罗斯与德国、法国建立准"三驾马车"机制，决定三国元首定期举行年度磋商。1997年12月，《伙伴关系与合作协定》经俄罗斯国家杜马和欧盟各成员国议会批准后正式生效，自1998年起，俄罗斯—欧盟首脑会议每半年举行一次，俄罗斯与欧盟关系从此进入一个新的发展阶段。1998年5月—2009年5月俄欧首脑会议已经举行了23次,俄欧确立了四个统一空间计划,即统一经济空间,统一自由、安全和司法空间,统一外部安全空间和统一科教文化空间,签署了有关简化签证和遣返非法移民的两个协定,各方面取得了进展,加强战略合作伙伴关系。2008年6月底,第21次俄欧首脑会议在俄罗斯西伯利亚中部城市汉特—曼西斯克举行,双方领导人正式启动新关系协定议判。

(2)经济上加大合作力度。1996年俄罗斯与欧盟签署促进双方经贸关系一体化的"伙伴与合作协定",欧盟支持俄罗斯加入WTO。1999年俄罗斯政府又提出了《俄罗斯联邦与欧盟关系中期(2000—2010)发展战略》,为双方的经济合作增添了新的动力。2001年5月,第7次首脑会议确定,将用5~10年时间建成欧洲统一经济空间。目前,欧盟是俄罗斯最大的贸易伙伴和最主要的外资来源地。俄罗斯是欧盟第三大贸易伙伴和第一大能源供应国。2006年,欧盟与俄罗斯的双边贸易额约为2133亿欧元。此外,欧盟国家30%的石油和40%的天然气进口来自俄罗斯。

(3)安全上俄罗斯与欧洲国家的共识日益增多,协调进一步加强。俄罗斯积极支持欧盟建立独立的防务,加强和扩大同西欧联盟以及西欧大国的军事信任和合作;在北约东扩、核裁军、军备控制、地区维和问题上加强沟通协调,增进相互谅解和合作。

(4)在社会领域与欧盟加强合作,在对付国际恐怖活动、有组织犯罪、倒卖毒品、贩卖人口、走私武器、洗钱等非法活动方面的合作取得了一定的成效。

但是,俄罗斯与欧洲国家在人权、安全、经济等方面也还存在非常尖锐的矛盾和冲突。2008年俄格战争后,俄欧关系恶化。2009年5月,在俄罗斯举行的第23次俄欧峰会上没有达成任何书面协议,各方只是表述各自对所关注问题的立场和观点,准备继续开展对话。

3. 争取与美国建立平等的战略伙伴关系

俄罗斯独立后的两年里,为了融入西方世界,叶利钦把搞好与美国的关系作为俄罗斯外交的重点,经过两国元首的互访和会晤,1994年双方在莫斯科宣布进入了"成熟的战略伙伴关系的新阶段",双方表示在相互理解的基础上,在全球范围内建立"战略伙伴关系"。但是,美国并没有真正把俄罗斯当做政治上的平等伙伴,经济上的援助也大多带有苛刻的条件而且迟迟不落实,在北约东扩、南斯拉夫地区动荡、军控和车臣等问题上,美国与俄罗斯的分歧日益扩大,战略利益上的矛盾也越来越突出。俄罗斯坚决反对北约东扩,坚决反对北约发动科索沃战争,坚决反对美国干涉车臣内战,坚决反对美国退出1972年的《反弹道导弹条约》和部署国家导弹防御系统(NMD)及战区导弹防御系统,使俄美关系一度十分紧张。尤其是1999年美国发动科索沃战争极大伤害了俄罗斯的国家利益,使俄美关系降到了俄罗斯独立后的最低点。俄罗斯坚决抵制美国单极霸权的外交政策,寻求与美国建立平等伙伴关系的政策破产。

普京上台后,认识到俄罗斯与美国之间虽然存在着利害冲突,但出于俄罗斯国家利益的考虑,必须寻求与其合作。2001年,乔治·W·布什上台后,尽管两国关系出现了不少麻烦，普京仍多次表示希望同美国发展建设性合作关系。2001 年，普京通过与乔治·W. 布什的四次会晤，积极谋求对美外交的主动性。"9·11"事件之后，普京抓住机遇调整与美国的关系。在反对恐怖主义的斗争中，俄美结成联盟，俄罗斯向美提供了前所未有的帮助。普京希望通过对美国的战略妥协，重新塑造合作伙伴形象，打破美国的战略封堵，换取俄美关系的全面稳定。2002 年 5 月俄美签署了《俄美关于削减进攻性战略力量条约》、《俄美新型战略关系联合宣言》以及关于中东问题、"反恐"合作问题的多项声明。2004 年 5 月 28 日，俄罗斯与美国等 19 个北约成员国在意大利罗马签署了成立北约——俄罗斯理事会的《罗马宣言》，标志着"二十国机制"的正式成立和生效，也标志着俄罗斯与北约建立起了新型的安全合作关系。

然而，美国继续推进"北约"东扩，从外部对俄罗斯的战略空间进行遏制性挤压，同时支持独联体国家发生"颜色革命"，试图从俄罗斯的战略边疆内部对其进行战略性肢解。美国向俄罗斯传统利益区独联体的渗透和扩张，严重影响了俄罗斯的地缘政治安全利益；北约的军事力量步步逼近俄罗斯边界和其他独联体国家边界，对俄罗斯形成外环包围；美国在国际事务和双边关系中限制和损害莫斯科的经济利益；在双边贸易中，美国迟迟不取消 20 世纪 70 年代对苏联实施的歧视性贸易政策；美国常常批评普京的国内政策"放弃了民主价值观"，"偏离了民主和市场改革的道路"等。俄美矛盾日趋激烈。2004 年乌克兰发生"橙色革命"后，普京政府被迫终结对美国的战略妥协，转而对美国实行越来越强硬的战略反制政策。针对美国在独联体的全面渗透，俄罗斯对"变色"的乌克兰和格鲁吉亚采取严厉制裁政策；在一些非核心利益地区采取与美国不合作立场，在巴勒斯坦问题上支持哈马斯，在伊朗核危机问题上，通过向伊朗出售导弹系统支持伊朗，在拉美地区，通过军售进一步拉近与反美国家委内瑞拉的关系，俄罗斯已经成为委内瑞拉等反美国家的合作伙伴；在军事领域，普京在 2006 年的国情咨文中提出，在今后 5 年大力提高战略核力量水平，用现代化的远程飞机、潜艇和发射系统装备战略火箭兵，同时加快俄罗斯军队的职业化和机动化的建设步伐，"使俄罗斯军队能够同时在世界性冲突和地区冲突中作战"，并加紧构筑本国的导弹防御系统；在 2007 年的国情咨文中宣布将暂停履行《欧洲常规武装力量条约》，年底得到国家杜马批准；2007 年 8 月，俄罗斯恢复了已经停止 15 年之久的战略轰炸机执勤巡航制度。俄美关系日趋紧张。

梅德韦杰夫就任总统后将会继承普京的对美政策，俄美间"挤压与反挤压"、"遏制与反遏制"、"崛起与反崛起"的争斗可能加剧。美国"遏俄弱俄"的战略可能进一步强化，俄罗斯对美国的抗争力度可能增大，俄美互为主要战略对手的局面可能形成，但是，俄美关系将处于"斗而不破"状态，全面冷战不会重演。2009 年 4 月，美国总统奥巴马和俄罗斯总统梅德韦杰夫在出席二十国集团伦敦金融峰会期间举行两人上台以来的首次会晤后表示，双方将就新的削减进攻性战略武器条约进行谈判。同年 5 月，美俄在莫斯科就新的削减进攻性战略武器条约开始首轮正式谈判。7 月，奥巴马对俄罗斯进行首次访问，两国总统就进一步削减进攻性战略武器达成共识，并签署了规定两国新条约内容的框架性文件。2010 年 4 月，美国总统奥巴马与俄罗斯总统梅德韦杰夫在捷克首都布拉格签署新的《削减和限制进攻性战略武器条约》。

4. 稳步发展与中国的战略协作伙伴关系

苏联解体后，1991 年 12 月 27 日，中俄两国在莫斯科签署《会谈纪要》，确认俄罗斯继承苏联与中国的外交关系。俄罗斯在西方外交受挫后，积极开展东方外交，把中国作为重点。1992 年底俄罗斯总统访问中国后，两国关系在各个领域里保持着良好的发展势头。1994 年 9 月，中国国家主席访问俄罗斯，双方发表联合声明，确立了面向 21 世纪的建设性伙伴关系。1996 年俄罗斯总统访华，确定中俄建立战略协作伙伴关系，并与中国、哈萨克斯坦、吉尔吉斯斯坦、塔吉克斯坦四国元首签署共同加强边境地区军事信任协定。1997 年中国国家主席再度访问俄罗斯，两国宣布建立面向 21 世纪的战略协作伙伴关系。1998 年 11 月，中俄两国在莫斯科发表了《关于世纪之交的中俄关系的联合声明》。

进入 21 世纪后，两国领导人经常互访，两国合作遍及政治、经济、军事、文化和社会生活各个领域，在国际事务中更是相互支持，共同致力于推动世界多极化。2000 年 7 月，俄罗斯总统普京对中国进行国事访问。2001 年 6 月，中国、俄罗斯、哈萨克斯坦、吉尔吉斯斯坦、塔吉克斯坦、乌克兰 6 国元首在上海签署了《上海合作组织成立宣言》，是俄中关系发展的一个重大成果。7 月，江泽民主席对俄罗斯进行国事访问，双方签署了《中俄睦邻友好合作条约》。

2002 年 12 月，普京总统来华进行国事访问。2003 年 5 月，中国国家主席胡锦涛对俄罗斯进行国事访问，双方签署联合声明。2004 年 9 月，温家宝总理正式访问俄罗斯并举行中俄总理第九次定期会晤。2004 年 10 月，普京总统访华，中俄两国发表联合声明并签署了《〈中俄睦邻友好合作条约〉2005 年至 2008 年实施纲要》，同时还签署了《中华人民共和国和俄罗斯联邦关于中俄国界东段的补充协定》，标志着中俄边界线走向全部确定。2005 年 5 月，国家主席胡锦涛赴俄罗斯出席在莫斯科举行的纪念卫国战争胜利 60 周年庆典。6 月 2 日，中国和俄罗斯在符拉迪沃斯托克互换《中华人民共和国和俄罗斯联邦关于中俄国界东段的补充协定》批准书，这标志着两国彻底解决了所有历史遗留的边界问题。

2005 年 6 月底至 7 月初，中国国家主席胡锦涛对俄罗斯进行国事访问，两国签署了《中俄关于 21 世纪国际秩序的联合声明》和《中俄联合公报》。9 月，正在纽约联合国总部出席联合国首脑会议的两国元首就深化中俄战略协作伙伴关系及共同关心的重大国际和地区问题深入交换了意见。同月，俄罗斯联邦委员会主席米罗诺夫访华，与吴邦国委员长举行会谈，标志着中国全国人大与俄罗斯联邦委员会和国家杜马定期交流机制全面启动。10 月，中国政府总理温家宝出席在莫斯科举行的上海合作组织成员国总理第四次会议。11 月，俄罗斯联邦政府总理弗拉德科夫对中国进行正式访问，并同温家宝总理举行中俄总理第十次定期会晤。

2006 年 3 月，总统普京再次对中国进行国事访问，并出席"俄罗斯年"开幕式和中俄经济工商界高峰论坛开幕式，两国签署了联合声明，并签署了22个合作文件，涉及政治、外交、能源、投资、金融、交通等领域。5月，吴邦国委员长访问俄罗斯。2007年3月，中国国家主席胡锦涛对俄罗斯进行国事访问，并出席"中国年"开幕式。两国签署了联合声明。11月，中国政府总理温家宝对俄罗斯进行正式访问，出席"中国年"闭幕式。普京在会见中国总理温家宝的时候强调：推动俄中战略协作伙伴关系发展非常重要，有利于维护两国各自的根本利益，有利于维护世界和平与稳定；不管俄罗斯内局势发生了什么变化，俄罗斯发展对华关系的政策不会改变，俄方将继续致力于加强俄中战略协作。

在普京的八年总统任期内，随着中俄高层领导人的互访和会晤，双方对中俄关系特殊战略价值的认识达到新高度，把战略协作伙伴关系发展到了一个新的阶段。两国不仅很快解决了历史遗留的边界问题，增强了政治互信，开创了经贸等领域务实合作的新局面，而且建立了亲密无间的战略伙伴关系。在构建多极化的世界格局上，在解决诸如伊拉克、朝鲜、伊朗等国际和地区事务上，双方都抱有大致相同或相近的观点，相互倚重。同时，两国在各自的内部事务上也互相支持。在军事和安全领域，先于美国开通的军事热线，由两国主导建立的、有中亚四国参加的"上海合作组织"近些年的影响力更是迅速递增，该组织有力打击了中亚地区的三股势力，成为大国安全合作的典范。该组织举行的"和平使命——2007"反恐军事演习中，中国人民解放军两千余名官兵进入俄罗斯腹地车里雅宾斯克，充分显示了俄中的军事互信程度。

2008年5月，梅德韦杰夫就任俄罗斯新总统后表示，俄方高度重视发展同中国的战略协作伙伴关系，强调俄中两国是战略合作伙伴，俄中关系发展是全球和平稳定的重要因素，愿同中方一道全力推动双方在经贸、能源、高科技、环保、人文、地方往来等方面的合作和在重大国际地区问题上的对话与配合。5月，梅德韦杰夫总统对中国进行国事访问，中国是他首次出访的两个国家之一，两国签署了《中华人民共和国和俄罗斯联邦关于重大国际问题的联合声明》，并发表了《中俄元首北京会晤联合公报》，2008年，中俄彻底完成了边界勘界工作，批准了《〈中华人民共和国和俄罗斯联邦睦邻友好合作条约〉实施纲要（2009—2012年)》，完善了两国总理定期会晤机制，启动了两国副总理级能源谈判并签订石油领域合作的政府间协议，启动了中国"俄语年"（2009年）和俄罗斯"汉语年"（2010年）大型项目，将"国家年"有关活动机制化。2009年6月，中国国家主席胡锦涛应邀请访问俄罗斯，签订了一系列合作文件。两国元首强调，在涉及两国核心利益问题上相互支持是中俄战略协作伙伴关系的重要内容，俄中战略协作关系进入了一个稳步发展的新时期。

5. 加强与亚太国家和发展中国家之间的关系

俄罗斯大部分领土在亚洲，为了追赶亚太经济发展步伐，积极开展亚太外交，参与亚太事务。首先，加强与日本的对话与协调。俄日关系虽然在北方四岛问题上没有实质性的进展，但是双方的立场都有所松动，经济贸易往来正在逐渐发展起来。其次，俄罗斯同中国、印度、朝鲜、韩国、越南、蒙古的关系也呈积极的发展态势，尤其是与中国和印度两国分别建立了战略协作伙伴关系，而且发展势头良好。近年来，俄罗斯还参加了亚太经合组织的活动，积极参与亚太地区的经济交流与合作。俄罗斯也在着手恢复和发展与其他发展中国家之间的关系。其中，特别注意发展与南亚和中东国家之间的关系，维护俄罗斯在这些地区的利益，同时防范伊斯兰原教旨主义对独联体地区的渗透。俄罗斯还积极发展与拉美国家的关系，在能源和军事领域加强合作。

俄罗斯在外交中还高度重视与联合国等国际组织的关系，充分展示俄罗斯大国外交的风采。

三、俄罗斯在当今世界上的地位和作用

俄罗斯独立 10 多年来，社会剧变和政治经济转轨一度造成了灾难性的后果。这突出地表现为经济大滑坡，人民陷入贫困化。沙皇俄国曾是世界第 5 经济大国，苏联曾是世界第二经济大国，而据世界银行的资料，1998 年俄罗斯经济规模的世界排序已下降到第 16 位。根据《世界发展报告 1999—2000 年》相关数据计算，1999 年与 1990 年相比，俄罗斯的经济规模缩小了一半，人民生活水平下降了近 40%。

普京上任后实行强国战略，一心一意发展经济，提高综合国力。在他执政的 8 年里，俄罗斯发生了翻天覆地的变化。俄罗斯经济连年保持快速增长，已进入世界十大经济体行列，经济规模位居世界第九。目前，俄罗斯人均国民生产总值已达 8000 美元，远远超过中国的 2000 美元；俄罗斯人民生活水平不断改善，根据俄罗斯官方提供的数字，俄罗斯国民的购买力在提升，俄罗斯人目前的月平均收入为 500 美元，也远远高于中国。俄罗斯政府 2007 年还确定了 2020 年俄罗斯国内生产总值进入世界前五强、人均 GDP 达到 3 万美元的战略目标。随着经济实力的快速增长，俄罗斯的国防预算也大幅度增加。2001 年，俄罗斯的国防预算总额为 2147 亿卢布（约合 81 亿美元）。而到了 2007 年，这一数字已经达到 8600 亿卢布（约合 325 亿美元）。到 2009 年，俄罗斯国防开支将达到 1.038 万亿卢布（约合 393 亿美元）。

随着综合国力的不断增强，普京对俄罗斯的国际地位作了重新认识和判断。首先，虽然俄罗斯目前的国际地位已远不如苏联时期，但俄罗斯是联合国安理会常任理事国，又是一个核大国且地大物博，在国际事务的各个领域尚拥有相当大的潜力和手段，并同世界上的主要国家保持着紧密的联系，因此俄罗斯能够对未来国际秩序的建立发挥重大影响。其次，国际关系的发展变化、两极对抗的停止与消失、冷战后果的逐步消除以及俄罗斯改革的不断推进，使俄罗斯在国际事务中的合作机会显著增加，发生全球冲突的危险已降低到最小程度。虽然军事因素仍未失去对国际关系所具有的传统作用，但经济、政治、科技、生态及信息因素所起的作用却越来越大，这为建立更加稳定、能及时应对国际危机的国际关系体系创造了有利的条件。虽然目前美国在占有经济和实力优势的情况下，建立单极世界的势头不小，在解决重大国际安全问题时联合国安理会的作用受到削弱，但俄罗斯的国际地位也已有所巩固。

因此，普京强调俄罗斯仍是一个大国，一个不容忽视的核大国，强调俄罗斯应当

拥有与其历史、文化、地理和实力相称的地位并受到应有的尊重：俄罗斯唯一的选择就是做一个强国，一个强大而自信的国家，一个不反对国际社会、不反对别的强国并且与它们共存的强国，俄罗斯要争取在20年内以一个同美国平起平坐的大国姿态在世界舞台上扮演主要角色。

普京八年总统任职期间，逐步确立了俄国家发展战略，统一俄罗斯党称之为"普京计划"。"普京计划"的内容涉及俄罗斯经济、政治、军事、外交、教育等诸多方面，可简要概括为："发展具有俄罗斯特色的独特文明；在奉行自由经济政策的同时，强调国家对战略经济部门的国有化或者绝对控制；提高俄罗斯民众的生活质量；提高俄罗斯各级国家机关的效率；增强俄罗斯国防能力；维护俄罗斯国家安全。"核心是"有尊严的俄罗斯"实行"有区别的民主"，即在俄罗斯推行与西方有区别、有俄罗斯特色的"主权民主"，意在强调国家主权大于民主、民主不应成为外国干涉俄罗斯内政的借口。梅德韦杰夫总统上任后继续实施"普京计划"。

2009年5月，俄罗斯颁布了由梅德韦杰夫总统批准的《2020年前俄罗斯联邦国家安全战略》，确定了俄罗斯远期国家利益是发展民主和公民社会、提高国家经济竞争力，捍卫宪政体制、领土完整和主权，使俄罗斯成为世界强国。该战略强调，俄罗斯国家安全主要优先方向是国防、国家和社会安全；俄罗斯将遵守国际法，奉行合理、务实、避免高代价对抗的对外政策，以维护自身国家利益。

与苏联时期相比，虽然今日俄罗斯的综合国力及其国际地位与作用已不可同日而语，但是，俄罗斯仍然是具有多重影响力的世界大国。尽管俄罗斯崛起的道路可能漫长曲折，但是无疑具有崛起为世界强国的巨大潜力。俄罗斯是"使命感"和大国意识极强、对国际地位看得极重、外交运筹经验丰富的世界大国。俄罗斯的大国地位已经基本恢复，影响大国关系的能力日益增强。任何大国的崛起都会对大国关系产生冲击，俄罗斯重新崛起对大国关系的影响可能更加令人瞩目。

观察俄罗斯崛起对大国关系的影响，不能仅看其经济实力、科技实力，而且要看其军事实力、民族精神、地缘条件、崛起风格。看经济实力也不能仅看其GDP规模：尽管俄罗斯经济规模仅仅位居世界第9，但拥有丰富的能源资源，可以作为对西方国家、独联体国家施加影响的有力武器；尽管俄罗斯的国际贸易规模远小于中国，但实际收益率远大于中国。俄罗斯的民族精神也是崇尚大国地位、大国影响，俄罗斯的崛起是种强势崛起。俄罗斯的崛起对大国关系的影响力远远超出按数字计算所应产生的能量，重要原因就在于此。2007年5月24日，美国欧洲安全与合作委员会举行了俄罗斯问题的专题听证会。该委员会得出的结论：俄罗斯正在作为有影响的政治和经济力量重返国际舞台。美国助理国务卿弗里的称："俄罗斯近年来恢复了作为一支重要的政治和经济力量的地位。"这实际上是冷战结束以来美国政府官员首次公开谈论俄罗斯不断增长的实力。

可以预见，在多极化的世界中，俄罗斯注定要成为国际舞台上引人注目的一极，发挥自身独特的巨大影响和作用。

第八章　艰难奋进的第三世界

第三世界崛起为国际舞台上独立自主的力量，是战后世界最重大的政治历史事件之一。战后几十年里，第三世界国家为维护和巩固民族独立、发展民族经济、谋求在国际政治经济体系中的平等地位和权利，团结起来，艰苦奋斗，积累了许多成功的经验和失败的教训。冷战后，在经济全球化和世界格局多极化的条件下，第三世界经历了短时的动荡与不稳定，大多数国家内外政策正在调整，作为一个整体，其内部也在分化之中。当世界各国都把经济发展作为重点的时候，人们开始称这类国家为发展中国家。尽管如此，国家要稳定，经济要发展，社会要进步，仍然是第三世界的主旋律。第三世界在未来国际新格局中仍然是一支重要的力量，无论在维护世界和平还是在促进共同发展中，都将发挥重要的作用。

第一节　战后第三世界的崛起及在国际舞台上的地位和作用

一、第三世界概念的由来和发展

第三世界泛指历史上遭受过旧殖民统治和剥削，后来赢得民族独立，经济相对落后的亚非拉及其他地区的广大民族独立国家。

第三世界这个概念从出现到为世界各国普遍接受以及为国际组织广泛采用，经历了一个较长的历史过程。最先使用这一概念的是法国的人口统计学家和经济学家阿尔弗雷德·索维。1952年，他在一篇题为《三个世界，一个星球》的文章中指出，当时除了两个对抗的世界以外，还有一个第三世界。索维是从法国大革命之前社会存在三个等级，即僧侣为第一等级，贵族为第二等级，农民、城市贫民和资产阶级为第三等级中得到启示而使用第三世界这个概念的。当年法国的第三等级，在社会上没有地位，遭到歧视，负担国家的各种赋税和封建义务，被剥夺了一切权利，属于被统治阶级。后来，正是他们起来反抗，揭开了法国1789年大革命的序幕。索维认为，战后的国际社会也存在着类似的情况，存在着那么多被剥削、被奴役、在国际上处于无权地位的国家和民族，即存在着一个第三世界。

随着民族解放运动的发展，民族独立国家不断增加，尤其是万隆会议和不结盟会议相继举行之后，亚非拉民族独立国家大批涌现，其地位和作用日益受到重视。在1955年的万隆会议上，一些与会者借用"第三等级"这一名词，称亚非拉为"第三世界"。第三世界这个本来属于经济和社会领域中的概念开始进入政治领域。20世纪60年代初不结盟运动问世后，西方媒体开始将参加这一组织的民族独立国家视为介于共产主义国家和发达资本主义国家之间的"第三类"国家。不结盟国家也宣称，它们既不属于东方，也不属于西方，是第三世界。在1973年9月举行的第四次不结盟国家政府首脑会议上，第三世界这一概念被正式写进会议的纲领性文件《政治宣言》中。

在中国，最早使用"第三世界"概念的是毛泽东。1964年1月，他在与一批在华工作的美国老朋友的谈话中指出："美国现在在两个'第三世界'都遇到抵抗。第一个'第三世界'是亚、非、拉。第二个'第三世界'是以西欧为主的一批资本主义高度发展的、有些还是帝国主义的国家，这些国家一方面压迫别人，另一方面又受美国压迫，同美国有矛盾。"1970年7月，他在会见坦桑尼亚和赞比亚客人时指出"帝国主义怕第三世界"，开始把西方国家排除在第三世界概念之外。1973年6月，他在会见马里国家元首特拉奥雷时说，"我们都叫做第三世界，是发展中国家"。1974年2月，他在会见赞比亚总统卡翁达时，进一步明确提出了"三个世界"划分的战略思想。他所指的第三世界也是广大的亚洲、非洲和拉丁美洲的发展中国家，这和原来国际公认的第三世界内涵基本相同，只是他所指的第一世界和第二世界与原来所说的两个世界（资本主义世界和社会主义世界）完全不同，有了本质的变化。这是对当时国际形势变化的一种概括，也是中国的一种战略思想，据此来解决在国际关系中的敌我友问题。邓小平在1974年第六届特别联大上作了著名的关于"三个世界"的发言，专门就第三世界概念的含义和第三世界的特征作了解释。此后，第三世界这一概念更为国际社会所认同，无论是发达国家，还是发展中国家；也无论是资本主义国家，还是社会主义国家，甚至那些原来反对使用这一概念的人也都接受了这一概念。

冷战结束后，人们对第三世界的概念提出了质疑。有人说，第三世界概念已过时、不适用，在实践中是不存在的，为什么不在理论上加以抛弃呢？有人说，用"发展中国家"取代"第三世界"更为合适。我们认为第三世界作为一个整体是客观存在的，"第三世界"和"发展中国家"这两个概念是可以相互替换的，第三世界这个概念本身也是可以继续使用的，理由如下：

1. 从第三世界概念产生、发展的过程来看

第三世界概念本身是作为泛指亚非拉和其他地区原处于殖民地半殖民地，后来争得了民族独立的发展中国家的总和而被广为接受的。尽管不同时期、不同国家、不同的观察者从不同角度观察过第三世界，在不同意义上使用过第三世界的概念，但第三世界的基本内涵和外延是清楚的。就内涵而言，是指在国际上处于政治无权、经济落后、受剥削、受压迫的一大批国家和民族。就外延而言，是指广大亚非拉地区和世界其他地区战后出现的民族独立国家的总和。第三世界这一概念与发展中国家这一概念同时被广泛用于世界政治与经济之中，过去前者偏于政治色彩而后者偏于经济色彩，如今这种区别正在消失。由于第三世界国家绝大多数分布在赤道以南地区，所以有时也称作南方国家。无论是第三世界国家，发展中国家，还是南方国家，都是泛指广大亚非拉民族独立国家。它们在国际政治经济中处于不平等的无权的地位，只要这种状况不改变，第三世界就不会消失，第三世界的概念就不会过时。

2. 第三世界是一个客观存在的统一整体，具有其内在的基本特征

第三世界共有 130 多个国家，占世界国家总数的 2/3。各国之间存在着种种差别，除人口、面积、资源、环境和历史的种种差别之外，社会经济结构和阶级成分极其复杂，发展极不平衡，政治经济体制各异，意识形态、宗教信仰、民族习俗等更是千差万别，第三世界无疑是一个多元体。但是，第三世界确实又是一个客观存在的统一整体，具有统一性与整体性，它的基本特征有以下几点：

(1) 共同的历史遭遇。这些国家在历史上多为列强的殖民地、半殖民地或附属国，长期遭受殖民主义、帝国主义的奴役和掠夺，受的压迫最深、受的剥削最重。它们反对奴役、压迫，谋求解放和发展的要求也最为强烈。为摆脱殖民枷锁，争取本国的独立与解放，它们进行了长期的不屈不挠的斗争。

(2) 落后的经济状况。殖民统治的结果，使这些国家在独立前极端落后、贫穷，独立后经济有所发展，取得一定成就。但大多数国家仍不发达或欠发达，人民生活水平很低。劳动生产率低下，与发达国家相差数十倍。人口增长率高，抚养负担沉重。缺乏资金和技术，在国际经济关系中处于劣势地位。

(3) 共同的现实任务。战后，这些国家均取得了政治独立，建立了民族独立国家，共同面临着肃清殖民主义残余势力，尽快克服不发达状态，发展民族经济，巩固民族独立的历史任务。它们有着许多共同的经济、社会、政治难题，都需要长时期的和平环境建设自己的国家。

(4) 共同的国际立场与一致的对外政策。这些国家十分珍惜来之不易的独立，大都执行和平、中立、不结盟的对外政策，尊重各国人民的自决权，反对外来干涉和强权政治，主张通过和平谈判解决国际争端，不诉诸武力和武力威胁，努力缓和国际紧张局势，积极维护世界和平。他们深受不合理的国际旧秩序之害，主张推进南北对话，发展南南合作，建立新的国际秩序，是推动世界历史车轮前进的动力，是反对殖民主义、霸权主义和强权政治的基本力量。

第三世界就是因这些基本特征而聚合为一体的。在两极格局终结之后，由广大的亚非拉发展中国家组成的第三世界，尽管面临着许多新问题，本身也有许多新变化，但它们在国际舞台上的战略地位和基本特征并没有得到根本改变。第三世界还是客观存在，第三世界的概念完全可以继续使用。

二、第三世界的形成和发展

第三世界的兴起是战后广大亚非拉地区殖民地半殖民地国家民族解放斗争的结果。反法西斯的第二次世界大战的胜利，为殖民地半殖民地民族解放运动开辟了广阔的前景，创造了现实的条件。主要表现在三个方面：一是帝国主义势力普遍削弱，减轻了对民族解放运动的压力，为被压迫民族的斗争开辟了更大的可能性。二是社会主义从一国到多国的发展，特别是中国这个最大的半殖民地半封建的国家走上社会主义道路，不仅鼓舞了其他被压迫民族国家的斗争，而且对新老殖民主义也起了巨大的制约作用。三是战争教育和锻炼了殖民地半殖民地国家的人民。战争中许多殖民地国家的人民参加了反法西斯斗争，提高了政治觉悟和组织程度，增加了争取解放的决心和信心，为民族解放斗争创造了坚实的社会基础。战后民族解放运动轰轰烈烈地开展起来，经历了亚洲风暴、非洲觉醒，并走向深入。从战后初期到20世纪90年代，是民族解放运动兴起、发展到完成的过程，也是第三世界形成并不断发展壮大的过程。

1. 从"第二次世界大战"结束到20世纪50年代中期，是亚非拉民族独立运动蓬勃兴起的阶段

战后，民族解放运动的高潮首先在亚洲东部大规模兴起，中国、朝鲜、印度支那革命的胜利，推动了亚非拉殖民地半殖民地人民的民族解放运动。到20世纪50年代中期，民族解放运动向西扩展到北非。这一时期，新独立的亚非国家有13个，加上战前已独立的国家，亚非地区已有近30个独立国家。获得独立的亚非国家，为了维护独立，渴望加强彼此的团结与合作，结成一个整体，在国际事务中发挥着重要作用。

1955年4月18~24日，代表16亿人口的29个亚非国家在印度尼西亚万隆独立宫召开"亚非会议"（又称"万隆会议"）。这是亚非国家历史上第一次在没有西方殖民国家参加的情况下自主讨论亚非事务的国际会议，是战后具有划时代意义的事件，是亚非国家新觉醒的重要标志。尽管西方国家多方干扰，企图挑起亚非国家间的矛盾，但与会国家力排干扰，团结协作，调解分歧，使会议得以顺利进行。中国代表团团长周恩来总理在大会发言中提出了著名的"求同存异"原则，得到各国代表的拥护，从而为会议的最后成功奠定了基础。"亚非会议"确定了指导各国和平共处、友好合作的十项原则。会议所倡导的团结合作、反帝反殖、维护独立、捍卫和平的万隆精神产生了深远的影响。这一会议的召开，标志着帝国主义、殖民主义主宰亚非人民命运的时代已经过去，亚非国家作为一支新兴的政治力量开始走上国际舞台，是第三世界形成的第一个里程碑。

2. 从20世纪50年代中期到60年代中期，是民族解放运动由分散到集中，由各自为政到联合斗争的发展阶段

亚非会议之后，民族解放运动在更为广泛的地域里得到发展，形成具有世界规模的反帝反殖浪潮。1956年，埃及在苏伊士运河战争中的胜利带动了阿拉伯国家的反殖斗争，结束了英法在中东的殖民统治。1960年，非洲17个国家获得独立，被称为"非洲年"。拉丁美洲也风暴迭起。1959年，古巴革命推翻了巴蒂斯塔统治；巴拿马人民收回运河主权的斗争取得重大胜利；多米尼加掀起反美浪潮；加勒比地区有13个国家相继宣布独立。

为了摆脱大国的控制，维护民族独立，绝大多数新兴国家倡导和平、中立、不结盟的政策。1961年6月，在南斯拉夫的贝尔格莱德举行了第一次"不结盟"国家和政府首脑会议，会议发表了《宣言》，宣告了以独立自主、不结盟、非集团为基本原则和宗旨的"不结盟运动"的诞生。"不结盟运动"从最初的25个国家发展到现在的110多个国家，参加国不仅来自亚非地区，而且扩大到了拉丁美洲和欧洲，从而使

这一运动成为全球性的国际政治运动。它从政治上为第三世界多种类型国家的联合奠定了基础。"不结盟运动"的出现是第三世界形成的又一个里程碑。

3. 从20世纪60年代中期到90年代初，是民族解放运动深入发展并最终完成的阶段

这一阶段民族独立运动继续向深入发展，不断扫除一些顽固的老殖民据点。20世纪70年代以来，葡属殖民地安哥拉、莫桑比克、几内亚比绍、圣多美和普林西比先后独立。80年代，津巴布韦摆脱殖民统治。1990年，纳米比亚宣告独立，结束了非洲大陆最后一块殖民地的历史。至此，非洲长达几个世纪之久的殖民统治宣告终结，战后开始的长达几十年之久的民族解放运动也基本结束。第三世界国家的队伍不断发展壮大，从50年代的54个增加到132个。与此同时，亚非拉许多国家进入了以发展经济来巩固政治独立的历史新阶段。第三世界各国在经济方面加强联合斗争，为改变国际经济旧秩序而进行不懈努力。1964年，在日内瓦联合国第一届贸发会议上，第三世界77个国家和地区联合起来，发表了《77国联合宣言》，由此形成了"77国集团"。自70年代以来，"77国集团"以联合国为讲坛，为促进南南合作，推动南北对话，缓和与改善南北关系，维护发展中国家的经济权益，建立国际经济新秩序做出了重要贡献。现在它的成员国已有120多个。

经过战后40多年民族解放运动的迅猛发展，自15世纪开始在几百年里建立起来的西方列强的殖民体系迅速崩溃。以20世纪50年代的"亚非会议"、60年代的"不结盟运动"以及随后建立的"77国集团"为标志，第三世界逐步形成并发展壮大。第三世界作为一支新兴的力量登上历史舞台，对世界历史进程产生了不可估量的影响。

三、战后第三世界在国际舞台上的地位和作用

第三世界兴起和发展的历史进程表明，战后第三世界在国际舞台上的地位不断提高，作用不断增强，日益成为一支不可忽视的具有独特作用的重要力量。

1. 第三世界是世界历史进程的推动力量

第三世界的崛起，彻底摧毁了帝国主义的殖民体系，结束了长达数百年的殖民统治，大大推进了世界历史的进程，对世界政治经济产生了重大而深远的影响。长期以来，这些国家在国际上处于被剥削、被压迫的被动无权状态。如今，以积极、主动、坚定、自信的姿态作为一支独立的政治力量登上国际舞台，在历史上第一次打破了少数大国垄断国际事务、主宰世界的局面，使整个世界形势发生了有利于各国人民、有利于世界和平、有利于人类进步的深刻变化，第三世界的崛起，是时代最伟大的历史事件。

2. 第三世界是促进世界格局演变的重要力量

第三世界的兴起和发展引起国际政治结构和力量对比的重大变化，不断冲击着两极格局。从20世纪50年代中期开始，为反对以美苏为首的两个军事集团的尖锐对峙，缓和国际紧张局势，第三世界国家进行了不懈的努力。70年代以后，为反对美苏两个超级大国的激烈争夺，维护世界和平，进行了顽强的斗争。第三世界国家起到了牵制美苏侵略行为、打破美苏战争计划、消耗美苏实力和动摇美苏霸权地位的作用，

最终促使两极格局解体。第三世界在世界格局的发展演变中发挥着重要作用，占据着重要位置。

3. 第三世界是建立世界经济新秩序的基本力量

广大第三世界国家取得民族独立之后，面临的主要任务就是发展民族经济，用经济独立来巩固政治独立。然而，第三世界经济发展的国际环境是十分恶劣的。现存的国际经济秩序基本上还是建立在原来宗主国对殖民地剥削基础上的旧秩序。发达国家在国际贸易、货币金融、技术转让、规则制度等方面处于垄断地位，广大发展中国家由于经济落后、科技不发达、经济结构单一、缺乏科学的发展战略等多方面的原因，仍然处于受剥削、受压迫的不利地位。为了改变不公平、不合理的国际经济旧秩序，战后，尤其从20世纪60年代起，广大第三世界国家进行了持续不断、规模宏大、卓有成效、震动世界的斗争。1974年，联大第六届特别会议经过激烈斗争，通过了"77国集团"提出的建立世界经济新秩序的《宣言》和《行动纲领》，主张新的世界经济秩序应建立在"公平互利、主权平等、相互依赖、共同利益与合作"的基础上。此后，西方一些发达国家开始重视改善南北关系，对南北对话采取了积极态度，并向南方国家提供了一些援助。但是，由于超级大国的阻挠，南北对话没有取得实质性进展。20世纪80年代，南北差距进一步扩大，众多的南方国家处境更加困难。南方国家的经济发展不起来，世界经济，包括发达国家的经济也很难有大的发展。第三世界国家为建立国际经济新秩序继续斗争，尽管任重道远，但仍然坚持不懈。

4. 第三世界是反对霸权主义、强权政治的主要力量

维护世界和平是世界人民的共同愿望。第三世界国家渴望和平，需要和平的国际环境来进行经济建设。然而，霸权主义、强权政治的存在，始终是维护和实现世界和平的主要障碍。广大第三世界国家虽然摆脱了旧的殖民统治和殖民压迫，走上了民族独立道路，但仍然受各种形式的新老殖民主义和霸权主义、强权政治之害。他们从自身痛苦的经历中得出结论：要实现真正的政治独立，就必须坚决彻底地反对霸权主义和强权政治，建立国际政治新秩序。第三世界国家反对霸权主义、维护世界和平斗争，既有分散的也有联合一致的，既有地区性的也有全球性的。其中，第三世界以"不结盟运动"形式开展的反霸斗争尤为突出。1973年9月，在阿尔及尔召开的第四次"不结盟"国家首脑会议，鲜明地提出了反霸的口号。从此，"不结盟运动"把反霸斗争公开地写在自己的旗帜上，为维护世界和平不懈努力。

5. 第三世界是改变联合国面貌的积极力量

联合国是战后建立的一个政府间国际组织，成立之初有51个成员国，包括13个亚非国家，本该具有广泛的代表性和权威性。但是，在相当一段时间里，它一直为美国所把持，没有按照联合国宪章的规定办事。随着亚非拉民族解放运动的高涨，新兴的民族独立国家大量涌现，联合国成员国队伍也不断扩大。到冷战结束时，联合国成员已达191个，其中第三世界国家占78%以上，使联合国的面貌发生深刻变化。在联合国及其机构中第三世界国家的代表名额得以增加，联合国宪章的某些条文得到修

改，第三世界国家的主权地位得到保障，开始在联合国内享有公平的政治权利。同时，在一些重大的国际问题上，众多的第三世界国家主持公道，伸张正义，能够通过联合国大会多数表决，做出较为符合实际的、能够反映世界大多数国家和人民愿望的决议。在第三世界的支持下，联合国还在维护和平、推动裁军、促进发展，以及解决争端等各方面发挥着越来越大的作用。由此，第三世界在国际舞台上的地位日益巩固，作用不断增强。

第二节　战后第三世界的政治经济发展与对外关系特征

一、战后第三世界国家的道路选择与政治发展

从总体上看，第三世界国家的道路选择与政治发展表现出多样性的特点，这主要是由第三世界各国的社会发展阶段、经济发展水平、阶级结构、历史传统、民族关系、宗教信仰、文化背景的多样性决定的，同时也深受外部环境的影响。

1. 战后第三世界国家的道路选择

随着战后民族解放运动的蓬勃发展，涌现了大批民族独立国家。在社会主义与资本主义相互对立斗争的时代背景下，这些民族独立国家面临着发展道路的选择。绝大多数国家选择了资本主义的发展道路，建立了资本主义的政治经济制度；少数国家选择了社会主义的发展道路，建立了社会主义的经济政治制度；还有少数国家保留着很多封建的或前资本主义的因素。为什么战后大多数第三世界国家走上了资本主义发展道路呢？

（1）从国际环境来看，有三个因素在起作用：①战争极大地削弱了英法等老牌殖民帝国，它们无法再继续维持直接的殖民统治，但又不愿意完全丧失长期享有的殖民利益，所以它们在政治上做出让步，和平交出殖民地的主权，允许这些国家独立，极力使这些国家在独立之后走上资本主义的发展道路，继续留在世界资本主义体系内。②战后社会主义的发展几度挫折，原有社会主义模式的弊端日益暴露，社会主义优越性没有充分显示出来，尤其是苏联推行霸权主义政策影响恶劣，这就使得众多的第三世界国家不得不重新做出选择。③由于科技革命的蓬勃兴起，资本主义国家经济发展迅速，出现了所谓的奇迹，这就更促使绝大多数第三世界国家选择了资本主义发展道路。

（2）从国内条件来看，主要有三个原因：①大多数第三世界国家民族资产阶级占优势，无产阶级力量比较薄弱。在民族解放运动中，领导权大都掌握在民族资产阶级手中，独立后，他们当然地处于执政地位，利用手中掌握的国家机器，制定和推行有利于资本主义的方针、政策，走上发展资本主义的道路。相反，这些国家的无产阶级还没有成长起来，或者没有自己的政党，或者尽管建立了无产阶级政党，但由于没有制定出符合本国实际的革命和发展的正确路线和策略，主动放弃或被资产阶级夺取了民族解放运动的领导权。独立后他们很难有所作为，更难引导国家走上社会主义道路。②大多数第三世界国家的资产阶级具有反对帝国主义、殖民主义、封建主义的要

求，具有强烈的民族主义意识，在一定的历史时期内，作为一种新的、先进的生产力的代表，能够致力于发展本国经济、维护政治独立和反映本国人民的一些共同利益，因而能够得到人民群众的拥护。③大多数第三世界国家原有生产力水平极其低下，落后的小农经济甚至奴隶制经济十分普遍并占统治地位，从生产关系来看，也远比资本主义落后。资本主义生产方式对于大多数第三世界国家而言，是先进的和有广阔发展前景的。这些国家走上资本主义发展道路，是一种社会进步，符合历史发展的规律。

大多数第三世界国家选择了资本主义发展道路，这是战后国际政治的现实。究竟选择什么样的发展道路，还需要从各国的实际出发。1988 年 5 月，邓小平在会见莫桑比克总统希萨诺时指出："有一个问题，你们根据自己的条件，可否考虑现在不要急于搞社会主义。确定走社会主义道路的方向是可以的，首先要了解什么叫社会主义，贫穷不是社会主义。要讲社会主义，也只能是符合莫桑比克实际情况的社会主义。"这对我们正确认识发展中国家如何选择发展道路是十分重要的，体现了解放思想、实事求是的彻底的历史唯物主义精神。

2. 战后第三世界国家的政治制度

第三世界国家的政治制度比较复杂，更呈现出多样性的特点，而且随着经济发展和阶级关系的变化，以及民主化进程的推进，处于不断变动之中。

(1) 第三世界国家政治体制的类型。

1) 议会共和制。议会为国家政治中心，掌握国家最高权力，政府向议会负责，作为国家元首的总统由选举产生。实行这种制度的国家有印度、新加坡、土耳其、津巴布韦、特立尼达和多巴哥、多米尼加共和国以及苏里南等。

2) 总统制。总统是国家元首，又是政府首脑，掌握行政权力。拉美的阿根廷、玻利维亚、巴西、哥伦比亚、墨西哥及委内瑞拉等，亚洲的菲律宾、孟加拉、斯里兰卡、叙利亚及也门等，非洲的埃及、突尼斯、塞内加尔、科特迪瓦、喀麦隆、肯尼亚、赞比亚及马拉维都是这种政体。

3) 君主制。分为议会君主制、绝对君主制和二元君主制。在议会君主制中，议会是国家的最高立法机关，内阁由议会产生，向议会负责，作为国家元首的君主不掌握实权，国家的行政权掌握在内阁手中。实行这种政体的国家有泰国、马来西亚及西萨摩亚等，一些英联邦国家如毛里求斯、牙买加等以英国女王为国家元首，也带有议会君主制的色彩。在绝对君主制中，君主拥有国家全部的最高权力。实行这种制度的国家有沙特阿拉伯与阿曼等。在二元君主制中，君主为国家元首，议会为立法机构，内阁向君主同时也向议会负责。君主的权力虽受宪法及议会限制，但国家实权掌握在君主手中。到1989 年实行这种政体的国家有尼泊尔、不丹、约旦、科威特、巴林、卡塔尔、阿拉伯联合酋长国、摩洛哥、科威特、斯威士兰及汤加等。

4) 军人政权。即国家权力不是掌握在民选的代议机构和公职人员手里，而是控制在军人领袖手中。这种政权一般由军人发动政变推翻文官政府，建立军人执政委员会或最高军事委员会之类的机构作为国家最高权力机构掌握立法、行政、司法等大权。多数军人政权禁止政党活动，停止实施以前的宪法。这是第三世界国家曾经有过的特殊政治现象。战后拉丁美洲有一半以上的国家建立过军人政权。其中军人政权执政 10 年以上的有巴西、阿根廷、秘鲁、乌拉圭、萨尔瓦多、危地马拉和巴拿马等。在非洲，有 28 个国家战后建立过军人政权。20 世纪 50 年代在埃及、苏丹开始出现军人政权。60 年代，在扎伊尔、贝宁、尼日利亚和加纳等国出现，此后军人政权日益蔓延。在亚洲，有一半国家曾建立过军人政权，其中突出的有菲律宾、巴基斯坦、孟加拉。后来，多数军人政权在民主化浪潮中垮台，国家权力转移到民选政府。

5）政教合一制。伊朗实行这种政体。伊朗 1979 年宪法规定，作为国家元首的总统由公民投票直接选举产生，负责实施宪法，签署议会或经公民投票做出的决议，提出总理人选，但国家的最高领导人不是总统，而是宗教领袖，该领袖须由人民公认并能接受的一位宗教首领来担负。如无合适人选，则由专家会议推选 3~5 名宗教人士组成领袖委员会主持国家事务。领袖或领袖委员会统帅全国武装力量，任免三军高级指挥官和革命卫队司令，签署总统任职书甚至罢免总统，有权决定宣战、停战和大赦等。

（2）第三世界国家政党制度的类型。

1）一党制。其中又可以分两类。一类是法定的一党制，即法律规定只存在一个政党，其他政党都不允许存在。另一类是一党占优制或一党多元制，即存在两个以上政党，但只有一个政党能够长期执政。目前，第三世界国家实行法定一党制的有缅甸、阿尔及利亚等 20 多个国家。属于一党占优制的有印度、新加坡、叙利亚、墨西哥、圭亚那等。

2）两党制。实行这种政党制度的较少，只有拉美少数国家如哥伦比亚、乌拉圭、委内瑞拉和洪都拉斯等。亚洲的斯里兰卡也基本上属于这种类型。

3）多党制。存在三个以上政党，通常由几个政党联合上台执政。这类国家有土耳其、菲律宾、泰国、摩洛哥、毛里求斯、智利、阿根廷、巴西、危地马拉、厄瓜多尔和巴拿马等。大多数国家政权不稳定，政府或议会更迭频繁。

无党制。还有一些国家没有政党或在法律上禁止政党活动，取缔政党。这类国家多是君主制国家或军人执政国家，如不丹、约旦、沙特阿拉伯、科威特、巴林、阿曼、阿拉伯酋长国、莱索托、斯威士兰、汤加、图瓦卢、几内亚、加纳、毛里塔尼亚、尼日尔、尼日利亚和利比亚等。无党制是第三世界所独有的。

3. 战后第三世界国家的政治思潮

（1）民族主义思潮。战后，民族主义思潮派别多，影响广，是第三世界最重要的政治思潮。其中亚洲的尼赫鲁主义、苏加诺民族主义、非洲的纳赛尔主义、拉丁美洲的庇隆"民众"或"正义"主义，是战后初期至 20 世纪 70 年代理论上具有代表性、实践上产生过重大影响的民族主义思潮。亚非拉民族主义思潮，顺应了历史发展的潮流，符合各国人民的愿望，在群众中产生了巨大的号召力，成为动员和组织人民为争取民族独立而斗争的强大思想武器，起到了推动历史前进的积极作用，它的主流是健康进步的。

民族主义对战后世界政治的积极影响主要表现在：①亚非拉被压迫民族的民族主义，成为反对帝国主义和殖民主义，争取民族独立和民族自决，动员殖民地、半殖民地国家的各阶级、阶层和集团进行斗争的思想武器，推动了战后民族解放运动的发展和亚非拉民族独立国家的建立，瓦解了帝国主义的殖民体系。②民族主义成为新兴民族独立国家巩固政治独立，发展民族经济，反对外来干涉和控制的思想基础。③泛民族主义在化解民族纷争、促进民族国家联合中有积极的影响和作用。所谓泛民族主义是民族主义超越民族国家界限，在宗教、传统文化、语言或语族、民族或种族和地理单元的基础上形成联盟。如泛非主义、泛拉美主义和泛伊斯兰主义等。

但是，第三世界民族主义也有消极的一面，主要表现在：①民族主义在民族矛盾和领土争端中，常常导致一个国家不顾其他民族和他国的利益，甚至不顾国际社会公认的国际关系基本准则，片面追求本民族、本国的利益，极易发展成为民族扩张主义和地区霸权主义，导致国家关系的恶化，冲突频繁。例如，庇隆的大阿根廷思想，纳赛尔的"阿拉伯统一"思想，表现出明显的扩张主义倾向，破坏了地区的和平与稳定。②民族分离主义不仅对多民族国家的统一产生消极影响，而且为他国干涉提供了机会。③泛民族主义常常成为推行霸权主义和帝国主义政策、实行民族压迫和种族压迫的工具，具有消极甚至是反动的影响和作用。④极端民族主义诉诸暴力和恐怖活动，威胁着人民的生命安全和社会的稳定。目前，许多国际恐怖活动都是极端民族主义分子所为。⑤民族沙文主义把自己的民族利益看得高于一切，对内主张对其他民族实行强制同化或歧视，对外主张侵略、扩张、占领、统治、掠夺、征服和奴役其他民族和国家。如中东一些国家对本国内库尔德民族的政策就是民族沙文主义的表现。⑥很多民族主义反对共产主义和马克思主义。他们在理论上表示要与共产主义划清界限，在实践上则公开反对共产党。例如，纳赛尔在国内严厉镇压共产党的活动，庇隆则公开宣扬"正义运动是唯一实际有效的反共运动"。

(2) 社会主义思潮。社会主义是仅次于民族主义的第二大思潮。据统计，到1981 年，世界上提出以社会主义为目标的民族主义政党有 100 多个，其中执政党有 42个，自称是社会主义国家或走社会主义道路的国家有 51 个。有些国家的国名还以社会主义命名，如"斯里兰卡民主社会主义共和国"，"缅甸社会主义共和国"，"社会主义埃塞俄比亚"，"大阿拉伯利比亚人民社会主义共和国"等。亚非拉社会主义思潮有种种类别，如民主社会主义、阿拉伯社会主义、非洲社会主义、亚洲的佛教社会主义、拉美的基督教社会主义、军事社会主义、合作社会主义等。这些思潮与马克思倡导的科学社会主义有着本质的区别。亚非拉的社会主义实质上是资产阶级民族主义在特定历史条件下的一种变形。

社会主义思潮的兴起，有着深刻的社会历史背景。战后一段时期内，社会主义国家，特别是苏联和中国，在各方面取得了引人注目的成就，国际威望日增，社会主义对亚非拉新独立的国家产生了很强感召力。由于新独立的国家过去长期遭受殖民主义的压迫和剥削，对资本主义制度的种种弊端深恶痛绝，决心摒弃资本主义。客观上，这些国家的前资本主义占相当优势，资本主义未得到充分发展，对社会主义的发展阻力较小。而某些新兴国家的领导人往往认为社会主义的某些原则和思想与他们的社会历史传统和宗教信仰有某些吻合之处，社会主义的政治体制在他们看来也比较适合他们的国家。

在亚非拉各种社会主义思潮产生以前，科学社会主义理论已经在许多国家传播，并相继在中国、越南、朝鲜、蒙古变成了现实，随后在古巴也建立了社会主义制度。1989～1991年，东欧和苏联的剧变给第三世界国家的共产党人以强烈的冲击，也引起了他们的深思，并主动寻找把科学社会主义理论与本国实践相结合的道路。在一些国家，许多共产党人还在为实现科学社会主义而奋斗。中国、越南、朝鲜、古巴仍然坚持社会主义，特别是中国，在建设中国特色的社会主义方面取得了巨大成就。科学社会主义思潮仍在亚非拉地区广泛传播，必将对这些地区的发展产生深远影响。

（3）伊斯兰复兴主义思潮。战后，世界上穆斯林人数上升很快，目前已达到近13亿人。以伊斯兰教为国教或穆斯林在本国居民中占半数以上的国家有50多个。一系列国际性或地区性的伊斯兰组织也纷纷出现，如1954年纳赛尔发起召开的伊斯兰大会、1962年成立的穆斯林世界联盟、1970年建立的伊斯兰会议组织等，其宗旨是促进各成员国之间的团结，巩固成员国之间的合作，支持一切穆斯林人民保障其尊严、独立和民族权利的斗争。各地穆斯林组织加强了协调，活动频繁，诵经团、教法代表团等的互访日益增多。20世纪70年代以后，在西亚和非洲广大地区出现了一场前所未有的复兴伊斯兰教的运动。1979年的伊朗伊斯兰革命使这一运动达到了高潮。

伊斯兰复兴运动的兴起，是国际斗争和伊斯兰国家内部各种社会矛盾的一种反映，有深刻的历史背景。①它是对外来侵略的反抗。伊斯兰国家历史上受西方侵略，独立后仍然受西方政治经济文化的侵略，同时饱受两个超级大国争夺之苦。为了维护本国的主权和本民族的尊严，他们便以伊斯兰教作为对抗还击的一种手段。②战后伊斯兰国家大都政局动荡，经济困难，国内社会矛盾激化，统治者与被统治者均想在伊斯兰的旗帜下寻求出路。例如，伊朗在巴列维国王统治时期，经济严重恶化，官员腐败透顶，引起各阶层人民的强烈不满。霍梅尼正是在这种情况下，利用古兰经的教义，发动各阶层人民，一举发动伊斯兰革命而获胜。③阿拉伯世界的领导人如纳赛尔、卡扎非等倡导泛伊斯兰主义，号召信仰伊斯兰教的阿拉伯国家联合起来，这也推动了伊斯兰复兴运动的兴起。④20世纪60年代以后，生产石油的伊斯兰国家，经济奇迹般地发展，它们不惜为发展伊斯兰教提供大量经费，这也在一定程度上起了促进作用。

战后，伊斯兰复兴运动在反对霸权主义和强权政治、维护民族独立和民族尊严，在实行经济合作和经济一体化、发展民族经济等方面，起着一定的积极作用。但也要看到它盲目反对共产主义思想和西方进步思想、倡导复古倒退、掀起宗教狂热做法的消极性，以及某些宗教领袖提出的输出革命理论和个别组织的恐怖主义活动的危害性。

原教旨主义兴起和发展是伊斯兰复兴主义的另一重要表现。原教旨主义是伊斯兰教中的保守派别。它主张回到早期伊斯兰教去，一切以古兰经的正文和圣训为依据，不允许对其进行任何解释，即所谓凭经立教，反对异端。这一思潮易于为一般穆斯林，特别是宗教意识强烈的穆斯林所接受。在政教合一的沙特阿拉伯和伊朗，以及大力推行伊斯兰化的国家里特别盛行。比如，沙特阿拉伯等国规定，不设剧院和电影院，画家不准塑造人物形象，妇女一律戴面纱，不准露出身体，强奸者要以乱石击死，私通者要遭鞭笞，男女不能同校，窃贼被砍手等。他们将这些称之为"净化运动"。伊斯兰原教旨主义的理论与实践无助于伊斯兰各国政局的稳定与经济发展，也有碍世界的和平与稳定。

（4）民主化浪潮。自20世纪70年代末以后，第三世界国家掀起一股以资产阶级取代封建专制统治和军人独裁政权，以多党制或两党制取代一党制或无党制的民主化浪潮。

民主化浪潮是从拉丁美洲开始的。20世纪70年代末以后，拉美各阶层群众反独裁、争民主的斗争日益发展，出现了军人还政于民的所谓民主化进程。在南美，1979年，厄瓜多尔结束了为期7年的军人统治，成立了文官政府。1980年，秘鲁恢复了民选政府。此后，玻利维亚、阿根廷、巴西、乌拉圭相继实现了文官执政。在中美洲和加勒比地区，1979年，巴拿马正式举行了16年来的第一次大选。1986年，长期统治海地的杜瓦利埃独裁政权垮台；1989年，巴拉圭的斯特罗纳斯将军在统治这个国家35年之后被推翻，从而结束了西半球最长的独裁统治。同年，智利通过选举，也结束了皮诺切特将军的军人政权。至此，拉美军人专制政权全部垮台。

民主化浪潮很快波及亚洲。1986年2月，菲律宾的马科斯政权在实行独裁统治18年之后被推翻。1988年初，韩国的金斗焕被迫和平让权，宣布放弃家产，退隐政坛。同年，泰国进行大选，12年来首次民主选举政府首脑。在缅甸，持续的群众运动迫使统治26年之久的铁腕人物奈温于1989年下台，随后废除一党专制，实行多党选举。1990年12月，孟加拉国总统爱尔沙德，因贪污腐败激起民众的愤怒，被迫下台。

20世纪80年代后期，民主化浪潮也波及非洲，其特点是当政集团放弃一党制，实行多党制。1988年底，非洲有30多个国家实行一党制，只有11个国家实行多党制。但自1989年2月阿尔及利亚修改宪法，改行多党制以后，许多国家也由一党制演变为多党制。

第三世界的民主化，部分地实现了某些民主政治的目标，具有历史的进步作用。通过这一变革，专制制度受到打击，民主力量得到发展和锻炼，社会各阶层群众提高了参政议政的民主意识，第三世界国家逐步走上政治的民主化。但是，这一民主化进程只是民主变革进程中的一个开端，存在很大的局限性。在大多数第三世界国家中，政治民主的发展不是一帆风顺的，民主化浪潮在更多的情况下带来的是社会危机和政治动荡。如何实现政治稳定与政治民主的良性发展，实现政治和经济的良性互动，在政治稳定的基础上稳步推进政治民主，在政治发展的前提下迅速发展民族经济，依然是第三世界国家面临的长期艰巨的历史任务。

4. 战后第三世界国家政治发展的成就与问题

战后，第三世界国家政治发展的成就主要表现在：①它们在政治上摆脱了殖民地半殖民地时期被压迫被奴役的地位，获得了民族的独立与解放，成为国际社会中主权独立的民族国家；②它们在不断探索着适应本国国情的发展道路与模式；③多数国家内部政治参与的民主化程度不断提高，集权体制逐步向民主体制发展；④大多数国家实行的民族政策正在化解种族、部族、民族矛盾，形成了和平稳定的政治环境，促进了世界的和平与发展。

另外，战后第三世界中少部分国家因为意识形态矛盾、民族矛盾、宗教矛盾和大国干预造成国内政局不稳，军事政变、民族和宗教冲突接连发生，有的甚至成为局部战争的发源地，不仅影响本国的发展，甚至影响本地区乃至世界的稳定与发展。

二、战后第三世界国家的经济发展

1. 战后第三世界国家经济发展的成就

（1）经济发展过程。战后第三世界国家经济发展，整体而言，前二三十年间发展较快，进入 20 世纪 80 年代以后发展迟滞，发展过程大体上经历了发展准备阶段（1945～1955 年）、起飞阶段（1956～1965 年）、高速增长阶段（1966～1973 年）、开展石油斗争和争取建立国际经济新秩序的斗争阶段（1973～1980 年）、停滞阶段（1980～1990 年）、经济调整与改革阶段（1990 年至今）。就不同国家和地区来说，有些国家如东亚和东南亚、拉美国家和中东石油国家发展较快，成就较为突出，另一些国家和地区，特别是非洲前进缓慢，成效不是很大。

经过战后几十年的发展，第三世界国家的经济发展规模和水平出现了五个不同的层次：①新兴工业化国家和地区，如亚洲"四小龙"和以色列等。②中东石油输出国。③中等收入且加快发展的中小国家，如南非、摩洛哥、突尼斯、加蓬、智利、秘鲁、阿根廷、委内瑞拉、哥伦比亚等国。④收入低但发展快的地区性大国，如中国、印度、印尼、巴基斯坦、巴西、埃及等国。⑤最不发达国家，有 49 个。

（2）经济发展成就。战后第三世界国家的经济发展成就主要体现在：①国民经济有了较快的发展。经济增长速度不仅大大高于独立以前，也高于发达国家。据世界银行的资料显示：1955～1970 年，发展中国家（包括中国，但不包括高收入石油出口国）国民生产总值年平均增长率为 5.4%，而西方工业国家为 4.7%。20 世纪 70 年代，发展中国家为 5.3%，西方国家为 3.2%。同期，发展中国家人均国民生产总值年均增长率达到 3.1%，而西方国家为 2.4%。②畸形的经济结构逐步改善。独立前的亚非拉国家经济结构单一，以手工劳动为主的农业比重大，工业水平低。经过战后几十年的发展，发展中国家的工业化程度有了较大提高。现代工业的增长速度大大快于农业，经济结构发生了很大变化。在工业增长中，制造业的增长速度较快，高于西方工业国家。1963～1973 年，发展中国家制造业年均增长率为 8.1%，而西方工业国家为 5.8%；1973～1980 年，相应的数字为 3.6% 和 1.6%。③经济自主性有所增强。发展中国家的经济在独立前完全被宗主国所控制。独立后，这些国家和地区废除了对宗主国的贡赋和某些特权，或把外国企业收归国有，或增加在外资企业中的股份，或限制外国垄断资本的非法活动等。经过几十年的发展，许多发展中国家已经能够按自己的民族意愿制定本国经济的发展战略和政策，发展国家资本主义经济和私人经济，并对外国垄断公司进行监督和管理。过去那种"工业欧美、原料亚非拉"的传统国际分工格局已开始改变。另外，发展中国家的石油生产直接影响着世界经济的前景，1973年，石油输出国组织发动的石油斗争极大地震撼了世界经济。④出现了一批新兴的工业化国家和地区。从20世纪60年代开始，亚洲的新加坡、韩国、马来西亚、泰国、以色列，中国的台湾地区和香港特区，拉丁美洲的巴西、墨西哥、阿根廷，非洲的南非等国家和地区，经济发展迅速。这些国家和地区首先发展劳动密集型为主的轻纺工业，后来又发展钢铁、化工和船舶制造等重工业，建立了比较完整的工业体系，工业占国民生产总值的比例大大提高，工业制成品已成为出口的主要部分。特别是亚洲"四小龙"经济规模迅速扩大，不断调整经济结构，工业化和现代化日益提高，人民生活水平显著改善，以政府与企业协调为特色的经济发展模式表现出蓬勃生机。中东的石油输出国，也在农业、轻工业、炼油、化工和钢铁工业等方面取得了长足的进步。这些新兴工业化国家和地区已形成世界上一支新兴的经济力量。

2. 战后第三世界国家的经济发展战略

第三世界国家发展经济的共同战略目标是迅速提高生产力，发展社会经济，使本国成为富裕的先进国家。多数国家独立后逐步探索和实施了某种经济发展战略。以发展中国家所实施的贸易政策为标志，它们的经济发展战略分为进口替代战略和出口导向战略两大类：

（1）进口替代战略。所谓进口替代战略，就是通过建立和发展本国的制造业和其他工业，替代过去的制成品进口，以带动经济增长，实现国家的工业化。主要内容有：①贸易保护政策。对制成品特别是消费品进口，通过关税手段（如征收高额关税、进口附加税等）和非关税手段（如实施许可证制度、进口数量限制等），以限制直至完全禁止外国某些工业品的进口。②外汇和汇率政策。限制外汇的持有，企业和居民必须将外汇全部或部分地售给指定的外汇银行；规定出口商只能接受可充作国际清偿手段的外国货币；实行外汇配给，对进口替代工业给予适当照顾；对资金流出国外实行管制等。③投资政策。为促进替代工业的投资，在财政、税收、价格和信用等方面给予进口替代工业特殊优惠。同时对外资投资部门的控股、经营管理、资本和利润汇出等方面，都作了较严厉的限制。有些国家甚至采取排斥的政策，把一些外资企业收为国有。但由于发展中国家面临资金短缺和技术问题，后来大都对外资转而采取不同程度的放宽政策与鼓励政策。

实行这种战略的国家大致可分三种情况：第一种国家，实施的时间较长，一般都经历了几十年，如巴西、墨西哥和印度等国家。第二种国家，实施进口替代战略进程较短，典型的是新加坡和韩国。新加坡1959年独立后，实行过一段进口替代战略。1965年，新加坡退出马来西亚联邦后，深感国内市场过于狭小，于是在1967年后，很快转为面向出口的战略。第三种国家，属于工业发展起步较晚的国家，大体上是20世纪60年代以后才开始进口替代工业化进程的。如非洲的尼日利亚、肯尼亚、加纳、赞比亚和中东地区一些国家。

但是，发展中国家实施进口替代战略大都收效甚微，经济难以进一步发展，迫切需要转变发展战略，在战后科技革命的推动下，西方发达国家经济运转较好，战前严格的贸易限制大大放松，这给一些国家增加出口创造了条件；同时，各国跨国公司日益重视利用发展中国家的丰富资源和廉价劳动力队伍。实行新的工业战略有了可能，许多国家开始由进口替代转为面向出口。

(2) 面向出口战略。面向出口战略也称出口导向战略，是指使本国的工业生产面向世界市场，着眼于发展出口产品，并以制成品出口逐步替代过去的初级产品出口。实行这一战略的发展中国家大力鼓励出口，对出口制品减免关税，给予出口补贴；对产品出口提供信贷和保险；对出口部门所需的原材料、零配件和机器设备进口，减免关税或减少进口限制，给出口商品提供一定比例的进口限额和许可证等。在外汇和汇率政策上，拟定合理的汇率，改变因汇率高而不利于本国产品出口的情况，实行货币贬值，给出口企业和出口商优先提供外汇或实行外汇留成、出口奖励等制度。

实施这一战略的国家大体上分为三种类型：①一些小国和地区，由于资源和市场的限制，它们主要发展面向出口的加工工业。②原来出口初级产品的国家，现在日益增加对初级产品的加工出口，如马来西亚、泰国、科特迪瓦等国。③发展中国家中的大国，如巴西、墨西哥、阿根廷、印度等国。它们的制成品出口，很大程度上是立足在过去进口替代期间所建立的工业基础之上。

战后发展中国家为实现国家工业化所实施的两种经济发展战略，各有所长，对国民经济发展都起过一定的积极作用。进口替代有利于建立独立自主的民族经济，免受资本主义世界市场的冲击。一些国家从轻工业的进口替代逐步发展到重工业的进口替代，逐步改变本国的单一经济结构。面向出口的战略，有利于实现规模经济，扩大市场范围，推动企业经营效率提高，从而加快经济增长步伐。但是，两种战略也都对经济发展有一定的负面影响。进口替代战略限制国内市场的扩大，导致市场不足，生产力闲置，工业产品出口因成本高、质量低而缺乏竞争力；由于过于着眼进口替代工业，忽视了农业和电力、能源工业发展和基础设施建设，制约经济的整体效益。面向出口战略由于主要是为了出口，容易使这些国家和地区经济严重依赖世界市场，同时也容易加剧通货膨胀和物价上涨，人民生活难以改善。

农业在发展中国家具有重要战略地位。在多数国家里，农业状况的好坏直接关系经济增长和工业化进程的全局。但第三世界各国在现代化进程中，多把力量集中于发展工业，不同程度地忽视了农业，带来严重的粮食问题。从 20 世纪 60 年代中期特别是 70 年代以来，许多国家逐步把农业放在经济发展的首位，并制定了相应的农业发展战略。主要内容有对农村土地和租佃关系进行调整和改革，扩大国家对农业的投资和扶持，引进高产良种和农业新技术，扩大耕地面积，实行绿色革命，改善农民的物质生活条件等。经过几十年的发展，农业取得了一定成就，有的国家粮食自给程度有了较大提高。但仍有一些国家特别是非洲国家没有解决好农业的发展问题。

3. 战后第三世界国家经济发展的困难和政策调整

（1）战后第三世界国家经济发展中存在的困难。战后，发展中国家在发展民族经济方面取得了很大成绩，但还存在着许多问题。20 世纪 70 年代末以后，这些问题日益突出，以至对于许多发展中国家而言，80 年代是倒退的 10 年。

经济增长出现停滞。20 世纪 80 年代发展中国家经济年均增长率为 3.1%，远远低于前 15 年接近 6% 的年均增长水平。1989 年，发展中国家人均国民生产总值相当于 1980 年的 98%，其中非洲相当于 80%，西亚只相当于 64%。

发展资金短缺，总投资水平明显降低。1965～1980 年，中低收入的发展中国家国内总投资水平平均增长 8.2%，而 1980～1989 年则只达到 2%，其中拉美和撒哈拉以南非洲国家有的出现负增长。1983 年以后，资金出现了向发达国家倒流的情况。1983～1989 年，资金倒流总额 2000 多亿美元，致使发展中国家无钱还债和投资建设。

债务负担沉重。为了弥补资金的短缺，他们借了大量的外债。1980 年，发展中国家的外债不过 6300 多亿美元，到 1990 年则达到 12000 亿美元，1991 年，达 13200 亿美元。这就使发展中国家资金不足的问题更加突出，形成资金债务的恶性循环。沉重的债务成为发展中国家经济发展道路上的严重障碍。

对外贸易条件急剧恶化。20 世纪 80 年代初，由于世界经济增长缓慢，国际市场上初级产品价格持续下降。与此同时，发达国家的工业制成品价格却不断上升，发展中国家的贸易条件随之大大恶化。由于贸易状况不佳及还本付息的增多，发展中国家经常项目的国际收支赤字不断扩大，1990 年达 210 亿美元，致使一些发展中国家纷纷压缩国内需求，大幅度削减进口。

粮食匮乏。1974～1984 年，粮食生产赶不上人口增长的发展中国家就有 50 多个。发展中国家谷物自给率已从 20 世纪 60 年代上半期的 96% 下降至 20 世纪 90 年代初的 92% 左右。20 世纪末，115 个发展中国家几乎有一半人均粮食消费量下降，8.2 亿人口长期缺粮。最困难的是非洲，正常年景整个非洲有 1/5 的粮食需要进口，一遇灾年，则出现大规模的饥荒。在亚洲，大约有 2 亿人口长期生活在饥饿与疾病的阴影下。

失业严重、贫富差距加大和两极分化加剧等问题，不仅严重影响经济的进一步发展，而且造成一些国家的政局动荡、社会矛盾激化。

出现上述困难的原因是多方面的。外因是旧的世界经济秩序的束缚，世界市场油价暴跌和其他初级产品价格下降，贸易保护主义的影响。内因是经济基础薄弱，资金不足，技术落后，政局动荡，特别是一些国家决策上失误，如过多强调国有化和国营经济的作用，盲目追求高速度与现代化，重工轻农，对外闭关自守等。

（2）战后第三世界经济政策的调整。为克服困难，促进经济发展，从 20 世纪 80 年代中期以后，发展中国家一直在调整政策。各国调整的内容各不相同。

根据本国国情制定与调整经济发展的战略。一些过去实行以进口替代为主的发展战略的国家，如印度、印度尼西亚、乌拉圭、智利等，都加强了鼓励出口的工作，积极发展对外贸易和劳务出口；一些以出口为主的国家和地区，如泰国、菲律宾、科特迪瓦和韩国等，则重视加强国内的进口替代，以减少进口，节省外汇。越来越多的发展中国家更加重视把这两种战略更好地结合起来，发挥它们各自的优点。

改革经济管理体制。20世纪80年代以来，发展中国家纷纷对经济管理体制，特别是对国有企业进行改革，其中包括：减少政府对经济的过度干预，放松价格管理，更多地发挥市场供求关系的作用；将一些严重亏损的企业实行关停并转，并将一些工商企业转为公私合营或私营；积极发展私营企业。印度、阿尔及利亚、埃及等一些过去强调国家干预、发展国有经济的国家，转而放宽了私人资本在大型工程和工矿业的投资限制，并通过税收减免、优惠贷款等措施，鼓励私人资本投资中小企业，以增加生产，扩大就业。

实行开放政策。20世纪80年代以来，许多发展中国家改变过去闭关自守的状况，提出国际化的口号，在政治、经济独立自主的基础上，实行对外开放，大量吸收外国资本和先进技术。许多国家突破意识形态和政治关系的限制，注重对外开放的多方位和对外经济联系的多元性，以经济利益为重，同各类国家发展经贸关系。不少国家为了引进外资，制定了鼓励外资的优惠政策，保障外资利益，改善投资环境。

调整经济结构。第三世界国家纷纷采取措施，调整国民经济中的薄弱环节，努力实现工业、农业、能源、交通、金融、服务等各部门的均衡发展。调整工业内部结构，促进产业结构升级和多样化。例如，石油输出国积极发展石油开采、提炼、化工、运输和销售等行业，力争建立一个比较完整的工业体系。东盟国家计划大力发展适合本地区资源条件的金属、化工等基础工业，提高农矿产品加工程度，以减少对初级产品出口的依赖。亚洲"四小龙"则逐步淘汰效率不高的劳动密集型产业，纠正重工轻农的倾向，发展农业生产，改变粮食完全依赖进口的局面。

第三世界国家进行的经济调整与改革，取得了一定的积极效果。但存在的困难与问题仍然很多，还需要进行长期的艰苦努力。

三、战后第三世界国家对外关系的特征

1. 和平中立"不结盟"的对外政策

第三世界各国的国情千差万别，他们在处理对外关系时，存在着各自的特点与诸多差异。但是，作为一个整体，第三世界对外政策的基本原则却是一致的，即在对外关系中奉行"不结盟"的政策，或称为和平中立"不结盟"的政策、独立自主政策。

最早将"不结盟"作为一种外交政策实施的是印度，而后，印度尼西亚、埃及、柬埔寨、斯里兰卡等亚非新独立国家也纷纷推行这一政策。1961年6月，在贝尔格莱德召开的"不结盟"国家第一次首脑会议，明确把"不结盟"政策作为"不结盟"运动的最主要政策。会议确定了加入"不结盟"运动的五个条件，即推行和平共处和不结盟基础上的独立政策，支持民族解放运动，不卷入大国冲突和不参加大国军事联盟，不与大国签订双边联盟条约，不允许在其国土上建立外国军事基地。这实际上提出了"不结盟"政策的基本原则。

随着"不结盟"运动逐渐发展成为大多数第三世界国家共同的运动，"不结盟"

政策的内容也逐渐丰富和发展，已远远超出了不参加大国联盟这一较狭窄的意义，成为一个集中代表第三世界国家对外政策的综合范畴。不结盟政策归纳起来，主要有以下内容：反帝、反殖、反霸，争取和维护民族独立，并在斗争中相互支持；发展民族经济，巩固政治斗争成果；反对各种形式的种族歧视和种族隔离，承认一切种族平等，承认大小国家一律平等；倡导和平、中立和不结盟，积极参加和支持"不结盟"运动，不参加并反对任何大国军事集团；遵守和平共处五项原则，并以此处理国与国之间关系；遵守联合国宪章，通过谈判用和平方法解决一切国际争端，不得使用武力或以武力相威胁；加强第三世界各国的团结，实行南南合作，扩大对话与合作渠道，促进共同发展；呼吁南北对话，消除和缩小日益扩大的南北经济差距，采取有利于世界各国的方式解决全球的经济、社会、人口和环境问题；依据和平共处五项原则以及其他公认的国际法准则，建立国际新秩序，为世界的和平与发展而努力，等等。

第三世界各国奉行和平、中立与"不结盟"政策的核心内容和根本目的，在于维护各国的根本利益，即维护本国本民族的独立自主与生存发展。从这个根本目的出发，第三世界国家在对外关系中，积极加强彼此间的团结与合作，在矛盾冲突中不断拓展与西欧、日本的合作关系，坚决反对美苏的霸权主义和强权政治行径。实际上，这是如何在国际上处理敌、我、友关系的问题。

2. 战后第三世界的对外关系

（1）第三世界与超级大国的关系。第三世界曾经是美苏两个大国争夺的中间地带。第三世界与超级大国的关系就是在这一背景下展开的。超级大国力图控制第三世界国家，在一些国家和地区建立军事基地，对这些国家施加政治影响，力图把他们纳入自己的全球战略之中。为此目的，美苏不断插手第三世界国家内部事务和地区争端，使他们不仅在经济上，而且在政治上、军事上加深对超级大国的依附。战后初期，第三世界与美国的关系多受制于美国对社会主义阵营的遏制战略，许多国家在政治、经济、军事诸多方面与美国关系密切，被绑在美国的战车上。后来，在美苏争夺世界霸权过程中，许多国家随着苏联的援助、扶持、渗透和控制的加强，强化了与苏联的关系。在美苏两个超级大国激烈争夺下，第三世界国家成为他们争斗角逐的牺牲品。美苏不仅在发生争端的国家或地区各自支持一方，而且还直接在一些国家和地区插手制造新的争端。结果，哪里有超级大国的插手，哪里就动荡不安，冲突不止，遭受无尽的苦难。面对美苏的争夺，第三世界国家为谋求独立、生存和发展，同霸权主义展开了长期的斗争。第三世界与超级大国的关系，实际是控制、干涉与反控制、反干涉的关系。正是在反对两个超级大国的控制、干涉的斗争中，第三世界逐渐成长壮大。同时，它们也利用两个超级大国之间的矛盾斗争，从美苏得到一定的支持和援助，取得独立与发展的机会。"不结盟"运动、"77国集团"以及其他一些发展中国家的组织，在一定程度上，就是利用美苏对立斗争的时机，建立和发展起来的。

（2）第三世界与西欧、日本的关系。西欧、日本与第三世界一直存在密切的政治经济联系。过去西欧等国曾在亚非拉地区拥有广大的殖民地和附属国。它们之间是宗主国与殖民地的关系。战后由于亚非拉国家相继独立，他们之间的关系也随之发生变化，但联系依然密切。第三世界与西欧关系比较曲折。战后初期，民族解放运动风起云涌，西欧宗主国正是广大殖民地半殖民地国家矛头所指的斗争对象。但是，独立后割不断的政治经济联系，使得西欧与非洲在20世纪50~60年代建立起联系国制度，并逐步由从属关系向对等关系转变。20世纪70年代中期以后，第三世界国家与西欧关系进入对话与合作的新阶段，连续四个《洛美协定》的签订，以及欧洲和阿拉伯世界对话的开展，是到20世纪80年代末为止取得的突出成果。第三世界一些国家，特别是东南亚和中东国家，同日本的关系比较密切，经济关系日益发展，政治对话也逐渐展开。总体来说，第三世界与西欧、日本的关系是在曲折进程中不断得到巩固和发展的。双方虽然存在很多矛盾和问题，西欧、日本与第三世界国家之间存在着不平等的一面，存在着剥削、压迫与被剥削、被压迫的一面，但彼此间也有平等合作的一面，并且在不断发展扩大。同美国对第三世界的态度相比，西欧、日本是比较合作的。西欧、日本需要第三世界的力量来提高自己的国际地位，同时需要第三世界的能源和原料供应，这决定了他们要采取比美国更明智的政策；第三世界国家要巩固政治独立，反对霸权主义，利用外部联系，发展民族经济，也必须重视同西欧、日本在各个领域里发展关系，这是双边合作的前提和基础。同时，第三世界国家也对西欧、日本附和美国，维护旧的国际政治经济秩序，侵犯第三世界国家权益的行为开展有理、有利、有节的斗争。

（3）第三世界国家之间的关系。通过加强第三世界国家之间的团结合作（南南合作）关系来巩固民族独立和提高集体自力更生的能力是第三世界对外关系的一个重要方面。第三世界国家过去有过共同的遭遇，独立后面临着共同的任务，他们之间没有根本的利害冲突，南南合作存在着广泛的可能性。从经济上讲，第三世界国家有丰富的自然资源和广阔的市场；各国经济发展的不平衡性反过来也有助于提供发展的互补性；各国经济一定程度的发展，为经济合作创造了新的物质基础和有利条件；第三世界国家之间的经济合作，也有助于联合自强，形成合力，共同冲破不合理的国际经济旧秩序。从政治上讲，第三世界国家团结起来用一个声音说话，可以更有力地维护第三世界的整体利益与各国的切身利益。正是在这一基础上，南南合作在20世纪50年代中期以后迅速发展起来。1961年不结盟运动的成立和1964年"77国集团"的成立，标志着南方国家开始采取集体行动促进共同利益和共同发展。1970年，在卢萨卡会议上通过的《不结盟和经济进步宣言》成为不结盟国家进行政治经济合作的基础和行动纲领。与此同时，第三世界国家建立了各种地区性组织、经济合作组织、原料生产和输出国组织以及区域性金融组织。经济合作在贸易、金融、技术等领域普遍展开。政治合作也遍及双边与多边、地区与全球的各个层次与各个领域。1982年和1983年先后在新德里和北京召开的南南合作会议，是第三世界国家合作的重要里程碑。几十年来，第三世界国家通过加强合作，依靠自己的力量促进了经济发展，增强了集体自力更生的能力，依靠团结起来的力量，提高了第三世界国家在国际舞台上的地位，为建立国际新秩序创造了条件。

第三节 冷战后第三世界的政治经济与国际地位

一、冷战后第三世界国家政治的新变化

1. 政治民主化浪潮汹涌

苏东剧变对第三世界国家，特别是过去仿效苏联建立一党制的国家的政局和政治体制产生了巨大的冲击，使民主化再起波澜。

在非洲，从西非的贝宁到东非的莫桑比克，从北非的阿尔及利亚到南部非洲的赞比亚，在非洲大陆掀起了以多党民主为核心的政治风暴。仅 1990 年非洲就有 21 个国家宣布放弃一党制，改行多党制。在这种形势下，第三世界许多国家在政治体制上进行了形式多样的改革，基本上是朝着仿效西方宣扬的多党议会制方向发展。到 1991 年 6 月，非洲实行多党制的国家有 30 个，实行一党制的国家只剩下十余个。目前，大多数非洲国家都实行了多党制。

在拉美，1994 年，萨尔瓦多、巴拿马、哥伦比亚、墨西哥、巴西、哥斯达黎加、洪都拉斯、乌拉圭和委内瑞拉等国都是通过大选进行国家最高领导人更迭的。从 20 世纪 90 年代中期的海地到 21 世纪初的委内瑞拉，军事政变先后均告失败，政权都又重新回到了民选政府手里，军事统治在拉美地区已经没有市场。

在亚洲，东亚、东南亚地区各国的民主化虽然带来了一定的社会动荡，但民主政治体制已经进入正常轨道。南亚和西亚地区的情况有些复杂，虽然个别国家曾发生军事政变或者实行军人统治，但是也都设法披上民主的外衣；2008 年，尼泊尔国王贾南德拉退位，废除帝制，实行共和制。在中亚，阿富汗经过"9·11"反恐战争后，建立起了民主政治体制，2004 年举行总统大选，卡尔扎伊以 55.4% 的得票率获得阿富汗历史上首次总统直选的胜利；宗教色彩十分浓厚的伊朗也有了民主化的气息，2009 年 6 月的总统选举中，国内改革派在选举中失利，举行大规模示威游行，造成冲突和人员伤亡。2006 年 9 月，泰国发生军事政变，推翻前总理他信政权。2009 年和 2010 年，支持他信的民众组成"红衫军"发动大规模抗议活动，泰国局势陷于动荡。

在苏联东欧地区，新独立出来的第三世界国家，更是坚定地走西方民主道路，多数国家的民主政体已经进入成熟期，部分国家在发生"颜色革命"时，也出现了政治动荡。

冷战后，第三世界国家政治民主化出现新的特点：政治寡头被迫和平交权，体面下台，部分国家出现了政治动荡；军人政权复辟的现象虽然时有发生，但受到内外极大的压力，往往难以持久；新的政治斗争多表现为和平的政党之争、议会之争；新政权一般实行温和的政治路线，团结国内各派政治力量，组成民族团结政府，变零和竞争为非零和竞争，打下了政治长治久安的基础；民选政府大都采取扩大政治参与和政治民主的改革措施，同时争取国际社会的援助，客观上有利于国内政局的稳定。

冷战后的民主化潮流，是在全球化趋势下，国际政治普遍"西化"的反映，是

以美国为首的西方发达国家强力推广西方意识形态和民主价值观的结果。但是，新世纪以来，民主化所带来的政治动荡仍然激烈。2001 年，亚洲的印度尼西亚、菲律宾、南美的秘鲁、阿根廷等国接连发生政治危机，导致总统下台。2004 年，乌克兰的总统选举因为怀疑选举舞弊曾陷于混乱。

2. 非社会主义化成为时尚

在苏东剧变的冲击和西方国家乘机施加压力的情况下，许多原来号称为各种形式的"社会主义国家"纷纷改弦易辙，放弃社会主义，走民主化道路，或者走所谓的"第三条道路"。实践表明，大多数亚非拉国家选择的社会主义是经不起考验的。

实际上，第三世界国家普遍不具备产生马克思主义的科学社会主义的现实基础，它们没有一支有一定数量的有组织的工人阶级队伍，更没有一个由马克思主义理论武装起来的强有力的工人阶级政党。倡导社会主义的国家领导人是资产阶级或小资产阶级，它们之中有一类是根本不赞成马克思主义，也根本不打算消除私有制和打破旧的国家机器。它们只是想把社会主义的某些思想与做法糅进其传统观念或宗教教义之中。另一类是由激进的小资产阶级分子所倡导，他们虽然表示赞成马克思主义学说，但对什么是社会主义缺乏深刻了解，他们大多不顾国情照抄照搬苏联的旧模式，对经济和政治生活实行高度集中，经济上实行指令性计划、国有化和集体化，分配上实行平均主义，对外实行闭关锁国的政策，结果与主观愿望相反，阻碍了这些国家的经济和社会发展，遭到了本国人民的抵制和反对。因此，冷战后，邓小平在会见非洲某国领导人时曾明确指出，非洲不要急于选择走社会主义道路。

但是，在巴西、委内瑞拉等部分拉美国家也出现了新的社会主义思潮。

3. 伊斯兰复兴运动有了新的发展

冷战结束后，伊斯兰国家正从各方面加强联合与合作。政治上，加强协调行动，力求在涉及穆斯林国家利益的新老热点地区发挥作用；经济上，创建和扩大经济合作组织，正在向伊斯兰经济一体化方向发展。1991 年 12 月，伊斯兰会议组织明确提出，要建立一体化和伊斯兰共同市场，加强伊斯兰统一大家庭文化上的联系。苏联解体后，中亚 5 国加入了伊斯兰世界的行列，进一步促进了伊斯兰复兴运动的发展。

伊斯兰原教旨主义在国际舞台上显得更加活跃。在一些伊斯兰国家中，原教旨主义组织和政党有了较大的发展。如在阿尔及利亚有"伊斯兰社会主义运动"和"伊斯兰拯救阵线"，在埃及有"穆斯林兄弟会"、"伊斯兰集团"、"赎罪与迁徙组织"，在苏丹有"民族阵线"，在土耳其有"繁荣党"，在黎巴嫩有"真主党"，在科威特有"民众伊斯兰联盟"，在阿富汗有"伊斯兰协会"、"伊斯兰党"和"统一伊斯兰"，在中亚地区有"伊斯兰复兴党"等。某些国家的伊斯兰原教旨主义通过合法的议会斗争掌握国家政权，使这些国家的政治发展受到了严峻考验。原教旨主义组织还出现了国际性联合。1991 年 4 月，55 个穆斯林组织的代表在苏丹首都喀土穆聚会，宣布成立阿拉伯和伊斯兰人民会议。这次会议被西方称为"国际伊斯兰原教旨主义的大聚会"。1993 年 2 月，在伊朗首都举行了穆斯林原教旨主义的"统一行动"会议。

伊斯兰原教旨主义运动的斗争手段分为和平与暴力两种。前者在法律允许的范围内进行合法斗争，以取得政权；后者则属于激进的伊斯兰原教旨主义，也称伊斯兰宗教极端主义，常以暗杀、恐怖活动为主。伊斯兰宗教极端主义的恐怖活动，直接威胁着有关国家的政治稳定和人民生命安全。如埃及盲人教士拉赫曼曾三次被指控试图谋杀埃及总统和阴谋推翻政府。伊斯兰宗教极端主义者反西方不分青红皂白，绑架西方国家工作人员，枪杀游客，在世界各地制造恐怖事件，大伤无辜。如 1993 年美国纽约世贸中心爆炸案造成 6 人死亡，1000 多人受伤。1995 年，巴黎市中心地铁爆炸案使 6 节车厢爆炸起火，4 人死亡，62 人受伤。2001 年 9 月 11 日，美国纽约世贸中心和华盛顿五角大楼遭恐怖分子劫持的飞机撞击而引发爆炸的悲惨事件，造成了巨大的人员伤亡和经济损失，震动整个世界。美国认为，这一事件是本·拉登的"基地"组织所为。

伊斯兰原教旨主义主张建立政教合一的神权政治国家违背了历史发展方向。某些国家的伊斯兰原教旨主义的极端分子，为建立神权政权采取非法、地下、暴力的手段组织游行，煽动罢工，破坏公共设施，制造流血事件，恶化了国家的社会政治环境，给国家的经济建设和发展造成了难以估量的损失。伊斯兰宗教极端主义对地区冲突的介入、渗透和干扰，使地区冲突雪上加霜。伊斯兰原教旨主义极端组织主张用"圣战"将以色列逐出阿拉伯半岛，反对"以土地换和平"解决中东问题。每当中东和谈取得进展时，它们就会制造事端，给步履艰难的中东和平进程增加麻烦，干扰中东和平进程。西方国家利用伊斯兰宗教极端主义制造"新干涉主义"的借口，不利于国家稳定和世界和平。

4. 民族主义发生嬗变

冷战后第三世界国家在反对霸权主义和强权政治的斗争中，尤其是在反对"新干涉主义"的斗争中，民族主义发挥着重要的作用。因此，冷战后，第三世界的民族主义思潮的主流仍然是积极的、进步的。

然而，冷战后部族冲突和民族分离主义严重危害着第三世界部分国家的政治稳定和民族统一。在非洲，部族冲突和互相残杀，是影响非洲国家政治稳定统一的巨大隐患。因为部族矛盾，冷战后出现的索马里和利比里亚的动乱，埃塞俄比亚和厄立特里亚分离曾经给这些国家和地区造成严重恶果。特别令人触目惊心的是，1994 年卢旺达发生的震惊世界的部族屠杀，短短百日之内便有 50 多万人被杀，200 多万难民流离失所。政治动荡使非洲产生严重的难民问题，现有难民 560 万人，约占世界难民总数（1400 万人）的 42%。大湖地区的动荡导致蒙博托政权被推翻和刚果民主共和国的成立，局势稍趋平静，2001 年，刚果民主共和国总统卡比拉惨遭暗杀又激起新波澜。在亚欧地区，主要是民族分离主义猖獗。冷战结束后，由于原苏东地区民族主义的影响和冲击，在中南欧、高加索、中东、西亚、中亚，形成了一个民族主义异常活跃的地带，主要存在着两种民族主义势力。一种是以土耳其为中心的种族民族主义，表现为土耳其主义或泛突厥主义，它以突厥文化或血统关系为基础，极力向外扩展影响，成为影响这一地带政治的一股强大力量。另一种是以伊朗和沙特阿拉伯等伊斯兰教国家为代表的宗教民族主义，特别是伊斯兰原教旨主义，在中东、北非的发展势头日盛。此外，第三世界民族分离主义波及也很广。在亚洲，冷战后阿富汗的部族冲突导致长期战乱，"塔里班"政权又使阿富汗成了恐怖主义的基地，引发了反恐的"阿富汗战争"。同时，民族分离主义者的恐怖活动和分离活动，也严重困扰着中国、印度、印度尼西亚、菲律宾、斯里兰卡等亚洲国家的政治稳定和统一。在欧洲，前南斯拉夫的民族分裂达到了冷战后民族分离主义的顶峰，2002 年，塞尔维亚和黑山共和国宣告成立，南斯拉夫联盟不复存在。

二、冷战后第三世界国家经济的新变化

1. 经济快速发展

冷战后，发展中国家推行经济调整和改革政策，实行对外开放，介入地区经济一体化。虽然经济发展有起有落，地区之间很不平衡，但总体而言，多数发展中国家仍保持了较高的经济增长，成为推动世界经济增长的新生力量。突出表现在：

(1) 国民经济增速较快。1991 ~ 2000 年，发展中国家年均增长率为 5%，而同期，发达国家在增长最快的年份也不过 3.9%。其中亚洲国家发展最快。2003 年，亚洲发展中国家的经济增长率为 6%。其中，中国的 GDP 增长率为 9.1%。

(2) 外国直接投资猛增。据联合国贸发会议 1994 年发表的世界投资报告，1993 年发展中国家吸收的外国直接投资，比 1991 年翻了一番，达 800 亿美元，占全球的 41%。而 20 世纪 80 年代下半期每年仅 260 亿美元，占全球的 17%。进入 21 世纪后，发展中国家吸收的外国直接投资还在增加。外资的流入伴随技术流动，一定程度上弥补了第三世界国家资本技术要素的不足，促进了经济发展。

(3) 对外贸易迅速扩大。据国际货币基金组织统计，1989 ~ 1994 年，发达国家外贸年均增长 36%，而发展中国家年均增长 85%。发展中国家占世界贸易的比重由 26% 上升为 31%，其中尤以东亚和东南亚最为突出。20 世纪 90 年代中后期，亚洲"四小龙"人均出口接近 5000 美元，而发达国家只有 3000 美元左右。拉美地区外贸增长近年来突飞猛进。1997 年，拉美对外贸易增长率居世界各地区之首，进出口总额达到 3500 亿美元和 2700 亿美元，分别比 1996 年增长了 21.5% 和 12.5%。

(4) "金砖四国"经济奇迹。21 世纪，包括巴西、俄罗斯、印度和中国在内的金砖四国经济发展速度相对西方而言比较快。根据国际货币基金组织（IMF）的统计，从 2006 年到 2008 年，金砖四国经济平均增长率为 10.7%，在世界各国的排位居于前列。继亚洲"四小龙"创造的"东亚奇迹"之后，"金砖四国"正在创造一个"世界奇迹"。强大的经济实力使金砖四国在国际上的影响力日渐增强，正在成为一支重要力量。但是，经济增长速度的参差不齐却正在成为金砖四国扩大影响力的制约因素。

2. 南北经济关系有所改善

冷战后，在世界经济全球化和世界格局多极化两大趋势的推动下，北方国家争相发展与南方国家的关系，南北区域性对话与合作关系有了较快的发展。

在亚洲，美国提出"新太平洋共同体"的构想，并于 1993 年倡议召开了西雅图亚太经济合作组织非正式首脑会议，随后成为一年召开一次会议的固定模式。日本以亚洲作为战略依托，加紧了对亚洲市场的开发。西欧大国竞相与亚洲发展经贸和政治关系，1996～2008 年，欧盟国家与亚洲国家共举行了 7 次亚欧会议，共同探讨建立面向 21 世纪的亚欧新型伙伴关系问题。

在拉美，美国 1990 年提出了以加强贸易、改善投资条件和减轻债务负担为支柱的《开创美洲事业的倡议》，企图和拉美国家建立一种新型的伙伴关系。1992 年，美国、加拿大、墨西哥三国领导人达成北美自由贸易区协定，1994 年 1 月 1 日，自由贸易区正式诞生，同时宣布建立"一个西半球自由贸易区"。1998 年 4 月，美洲 34 国（除古巴外）在圣地亚哥举行了第二届首脑会议，宣布正式启动建立美洲自由贸易区的谈判，承诺在 2005 年前逐步取消关税，最终建立从阿拉斯加到火地岛的全球最大的自由贸易区。1999 年 6 月，拉美和加勒比地区的 33 国和欧盟 15 国的元首、政府首脑或他们的代表，在里约热内卢隆重举行首届欧盟—拉美首脑会议，会议发表了《里约热内卢声明》和《行动纲领》，强调要"建立面向 21 世纪的战略伙伴关系"。日本也借助亚太经合组织加强与拉美国家的关系。

在中东，1994 年，美国在卡萨布兰卡召开了首届中东、北非经济会议，随后又在安曼、开罗和多哈召开了三次会议。欧盟和地中海沿岸的阿拉伯国家也举行了欧洲—地中海会议，力图通过发展贸易，提供援助，建立环地中海自由贸易区。日本也加强了参与中东事务的力度。

在非洲，由于苏联的解体和法国的行动一再碰壁，美国更加显露了它在非洲的扩张热情。1997 年 6 月，克林顿总统宣布了一项促进非洲国家对美国出口和促进美国对非洲的私人投资计划，宣布 1783 种产品可以免税进入美国，准备设立 6.5 亿美元的股本金和基金。为建立"跨世纪的美非贸易伙伴关系"，1998 年 3 月，克林顿总统出访非洲 5 国，宣布免除"最积极进行经济改革的非洲国家的全部债务"约 16 亿美元。1999 年 2 月，克林顿与 46 个非洲国家的部长签署的文件，勾画了"21 世纪美非伙伴关系的蓝图"。2000 年 8 月，克林顿总统再次访非，创造了美国在任总统接连两次访非的历史纪录。法国同 22 个非洲国家有军事合作协定。法国外长韦德里纳针对美国的行动宣称："法国现在不会，将来也不会撒手不管非洲事务。"1998 年 11 月底，在巴黎举行了第 20 届法国与非洲国家首脑会议，有 49 个非洲国家的元首或代表出席了会议。法国在会上推出了它的"新非洲政策"，即从"非洲宪兵"到"倡导和平"。1999 年 12 月上旬，在巴黎召开了第 20 届法非首脑会议后续会议，参加国由 49 个增加到 52 个。2002 年 6 月底，"八国集团"通过了援助非洲和减免非洲债务的计划。

在南北关系中，1989 年，第四个《欧洲经济共同体和非洲、加勒比、太平洋（国家）洛美协定》（简称《洛美协定》）签订，协定本应在 1990 年 2 月生效，由于各种原因，迟迟未付诸实施。1995 年 11 月，欧盟 15 国与非、加、太地区的 70 个国家签署了第四个修改议定书。根据该议定书，1996～2000 年，欧盟向对方提供 133 亿埃居的财政援助。2000 年 6 月，非、加、太地区的 77 个国家与 15 个欧盟成员国在贝宁的科托努正式签署了新的贸易和援助协定——《科托努协定》，从而结束了实施25年之久的《洛美协定》，新协定有效期为20年。根据协定，欧盟在8年过渡期中将向非、加、太国家提供135亿欧元的援助，非、加、太国家97%的产品可以免税进入欧盟市场。该协定的内容还包括双方进行全面政治对话，扩大经贸合作，实行贸易自由化等。新协定有利于推动南北长期合作，但有些条款可能制约非、加、太国家的自主发展。

发达国家对最不发达国家的援助也有了新的进展。1997年10月，由世界贸易组织主持召开了"促进最不发达国家贸易发展的高级会议"，会议期间，包括美国和欧盟在内的一些世界贸易组织成员宣布它们将采取一些允许最不发达国家产品进入本国市场的优惠措施。2001年5月，由欧盟作东道主的第三届联合国最不发达国家会议通过了会议宣言和一个新的旨在结束最不发达国家继续贫困化的十年行动计划。国际社会决心在未来10年中加强合作，争取在为6亿生活在最不发达国家的人民摆脱贫困、实现和平与发展的全球目标方面取得进展。

随着南北关系的进一步发展，在21世纪初将形成北美自由贸易区、欧盟—地中海自由贸易区、亚太自由贸易区和环印度洋自由贸易区等四大经济板块。每一个板块中既有北方国家，也有南方国家，这标志着南北关系的发展进入了一个新阶段。

3. 经济面临的困难和问题依然严重

21世纪，亚非拉经济发展中既面临着共同的如科技革命和知识经济的挑战、世界经济区域化、集团化发展的挑战、不合理的国际经济秩序的束缚等问题，又各自面临着自身独特的问题。

（1）亚洲地区主要面临着经济结构进一步调整的问题。1997年，亚洲发生的金融危机，对亚洲经济发展的影响既深且巨。危机不仅使这些国家和地区经济增长速度放慢，而且还在一些国家引发政治动荡，使经济发展环境有所恶化。危机的表面原因是这些国家和地区的货币金融体系不健全、不合理，深层次原因则是经济结构和经济增长方式的问题。所以，各国解决危机的措施也是双管齐下，既注意健全、整顿金融秩序，也注意调整经济结构。这些调整，大多是在国际金融机构的干预下进行的，将会遇到内外政治经济的许多矛盾问题，短期内难以奏效。

（2）非洲面临的主要问题是经济发展基础仍然薄弱。非洲基础设施落后，生产水平低下，经济发展起点低，抗风险能力和持续发展能力低下，受国际经济环境影响大。目前，世界市场上初级产品出口条件仍然不利，非洲出口总值仅占世界的2%。债务危机困扰大多数国家的局面没有改观。1995年，非洲国家的债务总额高达3289亿美元。出口所得的17%用于偿还外债。同时，对非洲国家的援助却不断减少，1994～1996年，非洲获得的发展援助从235亿美元降至207亿美元，更为非洲的经济发展增添了困难。21世纪初，世界49个最不发达国家中，非洲占了34个。另外，非洲地区政治稳定仍然缺少可靠保障，经济发展环境充满不确定因素。这些因素共同作用，非洲经济发展困难很多，经济振兴任重道远。

（3）拉美地区的重大问题是如何在美洲经济一体化进程中趋利避害。随着由美国最先倡议的美洲自由贸易区谈判的正式启动，如何在美洲经济一体化进程中趋利避害，更好地维护自身利益，日益成为各国经济社会生活中的一个现实问题。

当前，世界金融危机对第三世界国家带来打击比较大。据《瑞典日报》2008年10月17日报道，在世界金融危机打击下，全球贫困人口再次增加，4400万人受到饥饿威胁且人数在增加，第三世界国家的经济增长率下降，吸收投资迅速减少；发展中国家引资自2007年以来迅速下降；世界贸易增长放缓，依赖出口的发展中国家正面临失业和收入减少。根据IMF预测，发展中国家经济增长将放缓，由2007年的8%降至2008年不足7%，2009年降至约6%；联合国千年发展计划实现到2015年贫困人口减少一半的目标更加艰难；援助在减少；原材料和原油价格下降效应对众多发展中国家而言其出口收入也将减少。第三世界国家经济又一次面临严峻挑战，同时也面临着新的发展道路的选择。

三、冷战后第三世界国家在国际舞台上发挥着日益重要的作用

1. 冷战结束后第三世界面临的挑战

（1）第三世界战略地位发生了变化。冷战期间第三世界是美苏两霸争夺的对象，第三世界站在哪一边，成为超级大国战胜对方的重要标志和条件。因此，第三世界在美苏争夺中有举足轻重的地位。同时，第三世界国家也能利用超级大国的相互争夺，左右周旋，谋求更多的军事和经济援助，借以求得生存和发展机会。东欧剧变、苏联解体之后，第三世界失去了中间地带作用，美国及其他西方国家在政治上对第三世界的需要程度下降，第三世界在大国间的回旋余地缩小了。

（2）国际经济环境严峻。西方国家继续垄断和控制着国际市场价格，贸易保护主义更趋严重，各种关税和非关税壁垒名目繁多（后者已达1000多项）。1991年统计，由于西方发达国家实行贸易保护主义，发展中国家每年在农产品贸易上损失1000多亿美元，在纺织品方面损失500多亿美元。国际市场竞争日趋激烈，第三世界国家的出口更加困难。另一个不利因素是国际市场资金短缺。苏东剧变后，已不可能在经济上继续支持第三世界国家，相反，它们自身还急需西方国家的援助。第三世界国家在获得资金援助方面更加困难，长期困扰这些国家的债务危机更加严重，西方的发展援助条件更加苛刻，日趋政治化，迫使第三世界国家在人权、民主问题上作出让步，引发政治动荡，给经济发展雪上加霜。此外，区域经济集团化以发达国家为中心展开，发展中国家处于相对不利的位置，面临在国际经济关系中"边缘化"的困境。

（3）面临西方更大更直接的压力。两极格局解体之后，西方把矛头对准南方国家，以压促变，推行西方的民主模式。例如，美国提出要建立以美国为主导的世界新秩序，其内容之一就是要把西方的价值观念和政治经济模式推广到全世界，尤其是第三世界。同时，西方还认为，第三世界区域性军事强国的兴起，将构成冷战后对美国和西方世界利益的严重威胁。西方视这些第三世界国家为眼中钉，肉中刺，奉行"枪打出头鸟"的政策，不断施加政治经济压力，甚至使用武力威胁或诉诸武力。特别在"9·11"事件后，美国把一些不听它话的国家确定为"邪恶轴心国"，以反恐为名发

动了阿富汗战争和伊拉克战争，还对一些国家实施军事威胁。

（4）不结盟运动面临考验，第三世界的存在受到置疑。冷战结束后，由于外部环境的变化和第三世界国家内部政治经济发展不平衡的影响，第三世界在一定程度上出现了分化和离心倾向，个别国家如阿根廷就退出了不结盟运动。第三世界国家相互间的利益差异日益显露出来，政治倾向也趋于多样化，增加了彼此协调的复杂性。因此，对不结盟运动的存在，不少人提出疑问。不结盟运动内部也有一股取消主义思潮，认为反帝反殖的任务已基本完成，两霸对立的局面不复存在，不结盟运动已无存在的必要。另外，西方盛行一种第三世界消亡论。其理由是：东西方两大阵营已不存在，世界不必再按三个世界的模式划分。在世界格局发生巨大变化的形势下，不结盟运动的去向成为第三世界国家以及国际社会关心的问题。

面临质疑和困难，不结盟运动成员努力加强团结，强调在建立"公正与平等的世界秩序"过程中，不结盟运动应起重要作用。2009年4月，来自世界120多个国家的代表在古巴召开不结盟运动协调局部长级会议，协调各成员国面对国际金融危机和世界经济衰退的立场以及应采取的行动，并为7月在埃及召开的不结盟运动第15届峰会做准备。会议形成最后文件，并通过了有关金融危机、津巴布韦问题以及对墨西哥抗击A（H1N1）型流感表示支持的宣言。

应当承认，冷战的结束给第三世界带来的外部挑战是严峻的，但也为第三世界提供了新的有利的生存和发展的机遇。

2. 地区热点普遍降温，新的问题不断出现

冷战结束后，原来带有冷战色彩的热点已基本获得解决。从政治上看，缓和、稳定表现出顽强的生命力，已经成为第三世界国家政治发展的主题。

在东南亚，柬埔寨大选后走上和平道路，尽管国内政局时有动荡，矛盾冲突不断，但基本上得到控制。东盟1995年吸收越南，1997年接纳缅甸、老挝，后又接纳柬埔寨，扩大为10国，成为维护地区稳定的重要力量，并且进一步走向世界，与亚洲、欧洲和拉丁美洲等发展关系。在东北亚，1997年，中、美、朝、韩在日内瓦举行朝鲜半岛问题四方正式会谈首次会议，成功地启动了解决朝鲜半岛问题的谈判机制。2000年6月，韩国总统金大中访问朝鲜，与朝鲜最高领导人金正日会晤并发表《共同宣言》之后，双方来往频繁，和解气氛浓厚。后因美国小布什政府对朝政策的变化导致韩朝双方缓和形势发生逆转，甚至造成2002年6月双方在海上交火，致使朝鲜半岛的和平进程发生严重曲折。与此同时，美朝在核问题上日益尖锐的矛盾，也引起了各方的关注。为了和平解决朝鲜半岛核危机，2003年4月，中、朝、美三方在北京举行了三方会谈。8月底，中国、朝鲜、美国、韩国、俄罗斯和日本在北京举行关于朝核问题的六方会谈。2004年2月，朝核问题第二轮六方会谈在北京举行，发表了首份文件——主席声明，确定了下轮会谈的地点和时间，以及成立工作组推进会谈机制化。但是，2008年10月和2009年5月，朝鲜两次进行核试验，造成朝鲜半岛和东北亚地区新的安全危机，朝核问题六方会谈机制陷于困境。

在南亚，印巴克什米尔的争端是在和平谈判和武装冲突中向前发展的。2002年春，巴基斯坦恐怖分子接连袭击印度重要场所，造成重大人员伤亡后，印巴关系极度紧张，双方在边境各陈兵百万，战争有一触即发之势。在各方周旋下，2004年11月，双方外长在克什米尔地区进行会晤，紧张局势有望得到缓和。但是，印度和巴基斯坦境内的恐怖袭击不断发生，影响着两国内部的安全与稳定。另外，冷战后，斯里兰卡内部泰米尔猛虎组织发动的分裂活动愈演愈烈。在国际社会，特别是在挪威的积极斡旋下，2002年2月，猛虎组织与斯政府签署了一份永久性停火协议。尽管双方此后进行了多轮直接谈判，但它们之间的武装冲突从未间断，停火协议名存实亡。2006年7月，斯政府开始对猛虎组织发动新一轮军事打击，并逐步收复了猛虎组织控制的区域。2009年5月，猛虎组织最高领导人普拉巴卡兰在斯北部被政府军打死，斯政府军彻底击败了猛虎组织，收复了该组织所占据的地盘，内战结束。

在中亚，冷战后，随着苏联的解体，持续20多年的阿富汗内战已经结束。自1996~2001年，塔利班在阿富汗建立全国性政权，正式名称为阿富汗伊斯兰酋长国。由于塔利班拒绝交出涉嫌在美国制造"9·11"事件的本·拉登，2001年10月，美国发动阿富汗战争，推翻了塔利班政权。2002年6月，阿富汗在大选中建立了新政权，开始了国家的重建工作。2004年正式举行了大选，国家政治生活逐步进入正常化。但是，自2006年以来，塔利班势力强劲回潮，到2007年年底，控制了阿富汗50%左右的乡村，暴力活动愈加频繁。2008年以后，塔利班反击势头更加强劲，阿富汗局势处于动荡之中。另外，苏联解体后，除吉尔吉斯斯坦以外，其他从苏联独立出来的中亚国家政治局势总体保持了稳定，社会安定和经济发展成为各国的主题。

在中东，经过各方长期艰苦努力，1991年10月，马德里中东和会的召开，标志冲突进入和平解决阶段。随后，中东和平进程接连取得重大进展，巴以签署和约及巴勒斯坦实现有限自治。1994年10月，约、以又签订了和平协议，叙、黎同以色列之间的间接谈判也取得一定进展。巴勒斯坦问题更是取得突破性进展。1994年5月，巴以双方就加沙—杰里科地区巴勒斯坦自治问题达成最后协议。7月，巴勒斯坦自治政府成立。1996年1月，阿拉法特当选为巴勒斯坦民族权力机构主席。4月，巴勒斯坦全国委员会修改《国民宪章》，取消有关消灭以色列的条款。1997年1月，巴以双方就重新部署希伯伦的军队签署议定书。1999年9月，双方又签署了《沙姆沙伊赫备忘录》，将过渡时期的结束与永久地位的谈判开始结合起来。然而，进入21世纪后，中东和平进程严重受阻。2000年9月，以色列利库德集团领导人沙龙不顾巴方的阻拦，强行进入阿克萨清真寺，引发大规模流血冲突。此后，巴勒斯坦人针对以色列犹太人的自杀性恐怖袭击和以色列对巴勒斯坦的军事报复的不断升级，已经造成双方数以百计的群众死伤和惨重的财产损失。自2001年底开始，以色列对巴勒斯坦自治领土实行重新占领，重兵袭击和包围阿拉法特的多处官邸达半年之久，宣布阿拉法特为恐怖分子，停止与他进行对话和谈判。美国总统布什2002年6月提出解决巴以冲突的中东和平新计划——"路线图"计划。新计划主要内容包括：在巴勒斯坦改变领导层、建立新的政治体制并与邻国达成新的安全安排的条件下，支持巴勒斯坦建立一个临时性国家；巴以双方通过谈判解决边界和其他有关主权问题后，再建立一个与以色列共处的正式国家；以应结束对巴领土的占领，停止修建犹太定居点。但由于巴激进组织及沙龙缺乏诚意，暴力四起，"路线图"最终被搁置。不久，以色列关闭了所有双边谈判的大门，2004年3月下旬起，开始对"哈马斯"激进组织实施"定点清除计划"，先后炸死了亚辛和兰提斯。2004年11月，阿拉法特逝世，中东和平进程一波三折。2009年3月，内塔尼亚胡再任以色列总理后表示，以方希望与巴勒斯坦方面立即重启和平谈判，也愿意接受一个非军事化的巴勒斯坦国。6月，巴勒斯坦过渡政府总理法耶兹表示，内塔尼亚胡没有承诺遵守旨在实现巴以和平的"两国方案"，他呼吁国际社会向以方施压，让以色列尽早接受"两国方案"，在两年内建立独立的巴勒斯坦国，并以东耶路撒冷作为巴勒斯坦国的首都。中东问题具有复杂性和长期性，巴以能否重回和平之路，既要看双方内部力量的整合，也要等待加沙局势的稳定和国际社会的进一步努力。虽然至今还没有一项彻底解决该问题的有效方案，但是支持和平、反对武力是实现中东和平进程的基本思想。

中东地区另一个热点问题就是伊拉克问题。海湾战争结束后，国际社会一直维持对伊拉克的制裁。2003年4月，美国以怀疑伊拉克有大规模杀伤性武器为由，高举反恐的大旗，发动了伊拉克战争，推翻了萨达姆政权。萨达姆倒台后，伊拉克社会秩序更加混乱。伊拉克什叶派穆斯林把这一切都归罪于美国军队，展开了一系列针对美英联军及外国机构的袭击、爆炸活动、绑架人质事件。美军在伊拉克虽然取得了军事上的胜利，但并没有赢得和平，绑架、爆炸等恐怖事件不断，伊拉克安全局势日益恶化。2008年底，美伊签署驻军地位协议，该协议规定美国应在2009年6月30日前从伊拉克城镇撤出全部战斗部队，并于2011年12月底前从伊拉克撤出全部军队，美国在伊拉克的军事行动应该得到伊拉克政府的授权。2009年2月，美国总统奥巴马宣布，美国将在未来18个月内从伊拉克撤离大部分军队，结束在伊拉克的作战任务。

在非洲，南非局势发生历史性转折，废除了长期的种族隔离制度，成为南部非洲的重要稳定因素。安哥拉成立了全国民族团结和解政府，使冷战在非洲遗留的一个热点得以缓解。埃塞俄比亚和厄立特里亚分离之后曾有严重对立，但随着1997年各自新政权的建立，双方关系日趋正常化，2004年11月，埃及、厄立特里亚双方在《阿尔及尔协议》基础上就解决埃厄边界争端提出和平倡议，使非洲之角出现了民族和解的新气象。莫桑比克在大选后组成了新政府，进入了和平与发展的新阶段。冷战后出现的索马里和利比里亚的动乱也有了转机，获得了不同程度的缓解。冷战后，非洲也发生了一些军事政变、武装冲突等，其中多数经过调解后局势有所控制，并未酿成新的热点。近年来，索马里海盗猖獗，苏丹国内达尔富尔地区冲突，成为新的热点问题。

在拉美，地区缓和也成为主流。海地局势有惊无险，在联合国干预下和平解决。1995年初爆发的秘厄边界冲突，在邻近国家的调解下很快得到控制，没有进一步升级。各国政局相对平稳，例如，厄瓜多尔宪法危机和秘鲁人质事件等问题，虽然影响很大，但不至于威胁国内和地区和平。1997年年初，危地马拉内战结束，中美洲地区的和平进程逐渐巩固。尽管外有美国压力，但古巴坚持走自己的路，赢得越来越多拉美国家的支持。2008年12月，南方共同市场国家第36次首脑会议、南美洲国家联盟领导人特别会议、里约集团首脑会议和拉美与加勒比国家首脑会议先后在巴西召开，共同探讨拉美一体化发展道路。

总之，冷战后第三世界一度面临的政治动荡逐渐过去。尽管第三世界仍然不时爆发一些新的热点问题，原有的热点降温之后也时有死灰复燃，和平与稳定远没有真正地、充分地实现，但内求政治稳定，外求国家间和平合作，是第三世界国家和人民的共同要求，是第三世界发展的大势所趋。

3. 地区性大国的兴起

冷战后，一些地区性大国的兴起是第三世界政治生活中的大事。亚洲的印度和印度尼西亚、拉美的墨西哥和巴西、非洲的埃及和南非以及尼日利亚等国的综合国力在冷战后都有了大幅度提高，成为影响所在地区局势的地区性大国，并积极参与国际事务。"金砖四国"中的印度、巴西还积极争取成为联合国安理会常任理事国，争取成为世界性大国。

（1）南亚地区大国印度。印度独立之初，首任总理尼赫鲁就表明要将印度建成一个"生机勃勃的大国"。冷战后，以印度教民族主义政党——印度人民党为首的印度政府极力提高印度在世界上的地位，其领导人明确提出，到2010年，印度要成为信息技术、生物技术大国和核大国。为此，冷战后，印度在政治、经济、军事、外交等方面积极努力，已经取得了显著的效果。

1）在政治领域，1947年印度独立后，以国大党为首的政治集团沿袭了英国殖民统治时期建立的政治制度。经过半个多世纪的实践，民主政治已经在印度政治生活中扎下了根，得到了社会各个阶层，特别是新兴中产阶级的广泛认同。20世纪90年代以来，国大党失去了在印度政治中的主宰地位，印度人民党迅速崛起为同国大党势均力敌的政治力量，左翼政党走向联合并形成一股举足轻重的力量，形成三足鼎立的政治格局。尽管冷战后印度政坛动荡不安，但历届政府都非常重视政治大国的建设。

2）在经济领域，1991年，印度开始实行经济自由化。进入21世纪后，印度的经济以高于6%的年增长率迅速发展，经济总量逐年上升。印度信息产业令世界瞩目，软件出口的规模、质量和成本等综合指数名列世界第一。随着经济自由化改革的深入，印度经济增长速度在第十个五年计划期间（2002~2007年）凸显，成为全球发展最快的国家之一。2007~2008财年第二季度（2007年7~9月），印度GDP增速高达9.3%。2008年世界金融危机爆发以来，印度经济受到较大冲击。根据印度中央统计局最新公布的统计数据，2008~2009财年第二季度（2008年7~9月），印度GDP增速下降到了7.6%。金融危机爆发后，印度政府先后出台了金融救援和经济刺激的多项救援措施，意在增强本国金融系统的稳定性，同时降低外部需求疲软、信贷紧缩和投资减弱对本国经济的冲击。2009年1月2日，印度央行（RBI）再次降息，政府同时推出第二套经济刺激方案，进一步放宽境外商业借款限制，增强信贷支持，加征进口关税，抵制便宜进口商品，经济形势略有好转。2009~2010财年第一季度（2009年4~6月），印度GDP增速为7.9%。

3）在军事领域，印度大幅增加军费投入，争当世界军事强国。长期以来，印度始终把增强军事实力作为努力的目标。继1998年进行核试验并宣布成为有核国家以来，印度连年大幅度增加军费。目前，印度正致力于建立陆、海、空三维一体核武器发射系统。其陆军正在实现常规武器的现代化，海军已进入世界十强之列，空军更是位居世界第四。

4）在外交领域，冷战后，印度在国际社会一度受到冷落。1998年，印度核试验成功后，曾遭到国际社会的制裁，对外关系陷入孤立。之后，印度政府利用自身独特的战略地位，调整对外政策。2000年，印度开展"全方位的务实外交"，迎来了西方的30多名外长和数名总统，与美国签署了《印美关系：21世纪展望》等文件，互把对方看做战略伙伴国，与日本结成了全球伙伴关系，与俄罗斯签署了《战略伙伴关系宣言》，与东盟也加强了合作关系，欧盟各大国也表示非常重视与印度的合作。这些活动不仅使印度摆脱了在国际社会的孤立状态，而且增加了印度成为世界大国的筹码，也是其实现世界大国战略目标的措施之一。"9·11"事件后，印度的国际战略地位更加重要，美、俄、欧、中、日都非常重视发展与印度的关系，印度抓住机遇开展大国外交、反恐外交、联合国外交，为争取实现世界大国的目标奠定了基础。

（2）拉美地区大国巴西。巴西是第三世界中最早独立和实施现代化的国家之一，在拉美地区和全球都具有重要地位。冷战后，巴西谋求大国地位，力求在国际事务中发挥大国作用。

1）在政治领域，战后，巴西的政治体制经历了从文人政权到军人政权，再到文人政权的发展道路。1982年11月，巴西举行了地方政府和联邦议会选举。1985年1月，举行总统选举，结束了长达21年的军人政府，建立了文人政府。1988年10月，巴西颁布第八部宪法，确定巴西实行总统共和制。总统由直接选举产生，是国家元首和政府首脑兼武装部队总司令。1994年和1997年议会通过宪法修正案，将总统任期缩短为四年，可连选连任。国民议会由参议院和众议院组成，行使立法权，为国家最高权力机构。内阁为政府行政机构，内阁成员由总统任命。巴西多党制的政治制度也在逐步健全和完善，现有合法政党29个。20世纪80~90年代，民主运动党、自由阵线党、社会民主党组成的中右翼政党联盟长期执政。20世纪90年代末以来，巴西中右翼政党联盟内部逐渐分化，左翼政治力量不断成熟壮大。2002年10月，巴西最大的左翼政党——劳工党领导人卢拉赢得大选。2006年10月，卢拉再次当选巴西总统。经过20多年的发展，巴西代议制民主政体基本稳固，政党制度逐步完善。

2）在经济领域，巴西经济实力居拉美首位，在世界经济中位居前列。1967~1974年，巴西国民生产总值连续八年平均以10.1%的速度递增，创造了"巴西奇迹"。1988年后，巴西经济一直处于停滞甚至严重衰退和高通货膨胀状态中。1993

年，政府实施以恢复国民经济、遏制通胀、增加社会福利、改革税收为主要内容的新经济计划"雷亚尔计划"。1994年7月，改革币制，稳定了市场和物价。卡多佐执政时期，加速宏观经济结构调整，私营化进程取得了积极成效。1997年后，由于受亚洲和俄罗斯金融危机的冲击，经济发展受到一定程度的影响。1999年初，巴西金融市场发生剧烈动荡，政府被迫放弃1994年以来的固定汇率制，货币大幅贬值，经济严重受创，增长速度缓慢，通货膨胀率和失业率上升。21世纪以来，卢拉政府放弃了新自由主义经济政策，建立以推动社会发展为核心的发展模式，通过降低利率、改革税制、增加出口、加大基础设施投资等措施恢复经济增长。巴西经济强劲回升，经济增长率在4%以上，失业率大幅下降，金融形势稳定，外资流入增加，贸易盈余比前十年翻了一番。据世界银行对全球146个经济体同等购买力（PPP）进行比较，2005年，巴西GDP占世界GDP的3%，居第六位，仅次于美国、中国、日本、德国和印度。2007年，巴西GDP达到9920亿美元，人均GDP达到4930美元。2008年下半年，受世界金融危机影响，巴西第四季度GDP与第三季度相比下跌3.6%，但是GDP年均增长5.1%（巴西国家地理统计局2009年4月公布的数据）。面对世界金融危机，巴西政府加大宏观调控力度，经济迅速复苏。根据2009年4月经济合作与发展组织（OECD）预测，巴西2009年可能成为34个主要经济体中少数几个避免经济衰退的国家之一。MSCI指数（摩根史坦利资本国际公司所编纂的股票全球型指数）显示，2009年以来，68个主要国家（或地区）的MSCI指数，仅4个国家（或地区）呈现微量上涨状态，巴西上涨居首。"南美巨人"巴西在世界遭遇金融危机时似乎是难得的亮点。

3）在军事领域，巴西军队为拉丁美洲最大的一支部队。至2005年7月，巴西陆军有19万兵力。空军是南美大陆最强大的空军，共有大约700架飞行器和6.6万人员。海军在拉美国家中规模最大，领有一艘27307吨级航空母舰圣保罗号（原法国海军福煦号），一些美制和英制巡防舰，少量自制的护卫舰，柴电动力潜艇和许多巡逻艇。巴西是南半球唯一掌握航天技术的国家，拥有卫星、火箭、航天器和发射场。此外，借助同俄罗斯开展的合作，2006年3月，巴西首位宇航员马科斯·蓬蒂斯乘俄罗斯"联盟"载人飞船飞往国际空间站。巴西政府制定了2005~2014年规划，最近几年，在航天领域的投资也成倍增加，希望未来能跻身航天大国之列。在防务政策上，巴西主张南美防务一体化。2008年12月，在巴西总统卢拉倡议下，南美国家联盟领导人举行特别会议，决定成立南美防务委员会，主要负责成员国的防务合作、训练和装备等工作。

4）在外交领域，近年来，巴西确立了谋求大国地位的外交战略，力求在国际事务中发挥大国作用。冷战结束初期，科洛尔政府奉行"宁做牛尾不做鸡头"的外交路线，在国际事务中采取追随西方发达国家的立场。2003年，卢拉上台后重新明确了巴西的国际定位，提出"巴西在国际舞台上要当主角而不当配角"，在世界上要与美国、俄罗斯、中国和印度比肩而立，要做"第三世界之首而不为第一世界之尾"。把"巴西国际作用普遍化"作为外交政策的基本原则之一。巴西积极主张联合国改革，争做联合国安理会常任理事国。广泛参加政府间国际组织，积极参与国际制度的建设。在联合国核裁军大会上与南非等国家组成"核裁军新日程"联合阵线，促进国际核裁军进程；在世界贸易组织中主张建立公正的国际贸易规则，积极参与 20 国集团，维护发展中国家的权益；积极参加八国集团同发展中国家的对话。在美洲自由贸易区谈判中坚决捍卫本国利益。在国家关系上，奉行睦邻友好政策，把发展与拉美国家的关系作为其外交的重点，积极参加南方共同市场、里约集团、美洲国家组织和拉美一体化协会等拉美地区组织，促进"南美国家共同体"的建立，倡议建立"南美防务委员会"推动拉美区域一体化进程。重视与发达国家建立平等互利的伙伴关系，把对美政策置于对外关系的优先地位，积极支持南方共同市场与欧盟组建跨大西洋贸易区。重视发展与中国、日本、韩国、印度和东盟国家的关系。作为"东亚—拉美合作论坛"拉美地区协调国，在加强两地区方面发挥积极作用。重视与非洲国家，特别是与非洲葡语构架的关系，积极参加联合国在非洲的维和行动。在中东北非地区，开展与中东国家的对话和贸易交流，谴责各种暴力和恐怖行为，支持巴以和谈和伊拉克战后重建。与俄罗斯确立了面向 21 世纪两国关系的框架，主动与独联体国家发展双边贸易和科技合作。

4. 冷战后第三世界国家的团结、协调与合作

冷战后，第三世界作为一个整体正在探索新形势下团结合作和发挥作用的新途径、新形式和新领域，而且表现出新的特点。

（1）冷战时期敌对国家之间的关系趋向缓和，正在走向对话与合作。受原来美苏对抗影响而敌对的发展中国家及集团开始和解与合作。例如，在东南亚，越南不但与东盟国家改善了关系，还于 1995 年正式加入了东盟组织。在拉美，古巴重返拉美大家庭并加入了拉美一体化进程。热点地区国家降低了对峙程度，共同致力于政治解决问题的努力。这大大增强了第三世界国家内部团结的广度与深度。

（2）继续加强在反对霸权主义和强权政治斗争中的团结合作。冷战后，第三世界国家政治经济实力进一步增强，联合起来维护自身利益的行动更加坚强有力，成为反对霸权主义和强权政治，维护世界和平与稳定的主力，在国际政治中发挥着日益重要的作用。在亚洲，各国坚决抵制美国等西方国家强制推行其意识形态和价值观念的做法，坚持走自己的路。1997 年，东盟敢于抵制西方特别是美国的强大压力，坚持接纳缅甸入盟。在非洲，非统组织在地区和国际事务中发挥着越来越大的作用，坚持排除外来压力，自主解决非洲地区的政治争端和军事冲突。非洲各地区、国家还自己组织起来，积极建立和完善各种维持和平的机制，维和行动日益具有行动迅速、态度一致的特点，对缓解非洲的局部动荡起了积极作用。在拉美，各国不屈服于美国的大棒政策，坚持反对美国干涉拉美国家内政、推行霸权主义的做法和行径。里约集团和伊比利亚美洲国家首脑会议都声明反对美国旨在封锁古巴的"赫尔姆斯—伯顿法"，要求美国停止实施该项法律。不仅如此，广大发展中国家还加强了在国际舞台上的政治合作，反对各种形式的霸权主义和强权政治，支持有利于世界各国人民根本利益的决议。今天，发展中国家在地区和国际政治事务中发挥着越来越重要的作用。

（3）经济社会领域的团结合作大大加强。冷战后，加快地区一体化进程、环境保护、反对走私贩毒等正在成为发展中国家协调合作的新领域。例如，1991年"不结盟"国家第十次部长会议就决定将"不结盟"运动的侧重点从政治转向经济上的南南合作。在世界经济全球化、集团化发展的新形势下，第三世界国家也参与经济全球化、集团化进程。亚太经合组织加快发展，其成员大多是亚洲和环太平洋地区的发展中国家。东盟组织决定加快地区一体化步伐，将合作重点转向经济领域。已经启动了亚洲货币合作机制和东盟与中日韩"10+3"机制，并且决定在2015年前建立东亚自由贸易区。1997年，非洲经济共同体正式开始运转。此外，南部非洲发展共同体、东非合作委员会、东南非共同市场、西非国家经济共同体也都积极制订发展与合作计划，加速地区经济一体化。在拉美，一体化由松散联盟向实质性联盟发展。南方共同市场力量不断壮大，已成为拉美地区经济一体化的龙头，其他地区性经济合作组织也在蓬勃发展。

（4）协调合作层次多样，广泛开展。既有全球性、跨地区的合作，也有地区内部多边或双边的合作。首先，全球性的跨地区合作广泛展开。冷战后，"不结盟"运动分别于1992年、1995年、1998年、2001年、2003年、2006年、2009年举行了7次首脑会议，协调了"不结盟"国家的立场，加强了团结，进一步肯定了在风云变幻的国际形势下不结盟运动的作用与地位。"77国集团"继续协调发展中国家在联合国贸发会议上的态度与立场，为推动南北对话做出积极努力。为加强南南合作，"77国集团"还推动召开了1997年1月的南南合作会议，在促进发展中国家经济发展中起着不可替代的作用。20世纪90年代以来，中国同"77国集团"的关系在原有基础上有了较大的进展，并形成了"77国集团+中国"的新型合作模式。2000年4月，"77国集团"133个成员国的国家元首、政府首脑或其代表在古巴首都哈瓦那举行首届南方首脑会议，发表了《南方首脑会议宣言》以及为实现此项宣言而制定的《哈瓦那行动纲领》，并且决定筹组一个"南方协调委员会"，由南方国家各大区域性组织的主要领导人共同组成。2005年6月，"77国集团+中国"第二届南方首脑会议在卡塔尔首都多哈举行，通过了《多哈宣言》和《多哈行动纲领》，对发展中国家面临的外债、贫困以及经济全球化等问题进行了深入分析，强调了在经济全球化趋势下加强南南合作的重要性，并对与会各国如何在未来四年进一步增强合作提出了具体建议。截至2008年6月，"77国集团"有正式成员134个。其次，地区内部合作日趋活跃。在中东、北非、拉美、中亚、东亚和东南亚，各种形式的区域合作尤其是区域经济合作蓬勃开展，各种各样的双边合作更是不计其数。

冷战后，第三世界国家在政治经济等各个领域内存在着广泛的共同利益，有着广泛的合作空间，它们在多形式、多层次、多领域的协调合作中，不但增强了各自的政治经济实力，提高了自身的国际地位，而且也增强了第三世界作为一个整体的凝聚力和战斗力，显示出第三世界作为一个整体在冷战后的世界上仍然是一支不容轻视的力量。

第九章　中国外交思想的形成发展及其在当今国际舞台上的地位和作用

中华人民共和国的成立，开辟了中华民族历史的新纪元，揭开了中华民族外交崭新的篇章。在毛泽东思想指导下，中国奉行独立自主的和平外交政策，积极开展外交活动，在国际舞台上的影响不断扩大，地位不断提高。在进入改革开放新的历史时期以后，以邓小平国际战略思想为指导，进一步调整了外交政策，消除了极左思想的流毒，以更积极、更主动的姿态出现在世人面前，为中国的社会主义现代化建设，为完成祖国的统一大业，为维护世界和平、促进共同发展，发挥了独特的作用，取得了辉煌的成就。冷战结束后，以江泽民同志为核心的第三代领导集体高举邓小平理论的旗帜，贯彻邓小平国际战略思想，同全世界一切爱好和平、渴望发展、团结进步的国家和人民一道，争取实现一个长期的国际和平环境，实现发展和繁荣，不断开创新的局面，夺取新的胜利。进入新世纪以后，以胡锦涛同志为总书记的中共中央继续高举邓小平理论的伟大旗帜，按照党在社会主义初级阶段的基本路线，为实现第三步走的宏伟目标而努力奋斗，在全面建设小康和谐社会的同时，在外交领域不断总结经验、调整政策，提出构建和谐世界的新目标，并制定和实行了相应的新政策，为实现新目标而不懈努力。

第一节　中国外交政策的形成和毛泽东的国际战略思想

新中国成立之后，中国结束了自 1840 年以来任人宰割的屈辱外交，在毛泽东国际战略思想指导下，坚定不移地奉行独立自主的和平外交政策，并根据国际国内形势的变化不断加以调整，我国的对外关系逐步得到发展和扩大，由此确立了我国对外关系的基本原则，奠定了中国外交的坚实基础，维护了中国的神圣主权和民族尊严，以崭新的形象屹立在世界的东方。

一、中国对外关系的发展和调整

从新中国成立到改革开放前，中国对外关系的发展和调整大体可以分为以下三个阶段：

1. 新中国对外政策的制定与建国初期的外交关系

新中国成立前夕，中国共产党中央委员会和毛泽东同志根据当时的国际环境和中国民主革命几十年的经验教训，提出了新中国将奉行的对内和对外政策。1949 年 3 月，在中国共产党七届二中全会上，毛泽东在讲到新中国的外交政策时指出："我们可以采取并应当采取有步骤地、彻底地摧毁帝国主义在中国的控制权的方针。""不承认国民党时代一切卖国条约的继续存在"。"我们是愿意按照平等的原则同一切国家建立外交关系的"。"我们也必须尽可能地首先同社会主义国家和人民民主国家做生意，同时也要同资本主义国家做生意"。① 1949 年 6 月，毛泽东在《论人民民主专政》一文中对新中国的外交政策又做了进一步阐述。

1949 年 9 月，中国人民政治协商会议第一次全体会议召开，在这次会议上制定了具有临时宪法性质的《共同纲领》，对新中国在国际事务中应遵循的基本原则和立场做了明确规定：中华人民共和国联合世界上一切爱好和平、自由的国家和人民，首先是联合苏联、各人民民主国家和被压迫民族，站在国际和平民主阵营方面，共同反对帝国主义侵略，以保持世界的持久和平。同时，《共同纲领》也对新中国的外交政策做了许多具体规定。

考虑到新中国成立后即将面临的形势，中共中央于新中国成立前夕决定了在执行和平外交政策中的三大基本方针：第一，"另起炉灶"，就是同旧中国屈辱外交彻底决裂，不自动继承旧中国的一切外交关系，不承认国民党统治时期外国派驻中国的外交机关和外交人员的合法地位，而要在新的基础上重建中国同外国的关系。第二，"一边倒"，即倒向社会主义一边。在当时世界分为两大阵营的特定历史条件和国际环境下，新中国站在以苏联为首的和平、民主阵营之内，将发展同苏联和各人民民主国家的外交关系放在第一位。第三，"打扫干净屋子再请客"，即把帝国主义在中国的残余势力清除干净后再同他们建立外交关系。

根据上述方针，新中国成立之后，我国的外交工作逐渐展开。最早承认中华人民共和国并同我国建立外交关系的是苏联、东欧及亚洲的人民民主国家。1949 年 10 月 2 日，苏联宣布同中国建交。随后，保加利亚、罗马尼亚、匈牙利、朝鲜、捷克斯洛伐克、波兰、蒙古和阿尔巴尼亚也先后同我国建交。南斯拉夫当时也立即承认了新中国，但由于"情报局事件"的影响，中南外交关系没有很快建立。1950 年 2 月，中国与苏联又签订了《中苏友好同盟互助条约》。

这一时期，中国积极争取同亚非民族独立国家，特别是周边民族独立国家建立与发展友好合作关系。中国先后同印度、缅甸、印度尼西亚、巴基斯坦、阿富汗、埃及、叙利亚和也门等国家正式建交，并参加了 1955 年在万隆举行的具有重大历史意义的亚非会议。中国在亚非会议期间进行了大量卓有成效的工作，不仅对亚非会议的成功做出了巨大的贡献，而且也对我国进一步发展同亚非民族国家的关系并以崭新的形象走上国际舞台起到了良好的推动作用。

与此同时，新中国也同欧洲的一些发达资本主义国家在平等互利、互相尊重主权和领土完整的基础上建立了外交关系。其中，瑞典、丹麦、瑞士和芬兰于 1951 年 3 ~ 10 月同中国相继建交。英国和荷兰虽在 1950 年年初承认了新中国，但它们或是在联合国追随美国剥夺新中国的合法权利，或是在处理中国国家资产问题上为国民党当局

---

① 《毛泽东选集》第四卷，人民出版社，1991 年第 2 版，第 1434 ~ 1435 页。

效劳，侵犯和损害中国人民的正当权益，这不符合同我国建交的条件，虽经长时间的谈判也未能解决问题，直至1954年双方才建立起代办级外交关系。

美国此时正处于顶峰时期，它从独霸全球的战略利益出发，千方百计地想把新中国扼杀在摇篮里。在政治上，美国对新中国实行遏制和孤立政策，不仅自己拒绝承认新中国，而且还阻挠其他一些国家承认新中国，并且一直顽固地阻挠恢复新中国在联合国的合法席位；在经济上，美国对新中国实行全方位的封锁与禁运；在军事上，则对中国实行军事包围与武装威胁。朝鲜战争爆发后，美国打着联合国部队的旗号把战火烧到了我国东北边界，同时武装侵犯中国领土，派第七舰队控制中国台湾地区海峡。美国还片面签订对日和约，对中国形成月牙形的包围圈。中国政府同美国的这种侵略政策和侵略行径进行了针锋相对的斗争：在朝鲜战场上给美国以沉重打击，迫使美国在停战协定上签字，粉碎了它妄图吞并朝鲜，继而侵占中国的梦想；在日内瓦会议上，中国利用美、英、法之间的矛盾开展工作，解决了印度支那地区的发展前途问题。20世纪50年代中期开始了中美大使级会谈，尽管除解决双方平民回国问题之外没有达成任何协议，但它在客观上缓解了中美关系。与此同时，美国的一些重要盟友为了自身的利益纷纷放松了对中国的"禁运"，美国的"禁运"政策逐步宣告破产。

人们把这一时期中国外交的特点概括为"一边倒"，或者是联苏反美。这既是当时国际形势，包括美苏对华政策决定的，也是新中国为了维护自己的主权与利益所做出的正确选择。

2. 20世纪60年代经历严峻考验的中国外交

20世纪60年代，国际形势发生了巨大的变化，其主要特点可概括为动荡、分化和改组。在这一时期里，中国外交经历了严峻的考验，在同时承受美、苏两个超级大国的压力下，开拓前进。

（1）反对苏联霸权主义的斗争。从苏共二十大（1956年）起，由于苏联采取了一系列侵犯中国主权、损害中国人民利益的行动，中苏关系日益恶化，最终导致双边关系的破裂。面对苏联政治、经济、军事、外交等多方面的压力和威胁，中国政府为捍卫自己的神圣主权，与苏联的大国主义、霸权主义进行了针锋相对的斗争。

（2）反对美帝国主义的斗争。美国在此期间继续推行反华政策，主要表现：在中国台湾地区公开进行战争挑衅，唆使蒋介石集团对大陆进行武力骚扰，叫嚣反攻大陆；在中印边界冲突中，支持印度与中国作战；使越南战争逐步升级，并公开把中国当做美国对外政策的主要对手。中国对此进行了坚决的斗争和反击，发出了"全世界人民团结起来，打败美帝国主义及其走狗"的号召。

（3）支持民族解放运动。在反对苏联霸权主义和美帝国主义的同时，中国还大力支持被压迫民族的解放斗争。中国除全力支持印度支那三国人民的抗美救国斗争外，还坚决支持古巴人民抗击美国雇佣军的斗争；对于1961年一些国家发起的不结盟运动，中国也给予了积极的支援；中国还同蒙古、阿富汗、巴基斯坦、尼泊尔和缅甸签订了边界条约或协定，解决了若干历史遗留问题。在这一时期，中国和亚非民族独立国家普遍建立了外交关系。1963 年，周恩来总理访问亚非 14 国，提出了中国同非洲和阿拉伯国家相互关系的五项原则和中国对外经济技术援助的八项原则，受到了亚非国家的普遍欢迎，有力地推动了亚非拉民族解放运动的发展。同时，以中印战争为例，中国在积极发展同亚非拉国家关系的同时，也与威胁中国国家安全和领土完整的侵略行为进行了坚决的斗争。

值得注意的是，在这段时期内中国同西欧国家和日本的关系有了一定程度的发展。1964 年 1 月，中国与法国建立了正式外交关系，这是同我国建立大使级外交关系的第一个西方大国。对日本，中国通过大力推行民间外交增进了两国人民间的友谊，为实现国家间关系正常化奠定了必要的基础。

这一时期中国外交的特点被概括为"两个拳头打人"，即既反美，又反苏，这也是由于当时的国际形势，包括美苏对华政策所决定的。在新的形势下，中国政府继续为捍卫国家主权和利益，为促进民族解放运动的发展、捍卫世界和平进行不懈的斗争。

3. 20 世纪 70 年代中国外交政策的调整和对外关系的突破

进入 20 世纪 70 年代之后，中国所处的国际环境发生了重大的变化。经过 20 世纪 60 年代的动荡、分化和改组，国际舞台上出现了美苏两个超级大国激烈争夺和其他多种力量日益增长的局面。由于美苏力量对比发生了有利于苏联的变化，苏联利用欧洲缓和的时机，加快对第三世界的争夺，同时在中苏边界布置重兵，加强对中国的威胁。而美国深陷在越南战争的泥潭之中，被迫实行战略收缩。为了应付与苏联的争夺，美国不得不调整其对外政策，谋求改善美中关系，以联合中国遏制苏联。

针对形势的变化，中国政府也及时调整了对外政策。其指导思想是：针对苏联对中国的严重威胁，联合国际上一切可以联合的力量，在世界范围内建立反对苏联霸权主义的国际统一战线。正是在这样的背景下，毛泽东同志在 20 世纪 70 年代初提出了"三个世界"划分的战略思想。在这一思想指导下，加强了同广大第三世界国家的团结与合作，改善了与西方国家的关系，促进了中国对外关系的大发展。

首先，中国同西方国家的关系得到普遍发展。中美关系以 1972 年 2 月美国总统尼克松访华为契机，朝着正常化的方向前进，并于 1979 年 1 月 1 日正式建立了外交关系；中日关系自 1972 年 7 月田中角荣担任日本首相后发展迅速，两国于 1972 年 9 月正式建交，并于 1978 年 8 月签署了《中日友好和平条约》；中国同西欧国家的关系也有了很大的发展，除几个袖珍国家之外，中国在这一时期同所有国家都建立了外交关系。此外，中国还同加拿大、澳大利亚、新西兰等国建立了外交关系。其次，中国在强调和尊重社会主义国家的独立自主原则和立场的基础上，发展了同朝鲜、罗马尼亚等国家的友好关系，并同南斯拉夫实现了关系正常化。再次，我国与周边一些国家，如巴基斯坦、尼泊尔、缅甸和斯里兰卡等的关系有所改善，同非洲一些国家的关系陆续得到恢复，同拉美一些国家的关系也有所松动。最后，这一时期我国外交的一个突出成就是 1971 年 10 月第二十六届联合国大会上，在众多第三世界国家的大力支持下，我国在联合国的合法席位包括作为安理会常任理事国之一的席位得到恢复。

总之，20世纪70年代经过重大的调整后，我国的对外关系克服"文化大革命"的不利影响，有了很大发展。从此，我国开始全面地参与国际事务，在国际舞台上发挥着日益重要的作用。人们把这一时期我国外交特点概括为"一条线"、"一大片"，即从中国经过日本，从中东到西欧，南边到澳大利亚、新西兰，最后到美国，这就是"一条线"，周围的国家是"一大片"。

二、中国对外政策的基本原则

在这一时期，经过三次大的调整，中国对外关系有了很大发展，逐步形成了中国对外政策的基本原则。

1. 和平与发展是中国对外政策的基本目标

维护世界和平，谋求经济发展，是世界人民的共同愿望和根本利益，也是中国对外政策的基本目标。新中国从成立之日起就致力于世界和平事业，并进行了不懈的努力，为之付出了巨大的代价和牺牲。同时，也十分关注经济发展，希望通过实现工业化来增强国家实力、提高人民的生活水平、尽快地改变贫穷落后的面貌。

几十年来，中国一贯反对军备竞赛，主张全面彻底裁减和消除核武器。中国主张和平解决国际争端，反对诉诸武力和武力威胁。中国参加的几场战争都是被迫的，是为了保家卫国，尽自己应尽的国际义务，没有占领过国外的一寸领土，没有在国外驻扎过一兵一卒。

2. 独立自主是中国对外政策的根本原则

新中国建立以后，始终坚持独立自主的外交政策。坚持独立自主，既是我国外交政策的基本特点，也是我国外交的根本原则和立场。中国始终把维护本国的独立、领土与主权完整、反对任何形式的外来侵略和干涉作为一项基本原则。

我们奉行独立自主的原则，强调自力更生，并不意味着我们不需要国际力量的支持，拒绝同国际力量的合作，或者回到闭关锁国的状态。中国革命的成功和四个现代化的实现，是离不开世界各国和国际社会的支持和帮助的，我们需要学习和汲取世界各国对我们有益的事物和经验。

我们奉行独立自主的原则，并不意味着我们只顾自己国家的利益，而不愿承担我们应尽的国际义务。我国在维护自己国家利益的同时，还积极承担自己应尽的国际义务，反对民族利己主义与大国沙文主义，为人类进步事业做出了积极贡献。

我们珍视自己的独立自主，也充分尊重别国的独立自主。我们反对任何国家把自己的意志强加于我国，也绝不会把自己的意志强加给别人。我们反对强权政治，强调国家不论大小、强弱、贫富，都有自己的主权，都应受到尊重，都应平等对待。

总之，我们奉行的独立自主的外交政策，它既完全不同于狭隘的民族主义，也根本不同于大国沙文主义，是完全符合中国人民和世界人民的利益的。

3. 和平共处五项原则是中国处理国际关系的基本准则

和平共处五项原则是我国领导人在新中国成立后不久，根据当时所处的国际国内环境，在列宁和平共处思想的基础上提出来的。1953年12月31日，中国政府代表团和印度政府代表团就中国西藏问题在北京举行了谈判。周恩来总理在同印度代表团的谈话中首次提出了和平共处五项原则："新中国成立后就确立了处理中印两国关系的准则，那就是互相尊重领土主权，互不侵犯，互不干涉内政，平等互利和和平共处的原则"。① 这些原则得到了印度方面的赞同，并于1954年4月29日正式将其写入中印谈判公报中。1954年6月下旬，周恩来总理访问了缅甸和印度。在中印、中缅发表的联合公报中都重申了这些原则是指导双方关系的基本准则。1954年8月11日，周恩来总理在中央人民政府委员会会议上所做的外交工作报告中，第一次称五项原则为和平共处五项原则。从此，和平共处五项原则也就正式成为我国处理国家间关系和国际事务的基本原则。

和平共处五项原则的本质是反对侵略和扩张，维护国家的独立自主权利。"互相尊重主权和领土完整"是五项原则的核心。主权独立和领土完整是任何一个国家生存和发展的必要前提，也是各国间平等交往必不可少的条件。各国之间只有彼此尊重对方的主权与领土完整，和平共处才有可能。"互不侵犯"就是反对用武力解决国际争端和反对侵略。"互不干涉内政"就是反对一个国家通过政治、经济、文化等手段把自己的意志强加于人，为了实现自己的利益去干预别国的内部事务。"平等互利"就是要求在国家之间的交往尤其是经济关系中，彼此都以主权国家平等相待，反对以大欺小，以强凌弱，以富压贫；反对损人利己、弱肉强食。"和平共处"是实现前四项原则的出发点和必然结果。这五项原则高度概括了当今国际关系，首先是双边关系中必须遵循的基本原则，是对几个世纪以来旧的弱肉强食准则的彻底否定，是一种崭新的、公正的国际关系准则。

和平共处五项原则不仅适用于处理不同社会制度国家间的关系，而且同样适用于处理相同社会制度国家间的关系。它不仅是中国处理对外关系的基本原则，而且很快为许多国际会议、国际文件所接受和承认，成为世界公认的处理现代国际关系和现代国际法的共同准则。

中国政府不仅首先倡导了和平共处五项原则，而且在外交实践中一贯坚持和平共处五项原则，把它作为处理同其他国家关系的基本准则。正是由于我国在处理同所有类型的国家的关系时都坚持了和平共处五项原则，从而使我国在错综复杂的国际社会中确立了自己应有的地位，发挥了相应的作用，对外工作取得了巨大的成绩。

4. 不断加强同第三世界国家的团结与合作

第三世界的崛起是我们时代的头等大事。战后几十年来，广大第三世界国家不断加强彼此间的团结与合作，在国际舞台上发挥着重要的作用。中国是发展中的社会主义国家，是第三世界的一员。中国与第三世界国家有着共同的历史遭遇与苦难经历，都长期遭受过外来奴役与掠夺。为摆脱殖民枷锁，争取国家的独立与解放都进行过长

---

① 《周恩来选集》下卷，人民出版社，1984年版，第118页。

期的英勇斗争，今天又面临着发展经济的共同任务，为此都需要长期的国际和平环境，都需要反对霸权主义与强权政治，都需要为建立新的国际政治、经济新秩序而努力。因此，中国的命运是和广大的第三世界国家的命运密切地联系在一起的。处于发展中的第三世界国家真正的优势在于团结，振兴的希望也在于团结。团结是第三世界力量的源泉，合作是第三世界发展的必由之路。不断加强同第三世界国家的团结与合作，不仅符合中国人民与第三世界国家人民的利益，而且也是全世界人民的共同利益所在。

新中国成立以来，一直十分重视加强同第三世界国家的团结与合作。中国历来认为支持是相互的，而不是单方面的赐予。首先，中国始终不渝地支持第三世界国家争取和维护独立与主权的正义斗争。从亚洲的朝鲜、越南人民的抗美救国战争到非洲人民争取独立的武装斗争以及拉美人民的抗美斗争，中国都从政治上、道义上乃至物质上给予了大力支持和积极援助。其次，中国坚决支持第三世界国家反对国际经济旧秩序、振兴民族经济的努力。中国在国际舞台上，包括在联合国等国际机构和组织中，提出了许多捍卫第三世界利益的重要原则和建议，积极维护第三世界国家的正当权益，中国还注意在平等互利的基础上发展同这些国家的经济合作关系，也提供过必要的经济援助。最后，中国尊重第三世界国家的独立与主权，支持和促进这类国家内部的团结与合作。在同这类国家的交往中，不以大国自居，不干涉别国内政，尊重他们独立自主地决定自己内外政策的权利。对这类国家间存在的争端与分歧，主张以大局为重，以团结为重，以共同利益为重，采取克制态度，本着互谅互让、求同存异的原则，通过友好协商来解决彼此间的分歧与冲突，并为此做了大量的工作。

三、毛泽东的国际战略思想是取得外交胜利的指南

毛泽东是伟大的革命家、军事家、思想家和诗人，也是伟大的战略家。他在长期的内外交织、尖锐复杂的斗争实践中，面对不同时期中国革命和建设面临的形势和任务，形成和提出了极为丰富和十分深刻的战略思想。如举世闻名的"帝国主义和一切反动派都是纸老虎"的论断中反映的"战略上藐视、战术上重视"的战略思想是一切革命者、革命阶级、新兴国家进行革命和建设事业的根本指导思想，是他们以弱胜强、以小胜大，从贫穷、落后变为富裕、先进的锐利武器和根本指导思想。否则，在貌似强大的各种敌人和似难战胜的巨大困难面前，他们将被吓倒，何谈夺取胜利。如"团结一切可以团结的力量"的统一战线思想是无论在国内革命还是在国际斗争中使自己变弱为强、变小为大的基本途径。否则，孤家寡人、关门主义、排斥异己、宗派主义必然陷自己于孤立境地，以致遭灭顶之灾。再如"利用矛盾、区别对待、分化瓦解、各个击破"的策略是对付不同敌人以战而胜之、实现战略目标的重要武器，反之，总把敌人看做铁板一块，必然长敌人的志气、灭自己的威风，以致丧失有利时机，导致斗争的挫折和失败……总之，毛泽东的战略思想是一个极为丰富的宝库，我们可以从中汲取丰富的营养，并且永远用之不竭。

这里我们着重论述新中国成立以来毛泽东为我国制定国际战略中体现的国际战略

思想，尽管不同阶段有所不同，但有贯穿始终的精神。我们在前人研究的基础上进行综合分析，特别是理清毛泽东的国际战略思想和邓小平的国际战略思想的联系与区别，可以帮助我们深刻理解邓小平的国际战略思想是怎样丰富和发展了毛泽东的国际战略思想。

国际战略是一个主权国家为了维护和实现自己的根本利益，根据对国际形势的正确判断和对自己综合国力的客观估量制定一定时期的对外谋略或对外总政策。众所周知，毛泽东从新中国成立前后到20世纪70年代前期为我国制定的国际战略大致可以划分为三个阶段，即"一边倒"，"两个拳头打人"，"一条线、一大片"。各个阶段的具体内容有所变化，但基本精神仍是一致的，即都是根据他对国际形势的判断和本国实力的估计制定的相应对外政策，处理对外关系，来实现国家的利益。

1. 毛泽东的国家利益观

作为一个半封建半殖民地国家的革命者，中国共产党的缔造者和领袖，毛泽东长期为中国的独立、主权而斗争，无论是在大革命的洪流中，还是在土地革命的风暴里，也无论是在抗日战争的烽火中，还是在解放战争的岁月里，莫不如此。从新中国成立前后直至毛泽东逝世的近30年间他是非常重视国家利益的。这突出地表现在他特别关心国家的安全利益、国家的主权和领土完整。面对强大的外敌入侵危险，他始终把如何维护和巩固政权、如何保卫主权和领土完整，如何免遭以致打败外敌入侵放在首要的位置。这无论在新中国成立初期、20世纪60年代以至20世纪70年代前期均莫不如此。由于历史条件和认识方法的局限，他更多地突出了安全利益和政治利益，对经济利益考虑相对较少，甚至为了安全利益和政治利益，不惜付出巨大的经济代价。这和他对革命形势、社会主义事业发展前景的过于乐观分不开。从这个意义上讲，他有时把世界无产阶级的利益放在更重要的地位，是绝不为过的。但是，这绝不是说他不讲国家利益，完全忽视国家利益。他只是在维护国家利益，尤其是安全利益的前提和基础上，力图兼顾国际利益、共同利益。这和无原则地鼓吹"全人类的利益高于一切"有着本质的区别，和西方发达国家任意把自己国家的利益凌驾于别国利益之上就更不是一回事了！应该明确肯定：毛泽东国际战略思想的核心就是国家利益，尤其是国家的安全利益。

2. 毛泽东对国际形势的判断

在近30年期间，毛泽东对国际形势的分析包括对帝国主义国家之间的矛盾、帝国主义国家与殖民地的矛盾以及帝国主义国家与社会主义国家的矛盾，还有对帝国主义国家内部无产阶级与资产阶级矛盾的分析。但在对此诸多矛盾的分析中，他面对的是分别以美、苏为首的两大阵营和两个军事集团以及后来的美苏两个超级大国的激烈争夺，他对国际形势的关注始终聚焦于会不会爆发战争，从世界大战到某个大国对我国的大举进犯，还可能是两个超级大国的联合进犯，甚至包括核战争。在新中国成立初期，他对战争形势的估计是比较冷静、全面、客观的，他认为："帝国主义阵营的战争威胁依然存在，第三次世界大战的可能性依然存在。但是，制止战争危险，使第三次世界大战避免爆发的斗争力量发展得很快，全世界大多数人民的觉悟正在提高。只要全世界共产党能够继续团结一切可能的和平民主力量，并使之获得更大的发展，新的世界战争是能够制止的。"① 就是在朝鲜战争爆发后，在中国人民志愿军赴朝参战的前夕，他仍然认为："目前总的国际形势和国内形势于我们有利，于侵略者不利，只要同志们坚决勇敢，善于团结当地人民，善于和侵略者作战，最后胜利就是我们的。"② 他的"中间地带"理论是对第三次世界大战、美苏必战论的科学分析和回答。由一个中间地带论到两个中间地带论都说明了这一点。从20世纪50年代后期到60年代末，由于美国长期实行敌视中国的政策，由于苏联实行"美苏合作主宰世界"和美国争夺世界霸权的政策，中国开始面临着来自两个超级大国的威胁，他对战争形势的估计变得更为严峻和激进，认为战争危险日益严重，迫在眉睫。"山雨欲来风满楼"，"燕子低飞要下雨"，"要准备打仗"，以至提出准备大打、早打、打核战争，打完了再建设。从世界范围来看，则遵循"战争引起革命，革命制止战争"的思维定式，对战争采取一反对、二不怕态度，并希望通过战争来促进革命的发展，过高地估计了革命形势，提出"当前世界的主要的倾向是革命"③ 的论断，把亚洲、非洲、拉丁美洲看做是世界的农村，把西欧、北美看做是世界的城市，世界革命要走农村包围城市的道路。1965年，林彪的《人民战争胜利万岁》一文的发表从一个侧面反映了这一点。他也曾号召："全世界人民团结起来，打败美国侵略者及其一切走狗。"20世纪60年代末70年代初，基于世界范围力量对比的变化和长期两面出击的沉重压力，特别是美国提出了改善对华关系的明确要求，他才重新思考，趋于务实，抓住机遇，阻遏霸权。他在1972年2月同尼克松谈话中正式谈道："现在不存在我们两个国家互相打仗的问题。"④ 后又提出"三个世界划分"的战略思想，使得社会制度、意识形态的不同不再成为分析认识国际形势的基本依据，中国的外交处境才有所改善，在美苏中大三角中处于主动地位。

毛泽东对国际形势的分析总体来看是符合实际的，据此制定的对外谋略有效地维护了国家的根本利益。只是在20世纪50年代末到60年代末这一阶段对国际形势的分析，尤其是对战争形势估计过头，在20世纪60年代末达到最高点。毛泽东之所以会这样分析国际形势应该说是有其深刻根源的：①当时确实美苏都曾试图对中国动武，包括叫嚣要摧毁中国的核基地，这不能不引起中国高度警觉。可以说是事出有因。②他长期在武装斗争中锻炼成长，有丰富的面对强大敌人进行不懈斗争并夺取胜利的经验。③传统的战争与革命的理论束缚着他的思想，认为既然要爆发战争，就可以也应该抓住时机，准备和推动革命并夺取胜利。显然，这是一种积极的，而非消极的态度，易于为人们接受。这使得他难以从世界新变化的高度来作出新的判断，及时制定

---

① 毛泽东1950年6月6日在七届三中全会上的书面报告（《毛泽东选集》第五卷，第15~16页）。
② 毛泽东1950年10月8日给中国人民志愿军的命令（《毛泽东选集》第五卷，第32页）。
③ 《毛泽东外交文选》，中央文献出版社、世界知识出版社，1994年版，第584页。
④ 《毛泽东外交文选》，中央文献出版社、世界知识出版社，1994年版，第595页。

新的谋略，引导中国阔步前进。

3. 毛泽东对中国实力的估量

毛泽东对中国实力的估量也有一个发展过程。新中国成立初期，一方面比较谨慎，承认贫穷落后、"一穷二白"的现实；另一方面也比较乐观，认为已经走上了社会主义道路，希望充分发挥社会主义的优越性，多快好省地建设社会主义。曾经设想，不仅可以超英赶美，还要越过苏联跑步进入共产主义。尽管面临着许多困难，在1959年12月他曾断言："中国将在八年内相当强大起来。"① 尤其在第一个五年计划提前完成之后，他对中国的发展强大充满了必胜的信心。基于对外敌入侵和战争危险的认识，即使在国力十分贫弱的情况下，为了保卫国家主权和安全，为了应付核威慑，他仍然决定要独立地发展中国的核武器。1961年9月，他在和蒙哥马利元帅谈话时讲道："我对核武器不感兴趣。这个东西是不会用的，越造得多，核战争就越打不起来。""我们准备搞一点"，"美国有那么多，是十个指头。我们即使搞出来，也只是一个指头"。还说，"这是吓人的东西，费钱多没有用"。② 1964年，中国核爆炸成功，成为核大国，他仍然认为："我们也不希望自己有那么多原子弹，要那么多干什么？稍微有一点也好，做些科学实验。"③ 但因此大大地提高了中国的国际地位，也大大地鼓舞了中国人民的士气，大大增强了中国保卫国家主权和安全的能力。据此，他更坚定地支持被压迫人民反对帝国主义的战争。他说："中国要和平，凡是讲和平的，我们就赞成。我们不赞成战争。但是，对被压迫人民的反对帝国主义的战争我们是支持的。""我们的这一方针是公开宣布的，是不会放弃的，就是说，我们要支持各国人民反对帝国主义的战争"。④ 中国由此成为了推进世界反帝斗争的中心。但经济实力有限，不堪推进世界革命的重负，后期他才抓住机遇，利用矛盾，重开新局，摆脱困境，在美苏中大三角中发挥着四两拨千斤角色的特殊作用，得以维护中国的主权和保障中国的安全。应该指出，毛泽东也曾十分关注经济建设，以期增强国家的实力，但连遭挫折。没有按照经济规律办事，难以实现预期目标，以致在相当一段时间内，中国的实力增长是极为有限的。显然，今天我们对那一时代中国实力的认识不能脱离当时的实际，完全用现在的眼光去衡量。战后相当长一段时间，评价各国实力的强弱更看重军事实力。而中国是靠武装斗争，从小到大、从弱到强走过来的。不仅以小米加步枪打败了日本帝国主义，也在夺取美式装备的条件下打败了美国武装的蒋介石集团；在朝鲜战争中，我们以劣势装备和美国较量，最终迫使美国坐下来谈判签订停战协议。我们人口众多，兵员充足，又具有高度政治觉悟的几百万人民解放军，我们的国防现代化建设不断取得进展，故我们是比较自信的。我们不想侵略别国，只是为了保卫我们的主权不受侵犯，保卫我们的安全。当时对经济实力，尤其是综合国力

---

① 毛泽东1959年12月关于国际形势的讲话提纲（载《毛泽东文稿》第8卷，第600页）。
② 《毛泽东外交文选》，中央文献出版社、世界知识出版社，1994年版，第476页。
③ 《毛泽东外交文选》，中央文献出版社、世界知识出版社，1994年版，第555、476页。
④ 《毛泽东外交文选》，中央文献出版社、世界知识出版社，1994年版，第530、531页。

的认识是不深的。强调经济实力，尤其是综合国力，是 20 世纪 70 年代后期的认识，我们不应苛求前人。

4. 毛泽东制定和坚持的对外政策

在新中国成立以后的前 30 年中，中国的对外战略有过几次调整，但基本的对外政策却有着基本不变的内容，并在执行中经受检验、不断完善。概括起来，有以下四项基本政策：

（1）独立自主、自力更生。毛泽东始终如一地坚持这一政策，绝不含糊。这在他的《在中国共产党第七届中央委员会第二次全体会议上的报告》、《论人民民主专政》、《在中国人民政治协商会议第一届全体会议上的开幕词》、《中华人民共和国中央人民政府公告》等文件中都有明确记载和阐述。"中国必须独立，中国必须解放，中国的事情必须由中国人民自己作主张，自己来处理，不容许任何帝国主义国家再有一丝一毫的干涉"。① 这就是新中国成立前夕毛泽东的庄严宣言。这既是新中国外交政策的根本特点，也是中国外交的基本原则立场。中国一直把维护本国的独立、领土与主权完整、反对任何形式的外来侵略和干涉作为一项根本政策、原则。"中国人民站起来了"的声音不仅激励着中国各族人民，也震撼着整个世界。众所周知，毛泽东在 1950 年访苏期间，中苏签订了友好同盟互助条约，中苏结盟了，这是在平等基础上的同盟条约，中国绝不是苏联的"卫星国"。后来正是由于苏联推行大国主义、大党主义，要控制中国、干涉中国内政，一直发展到要强占中国领土，导致了中苏关系的恶化，使得中苏发生边境的武装冲突，导致中苏关系的完全破裂。毛泽东在抵制、反对苏联的干涉，捍卫中国的主权上，态度之鲜明、立场之坚定是十分令人钦佩的。因此，对于西方国家要侵犯中国的主权、干涉中国内政的一切企图，他的态度就更是可想而知了。为了更好地实现独立自主，必须强调自力更生，提出"自力更生为主，争取外援为辅"的方针。无论遇到什么问题和困难，都立足于自力更生，自己解决，当然，也重视外援，争取外援，但绝不依赖外援，更不乞求外援。在经济建设问题上，他一度提出的既不借外债，也不借内债的主张或许正是这种自力更生思想的极端表现。

（2）维护世界和平，坚决反对侵略。新中国成立前夕制定的《共同纲领》对此有原则性的规定，要"保卫世界的持久和平"。新中国成立后的第一部宪法的《序言》中明确规定："在国际事务中，我们坚定不移的方针是为世界和平和人类进步的崇高目标而斗争。"后来毛泽东在《和平共处五项原则应推广到所有国家关系中去》、《和平共处五项原则是一个长期的方针》、《中国和巴基斯坦应该成为好朋友》、《和平为上》等谈话中对我国和平外交政策有详尽、深入、透彻、充分、恳切、感人的论述，他明确提出："我们应该共同努力来防止战争，争取持久和平"② 和"我们要争

---

① 《毛泽东外交文选》，中央文献出版社、世界知识出版社，1994 年版，第 90 页。
② 《毛泽东外交文选》，中央文献出版社、世界知识出版社，1994 年版，第 168 页。

取和平的环境，时间要尽可能地长，这是有希望的，有可能的。如果美国愿意签订一个和平条约，多长的时间都可以，五十年不够就一百年，不知道美国干不干。现在主要的问题就是美国，我想你们（指印度尼西亚——引者）是不会反对的"。① 他还言简意赅地说："结论还是一个：和平为上"。② 在以后的20多年中，中国一直为维护世界和平做出了自己的贡献。在此期间他也曾决策卷入过一些战争，如支援朝鲜、支援越南的战争，这是为保家卫国而战，为反对侵略、保卫和平而战，也是为履行我们应尽的国际义务而战。再如中印边境、中苏边境战争，也是为维护国家神圣主权和领土完整，在一切和平努力无效、忍无可忍的情况下，对对方挑衅的自卫还击。无论是前者还是后者，我们都是被迫的，是为了保卫主权、保卫和平而战。社会主义中国的发展是维护和平力量的发展，是制约战争力量的发展。中国郑重表示，中国强大了也不会搞霸权主义。因为社会主义制度和霸权主义是水火不相容的。应该强调指出的是：毛泽东是世界和平的伟大卫士；但是，他认定世界和平的取得有赖于各国人民的团结斗争，只有维护和平力量的发展超过了帝国主义战争的力量，世界大战才可以避免或制止。在争取和平时，各国人民绝不能对帝国主义抱有不切实际的幻想，绝不能把自己的解放、和平的实现寄托在帝国主义的"明智"上。为了实现和维护世界和平，他还特别强调要把我们的战略立足点放在备战上，放在战争突然爆发上，放在敌人的突然袭击上，要准备以革命的战争反对反革命战争。也正因为如此，面对着严峻的国际紧张形势，他提出要准备打仗，准备早打、大打、打核战争也就不足为怪了。他强调"和平至上"，但绝不是和平主义者，他主张用革命战争去反对反革命战争，他渴望和热爱和平，但绝不乞求和平，而是用斗争去实现和平！显然，这才是无产阶级革命家和领袖对待和平的正确态度，那种认为毛泽东"好战"的论调是完全错误的！

（3）实行和平共处五项原则，正确处理各种国家关系。众所周知，和平共处的思想源于列宁。十月社会主义革命胜利后，苏维埃俄国在国际舞台上顽强地存在下来，面对着资本主义国家的重重包围和侵略政策，列宁提出了社会主义和资本主义两种制度和平共处的政策。它反映了当时国际关系中的新现象，揭示了两种制度关系发展的必然趋势，也是社会主义国家对外政策的一种正确选择。新中国成立后不久，周恩来总理根据中国当时所处的国际国内环境，在列宁的和平共处思想的基础上，于1953年12月31日，在同印度代表团的谈话中首次提出和平共处五项原则："新中国成立后就确立了处理中印两国关系的原则，那就是互相尊重领土主权、互不侵犯、互不干涉内政、平等互惠和和平共处的原则"。③ 这些原则先后得到了印度和缅甸的赞同，成为指导双方关系的基本原则。1954年9月30日，周恩来在庆祝国庆五周年大会的讲话中，还明确指出"和平共处五项原则应当成为指导各国之间关系的基本原则"。④ 后来对

---

① 《毛泽东外交文选》，中央文献出版社、世界知识出版社，1994年版，第213页。

② 《毛泽东外交文选》，中央文献出版社、世界知识出版社，1994年版，第212页。

③ 《周恩来选集》下卷，人民出版社，1984年版，第48页。

④ 《中华人民共和国对外关系文件集》，第167页。

五项原则的提法在措辞上做了一点修改，主要指出尊重主权是尊重整个国家的主权，不仅仅是尊重领土主权，从而使这项原则具有了更重大、更确切的含义，最终形成了迄今国际社会普遍承认的和平共处五项原则，即互相尊重主权和领土完整、互不侵犯、互不干涉内政、平等互利、和平共处。并且载入我国宪法，成为我国的国策。毛泽东对和平共处五项原则给予了全面的肯定和高度的评价，强调"和平共处五项原则应推广到所有国家中去"，指出"五项原则是一个大发展"，"我们应该采取步骤使五项原则具体实现，不要使五项原则成为抽象的原则，讲讲就算了"。"五项原则是一个长期方针，不是为了临时应付的"。① "我们愿意用和平的方针来解决存在的问题。就是西方国家，只要它们愿意，我们也愿意同它们合作"。② "中国愿意同一切国家包括美国在内和平共处"。③ "我们应该在合作中增进了解"。④ 他强调大小国家一律平等，"我们认为，国家不应该分大小。我们反对大国有特别的权利，因为这样就把大国和小国放在不平等的地位。大国高一级，小国低一级，这是帝国主义的理论。一个国家不论多么小，即使它的人口只有几十万或者甚至几万，它同另外一个有几万万人口的国家，也应该是完全平等的。不论大国小国，互相之间都应该是平等的、民主的、友好的和互助互利的关系，而不是不平等的和互相损害的关系"。⑤ 他还强调互不干涉内政原则，指出"一个国家到另外一个国家的土地上去建立军事基地，附带军事和政治条件的援助和贷款，在另外一个国家建立的宗教机关进行间谍活动等都是干涉内政"，"纯粹属于内政范围的事，如民族之间或党派之间的斗争，如果外国介入，就是干涉内政"。⑥ 他结合中国的历史经验指出："对于压迫我们的国家，只要它们一天继续如此，我们就一天也不屈服。"⑦ 他还特别讲到革命不能输出的问题："一个国家靠外国的帮助，靠别国的党的帮助，而取得革命的胜利，在历史上是很少见的。东欧各国，是因为苏联军队同纳粹德国作战时占领了这些国家，不然的话，靠外国的帮助，靠外国输出革命，而取得胜利是不可能的。我们就是从这个意义上说，革命不能输出。但是这并不是说，一个国家的革命不受外国的影响。"⑧ 他对"平等互利"也有深刻的阐述："我们在合作方面得到一条经验：无论是人与人之间、政党与政党之间、国与国之间的合作，都必须是互利的，而不能使任何一方受到损害。如果任何一方受到损害，合作就不能维持下去。"⑨ 他给予亚非会议很高的评价，认定"亚非国家的团结是有希望的，万隆会议已经走了第一步。以后我们应该共同努力，继续工作，团

① 《毛泽东外交文选》，中央文献出版社、世界知识出版社，1994 年版，第 186 页。
② 《毛泽东外交文选》，中央文献出版社、世界知识出版社，1994 年版，第 210 页。
③ 《毛泽东外交文选》，中央文献出版社、世界知识出版社，1994 年版，第 204 页。
④ 《毛泽东外交文选》，中央文献出版社、世界知识出版社，1994 年版，第 178 页。
⑤ 《毛泽东外交文选》，中央文献出版社、世界知识出版社，1994 年版，第 191~192 页。
⑥ 《毛泽东外交文选》，中央文献出版社、世界知识出版社，1994 年版，第 195 页。
⑦ 《毛泽东外交文选》，中央文献出版社、世界知识出版社，1994 年版，第 193 页。
⑧ 《毛泽东外交文选》，中央文献出版社、世界知识出版社，1994 年版，第 189 页。
⑨ 《毛泽东外交文选》，中央文献出版社、世界知识出版社，1994 年版，第 167 页。

结起来，促进和平，即使有战争，我们也可以把它推迟。我们要争取和平的环境，时间要尽可能地长，这是有希望的，有可能的"。① 据了解，毛泽东曾向赫鲁晓夫透露，1955 年亚非会议发表的以"万隆精神"闻名的十项原则，实际上是周恩来写的。② 以上引证充分说明了和平共处五项原则是我国一直坚持的处理国际关系的基本准则。当然，在进入 20 世纪 60 年代后期由于对国际形势和中国地位的估计出了偏差，一度有所偏离，但一经发现，很快就尽力加以纠正并继续贯彻执行。

（4）重视第三世界国家，加强和他们的团结合作。毛泽东对在历史上都受过西方帝国主义欺侮的东方国家有着深厚的感情："我们东方人有团结起来的感情，有保卫自己的感情。""尽管我们在思想上，社会制度上有所不同，但是我们有一个很大的共同点，那就是我们都要对付帝国主义"。③ 正因为这样，1956 年，他在同印度尼西亚总统苏加诺谈到关于恢复中国在联合国的合法席位问题时说："你认为我们做工作，交朋友，重点应该放在什么地方？我认为，应该放在三大洲，那就是亚洲、非洲和拉丁美洲，另外还有大半个欧洲。"④ 后来，他提出三个世界划分的战略思想时明确提出："希望第三世界团结起来，第三世界人口多啊。""我看美国、苏联是第一世界，中间派日本、欧洲、澳大利亚、加拿大是第二世界，咱们是第三世界。""亚洲除了日本，都是第三世界，整个非洲都是第三世界，拉丁美洲也是第三世界"。⑤ 他还特别强调："中国属于第三世界。因为在政治、经济各方面，中国不能跟富国、大国比，只能跟一些比较穷的国家在一起。"他把中国的命运同第三世界国家的命运紧紧地联系在一起。在毛泽东的领导下，中国始终不渝地支持第三世界国家的正义斗争。从亚洲的朝鲜、越南人民的抗美救国战争到非洲人民争取独立的武装斗争及拉美人民的抗美斗争，无不得到中国人民政治上、道义上甚至物质上的支持和援助；中国坚决支持第三世界国家维护民族独立、振兴本国经济、建设自己国家的努力。在众多民族独立国家进入发展民族经济来巩固政治独立阶段之后，中国积极支持他们发展民族经济、推进南南合作、谋求改善南北关系和改革国际经济旧秩序的斗争。同时也十分重视同第三世界国家开展经济合作与技术合作，并积极开展对外援助，在我国经济还很困难的条件下，仍承担起援外任务，随着实力的增强，逐步扩大了对外经济技术援助的规模。1964 年，周恩来总理提出我国对外援助的八项原则；⑥ 中国一贯主张大小国家一律平等，互相学习，取长补短。几十年的实践证明，中国是言行一致的，我们尊重第三世界国家的主权，尊重他们对社会制度和发展道路的选择，尊重他们独立自主地决定对内对外政策，同时认定每一个国家、民族都有自己的长处和优点，应该互相学

---

① 《毛泽东外交文选》，中央文献出版社、世界知识出版社，1994 年版，第 213 页。

② 参见《周恩来的外交生涯》，中共中央党校出版社，1992 年第 1 版，第 80 页。

③ 《毛泽东外交文选》，中央文献出版社、世界知识出版社，1994 年版，第 163～164 页。

④ 《毛泽东外交文选》，中央文献出版社、世界知识出版社，1994 年版，第 269 页。

⑤ 《毛泽东外交文选》，中央文献出版社、世界知识出版社，1994 年版，第 600 页。

⑥ 详细内容见《周恩来选集》下卷，第 429～430 页，或《周恩来外交文选》，中央文献出版社，1990 年 5 月第 1 版，第 388～389 页。

习，取长补短，求得共同发展。在交往中，我们力戒以大国自居，盛气凌人，好为人师，强调要关心对方的困难，体谅对方的处境，实现共同的利益；中国特别重视和维护第三世界国家间的友谊，促进和支持第三世界国家间的团结和合作。我们不希望第三世界国家间发生不和甚至武装冲突，主张有争端的第三世界国家要以大局为重、以团结为重、以共同利益为重，采取克制态度，本着互谅互让的精神，通过协商解决问题和分歧，从根本上排除外部势力插手的机会，防止外来势力挑拨离间、从中渔利，达到某种殖民主义和霸权主义的目的。这样，才能结束争端给有关各方带来的不幸，为增强团结和合作创造必要的条件。总的来说，毛泽东认为加强同第三世界国家的团结与合作是实现我们国际战略的依靠力量。他为此付出了毕生的努力。

综上所述，毛泽东的国际战略思想是在两极对峙，美苏两个超级大国激烈争霸和敌强我弱、力量对比悬殊的严峻形势下，为巩固革命政权、维护国家独立、保卫国家安全制定的正确对策。它的形成是有其坚实的基础的：既有其深厚的、历史的、社会的根源，即中国近百年沦为一个半封建半殖民地的历史，又有中国共产党领导中国革命和老一辈革命家的革命经历和宝贵经验，即坚定的革命信念和丰富的实践经验；既有毛泽东个人的气质和风格，即强调实事求是、调查研究的理论思考和理想主义的浪漫色彩，又有中国决策机制处在很不完善的状况，即个人迷信的发展导致某些失误。实践证明，他的功绩应给予充分的肯定，是不可磨灭的，他的不足难以避免，我们不应苛求。他是马克思列宁主义与中国实践相结合的体现，是毛泽东思想的重要组成部分，是马克思列宁主义国际政治理论的新发展。

第二节　新时期的中国外交政策和邓小平的国际战略思想

以党的十一届三中全会的召开为标志，中国进入了一个崭新的时期，特别是经过拨乱反正，平反冤假错案，清除"文化大革命"的影响，纠正"以阶级斗争为纲"的错误后，开始以经济建设为中心，使得中国迅速地重现勃勃生机和改革开放的新局面。同时在20世纪70年代末80年代初，国际形势也发生了深刻的变化。虽然世界格局的基本特点仍然是美苏两个超级大国在继续争霸世界，双方由于各自经济、军事实力的消长变化，出现了攻守态势的互换，由苏攻美守变为美攻苏守，其他几股力量，如西欧、日本、第三世界国家也都在迅速发展，其作用表现得日益突出。据此，为了适应国际国内形势的需要，经过1979～1980年的酝酿和工作，中国外交于20世纪80年代初进行了重大的调整。

一、20世纪80年代中国对外政策的调整

新时期对外政策的调整主要表现为以下四个方面：

1. 确立了战争与和平的新观念

战争与和平问题一直是中国极为关注的问题。在相当长的时间内，我国一直认为

世界大战是难以避免的，美苏的争夺激化、美苏对我国的威胁，尤其是苏联的威胁急剧升温。中国人民一直生活在异常紧张的气氛中，似乎中国必将面临一场大战，而且迫在眉睫、一触即发。这种估计不仅给中国的建设造成了很大的损失，也给中国的外交带来了不利的影响。20世纪70年代初中美关系改善，到20世纪70年代末中美正式建交，随后邓小平访美。20世纪80年代初里根上台，对苏实行强硬政策……这一系列的变化促使人们深思。经过调查研究、全面分析，使我们对战争与和平问题作出了新的判断。我们认为：从当前世界总的形势来看，世界和平是可以维持的。虽然战争的因素还存在，还在增长，但和平力量的增长大于战争因素的增长，世界大战是可以推迟、制止甚至是可能避免的。对中国来说，已经不存在中美两国互相打仗的问题，苏联也在调整政策，谋求缓和，并非战争威胁十分严重。因此，认定我们应该在继续团结和支持一切和平力量，反对霸权主义和战争的同时，抓住时机，集中力量进行经济建设，增强自身维护和平的物质力量，中国的发展就是和平力量的发展。

显然，这样一个观念的变化，其意义是十分重大的，是一个关系中国以及世界全局形势的新判断，有非常现实的指导意义；其影响是十分深远的，不仅对中国，也对世界今后的发展会产生积极的历史推动作用。

2. 制定了全面对外开放的基本国策

这是党的十一届三中全会作出的最重要的决策之一。对外开放是对闭关锁国而言的，是主权国家的一种政策和一种行为。即每个主权国家，作为国际舞台上的一个行为主体，为了维护和实现自己的国家利益，在处理对外关系中奉行的一种政策和采取的一种行为。在现代条件下，对外开放是一个主权国家为适应世界经济发展的全球化趋势、谋求和实现经济快速发展的政策和行为。在十一届三中全会后，党中央已经确定以经济建设为中心来加速我国的发展，对外开放就是为实现这项中心任务服务的。它是一项基本国策，各个方面、各条战线都要贯彻执行。它也表现在政治、经济、文化、外交等各个领域均受其影响和冲击。过去我们受客观条件的限制和主观认识的影响，长期处于一种封闭、半封闭的状态，对比而言，现在的对外开放是一种改革，甚至是一场革命，其意义和影响是既重大又深远的。

对外开放的贯彻执行必然使我国的外交工作发生新的变化，出现新的特点。首先，我们的对外交往开始面向全世界，既对发达国家开放，也对发展中国家开放；既对社会主义国家开放，也对非社会主义国家开放；既对周边国家开放，也对地域相距遥远的国家开放；既对友好邻邦开放，也对以前有过矛盾冲突的国家开放。总之，不受经济发展水平、社会制度异同、地理条件远近、意识形态因素以及历史恩怨的限制，只要遵循和平共处五项原则，我们都愿意交往，都对外开放。其次，我们对外交往的内容更加丰富，不局限于狭义的外交领域，政治的、经济的、文化的、军事的、全球的、区域的、多边的、双边的内容……可谓无所不包，还有旅外侨胞的权益安危都在关注之中，当然，变化最为显著的是经济在外交中的分量大大加重了，经济外交开始在对外交往中占据重要地位。最后，外交形式多样化，呈现出多方面、多层次、多渠道、多色彩的格局，随着通信、交通工具和国际形势的迅速发展，首脑外交异常活跃，电话沟通十分频繁，随着全方位外交的展开，议会的、党际的、民间的、学术界的以及非政府组织的交往也成为潮流，并且日益制度化。这些都成为我国总体外交的重要组成部分。当然，这在打破"外交神秘"观念的同时，也对我们从事有关工作人员的素质有了更高的要求，培训干部的任务也更为繁重和迫切。

3. 赋予了独立自主原则以全新的内容

从新中国成立之日起，在外交工作中都坚持独立自主的原则。进入 20 世纪 80 年代，我们在分析国际形势新变化、国际力量对比新结构和总结过去 30 年宝贵实践经验的基础上，赋予了独立自主原则以全新的内容，用邓小平的话说，就是不结盟，"真正的不结盟"。中国不同任何一个大国结盟，不参加任何对立的国家集团或军事集团，在大国关系中不支持任何一方反对另一方，对一切国际事务、国际争端和国际问题，都从世界人民和中国人民的根本利益出发，根据事情本身的是非曲直，独立自主地决定自己的态度和政策，不受任何超级大国和外部势力的影响和支配。这绝不是不分大是大非，也绝不是不要朋友伙伴。在国际事务中，中国坚决反对霸权主义和强权政治，坚定地站在维护和平的力量一边，中国还主持公道、伸张正义，在反对霸权主义的同时，自己绝不称霸，即使发展强大起来了也不称霸。在处理国家关系时，中国明确宣布，主张从国家战略利益出发，超越社会制度和意识形态的差异，按照和平共处五项原则，愿同所有国家发展友好合作关系，不分大小、强弱、富贫、远近都同样对待，共同为维护世界和平、促进共同发展而努力。

由于奉行真正的不结盟政策，使我们在外交上有了充分的主动性，而不受制于人。作为一个人口众多、地域辽阔、具有完整的国民经济体系、经济在高速增长中，又是联合国安理会常任理事国，还是核俱乐部成员之一的这样一个大国，我们奉行什么样的外交政策，是结盟还是不结盟，必然要对国际形势的稳定和发展产生重大的影响。如果结盟，无论是对中国还是对世界都将产生消极的影响，反之，真正的不结盟，则会产生积极的影响，在多极化趋势的形成和发展中，更可以清晰地看到这一点。

在 20 世纪 90 年代后期，随着中俄政策的调整和各自为了维护、实现国家的利益，双方关系有了迅速的发展，从"睦邻友好关系"上升到"建设性伙伴关系"，然后又提升到"面向 21 世纪的战略协作伙伴关系"，直到新世纪之初双方签订《中俄睦邻友好合作条约》，以法律形式强化两国"世代友好、永不为敌"的理念，规定了今后在各方面加强合作的原则和方向。这不仅是双边关系中的大事，也是国际政治生活中的大事。有人认为，这不是中俄在新条件下的结盟吗？这是一种误解，或者说是陈旧观点的残余。现在的中俄关系确实得到了很好的发展，但它仍是一种"不结盟"、"不对抗"、"不针对第三国"的新型的国家关系。它和 20 世纪 50 年代初的《中苏友好同盟互助条约》是绝不相同的。它的基础不同、内容不同、作用不同，效果也不同。

还有一种观点或者担心，认为我国不与别国结盟，显得孤单，势单力薄，难以有所作为。这种看法貌似有理，其实不然：①两极格局终结以后，仍有一些国家保持甚至在加强盟友关系，这既有其历史原因，也有其利益驱动，但他们相互间的矛盾摩擦不断，激烈程度在上升，为了各自的利益，并不会成为真正的患难之交。②我们从历史和现实的状况分析，可以视谁为真正的盟友呢？深入思考一下，这个问题很难回答。③我们看问题不要只看形式，忽视实质。只要我们把握住了与各个国家之间的利益关系，本着求同存异的原则，就可以在大国之间有广泛的活动空间，来实现我们的国家利益。④世界多极化的发展趋势在曲折中发展，各大力量都不能不顾这个现实，连美国也不能例外，这是我们奉行不结盟政策的最好土壤和环境。

4. 提出了"一国两制"的新构想

党的十一届三中全会以后，实现了党和国家工作重心的战略转移，即以经济建设为中心。与此同时，国际形势发生了深刻变化，中美关系实现了正常化，从而为提出并确立和平解决中国台湾地区问题的方针创造了新的有利条件。在这样的背景下，以邓小平为核心的党中央第二代领导集体从国家和民族的根本利益出发，在毛泽东、周恩来关于争取和平解放中国台湾地区思想的基础上，确立了和平统一的大政方针，创造性地提出了"一国两制"的科学构想，以后在此基础上形成了"和平统一，一国两制"的基本方针。

"和平统一，一国两制"是中国共产党和中国政府对台工作的基本方针，是一个完整的体系，有深刻的思想、丰富的内涵、坚定的原则、灵活的策略。一个中国原则是"和平统一，一国两制"的核心；两制并存是解决中国台湾地区问题的合理安排，统一后的中国台湾地区享有高度自治；坚持和平统一，但不承诺放弃使用武力；解决中国台湾地区问题，寄希望于中国台湾地区当局，更寄希望于中国台湾地区人民；积极促谈，争取通过谈判实现统一；积极促进两岸直接"三通"和各项交流；坚决反对任何"中国台湾地区独立"的言行；坚决反对外国势力插手和干涉中国台湾地区问题；集中力量搞好经济建设是解决国际国内问题的基础，也是实现国家统一的基础。

"一国两制"的构想是邓小平为解决中国台湾地区问题而提出来的，是邓小平理论的重要组成部分。它的基本内容是，在一个中国的前提下，国家的主体坚持社会主义制度；台湾、香港、澳门是中国不可分割的组成部分，它们保持原有的资本主义制度长期不变，在国际上代表中国的只能是中华人民共和国政府。具体内容如下：①"一国两制"的基础是一个中国，在国际上代表中国的是中华人民共和国政府，国家的领土和主权不能分割。②"一国两制"的核心问题是祖国的统一，我们为完成统一祖国的大业，充分考虑中国台湾地区能接受的条件，还充分为对方着想，不考虑对方是不可能的。③"一国两制"的"两制"是指在中国国内可以两种制度长期共存，共同发展，由宪法规定设置特别行政区，其原有的社会经济制度、生活方式，同外国的经济文化关系不变，私人财产、房屋、土地、企业所有权、合法继承权和外国投资等方面都得到切实保障。④"一国两制"的主体是社会主义。邓小平说，"一国两制"要讲两个方面：一方面，社会主义国家里允许一些特殊地区搞资本主义，不是搞一段时间，而是搞几十年，成百年；另一方面，也要确定国家的主体是社会主义。中国的主体，12亿人口的地区坚定不移地实行社会主义。在小范围内容许资本主义存在，不会改变大范围的社会主义性质，而且更有利于发展社会主义。⑤"一国两制"的实行，中国台湾地区与香港有所不同，比香港更宽。作为中国对香港恢复行使主权的象征是中央政府向香港派驻军队；中国台湾地区可以保留军队，中央政府不派军队去。统一后，内地不仅不派行政人员到中国台湾地区去，中央政府还要在全国性政权机构中留出一定比例的名额，让中国台湾地区各界人士参与国家管理。⑥实行"一国两制"长期不变，具有法律保证。早在1979年1月8日，邓小平在回答美国客人提出的"你们是否要在将来某个时期激烈地改变中国台湾地区的现状，在中国台湾地区实行共产党制度"的提问时，明确表示，将来中国台湾区实行什么制度，可以根据中国台湾地区人民的意志决定，愿意选择什么就选择什么。如果中国台湾地区人民感到它的现行制度要保持100年，这就可以。我们不会用强制的办法使它改变。1981年8月26日，邓小平对一位海外知名人士说，如和平解决不可能，不排除用武力方式解决中国台湾地区问题。即使武力方式解决，中国台湾地区的现状也可以不变。1983年，邓小平在一次中央会议上说，恐怕50年要定，定50年更放心。根据邓小平的这一思想，"50年不变"被正式写入全国人大六届二次会议通过的《政府工作报告》。

"一国两制"构想，既体现了实现祖国统一、维护国家主权的原则性，又充分考虑到了中国台湾地区、香港、澳门的历史和现实，体现了高度的灵活性，是推进祖国和平统一大业的指导思想和最佳方案。

"一国两制"构想提出后，相继被用于解决香港、澳门问题。1997年和1999年已经成功地实现了香港和澳门回归祖国。这一成功的实践，已经为香港同胞、澳门同胞亲身体验，也为海外炎黄子孙一致认可和赞许，许多国际舆论也称赞这是一个天才的构想和光辉的实践。

"一国两制"的构想是个新思想，是前人未曾说过的，是社会主义学说和理论的新发展。它充分体现了维护国家领土和主权完整的原则性，充分尊重中国台湾地区的历史和现实，考虑到国际范围内的实际情况，是对和平共处原则的创造性运用和发展，顺应了世界发展的潮流。当年，英国首相撒切尔夫人说："一国两制"的构想是没有先例的天才创造，为香港特殊的历史环境提供了富有想象力的答案。香港特区首脑董建华说："'一国两制'方针提供了一种全新的视野和思维，是代表12亿中国人对当代世界作出的伟大贡献之一。"

二、中国对外关系的崭新局面

随着这次对外政策的调整，为我国外交开创了新局面，对外关系出现了新形势，也为我国的经济建设创造了最有利的国际环境。

1. 大国关系的新调整

这是邓小平最为关注的问题。从20世纪70年代末中美正式建交、邓小平访美开始了中美关系发展的新阶段。虽说后来美国国会通过《与中国台湾地区关系法》，中国与之进行了反对干涉中国内政的斗争，特别在继续出售武器给中国台湾地区的问题上，明显粗暴干涉中国内政。经过谈判斗争，1982 年 8 月 17 日，中美双方发表《联合公报》，美国承诺：它向中国台湾地区出售的武器，在性能和数量上将不超过中美建交后近几年的供应水平，并准备逐步减少它对中国台湾地区的武器出售数量，以经过一段时间导致这一问题的最终解决。1984 年，中美两国领导人互访，增进了相互理解，使得两国关系得到了稳定的、顺利的发展。中苏关系经过谈判实现了关系的正常化。1982 年，苏共总书记勃列日涅夫在塔什干、巴库、莫斯科多次发表对华政策演讲，表示要改善中苏关系。1982 年 10 月 ~ 1988 年 6 月，中苏两国政府特使在双方首都轮流进行了 19 轮政治会谈。中方根据邓小平的指示，提出实现关系正常化的条件是消除三大障碍，即要求苏联将在中苏边界、蒙古的军事力量裁减到 1964 年的水平；从阿富汗撤军；采取切实行动敦促越南停止侵柬反华。1988 年下半年，苏联采取切实行动，实现了中国提出的条件。同年 12 月，中国外交部长访苏。1989 年 2 月，苏联外长访华，为中苏高级会晤做准备。1989 年 5 月，戈尔巴乔夫访华，邓小平会见他时发表了"结束过去，开辟未来"的重要讲话。随后双方发表了《中苏联合公报》，标志中苏两国结束了长达近 30 年的敌对关系，实现了关系正常化。这为以后的中俄关系发展创造了条件。中日关系在 1978 年 10 月邓小平应邀访日之后，也推进到一个新阶段，并对以后留下了深刻的影响。20 世纪 80 年代初，中国提出"和平友好，平等互利，长期稳定"三原则，得到日本政府的积极响应。后来，日方提出增加"互相信赖"的内容。据此，中日友好合作关系进一步发展。邓小平曾把调整对美、对苏和对日关系视为他在中国对外关系中做的几件大事。

2. 同西方其他大国的关系也得到稳定发展

中英关系在此期间曾围绕香港主权回归中国的问题进行了复杂的谈判和斗争，由于正义和真理在中国一方，也由于我们采取的正确政策，特别是邓小平表达的"主权问题是不容谈判的"坚定的原则立场，使得 1984 年 9 月，中英达成就 1997 年 7 月 1 日香港主权回归中国的协议。后来，虽有过一些曲折，但最终还是于 1997 年 7 月 1 日实现了香港顺利回归祖国。随后中葡双方也于 1987 年 4 月达成 1999 年 12 月 20 日中国恢复对澳门行使主权的协议，并按期实现了澳门的回归祖国。无疑，这为中英、中葡关系的发展开辟了广阔的前景。中德、中法、中意及中国与其他欧洲、大洋洲国家的经济、政治合作关系也取得了重大发展。随着中国的发展和欧共体一体化的进展，中国与欧盟的关系也得到了稳定的、健康的发展。

3. 中国同周边国家的友好合作关系取得显著进展

中朝两国用鲜血凝成的友谊得到进一步巩固，中国与韩国也正式建交，中国同印度尼西亚复交，同新加坡、文莱建交，把中国同东盟各国的友好合作关系推到了一个新阶段；中国同印度的友好关系继续发展，同南亚其他邻国保持传统的睦邻关系，中越关系实现了正常化，边境贸易有了很大发展，中国同老挝签订了边境条约，解决了长期悬而未决的边界问题。纵观东南西北，和大国关系的调整一起，我国友好和平的周边环境已经初步形成。

4. 我国同第三世界国家的团结与合作不断加强

中国一贯十分重视同第三世界的团结与合作，进入20世纪80年代，在国际形势深刻变化的新的历史条件下，中国同第三世界国家间的友好合作关系得到了新的加强。双方高层互访增加，合作领域拓宽，合作方式多样，合作成效显著，同时在国际事务中，双方加深了协调、配合和相互支持。这扩大了我国在新的形势下的外交活动余地，提高了我国的国际地位。

5. 中国全面地参与了国际事务

中国在联合国发挥了一个负责任的大国作用。1987年5月8~14日，应中国政府邀请，联合国秘书长德奎利亚尔对中国进行了正式访问。在此期间，邓小平曾和德奎利亚尔有一段对话，是很有意义的。邓小平在会见德奎利亚尔时说，联合国安理会常任理事国拥有否决权，中国并不欣赏它，但有时还是有用的。秘书长表示，中国使用否决权总是为了保护第三世界的利益。邓小平说，中国同联合国关心的问题一样，一个是和平，一个是发展。解决这两个问题，联合国的作用越来越重要。他指出，有些人从自己的角度考虑，对联合国采取消极态度，然而从全世界、全人类的角度看，联合国是非常重要的。① 邓小平的谈话既是中国对待联合国工作的指导思想，也是中国参与联合国活动的行动指针。正是据此，中国积极参加联合国组织的维护世界和平的工作，包括必要的维和行动和裁军行动，也认真对待联合国组织的促进共同发展的工作，包括援助不发达国家和承担应尽的义务。中国也积极地参加了联合国的多种机构，与之合作，做好工作。1988年是中国与开发署方案合作10周年，由于双方的共同努力，方案取得了圆满成功，为此，当年7月在北京举行了庆祝会。当然，我们也在联合国大会的讲坛上，谴责外国插手中国的内部事务、干涉中国的内政是违背国际关系准则和联合国宪章基本原则的。如1990年3月，在人权委员会第四十六届会议上，一些西方国家提出了一项指责中国违反人权的所谓"中国局势决议草案"，中国代表团对此进行了坚决斗争。同年6月，会议以17票对15票，11票弃权，通过了对这项决议草案不采取行动的动议，结果以程序方式否决了西方国家借口人权问题干涉中国内政的图谋。②

总之，通过诸多方面对外政策、对外关系的调整，中国从20世纪80年代初正式提出奉行独立自主的和平外交政策，使得中国开始大步走向世界。并在国际事务中发挥着独特的作用。我们的外交政策得到了世界舆论的广泛好评，我们的国际威望迅速提高。中国真诚地希望同世界各国友好相处，共同为维护世界和平、促进共同发展和繁荣而努力奋斗！

---

① 参见郑启荣、李铁城编：《联合国大事编年》，第254~255页。
② 参阅郑启荣、李铁城编：《联合国大事编年》，第280页。

三、邓小平的国际战略思想及其深远影响

1. 邓小平国际战略思想的内容

如前所述，国际战略是一个主权国家为了维护和实现自己的根本利益，在客观分析国际形势和正确估量自己综合国力的基础上，制定的一定时期的对外谋略。邓小平国际战略思想是一个科学体系，相互之间有非常密切的内在联系，不可分割，是一个完整、统一的整体，包括以下几个方面的内容：

（1）邓小平国际战略思想的核心是邓小平的国家利益观。邓小平作为一个伟大的马克思主义者和战略家，中国共产党第二代领导的核心及我国改革开放事业的总设计师，他在新时期为我国制定的国际战略，其核心就是要维护和实现国家的根本利益。新时期国家根本利益就是要把我国建设成一个富强、民主、文明的社会主义强国，具体分为三步走，使中国在 21 世纪中叶按人均收入达到中等发达国家的水平。为此，必须有一个和平稳定的国际环境。我们的国际战略就要为之服务，努力创造和发展这样一个和平稳定的、有利于我们全心全意进行建设的国际环境，对这一点必须非常明确，绝不动摇。

1989 年 10 月，当中美关系非常紧张，美国对我国实行制裁、施加压力时，邓小平在会见来访的美国前总统尼克松时，就非常明确地指出："我们都是以自己的国家利益为最高准则来谈问题和处理问题的。在这样的大问题上，我们都是现实的，尊重对方的，胸襟开阔的。"他还强调："考虑国与国之间的关系，主要应该从国家自身战略利益出发。着眼于自身长远的战略利益，同时也尊重对方的利益，而不去计较历史的恩怨，不去计较社会制度和意识形态的差别，并且国家不分大小强弱都应互相尊重，平等相待。"① 这是我们处理一切对外关系和国际问题的出发点和落脚点，是由当前现实世界的实际决定的，是为实现我们的"四个现代化"的目标服务的，是实现现阶段根本利益的需要。

应该指出，邓小平的国家利益观不仅有很强的现实性，把实现"四化"作为国家的根本利益，是全国人民的共同愿望和强烈要求的集中表现，是看得见、摸得着、时刻在经受检验的；也有很强的理论性，和某些资本主义国家把自己一国的利益凌驾于别国利益之上的强权政治有本质的区别，也和戈尔巴乔夫高唱的"全人类利益高于一切"根本不同。作为社会主义国家，我们的国家利益和世界无产阶级、全人类的利益有其一致性，是爱国主义和国际主义相结合的体现。现在我们做好了自己的事情，建设成富强、民主、文明的国家就是对人类进步事业最大的贡献。

（2）邓小平对国际形势的新判断。从 20 世纪 70 年代后期开始，他对国际形势进行了冷静的观察，深入的思考。党的十一届三中全会以后，他相继对国际形势提出了许多重要的、科学的、具有创造性的见解：

第一，通过对战争与和平问题的长期观察与思考，提出了"和平与发展"的世

---

① 《邓小平文选》第三卷，第330页。

界主题。新中国成立以后，很长一段时期内，我们对战争与和平问题有个固定的看法，常年处于备战状态，其影响既深且广，在党的十一届三中全会之后，邓小平先是认定在较长时间内不会发生大规模的世界战争，维护世界和平是可能的。20世纪80年代中期进一步提出："现在世界上真正大的问题，带全球性的战略问题，一个是和平问题，一个是经济问题或者发展问题。和平问题是东西问题，发展问题是南北问题。概括起来，就是东西南北四个字。南北问题是核心问题。"① 这个论断是总结战后历史、分析世界现实、预测未来发展的科学结论，得到了世界舆论的广泛认同，具有划时代的意义，影响巨大而深远。

第二，针对东欧剧变、苏联动荡，及时提出了世界格局多极化发展趋势的判断。战后两极格局维持了40多年，有一个发展演变的过程，孕育着多极化发展的因素。20世纪80年代末出现了东欧剧变、苏联动荡。1990年3月，邓小平指出："现在旧的格局在改变中，但实际上并没有结束，新的格局还没有形成。"他还说："美苏垄断一切的情况正在变化，世界格局将来是三极也好，四极也好，五极也好，苏联总还是多极中的一个……所谓多极，中国算一极。中国不要贬低自己，怎么样也算一极。"② 也就是说，两极格局在终结，多极化趋势在发展，当前正处在新旧格局转换时期。邓小平强调世界格局多极化的趋势，体现了他既反对一国主宰世界的单极格局，又重视发展中国家和新兴力量的地位、作用的一贯思想。后来他还指出："世界上矛盾多得很，大得很，一些深刻的矛盾刚刚暴露出来……问题是要善于把握。"③ 这是提出了一个多极矛盾的存在和多种力量重新组合的问题。他强调"中国算一极"是肯定社会主义虽然经历了挫折，但中国的存在和发展仍将是国际舞台上一支独立的力量。在格局变化的关键时刻作出这一论断意义重大，并为越来越多的国家所认同。

第三，根据历史的经验和现实的需要，明确提出在和平共处五项原则基础上建立国际政治经济新秩序的目标。面对世界局势急剧、深刻的变化，多种矛盾更加复杂，出路何在？邓小平1984年就提出："处理国与国之间的关系，和平共处五项原则是最好的方式……总结国际关系的实践，最具有强大生命力的就是和平共处五项原则。"④ 早在1974年他在联合国发言时，就讲过建立国际经济新秩序问题。20世纪80年代后期又提出："目前是建立国际政治新秩序的时期。国际政治领域由对抗转向对话，由紧张转向缓和，出现了许多新情况，因此应该提出一个建立国际政治新秩序的理论。"⑤ "世界上现在有两件事情要同时做，一个是建立国际政治新秩序，一个是建立国际经济新秩序"。⑥ 他把建立国际政治新秩序和经济新秩序列为我国一项基本的对

① 《邓小平文选》第三卷，第105页。

② 《邓小平文选》第三卷，第353页。

③ 《邓小平文选》第三卷，第354页。

④ 《邓小平文选》第三卷，第96页。

⑤ 《人民日报》，1988年12月3日。

⑥ 《邓小平文选》第三卷，第282页。

外政策，强调要按照和平共处五项原则办事，要积极推动建立国际政治经济新秩序。这是我国新时期在国际舞台上举起的一面旗帜和实施的一个纲领，不仅有其必要性，还有其可能性和现实性。和以前提出过的实现"没有帝国主义"、"没有资本主义"、"没有剥削制度"的目标相比，是一个更符合当前实际、切实可行的阶段性目标，它具有强大的生命力。

第四，面对当今世界新科技革命的兴起和世界经济全球化的加速发展，明确提出科技和经济日益成为国际关系中的关键因素，是推动国际社会向前发展的原动力。邓小平提出"科学技术是第一生产力"、"发展是硬道理"，都具有普遍的意义。他说："实现人类的希望离不开科学，第三世界摆脱贫困离不开科学，维护世界和平也离不开科学"。[1]"下一个世纪是高科技发展的世纪。"[2] 邓小平特别强调："中国解决所有的问题关键是要靠自己的发展"，经济发展离不开科技，"关键是科学技术"。这是我国制定和实现发展战略的指导思想和根本途径，也是认识国际社会发展变化的动力的关键和制定实现国际战略的重要依据。

应该指出，这四个方面是相互联系、融为一体的，是对国际形势的宏观把握和基本分析，既为我们展示了进行"四化"建设的有利国际环境，也为我们制定对外谋略指出了有力根据。当然，国际形势是在不断发展变化的，但当我们从时代、格局、秩序、动力这些基本问题上来把握它、分析它、认识它，我们就能保持清醒的头脑。就能保持理论的坚定性，不会因某些局部的、细小的变化而动摇。

（3）邓小平客观地估量了中国的综合国力。他把中国定位于现在是迅速崛起的发展中大国，将来是世界多极格局中独立的一极。他在"文革"后复出之后，多次强调要充分地、正确地认识我国的"国情"，说中国属于第三世界，是第三世界的一员。中国是社会主义国家，但"是处在初级阶段社会主义，是初级阶段的社会主义"。[3]后来讲得很多的是"发展中国家"，或者说是"最大的发展中国家"。到20世纪90年代初，他在全面分析国际形势的发展及两极格局的变化后，郑重宣布：中国将是多极世界中独立的一极。"所谓多极，中国算是一极。中国不要贬低自己，怎么样也算是一极。""中国在国际上有特殊的重要性，关系到国际局势的稳定与安全"。[4]

为了使中国从一个贫穷落后的发展中国家尽快地实现"四化"，成为社会主义强国，邓小平还吸取古今中外的经验教训，为我们制定了对外开放的基本国策，认定对外开放是实现三步走宏伟目标、振兴中华的必由之路，"是一个战略问题"。"中国要谋求发展，摆脱贫困和落后，就必须开放。开放不仅是发展国际间的交往，而且要吸收国际经验。……为了实现我们的发展战略目标，要更加开放"。[5] 为此，必须有开

① 《邓小平文选》第三卷，第183页。
② 《邓小平文选》第三卷，第279页。
③ 《邓小平文选》第三卷，第252页。
④ 《邓小平文选》第三卷，第350页。
⑤ 《邓小平文选》第三卷，第266~267页。

放的思想，要建设开放的社会，还要成为开放的国家。在实行全方位的开放中，关键是正确认识和对待发达资本主义国家，以前我们缺乏这方面的经验。而它是我们政治上和平共处的主要对象，经济上合作、引进的重点所在，文化上扩大交流的广阔领域，外交上平等相待的重要伙伴。要正确认识资本主义战后发展的新特点、现实的生命力以及它面临的困难、深层次的矛盾和发展的历史趋势，深刻认识两种制度竞争、共处的长期性。毫无疑问，在对外开放的过程中，充满了矛盾和斗争。我们要学会正确处理这种矛盾和有理、有利、有节地进行这种斗争。只有这样，才能达到对外开放的目的，使中国更快地富强起来，成为世界多极格局中名实相符、独立的一极。

中国这一极不同于其他极，也不是所谓"列强"之中的一强。中国将是坚决维护国家主权和领土完整，反对外来干涉和侵略的一极；是反对霸权主义和强权政治，维护世界和平，促进共同发展，为建立国际政治、经济新秩序而努力奋斗的一极；是支持公道、伸张正义，维护广大发展中国家正当权益的一极；是坚持社会主义，既不争霸，也不称霸，为人类进步事业做出贡献的一极。

（4）邓小平鲜明地提出了独立自主的和平外交政策和策略，也就是总的对外谋略。邓小平总结新中国成立以来外交工作丰富的经验教训，结合新时期的实际，提出："独立自主，自力更生，无论过去、现在和将来，都是我们的立足点，中国人民珍惜同其他国家和人民的友谊和合作，更加珍惜自己经过长期奋斗而得来的独立自主权利。任何外国不要指望中国做他们的附庸，不要指望中国会吞下损害我国利益的苦果。"[1] 独立自主首先强调的是把国家主权和安全放在第一位，同别国发展关系从不以牺牲自己的主权为代价，也绝不拿原则做交易，对别国损害中国根本利益、侵犯中国主权的行为，敢于旗帜鲜明、理直气壮地进行斗争，包括为此进行反对霸权主义的斗争。我们不允许别国把他们的社会制度和意识形态强加于我们，我们也不会把自己的社会制度和意识形态强加于别国。在发展党际关系中我们强调四项原则，其中最重要的也是独立自主原则。为了更好地实行独立自主，邓小平还提出要实行不结盟政策，是"真正的不结盟"。[2] 历史经验证明，结盟会在某种程度上受制于人。作为一个大国，奉行结盟政策，也不利于国际局势的稳定；要坚持独立自主的原则，最重要的是实现自身的发展，增强自己的综合国力。这是我们维护和实现自己的国家利益、解决有关对外关系问题，发挥国际影响力的基础和物质保证。

新时期的和平外交政策是把维护世界和平、促进共同发展作为对外政策的首要任务。这是我国发展经济的迫切需要，也是世界人民的共同愿望。我们建设有中国特色的社会主义，邓小平讲"是主张和平的社会主义"，[3] 把和平与社会主义统一起来，这是一个重大的突破和发展。我们坚持在和平共处五项原则的基础上同世界各国发展友好合作，无论是超级大国，还是弱小国家，都是如此；对国际上国与国之间存在的

---

① 《邓小平文选》第三卷，第3页。
② 《邓小平文选》第三卷，第57页。
③ 《邓小平文选》第三卷，第328页。

争端和分歧，主张通过和平协商来解决，反对诉诸武力和以武力相威胁；不计较历史恩怨，实现同苏联的正常化，随后又发展同独联体，特别是俄罗斯的友好合作和"战略协作伙伴关系"；本着加强合作、不搞对抗的精神，改善同美国的关系，在双方的努力下，使得中美关系得以发展；坚持"一国两制"，同英国和葡萄牙妥善解决香港、澳门回归问题；提出"搁置争议，共同开发"的主张，谋求同有关国家解决南海争端和钓鱼岛等类似问题。我们的和平外交政策根本目的就是全力维护世界和平，促进共同发展，和所有国家友好相处，大家都实现经济和社会的发展。我们不愿意与任何国家为敌。当然，当今世界上还存在霸权主义和强权政治，它们是威胁世界和平的主要根源。所以，反对霸权主义、维护世界和平，这是一场不可回避的严峻斗争。我们要有这样的思想准备，不能乞求和平。这符合世界人民的共同愿望，也是我们应尽的国际义务。

为了更有效地贯彻独立自主的和平外交政策，邓小平面对国际风云的急剧变化，还制定了冷静观察、韬光养晦、绝不当头、有所作为的策略方针。这一方针包含着丰富的内涵、深邃的思想、超人的智慧、务实的精神。"冷静观察"就是面对苏东剧变、西方施压，要沉着应付，泰然处之，不受挑动，稳住阵脚，不感情用事，不自乱阵脚，"要冷静、冷静、再冷静"；[①] "韬光养晦"就是要收敛锋芒，含而不露，要埋头苦干，后发制人，过头的话不说，过头的事不做，"还要坚持同所有国家都来往，对苏联对美国都要加强来往"；[②] "绝不当头"是对我国综合国力、国际地位和根本利益的清醒认识，是"一个根本国策"，[③] 是邓小平长期以来的一种真实的政治考虑，是对第三世界一些国家希望中国当头的明确回答；"有所作为"是表示我们绝不是无所作为，什么都不干，而是要量力而行，要敢于维护我们的主权和领土完整，反对外来的侵略和干涉，要勇于承担我们应该而又能够承担的国际责任和义务，要在反对霸权主义、维护亚太地区和世界和平，在支持公道、伸张正义，在积极推动建立和平、稳定、公正、合理的国际政治经济新秩序，在坚持社会主义和推动人类进步事业中做出自己力所能及的贡献。这是一个完整的方针，具有战略的意义，在邓小平国际战略思想中具有特殊的地位，闪耀着绚丽的光芒。正是这一指导方针，指导我们胜利地度过了 20 世纪 80 年代末、90 年代初的艰难岁月，经受了严峻的考验，它也会在今后长期的更加复杂多变的国际关系中，指导我们沿着既定的方向，继续阔步前进。

以上四个方面构成了邓小平国际战略思想的主要内容，也展示了邓小平国际战略思想确实是一个有内在联系、不可或缺、自成一体、独具特色的科学体系。

2. 邓小平国际战略思想产生形成的坚实基础

20 世纪 80 年代前后，邓小平创建具有中国特色的国际战略思想并形成一个科学的体系，绝不是偶然的，它是邓小平理论的重要组成部分，和邓小平理论产生有其必

① 《邓小平文选》第三卷，第321页。
② 《邓小平文选》第三卷，第353页。
③ 《邓小平文选》第三卷，第363页。

然性一样，它的产生也有其必然性。

首先是国际形势的急剧发展和深刻变化，第二次世界大战以后，尤其是20世纪70年代以后国际形势的发展变化，呼唤着新思想、新理论的诞生，以指导人们能够予以正确的认识，并采取相应的对策，停滞的观点、僵化的观点不仅不能给人们以正确的指导，还会造成严重的失误和危害。这已为许多历史教训所证实。

其次是中国的发展进入新的历史时期，确立了新的任务，需要新的思想的指导来创造新的国际环境，以保障新任务的实现。既不能滥用过去以阶级斗争为纲的那一套，提倡"打倒一切"的斗争哲学，也不能照搬西方的做法，跟在别人后面亦步亦趋，或让别人牵着鼻子走，那是决然行不通的。那将使我们的宏伟目标落空，还会使我们成为别国的附庸，其后果是不堪设想的，也是人民绝不答应的。

再次是邓小平非凡的经历、丰富的经验及其深刻的反思和总结，是这一国际战略思想得以形成的坚实基础。人们熟知邓小平在革命的一生中有三落三起的经历，尤其是"文革"中的经历，这对邓小平理论和邓小平国际战略思想的形成是有重要影响的。他在《答美国记者迈克·华莱士问》中谈到"文革"时说："那件事，看起来是坏事，但归根到底也是好事，促使人们思考，促使人们认识我们的弊端在哪里。毛主席经常讲坏事转化为好事。善于总结'文化大革命'的经验，提出一些改革措施，从政治上、经济上改变我们的面貌，这样坏事就变成了好事。为什么我们能在70年代末80年代初提出了现行的一系列政策，就是总结了'文化大革命'的经验和教训。"① 经历了"文革"的人何其多，但能够像邓小平这样总结、反思、复出后提出新的一系列政策的人却很少，这也正是他能够成为党的第二代领导集体的核心的原因所在。

最后是邓小平复出后，不顾70多岁的高龄，多次亲自出国访问、考察，看到了当今世界的巨大变化，进一步促进了这一国际战略思想的诞生和发展。他访问美国，在钢铁厂感受了什么是现代化；访问日本，在新干线上体会到什么是高速度；访问新加坡，从一个城市国家的发展中看到对外开放的好处和作用；当然，访问法国，从历史对比中更看到了现代资本主义的变化。这些出访，无疑直接地促使他决心对外开放，促进了国际战略思想的形成。

我们可以十分肯定地说，邓小平国际战略思想既不是天上掉下来的，也不是他头脑里固有的，更不是有些人认为的那样"是人为地树立起来的"，"是秀才们杜撰出来的"，而是有其坚实的思想基础和实践依据的，它是对马克思列宁主义、毛泽东思想的继承、丰富和发展，是符合当今世界和中国的实际并经受了实践检验的科学结论。它和世界上形形色色的国际战略思想形成了鲜明的对照，是当代中国的马克思主义的国际战略思想。正是在这一战略思想的指导下，我国取得了近30年对外工作的伟大成就，也是我们迎接新世纪，继续夺取外交战线新胜利的法宝。

① 《邓小平文选》第三卷，第172页。

3. 邓小平国际战略思想的精髓及其深远影响

邓小平理论的精髓是解放思想、实事求是，邓小平国际战略思想的精髓仍然是解放思想，实事求是。无论是在对国际形势的客观分析上，还是对我国综合国力的正确估量上，也无论是在对外政策和策略的制定上，还是在国家利益的认定上，邓小平都是从实际出发的，是经过周密的调查研究的，既总结历史的经验教训，又强调对现实情况的缜密分析，还重视对未来发展的预测。他谆谆告诫我们：“一个党，一个国家，一个民族，如果一切从本本出发，思想僵化，迷信盛行，那就不能前进，它的生机就要停止了，就要亡党亡国。”① 他还说：“世界形势日新月异，特别是现代科学技术发展很快。现在的一年抵得上过去古老社会几十年、上百年甚至更长的时间。不以新的思想、观点去继承、发展马克思主义，不是真正的马克思主义者。”② 我们在深入学习邓小平理论、邓小平国际战略思想的时候，在迎接新世纪的到来，面对世界新变化、新发展的时候，一定要坚持在实践中贯彻这个精神，勇敢探索，开拓前进，为维护世界和平，促进共同发展，为建立国际政治经济新秩序，为人类进步事业做出新的贡献。当然，首要的还是把我们自己的事情办好，维护良好的周边环境和国际环境，加快建设有中国特色的社会主义建设事业，争取顺利地实现第三步总的宏伟目标。

第三节　冷战后中国外交政策的调整和江泽民同志关于国际战略的论述

以东欧剧变、两德统一和苏联解体为标志，第二次世界大战后统治世界近半个世纪的两极格局宣告终结。世界进入了向多极化发展的新时期。这一根本性的变化深刻地影响了每一个国家和地区。面临新形势的挑战，中国及时调整了外交政策，以更加活跃、务实的姿态出现在国际舞台上，迎接新世纪的到来。

一、冷战后中国所处的国际环境

1. 冷战后国际形势的变化

（1）在国际形势总体趋于缓和的同时，地区热点层出不穷，天下仍不太平。冷战结束后，国际形势总体趋于缓和，促进发展，增强综合国力，提高人民生活水平与质量成为全世界各国的共同要求，这就迫切需要有一个相对稳定的国际环境。而从主导世界发展趋势的主要力量的对比来看，世界和平力量的增长仍然大于战争力量的增长，在今后 10～20 年，新的世界大战还不会爆发。各国都从长远利益出发，以对话作为解决国家间矛盾的主要方式，各国间既竞争又合作，既摩擦又妥协，相互间的制衡作用进一步增强。但天下并不因此而太平无事：一方面，霸权主义和强权政治依然存在，南北差距不断加大，发展问题变得更为严峻，成为威胁世界和平的主要隐患；

① 《邓小平文选》第二卷，第143页。
② 《邓小平文选》第三卷，第291～292页。

另一方面，原先为冷战所掩盖的各种民族矛盾、种族冲突、宗教矛盾和领土纠纷等问题陆续暴露出来，地区热点问题层出不穷，其复杂性不断加深，涉及的范围越来越广，世界并不安宁。

（2）世界多极化的趋势十分明显，"一超多强"成为国际格局的过渡状态，同时各资本主义国家间矛盾呈上升趋势。苏联解体后，美国作为当今世界唯一的超级大国，在国际事务中仍居于主导地位，但仍受种种因素的制约。与此同时，欧洲联合自强的进程进一步加快；日本谋求政治、军事大国的趋势进一步明显；俄罗斯经过一段时间的动荡后开始逐步复苏，国内民族主义情绪抬头，要恢复其大国地位；中国改革开放不断深入，综合国力日渐提高，等等。这些都给美国的"世界霸主"地位以极大挑战，"一超"与"多强"并存的局面十分明显。各大国之间的关系正处于复杂而深刻的调整之中，各种利益间的纷争与协调构成了大国关系的主线。但在短时间内，其他各国均不具备与美国单独抗衡的实力。"一超多强"的局面将会持续相当长的时间。在各种纷繁复杂的矛盾中，西西矛盾的地位呈不断上升趋势。这不仅由于苏联及东欧集团解体使西方国家失去了联盟凝聚的基础，内聚力大为削弱，相互间为冷战所掩盖的矛盾与冲突加剧，争夺地区事务与国际事务主导权的斗争日益激烈；同时，也由于经济普遍不景气，各国间为争夺原料和市场的斗争加剧，经济摩擦和纠纷日益激烈，从而进一步影响政治与军事合作。西西矛盾在政治方面的表现为对地区和世界事务主导权的斗争；在经济方面表现为对世界市场的争夺及双边经济活动中的贸易战；在军事方面主要表现为美国和西欧、日本之间控制与反控制的斗争。虽然西西矛盾处于不断加剧的趋势中，但由于国际间相互依存、相互制约的趋势不断加强，西方各国在国际事务的许多领域中仍然存在着许多共同利益，因此，他们之间仍将以协调为主旋律，通过协商与对话来缓和矛盾。

（3）在世界经济全球化趋势不断加强的同时，经济区域化、集团化也迅速发展。由科技革命所引发的世界经济全球化的浪潮日益高涨，冷战后国际政治环境的变化更进一步加速了这种趋势。以经济、科技为主的综合国力的竞争日益成为国际竞争的主要内容，世界各国为提高本国的综合国力，在经济上相互依存、相互合作与相互渗透的趋势逐步加深。以国际货币基金组织、世界银行为代表的国际金融组织和以世界贸易组织为代表的国际贸易组织在国际经济生活中起着越来越大的作用，以跨国银行和跨国公司为代表的国际经济实体规模越来越大，活动领域越来越广。与此同时，以亚太经合组织、欧洲联盟和北美自由贸易组织为代表的区域性经济组织也日益呈现出蓬勃发展的势头。事实证明，这些地缘相近的国家为更好地保护和促进本国利益、提高自身竞争力而进行的区域性经济自由化和开放活动，将对世界经济的发展产生极大的影响。

（4）联合国等国际组织在国际事务中的作用不断增强。经过50多年的发展，联合国的成员国已从1945年的51个发展到2003年的191个，在维护世界和平、促进世界发展方面做出了突出的贡献。冷战后，国际形势的发展要求联合国进一步发挥任何单个国家所不能发挥的作用。由于众多力量崛起，使任何一个国家都无法再凭借自己的实力肆意决定世界事务，而是要求以平等协商的方式解决矛盾和冲突，联合国正好提供了这样一个场所与机会。同时，全球问题的发展已超出一国能力所能够解决的范围，所有国家必须团结合作，解决全人类面临的共同问题。而且，冷战的结束也进一步终止了联合国为大国操纵和控制的历史，使它能够更有效地发挥作用。近年来，联合国在预防和调解冲突及战争、援助发展中国家、发展公共福利等方面都做出了很大的贡献。可以预料，在多极化趋势不断加强的今天，联合国作为一个国际性的协调中心将会发挥更大的作用。

2. 冷战后中国面临的机遇与挑战

国际形势的发展变化既为中国提供了机遇，也给中国带来了挑战：

（1）冷战结束后中国的国际地位明显上升。首先，就中国国内状况而言，东欧剧变、苏联解体之初，国际舆论也曾认为中国作为一个社会主义国家，将不可避免地步苏联东欧各国的后尘。但实践证明，坚定地走具有中国特色社会主义道路的中国顶住了西方的压力，政治局势稳定，经济持续、高速、健康发展，人民生活水平明显提高，与苏东剧变后国家解体、政局动荡和经济滑坡现象形成了鲜明的对比。这不能不引起世人的瞩目，从而进一步提高了中国的威望。其次，从国际环境来看，冷战的结束为中国在国际舞台上提供了更大的活动空间。冷战后，和平与发展这一时代主题正日益加强，中国作为一支维护世界和平、促进世界发展的重要力量，发挥着越来越重要的作用；中国作为最大的发展中国家，与广大的第三世界国家紧密团结，致力于反对霸权主义和强权政治，呼吁南北对话，推进南南合作，为建立公正、合理的世界新秩序而不懈努力。中国所做的工作已得到了国际社会的普遍认可，并受到国际舆论的一致好评；西西矛盾的发展使中国有了更为广阔的活动空间，能够制约个别大国的霸权主义行径，维护各主要力量间的相对均衡，推动世界格局从"一超多强"向多极化发展。最后，冷战后经济因素在国际社会中的作用不断增强，对国际政治的影响越来越深刻，这也从另一方面提高了中国的国际地位。由于中国改革开放的不断深入，国民经济高速、持续、健康发展，成为东亚经济发展的"火车头"，与西方经济普遍不景气形成了鲜明对比，中国广阔的市场和巨大的发展潜力吸引了越来越多的西方国家，中国的国际经贸关系不断拓展，这无形中进一步提高了中国的国际地位。尤其是中国在 1997～1998 年东南亚金融危机中确保人民币不贬值、防止危机进一步加深扩大的做法更为各国所称道，不仅进一步维护了中国的国际金融信誉，而且大大提高了中国的国际威望。

（2）冷战后的国际环境也给中国带来了严峻的挑战。首先，东欧剧变、苏联解体对中国造成了一定的思想冲击。曾经被认为是固若金汤的社会主义大家庭在不到一年的时间里土崩瓦解，这不能不对中国产生影响，促使中国认真进行反思与总结。同时，西方国家对苏联东欧的"和平演变"策略获得成功后，便把实施的重点转移到了中国，通过各种途径、采取各种方式不断加强对中国的思想攻势，从而使中国承受了巨大的思想压力。其次，西强东弱、北强南弱的国际政治格局特点给中国带来了很大的政治压力。由于苏联解体、东欧剧变，社会主义的整体力量大为削弱，社会主义运动处于暂时的低潮。西强东弱、西攻东守的态势十分明显。中国作为冷战后世界上最大的社会主义国家，又正以蓬勃的气势崛起于东方，这必然会引起西方资本主义国家的敌意与恐惧，他们一方面在政治、经济、文化等方面对中国进行渗透，企图从内部改变中国；另一方面在国际事务中制造各种借口对中国施加压力，借民主、人权之名，行干涉中国内政之实，从而限制了中国在国际舞台上发挥应有的作用。最后，冷战后世界经济的发展状况也给中国造成了一定的经济压力。以经济和科技为主的综合国力竞争成为国际竞争的重点，而以高新技术发展为主要特征的第四次产业革命的浪潮席卷全球，世界经济的发展正以前所未有的速度和规模向前推进。为赶上20世纪最后一轮经济发展浪潮，中国不断深化改革、扩大开放，力争实现国民经济快速、健康、稳定的发展。但由于人口多、底子薄、经济发展不均衡的客观事实，与西方发达国家相比，中国无论在经济发展的质量还是在数量上都存在很大的差距。如何克服自身的劣势，抓住时机、促进发展，是中国面临的又一大挑战。

二、中国对外政策的调整

适应冷战后国际环境出现的新形势、新特点，中国外交政策做出了进一步的调整：

1. 发展和完善了反对霸权主义和强权政治、维护世界和平与安全的和平外交政策

反对霸权主义和强权政治一直是我国外交政策的基本内容，冷战时期，反对霸权主义和反对强权政治具有很强的针对性，而新时期这一政策内容要广泛得多。包括：坚持独立自主，对于一切国际事务，我们都要从中国人民和世界人民的根本利益出发，根据事情本身的是非曲直决定自己的立场和政策，不屈从于任何外来压力，不同任何大国或大国集团结盟，不搞军事集团，不参加军备竞赛，不进行军事扩张；主张国与国之间应通过协商和平解决彼此的纠纷和争端，不应诉诸武力或以武力相威胁，不能以任何借口干涉他国内政，更不能恃强凌弱，侵略、欺负和颠覆别的国家；各国有权选择适合本国国情的社会制度、发展战略和生活方式；致力于推动建立以和平共处五项原则为基础的国际政治经济新秩序，在坚持原则的同时更加注意策略。

2. 进一步加强与发展中国家的团结与合作

冷战后，中国在国际上主持公道、伸张正义、不谋私利的立场得到充分体现。在政治上，同所有的发展中国家都主动改善与发展关系，加强我们同这些国家和人民的团结。经济上，除给一些发展中国家力所能及的援助外，还努力按照"平等互利、讲求实效、形式多样、共同发展"的原则，根据形势的发展改革援外方式，扩大同他们的互利合作，开辟南南合作的新途径，促进共同发展。中国同发展中国家在维护国家独立，实现经济发展方面的目标是一致的。中国将一如既往，同广大发展中国家在各个方面相互支持，密切合作，共同维护正当权益。

3. 积极发展睦邻友好关系，为中国的现代化建设创造良好的国际环境

历史的经验教训告诉我们，周边安全对中国社会主义现代化建设的顺利进行发挥

着重要作用。冷战后的亚太地区相对稳定，经济发展迅速，正日益引起国际社会的广泛重视。争取和平安定的周边环境成为中国外交工作的重点。中国积极发展同周边国家的友好关系，推动区域经济合作，对我国同邻国之间存在的争议问题，我们主张着眼于维护和平与稳定的大局，通过友好协商和谈判解决。一时解决不了的，可以暂时搁置，求同存异。针对一些国家散布"中国威胁论"，中国郑重宣布：即使中国强大了，也不会谋求地区霸权主义，不搞扩张。

4. 在大国关系深刻而复杂的调整过程中注重发展与发达国家之间的关系

在冷战后世界多极化进程中，各大国之间利益关系的组合变化极大地影响着世界政治经济的发展状况。因此，如何处理与各大国之间的关系是中国外交面临的重要课题。在这种情况下，中国改变了以往发展同发达国家关系的单一模式，在维护国家利益的基本前提下，根据与各大国关系发展的具体状况制定并实施灵活的交流与合作方针。这些方针既尊重了中国与这些国家关系发展的历史与现实，同时也对相互间关系在新世纪的发展方向与发展道路进行了战略性规划，建立了多种"伙伴关系"，从而对中国发展同发达国家的关系起到了积极的指导作用。

5. 加大经济外交的力度，使外交工作更好地为经济建设服务

冷战后，国际社会发生的重大变化之一就是经济因素日益深刻地影响着国际政治。这不仅表现为经济因素在评估一国的综合国力时所占的比重日益加大，更主要表现为国际经济一体化的比重不断加深，各国经济相互联系、相互依存的趋势不断发展，经济关系成为发展国家间关系时不容忽视的重要因素。中国改革开放的不断深入使中国与世界其他国家的经济联系日益密切，正日益深刻地融入世界经济一体化的浪潮之中。为保障这一进程的顺利发展，中国一方面深化国内经济体制改革，另一方面则不断地加大经济外交的力度，同世界各国和地区广泛开展贸易往来、经济技术合作和科学文化交流，促进共同发展。在保障对外经济关系健康、顺利发展的同时，防止一些别有用心的国家利用双边经济交往活动中出现的问题对我国施加政治压力，干涉我国内政，努力为经济建设创造良好的外部环境，使外交工作更好地为经济建设服务。在高层出访和接待来访中，总有大批的企业家随团是鲜明的特点。

三、中国对外关系的新局面

在新的外交政策指引下，我国的外交工作出现了崭新的局面，取得了丰硕的成果。

1. 我们维护了民族尊严、捍卫了国家主权和领土的完整

对冷战后美国及一些西方国家在"人权"、"西藏"、"中国台湾地区"等问题上一系列干涉中国内政的行为，我们进行了针锋相对的斗争。我们坚决反对以所谓"民主"、"人权"等问题为借口在中国制造动乱，及时揭露了强权政治将自己的价值观念、意识形态、社会制度等强加于我们的阴谋，在联合国人权委员会会议上，连续多次挫败了西方国家的反华提案，最终促使欧洲联盟于1998年宣布不再参与提出反华提案。我国对南沙群岛、钓鱼岛、东海大陆架等拥有无可争辩的主权，对任何国家有

损于中国主权的言论与行为，我们总是毫不含糊地通过各种外交途径和方式，给予合理处置；我们坚决反对制造"两个中国"或"一中一台"，多次挫败中国台湾地区重返联合国的企图，同时积极发展两岸的经济文化交流和人员往来，为最终实现统一开辟渠道；在中英联合声明的基础上，中国政府为迎接香港回归做了大量卓有成效的工作，并于1997年7月1日实现了香港的顺利回归。香港回归后，"一国两制"、"港人治港"、高度自治的方针得到切实贯彻执行，保持了繁荣稳定的局面。澳门于1999年12月20日也顺利回归。

2. 我国同世界各国的友好合作关系进一步发展

我们同周边国家的睦邻友好关系得到了加强，与发展中国家的团结合作进一步巩固，和西方发达国家的关系也有了改善与发展。具体来讲，中美关系在经过一段时期的波折后，逐步得到改善。在克林顿政府时期是这样，到布什政府时期也是这样。经过努力，双方就面向21世纪中美关系的框架和发展方向达成重要共识。特别是在中国台湾地区问题上，美国明确表示反对台独，不对中国台湾地区当局发出错误信息，认定中国台湾地区不是一个主权国家，这为两国在各个领域里的合作与交流开辟了广阔的前景。中俄关系一直保持着良好的发展势头，两国已建立起平等互信、面向21世纪的战略协作伙伴关系，并于新世纪之初的2001年签订了"中俄睦邻友好合作条约"，把双方的关系以法律形式固定下来了。中日关系虽受日本国内政治右倾化的干扰，但总的势头正不断朝好的方向发展。双方高层领导的互访和会晤使得双边关系得到了及时的调整，但并未得到有效的控制，右翼势力的干扰不断，中国提出"以史为鉴，面向未来"的方针，并对右翼势力进行有理、有利、有节的斗争，我们希望构筑面向21世纪的睦邻友好合作关系，实现世代友好。中国同欧盟及其成员国的关系稳步发展，双方在经贸、科技、教育、文化等领域的合作与交流也取得了新的进展；中国与东盟组织的关系也取得了重要进展，双方建立了全面对话伙伴关系，确立了全面对话与合作框架，中国将继续支持东盟在地区事务中发挥积极作用；中国同广大发展中国家的友好合作关系继续得到巩固和发展。双方本着平等互利、优势互补、共同发展原则，有力地推动了各领域的双边和多边的交流与合作。在国际事务中，双方继续密切合作，相互支持，在地区和国际多边组织中的交往与合作也在日益增多。

3. 不断推进对外开放，对外经贸关系持续、稳定、健康地发展

（1）对外贸易不断发展。为了与国际惯例接轨，中国在财政、金融、外贸等领域推行的改革不断深入，从而为对外贸易的不断发展起到了积极的推动作用。2004年，中国已成为世界第三个贸易大国。

（2）外商投资投向日趋合理，外汇储备不断增加。一批全球知名的跨国大公司、大财团不断加大对中国的投资力度，投资项目水平提高，技术含量不断增加。外汇储备截至2004年底已经突破5000亿美元大关。

（3）对外经济技术合作不断迈上新台阶。中国积极推行援外方式的改革，将政府贴息贷款与银行商业贷款、企业资金结合起来，开展双方企业的合资合作，扩大了

援外规模。

（4）积极参与区域性和全球性经济合作。中国一贯主张权利与义务的均衡，在平等互利的基础上积极扩大同世界各国和各地区的经济贸易合作。按照这一原则，中国的双边及多边经济交流活动不断增多，正日益深刻地融入世界经济一体化的浪潮之中，并在中国经济发展水平允许的范围内，努力解决经贸合作中存在的各种问题。其他方面的对外开放也在不断地扩大。随着对外贸易的发展，特别是加入 WTO 以后，对外经贸联系更加扩大，在对外开放中，不仅"请进来"，还要"走出去"，标志着我国的对外开放进入一个新阶段。

4. 积极参与国际事务，推动国际合作，在多边国际舞台上发挥积极和重要的作用

作为联合国成员国和安理会常任理事国，中国积极参与了联合国维持和平与安全、推动裁军与军控的活动，中国在联合国提出裁军与军控应按公正、合理、全面、均衡的原则进行，积极参与联合国有关军控的国际会议与谈判；中国一贯主张全面禁止和彻底销毁核武器，赞成在朝着这一目标前进的过程中全面禁止核试验，因此，中国宣布于 1996 年 9 月起暂停核试验，并以积极的态度参加联合国《全面禁止核试验条约》的谈判工作，成为首批签字国之一；对于威胁世界和平的地区冲突，中国主张按照公平合理的原则，通过谈判和平解决，同时中国积极参加联合国维持和平行动，对推动热点问题的解决发挥了应有的作用；作为发展中国家，中国积极参与了旨在促进经济合作，保护世界环境，为全人类谋求福利和发展的各项国际活动，主张促进南北对话，改善南北关系，要求发达国家采取切实行动，为发展中国家的经济增长提供有利的外部环境，力求通过多领域、多层次、多形式的合作与发展中国家求得共同发展；在联合国发起的其他有关全人类发展的活动中，中国也给予了积极的支持与配合，许多重要的国际会议在中国召开，中国在国际舞台上发挥着日益强大的作用，国际地位空前提高。

总之，冷战后，面对变化了的国际形势，中国适时调整了外交政策并取得了丰硕的成果。2002 年 2 月 22 日，作为第 374 位登上八达岭长城的外国元首——美国总统布什感叹道："长城依旧，而中国却今非昔比。"近十年来，中国的巨变为世人瞩目。中国以崭新的姿态屹立于国际舞台，并同世界上所有爱好和平、谋求发展的国家和人民一起，为维护世界和平、促进共同发展而不懈努力！

新世纪到来之后，国际格局和形势发展的基本趋势并未因"9·11"事件而改变，国际关系中的基本矛盾并未解决，和平与发展仍是当今时代的主题，世界多极化在曲折中继续向前发展，我国面临的国际环境依然是机遇大于挑战。总体和平、局部战争，总体缓和、局部紧张，总体稳定、局部动荡，是当前和今后一个时期国际形势发展的基本态势。国际安全问题更趋多元化。传统安全因素与非传统安全因素相互交织，而恐怖主义等非传统安全问题的危害在加剧。以江泽民同志为核心的党中央领导我们冷静观察，沉着应付，把握机遇，因势利导，进一步开创外交工作的新局面，我

国的国际地位和作用显著提高。

四、江泽民同志关于国际战略的重要论述

20 世纪 80 年代末以来，以江泽民同志为核心的党中央领导全国各族人民，高举邓小平理论的伟大旗帜，全面推进中国特色社会主义建设事业的发展，在各条战线上都取得了辉煌的成就，实现了以邓小平为核心的第二代领导集体为我国制定的发展战略的第二步目标，即以 1980 年为基准，到 2000 年国民生产总值翻两番，达到小康水平。由此，我国综合国力增强了，人民生活水平提高了，国际威望上升了！进入新世纪之后，我们将继续向实现第三步发展目标，即到 21 世纪中叶，中华人民共和国成立 100 年之际，将在整体上使我国人均收入达到中等发达国家的水平，实现中国的现代化，完成祖国的统一大业，维护世界和平，促进共同发展。

20 世纪 80 年代末以来，国际局势风云变幻，出现了许多新事物，也有很多新问题。面对新的形势，以江泽民同志为核心的党中央在全面贯彻实施邓小平国际战略思想的基础上，根据国际局势的变化，结合中国的实际，对如何正确认识、正确应对国际局势的变化，以实现我国第三步走的发展目标，提出了一系列重要的新观点，调整和制定新的政策，丰富和发展了邓小平国际战略思想。

1. 面对苏联解体、美国要搞单极世界的严峻形势，认真坚持和丰富了邓小平"多极"世界的论断

1992 年 4 月，江泽民明确指出："近年来，世界上发生了许多重大事件，其中具有最深远影响的是前苏联的解体。这是第二次世界大战结束以来国际形势发生的最重大的变化。它标志两极格局已经结束，世界进入了向多极化发展的转折时期。国际上原有的平衡被打破，新的分化和组合已经开始"。[①] 1995 年 7 月，他又说："当今世界，是一个正在走向多极化格局的世界。一两个大国和大国集团主宰世界事务、支配其他国家命运的时代一去不复返了"。[②] 后来在党的第十五次全国代表大会上，他进一步强调："多极化趋势在全球或地区范围内，在政治、经济等领域都有新的发展，世界上各种力量出现新的分化组合"。[③] 所谓"一超多强"正是这种局面的反映。

在多极化趋势不断发展的情况下，多极与单极的矛盾日益突出。"美国要搞'单极'，实际上力不从心，受到内外多种因素的制约。美国与几个大国的矛盾在发展，美欧、美日、美中、美俄之间均是如此，就是广大发展中国家反对美国主宰世界的呼声也是一浪高过一浪。究其原因是各国都要维护自己的利益，不愿听从美国的控制和摆布，不愿当它的'小伙伴'。而多极化的发展有利于各国实现和维护自己的利益，

---

① 江泽民：《在日本庆祝日中邦交正常化 20 周年民间组委会演讲会上的演讲》，载《人民日报》，1992 年 4 月 8 日。

② 江泽民：《在德国外交政策协会和德国经济亚太委员会联合演讲会上的演讲》，载《人民日报》，1995 年 7 月 14 日。

③ 《中国共产党第十五次全国代表大会文件汇编》，人民出版社，1997 年版，第 43 页。

更有利于世界的和平、稳定和繁荣。"①

在多极化趋势的发展中,各个国家从本身根本战略利益出发,调整对外政策,调整大国之间的关系,以求在未来的新格局中处于最佳位置。这在20世纪90年代中期表现得十分突出。江泽民对此非常重视,多次强调要全面改善和调整大国关系,促进各大战略力量之间的良性互动,给中国经济的发展创造有利的外部环境。在中国的外交实践中,全面贯彻和落实江泽民的这一思想取得了丰硕成果,和许多国家包括几个大国建立了多种名目的伙伴关系,为推动多极化趋势的发展做了大量工作,是推动多极化趋势发展的一支重要力量。

20世纪末以美国为首的北约发动了科索沃战争,新世纪之初美国又进行了阿富汗战争,和20世纪90年代初的海湾战争一样,都是美国要搞单极格局、称霸世界的战争。但是,结果怎么样呢? 尽管这几场战争美国都凭借自己的绝对科技、经济和军事优势自称取得了胜利,但它搞"单极"、实现"独霸"的目的并未达到。多极化发展趋势并未逆转。

2001年11月,江泽民在中央经济工作会议上的讲话又指出:"当前,国际形势跌宕起伏,复杂多变,但从目前情况看,仍然可以得出三个基本判断:一是和平与发展作为时代主题不会改变。二是世界多极化的发展趋势不会改变。三是我们面临的环境依然是机遇大于挑战。"②在2002年5月31日的讲话中,江泽民说:"国际局势正在发生深刻的变化,世界多极化和经济全球化的趋势在曲折中发展,科技进步日新月异,综合国力竞争日趋激烈。"③这应该是我们观察国际局势的一个基本观点。之所以强调"在曲折中发展",这既是对客观事实的反映,也是对一种过于乐观认识的纠正。

2. 面对经济全球化的发展趋势,提出要抓住机遇扩大开放

江泽民在1994年9月提出:"当今世界经济已经成为一个相互联系、相互依存的整体。"④同年11月又指出:"当今世界是一个相互依存的世界。"⑤尽管在经济全球化的发展进程中,充满了复杂的矛盾,存在着激烈的竞争,中国应该抓住机遇,扩大开放,加速发展,迎接挑战。如果说,前一个阶段我们的对外开放主要是"引进来",现在应该大力实施"走出去",更好地利用国内外两个市场、两种资源。我们全面分析利弊,认真对待东南亚的金融危机,做出人民币不贬值的决定,并力所能及地通过国际货币基金组织向一些国家提供贷款,我们积极地实行金融体制的改革,和国际金融体制接轨;我们采取以扩大内需为主的方针,实行积极的财政政策和稳健的货币政策等,都无不体现了这种思想。2002年5月,江泽民进一步指出:"要适应经济全球化和我国加入世贸组织的新形势,在更大范围、更广领域、更高层次上参与国际经济

①② 参见《人民日报》,2001年11月30日。

③ 参见《人民日报》,2002年6月1日。

④ 见江泽民1994年9月在俄罗斯国际关系学院的讲话。

⑤ 见江泽民1994年11月在亚太经济合作组织第二次领导人非正式会议上的讲话。

技术合作和竞争，拓展经济发展空间，全面提高对外开放水平。"① 这是我们今后发展经济的一个根本性的指导思想。

3. 面对两极格局终结后，世界各地多种矛盾突出、各种冲突不断的局面，提出要尊重世界的多样性

江泽民指出："没有多样化，就不成其为世界。"② 众所周知，当今国际社会有近200个独立国家，它们的地理区位、面积大小、人口多少都各有不同；各国的历史、民族、文化、宗教的差异性和多样性，与自然条件相比，更有过之而无不及；各国在经济领域的差别，无论就其经济发展水平，还是经济体制模式，都更为显著；各国在社会政治制度和意识形态领域上的差别和对立，也是客观存在、无法否认的。正是这种多样性，决定了它们之间会有差异、矛盾以致发生冲突。两极格局时期，许多差异和矛盾都被两极矛盾掩盖了，控制了，或者被有意无意地忽视了。在两极格局终结后，政治的、经济的、文化的、民族的、宗教的、历史的、领土的、边界的……多种矛盾纷纷凸显出来，互相交织，呈现出一种错综复杂的局面，甚至有的发展为局部战争，有的则是动乱频仍，使得世界很不安宁。面对这样的现实，西方国家的一些谋士、政治家打着全球化、一体化、民主化的旗号，主张把他们的政治和经济模式、意识形态、价值观念以至宗教信仰、生活方式都推广到全世界，要建立由他们统治的、清一色的一统天下。这无疑是脱离客观实际的，也注定是行不通的。江泽民强调世界的多样性，不只是尊重客观现实，更是针对西方的这种错误主张作出的科学回答。他说："根据本国国情和自己的意愿选择社会制度和发展道路，是各国人民的主权，别人无权干涉。每个国家和民族都有自己的特点和长处，大家只有彼此尊重，求同存异，和睦相处，互相促进，才能创造百花争艳、万紫千红的世界。"③ "不承认、不尊重多样性，企图建立清一色的一统天下，是必定要碰壁的。"④ 江泽民强调："企图包揽世界事务，主宰别国人民命运的做法，越来越行不通了。""一切违背时代潮流，违反各国人民根本利益的行径，必然要受到抵制和反对。"⑤ 这里贯穿了尊重各国人民主权、反对霸权主义的精神。

4. 面对冷战后世界发展的趋势，重新审视国家的安全问题，提出实行"互信、互利、平等、协作"的新安全观

国家安全是国家的根本利益。毛泽东、邓小平等老一辈无产阶级革命家都高度重视国家的安全。江泽民正是站在时代、格局、经济、科技发展的历史高度，对我国安全面临的前所未有的复杂形势给予充分的估计和重视，提出了"新安全观"概念，是对传统安全观念的突破，也是对邓小平国家安全理论的丰富和发展。

新安全观的重要思想基础如下：

（1）从总体上看，国际格局和形势发展的基本趋势已经清楚，和平与发展仍是

---

① 见江泽民2002年5月31日在中央党校省部级干部进修班毕业典礼上的讲话。

②③④⑤　江泽民：《让我们共同缔造一个更美好的世界》，载《人民日报》，1995年10月25日。

当前世界的两大主题，世界多极化在曲折中继续向前发展，中国面临的国际环境仍然是机遇大于挑战。

（2）解决中国一切问题的关键在于经济发展。随着世界经济全球化的迅猛发展和国际竞争重点的转移，中国面临着越来越大的压力，中国以长达15年的努力在2001年底加入WTO，就是出于融入国际发展潮流，在激烈的国际竞争中寻求新的发展机遇，壮大自己的考虑，舍此别无其他选择。

（3）顺应世界发展大趋势，通过多种方式和手段来维护我国的综合安全。现在我国军事安全面临的潜在威胁和现实压力没有消除，经济、政治、金融、科技、环境、文化等广泛领域的安全压力更为显著，民族分裂主义、宗教极端主义、国际恐怖主义等非传统安全问题已成为现实的威胁，"台独"危险也不断增大。我国面临的综合安全压力有所增强，必须运用多种手段，采取综合措施，来维护我国的国家安全，经济建设和国防建设要两头兼顾。物质文明建设和精神文明建设要同时加强。经济科技实力、国防实力、民族凝聚力是我国综合国力的最重要组成部分。加强这三大实力才是保证我国安全，实现中华民族振兴的根本出路。

（4）解决中国台湾地区问题、完成祖国统一，是中华民族走向全面复兴的重要标志。江泽民1995年提出的和平统一中国台湾地区的"八项主张"是对"和平统一，一国两制"这一对台政策的进一步完善。在解决祖国统一问题上，既表现出原则的坚定性，也表现出策略的灵活性。

江泽民在2001年7月1日的讲话中明确提出："国际社会应树立以互信、互利、平等、协作为核心的新安全观，努力营造长期稳定、安全可靠的国际和平环境。"①这种新安全观的显著特色是根本不同于西方大国强权政治的安全观。西方大国强权政治的安全观强调扩军，争夺军事优势，要实现自己的绝对统治地位，只顾自己的安全并无限扩大其安全范围，不顾甚至任意侵犯他国的安全利益和国家主权；而新安全观是根据当今时代特征和国际形势发展趋势，结合中国自身的发展变化和根本利益而提出来的综合的新安全观。这极大地丰富和发展了毛泽东、邓小平前两代领导集体的安全战略思想，把其推进到一个新的阶段。

我们认为，"互信、互利、平等、协作"的新安全观，"互信"是思想基础，"互利"是经济基础，"平等"是政治基础，"协作"是实现途径，是一个不可分割的统一整体，这个新安全观为我们反对一切形式的恐怖主义，反对霸权主义、强权政治提供了保障，也为维护世界和平，促进共同发展指明了方向。

5. 面对冷战后南北差距的继续扩大，全球范围贫富矛盾尖锐，着力推动在和平共处五项原则基础上建立国际经济政治新秩序

邓小平是在和平共处五项原则基础上建立国际新秩序的倡导者和推动者。20世纪90年代以来，江泽民面对南北差距的继续扩大，贫富矛盾的日益尖锐，1993年11

---

① 江泽民：《论"三个代表"》，中央文献出版社，2001年第1版，第183页。

月，在亚太经济合作组织第一次领导人非正式会议上，大声疾呼要建立国际经济新秩序。他指出："当前，许多发展中国家经济困难加剧，南北差距仍在扩大，这严重影响世界经济发展。如果大家都站在全人类发展的高度来观察问题，对于改革不合理的国际经济秩序，帮助广大发展中国家摆脱贫困的必要性和重要性，就不难达成共识，就会明白这不仅是发展中国家的迫切要求，也是发达国家的实际需要。"[1] 后来，江泽民在1995年10月24日的联合国成立50周年特别纪念会议上所作的《让我们共同缔造一个更美好的世界》和1997年4月23日在俄罗斯联邦杜马发表的题为《为建立公正合理的国际新秩序而共同努力》的讲演中，系统地阐述了中国关于建立国际新秩序的主张。他明确主张，国际新秩序应以和平共处五项原则为基础。还指出："事实已经充分证明，这些原则符合联合国宪章的宗旨，反映了新型国际关系的本质特征，而且在实践中行之有效，已成为国际社会公认的准则。"在联合国的讲话中，他特别强调："国家主权神圣不可侵犯，任何国家都没有干预他国内部事务、把自己意志强加于人的特权。"

这些年来，中国政府把推动建立国际政治经济新秩序作为一项基本的外交政策来贯彻执行，也是中国在国际舞台上开展工作的一个行动纲领和奋斗目标。我们赢得了众多国家尤其是广大发展中国家的支持和信任，共同努力来推动建立和平、稳定、公正、合理的国际新秩序的事业。当然，这是一个崭新的事业，也是一个艰巨的事业，会遇到各种矛盾和阻力，绝不是轻易能够实现的，要做30年、50年、80年甚至更长时期的努力，要经过长期的量的积累才能最终实现质的变化。我们相信，这个目标一定能够实现，其根本原因在于，这是绝大多数国家的利益所在，符合占世界人口绝大多数人民的愿望和要求，是历史发展的必然趋势。

6. 面对综合国力的激烈竞争、科学技术日新月异的发展，提出加大"科教兴国"战略实施的力度，迎接新世纪的挑战

江泽民对发展科学技术极为重视。1994年，他对此作了精辟的论述："科学技术是生产力发展的重要动力，是人类社会进步的标志。纵观人类文明的发展史，科学技术的每一次重大突破，都会引起生产力的深刻变革和人类社会的巨大进步。本世纪以来，特别是第二次世界大战以后，以电子信息、生物技术和新材料为支柱的一系列高新技术取得重大突破和飞速发展，极大地改变了世界的面貌和人类的生活。科学技术日益渗透于经济发展和社会生活各个领域，成为推动现代生产力发展的最活跃的因素，并且归根到底是现代社会进步的决定性力量。现代国际间的竞争，说到底是综合国力的竞争，关键是科学技术的竞争。"[2] 2002年5月28日，江泽民在中国科学院第十一次院士大会和中国工程院第六次院士大会上又发表了重要讲话，他说："面对新世纪的新发展，我国科技界的使命是：全面贯彻'三个代表'要求，坚持实施科教兴

---

① 江泽民：《在亚太经济合作组织第一次领导人非正式会议上的讲话》，载《人民日报》，1993年11月21日。

② 《现代科学技术基础知识》，科学出版社、中共中央党校出版社，1994年版，第1页。

国战略，大力推进科技创新，努力为我国先进生产力和先进文化的发展，为维护和实现我国最广大人民的根本利益不断贡献智慧和力量。"他还希望两院院士们"要树立雄心壮志，弘扬创造精神"，"要根据国家发展需求，大力推动科技进步"，"要努力传播科学知识，积极弘扬先进文化"，"要全面创造条件，大力培养科技人才"。① 这些年来，我国科技和教育战线都在改革和创新中不断取得新的成就，一些科技领域已经跻身世界先进水平，许多领域缩小了和世界先进水平的差距，我国在历史上曾对科学技术的发展作出过杰出贡献，在新中国成立以来也取得了辉煌的成就，在新世纪里，我们一定能取得无愧于先人的成就，在世界高新科技领域大展宏图。

7. 面对新世纪我国地缘政治的现实，致力于亚太地区的合作与发展

伴随着这些年来中国经济的持续、健康、稳定的发展，"中国威胁论"的噪声不绝于耳。它源于西方某些大国的阴暗心理，但在亚太地区、周边国家有不小的恶劣影响。江泽民1993年就对此曾作出过明确的回答："一个稳定、发展和强盛的中国，不会对任何国家造成威胁，只会对亚太地区和世界的和平与发展作出更大的贡献。"② 他在访问韩国时进一步指出："中国有句古训：'己所不欲，勿施于人'。中国曾经长期遭受列强的压迫和欺凌，深知独立与和平之可贵。……我们怎么能把自己饱尝过的痛苦加之于别人，怎么能去做自己所不能容忍的事情呢? 中国的军事力量，完全是防御性的……我们一再声明，中国永远不参加军备竞赛，永远不搞扩张，永远不称霸。"③ 后来，在党的第十五次代表大会的报告中，江泽民又庄严宣告和郑重承诺："中国人民愿意同世界各国人民一道，为促进和平与发展的崇高事业，为开创人类更加美好的未来，作出不懈的努力。"④

这些年来，中国致力于维护世界和平，尤为重视维护亚太地区的稳定，中国面向世界全方位开放，首先是面向亚太地区开放。这既是中国的地缘政治现实决定的，也是履行一个地区大国的责任。例如，中国从1991年参加亚太经济合作组织之后，无论是APEC每项重大决策的通过，还是APEC方式的形成，也无论是在其顺利发展进程中，还是在其遇到艰难险阻时，中国都本着积极、负责的精神，发挥了能够发挥的最大作用。再如，中国在处理和东南亚国家联盟的关系中，无论是双边的，还是多边的，也无论是经济问题，还是其他问题，都从大局出发，从长远着眼，顾及双方的利益，求得妥善的解决。2001年已正式提出，要在十年内和东盟建立一个自由贸易区。再如，上海合作组织的成立与其活动的展开，中国都发挥了不可替代的作用。正如江泽民所说："成立上海合作组织，是我们登高望远，审时度势，共同作出的重大战略决策……形势的发展有力地证明，我们共同作出的这一决策是正确的、富有远见的。

---

① 详见《人民日报》，2002年2月28日。

② 江泽民：《在亚太经济合作组织第一次领导人非正式会议上的讲话》，载《人民日报》，1993年11月21日。

③ 江泽民：《在韩国国会发表的演讲》，载《人民日报》，1995年11月16日。

④ 《中国共产党第十五次代表大会文件汇编》，人民出版社，1997年版，第46页。

上海合作组织的诞生，符合六国人民的根本利益和共同愿望，也顺应了和平与发展这一时代潮流。"① "我们六国在实践中探索形成的互信、互利、平等、协作，尊重多样文明，谋求共同发展的'上海精神'，可以提供重要和有益的启示。"再如，2002年6月4日，在"亚洲相互协作与信任措施会议"上，江泽民发表了重要讲话，表示"中国将一如既往地积极遵循'亚信'关于加强信任协作、增进地区安全的宗旨和原则，与'亚信'成员国开展建设性的友好合作。"② ……这一切都充分证明了中国是致力于亚太地区的合作与发展的，是这个地区一个负责任的大国。

8. 面对西方敌对势力对我"西化"、"分化"的战略图谋，提出警告，阐明对策

江泽民指出：国际反动势力从来没有放弃敌视和颠覆社会主义制度的根本立场。"实行改革开放政策，国门打开了，就会出现一些新的情况。如何积极吸收世界优秀文明成果，同时有效地抵御国际敌对势力对我进行'西化'、'分化'的政治图谋，帮助人们满怀信心地建设有中国特色的社会主义；如何充分发挥市场机制的积极作用，同时有效地防止拜金主义、享乐主义和极端个人主义的滋生蔓延，帮助人们树立社会主义的理想、信念和道德风尚，这是一个重大的历史课题。"后来他又就西方敌对势力对我"西化"、"分化"的战略图谋作了系统的、深刻的论述：

"实行改革开放是我们的基本国策……我们把大门打开了，好的东西进来了，一些不好的东西也会进来，敌对势力也会趁机做文章。西方国家一直没有放松在思想、政治、文化、宗教等方面对我们施加影响和进行渗透。东欧剧变、苏联解体以后，国际敌对势力自以为得计，声称他们对社会主义国家的'和平演变'战略取得了决定性的胜利，妄言社会主义国家将很快在地球上消失，加紧对中国推行'西化'、'分化'战略。"③ "所谓'西化'，就是企图在政治上用西方的多党制和议会制取代共产党的领导地位和人民民主专政的国家制度，在经济上用资本主义私有制取代社会主义公有制，在思想文化上用资本主义意识形态取代社会主义意识形态。所谓'分化'就是用一切手段和各种机会，企图分裂我们党、我们的民族和我们的国家，使我国重新陷入旧中国那种四分五裂、一盘散沙的状态。总之，他们的目的，就像邓小平同志指出的，是要把社会主义的中国变成'完全西方附庸化的资产阶级共和国'。面对敌对势力的这种图谋，我们在社会主义现代化建设的整个过程中，要始终注意防止和反对资产阶级自由化。""我这样讲，是不是把问题估计得严重了呢？不是，实际情况就是如此。是不是因此就要把大门关起来，不搞对外开放了呢？也不是。无论遇到什么风险，对外开放我们是要坚定不移地搞下去的。不这样，中国的发展就没有希望。需要注意的是，在对外开放的过程中，在同西方的各种交往中，我们的同志脑子里一定要有根弦，一定要做到像邓小平同志谈的那样：朋友要交，心中有数。"④ 江泽民始终

---

① 《人民日报》，2002年6月7日。

② 《人民日报》，2002年6月4日。

③ 《十四大以来重要文献选编》（中），人民出版社，1997年版，第1667页。

④ 《部队高中级干部理论学习读本》，解放军出版社，1997年版，第945~946页。

关注着两种社会制度的矛盾和斗争，要求我们不要麻痹大意，要求我们警惕和抵御敌对势力的图谋，并进行长期的斗争。这是维护我们国家和民族利益的要求，是中国人民根本利益的要求，也是坚持社会主义信念，为人类进步事业作出更大贡献的要求。

江泽民关于国际战略的论述内容丰富，思想深刻。在20世纪末，他提出了"在新的历史条件下，我们党如何做到'三个代表'"的问题。他说："总结我们党70多年的历史，可以得出一个重要结论，这就是：我们之所以赢得人民的拥护，是因为我们党在革命、建设、改革的各个历史时期，总是代表着中国先进生产力的发展要求，代表着中国先进文化的发展方向，代表着中国最广大人民的根本利益，并通过制定正确的路线、方针、政策，为实现国家和人民的根本利益而不懈奋斗。"这是他对我们党的成功经验的高度概括和精辟总结。正因为如此，他着重指出："人类又来到一个新的世纪之交和新的千年之交。在新的历史条件下，我们党如何更好地做到这'三个代表'，是一个需要全党同志特别是党的高级干部深刻思考的重大课题。"[①] 后来，他又强调："'三个代表'是我们党的立党之本、执政之基、力量之源。"[②] 他还指出："总结80年的奋斗历程和基本经验，展望新世纪的艰巨任务和光明前途，我们党要继续站在时代前列，带领人民胜利前进，归结起来，就是必须始终代表中国先进生产力的发展要求，代表中国先进文化的前进方向，代表中国最广大人民的根本利益。"[③] 他要求全党要正确认识和全面贯彻"三个代表"要求，要按照"三个代表"要求加强和改进党的建设，继续为实现党的基本路线和历史任务而奋斗。

我们认为，这是中国共产党各项工作的根本的指导思想，是我们治党治国的经验结晶，是迎接全面挑战、夺取新的胜利的法宝，也是江泽民国际战略思想的核心。我们真正全面贯彻和认真做到"三个代表"，就一定无往而不胜。

第四节　新世纪中国外交的新理念及其意义

进入新世纪，特别是2002年党的十六大召开后，以胡锦涛同志为总书记的党中央担负起党、国家和军队的领导职责，面对着世界形势错综复杂和急剧深刻的变化，在国内提出坚持科学发展观，构建和谐社会，全面建设小康社会的理念后，在国际上提出构建和谐世界的新理念，稳稳地把握着中国这艘巨轮的航向，在汪洋大海中劈波斩浪地前进。

"和谐世界"理念的提出和付诸实践在国内外引起了强烈的反响和广泛的支持，随着外交政策的调整和贯彻，我国对外关系也出现了前所未有的新局面，我国以努力建设持久和平、共同繁荣的和谐世界的新形象出现在新世纪的国际舞台上，发挥着既对中国人民也对世界人民负责任的大国的作用，受到了众多国家的欢迎和赞许。

---

① 江泽民：《论三个代表》，中央文献出版社，2001年版，第2页。
② 江泽民：《论三个代表》，中央文献出版社，2001年版，第7页。
③ 江泽民：《论三个代表》，中央文献出版社，2001年版，第152页。

一、"和谐世界"理念的提出

构建"和谐世界"的提法最早出现在 2004 年 10 月发表的《中俄联合声明》中，双方表示"愿同各国一道，为建立一个和平、发展、和谐的世界，实现公正合理的国际政治经济新秩序而不懈努力"。2005 年 4 月，胡锦涛同志出席雅加达亚非国家首脑会议时明确提出"共同构建和谐世界"；同年 9 月，在出席联合国成立 60 周年首脑会议时，他又在发表的题为"努力建设持久和平、共同繁荣的和谐世界"的重要讲话中，系统论述了建立和谐世界的四点基本主张。2006 年 8 月，中共中央召开外事工作会议，把"坚持推动建设和谐世界"作为新时期、新阶段对外工作重大目标之一确定下来，这说明"建设和谐世界"已经成为我国外交工作理论与实践的重要指导原则。在此期间，中央领导人在不同场合相继提出建设"和谐中东"、"和谐地区"、"和谐亚太"的主张，使建设"和谐世界"从理论向具体实践步步推进。2007 年 10 月，在党的十七大报告中，胡锦涛同志全面分析了当今的世界形势，指出"当今世界正处在大变革大调整中。……国际形势总体稳定"，"同时，世界仍然很不安宁。……世界和平与发展面临诸多难题和挑战"。并且强调指出，"共同分享发展机遇，共同应对各种挑战，推进人类和平与发展的崇高事业，事关各国人民的根本利益，也是各国人民的共同心愿"。正是基于这样的世界形势和各国人民的根本利益与共同心愿，再次向世界严肃表示："我们主张，各国人民携手努力，推动建设持久和平、共同繁荣的和谐世界。"这一论断准确表达了我们党对当今世界合理走向的基本主张，深刻阐述了我们党所倡导的世界秩序观，体现了我们党以中国人民和世界人民根本利益与共同心愿为依归的深邃思想、远大眼光和博大胸怀。

二、"和谐世界"理念的内涵

"和谐世界"的内涵是什么？这是人们当前关注的焦点。对此我们必须要有科学、辩证的理解和正确、深刻的认识，根据党的十七大报告，我们强调以下几点：

1. 构建和谐世界，世界各国必须正确处理相应关系

胡锦涛同志指出：为此，应该遵循《联合国宪章》宗旨和原则，恪守国际法和公认的国际关系准则，在国际关系中弘扬民主、和睦、协作、共赢精神。我们主张的和谐世界是在现存的国际社会的基础上去建设的，对"二战"以来经过几十年实践检验说明是正确的《联合国宪章》的宗旨原则、国际法、公认的国际关系准则，必须严格遵循和恪守，并结合现实生活的发展进步，大力弘扬民主、和睦、协作、共赢精神，坚决和逐步地改变现实生活中存在的霸权主义和强权政治，以及一切以强凌弱、以大欺小、以富压贫的思想和作风及据此而形成的机制和治理章程。具体表现为以下几点：

（1）"政治上相互尊重、平等协商，共同推进国际关系民主化"。要相互尊重主权和领土完整，互不侵犯，互不干涉内政，尤其是要承认各国人民有自主选择社会制度和发展模式的权利，彼此之间既可以互相借鉴，也可以讨论磋商，以此来保证和推进国际关系民主化的逐步实现。绝不应该也不允许把某一种自认为最好的社会制度和

发展模式强加或变相强加于别国。

（2）"经济上相互合作、优势互补，共同推动经济全球化朝着均衡、普惠、共赢方向发展"。近些年来，经济全球化深入发展，科技进步日新月异，各国之间在经济上的关系更加密切，相互依存更加扩大，为实现经济上的相互合作、优势互补提出了可能性，也凸显了其必要性，但现实生活中南北差距更加扩大，发达国家和发展中国家的发展更加不平衡，这就需要有正确的认识和对策来缓和、化解、改变这种状况，使经济全球化能够真正朝着均衡、普惠、共赢方向发展。

（3）"文化上相互借鉴、求同存异，尊重世界多样性，共同促进人类文明繁荣进步"。文明多样性是人类社会的客观现实，是当今世界的基本特征，也是人类文明不断进步的重要动力。虽然各种文明之间存在着价值观差异和发展进程与发展程度的区别，但都有其同等的价值和尊严，应该受到同样的对待和尊重，不应成为人类文明交流的障碍和对抗的借口，唯有互相包容、相互借鉴、求同存异、取长补短，才能不断迸发创新智慧的火花，共同维护人类文明的多姿多彩，促进人类文明发展繁荣。

（4）"安全上相互信任、加强合作，坚持用和平方式而不是战争手段解决国际争端，共同维护世界和平稳定"。20世纪的历史经验充分证明，战争和对抗无法根本解决人类面临的多种难题，通过军备竞赛和强化军事同盟谋求单方面绝对安全和军事优势无法带来世界的和平与稳定。当今只有摒弃冷战思维，树立互信、互利、平等、协作的新安全观，加强相互交流、理解、合作，和平解决分歧和争端，才能共同维护地区和世界的和平稳定。

（5）"环保上相互帮助、协力推进，共同呵护人类赖以生存的地球家园"。人类现在都生活在一个地球上，维护地球生态环境关系人类的共同利益及子孙后代的生存发展，任何国家和个人都责无旁贷。环境问题比其他问题更需要全球协作，发达国家是地球"温室效应"及其他环境问题形成的主要责任者，理应对保护地球环境承担更大责任，做出更大贡献，应该站在全人类根本利益的角度，在《联合国气候变化框架公约》及《京都议定书》框架内，按照共同但有区别的责任原则，加强国际协作，充分发挥有利于保护环境的多种技术的社会效益和生态效益，加大对发展中国家技术转让的力度，努力形成世界各国在协力保护环境中共同发展。在优化环境中持续繁荣的良好局面。

2. 构建和谐世界理念的提出有充分的思想理论根据，绝非一种空想

（1）它是运用辩证唯物主义和历史唯物主义的世界观、方法论分析当今世界形势和矛盾运动规律产生的重要理论成果，是对矛盾规律的自觉运用。和谐是自觉地为矛盾统一体的不同方面由对立转向统一创造条件，是矛盾着的对立面向自身的反面转化的必然要求，反映了人们对矛盾的主观能动作用，对化解矛盾具有积极意义。它不是追求没有矛盾冲突、没有问题的乌托邦，而是要在一个纷繁复杂、充满矛盾的世界中减少对抗、化解冲突、建立秩序、促进共同发展和繁荣。它是运用马克思主义普遍真理探索如何解决当代世界面临的诸多矛盾、促进世界发展进步的理论结晶。

（2）它是对新中国外交理论的继承和发展。它是在和平共处五项原则基础上，发展与升华了中国长期奉行的独立自主的和平外交政策，融合了近年来中国外交积极倡导的公正合理的新秩序观、互利共赢的新发展观、互信互利协作的新安全观、尊重多样性和相互尊重的新文明观，以及面对全球环境问题的严峻形势，各国人民携手努力来承担责任，根据联合国有关的公约和议定书，发达国家承担起更大责任，各国在协力保护环境中共同发展的环保观。它是作为一个负责任的大国在维护世界和平与促进共同发展方面的积极宣示和政治承诺。

（3）它是对中华文明优良传统的传承，同时也吸纳了世界文明的优秀成果。"和谐"是中华文化传统的本质与核心价值，中华民族历来追求和谐，强调人与自然、人与社会的和谐统一。开放和包容是中国文化的重要特征，是中华文明经久不衰的重要原因。中华文化传统一贯主张以和为贵，热爱和平，亲仁睦邻。同时，它也吸纳了人类共同的文明遗产，如法治、民主和科学精神等。这在我们提出的治理国家和世界的理念和政策中都有充分的体现。这种思想对推进中国外交实践，发展具有中国特色的外交理念和国际关系理论具有重要的指导意义，也是对西方盛行的现实主义理论的超越和批判。

3. 构建和谐世界是我们长期坚持的目标，符合世界人民的共同心愿，也符合人类社会不断由低级向高级进步的客观规律

（1）这是我们必须长期坚持的战略目标。在国内我们为建设和谐社会而努力，在国际上我们为建设和谐世界而努力，两者相辅相成，共同为我国的和平发展道路保驾护航，目的在于实现中华民族的伟大复兴和长盛不衰。推动建设和谐世界是中国促进世界和平、发展、合作，推动世界格局多极化，世界经济全球化健康和谐发展，推动国际政治、经济、文化、安全和环保秩序向更加公正合理方向演进的长期战略方针和奋斗目标。

（2）建设和谐世界是一个伟大目标，是一个经过长期努力奋斗能够实现的目标。中国是建设和谐世界的倡导者、实践者和积极的推动者，但这个目标绝不是以一个国家或少数几个国家的努力合作就能实现的，也不是短期内很快就能实现的，必须积极争取、团结、联合一切赞成这个理念的国家为之进行长期的，甚至艰苦的共同奋斗。它既符合当今时代发展的潮流，也符合世界人民的根本利益和共同愿望，具有广泛的、坚实的基础，经过长期奋斗是一定能逐步实现的。

（3）建设和谐世界是适应当今世界的发展趋势和潮流、符合人类社会的发展规律的。它和两极尖锐对峙时期赫鲁晓夫鼓吹的"没有武器、没有军队、没有战争"的世界有本质的不同，也不是我们以前说过的"没有资本主义、没有帝国主义，没有剥削制度"的世界，而是一个随着社会生产力的发展、科学技术的进步、社会财富的增加、人的觉悟的提高，以正确的思想和方法不断化解各种矛盾、不断向前推进的过程，经过世界各国的团结合作，长期奋斗能够实现的美好世界。这和我们的最高理想和奋斗目标——实现共产主义是不矛盾的，而是走向这个目标的一个阶段、一个过程。

三、构建和谐世界的外交实践及其效果

党的十六大以来，以胡锦涛同志为总书记的党中央从容应对国际国内的深刻变化，统揽国际国内两个大局，在国内推进构建和谐社会的同时，在国际实行推进构建和谐世界的外交：坚持走和平发展的道路，坚持奉行独立自主的和平外交政策，坚持实行互利共赢的开放战略，坚持推动建立持久和平、共同繁荣的和谐世界。如果说我们一贯奉行和平外交政策，那么现在更加突出外交的和平性，一切有利于世界和平、稳定、繁荣的事情，中国都积极加以推动和参与，对于所有热点、争端问题都极力倡导、力求和平解决，并积极探索和平解决的新途径、新办法，从未主动挑起过任何争端，对于一些不同声音我们都用摆事实、讲道理的办法来回答。这一切都表明了我们维护世界和平的决心，我们仍是"和平至上"主义者。如果说我们以前也重视和一些国家合作，那么现在更愿意和所有国家合作。当今经济全球化深入发展，世界各国已经进入相互依存的时代，要实现可持续发展就必须进行全方位的合作，很难实现某个国家的一枝独秀。另外，大量跨国性的共同问题也非某个国家可以独立解决，只能通过多国合作才能实现共同发展、互利共赢。因此，我们说共享发展机遇和发展成果的全新发展观是和谐世界的内在要求和充分体现。如果说历史上曾有过结盟外交、均势外交，现在中国更加注重与国际社会的协调，更加注重与各种关系的协调，注重不同层次目标的协调，我们现时的外交是协调外交，这并非是放弃独立自主原则，而是更好、更充分地发挥自身的作用、实现自身的价值。我们将大国关系的协调与发展中国家关系的协调都置于重要地位，把原则的坚定性和策略的灵活性高度结合起来，如反对国际恐怖主义的斗争就极为需要众多国家的协调才能解决。应该强调指出的是：在推动构建和谐世界的外交实践中，我们积极主动地开展了全方位外交、经济外交、文化外交、军事外交、环境外交、首脑外交、议会外交、党际外交、公众外交等，多管齐下，同时并进，开创外交的崭新局面，取得了很好的效果，中国不再是现存国际体制之外的国家，而是现有国际体制的积极参与者、维护者、建设者和改革者。中国的前途命运日益同世界上绝大多数国家的前途命运以及整个世界的前途命运联系在一起。应该承认，我们现行的外交政策为我国改革开放和社会主义现代化建设营造了良好的国际环境，也为构建和谐世界迈出了坚实的步伐，做出了初步的、可喜的贡献。

我们以 2007 年为例作以下分析：

第一，"和谐世界"与大国外交。"和谐"的大国关系是构建和谐世界的关键。我国从战略高度积极推进同主要大国关系的健康、稳定发展，使大国外交获得以下重大进展：一是中美关系保持相对稳定并有新进展。胡锦涛主席与乔治·W. 布什总统多次会晤，中美第二、三、四次战略经济对话成功举行，两国就重大国际和地区问题进行了有效沟通与合作。积极解决经贸关系发展中出现的问题和摩擦，推动了双边务实合作。二是中俄战略协作伙伴关系深入发展。两国领导人确定了中俄战略协作伙伴关系第二个十年的发展原则和目标。持续两年的中、俄"国家年"活动成果显著，中

俄关系的社会基础进一步落实。三是中日关系改善势头得到巩固。温家宝总理等国家领导人访日，推动中日战略互惠关系的发展。日本首相福田康夫顺利实现访华，胡锦涛主席访日，中日恢复了中断十年的军方高层交往，在能源、环保、人员交流等领域合作活跃开展。四是中国与欧盟的沟通、合作继续加强，保持了双边关系的连续性，中欧正式启动伙伴合作协定谈判，各级政治磋商和对话机制不断完善，多领域的友好、互利、务实合作不断扩大和深化。

第二，"和谐世界"与周边外交。中国努力建设和谐周边，坚持"与邻为善，以邻为伴"和"睦邻、安邻、富邻"的周边外交方针以及"和平、安全、合作、繁荣"的亚洲政策目标，中国周边外交取得新的突破。胡锦涛主席、温家宝总理分别出席上海合作组织元首会议和总理会晤，推动成员国缔结长期睦邻友好合作条约。胡锦涛主席访问吉尔吉斯斯坦、哈萨克斯坦，温家宝总理访问乌兹别克斯坦、土库曼斯坦，推动与中亚国家关系再上新台阶。胡主席和温总理还分别出席亚太经合组织领导人非正式会议和东亚领导人系列会议，阐述了中国的立场和主张。我国与东盟签署了《服务贸易协定》，《投资贸易协定》谈判也在加速进行，为长期全面建成中国—东盟自由贸易区奠定了坚实基础。中国坚持推进朝鲜半岛无核化目标，积极劝和促谈，成功主持召开了三次六方会谈全体会议，推动通过了《落实共同声明起步行动》和《落实共同声明第二阶段行动》两个重要文件，就建立朝鲜半岛和平机制和东北亚安全机制问题与各方保持沟通，半岛无核化谈判开始取得一定进展。稳妥处理了周边领土和海洋权益争端，深化了与周边国家在经贸、基础设施建设等领域的合作。

第三，"和谐世界"与发展中国家外交。发展中国家始终是中国外交的立足点，也是"和谐外交"的基点。2007年胡锦涛主席、吴邦国委员长、贾庆林主席相继访问非洲，温家宝总理出席在上海举行的非洲开发银行年会，全面推进落实中非合作论坛北京峰会成果，特别是八项政策措施。中国与非洲国家外长在联合国大会期间举行首次政治磋商，正式启动中非外长定期对话机制。中国与西亚、北非国家加强双边友好合作，经贸合作迈上新台阶，中阿合作论坛第二届企业家大会成功举行。中国与拉美合作向全方位、宽领域方向稳步推进，同拉美国家的政治互信增强，经贸合作不断发展，在文教科技等领域合作也有新的成果。中国同印度、巴西、南非、墨西哥等新兴发展中大国的协调与合作也得到加强。

第四，"和谐世界"与多边外交。积极开展多边外交与多边安全合作是我国开展"和谐外交"的重要前提，我们多边外交活动进入空前活跃的发展阶段。胡锦涛主席出席八国集团与发展中国家领导人对话会议及发展中国领导人会晤，全面深入地阐述了我国在应对气候变化等问题上的立场和主张。我们全面深入地参与联合国人权理事会建章立制工作，全面启动2008年在北京举办第七届亚欧首脑会议准备工作，积极参与国际规则制定。我们努力推动解决热点问题，彰显了负责任大国的良好形象。在伊朗核问题上，我们坚持政治解决方向，积极开展外交斡旋。在苏丹达尔富尔问题上，我们设立了中国政府特别代表，向达区派遣维和工兵并提供人道援助，受到国际社会普遍好评。在中东问题上,我们参加在美国召开的中东国际问题会议,为推动中东和平进程发挥了积极作用。我们参加了伊拉克问题有关的国际会议。针对一些境外敌对势力借口人权和达尔富尔问题鼓吹抵制2008年北京奥运会的做法,我们进行了有力回击。我们妥善应对了产品质量和食品安全问题,维护了国家形象和利益。

第五,为了维护国家主权和发展的利益,为全面建设小康社会营造良好的国际环境,我们还开展了多方面的工作。我们就反对陈水扁当局推动"入联公投"问题,争取国际社会支持,挫败了台湾地区"加入"世界卫生组织和联合国的图谋,成功恢复了中国在世界动物卫生组织的合法权利,同哥斯达黎加、马拉维建立了外交关系,沉重打击了"台独"分裂势力的嚣张气焰。我们还就售台武器、授予达赖国会金奖及某些国家的领导人会见达赖的问题进行了严正交涉和斗争。从国家发展的大局出发,我们大力推进对外经济技术合作与交流,积极推动自由贸易区创建和区域合作,深入参加经贸领域的国际谈判,努力推动对外能源合作。我们时刻把祖国人民的利益放在心上,坚持"以人为本"、"外交为民",切实维护中国公民和法人的海外合法权益。我们还成立了外交部领事保护中心,规划建立海外安全状况分级评估体系,推进领事保护立法,充分完善预防体制,努力为维护中国公民和法人的海外合法权益提供完善的制度保障。

胡锦涛同志在党的十七大报告中深刻指出:"当代中国同世界的关系发生了历史性变化,中国的前途命运日益紧密地同世界的前途命运联系在一起,不管国际风云如何变幻,中国政府和人民都将高举和平、发展、合作旗帜,奉行独立自主的和平外交政策,维护国家主权、安全、发展利益,恪守维护世界和平、促进共同发展的外交政策宗旨。"为此,"中国将始终不渝走和平发展的道路","中国将始终不渝奉行互利共赢的开放战略","中国坚持在和平共处五项原则的基础上同所有国家开展友好合作","中国发展离不开世界,世界繁荣稳定也离不开中国。中国人民将继续同各国人民一道,为实现人类的美好理想而不懈努力。"这是对中国人民的号召,也是向世界人民作出的庄严承诺。我们深信,作为发展中的社会主义大国,在全面建设小康社会的同时,中国必将为维护世界和平、促进共同发展、构建和谐世界作出新的贡献。

第十一次驻外使节会议2009年7月中旬在京召开,中共中央总书记、国家主席、中央军委主席胡锦涛在会上就当今外交工作发表了重要讲话。

胡锦涛强调,进入新世纪新阶段以来,国际上发生一系列具有全局性和战略性影响的重大事件,对国际政治经济格局产生了重大而深远的影响。综观世界,和平与发展仍然是当今时代的主题,但综合国力竞争日趋激烈,广大发展中国家平等参与国际事务的要求日益强烈,国际上实现国际关系民主化呼声增强,国际金融危机使现行国际经济金融体系、世界经济政治结构受到严重冲击,世界多极化前景更加明朗,国际形势出现了一些值得高度重视的新特点、新趋势。

胡锦涛强调,综合分析各方面情况,21世纪头20年我国发展的重要战略机遇期没有改变,同时我们面临的机遇和挑战出现了一些新的变化。我们要进一步增强机遇意识，加强和改进外交运筹，正确把握机遇和挑战的辩证关系，善于从变化的形势中把握和运用机遇，善于在严峻的挑战中捕捉和运用机遇，不断增强工作的前瞻性和主动性。我们要进一步增强忧患意识，始终居安思危，保持清醒头脑，做到未雨绸缪，充分估计前进道路上种种可以预料和难以预料的困难和风险，切实提高抓住机遇、化解挑战、驾驭复杂局面的能力，不断开创外交工作新局面。

胡锦涛指出，当前国际形势继续发生复杂深刻变化，我国正处在应对国际金融危机冲击、保持经济平稳较快发展的关键时刻，改革、发展、稳定面临新的重要机遇和严峻挑战。外交工作在党和国家工作全局中的地位和作用更加重要，必须更好地为巩固和发展改革发展稳定大局服务，为维护国家主权、安全、发展利益服务。我们要开拓视野，审时度势、趋利避害，不断提高新形势下应对国际局势和处理国际事务的能力和水平。

胡锦涛强调，坚持以邓小平理论和"三个代表"重要思想为指导，深入贯彻落实科学发展观，高举和平、发展、合作旗帜，坚持统筹国内国际两个大局，不断提高外交工作能力和水平，努力使我国在政治上更有影响力、经济上更有竞争力、形象上更有亲和力、道义上更有感召力，为全面建设小康社会、加快推进社会主义现代化营造良好国际环境和外部条件。

胡锦涛讲话告诉我们，中国除了继续"奉行独立自主的和平外交政策"外，首次明确提出了在外交工作中要加强四个"力"的要求，即政治上的影响力、经济上的竞争力、形象上的亲和力及道义上的感召力，这是中国外交的新追求、新思维。它将表现为在和平外交的基础上向六个方向推进：一是"发展外交"。新形势下外交工作必须切实维护全方位对外开放条件下中国发展的利益。经济发展、民生改善是一个大国的成长基础，大国外交是务实外交，不能脱离国家发展大局。二是"安全外交"。坚决维护国家主权、领土完整和安全利益。核心是"一个中国"原则，这是中国外交不可触犯的"红线"。要更加严厉对待西藏达赖、新疆分离主义分子，压缩他们国际活动空间。对南海等地区寸土不让，但会尽量克制，不让局势恶化。三是"大国外交"。要适应世界格局变化，全方位、多层次地推进外交工作，重点是要运筹好大国关系。中美关系仍是重中之重，同时继续深化与俄罗斯、欧盟的关系，也会对印度、日本伸出友谊之手。四是"人文外交"。通过各种形式的交流活动，传播中华优秀文化，实际上就是增强中国的"软实力"。五是"维权外交"。坚持以人为本，依法维护中国公民和法人海外合法权益。中国作为日益开放强盛的大国已经是"我们的同胞遍天下"。中国政府理所当然要重视和维护自己的同胞（包括港澳台同胞）和企业在海外的正当权益，"有事找使（领）馆"。六是"和谐外交"。同世界各国一道推动建设和谐世界。各国之间相互尊重、扩大共识、和谐相处、互利共赢。这是中国在世界上首创并实践的理念。众所周知，在一些涉华事件和多边外交问题上，中国外交的回应往往坚定而适度，在某些方面比较克制。

这次使节会议是中国作为一个崛起的大国在世界上获得普遍认可并发挥积极作

用，也被各国寄予期望的背景下召开的。当前，中国的经济总量已是世界第三，明年或将超越日本，成为世界第二。而金融危机的发展和深化，从制度到意识形态，再到实际经济生产活动等方面，都给西方世界带来了重大冲击，也引起了世界的反思。西方愿意也好，不愿意也好，中国的发展势头将会迎来更快的上升期。开放造就了今天中国的发展和壮大，而壮大本身也将使得中国更加开放，让内政和外交之间的分界线变得更模糊，对外交工作的要求也将更加全方位。

在这样的形势下，中国外交正在酝酿新的突破，中国外交政策面临新的转型或突破，要求确定与大国地位相配合的"大国外交"方略，并统一思想，这将事关中国能否继续保障自己的战略机遇期，从而在未来获得更多主动，也为必然会到来的后金融危机时代做准备。

四个"力"的提出，意味着中国政府对本国外交资源力再上一个新台阶的确认，更意味着今后一段时间，中国外交将更加注重主动出击、创造议题，而少一些守成和被动应战。它预示着未来一段时间中国将会调动更多的外交资源为国内经济和民生服务。对中国整体来说，这是趋势，而对个人或企业来说，这将带来更多的机遇。可以说，四个"力"的内容基本勾勒出了新形势下中国"大国外交"的战略和内涵。四个"力"的诉求，实际表明了一个崛起中的大国的"全球观"、一个负责任大国的自我要求和理想境界。

综上所述，胡锦涛同志在这次使节会议上的重要讲话是在新形势下，结合国际形势的新变化和中国实力和中国外交的新进展，系统地阐述了新的外交理念，是对中国特色国际政治理论和战略思想的新发展，对中国特色社会主义理论体系的新贡献，必将使我国的外交工作出现新面貌，推进到新水平，并对世界产生积极的、深远的影响。

总之，新中国成立60年来我国的国际战略是随着形势的变化不断调整完善、与时俱进的。胡锦涛同志提出的构建和谐世界的新理念是对马列主义、毛泽东思想的新突破、新贡献，是对新时期邓小平国际战略思想和世纪之交中国外交思想的继承和发展，构成了中国特色社会主义理论体系的重要组成部分，必将使我国的外交不断开创新局面，进入新阶段，并对世界产生深远影响。

第五节　中国在当今国际舞台上的地位和作用

新中国成立60年来，无论国内形势还是国际环境都发生了巨大而深刻的变化，尤其是改革开放30年来的巨变举世瞩目，被公认为中国历史上，以至世界历史上都少有的巨变。如何正确评价中国在国际舞台上的地位和作用，以及对中国做正确的国际定位，都是关系到中国和亚太地区乃至世界的和平与发展的战略性问题，正确回答这个问题具有重大的、现实的和理论的意义。

一、问题的提出

近些年来，对中国在国际舞台上的地位和作用，国际上有各种不同的论调先后流行，在国内各有其不同程度的影响，择其要者简介如下：

第一种论调："中国国际地位下降论"。主要是随着苏联的解体，认为原先存在的美苏中大三角不存在了，对美国这个唯一的超级大国来说，中国不重要了。中国的国际地位自然也大大地下降了。

第二种论调："中国必然发生质变论"。主要依据是东欧剧变了，苏联解体了，中国能够继续维持下去、坚持走社会主义道路、坚持中国共产党的领导吗？他们的结论是中国必然步苏联、东欧的后尘，发生质变，至少是前途未卜，或者说是"不确定"。

第三种论调："中国威胁论"。随着中国改革开放的深入发展，政治稳定、经济发展、民族团结、社会进步，日益崛起的一个新兴的强大力量在国际上享有日益崇高的威望，这种论调广泛流行起来，在各类国家都有它的"市场"，并且还有各种"股本"，如经济威胁论、军事威胁论、人口威胁论、粮食威胁论……真可谓不一而足。

第四种论调："中国无足轻重论"。伦敦国际战略研究室主任杰拉德·西格尔的《中国重要吗》一文极具代表性，"这个占世界人口五分之一的国家被过分强调为一个市场，一个国家和一个思想之源。最多，中国不过是一个掌握着外交威胁技巧的二流中等国家。……只有当我们最终明白中国是多么的无足轻重，我们才能制定一个可行的对华政策"。[①]

第五种论调："中国崩溃论"。这种论调源于美国一位学者对中国统计数字的怀疑，2000 年发表了《中国 GDP 统计发生了什么》一文。可谓是学术界的一家之言，后竟被西方媒体热炒。他们认定"中国经济增长是虚假的"、"中国的经济即将崩溃"。2002 年 1 月，美国《中国经济》季刊的主编出版了《中国梦》一书，把中国经济比喻为"一座建立在沙滩上的大厦"，并警告投资者"不要轻易把亿万美元的投资扔进中国这个无底洞"。2002 年 4 月 1 日，《时代》周刊载文称中国已"被虚浮的数字淹没"，"在某种程度上，中国作为经济大国的名声是建立在纯属虚假的基础上的"。最极端的是美籍华裔律师章家敦出版的《中国即将崩溃》一书，断言"中国现行的政治和经济制度最多只能维持 5 年"。"中国的经济正在衰退，并开始崩溃，时间会在2008 年中国举办奥运会之前，而不是之后"。此书深受重视，美国国会为此专门举行了听证会，许多专家学者大谈中国经济存在的种种问题，力图使人相信中国正在崩溃。

第六种论调："中国责任论"。近年来，随着中国经济的持续、健康、快速发展，国家实力的上升和国际威望的提高，还有外交政策的更趋成熟，世界都在关注中国，议论中国，尤其在成功举办奥运会和残奥会之后，世界众多的政要和媒体亲自看到了中国的变化，"21 世纪是亚太世纪"，"世界经济中心东移"、"世界权力中心由西向东移"以及"中美应建立两国集团（G2）"等说法广泛传播开来，其中一个重要思想就是"中国责任论"，希望中国承担更多的国际责任。如在世界金融危机冲击下，许多

---

① 该文载美国《外交》，1999 年 9～10 月号。

发达国家领导人把希望转向中国，要中国承担"拯救世界"的责任，要中国为之埋单。这就自然地引起人们的思考。我们认为，随着经济增长和实力增强，承担更多的国际责任是理所当然的。中国也在自觉地承担起我们应该承担、能够承担的责任。但是，过分抬高中国的能力和国际地位，要中国承担不应承担的责任和力所不能及的责任就不妥了。如全球环境污染和气候变暖是中国的责任、能源短缺和石油涨价是中国的责任、世界性通货膨胀是中国的责任，等等，这些就割断了历史、失之公允，缺乏客观的分析，没有区别对待，作出了错误的结论。再如在世界金融危机冲击下，要中国"拯救世界"就更加离谱了，中国经济这 30 年来是增长很快，外汇储备达 1.8 万亿美元，比起某些高消费、寅支卯粮的发达国家当前的处境是好一些，但绝不能忘记中国是一个拥有 13 亿人口的发展中国家，离全面实现现代化还有一段很长的距离。我们的高额外汇储备绝不能直接投入发达国家的资本市场去埋单、去拯救世界，那是一个无底黑洞，也达不到预期目的。我们只能投资国内，刺激内需，解决经济、政治、社会问题，这既是切实可行、行之有效的，从国际关系的角度来看，也会受到周边国家以及国际社会的欢迎。这就是我们对"中国责任论"的理解，也是对有关误读的回答。

二、回答这个问题的基本思路

上述各种观点不同，无论他们是出于什么原因，是无知？是偏见？是害怕？是误读？其有一个共同的地方，就是对中国当前在国际舞台上的地位和作用缺乏全面、客观、公正、实事求是的分析。下面我们作一个综合分析，提供一个回答问题的基本思路。

1. 要客观地评价中国现在的综合国力，这是评价中国国际地位和作用的物质基础和最重要的依据

根据国际、国内有关权威机构的评估，中国的综合国力居世界前十名之列。但还要看到，和世界前几名还有很大的差距，尤其和前三名美国、日本、德国差距更大。尤其不要忘记我国的基本国情：人口多、底子薄、基础差，是一个发展中国家。比如，按国民生产总值来说，我们已经名列前茅，但如果按人均计算就完全是另一回事了，远远落后于众多国家。对综合国力有了清醒的认识，就会心中有数，懂得我们在国际上可以有所作为，绝非无足轻重。当然，也不是什么都可以做，可以为所欲为。那种肆意贬低中国的说法不对，同样，无限夸大中国的说法也不对；我们既不要妄自菲薄，也不能狂妄自大。

2. 要深刻认识中国现行的独立自主的和平外交政策，我们坚定不移地走和平发展的道路。这是评价中国国际地位和作用的能动性的因素

一个国家在实力相对稳定的情况下，执行什么样的外交政策就会在国际舞台上发挥什么样的作用。正确的外交政策能发挥积极的、建设性的作用，错误的外交政策就会产生消极的、破坏性的作用。中国现行的外交政策是吸取了几十年来自己的、外国的经验教训形成的成熟的、正确的外交政策，人们称之为"广交友、不树敌"的政策，使得我们的朋友越来越多，"我们的朋友遍天下"不再是一句空话，而是逐渐地成为现实。这样，使我们不仅在维护国家主权、利益问题上，而且在解决地区问题和

一些重大的国际问题上，我们的主张都能够得到众多国家广泛的支持和同情，能够在国际舞台上发挥独特的、别国无法取代的作用。人们不要忘记，在"文革"时期，由于受林彪、"四人帮"的干扰，我国在外交上一度处于非常孤立的地位，正是排除了这种干扰，实行正确的外交政策，才使得我们走出困境，开创新局面。作为联合国安理会常任理事国，奉行这种政策会产生更积极的作用。

3. 要充分地估计中国改革开放所取得的成就，它必然要产生广泛深刻的影响。这是评价中国国际地位和作用的一个精神因素

改革开放30年来，中国的成就举世瞩目。不管喜欢还是不喜欢，都难以否认。现在坚持社会主义发展方向的国家，从中国的改革开放中可以吸取许多有益的、可以借鉴的经验，去实现自己的发展，给社会主义事业注入新的生机和活力，如古巴国务委员会主席卡斯特罗所说，尽管面临挑战，"社会主义肯定仍然是我们这类国家和平与生存的唯一真正的出路，中国共产党和中国人民已经证实了这一点"。① 现在处于转轨中的国家，他们也在思考，为什么他们的改革失败了，没有取得预期的效果，而中国却取得了辉煌的成就，老百姓享受着改革的幸福。他们的领导集团、社会精英、知识分子不能不考虑这个问题，并得出应有的结论。从历史的长远发展来说，其影响是会显现出来的，如俄罗斯一位学者在《中国的英明决策》一文中说："中国走过的发展道路是艰难的，其成就是真实的。中国人面临的选择比俄罗斯要难得多，但中国没有重蹈苏联的覆辙。"② 广大的发展中国家都在寻求自己的发展之路，面对中国在较短的时间解决了13亿人口的温饱问题，走上了小康之路，正在奔向富裕。他们能不想想该怎么办吗？许多发展中国家领导人来中国访问的重要目的之一就是要寻找这个问题的答案。有的国家把自己和中国做对比，来总结自己的经验教训，以便急起直追，就足以证明这一点。前些年国际上关于"华盛顿共识"和"北京共识"的讨论，其重要意义就在于发展中国家在探求发展中选择什么模式的问题。近年来，尤其在2008年爆发的世界性金融危机之后，关于"中国模式"的热烈讨论更加深入了，这是值得我们高度重视的。③ 就是发达国家面对现在中国的政治稳定、经济发展、民族团结、社会进步，人民生活水平不断提高，国际威望日益提升，他们不管喜欢与否，都得认真对待，刮目相看。他们不能再用20世纪三四十年代的眼光来看待今日的中国，也不能再用六七十年代的眼光来看待今日的中国。除了少数顽固的反华势力外，比较务实的政治家、企业家、军人、学者都承认中国的巨大变化，主张和中国"来往"、"接触"，或曰"全面接触政策"、"建设性接触政策"，甚至是"遏制接触政策"，其说法有所不同，但要同中国打交道是一致的。他们已经认识到，今日的中国已不是昔日的中国，要认真对待了。这正说明中国的发展成就迫使他们改变以往敌视、孤立、遏制中国的政策。可以断言，随着中国不断发展壮大，其影响力会与日俱增。

---

① 参见《参考消息》，2004年11月25日第8版。
② 参见《参考消息》，2004年10月8日第8版。
③ 参阅《思想理论教育导刊》，2004年第11期，吴树青文章。

4. 要科学地估量新中国成立的世界意义，这是评价今天中国在国际舞台上地位和作用的历史起点

新中国成立本身就具有伟大的世界意义：它率先打破了雅尔塔体制，粉碎了帝国主义继续完全统治亚洲的美梦，带动了亚洲民族解放运动的高涨，改变了世界范围的力量对比，使之发生了有利于和平、民主、社会主义的变化。在当时，它就是震动世界的。对中国而言，它揭开了中国历史的新的一页，以后，它又为经济建设、国防建设、科学技术的发展和对外关系的展开等打好了基础。虽然后来犯过一些错误，甚至是严重的错误，走过一些弯路，耽误了宝贵的 20 年时间，但它的意义和成就是不能否认的，因为历史是不能割断的，改革开放 30 年来的成就是在这个基础上取得的。也可以说，没有新中国的成立，以至没有过去近 30 年的曲折发展，就不可能有这 30 年的成功。割断历史的观点是不可取的，是错误的。

把上述四个方面综合起来可以得出一个结论：中国现在虽然是一个地区大国、一个发展中国家，或者说是一个正在崛起的、发展中的大国，但只要不发生什么意外事件，只要自己不犯大错误，坚持中国共产党的领导和坚持党的基本路线 100 年不动摇，正像邓小平说的，中国将是未来多极世界中的一极，是独立的一极。这是坚决维护自己国家主权、领土完整和国家利益的一极，是主持公道、伸张正义、维护广大发展中国家正当权益的一极，是反对恐怖主义和霸权主义、维护世界和平、促进共同发展、推动建立公正、合理的国际新秩序和建设和谐世界的一极，是坚持社会主义、为人类进步事业做出应有贡献的一极。

三、正确回答这个问题的意义

根据形势的发展，正确回答这个问题不仅有必要性，还有紧迫性，其意义如下：

第一，摆事实，讲道理，以正视听，或许能起澄清各种误解、批判各种谬论的作用。当然，世界是多样的，有多种媒体存在，对同一事物人们总会有不同的看法、说法，要完全杜绝谎言是不可能的，更不用说蛊惑人心的谣言了。这一点，我们也很清楚。

第二，要在正确认识世界的同时，也要正确认识自己，认识自己的发展变化、成就和不足。这样才能对我们从事的建设有中国特色的社会主义宏伟事业满怀信心，阔步前进。我们今后还要在继续加快自己发展的同时，积极地参与国际事务，发挥一个负责任的大国的作用，尽一个联合国安理会常任理事国的责任。在新世纪，不管国际风云如何变幻，我们都要为维护世界和平、促进共同发展，为推动建立公正、合理的国际政治经济新秩序和构建和谐世界而不懈努力。

第三，对我们青年一代，要引导他们正确认识世界，认识我们的祖国，也认识自己，认识自己肩负的责任和承担的历史使命。要以客观的事实、正确的思想来培养他们，激励他们的爱国热情，鼓舞他们的献身精神，磨炼他们的坚强意志，增长他们的真才实学。这样，他们才能不受外部世界各种消极因素的干扰，善于排除各种干扰，一往无前地朝着正确的目标前进，为振兴中华，为实现祖国的现代化，为完成祖国的统一大业，为保卫世界和平、促进共同发展、构建和谐世界而努力奋斗。

第十章　当代世界中的国际组织

国际组织是当代国际关系重要的行为主体，它的出现打破了传统国际关系以国家间关系为全部内容的单一局面。20 世纪是国际组织的世纪。尤其是第二次世界大战以后，各种类型的国际组织大量涌现，活动空间不断膨胀，管辖范围日益扩张，渗透国际关系的一切领域，涉及人类生活的各个侧面，形成了以联合国为核心覆盖全球的国际组织网络，作用和影响呈上升趋势，地位得到巩固，独立于国家的职能得到强化。进入 21 世纪，国际组织正在经历新的变革和调整，面临新的发展机遇。研究国际组织的形成发展，分析联合国及其他重要国际组织的运行情况，将有助于更好地把握当今国际社会的深刻变化，进一步认清国际关系民主化和经济全球化的趋势。随着中国与国际社会关系的日益密切，参加的国际组织越来越多，加强对国际组织的研究具有十分重要的现实意义。

第一节　国际组织的形成发展与运行机制

国际组织是一种跨越国界的机构。作为最重要的非国家行为主体，当代世界中的国际组织体现出越来越强的独立参与国际事务的能力，活跃在国际关系的不同领域和层次。

一、国际组织的概念和分类

按照一般的看法，凡是两个以上的政府、民间团体或个人基于特定的非营利性目的，以一定的协议形式建立起来的跨国机构都可以称为国际组织，既包括政府间国际组织，也包括非政府间国际组织。但是，严格意义上的国际组织仅指政府间国际组织，它们在国际关系中的地位和作用总体上高于非政府间国际组织。

国际组织的构成特征主要体现在：

第一，跨国性，国际组织的成员至少来自两个以上的不同国家，根据自愿的原则通过一定的协议结成一个共同体，参加者可以是代表国家的政府和官员，也可以是民间团体或个人。国际组织的宗旨目标也是跨国性的，它服务于成员的共同利益，权力来源于成员的授予，是国家主权在国际范围内作用的结果。

第二，机构性，国际组织必须具备常设的正式机构处理连续性的日常事务，其章程必须明确规定该组织的宗旨原则、主要机构、职权、活动程序和范围以及成员国的权利与义务，这使得国际组织区别于国际会议。

第三，目的性，拥有一定自主权。国际组织建立在各成员对共同利益的认同基础之上，不代表某个特定成员的利益，国际组织本身的利益体现出一种超国家性，这使得国际组织拥有不同于其成员的、自己的行为能力，能够独立运作。

　　国际组织数量众多、宗旨有别、形式各异。依据不同的分类标准，可以对它们进行多种分类。

　　根据主体构成情况，国际组织可以分为政府间国际组织和非政府间国际组织。这是一种主要的分类方法。政府间国际组织的成员是参与国的政府或其他代表国家的官方机构，如联合国、欧盟、东盟等，其成员都是以国家的资格享受权利并承担义务的。从数量上看，这类组织只占国际组织总量的一小部分，但由于它们能对成员国产生直接影响，在一定范围内具有建立和维持国际关系的能力，因此在国际关系中十分重要。通常情况下，政府间国际组织致力于政府间的合作，而不是凌驾于各国政府之上。非政府间国际组织内涵的界定至今没有统一定论。比较权威的说法是联合国经济与社会理事会发布的两份决议，1950 年的第 288（X）号决议指出"任何国际组织，凡不是经由政府间协议创立的，都被认为是为此种安排而成立的非政府间国际组织"，1968 年的第 1296（XLIV）号决议取代了第 288（X）号决议并将此类组织的范围扩大为"包括那接受由政府指派成员的组织，只要这些成员不干涉组织内部的言论自由"。冷战结束后，非政府组织的数量迅速膨胀，凭借其民众性、自愿性、专业性牲，做那些主权国家政府不能做或不愿做的事情，一方面通过民意向政府和联合国等政府间组织施加压力，另一方面在环境保护、人权保护等领域直接卷入国际事务，成为国际关系中不可忽视的行为主体。

　　根据成员的来源是否受地域限制来看，国际组织可分为全球性国际组织和区域性国际组织。前者成员数量有多寡之别，但不论国家的社会制度、地理位置或其他因素如何，向全世界所有国家开放，如联合国及其下属的专门机构。后者在成员构成、活动范围等方面都有特定的限制，往往由有着相邻的地理位置、相近的文化传统、相似的经济结构和发展水平的国家组成，如欧盟、东盟、非盟、阿盟等，成员之间的某种共同点使其更易于达成共识和采取行动。

　　根据国际组织活动的目的、任务和职能不同，国际组织可以分为一般政治性国际组织和专门性国际组织。前者的宗旨、活动领域和职权范围比较广泛，涉及政治、经济、社会、文化各个方面，也被称为综合性国际组织，活动内容与国际关系密切相关，如联合国、欧盟、东盟等。后者一般只具有专门的职能，以进行科技、文化、体育、卫生等专门技术活动为主，对国际政治的影响和作用相对较小。

　　此外，还可以按国际组织的活动目的，或是按国际组织同联合国的关系来分类。除了传统的组织形态，在实践中还出现了一些国家间多边合作的新型组织形态。例如，以八国集团为代表的国家间论坛，通过定期会议和协商体系的模式运作，虽然制度化程度比较低，但具有极大的灵活性，在国际实践中发挥着越来越大的作用。无论不同类型的国际组织在具体的作用大小上有多大区别，它们在国际关系中发挥作用的基本特征是一致的。一方面，国际组织的形成是建立在各成员对相互间共同利益的认同的基础之上的，所反映的利益一般也超越个别成员的意志，能够代表不同成员的某种共同利益，甚至得到非成员的响应。这就使国际组织往往能起到单个国家或成员难以发挥的、独特的职能作用，能够在协调国际冲突、促进国际关系有序发展、加强国际交流与合作等方面担当重任。另一方面，国际组织的权力来源于成员的授予，离开了成员的授予，国际组织的行动能力就不存在。国际组织不拥有保障其决策得以执行的直接物质手段，缺乏行之有效的强制机关，只能依靠成员间协商一致，通过召开会议、做出决议、制定规则、动员舆论等间接手段施加影响，存在"议而不决，决而不行"的弊端。这使国际组织在参与国际关系进程时有一定的局限性。

二、国际组织的历史沿革

国际组织是19世纪世界政治经济发展到一定阶段的产物，但其渊源却可以追溯到古代社会开始的国家间交往。人类在漫长的历史长河中总是为了某种共同利益而组织起来，家庭、宗族、国家都是这样，国际组织也是如此。在古代社会，国家产生初期，由于生产力低下和自然经济的限制，各个国家之间的关系长期处于一种相对隔离的状态，国家间交往的最常见的形态是战争。随着生产力的发展，文化技术特别是交通运输方面的进步，国家之间出现了民间往来并日益频繁。为了避免战争、保障和平，中外许多政治家、思想家曾提出过各种各样的和平主张。"四海之内皆兄弟"的大同世界是中国数千年先哲们的理想境界。14世纪后欧洲出现的有关建立世界性组织维护永久和平的设想为近代国际组织的起源提供了直接的思想来源。

国际组织的产生和发展与国际关系的演变密切相关，经历了从民间交往到正式的政府间往来、从国际会议到国际组织、从专门性国际组织到普遍性国际组织的过程。具体来看，可分为三个阶段：

1. 第一阶段，国际组织的萌芽和初步发展（第一次世界大战之前）

国际组织产生于近代欧洲。民族国家最先诞生在欧洲，在此基础上开始形成了现代意义上的国际关系体系。工业革命所带来的交通、通信技术和设施的革命性变革和资本主义世界市场的形成，使国家间在政治、经济、文化等领域的相互关系日益密切，国际关系的内容不断丰富，国家之间的多边利益冲突和矛盾也更加复杂。为了共同讨论和解决某些与各国相关的问题，协商国家间的多边关系，由两个以上国家召开的国际会议出现了。最初是民间团体间的，接着产生了政府间国际会议。1618~1648年欧洲30年战争结束后召开的威斯特伐利亚和会（The Peace Conference of Westphalia），开创了国家间通过大规模国际会议解决重大国际问题的先例，是一次历史性的飞跃。

从19世纪初起，国际会议日益频繁，范围不断扩大，成为解决国际问题的一种经常而重要的方式。19世纪因而被称做"国际会议的世纪"。据统计，从1815年维也纳会议到1914年第一次世界大战爆发，全世界共召开各种类型的国际会议2500余次，绝大部分是民间团体的国际会议，也包括30多次欧洲大国发起的会议。其中，拿破仑战争结束后，欧洲列强形成了以会议方式协商处理欧洲重大问题的多边外交机制。被称做"欧洲协调"。尽管这种大国协调本质上体现了强权政治，但会议协调与战争相比毕竟是一种进步。"欧洲协调"对维持欧洲近百年的大国均势和相对稳定的局面起到了重要的作用，同时它发展了会议外交，使定期或不定期的会议成为一种制度，其具体运作形式也对国际组织的出现提供了可资借鉴的经验。1899年和1907年两次海牙国际会议是欧洲协调的延伸与扩展，参加者不限于欧洲国家，表明这时的国际会议正在具有世界性。在海牙会议上编纂了若干重要的国际法，制定了和平解决国际争端的正常程序，形成了最早的国际关系准则。在两次海牙会议上采用的"一国一票"制度，成为以后国际会议和国际组织的基本准则，其分组讨论、表决等方法也为后来国际组织的体制提供了一个模式。

19世纪70年代，开始了第二次工业革命，自由资本主义逐步向垄断资本主义过渡。国家间联系的增多使得临时性的双边和多边协调已不能满足国际关系发展的需要，国际组织便应运而生。这一时期的国际组织主要是一些以专门性的、技术性的国际协作为职能的机构，所涉及的也都是除重大政治问题外的行政技术事务，因此，这批组织被统称为"国际行政联盟"（International Administration Union）。这批行政联盟建立了比较完善的常设机构，为后来国际组织的三重结构，即代表大会、执行机关和国际秘书处分立的体制奠定了基础。

除了各种国际行政联盟以外，国际组织的其他形式在19世纪中后期也开始出现。1847年成立的共产主义者同盟，1864年成立的"第一国际"和1889年成立的"第二国际"，是最早的一批国际政党组织，它们为加强无产阶级的团结合作、推动各国工人运动起到了积极作用。1889~1890年在第一次美洲国家会议上成立的美洲国家共和国联盟（美洲国家组织的前身），是世界上最早的区域性政府间国际组织。

总体来看，这一阶段是国际组织萌芽和初步发展的时期。据统计，1870年以前世界上的国际组织只有11个，1871~1900年增长到80个，到第一次世界大战爆发前夕已达200多个。

2. 第二阶段，国际联盟的建立与国际组织的进一步发展（两次世界大战之间）

解决战争与和平问题是国际组织发展中的一个重要因素。第一次世界大战结束以后，美、英、法等战胜国为了解决善后问题并保证公认的国际义务的实施，避免战争再次发生，以和平的名义建立起凡尔赛—华盛顿体系。作为构筑这座"和平大厦"的重要支柱，人类历史上第一次诞生了一个全球性的政府间国际组织——国际联盟（The League of Nations）。

国联以"促进国际合作，保证国际的和平与安全"为宗旨，基本职能包括限制军备、保障成员国的领土完整与政治独立、防止战争、实行制裁、开展国际公益事业，实施委任统治等。国联的领导权一直把持在英国和法国手中。第二次世界大战爆发后，国际关系急剧变化，国联实际上名存实亡，陷入瘫痪。1946年4月召开最后一届大会，正式宣告解散。但是，从国际关系发展的角度来看，国际联盟是一个重要的里程碑，它表明国际组织的发展已经达到一个新的水平，《国际联盟盟约》还列入了许多人道主义的条款。这样一个全球性国际组织的出现，其本身就具有积极意义。国联所依据的法律原则、议事规则以及表决制度等程序方式，是 19 世纪以来国际组织发展经验的总结，对国联之后的国际组织发展产生了积极的影响。

国联在其活动期间暴露出来的种种弊端和教训，从另一个侧面成为了此后国际组织的前车之鉴，尤其为联合国的创立积累了宝贵的经验。由于美国未加入和排斥苏联，国联失去了一个全球性国际组织所应该具有的普遍性和效力，沦为由英法控制、列强明争暗夺推行强权政治的工具，最终因未能阻止战争而瓦解。《国际联盟盟约》没有明确的禁止侵略，禁止发动侵略战争之国家加入的条款，相反却规定了委任统治制度，实际上使战胜国对战败国殖民地的占领合法化，为推行战争政策和强权政治留下了可乘之机。

1929 年席卷资本主义世界的经济大危机，结束了 20 世纪 20 年代的经济繁荣和虚幻的和平，极大破坏了世界经济，进而引发了政治危机。各种矛盾迅速激化，战云密布，世界从和平走向又一次世界大战。这其间，各种类型的国际组织都有不同程度的发展，政治性组织明显增多。到第二次世界大战前夕，国际组织的数量已达 500 多个，并开始在国际舞台上显示其独特的作用。

3. 第三阶段，联合国的成立与国际组织成熟发展的新阶段（第二次世界大战结束至今）

第二次世界大战的结束和联合国的建立标志着国际组织进入了一个成熟的发展时期。第二次世界大战以前，国际组织还只是局部存在，包括国联也基本上是欧洲国家之间的，发挥的作用也相对有限。第二次世界大战后，国际组织不仅以空前的规模和速度发展起来，而且它们独特的作用越来越受到国际社会的重视，并得到不断加强，从而成为调整国家间关系，推动国际关系向前发展的重要形式。其中，联合国作为当今世界上代表性最广泛、规模最大、影响力最深远的国际组织，既是对过去国际关系发展经验教训的总结，也对战后 60 年来国际关系的演变产生了重大的影响。经过半个多世纪的曲折历程，联合国的面貌发生了深刻的变化，从原来的 51 个创始国扩大到现在的 192 个成员国。其活动领域也日益扩大，除维护国际和平与安全及促进一般经济、社会、文教的发展与协作外，其工作还延伸到开发援助、人口、环境保护、贸易发展、资源利用，以致粮农、水利、卫生、气象、外交以及妇女、儿童、青年、难民等广泛的领域。60 年来，伴随着国际形势的风云变幻，联合国也逐步趋向成熟。

除了联合国引人注目的变化，国际组织在这一阶段的发展过程中，还呈现出以下特点：

第一，国际组织的数量猛增，类型多样，活动遍及人类生活的各个领域。

第二，区域性和次区域性的国际组织在各大洲获得很大的发展，尤其是国际经济组织成为国家间合作的经常形式。

第三，国际组织与主权国家之间的关系日益密切。第二次世界大战以前，国际组织的成员限于欧美资本主义国家。第二次世界大战后，民族解放运动蓬勃发展，新兴的民族独立国家大量涌现，并作为独立的主权国家活跃在国际组织当中。参加国际组织的国家越来越多，凡是在世界上有着广泛影响的国家都参加了为数众多的国际组织。

第四，国际组织的作用和影响也极大增强，成为国际舞台上的重要角色。当今世界上任何一个国家的生存和发展都无法完全超脱于国际组织之外，通过国际组织进行多边外交成为各国对外关系的重要内容。

冷战的结束为国际组织的进一步发展开辟了道路。一些重要国际组织的成员不断扩大，国际组织的内部运作机制不断完善，国际组织之间的合作关系也不断加强。随着全球化进程的加速发展，国际组织在国际关系中的地位和作用将会更加突出。

三、国际组织的运行机制

正如主权国家都有一定的政权组织形式一样，国际组织也设立了相应的机制来保证其宗旨目标的实现。

就组织结构而言，国际组织一般设立三级机构：一是由全体成员代表组成的大会；二是负责执行大会决议，提出建议并付诸实施的理事会、委员会或执行局；三是负责处理行政和日常事务，提供各种服务的秘书处。大会是最高权力机构，理事会是执行机构，秘书处是管理机构，它们构成了国际组织运转的轴心。有的国际组织还设有专门的司法监督机构，或是设有直属的形式多样的辅助机构来实现本组织的目标。

拥有了完备的组织结构，国际组织最重要的日常活动就是通过召开和举行会议进行决策，以实现组织宗旨。一般国际组织的决策方法是投票表决，表决涉及两个问题：一是表决权的分配，是一国一票还是一国数票；二是表决权的集中，是全体一致通过，还是多数通过。常见的表决制度有以下几种：

（1）全体一致通过表决法。它也叫单否决权制，是指一项集体行动方案，只有在所有成员都同意或至少没有任何成员反对的情况下才能通过。这种表决制度的基础是国际法上主权国家一律平等的原则。其优点在于最大限度地实现主权平等，保证个体利益不受损害，而致命的缺陷则在于它造成了国际组织的软弱无力，要么是长时间的"议而不决"，要么是一致通过的决议作为妥协的产物，常常不可能真正地行之有效。况且，对全体一致的追求事实上也使少数成员可以阻止绝大多数成员的意愿。

（2）多数表决制。它是指国际组织中一项决议必须得到超过一定比例的成员的认同才能实施，是目前采用得最广泛的表决方式。多数表决制的基础是民主政治当中"为最大多数谋最大利益"的原则，避免了全体一致通过表决法中极少数成员阻止大多数成员主张的情况，具有内在强制性，但也可能因忽视少数派利益引发矛盾。多数表决制又包括简单多数和特定多数两种。简单多数只要求1/2以上通过，特定多数则要求一个特定的比例，如2/3、3/4或4/5等。

（3）加权表决制。在政府间国际组织的表决制度中，"一国一票"是依据主权国家一律平等的原则。但在国际关系的不同领域，拥有不同人口、领土、资源的国家所处的地位不同，寻求的利益也不同，它们所担负的国际责任和义务也不相同，加权表决制正是为了适应差别而提出来的。它根据成员国所具有利益的不同程度分配给它们相应数目的投票权。这种利益的差别通常表现为经济因素，即按照成员国交纳会费的情况，按出资的比例分配票数。国际货币基金组织和世界银行等国际经济组织都采用的是加权表决制。

（4）协商一致同意。它是一种不经过投票，通过非正式协商而取得对决议的一致意见的表决方式。各成员在充分协商讨论的基础上，虽允许保留，但努力消除差异，达成一致意见，最后在全体大会上发表达成一致意见的决议或一个有关已达成一致意见的声明，则决议就产生了。这种方式的好处是可以避免因投票表决而造成不同意见之间的对立或根本达不成一致，缺陷是通过协商一致所产生的决议的有效性比较差。这种方式因其灵活性而被许多国际组织和国际会议采用，联合国发起的一些国际会议都在很多情况下采用这一方式。

表决制度总是适应社会需要而产生的，一般的规律是：越是关系重大的事项，就越要求更多的同意票才能通过；越是经济利益明显的领域，采取加权投票的可能性越大。面对各有利弊的多种表决制度，各国际组织为了获得最佳效果，对不同利害关系的问题经常采用不同的表决制度。投票表决的决策方式决定了国际组织的决策基本上还是国际组织成员间协调的结果，国际组织的决策程序实际上就是各成员国围绕国际组织的主要机构所进行的相互合作与竞争的过程。一般而言，国际组织的决策程序至少包括"提出议案—协商讨论—表决"三个步骤。

国际组织为了实现其宗旨并开展活动，需要有独立的经费和行之有效的财政手段。但是，国际组织不像国家那样拥有固定的居民和领土，其经费主要来源于成员缴纳的会费，主要财政手段有以下几种：一是各成员按一定标准分担，这种具有一定强制性的会费摊派一般取决于成员的经济实力，大多数政府间国际组织都是依照成员国国民生产总值的水平来认缴会费的；二是由成员主动认缴，将会费同成员在国际组织内的权力大小结合起来，不带强制性，国际金融组织多采取这种方式；三是接受捐助，捐助者可能是富裕的国家，也可能是富裕的个人；四是通过国际组织自身的一些营利活动筹措经费，采取这种方式的一般是非政府间国际组织，如国际奥委会、国际足联等可以从体育比赛中取得大量活动经费，一些国际金融组织也能在活动中取得一定的经济收益。

国际组织中因成员拖欠会费而出现财政危机的情况屡见不鲜，严重的甚至会导致国际组织停止活动，经费因此被称做是推动国际组织正常运转的"血液"。国际组织的经费问题，表面上是一个缺少自有"钱袋"的经济问题，实际上往往是一个反映国际组织与成员，以及成员之间关系的政治问题，直接影响到国际组织的正常运转。

第二节　联合国

联合国由是主权国家建立的政府间国际组织，不是世界政府，它是当今世界各国宣传各自对外政策的国际讲坛和开展多边外交的重要场所。同时，联合国是一个肩负全球使命的组织，《联合国宪章》（以下简称《宪章》）赋予了它一定的强制权力，使它具备了一定的超越成员国的行动能力，它是一支维护和平、促进发展、管理全球公共事务的重要力量。

一、联合国的建立与发展

联合国是在世界反法西斯联盟的基础上建立的。1944 年秋，在华盛顿郊区召开敦巴顿橡树园会议，会议起草了一个新的国际组织章程草案——《关于建立普遍性国际组织的建议案》，基本上规划出新国际组织的蓝图，并确立其名称为"联合国"。1945 年 2 月在雅尔塔举行的英、美、苏三国首脑会议，又进一步解决了联合国安理会的表决程序这一重要问题。1945 年 4 月 25 日，旧金山联合国制宪会议隆重开幕，这是国际关系史上的一次盛会。在整整两个月的时间里，50 个国家的代表们经过研究、讨论、争论以及多种形式的协商，终于完成了宪章的起草工作。1945 年 6 月 26 日，举行了《联合国宪章》签字仪式，这一天后来被联合国定为"宪章日"。《宪章》于 1945 年 10 月 24 日获得足够批准书而开始生效，联合国正式宣告成立，10 月 24 日因此被命名为"联合国日"。

《宪章》由序言和十九章共 111 款条文组成，全面规定了联合国的组织机构、职权范围和活动程序，是联合国一切活动的准绳和指针。《宪章》第一章规定了联合国的四项宗旨和七项原则。四项宗旨是：①维护国际和平与安全；②发展各国间的友好关系；③促进国际间有关经济、社会及文化方面的合作；④构成协调各国行动的中心。七项原则是：①会员国主权平等；②切实履行《宪章》义务；③和平解决国际争端；④禁止以武力相威胁或使用武力；⑤集体协助；⑥确保使非会员国遵守《宪章》原则；⑦不干涉内政。这些宗旨和原则是《宪章》贯穿始终的精髓，反映了第二次世界大战后世界各国人民渴望建立一种新型国际关系的企盼，并且在战后许多重要的国际法文件中得到进一步重申，成为普遍的国际关系行为规范。尽管《宪章》规定的宗旨和原则至今未能完全实现，尽管今天的世界远不如《宪章》所设想的那样平等、民主，但和历史上明显的不平等国际法体系相比，《宪章》前进了一大步，符合世界和平与发展的历史潮流，是当代国际关系史上一部划时代的文献。

根据《宪章》规定，联合国下设 6 个主要机构：大会、安全理事会、经济及社会理事会、国际法院、托管理事会以及秘书处。

大会由联合国的全体会员国组成，每年 9 月的第三个星期二开始举行常会，12 月 25 日闭幕，可以讨论宪章范围内的任何问题。大会无权对任何成员国政府采取行动，但它提出的建议作为世界舆论的表达，具有道义上的影响力。

安理会由 5 个常任理事国（中、美、英、法、俄）和 10 个非常任理事国组成，它是联合国体系中唯一有权采取行动来维护国际和平与安全的机构，在联合国机构中享有特别重要的政治地位，它的决议对会员国具有约束力。非常任理事国由大会选出，任期两年。

经社理事会由 54 个理事国组成，负责协调经济及社会事务。

托管理事会是联合国负责监督托管领土行政管理的机构，托管制度的目的是促进托管领土居民的进步以及托管领土向自治或独立方向的逐渐发展。

国际法院是联合国的司法机关，设在海牙，由15名国籍不同的独立法官组成，管辖权包括各当事国提交的一切案件，以及宪章或现行条约或公约中特别规定的一切事项。

秘书处的任务是为联合国其他机关服务，并执行这些机关制定的计划与政策，由秘书长一人，副秘书长、助理秘书长若干人以及所需要的其他行政工作人员组成。秘书长是联合国的最高行政首脑。

除了6个主要机构，联合国还设立了各种辅助机构。大会、经社理事会、安理会的辅助机构都很多。它们有常设的，也有临时设的，从组织形式到职能范围、活动程序都有很大差别。有的辅助机构只限于向它的主要机构做出建议或提出报告，有的在实际中的作用与主要机构一样重要，如大会设立的裁军委员会可以召开国际会议，儿童基金会可以同各国政府缔结条约。

联合国成立之初，亚洲和非洲大陆的许多国家仍处于殖民主义的枷锁下，51个创始国中亚非国家只有13个，还有20个拉美国家，而这些亚非拉国家许多也只是形式上的独立，实际上则在政治、军事、经济上受到英、美等西方国家的操纵控制。在这种力量对比下，联合国一度成为少数西方大国的表决机器。联合国历史上最不光彩的一页就是美国操纵联合国充当了侵略朝鲜的工具。

由于美、苏两国争夺世界霸权斗争的加剧，在冷战期间，美、苏两个超级大国都把联合国当做争霸的一个战场，在表决中常常玩弄"你赞成，我必反对"的对抗游戏，致使联合国在重大问题上往往议而不决，难以发挥应有的作用。随着战后民族解放运动的蓬勃发展，亚非拉民族独立国家日益成为联合国内举足轻重的力量，在联合国内发挥着重要的抗衡和制约作用，改变了联合国的成员结构和力量对比状况。少数大国越来越难以随意摆布世界事务，联合国从而能够在一定程度上履行维护世界和平、促进发展与合作的宗旨。

20世纪80年代后期，东西方关系出现了缓和，联合国内出现了以常任理事国为核心的安理会集体发挥作用的新的运行机制，即在审议和处理重大问题时，5个常任理事国事先进行磋商，然后由安理会讨论并形成决议。苏联解体后，俄罗斯取代苏联，成为常任理事国，联合国逐渐成为平衡世界各种力量和利益的中心。与此同时，各种全球性问题日渐突出，联合国被寄予了更多的期望，担负了更多的职责。进入21世纪，联合国在全球化浪潮中进一步确立了自己的地位。2005年联合国成立60周年，世界首脑会议通过的《成果文件》规划了联合国在21世纪的奋斗目标和行动纲领，把安全、发展和人权作为联合国活动的三大支柱，为创建一个更和平、更繁荣、更民主的世界发挥积极作用。

二、联合国的改革

联合国是第二次世界大战的产物，是与雅尔塔体制紧密相连的。冷战期间，联合国很难有所作为。冷战的结束使联合国获得难得的机遇，出现了能真正实现《宪章》的宗旨和原则的机会。但是，在新的形势下，联合国的能力和获得的资金与它所肩负的任务很不相称，面临着巨大的挑战，必须抓住机遇，进行改革。尤其是世纪之交，以美国为首的国家，抛开联合国，先后发动了科索沃战争和伊拉克战争，不仅违反了国际法和国际关系准则，而且动摇了以《宪章》为基准的国际安全机制，使联合国陷入空前严重的危机之中，凸显了联合国改革的必要性和迫切性。

尽管所有成员国都认为联合国有必要进行改革，但不同国家在改革的方向和具体问题上的立场和态度也有很大区别。发展中国家希望通过改革摆脱强权政治，使联合国能真正实现《宪章》的宗旨和原则。它们主张联合国应在维护国际和平与安全、消除贫困和促进发展方面发挥更加积极和平衡的作用，重维和轻发展、重政治、轻经济等倾向应加以纠正。而美国等发达国家强调当前国际社会面临的主要威胁是大规模杀伤性武器、恐怖主义和违反人权，主张将它们列入《宪章》第7章，摆脱现行《宪章》关于使用武力的限制，寻求新的准则，重新塑造联合国，使之成为国际秩序的一个更有效的保护者。总之，联合国改革涉及安理会改革、维持和平行动改革、经社理事会改革、财政改革、人事机构改革等重大问题，推进难度很大。

1. 安理会改革

安理会改革是争论最激烈、分歧最大的问题。作为联合国权力最大的机构，安理会如何组成，名额如何分配，涉及各国切身利益，是一个敏感的政治问题。有关安理会的改革，主要包括两方面内容：一是关于扩大安理会的组成，安理会应扩至多大、是否增加常任理事国、新增的常任理事国是否应享有否决权等；二是关于改进安理会的工作方法，是否要限制甚至取消常任理事国的否决权、增加安理会工作的透明度等问题。

广大中小发展中国家认为目前安理会在地域分配上不合理，缺乏广泛的代表性，发展中国家在安理会中的席位太少，发言权弱小，要求增加发展中国家的理事国数目，提高安理会工作的透明度和民主性。部分国家还要求重新审议否决权制度，为体现大小国家一律平等的原则，取消或限制常任理事国所拥有的否决权。日本和德国认为它们在联合国内承担的经济义务与它们享有的权利不相称，谋求加入常任理事国的行列。印度和巴西等地区性大国也竭力谋取常任理事国席位，以增强在地区事务中的影响。2005年，在联合国成立60周年之际，日本、德国、巴西、印度结成"四国集团"，提出扩大安理会的方案。意大利、巴西斯坦、韩国等结成"团结谋共识集团"，反对"四国集团"的方案。安理会改革进入了一个微妙的阶段。

安理会的扩大势在必行，是顺应历史和时代发展的需要。如果能在广泛一致的基础上实现安理会的扩大，将会有利于加强联合国框架内的国际合作。但安理会改革是国际关系领域的权利和义务的再分配，各国都想从中取得最大的利益而不会轻易做出让步，这就决定了安理会改革的艰巨性和复杂性。

2. 维持和平行动

联合国维持和平行动，是"为帮助维持或恢复冲突地区的和平，由联合国组织的有军事人员参与的，但无强制执行权力的行动。这类行动是自愿的，并且以协商一致与合作为前提。尽管它们包括军事人员的使用，但并非靠武力达到目的，这与《宪章》第42条中的强制军事行动形成对照"。维和行动大致分为两大类：部署观察团和派驻维和部队，这两类都是建立在自愿和非强制基础上的行动，实施需要得到冲突各方的同意与配合，对地区性冲突起隔离和缓冲的作用，是一种控制争端并使之逐步降级的十分有效的手段。

从1948年联合国实施第一项维和行动以来，到2009年底联合国一共实施了63项维和行动，遍布欧洲、亚洲、非洲和拉美的广大地区，在阻止地区性冲突和一些国家的内部冲突方面做出了杰出贡献，被视为联合国集体安全保障的一种辅助手段和特殊方式而频繁使用。然而，有关维和行动的理论依据却至今没有一个统一的条文，尚未形成一套具有明确规范的制度。特别是由于霸权主义、强权政治的影响，维和行动也暴露了一些令人担忧的问题，不仅使其作用的发挥受到限制，而且有损联合国的声誉，有关维和行动的改革已经提上议事日程。

1992年在任的联合国秘书长加利向联大和安理会提交了题为《和平纲领》的报告，提出了扩大的维和行动新战略，突破了冷战时期传统维和行动的概念和模式，将维和行为从过去的临时性辅助措施提升到全球战略的新高度。传统的维和行动大多由军事人员组成，主要任务是实施军事性行动，设法使冲突方通过谈判或调解解决、维持争端地区的安宁。扩大了的维和行动新战略由预防性外交、建立和平、维持和平、冲突后缔造和平四个相互关联的部分有机组成。预防性外交是采取行动防止争端的发生或升级；建立和平是通过和平手段使敌对双方达成协议；维持和平是实地部署联合国人员；冲突后缔造和平是加利提出的一个新概念，指采取行动防止危机再起。这样一来，维和行动已不再是单纯的军事范围内的活动，而是担负起了多元化的使命，具体职责大大拓展，无论是数量，还是规模都达到了历史最高水平，在实践中引发许多争议。随着国际环境的变化，维和行动的行动方式必然会发生相应调整，只有严格遵照《宪章》的精神和国际关系的准则，才能充分发挥维和行动在解决争端和冲突问题上的优势和独特作用。

3. 加强经社理事会的作用

联合国体系内涉及经济与社会发展问题的机构有许多，经社理事会是联合国讨论世界经济问题和制定政策建议的中心论坛，但它的权力却相对有限，基本只能通过磋商和建议来协调世界经济。而且，《宪章》又把促进国际经济和社会合作的责任同时赋予了大会和经社理事会，使得经社理事会的权限受到大会的制约。冷战结束后，维和行动占据了联合国很大部分的精力，发展问题相形之下没有得到足够重视。与此同时，在经济全球化趋势日益加强的现实面前，中小国家有切要求联合国更多地关注发展问题。然而，少数发达国家掌握着世界的经济命脉，冷战后它们倾向于把意识形态因素引进经济领域，认为实现民主和人权是经济发展的先决条件，在南北对话中设置人为障碍。发展中国家对此强烈不满，期望通过改革加强经社理事会的权力，在促进经济和社会发展方面发挥更积极的作用。为了加强联合国系统在经济和社会发展领域的一致性和协调性，2006年2月，安南秘书长设立了由15位知名人士组成的高级别小组，负责就"发展、人道主义援助和环境领域的一致性问题"撰写报告，该小组于11月提交题为《一体行动，履行使命》的报告。报告认为，联合国在发展和环境等领域的工作零碎分散、软弱无力，治理效率和实效不彰，经费没有预见性，造成整个系统的政策缺乏一致性，业务实效不高。因此，联合国系统必须进行大刀阔斧的改革，步调一致地履行经济和社会发展领域的职责。

4. 财政危机

多年来，联合国一直受财政危机的困扰。联合国的经费分为两大部分：一部分是经常费用，包括两项：一是正常预算，用以支付主要机构和辅助机构的行政开支和活动费用；二是维持和平行动经费，这两项都由各会员国按特定比例分担。2009年，美国、日本、德国、法国、英国、意大利、加拿大、西班牙、中国、墨西哥是缴纳会费最多的前十位国家。另一部分是预算外资金，即成员国为各种特别计划和活动提供的捐款，由捐款国决定这笔款项的用途，直接交秘书长代管。但是，出于政治或经济的考虑，成员国拖欠会费的现象非常普遍。不光美国一贯以拖欠会费要挟联合国按照其意志行事，一些中小发展中国家因联合国某些活动违背其政策，也曾公开宣布拒付分摊的会费。冷战结束后，由于用于维和的费用大增，联合国的财政危机更加严重，影响联合国的正常运作，这是一个亟待解决的问题。各国围绕这个问题提出了不少主张，包括：采取措施克服浪费现象；加强联合国的预算监督机制；调整完善会费摊派比例等。

5. 机构改革问题

精简机构，提高工作效率，解决机构臃肿重叠，克服文牍主义和严重浪费，是联合国全体会员国多年的共同要求。财政危机的加剧，进一步促使联合国加强了改革力度。前秘书长德奎利亚尔和加利都曾在不同程度上就改组秘书处，加强工作效率等方面采取了部分措施。前秘书长安南上台之后推出了两个改革方案，采取了一系列精简机构的措施，几乎涉及联合国的所有领域、部门和机构，被视为联合国成立以来最大胆的一次改革。2007年1月上任的潘基文秘书长同样在就任之初就大刀阔斧地着手机构调整。联合国管理机构方面的改革涉及人力资源、透明度、问责制、监督审计制度等问题，还涉及采取什么样的管理模式，倡导何种管理文化的问题，在改革的背后，起支配作用的仍然是不同利益集团的较量。

任何联合国改革的重大措施都需要得到多数成员国的支持，特别是需要安理会常任理事国的支持，因此，联合国的改革实质上是一场成员国意愿和实力的全面较量，是国际关系现实的反映。世界需要联合国，要适应21世纪国际关系的新形势，联合国必须推进改革，才能充分发挥其优势，保持并增强它在国际事务中的地位和作用。

三、联合国的地位和作用

联合国自成立以来，为实现其目标和宗旨，采取了许多行动，对当代国际关系进程产生了重大影响。尽管联合国走过曲折的道路，现在还有弱点，但是它所肩负的历史使命和对国际事务所起的作用，却是任何其他国家和国际组织无法替代的。

1. 联合国在推动非殖民化进程中的作用

第二次世界大战后蓬勃兴起的民族解放运动粉碎了帝国主义殖民体系，促使一大批新兴国家获得独立并登上国际舞台，联合国为加速这一进程起了重要作用。《宪章》确认了"人民平等权利及自决原则"。1952 年，第七届联大通过了《关于人民与民族的自决权》的决议，指出应该使民族自决原则在非自治领土和托管领土上得到实现。1960 年，第十五届联大通过的《给予殖民地国家和人民独立的宣言》也被称做"非殖民化宣言"，宣布必须立即和无条件地结束一切形式和表现的殖民主义。1961 年，大会决定成立非殖民化委员会，作为联合国处理一切附属领土人民走向自治与独立的中心机构。1970 年，联大通过的《国际法原则宣言》进一步发展了"非殖民化宣言"中有关民族自决权的内容，明确承认民族解放战争是实现民族自决权的合法手段，承认了支援被压迫民族的民族解放运动是各国应尽的国际义务。在这些决议和措施影响下，民族解放运动风起云涌，老的殖民体系迅速瓦解。1945～1960 年，大约有 30 块托管领土和非自治领土获得独立或自治；从 1960 年通过"非殖民化宣言"到 1984 年，大约有 1.5 亿人摆脱了依附地位，59 块前殖民地获得了独立，并作为主权国家加入了联合国。

2. 联合国在制定国际规则方面的作用

联合国作为最具普遍性和权威性的国际组织，通过其活动，制定了一系列国际规则，对推动战后国际社会朝着有序的、有组织的、可控的方向演化取得了举世公认的成就。《宪章》具有前所未有的普遍性和约束力，其本身就是国际法的重要组成部分，彻底革新了国际关系准则，使得主权平等、互不侵犯、不干涉他国内政、民族自决、和平解决国际争端等基本原则构成为当代国际关系的基础，国际社会的中小国家平等参与国际事务的权利逐步实现。60 多年来，联合国在维护世界和平与安全、经济、社会、文化、教育、卫生等方面通过了大量的公约、条约和决议，不仅进一步明确了国际关系的一些原有的基本原则并使之系统化，而且提出了一些新的原则，比如，人权的国际保护、反对霸权主义等都在实践中确立起来。冷战结束后，国际合作的前景比以往任何时候都更为光明，要解决国际社会面临的许多重大问题，国际规则应当具备更加广泛的功能，联合国在推动国际规则制定的过程中被寄予了更大的希望和责任。

3. 联合国在维持国际和平与安全方面的作用

联合国最主要的作用和领域就是维持国际和平与安全。尽管由于种种原因，联合国受到各方面的限制和阻挠，但还是做了大量重要而积极的工作。总的来说，联合国的集体安全机制对于维护第二次世界大战后世界的和平与安全起了不可低估的作用。

《宪章》第六章、第七章、第十四章等条款构成了联合国安全保障机制的法律基础，并以此为依据，形成了一整套实施机构、解决程序和手段。安理会承担了保障和平的主要责任，拥有强制权力，能够采取包括使用武力在内的一切必要手段来维持或恢复国际和平与安全。联合国大会是世界上最重要的维持和平、谴责侵略的论坛，可以讨论任何关于和平与安全的问题，直接对争端或情势当事国发出呼吁，能够配合并支持安理会的工作，对安理会有监督作用。联合国秘书长在联合国安全机制中拥有特别的政治权力，能够灵活处理许多高度敏感的国际安全问题。国际法院是联合国维护国际和平与安全的司法武器，它可以审理国际争端当事国提出的诉讼案，也可以应联合国各主要机构或其他专门机构请求，对国际争端的解决提供法律咨询意见。

就具体手段而言，联合国主要通过和平解决争端、强制行动和维持和平行动三种方式来解决国际争端。和平手段包括谈判、调查、斡旋、司法解决等途径。联合国大会和安理会通过的针对冲突的决议，具备较强的道义和舆论威慑力，是和平解决争端方法的具体表现。联合国历史上，有过不少和平解决争端的成功范例。1988 年两伊战争的最终结束与联合国的不懈调解努力是分不开的，苏联入侵阿富汗问题获得政治解决是联合国长期斡旋调停的结果，柬埔寨和平协定的签订是在联合国的积极推动下完成的。其局限性在于缺乏足够的权威，比如，1979 年美国入侵格林纳达，1989 年美国入侵巴拿马，联合国大会都通过了谴责美国的决议，但并未起到作用。

如果和平的努力无法奏效，而国际争端已经发展到破坏和平甚至发生侵略行为时，根据《宪章》第 42 条规定，安理会有权对冲突各方采取强制行动，包括非武力行动，武力行动和司法强制措施，迫使冲突当事方减弱或停止其军事行动，为寻求和平解决争端做准备。迄今为止，武力强制行动比较成功的范例是 20 世纪 90 年代初安理会授权以美国为首的多国部队对伊拉克的军事行动，普遍的观点是将这次行动视为联合国在集体安全框架内的最广泛的强制措施。

在联合国为实现国际和平与安全的努力中，单纯的和平手段常常难以有效发挥作用，强制性措施又往往无法在大国间达成一致。作为一种折中方法，联合国维持和平行动成为联合国安全机制不可缺少的重要环节。它对地区性冲突起隔离和缓冲的作用，是一种控制争端并使之逐步降级的十分有效的手段。第二次世界大战以来，尤其是冷战结束后，维和行动在阻止地区性冲突和一些国家的内部冲突方面做出了杰出贡献。

此外，联合国还是反对军备竞赛，推动世界裁军的重要阵地。联合国成立以来，联合国一直将裁军列为历次联大的主要议程，通过了一系列的裁军决议，并设立了一系列有关的组织机构。20 世纪最后 30 年被联合国先后宣布为三个裁军十年，为裁军问题营造了有益的国际舆论环境。冷战结束后，联合国的裁军工作取得重大进展，1993 年 1 月，《禁止化学武器公约》在巴黎开放供签署。1995 年 5 月，《不扩散核武器条约》获无限期延长。1996 年 9 月，联大通过了《全面禁止核武器试验条约》，这是历史上第一次以法律形式在世界范围内全面禁止一切核试验，有助于推动全面核裁军的进程。

4. 联合国在促进经济和社会发展方面的作用

联合国成立 60 多年来，为贯彻促进"较高的生活程度，全民就业及经济与社会发展"的宗旨，联合国在经济和社会领域做了大量工作，对推动世界各国，尤其是发展中国家的经济和社会发展，加强国际间的合作发挥了不可替代的作用。

首先，联合国在经济和社会领域通过了一系列具有深远意义的宣言和决议，召开了一系列重要的国际会议。例如，1974 年，第六届特别联大通过了 77 国集团起草的《关于建立国际经济新秩序宣言》和《行动纲领》，要求建立有利于第三世界经济发展的体制；同年 12 月，第 29 届联大以绝对多数通过了《各国经济权利和义务宪章》，确定每个国家都有对其财富和自然资源行使主权的权利；1979 年，联大号召发达国家和发展中国家就经济发展的国际合作进行谈判，促成 1981 年坎昆南北首脑会议的举行；1990 年，联大通过了《关于国际经济合作，特别是恢复发展中国家的经济增长和发展的宣言》；20 世纪 90 年代，联合国组织召开了引人注目的里约热内卢世界环境与发展大会、世界人权大会、人口与发展问题大会、第四次世界妇女大会、世界粮食首脑会议等。进入 21 世纪，联合国还召开了新千年首脑会议、约翰内斯堡可持续发展世界首脑会议等重要会议。

其次，联合国是第三世界争取建立国际经济新秩序的主要阵地。自 1960 年起，在发展中国家的要求下，联合国连续制定了四个"发展十年"，体现了联合国在加强国际经济合作上所做的努力。在第三世界国家的推动下，联合国通过了一系列旨在改革国际经济秩序的文件，提出了许多重要的政策性倡议，如发展中国家向发达国家出口时享受的普遍优惠制；发达国家以其国民生产总值的 0.7% 用于官方发展援助等。

再次，联合国在援助发展中国家、促进最不发达国家的发展方面做出了重要贡献。根据联合国的资料，长期以来它的正常预算的 70% ~80% 用于发展援助。除了通过世界银行、开发计划署等向发展中国家提供援助，联合国还推动发达国家官方或私人向发展中国家投资，保证发展中国家所需的外来资金。针对最不发达国家，联合国提出援助应采取赠与方式。由于联合国援助的非商业性和超乎政治的中立性，所以具有不同于其他援助的独特长处，对发展中国家改善健康卫生条件、改进工农业技术、增加基础设施等方面做出了贡献。

最后，联合国是促进国际交流、加强国际合作的重要场所，是国际社会解决各种共同关心的经济和社会问题的中心。联合国在其系统内建立了有关国际经济和社会的各种机构和组织，在各自专业领域加强国际合作，以便解决这些问题。除了传统的贸易、粮食、就业、能源、教育、难民等领域，近年来更多地将重点转移到消除贫困、节制人口、保护环境、防止犯罪等领域，不仅自身取得了显著成效，而且带动成员国政府和其他国际组织共同着手推动全球性问题的解决。

在主权国家林立的当今国际社会，联合国作为协调国际关系的中心不可或缺。不可否认的是，在联合国发挥积极作用的同时，也有很多缺陷和问题。强权政治、霸权主义的影响仍未消除，南北差距仍然悬殊，议而不决、决而不行的现象仍然存在，《宪章》的宗旨远远未能实现。但是，正如前秘书长安南所说，"联合国的影响力不是基于它的权力，而是基于它所代表的价值观，基于它在制定和维持全球规范方面的作用，和它激发全球关注和行动的能力，也基于它在改善人们生活的实际工作中赢得的信任。"因此，尽管联合国在国际关系中的作用有其局限性，它仍然是维护和平、促进发展、加强国际合作的重要力量。

第三节　其他重要的国际组织

一、世界银行、国际货币基金组织和世界贸易组织

国际经济组织是数量最大、活动最频繁、影响最广泛、运作最有成效的国际组织，在国际经济生活中充当"看得见的手"，对促进世界经济运行规范化，推动国际经济合作，解决国际经济争端起着十分重要的作用。其中，世界银行、国际货币基金组织和世界贸易组织在世界经济和国际关系中的地位最为显著。

世界银行（又称国际复兴开发银行）和国际货币基金组织于 1945 年 12 月正式成立。它们是联合国的专门机构，从事国际货币和金融业务，每年的年度报告都要送交联合国经社理事会审议，与经社理事会及其他联合国机构保持密切协调关系。虽然"布雷顿森林体系"在 20 世纪 70 年代初解体了，这两大组织的作用并没有削弱，反而日益增强，它们所确立的一系列规则、制度在国际金融和投资领域中仍然占据主导地位。

世界银行与其他 4 个机构——国际开发协会、国际金融公司、多边投资担保机构和国际投资争端解决中心共同组成世界银行集团。该集团的共同目标是促进成员国经济发展和社会进步，减轻贫困，改善和提高人民生活。世界银行的主要机构有理事会和执行理事会。理事会是最高权力机构，由会员国指派理事及候补理事各 1 人组成。执行理事会是世界银行的管理机构，行长是执行理事会的首脑，负责领导银行和办事机构的日常工作。世界银行的资金主要来源于成员国交纳的股金、通过发行债券在国际货币金融市场筹措的资金、通过转让债权收回的资金，以及发放贷款所收取的利息和手续费等。在实践中，世界银行除了向成员国政府、政府机构或政府所担保的私人企业发放用于生产目的的长期贷款之外，其活动还包括派遣调查团到借款国实地考察、提供技术援助、促进与发展有关的课题研究等。世界银行的贷款，最长期限可达 25 年，虽然条件较严，数目有限，但它毕竟是一个对发展中国家进行开发援助的重要组织。

国际货币基金组织是当今世界国际货币体系的核心金融机构，其宗旨是：提供协调机构，便于促进国际间金融货币的合作；稳定外汇汇兑，防止竞争性汇率贬值，消除国际贸易上的外汇障碍；促进国际贸易的扩大与平衡发展；通过贷款调整成员国国际收支的暂时失调等。理事会是基金组织的最高权力机构，由各成员国指派 1 名理事和 1 名副理事组成，每年举行 1 次会议，理事通常由财政部长或中央银行行长担任。执行理事会是基金组织处理日常业务的机构，负责处理各种行政和政策事务，向理事会提交年度报告，与成员国进行磋商，对成员国经济的重大问题，特别是有关金融方

面的问题进行全面研究。基金组织的最高行政领导是总裁，由执行理事会选举产生，任期5年，可连选连任。基金组织的资金主要来源于成员国缴纳的份额和借款。份额的大小按成员国的国民收入、黄金外汇储备、平均进口额、出口变化率和出口额占国民收入的比例等变量所构成的公式计算得出，每5年审定1次。借款包括向成员国的财政部和中央银行，以及私人商业银行的借款。此外，基金组织对所有贷款收取的手续费以及捐赠款项等，也构成了一项资金来源。基金组织的主要活动是确定和实施国际货币体系中的规章制度和行为准则，在成员国发生国际收支暂时失调时，向成员国提供3~5年的短期信贷。这种贷款对象仅限于成员国政府，形式采用由成员国用本国货币向国际货币基金组织换购外汇的方式，称为"购买"或"提取"，成员国还款时，以黄金或外汇买回本国货币，称为"购回"。

世界银行和国际货币基金组织的活动表明了国际社会对有序的国际货币金融、投资体系的努力。尽管至今两大组织受美国及其他西方国家的影响和控制还是很深，但它们对世界经济和国际关系的发展总体上起到了积极的作用。中国于1980年恢复了在两大组织中的原有席位。

世界贸易组织是世界多边贸易体系中权威的"经济联合国"，它的前身是1948年生效的关税及贸易总协定（以下简称关贸总协定）。关贸总协定是一项有关关税和贸易政策的多边条约，同时，在战后各国的贸易往来中，关贸总协定事实上发挥了国际贸易组织的作用，一直致力于减让关税及消除各种形式的贸易壁垒及解决国际贸易争端等方面的工作，进行了八轮多边贸易谈判，有力促进了全球贸易的增长。关贸总协定的最高权力机关是一年一度的缔约国大会，下设代表理事会和秘书处及其他委员会和工作小组，分别负责处理大会休会期间的日常事务和紧急事务。

由于关贸总协定在法律形式上仅仅是一个国际协定，对缔约方的约束能力有限，各条款在具体执行中有比较大的局限性。变化了的国际贸易环境日益需要一个正式的国际贸易组织来监督、协调。1995年1月1日世界贸易组织正式成立，标志着世界多边贸易体系向前迈进了一步。世界贸易组织的最高权力机关是部长会议，每两年最少召开1次常会，有权对各多边贸易协定所涉及的一切问题做出决定。各成员的常驻代表组成总理事会，在部长会议休会期间代行部长会议的职权，下设三个专门理事会。日常工作则由总干事领导的秘书处负责。世贸组织目前拥有150个成员国，在贸易领域的影响和关贸总协定不能同日而语，也远大于联合国的经济职能。中国早在1986年就提出恢复在关贸总协定的席位，一直到2001年11月才正式成为世界贸易组织成员。

二、重要的区域性国际组织

区域性国际组织是指同一地域内的国家，或者虽不在同一地域内但以维护区域性利益为目的的国家组成的国际组织与集团。第一个严格的国际法意义上的区域组织是1890年成立的美洲国家组织。第二次世界大战后，区域性组织有了迅速发展。它们的区域范围有大有小，成员国有多有少，体制有的严密有的松散，但都具备一些基本的特征：区域性组织的成员一般都是疆域相邻的若干主权国家，它们在历史、文化、语言或精神上具有一定的联系，在现实生活中具有共同关心的利益和进行广泛合作并结成永久性组织的要求。区域性组织不一定包括该地区的所有国家，个别地区之外的国家也可能为区域利益而加入该地区的组织，但这种情况往往是极个别的。

欧洲的区域性组织众多，有欧盟、北约、欧安组织、西欧联盟、独联体等重要组织。欧盟是一体化程度最高的区域组织，2004年5月和2007年1月实现了东扩，发展成为拥有27个成员的国家集团。

北约是欧洲安全的核心，现有28个成员国。

欧安组织是现存最大的地区性安全组织，其前身是起步于20世纪70年代的欧安会，现拥有55个成员国，分布在从温哥华到符拉迪沃斯托克的区域范围内，以维护欧洲地区安全与稳定、尊重和保持人权、加强交流与合作为宗旨，把推动欧洲常规裁军谈判、在全欧范围内干预危机与维持和平等作为活动重点。欧安组织的优势在于它不仅囊括了所有的欧洲国家，而且包括北美、中亚部分国家，将欧洲—大西洋地区同欧亚大陆地区联结在一起，是欧洲唯一的一个全方位的安全机构，具有广泛的代表性，客观上为其发挥更大的作用提供了可能。但由于成员国众多，利益分歧较大，"一致同意"的原则极大地限制了行动能力。

西欧联盟是西欧国家独立的防务组织，成立于1955年5月，是由1948年建立的布鲁塞尔条约组织改组而来的，现有正式成员国10个：英国、法国、荷兰、比利时、卢森堡、德国、意大利、葡萄牙、西班牙、希腊。其宗旨是：促进欧洲的团结和推动欧洲统一进程；协调成员国在防务、武装力量和军工生产方面的政策，以增强成员国的集体防御能力；加强成员国在经济、社会和文化等方面的合作。

独联体是包括苏联地区国家的松散的国家间组织，成立于1991年苏联解体之际。根据《阿拉木图宣言》，独联体既不是国家，也不是超国家实体，而是一种非常松散的国家间联合形式。独联体不设中央政权机构，只有协调机制，负责协调和解决相互关系中的重大矛盾和问题。2005年，土库曼斯坦宣布放弃独联体正式成员资格，以联系国身份参与活动。2008年格鲁吉亚与俄罗斯发生武装冲突后于次年正式退出了独联体。

在美洲，重要的区域性组织有北美自由贸易区、美洲国家组织和南方共同市场。北美自由贸易区于1994年正式启动，是迈向美洲自由贸易区的第一步，2001年魁北克美洲国家首脑会晤上，决定以北美自由贸易区为核心的美洲自由贸易区到2005年底启动，但由于美国和拉美国家之间的分歧，美洲自由贸易区未能如期启动。

美洲国家组织历史悠久，成员包括34个美洲国家，古巴在1962年被停止成员国资格。长期以来，美国极力利用这个组织来控制和干涉拉美国家，排斥欧洲国家势力。

南方共同市场是由巴西、阿根廷、乌拉圭和巴拉圭4国组成的区域性经济合作组织，于1995年1月1日正式启动。南方共同市场的迅速崛起表明，"南南型"经济组织实行"开放的地区主义"、发展自由贸易具有很大潜力。如今，南方共同市场已经同智利、玻利维亚等安第斯国家建立了"联系国"关系，表现出强劲的发展势头。在它的带动下，拉丁美洲其他的区域性组织也不断拓展，彼此间的合作与联系加深。

在亚洲，亚太经合组织强调灵活性、渐进性和开放性，近年表现活跃。东南亚国家联盟是另一个重要的区域性组织。它成立于1967年，其宗旨是加速地区的经济增长、社会进步和文化发展，促进地区的和平与稳定，并在平等和合作的基础上建立繁荣、和平的国家共同体。20世纪80年代以前，东盟主要是一个政治性的区域组织。之后，由于区域经济一体化的浪潮，东盟也不甘落后，强化了区域内经济合作，决定从1993年1月1日起，用10年的时间建立东盟自由贸易区，到2010年建成投资区，2020年实现投资自由化。与此同时，东盟吸收了越南、老挝、缅甸和柬埔寨，演化为10国大东盟，进一步增强了东南亚国家的凝聚力，加速了东南亚一体化的进程。

2001年6月宣告成立的上海合作组织，是由1996年起步的上海5国会晤机制发展而来的。其成员包括中国、俄罗斯、哈萨克斯坦、吉尔吉斯斯坦、塔吉克斯坦和乌兹别克斯坦，其宗旨是：加强各成员国之间的相互信任和睦邻友好；鼓励各成员国在政治、经贸、文化、教育、能源、交通、环保及其他领域的有效合作；共同致力于维护和保障地区的和平、安全和稳定；建立民主、公正、合理的国际政治经济新秩序。在上海合作组织的创建中，中国发挥了核心作用，表明中国对国际组织重视程度的提高。

在非洲，非洲联盟是最重要的区域性组织。非洲联盟于2001年7月正式启动，它是在1963年成立的非洲统一组织多年发展的基础上形成的。非洲联盟囊括了所有的非洲国家，是第一个发展中国家的洲际联盟，其目标是以"泛非主义"为思想基础，以欧盟为参照，带领非洲实现政治、经济一体化，加强非洲的文化融合，并把非洲建设成为一个和平、进步、繁荣的大陆。它是南南合作的一种新的尝试，表明非洲在联合自强的道路上迈出了关键的一步。

在中东，阿拉伯国家联盟是阿拉伯世界重要的区域性组织。它成立于1945年，其宗旨是：密切各成员国之间的联系和合作，协调相互间的政策和活动，关心阿拉伯国家之间的联系和合作，协调相互间的政策和活动，关心阿拉伯国家的事务和利益，捍卫各成员国的独立和主权。其成立以来，阿盟积极为捍卫民族独立和国家主权而斗争，特别是在巴勒斯坦问题上，支持阿拉伯人民的权利，反对扩张主义和霸权主义，对中东地区形势的稳定和发展都起到了积极的作用。

三、八国集团

八国集团（G8）是当今世界最具影响的大国集团。它正式形成于1997年，由已经召开了23年的西方七国首脑会议升级为八国集团首脑会议演化而来。尽管G8没有常设性的组织机构，但在实践中形成了完善的组织模式，不同于一般的国际会议制度，被视为一种新型的论坛型组织。

西方七国首脑会议起步于1975年。当时，为了在更高层次上对资本主义经济实行超国家国际调节的需要，以及维护发达国家在国际经济旧秩序中的优势地位，法国总统德斯坦邀请了美国、日本、英国、意大利、联邦德国等西方主要国家领导人共同讨论经济货币问题。第二年加拿大也参加进来，并且决定以后每年在各国轮流举行首脑会晤。这样就形成了制度化的西方七国首脑会议（G7）。就参加者而言，资本主义世界经济最发达的七个国家的首脑会晤具有不同于一般的权威性。就会议涉及的议题而言，西方七国首脑会议具有全面性，不仅关注资本主义内部的问题，而且关注整个世界的政治经济局势和各种全球性问题，甚至插手其他地区的事务。

20多年里，一年一度的七国首脑会议的内容发生了明显的变化。20世纪70年代到1981年渥太华会议期间，西方面临着严重的石油危机、通货膨胀和经济衰退，因此，调整能源结构，实现非通货膨胀的经济增长，是历次会议的核心内容。从1982年凡尔赛会议到1988年多伦多会议，七国主要就国际货币金融体制改革、缓和经济矛盾，以及如何摆脱经济不景气等问题相互协调，同时开始涉及安全、裁军、东西方关系等诸多政治问题。1989年巴黎会议开始，由于苏东的剧变，七国会议的政治色彩越来越浓，在对原苏东国家推行西方政治经济模式和价值观方面取得广泛一致，而经济问题被放在了次要位置。直到1993年东京会议，七国首脑会议才重新回到以经济为中心的轨道。就其产生的效果来看，通过定期对世界范围内的经济关系和经济活动进行协调，西方七国首脑会议的确在调节资本主义经济方面起到了任何单独一国不能发挥的作用，保证了资本主义经济的正常运转。面对能源危机爆发，通过协调，各国政策达成一致，减轻了石油进口国国际收支恶化和通货膨胀的压力。在国际货币金融领域，通过协调，国际货币金融市场一体化程度提高，矛盾得以缓解。在国际贸易领域，通过协调，各国贸易保护主义倾向都有所收敛，缓和了发达国家间的贸易紧张关系。但是，由于七国经济状况、经济目标的差异以及国家利益的冲突，深层次分歧很难克服，会议所能产生的效力还是有局限的。

七国首脑会议升级为八国首脑会议，始于1991年苏联总统戈尔巴乔夫应邀出席在伦敦举行的七国峰会，介绍当时苏联的情况。此后两年，俄罗斯领导人也都在七国首脑会议快结束时前往同七国领导人会面，议题基本都是俄罗斯国内形势。这种会晤方式被称为"7+1"。到了1994年那不勒斯会议，叶利钦被允许参加七国首脑会议政治问题的讨论，这种模式被称为"七个半会议"。到了1997年的丹佛会议，叶利钦首次以正式成员身份出席，他在整个11个半小时的会议中，只有1个小时的专门讨论财政金融问题的会议没能参加。会议的正式文件中首次将此次会议称作八国首脑会议（G8），丹佛峰会首次被称为"G8峰会"，标志着西方七国首脑会议正式升级为八国首脑会议。对西方国家来说，接纳俄罗斯一方面可以此作为北约东扩对俄罗斯的补偿，另一方面试图以此支持叶利钦，影响俄罗斯的改革进程。对俄罗斯来说，跻身富国俱乐部主要是想获得经济上的好处，同时在国际上显示其大国地位，树立自信心。2006年俄罗斯将作为东道国主办G8峰会，表明俄罗斯同西方国家关系步入一个政治、经济、安全等领域全面合作的新时期。

八国集团囊括了当今世界上最发达的国家，实力在全球占举足轻重的地位，在国际事务中拥有很高的权威，但其局限性也是显而易见的。本质上，它只是一个大国首脑论坛，峰会通过的决议对与会各国没有强制约束力，落实和履行协议经常不到位，往往是雷声大、雨点小。而且，对南北贫富悬殊、环境恶化、全球化所造成的社会不公正等问题，一年一度的峰会也没有能够承担起应有的责任。为了弥补缺陷，2003年法国作为东道主举行会晤时，邀请了中国、印度、巴西、埃及、南非等11个发展中国家的领导人参与，举行南北领导人非正式对话，期望更有效地应对世界面临共同总是的挑战。此后，八国峰会于2005年在英国、2006年在俄罗斯、2007年在德国、2008年在日本举行期间也同发展中国家举行了对话会。

更大的挑战出现在2009年9月的二十国集团（G20）匹兹堡峰会后，会后声明宣布，G20成为永久性的国际经济合作组织，而原来属于G8的功能将逐步转移给G20。2010年，加拿大将举办首次G8和G20联合会议，这将给G8的未来走向带来更多的不确定性影响。

当今世界已越来越成为一个相互依存、不可分割的整体，尽管主权国家仍是当今国际关系中最基本的行为主体，但国际组织的重要性是任何单独一个国家也不能替代的，中国一向重视同国际组织的关系，特别是在确定了对外开放的基本国策以后，同国际组织的关系有了很大飞跃。目前，中国参加了400多个重要的国际组织，还同一些欧美国际组织和许多发展中国家的国际组织建立了直接的接触和联系。在国际组织的活动中，中国坚持独立自主、主权平等的原则，在反对霸权主义、维护世界和平、发展同各国友好合作和促进共同繁荣等方面做出了突出贡献。但是，同世界其他大国相比，中国同国际组织打交道的时间短、经验少，在许多方面尚存局限，有待进一步的拓宽与提高。随着中国实力的增长以及对外交往的扩大，对国际组织的需求会相应增多，同国际组织的关系必将会有更大的发展。

后 记

《当代世界经济与政治》第四版又和大家见面了。这门课程是我国进入以经济建设为中心的新时期后为适应对外开放的需要，对高校政治理论课教学进行改革的产物。改革开放已经30多年了。可以说，这该是改革开放大潮中绽放的一朵小花。它有旺盛的生命力。

1985年秋我们开始系统讲授这门课程，经过几轮不同层次的教学实践并广泛听取了各方面的建议与意见，1987年我和杜厚文合作主编出版了北京市干部理论培训专用教材《当代世界经济与政治》。1988年1月我主编出版了高校政治课教材《当代世界政治经济与国际关系》，适应了当时高校广泛开课的需要，为大家所认可，现已出第四版。1998年1月上级决定课程改名为"当代世界经济与政治"，我又主编了《当代世界经济与政治》的高校教材出版。现在也是第四版，迄今已经20多年了。

这些年来世界发生了巨大而深刻的变化：和平与发展成为时代主题，维护世界和平、促进共同发展成为世界人民的共同愿望，推动着历史前进；世界格局发生了积极的变化，两极格局终结了，新的格局并未立即形成，一超多强并存是一种过渡状态，多极化是公认的趋势，现在日益明朗；经济全球化深入发展，地区集团化也并行发展，由次贷危机引起于2008年爆发的金融经济危机重创世界经济，出现了20世纪30年代以来最大的经济衰退，由于众多国家齐心协力积极应对，才得以避免继续恶化，迄今仍未走出低谷；国际关系深刻调整，霸权主义和强权政治不断受挫和削弱，大国之间形成了多种伙伴关系，既相互竞争，又相互合作；发展中国家相继兴起，在世界政治经济中的地位作用不断上升，并为发达国家所承认和接受，对世界一些重大经济政治问题有了更多的发言权；联合国的作用得到加强，对霸权主义强权政治进行了有效的遏制和约束，推动着国际关系民主化缓慢前行，大有利于世界的和平与发展；和平与发展问题尽管一个也没有解决，还面临着诸多挑战，但已经成为历史洪流，奔腾澎湃，大势所趋，难以阻挡……在此期间，中国的崛起也是世界变化的一部分，既是一个重要的依据，也是一个深层的原因。中国奉行以经济建设为中心的社会主义初级阶段的基本路线，实行改革开放，发生了巨大深刻的变化：经济持续稳定快速增长，人民生活水平显著提高，由温饱向小康以至全面小康推进；独立自主的和平外交政策不断调整充实，促进国际社会向积极合作方向发展；由于综合国力的增强，国际地位迅速上升，世界影响日益扩大，实现着由一个发展中的大国向世界大国的转变；为维护世界和平、促进共同发展、构建和谐世界的努力得到广泛的支持，影响积极深远，"我们的朋友遍天下"成为现实……这些积极深刻的变化吸引着世人的关注，激发多种议论。世界将怎样变化？中国前景如何？已经成为世界舆论关注的焦点，见诸报端的已有多种观点、不同派别。尤其是我国青年一代的大学生和有志青年密切关注着世界的发展，思考着祖国的前途，在享受改革开放成果的同时，也筹划着在实现振兴中华的伟业中做出自己的一份贡献。

想到这些，心情很不平静、很欣慰、也很踏实，认为自己做了一件很平凡又很有意义的工作。尽管现在这门课程由必修改为选修，有的学校不开这门课了，尽管几位作者都很忙，我也早过七旬，迈向八十，当出版社要我们对第三版进行修订出第四版时，我们还是毫不犹豫地答应了。经过几个月的努力总算可以交稿了。

这次修订全书结构没有大的变化，只是在有关章节增添了新的内容。总的考虑是贯彻党的十七大以来中央的精神，突出以中国特色社会主义理论作指导来分析和认识当今的世界和中国。对一些重大问题如大国关系的调整、世界经济危机、发展中大国的兴起等都作了比较全面地反映，尤其是对中国外交的新理念、新举措新增了一节，对有关内容作了扼要的介绍，希望对读者有所帮助。由于都是新变化、新问题，加上我们的水平有限，反映得是否全面、分析是否正确，就有待大家的评论指正了。参加修订的仍是蒲俜、孙君健和我三人。蒲、孙两位都很忙，教学、科研、行政工作、多种会议缠身，在此向他俩的支持表示由衷的谢意。另外也向经济管理出版社和本书责编王光艳同志的宝贵支持表示诚挚的谢意。

中华人民共和国成立 60 周年大庆刚刚过去，现在节日盛况仍深印心中。我们回顾历史，十分兴奋，面对现实，喜多于忧，展望未来，充满信心。在此，为伟大祖国祝福。祝愿全国人民共同为中华崛起而努力！

冯特君

2010 年 4 月于昌平龙泽苑西区 28 - 1 - 0101 室